Frank Bösch

# Zeitenwende 1979

Frank Bösch

# Zeitenwende 1979

Als die Welt von heute begann

C.H.Beck

Mit 20 Abbildungen

*Umschlagabbildungen: Vorne:* Anti-Atomkraft-Demonstration im Bonner Hofgarten am 14. Oktober 1979, © Hans Weingartz | *Hinten:* Kongress der «Grünen» in Karlsruhe, 21. Januar 1980, © mauritius images/Friedrich Stark/Alamy; Margaret Thatcher, © John Minihan/GettyImages; Anti-Schah-Demonstration in Teheran am 13. Januar 1979, © picture alliance/United Press | *Rücken:* Sieg der Sandinisten in Nicaragua: Mitglieder der provisorischen Regierung treffen am 21. Juli 1979 vor dem Nationalpalast in Managua ein, © P. W. Hamilton/picture alliance/AP Images

6. Auflage. 2019

© Verlag C.H.Beck oHG, München 2019 | Satz: Bembo und Frutiger bei Janß GmbH, Pfungstadt | Druck und Bindung: GGP Media GmbH, Pößneck | *Umschlaggestaltung:* Geviert, Grafik & Typografie, Nastassja Abel | Gedruckt auf säurefreiem, alterungsbeständigem Papier (hergestellt aus chlorfrei gebleichtem Zellstoff) | Printed in Germany | ISBN 978 3 406 73308 6 | *www.chbeck.de*

# Inhalt

**Einleitung**
**Die Welt im Umbruch** 9

**1. Die Revolution im Iran**
**Der Westen und der radikale Islam** 18
Gute Beziehungen zum Westen und speziell zu den Deutschen **21** | Massenproteste gegen den Schah **25** | Khomeini proklamiert den Gottesstaat **28** | Das Geiseldrama als Machtkampf mit dem Westen **38** | Befreiung mit deutscher Hilfe **46** | Der islamische Fundamentalismus fordert die Weltordnung heraus **51** | Wirtschaftsinteressen und Menschenrechte **56**

**2. Papst Johannes Paul II. in Polen**
**Die Kirche als Herausforderung für den Sozialismus** 61
Ein Pole wird Papst **65** | Verwandlung sozialistischer Räume: «Unser Glaube ist der Sieg» **68** | Päpstliche Auftritte als Event **75** | Folgen des Papstbesuchs in Polen **78** | Politik und Religion in der Bundesrepublik **84** | Parallelen zur DDR? **88**

**3. Die Revolution in Nicaragua**
**Solidarität mit der Dritten Welt** 95
Somoza stürzt und die Weltgemeinschaft taktiert **98** | Globale Euphorie nach der Revolution **107** | Die Mühen der Ebene **111** | Die Sandinisten und die Kirche **114** | Die USA unterstützen die Contras **116** | Solidarität mit Nicaragua im linksalternativen Milieu **118** | Rot-grüne Hilfe mit öffent-

lichen Mitteln **127** | «Brillen für Nicaragua»: Die DDR-Solidarität **131** | Bürgerliche Solidarität mit Nicaraguas Opposition **133** | Geplatzte Träume von einem neuen Sozialismus **137**

## 4. Chinas Öffnung unter Deng Xiaoping
### Wege in die Globalisierung 141

Maos Erbe und der Druck der Straße **144** | Der stille «Macher»: Deng Xiaopings Kurswechsel **156** | Ökonomische Reformen unter Deng **160** | Die gescheiterte Demokratisierung von unten **167** | Reisediplomatie und Austausch von Know-how ab 1979 **171** | Schwierige Anfänge: China als deutscher Wirtschaftspartner **175** | Leuchtturmprojekt: VW in China **178** | Wirtschaftspartner trotz Menschenrechtsverletzungen **182**

## 5. Die Boat People aus Vietnam
### Rettung von Flüchtlingen 187

Die Aufnahme der ersten Vietnamesen in der Bundesrepublik **191** | Christdemokratisches Engagement **194** | Die Medien organisieren Hilfsaktionen **196** | Die Linken halten sich zurück **199** | Rettung aus Seenot **201** | Bürokratische Logistik: Vom Durchgangslager in die Bundesrepublik **206** | Die *Cap Anamur* nimmt Boat People auf **209** | Das Ende der Rettungsaktionen **216** | Angst vor Migranten **221** | Vertragsarbeiter in der DDR **223** | Vietnamesen im vereinten Deutschland **226**

## 6. Der sowjetische Einmarsch in Afghanistan
### Umbruch im Kalten Krieg 229

Gescheiterte Modernisierungsversuche in Afghanistan **233** | Der Einmarsch: Entscheidung und Rechtfertigung **236** | Weltweite Entrüstung und Sanktionen gegen die Sowjetunion **242** | Der Westen fördert den islamischen Widerstand **248** | Friedensbewegung, Nato-Doppelbeschluss und Afghanistan-Einmarsch **255** | Der sowjetische Rückzug aus Afghanistan **262** | Das Erbe des Krieges **266**

## 7. Thatchers Wahl und die Gründung der Grünen
### Neoliberalismus und Ökologie 269

Die erste Frau an der Spitze einer Industrienation **271** | Versuche, die British Disease zu heilen **277** | Thatchers Reformen: Eine Bilanz **281** | Die Tories und die «Wende» in Bonn **285** | Zahnlos? Die bundesdeutschen Reformen im Schatten Thatchers **290** | «There is no alternative»: Das Aufkommen von Neoliberalen und Grünen **294** | Richtungweisend, weder rechts noch links **299**

## 8. Die zweite Ölkrise
### Globale Abhängigkeiten und Wege zum Energiesparen 305

Auftakt: Die Ölkrise 1973 **307** | Die Ölkrise 1979 spitzt sich zu **311** | Die Koordinaten im Kalten Krieg verschieben sich **314** | Kleinwagen und Sommerzeit: Energiesparen als Königsweg **320** | «Weg vom Öl»: Der Ausbau alternativer Energien **326** | Ölschwemme statt Ölknappheit **329**

## 9. Der AKW-Unfall bei Harrisburg
### Angst vor der Atomkraft 333

Global vernetzt: Atomkraft vor dem Harrisburg-Unfall **334** | Die Anti-Atomkraft-Bewegung formiert sich **338** | Kernschmelze in Three Mile Island: Angst und Krisenmanagement **341** | Internationale Stimmungswechsel **347** | «Schwachstelle Mensch»: Krisen-Experten und neue Sicherheitskonzepte **350** | Die parteipolitischen Frontlinien verändern sich **353** | Harrisburg, Tschernobyl und der Atomausstieg **358**

## 10. Die Fernsehserie *Holocaust*
### «Geschichtssturm» und neue Erinnerungskultur 363

Nachkriegszeit: Zaghafte Auseinandersetzung mit dem Judenmord **365** | Familie Weiss und SS-Mann Dorf in den USA **368** | Trivial oder lehrreich? Die Serie *Holocaust* in Europa und Israel **372** | Ängste im Vorfeld der bundesdeutschen

Ausstrahlung **376** | Erschütterung in der Bundesrepublik **382** | Kein Strohfeuer. Filmische Nachwirkungen der Serie **387** | Politische Nachgefechte: Amnestie, Aktenzugang und Entschädigung **390** | Gewandelte Geschichtskultur **393**

## Epilog
**Globale Wendepunkte und der Beginn unserer Gegenwart**     **396**

## Anhang
Dank **407** | Zeittafel zu 1979 **409** | Abkürzungen **411** | Anmerkungen **413** | Quellen und einführende Literatur **499** | Personenregister **508** | Bildnachweis **512**

# Einleitung
## Die Welt im Umbruch

Wir sind es gewohnt, die Zeitgeschichte von 1945 und 1989 her zu denken. Die deutsche Teilung und Vereinigung gelten als maßgebliche Zäsuren. Eine andere Perspektive auf die jüngste Vergangenheit gewinnt man, wenn man sie von den weltweiten Wendepunkten im Jahr 1979 her betrachtet. Denn in diesem Jahr häuften sich globale Ereignisse, die Türen zu unserer Gegenwart aufstießen. In zahlreichen Ländern kam es zu Revolutionen, Umbrüchen und Krisen, die viele Herausforderungen unserer heutigen Welt ankündigten – wie den islamischen Fundamentalismus, globale Flüchtlingsbewegungen, marktliberale Reformen oder auch Energieprobleme. Meist vollzogen sich diese Ereignisse in weiter Ferne, waren aber zugleich eng mit der Geschichte unserer Gegenwart verbunden.

So betrat 1979 mit der Iranischen Revolution unter Khomeini der fundamentalistische politische Islam die Weltbühne. Bilder von schwarz verschleierten Frauen, Scharia-Strafen und gedemütigten US-amerikanischen Geiseln stimulierten zugleich islamfeindliche Haltungen im Westen. Die hier auftretenden Spannungen im und zum Nahen Osten halten bis heute an. Gleichzeitig kündigten sich mit der Wahl von Margaret Thatcher massive marktliberale Reformen in Großbritannien an. Diese rasch als «Neoliberalismus» bezeichnete Politik entwickelte sich international zum Vor- und Schreckbild. In vielen Teilen der Welt wuchsen die Kritik am Staat und das Vertrauen in die Kräfte des Marktes. Ein noch stärkerer ökonomischer Kurswechsel begann 1979 im sozialistischen China. Dort setzte Deng Xiaoping grundlegende Reformen durch und öffnete die Wirtschaft für den Westen. Symbolträchtig startete sogar der Verkauf von Coca-Cola. Chinas rasanter Wandel stand für eine beschleunigte Globalisierung und den Aufstieg der nunmehr größten Exportnation, die das 21. Jahrhundert prägen wird. Nicht nur Chinas Reformen nagten 1979 an der kommunistischen Utopie. Auch der real existierende Sozialismus in Ostmitteleuropa geriet in Bewegung. Die Polenreise des neu gewählten Papstes Johannes Paul II. brachte im Juni 1979 rund zehn Millionen Menschen auf die Straßen und förderte das Aufkommen einer breiten Protestbewegung, die weit über Polen hinaus ausstrahlte. Kaum weniger Aufmerksamkeit fand die gleichzeitige Revolution in Nicaragua. Junge Linke aus beiden Teilen Deutschlands und anderen Gegenden der Welt reisten als Aufbauhelfer in das lateinamerikanische Land, das rasch zum weltpolitischen Konfliktfeld wurde und die schwierige politische Emanzipation der «Dritten Welt» zeigte. Die sandinistische Revolution beflügelte den Traum von einer gerechten Gesellschaft jenseits des osteuropäischen Staatssozialismus ebenso wie die aktive Globalisierungskritik.

Derzeit richten wir unsere Aufmerksamkeit auf Flüchtlinge, die über das Mittelmeer nach Europa kommen. 1979 erreichte mit den «Boat People» aus Südostasien eine erste große Gruppe außereuropäischer Flüchtlinge die Bundesrepublik, die vor allem aus dem kommunistischen Vietnam flohen. Die Bundesrepublik zeigte eine neuartige Hilfs- und Integrationsbereitschaft: Die Regierung erhöhte mehrfach Aufnahmekontingente, die Deutschen spendeten und halfen, mit dem Schiff *Cap Anamur* Flüchtlinge aus dem Meer zu retten. Der Willkommenskultur folgten jedoch rasch erste rechtsextreme Anschläge, und der Begriff «Wirtschaftsflüchtling» zog in die politische Debatte ein.

Die Welt schien sich schneller zu drehen, und Deutschland bewegte sich mit. Die Londoner *Times* vermerkte im November 1979, dass einem von der Häufung der Ereignisse in diesem Jahr ganz schwindlig werde: «Kurz nachdem wir von einem Ereignis überrollt wurden, passierten gleich neue mit doppeltem Tempo.»[1] Tatsächlich folgte kurz darauf Weihnachten 1979 ein weiteres nachhaltiges Weltereignis: Die Sowjetunion marschierte in Afghanistan ein. Dies diskreditierte die kommunistische Großmacht weltweit, auch im

Globalen Süden. Der zermürbende Kampf, den viele sofort als «sowjetisches Vietnam» bezeichneten, förderte den Niedergang der Sowjetunion und zugleich den Aufstieg der islamischen Mudschahedin. Afghanistan ist seitdem ein Krisenherd von globaler Bedeutung. Generell rückten die Ereignisse des Jahres 1979 neue Regionen nachhaltig in den Mittelpunkt der weltweiten Aufmerksamkeit. Die Entwicklungen in China, Iran, Afghanistan oder Nicaragua galten zunächst als Teil eines neuen Kalten Krieges, zugleich trugen sie aber zur Auflösung der bipolaren Weltordnung bei.

Das Jahr 1979 war somit nicht nur durch politische Zäsuren gekennzeichnet. Viele Wendepunkte beeinflussten grenzübergreifend den Alltag der Menschen. Jeden Haushalt traf 1979 die zweite Ölkrise. Die Energiepreise stiegen deutlich höher als bei der ersten Ölkrise sechs Jahre zuvor. Zudem galt nun die Atomkraft nicht mehr als unumstrittene Alternative. Denn im April 1979 führte ein schwerer Unfall in einem US-amerikanischen Atomkraftwerk nahe Harrisburg dazu, dass in vielen Ländern die Angst vor der Atomkraft wuchs. Nur zwei Monate zuvor hatte in Genf die erste Weltklimakonferenz getagt, auf der die Erderwärmung durch vermehrten $CO_2$-Ausstoß verhandelt wurde. Mehr Kohle zu verfeuern galt als keine adäquate Lösung mehr, sodass das Sparen von Energie an Bedeutung gewann. In diesem Kontext schlossen sich die gerade entstehenden Grünen für die erste Europawahl im Juni 1979 zusammen, worauf ein halbes Jahr später die Gründung ihrer Bundespartei folgte. Marktliberales und ökologisches Denken formierten sich parallel zueinander.

Die weltumspannenden Ereignisse im Jahr 1979 veränderten auch den Blick auf die Vergangenheit. Dafür stand vor allem der Welterfolg der US-Serie *Holocaust*, die im Januar in Deutschland ausgestrahlt wurde. Sie erschien wie ein «Geschichtssturm», so der Philosoph Günther Anders 1979,[2] da mit ihr die die nationalsozialistischen Verbrechen und die Opfer des Völkermords ins Zentrum der Erinnerungskultur rückten. Die Geschichte der jüdischen Arztfamilie Weiss stand für einen aufkommenden Geschichtsboom und einen neuen historischen Blick «von unten». Einzelschicksale und die Aussagen von Opfern und Zeitzeugen gewannen generell an Bedeutung

## Einleitung

Selbst Umbrüche in bisher wenig beachteten Ländern wie Nicaragua oder Afghanistan sorgten 1979 weltweit für vielfältige Reaktionen mit großer internationaler Tragweite. Der globale Wandel beschleunigte sich, die Welt wurde enger vernetzt, was man damals noch nicht Globalisierung, sondern Interdependenz nannte. Diese «Ausweitung, Verdichtung und Beschleunigung weltweiter Beziehungen», wie die Globalisierung meist definiert wird,[3] wurde nicht nur durch die Wirtschaft oder globale politische Organisationen angetrieben. Auch die Beobachtungen von Ereignissen in anderen Weltgegenden und die Reaktionen darauf intensivierten sich. Der «Shock of the Global»,[4] der für dieses Jahrzehnt ausgemacht wurde, zeigt sich an den Ereignissen des Jahres 1979 besonders deutlich. Nach Anthony Giddens ist ein Merkmal der Globalisierung, dass lokale Handlungen durch weit entfernte Ereignisse beeinflusst werden.[5] Wie dies geschah, verdeutlicht dieses Buch aus deutscher Perspektive.

Den Ereignissen, von denen dieses Buch handelt, ist gemeinsam, dass sie Reaktionen auf Krisendiagnosen waren, die in den Siebzigerjahren eine starke Konjunktur erlebten.[6] Die Krisenwahrnehmung öffnete den Weg für Reformen, Umstürze und politische, ökonomische und kulturelle Paradigmenwechsel. Deren Richtung war meist offen. Schließlich umschreibt der Begriff «Krise» ja nicht einfach einen Niedergang, sondern einen grundlegenden Umbruch, der unter Zeitdruck wegweisende Entscheidungen abverlangt.[7]

Viele der Ereignisse standen für einen Bruch mit den Grundannahmen und Erwartungen der Moderne. Dass die Religion eine neue große Bedeutung gewinnen würde, hatte in den Siebzigerjahren kaum jemand angenommen, man rechnete eher mit dem Gegenteil. Nun gewannen der fundamentalistische Islam, der Papst, evangelikale Christen und die lateinamerikanische Befreiungstheologie neues öffentliches Gewicht.[8] Bisherige Symbole des Fortschritts – wie die Atomkraft – galten vielen plötzlich als Bedrohung. Die zuvor noch erhoffte regulierende Kraft des Nationalstaates geriet in Misskredit. Stattdessen prägten globale ökonomische Verflechtungen den Wandel, sei es bei den Ölkrisen, der Öffnung Chinas oder dem weltweiten Verkauf der Serie *Holocaust*.

Gemeinsam war vielen Umbrüchen zudem, dass sie für einen Wandel des Politischen standen. In vielen Regionen betraten plötzlich starke Einzelpersönlichkeiten die politische Bühne, die einen grundlegenden Kurswechsel einleiteten. So unterschiedlich Khomeini, Thatcher, Johannes Paul II., Daniel Ortega oder Deng Xiaoping ideologisch auch waren – sie alle setzten nachhaltige Akzente, die bis heute mit ihren Namen verbunden werden. Charakteristisch ist auch, dass die Ereignisse aus der Gesellschaft heraus an Dynamik gewannen. Die Auftritte der charismatischen Persönlichkeiten füllten die Straßen, und der Protest von unten lenkte die politischen und religiösen Führer mit in neue Richtungen. Während 1968 meist nur kleine Studentengruppen von einigen Zehntausend zusammenkamen, waren es nun oft Millionen Menschen, die etablierte Ordnungen herausforderten und für gemeinsame Ziele wie Systemwechsel oder die Abrüstung eintraten. Die Ordnung des Kalten Krieges schwand zugunsten einer multipolaren Welt, in der China, der Nahe Osten oder auch Lateinamerika eine wichtige Rolle spielten.

Die Häufung von globalen Ereignissen Ende der 1970er-Jahre war auch ein Ergebnis des Medienwandels. Die weltweite Ausbreitung des Fernsehens und die nun möglichen globalen Live-Berichte über Satelliten schufen ein «live-broadcasting of history».[9] Journalisten standen mit ihren Kameras bereits dort, wo sie welthistorische Ereignisse erwarteten. Durch die verdichtete Kommunikation trugen die Medien mit dazu bei, dass bestimmte Handlungen überhaupt erst zu globalen Ereignissen wurden. Sie mobilisierten Menschen, aktiv daran zu partizipieren.[10]

Die Ereignisse von 1979 zeigen auch, wie sich das Verhältnis zu Gegenwart, Zukunft und Vergangenheit wandelte. Während man in den Jahren zuvor noch überwiegend die Chancen und Risiken der Zukunft erörtert hatte, schockierte nun viele eine übermächtig aufziehende Gegenwart, die oft mit einer Sehnsucht nach der Vergangenheit einherging.[11] Angesichts der vielfältigen Umbruchserfahrung erschienen Begriffe wie Modernisierung oder Moderne für die Beschreibung der Gegenwart immer fragwürdiger. Vielmehr kamen nun Begriffe wie «Postmoderne» auf. Prominent machte diese Diagnose Jean-François Lyotards Schrift *La condition postmoderne* von 1979, die das Ende der großen Erzählungen proklamierte, etwa von der fortschreitenden Emanzipation der Menschheit. Diese hätten ihre Glaubwürdigkeit verloren, und an ihre Stelle seien eine neue Pluralität und das Bewusstsein eines Bruchs getreten.[12] Daran anschließende Postmoderne-Diagnosen der Achtzigerjahre betonten den Zerfall der Einheit und die Förderung von Vielfältigkeit als Zukunftsaufgabe. Die postmoderne Welt sei, nicht zuletzt wegen der Verdichtung der Telekommunikation und des Flugverkehrs, durch Gleichzeitigkeit und Wechselwirkungen gekennzeichnet, sowie durch Brüche und Differenzen.[13] Sozialwissenschaftler brachten Begriffe wie «zweite Moderne» auf, um die neue Unsicherheit im Zeichen der Globalisierung und Transformation der Industriegesellschaft zu umschreiben.[14] Auch der Begriff der «Risikogesellschaft» entstand mit Blick auf Ereignisse wie den AKW-Unfall nahe Harrisburg 1979.[15] In der Wahrnehmung der Zeitgenossen lassen sich die Ereignisse damit als Bruchzonen der Moderne und der Globalisierung verstehen.[16]

Wie ratlos viele Intellektuelle damals auf die Welt blickten, zeigt der 1979 von Jürgen Habermas herausgegebene Band *Stichworte zur geistigen Situation der Zeit*. Die Beiträge konstatieren ernüchtert eine «neue Unübersichtlichkeit» zwischen dem Utopieverlust der Linken, einer konservativen Tendenzwende und einer Krisenwahrnehmung, die viele an die frühen 1930er-Jahre erinnerte.[17] Die Ereignisse von 1979 stehen für diese Vielfalt synchroner Veränderungen, die viele Zeitgenossen verunsicherten und in ihren Diagnosen beeinflussten.

Einige angelsächsische Historiker haben in den letzten Jahren auf die besondere Bedeutung dieses Jahres hingewiesen. Harold James sah die Ereignisse von 1979 als eine Zäsur, die «die Fragestellungen, die zuvor im Zentrum der Politik gestanden hatten», veränderten.[18] Sein New Yorker Kollege David Harvey sprach von einem «revolutionären Wendepunkt in der Sozial- und Wirtschaftsgeschichte der Welt».[19] Andere betonten die Bedeutung für gegenwärtige Herausforderungen. Der britische Historiker Jeremy Black deutete 1979 als «das wirklich revolutionäre Jahr» und betonte, dass «seine Krisen und Veränderungen bis heute weltweit einflußreich geblieben sind».[20] Der deutsche Politikwissenschaftler Claus Leggewie deutete 1979 als Beginn der multipolaren Welt von heute.[21] Auch der Historiker Niall Ferguson umschrieb 1979 als «das Jahr, in dem die Welt sich wirklich wandelte», weil Russland trotz des Endes des Kalten Kriegs weiterhin eine unberechenbare Macht blieb und der Islam als Herausforderung aufkam.[22] Peter Sloterdijk bezeichnete 1979 «aus heutiger Sicht als das Schlüsseldatum des 20. Jahrhunderts», aufgrund des Eintritts des Neoliberalismus, Islamismus und Post-Kommunismus mit Blick auf China, Polen und Afghanistan.[23] Als zentrales Jahr für die Geschichte des Nahen Ostens beschrieb der Historiker David Lesch das Jahr 1979; vor allem wegen der Nachwirkungen der Iranischen Revolution, des ägyptisch-israelischen Friedensabkommens und des sowjetischen Einmarsches in Afghanistan bilde es einen «Wendepunkt in der Geschichte des Nahen Ostens».[24] Am ausführlichsten hat sich bisher der US-amerikanische Journalist Christian Caryl mit einigen Ereignissen des Jahres 1979 auseinandergesetzt. Für ihn ist es das Jahr des «great backlash», der «großen Gegenreaktion», in dem die Hoffnung auf Fortschritt endete. Eine «Gegen-Revolution» und pragmatische Reformen seien an die Stelle bisheriger Utopien getreten. Er beschreibt in seinem Buch die Vorgeschichte der Reformen von Thatcher, Khomeini, Deng und Johannes Paul II., verbunden mit Seitenblicken auf Afghanistan.[25] Mein Buch setzt dagegen andere Akzente. Es fragt stärker nach der grenzübergreifenden Bedeutung der Veränderungen, insbesondere mit Blick auf Deutschland. Im Vordergrund stehen weniger einzelne Personen als internationale strukturelle Entwicklungen.

«Wenn man ein Jahr als das ‹Jahr Null› unserer modernen Zeit bezeichnen kann, dann ist es 1979», schrieb Ende 2016 der Internet-Aktivist Julian Assange aus seinem Exil in der Londoner Botschaft Ecuadors auf WikiLeaks.[26] Assanges Interesse an diesen wirkmächtigen Ereignissen 1979 hatte Konsequenzen: Er veröffentlichte über eine halbe Million Dokumente der US-amerikanischen Diplomatie von 1979. Die künftige US-amerikanische Forschung über diese Zeit dürfte dies weiter beflügeln.

Trotzdem ist das Jahr 1979 nicht als alles erklärende Superzäsur misszuverstehen. Der Fokus auf 1979 erlaubt es vielmehr, andere Prozesse und Themen ins Blickfeld zu rücken, als es bei der üblichen Konzentration auf die Jahre 1945 und 1989 möglich ist. Das vorliegende Buch schließt damit an sozialgeschichtliche Studien an, die die Siebzigerjahre als Vorgeschichte grundlegender Herausforderungen der Gegenwart verstehen.[27] Statt der recht gut erforschten bundesdeutschen Politik- und Sozialgeschichte der Siebzigerjahre betrachtet es das Aufkommen und die Wirkung internationaler Ereignisse, die sich aus strukturellen Veränderungen entfalteten.[28] So förderte etwa die gesellschaftliche Liberalisierung im Westen sowohl Reformforderungen als auch Gegenreaktionen im Ausland, die wiederum auf den Westen zurück wirkten. Den kaum einlösbaren Anspruch einer multiperspektivischen Globalgeschichte erhebt dieses Buch dagegen nicht.

Ausgewählt wurden zehn Ereignisse, die bereits für die Zeitgenossen im Jahr 1979 weltweit Bedeutung hatten und für einen wichtigen grundsätzlichen Wandel stehen, der auch unsere deutsche Gegenwart prägt. Jedes Kapitel zeigt das Aufkommen der Ereignisse und deren grenzübergreifende Relevanz. Die Rolle, die sie insbesondere für die Bundesrepublik, aber auch für die DDR spielten, bildet in allen Kapiteln einen Schwerpunkt der Darstellung.

Globalgeschichtliche Bücher beruhen meist auf den Spezialstudien zu einzelnen Regionen, die auch hier eine wichtige Grundlage bilden. Das Buch verbindet deren Befunde mit eigenen umfassenden Archivrecherchen, um insbesondere die Bezüge zu Deutschland auszumachen. Zu den Quellen gehören etwa Dokumente und Berichte von Diplomaten, Journalisten, Wirtschaftsvertretern oder zivilgesellschaftlichen Akteuren, Akten von Organisationen und Ministerien sowie Protokolle der internen und öffentlichen politischen Debatten. Hinzu kommen Fallstudien anhand von Spezialarchiven, etwa zu den Rettungsaktionen der *Cap Anamur*, den Solidaritätsbrigaden in Nicaragua oder dem Aufbau von Joint Ventures in China. Insbesondere die mitunter täglichen Aufzeichnungen der Botschaften erwiesen sich als hervorragende Quellen für Länder wie Iran oder China, die bis heute keinen freien Zugang zu ihrem Archivmaterial der 1970/80er-Jahre bieten. Bundesdeutsche Botschaftsangehörige in

Teheran oder Peking übersetzten etwa flüchtige Zeugnisse wie Wandzeitungen, protokollierten Reden und geheime Gespräche im Land. Zudem wurden einzelne Zeitzeugengespräche geführt, etwa mit Akteuren der Nicaragua-Solidarität, Rettern der Boat People und Iran-Reisenden.

Im Jahr 1979 fanden zahlreiche weitere Ereignisse von weltumspannender Bedeutung stand, die ebenfalls beispielhaft gewesen wären: Der Nato-Doppelbeschluss etwa, der für den umkämpften Umgang mit der atomaren Rüstung steht und hier nur im Rahmen des sowjetischen Afghanistan-Einmarsches thematisiert wird. Das Camp-David-Abkommen zwischen Israel und Ägypten brachte eine Annäherung Israels an das größte arabische Land, aber keinen Frieden in der Region. Auch ein Kapitel zum Sturz grausamer Diktatoren in diesem Jahr – wie Idi Amin in Uganda, Jean-Bédel Bokassa in der Zentralafrikanischen Republik oder Pol Pot in Kambodscha – wäre infrage gekommen. Stellvertretend für den Sturz von autoritären Herrschern stehen nun die Kapitel zu Nicaragua und zum Iran. Denkbar wäre zudem gewesen, Ereignisse zu behandeln, die damals nur eine geringe Aufmerksamkeit erhielten, sich aber langfristig als bedeutsam erwiesen – wie die erste Weltklimakonferenz, die 1979 die Erderwärmung zum Medienthema machte; den Start des *usenet* als erstem zivilen offenen Computernetzwerk der Welt; oder die erste Europawahl und Einführung des Europäischen Währungssystems (EWS) 1979, die wichtige Bausteine zum Zusammenwachsen Europas waren. Der Schwerpunkt soll jedoch auf Ereignissen liegen, die schon von den Zeitgenossen als Zäsuren wahrgenommen wurden.

Der Verlauf von Geschichte ist oft von Zufällen geprägt, meist jedoch von langfristigen Veränderungen, die an bestimmten Punkten verdichtet aufscheinen und ein rasantes Tempo gewinnen. Im Jahr 1979 kulminierten in vielen Bereichen und Regionen derartig rasante Veränderungen. In diesem Sinne lässt sich von einer «Zeitenwende 1979» sprechen, in der sich die Welt unserer Gegenwart abzeichnete.

## 1. Die Revolution im Iran
## Der Westen und der radikale Islam

Am 1. Februar 1979 landete eine Sondermaschine der Air France in Teheran, in der kein Alkohol serviert wurde. An Bord der Boeing 747 befand sich der Geistliche Ajatollah Khomeini, der nach fünfzehn Jahren Exil erstmals wieder Heimatboden betrat. Mit ihm flogen rund hundertfünfzig Journalisten aus aller Welt, darunter etwa der ZDF-Reporter Peter Scholl-Latour und der Spiegel-Korrespondent Volkhard Windfuhr. Sie wussten um die weltgeschichtliche Bedeutung dieses Flugs und trugen zugleich dazu bei, Khomeini zu einer weltberühmten Persönlichkeit zu machen, auf die nun Millionen von Menschen auf Teherans Straßen warteten. Allein in den vier Monaten im Pariser Exil hatte Khomeini den ausländischen Journalisten rund hundertdreißig Interviews gegeben und zu einigen sogar ein gewisses Vertrauensverhältnis aufgebaut.[1] So durfte Peter Scholl-Latour ihn während des Flugs beim Beten filmen und bekam einen großen Umschlag überreicht, den er bei einer Verhaftung des Geistlichen verstecken sollte; angeblich befand sich darin die von Khomeini erarbeitete Verfassung für die Islamische Republik Iran.[2] Die Journalisten finanzierten mit ihren Tickets den spektakulären Sonderflug und dienten als menschliche Schutzschilde gegen einen befürchteten Abschuss der Maschine. Vor allem machten sie die Ankunft Khomeinis zu einem globalen Ereignis.

Ob die Landung gelingen würde und was auf sie folgte, war bis zum letzten Moment unklar. Nicht absehbar war etwa, ob das Militär sich gegen Khomeinis Anhänger und auf die Seite des amtierenden iranischen Premierministers Schapur Bachtiar stellen

# 1. Die Revolution im Iran

Ankunft von Khomeini in Teheran am 1. Februar 1979, wo der Geistliche von Millionen Anhängern empfangen wird.

würde, den der Schah vor seiner Abreise als Reformer eingesetzt hatte.[3] Der Flug war immer wieder verschoben worden. Als beim Anflug kurzzeitig ein Triebwerk ausfiel und auch die Landung nicht gleich klappte, glaubten viele schon an einen Anschlag. Der Flughafen selbst war vom Militär weiträumig abgeriegelt und das iranische Fernsehen durfte nur fünf Minuten berichten. Neben einigen Geistlichen warteten auch hier einige hundert internationale Journalisten, um den «historical moment», so ein US-amerikanischer Fernsehreporter im Live-Bericht, für die Welt einzufangen. Das setzte die iranischen Machthaber weiter unter Druck.[4] Mit leiser Stimme und gestützt sprach Khomeini in die Mikrofone, dass er den sofortigen Rücktritt der iranischen Regierung und die Ausweisung ausländischer Berater verlange. Der Gegensatz zu den telegenen Politikern der modernen Mediengesellschaft hätte kaum größer sein können. Als ihn ein Journalist fragte, was er angesichts der Rückkehr fühle, antwortete er schlichtweg: «Nichts».[5]

Als Khomeini anschließend, wiederum umrahmt von Kamerawagen, in einem US-amerikanischen Auto in Teherans Innenstadt fuhr, entfaltete sich das Ereignis mit aller Wucht: Millionen von Menschen säumten die Straßen mit Khomeini-Bildern und begrüßten ihn mit frenetischem Jubel wie einen Propheten. Dies war eine der größten Massenversammlungen der bisherigen Weltgeschichte und ein emotionaler Tumult, der seinesgleichen suchte. Menschenmassen drängten sich lebensgefährlich dicht an Khomeinis Wagen und riefen immer wieder *allāhu akbar*, «Gott ist am größten», und «Tod dem Schah». Schließlich musste Khomeini einen Hubschrauber nehmen, um den Friedhof von Teheran zu erreichen, wo er die Märtyrer der Iranischen Revolution ehrte. Selbst hier warteten Hunderttausende auf den Gräbern, so dass sich Khomeini in einem Krankenwagen in Sicherheit bringen musste, um nicht von seinen Anhängern erdrückt zu werden. Dass das staatliche Fernsehen statt Khomeinis Rede Bilder vom Schah zeigte, während zugleich angebliche Tonaufnahmen des Schahs zu einem Schießbefehl kursierten, verstärkte die Proteste zusätzlich.[6] Angesichts dieser kaum kontrollierbaren Massen erschien nun klar, dass die Tage des alten Regimes gezählt waren und die Macht an den Geistlichen fallen würde. Das Militär hielt sich zurück; nach wenigen Tagen waren die Kasernen von Volksmilizen eingenommen und die alte Regierung abgesetzt.

Khomeinis triumphaler Einzug bildete den Höhepunkt einer Revolution, die diesen Namen verdiente. Nach der Französischen und der Russischen Revolution war sie weltgeschichtlich die dritte große Erhebung, die mit einem eigenen Profil Akzente setzte. Innerhalb von wenigen Wochen stürzte eine Massenbewegung dauerhaft die etablierte politische, soziale und kulturelle Ordnung, ihre Eliten, Gesetze und Normen – und ihr universalistischer Anspruch reichte weit über das eigene Land hinaus.[7] Der französische Sozialphilosoph Michel Foucault, der im Herbst 1978 für die italienische Tageszeitung *Corriere della Sera* zweimal nach Teheran reiste, kommentierte damals: «Das ist vielleicht die erste große Erhebung gegen die weltumspannenden Systeme, die modernste und irrsinnigste Form der Revolte.»[8] Vor allem die Schöpfungskraft der politischen Spiritualität faszinierte ihn, da der Widerstand neue soziale Beziehungen entstehen lasse und sich die Revolte jenseits bisheriger Revolutionsmuster entfalte.[9] Im Vergleich zu anderen Umstürzen blieb die Zahl der Toten anfangs tatsächlich gering, auch wenn rasch weltweit Bilder von gehenkten Schah-Anhängern und der eskalierenden Gewalt auf der Straße kursierten. Zu den Schlüsselbildern der Revolution gehören Fotos von schwarz verschleierten Frauen, die den Umbruch als Abkehr von der westlichen Moderne und «Rückkehr ins Mittelalter» erscheinen ließen.[10] Die iranische Revolution galt damit im Westen rasch als ein Umbruch, der für das Aufkommen eines radikalen politischen Islams stand, der westliche Werte herausforderte. Sie stand nicht nur für die neue Bedeutung der Religion. Ebenso zeigte sie den Machtverlust der USA und die Verschiebung der Logik des Kalten Krieges im Rahmen der Globalisierung. Die Bundesrepublik als besonders enger Partner des Irans verstand es, sich hier zu positionieren.

Angesichts der unterschiedlichen Erwartungen an eine Regierung im Iran ist es überraschend, dass sich ausgerechnet Khomeinis geistliches Regime durchsetzte, das auf den Straßen zunächst kaum gefordert worden war.[11]

## Gute Beziehungen zum Westen und speziell zu den Deutschen

Der Begriff «Islamische Revolution» ist für die iranischen Proteste Anfang 1979 nicht ganz zutreffend. Auch wenn sie in eine islamische Republik mündeten, beteiligten sich ganz unterschiedliche Gruppen daran: Kommunisten und Sozialisten gingen ebenso auf die Straße wie Liberale oder gemäßigte islamische Gruppen, und welche Strömung sich durchsetzen würde, war zunächst unklar.[12] Was sie in dieser Phase einte, war der Kampf gegen den Schah Mohammad Reza Pahlavi, der Wunsch nach sozialer Gerechtigkeit und ein Nationalismus, der sich gegen den westlichen Einfluss und dessen Profit am iranischen Öl richtete.[13] Die Revolution stand damit in der Tradition der anti-imperialistischen «Third World Revolutions». Ihr Erfolg hing weniger von islamischen Lehren ab als von ihrer Wahrnehmung des Westens. Diese radikalisierte sich im Zuge des Globalisierungsschubs der 1970er-Jahre und verband sich mit einem Nationalismus, den der Schah selbst etabliert hatte und der nun zu seinem Sturz beitrug.

Unter den islamischen Ländern des Nahen und Mittleren Ostens hatte der Iran früh Reformen eingeführt, die sich an den Westen anlehnten. Die bereits 1906 entwickelte Verfassung gilt noch heute vielen Exil-Iranern als Zeugnis für die frühe politische Orientierung an Europa.[14] Besonders unter dem säkular orientierten Schah Reza Pahlavi (1925–1941) rückte der Iran in den 1930er-Jahren, ähnlich wie die Türkei unter Atatürk, kulturell, ökonomisch und politisch an den Westen heran. So wurde der Tschador verboten und für Männer Hut und Hemd üblicher. Die Einführung der Schulpflicht minderte den Einfluss der Geistlichen.

Durch die wachsende Nachfrage nach Öl wuchs der Handel mit dem westlichen Ausland, wobei vor allem die Briten vom Verkauf des Rohstoffs profitierten. Der Unmut dagegen und gegen westliche Reformen insgesamt kulminierte Anfang der 1950er-Jahre in der Verstaatlichung der iranischen Förderanlagen der britischen «Anglo-Persian Oil Company». Unter Beteiligung der CIA und des britischen MI6 wurde daraufhin 1953 der populäre Premierminister Mohammed Mossadegh gestürzt, um die westliche Ölförderung abzusichern. Die folgende autoritäre Herrschaft des Schahs Mohammad Reza Pahlavi (1941–1979) stützte sich auf das Militär und Menschenrechtsverletzungen, wurde aber politisch, ökonomisch und militärisch von den USA gefördert, was sie zum Feindbild der Schah-Gegner machte, auch der Intellektuellen, die sich zunächst an der westlichen Moderne orientiert hatten. Dass der Schah seine Reichtümer durch sein westliches Jet-Set-Leben verschwendete, verstärkte die breite Verachtung für den Schah *und* den Westen. Sie sprachen von der «Westoxification», der Vergiftung der eigenen Kultur.[15]

Die Bundesrepublik Deutschland war ein wichtiger Teil dieser globalen Verflechtungen und besonders eng mit dem Iran verbunden. Anknüpfend an vorherige Verbindungen entwickelte sich die Bundesrepublik ab 1952 zum stärksten Handelspartner des Irans und die Bundesregierung förderte dies mit Bürgschaften.[16] Seit den 1960er-Jahren stieg zudem der Waffenexport in den Iran an. Deutsche leiteten Unternehmen im Iran und engagierten sich in der dortigen Ausbildung. Zugleich kamen tausende Iraner zum Studium und zur Ausbildung in die Bundesrepublik, und 1977 nahm die deutsch-iranische Universität in Gilan ihren Betrieb auf. Sowohl säkulare Eliten als auch viele Protagonisten der späteren islamischen Revolution erhielten so eine Ausbildung in Westeuropa. Die westdeutsche Boulevardpresse blickte dagegen fasziniert auf den «Pfauenthron» und die deutsch-iranische Frau des Schahs, Soraya, die in den 1950er-Jahren als Ersatzkaiserin der thronlosen Deutschen galt.[17] Im Zuge der Studierendenproteste seit Mitte der 1960er-Jahre nahm jedoch in den Medien die Kritik an der autoritären Herrschaft des Schahs und seinen Folterkellern zu, wozu auch in Westdeutschland studierende Iraner beitrugen.[18] Als besonders einflussreich erwiesen sich die Schriften des Exiliraners Bahman Nirumand, der zuvor bereits die internationale oppositionelle «Konföderation Iranischer Studenten» mit aufgebaut hatte.[19] Die studentischen Proteste gegen den Schah-Besuch 1967, bei dem der Polizist und Stasi-Spitzel Karl-Heinz Kurras den Demonstranten Benno Ohnesorg erschoss, knüpften daran an und gelten als Bruch der vorherigen Sympathie für das persische Herrscherpaar. Iranischen Oppositionellen galt Ohnesorg als Märtyrer und Opfer des Schahs.

Die ökonomischen Beziehungen wurden von diesen Protesten jedoch nicht beeinflusst. Auch die sozialliberale Bundesregierung stützte in den 1970er-Jahren das Regime des Schahs. Besonders die Ölkrisen intensivierten die Beziehungen. Bis zum Jahr vor der Revolution entwickelte sich der Iran zum größten Öllieferanten der Bundesrepublik, der immerhin ein Fünftel der Ölimporte lieferte.[20] Umgekehrt war der Iran der wichtigste bundesdeutsche Absatzmarkt in der «Dritten Welt», mit jährlichen Exporten von über sechs Milliarden DM vor der Revolution. Zwischen 1974 und

## 1. Die Revolution im Iran

1979 lieferten bundesdeutsche Unternehmen Waffen im Wert von rund einer Milliarde DM in den Iran. Noch während der Unruhen 1978 bestellte der Schah sechs U-Boote und vier Fregatten bei bundesdeutschen Unternehmen, was die Bundesregierung unterstützte.[21] Ebenso erlaubte und förderte die Bundesregierung den Bau von zwei deutschen Atomkraftwerken im iranischen Buschehr, obgleich die USA Bedenken hatten.[22] Ein Abkommen von 1974 vereinbarte, knapp hundert iranische Offiziere und Kadetten an der Bundeswehrhochschule in München auszubilden.[23] Umgekehrt investierten Ölländer wie der Iran ihre «Petro-Dollars» in westliche Unternehmen. So kaufte der Iran 25 Prozent der Fried. Krupp Hüttenwerke AG, also eines besonders traditionsreichen Unternehmens der deutschen Schwerindustrie. Menschenrechte spielten bei diesen Begegnungen kaum eine Rolle. Beim Besuch von Bundeswirtschaftsminister Hans Friderichs im Iran vermerken die Gesprächsnotizen lediglich, dass gegen Schah-feindliche Gruppen in der Bundesrepublik vorgegangen werden müsse.[24]

Auch die DDR versuchte vom Ansehen und den anti-westlichen Stimmungen zu profitieren. Ihr Handel mit dem Iran blieb jedoch gering.[25] Sie nahm seit den 1950er-Jahren kommunistische Exil-Iraner auf, die jedoch recht einflusslos blieben und mitunter in den Westen gingen.[26] Die SED leitete 1975 Handels- und Kulturabkommen mit dem Schah-Regime ein, und im August 1978, als die Proteste gegen den Schah im Iran bereits brodelten, bat Erich Honecker den Schah mit einer Adresse an «Seine Kaiserliche Majestät», die zunehmend guten Beziehungen durch eine Vereinbarung über eine langfristige Wirtschaftskooperation und einen Staatsbesuch zu festigen. Nachdem der Iran zustimmte, wurden kurz vor dem Umsturz tatsächlich Verträge ausgearbeitet.[27] Beide deutsche Staaten setzten damit noch 1978 auf den Iran des Schahs und wurden entsprechend von der Revolution überrascht.

## Massenproteste gegen den Schah

Während sich die Industrienationen in West und Ost mit dem Schah-Regime arrangierten, nahmen im Iran die Proteste zu. Diese hatten viele Ursachen – ökonomische, kulturelle und politische. Eine islamische Mobilisierung kam erst vergleichsweise spät in den 1960/70er-Jahren auf und konnte sich dabei auf verschiedene Vorläufer und Vorbilder stützen. Die ägyptische Muslimbrüderschaft, die in den 1930er-Jahren nicht zuletzt durch antijüdische Kampagnen größeren Zulauf erlangte, faszinierte auch iranische Geistliche wie Khomeini und Navvab Safawi, der seit 1945 mit seiner islamistischen Organisation Fedajin-e Islam Attentate auf säkulare iranische Persönlichkeiten organisierte. Mobilisierend wirkte dabei auch im Iran die Verachtung des westlichen «Imperialismus» und westlicher Kultur, von der Sexualmoral über den Konsum bis zur Populärkultur. Der arabisch-israelische Konflikt schuf ein weiteres einigendes Band zwischen Islamisten verschiedener Länder. Die islamischen Geistlichen im Iran hatten lange Zeit einen Modus Vivendi mit dem Schah gefunden. Ihr Protest loderte nach seinen Reformen in den 1960er-Jahren auf.[28] Die «Weiße Revolution» des Schahs, die 1963 ein Referendum bestätigte, sorgte für das aktive und passive Wahlrecht für Frauen, den Ausbau von säkularer Bildung und eine Landreform. Die islamischen Geistlichen bekämpften nun das Frauenwahlrecht als weiteren Schritt der Emanzipation, und die Landreform verurteilten sie als Zwangsmaßnahme, da sie auch Land aus geistlichem Besitz verteilte, um es angeblich Ungläubigen und Juden zu geben.[29]

Nun trat auch Khomeini sichtbarer auf die Bühne der Protestierenden. Khomeinis Reden gegen den Schah führten zu seiner Verhaftung und 1964 zu seiner Verbannung. Im Irak verfasste er 1970/71 sein Werk *Der islamische Staat*, das einen Gottesstaat ausmalte, der allein auf Allah, dem Koran und der Scharia basieren sollte. Bis zur

Wiederkehr des verborgenen Imam, des Mahdi, sollte ein hoher schiitischer Geistlicher stellvertretend als Rechtsgelehrter den Staat leiten, um die islamische Mission des Propheten fortzuführen.[30] Dieser Glaube trug mit zum revolutionären Sendungsbewusstsein der Schiiten bei. Zugleich untersagte Khomeini jede Kooperation mit dem Regime des Schahs.

Für die breiten Proteste waren jedoch die wirtschaftliche Situation und die politische Repression ursächlicher als die Sehnsucht nach einem islamischen Staat. In der Bevölkerung wuchs die Empörung darüber, dass nur die Oberschicht und vor allem die Schah-Familie von den steigenden Öleinnahmen profitierten, während die Lebenshaltungskosten stiegen. 1976/77 war zudem die Versorgungslage trotz erhöhter Einnahmen katastrophal. Ebenso empörten die Versuche des Schah-Regimes, religiöse Traditionen durch nationalistische Selbstinszenierungen zu ersetzen. Alleine seine legendäre Feier zu «2500 Jahre Persisches Reich», die den Iran als Ursprung der Zivilisation zelebrierte, verschlang angeblich 100 Millionen Dollar.[31] Die am Westen orientierte autoritäre Modernisierung führte somit in mehrfacher Hinsicht zur iranischen Revolution – indem sie den Protest gegen die Reformen und die Sehnsucht nach westlichen Formen der Partizipation stärkte.

Der Menschenrechtsdiskurs seit Mitte der 1970er-Jahre verschlechterte das internationale Ansehen des Schahs. Organisationen wie Amnesty International und schließlich auch US-Präsident Jimmy Carter protestierten gegen die Folterkeller im Iran. Dass der Schah sich abwehrend auf den Menschenrechtsdiskurs einließ, schwächte seine Position weiter. Proteste gegen den Schah, wie etwa bei seinem Besuch in den USA 1977, wirkten auf den Iran zurück. Da zahlreiche Exilanten und Studierende aus dem Iran im Ausland waren, politisierte sich hier eine künftige Elite.

Der Protest im Iran war stark durch städtische Intellektuelle geprägt. Im Herbst 1977 kamen sie auch im Goethe-Institut in Teheran zu Dichter-Lesungen zusammen, die als ein Ausgangspunkt der späteren Revolution gelten.[32] Ebenso vereinigten sich 1977 zahlreiche Juristen, um für eine unabhängige Justiz einzutreten.[33] Hinzu kamen Proteste in Armenvierteln und Streiks, besonders im Ölsektor. Schließlich streikten auch zahlreiche Journalisten und verlangten mehr Pressefreiheit, sodass Zeitungen und Fernsehsendungen ausfielen.[34] Islamischer Widerstand formierte sich Anfang 1978 in der heiligen Stadt Qum, nachdem ein offiziös verfasster Zeitungsartikel Khomeini verunglimpft hatte. Tote durch Polizeieinsätze gegen Demonstranten förderten jeweils neue Proteste, auch bei ihren Begräbnissen. Besonders Predigten mobilisierten massenweise. Aus dem Exil heraus konnte Khomeini über die Moscheen Netzwerke aufbauen und über sie Tonbänder verbreiten. Die Basarhändler lieferten eine weitere kommunikative und finanzielle Infrastruktur, um die islamischen Proteste auszuweiten. Ähnlich wie 1968 im Westen erklären sich die Proteste im Iran auch durch eine starke Verjüngung der Bevölkerung. Diese Generation wurde stärker von den revolutionären Ideen angezogen, die sich auch im Westen entfalteten.[35] Ihre Ideen waren anti-imperialistisch, weniger islamistisch als vielmehr liberal auf Menschenrechte bezogen.

Der Schah reagierte einerseits mit Zugeständnissen. Er tolerierte kritische politische Gruppen und mehr Meinungsfreiheit, um zu besänftigen. Haftbedingungen verbesserten sich, und 1978 nahm die Regierung besonders umstrittene Reformen zurück, wie einen neuen, nicht-islamischen Kalender, die Zulassung von Casinos oder das weiblich besetzte Frauenministerium.[36] Dass der Schah durch seine Krebserkrankung angeschlagen war, mag seine schwankende Haltung miterklären. Westliche Beobachter führten die Unruhen zynisch auf die neuen, angeblich zu großen Freiheiten für die Iraner zurück, die der Schah gewähre. «Es ist zu hoffen, daß das Tempo der Veränderungen verlangsamt wird», hieß es in einer Bonner Ministerialvorlage.[37] Ähnlich urteilte die bundesdeutsche Botschaft in Teheran, die «Zügellosigkeit» spiegele den «politischen Reifegrad der iranischen Massen wider».[38]

Andererseits reagierte der Schah mit Gewalt gegen einzelne Massenproteste. Am 8. September 1978 feuerten seine Truppen auf Protestierende, auch auf verschleiert demonstrierende Frauen, was zu weiteren Demonstrationen führte.[39] Der schwarze Schleier, mit dem viele Frauen nun gegen den Schah protestierten, symbolisierte dabei nicht nur die Sehnsucht nach einer islamischen Republik, sondern war für viele Frauen vor allem ein Symbol gegen das säkulare Regime, das zudem die Anonymität bei der Demonstration sicherte. Vor allem die Streiks in der Ölindustrie, deren Arbeiter mehr Lohn verlangten, brachten das Regime in Bedrängnis, da sie die Wirtschaft lahmlegten. Als sich am 11. Dezember 1978 über eine Million Menschen versammelten, trugen die Sprecher offiziell Khomeini die Führung des Landes an.[40] Durch die Streiks lief nur noch ein Fünftel der Produktion, Banken wurden zerstört, waren nicht mehr liquide, und auch deutsche Unternehmen vor Ort, wie BMW und VW, meldeten Schäden.[41] In vielen Ländern der Welt gingen Exil-Iraner ebenfalls auf die Straße. So versammelten sich in Frankfurt rund 7000 Schah-Gegner, darunter zahlreiche islamische Anhänger Khomeinis und deutsche Linke, wobei es hunderte Verletzte gab.[42]

Als der Schah am 16. Januar 1979 schließlich vor den Massenprotesten ins Ausland floh, überantwortete er Premierminister Shapour Bakhtiar die Regierungsgeschäfte, der Reformen einzuführen versuchte. Dies kam jedoch zu spät. Vor allem Khomeini drängte aus dem Exil darauf, kompromisslos Bakhtiars Regierung abzusetzen. Dass das kommende Jahr 1979 dem islamischen Jahr 1399/1400 entsprach und der Jahrhundertwechsel endzeitliche Erwartungen schürte, förderte den Glauben an einen Umbruch.[43]

### Khomeini proklamiert den Gottesstaat

Mit der Flucht des Schahs setzte ein kurzer «Frühling der Freiheit» ein. Zahlreiche politische Gruppen entstanden und neue Zeitungen blühten auf, von denen einzelne schlagartig eine Auflage von bis zu einer Million erreichten.[44] Viele Demonstrationen ähnelten anfangs ausgelassenen Festen. Allerdings währte dieser Frühling kaum bis Ende März, als sich Khomeini und sein islamischer Gottesstaat auf allen Ebenen durchsetzten.

Wie erklärt sich Khomeinis Erfolg? Während seiner langen Exilzeit im Irak hatte er zunächst noch wenig Einfluss auf sein Heimatland. Erst durch die Annäherung der beiden Länder seit Mitte der 1970er-Jahre konnten seine Schriften zum Gottesstaat im Iran eine größere Verbreitung finden. Pilger trugen sie über die Grenze, ebenso Kassetten mit seinen Predigten.[45] Im Westen wurden seine Schriften über einen künftigen islamischen Staat überhaupt erst im Zuge der Revolution rezipiert. Als entscheidender Vorteil Khomeinis erwies sich, dass er, wohl auf Betreiben des Schahs, während der iranischen Unruhen 1978 aus dem Irak ausgewiesen wurde und schließlich mit einem Dreimonatsvisum nach Paris kam. So konnte er sich ungehindert mit zahllosen Beratern austauschen und Pläne für eine künftige Regierung aushandeln, unter anderem mit seinem späteren ersten Premierminister Mehdi Bāzargān.[46] Khomeinis Besucher und Mitarbeiter brachten seine Reden und Aufrufe zum Umsturz auf Kassetten aus Paris in den Iran, wo sie massenweise kopiert und in den Moscheen laut abgespielt und verkauft wurden.[47] Die Pressefreiheit in Frankreich ermöglichte seine Brandreden gegen den Schah, und sie erreichten so die weltweite Öffentlichkeit. Mitunter warteten bis zu 400 Journalisten vor seinem Haus, um ihn bei seinen Spaziergängen abzufangen.[48] Auf diese Weise entwickelte sich Khomeini auch visuell zu einer Ikone des 20. Jahrhunderts und zu einer Projektionsfigur im Iran. Die US-amerikanische Öffentlichkeit umwarb Khomeini zu Weihnachten 1978 sogar mit einer großen Anzeige in der linksliberalen *New York Times*, mit einem persönlichen Schreiben, das Christen bat, für die Befreiung der unterdrückten Menschen im Iran zu beten.[49]

In den Interviews entwickelte Khomeini oft erst etwas konkretere Leitlinien für eine künftige Politik. Im Interview mit der *Bild-Zeitung* verkündete er etwa, alle Wirtschaftsverträge mit der Bundesrepublik neu zu verhandeln, da der Schah nicht demokratisch legitimiert gewesen sei.[50] Ebenso betonte er immer wieder, iranisches Öl als politische Waffe einzusetzen. Im Interview mit *Le Monde* drohte er etwa an, Israel und Ägypten würden kein Öl bekommen, ansonsten würde der Iran einen «fairen Preis» verlangen, was doppeldeutig Preiserhöhungen ankündigte.[51] In den meisten Interviews versprach Khomeini, das Land gleichermaßen gegen die Amerikaner und Sowjets zu positionieren. Khomeini selbst studierte ebenfalls fortwährend die internationalen Medien: Frühmorgens nach dem Aufstehen las er die internationale Presse, bis spät abends hörte er persischsprachige Auslandssender wie von der BBC.[52] Vielleicht gerade weil Khomeini seine Vorstellungen gegenüber westlichen Journalisten verkündete und jenseits der Tagespolitik im Iran agierte, trat er in seiner Pariser Zeit überraschend gemäßigt und kompromissbereit auf. Vielfach benutzte er die Sprache der Demokratie, der Menschenrechte und des sozialen Ausgleichs, um sich vom undemokratischen Handeln des Schahs abzugrenzen. So versprachen er und seine Berater noch kurz vor seinem Flug nach Teheran freie Wahlen, Pressefreiheit und eine Verfassung, wenn auch islamische Bedingungen für die Kandidatenauswahl.[53] Frauen würden künftig nicht aus dem öffentlichen Leben ausgeschlossen. Dies ermöglichte, dass er nach seiner Ankunft im Iran sehr unterschiedliche Protestgruppen, von den Sozialisten über die Liberalen bis hin zu den Islamisten, unter seiner Führung vereinen konnte.

Tatsächlich zeigte sich diese Kompromissbereitschaft in der neu gebildeten Regierung nach Khomeinis Rückkehr. So ernannte er mit Mehdi Bāzargān einen Premierminister, der sowohl im islamischen wie im säkularen Widerstand gegen den Schah verankert war und einer liberalen islamischen Richtung angehörte. Der Teheraner Professor, der in Frankreich Ingenieurswissenschaften studiert und in der französischen Armee gekämpft hatte, galt auch den westlichen Diplomaten als respektabel.[54] Im Kabinett fanden sich auch Vertreter unterschiedlicher Protestbewegungen, die moderat auftraten. So versprach etwa Hassan Nahsi, Mitglied des Revolutionsrats und Vertrauter Bāzargāns, den bundesdeutschen Diplomaten, die kommende Republik werde nur dem Namen nach islamisch sein und «sich am freiheitlichen Gedankengut der westlichen Welt orientieren».[55]

Das neue Regime erhielt auch deshalb einen Vertrauensvorschuss. Die westlichen Regierungen erkannten sogleich die revolutionär entstandene provisorische Regierung Bāzargān an, obwohl fortlaufend Berichte über die eskalierende Gewalt auf Teherans Straßen kursierten. Außenminister Genscher erklärte schon in der Kabinettssitzung am 14. Februar 1979 «die Fortsetzung der freundschaftlichen Beziehungen» und Bundeskanzler Schmidt kündigte ein Glückwunschtelegramm an Bāzargān an, den er dem demokratischen Lager zurechnete.⁵⁶ Während die SPD-Führung mit antiamerikanischem Einschlag die Anerkennung forderte, da der «Shah ein undemokratischer Bündnispartner des Westens» gewesen sei, betonte das Auswärtige Amt erleichtert, dass im neuen iranischen Kabinett «links-extreme Kräfte» nicht vertreten seien und Bāzargān eine effektive Kontrolle über das Land erreicht habe.⁵⁷ Viele glaubten wie Bundeskanzler Schmidt, Khomeinis Herrschaft sei allenfalls temporär: «Die Ayatollahs können das Land auf Dauer nicht regieren», äußerte er gegenüber Ägyptens Präsident Sadat.⁵⁸ Frankreich und Großbritannien erkannten die neue Regierung ebenfalls mit antikommunistischen Argumenten an. Der französische Außenminister Jean François-Poncet bemerkte latent optimistisch über Khomeini: «Wenn er auch nicht die beste Lösung für den Iran sei, so sei er auch nicht die schlechteste», da «die jetzigen Persönlichkeiten im Iran dabei sind, die Dinge verwaltungsmäßig wieder in den Griff zu bekommen.»⁵⁹ Noch deutlicher formulierte dies Präsident Giscard d'Estaing gegenüber Schmidt: Da bei einem Sieg der Linken keine Wirtschaftsbeziehungen möglich seien, hoffe er «auf einen Sieg Khomeinis – wenn dieser auch sehr hart und blutrünstig sei, und auf eine Niederlage von dessen Gegenspielern sowie den Kommunisten».⁶⁰ Ähnlich urteilten die Außenminister der Nato-Staaten.⁶¹ Auch die Administration von US-Präsident Jimmy Carter bemühte sich in gutem Glauben um ein Auskommen mit den neuen Machthabern.⁶²

Dieses Wohlwollen gegenüber Khomeini entstand auch durch die Annahme, die Sowjetunion hoffe auf eine sozialistische Revolution im Iran und wünsche eine instabile Lage.⁶³ Tatsächlich suchten auch die Sowjetunion und sozialistische Verbündete wie die DDR rasch ein gutes Verhältnis zur neuen islamischen Regierung.⁶⁴ Der Anti-Amerikanismus erwies sich als ein Bindeglied, und entsprechend gab das sowjetische Leitorgan, die *Prawda*, den USA die Schuld an Toten bei den letzten Massendemonstrationen. Auf westlicher Seite kam damit die Angst auf, dass die Sowjets nun eine Einflusszone von Äthiopien über Südjemen bis hin nach Afghanistan um den Per-

## 1. Die Revolution im Iran

sischen Golf und damit die Hälfte der Weltölreserven ausbauten, und so auch Zugang zur Straße von Hormuz erhalten könnten.[65] Tatsächlich forderte die Sowjetunion eine Zurückhaltung der US-Amerikaner und eine Mitsprache in der Golfregion, die in einer gesamteuropäischen Energiekonferenz zu verhandeln sei.[66] Die sowjetische Freude über den Abfall Irans von den USA ging freilich mit einer Verunsicherung darüber einher, dass sich direkt neben dem sowjetischen muslimischen Süden ein politisierter Islam ausbreitete.[67]

Neben dem Anti-Kommunismus verhalfen vor allem ökonomische Interessen zur raschen internationalen Anerkennung der Revolution. Besonders deutlich belegen dies die internen Einschätzungen des Auswärtigen Amts: Wer immer regiere, hieß es hier, «Iran ist und bleibt Erdölexporteur […] Für den Westen bleibt der entscheidende Gesichtspunkt, daß der Iran nicht in den Einflußbereich der Sowjetunion abdriftet.»[68] Nicht minder deutlich unterbreitete der deutsche Botschafter in Teheran dem Revolutionsratsmitglied und Minister für Wirtschaftsplanung, Ezatollah Sahabi, «daß wir Außenhandelspartner brauchen, Iran übrigens auch, und daß Außenpolitik in der Regel nicht mit moralischen Maßstäben zu messen sei.»[69] Der Westen wollte den Umbruch im Iran optimistisch betrachten, um ökonomische Verbindungen zu sichern. Denn längst schnellten die Ölpreise rasant in die Höhe und das Ringen um die Nachrüstung heizte den Kalten Krieg wieder an.

Spätestens ab Ende März 1979 wurde deutlich, wie sehr sich die westlichen Eliten und die sowjetische Führung täuschten. Die islamischen Fundamentalisten spielten die marxistische Linke schnell aus. Ihre anti-imperialistische Rhetorik raubte den Marxisten ihr Mobilisierungspotential. Zudem gelang es den Marxisten nicht, die Sprache der (Land-)Arbeiter zu sprechen, und ihre Verbindung zur Sowjetunion erschwerte ihre Stellung.[70] Die marxistische Tudeh-Partei blieb weiter bestehen, bis 1982/83 auch ihre Anhänger massenhaft als sowjetische Spione verfolgt wurden und die Partei verboten wurde.

Khomeini etablierte die islamische Republik mit scheinbar demokratischen Zugeständnissen, populistischen Versprechungen und Gewalt. So leitete er den Übergang zur islamischen Republik mit

## Khomeini proklamiert den Gottesstaat

Khomeini nach seiner Ankunft vor den Massen an der Teheraner Universität. Die bisher sehr liberalen Studienmöglichkeiten für Frauen wurden rasch eingeschränkt.

einer Abstimmung ein, die eine demokratische Beteiligung vortäuschte. Am 31. März 1979 durften alle Männer *und* Frauen über die künftige Staatsform abstimmen, wobei 98 Prozent für eine Islamische Republik und gegen die Monarchie votierten. Andere Staatsformen, etwa eine Demokratie oder eine sozialistische Republik, waren nicht auf dem Wahlzettel. Ministerpräsident Bāzargān konnte sich auch nicht mit dem Begriff «Demokratisch Islamische Republik» durchsetzen. Wer für den Schah stimmte, musste zudem die unbeliebte Farbe Rot verwenden, die anderen Wahlkarten waren gut sichtbar patriotisch grün.[71]

Ähnlich verfuhr Khomeini bei der neuen Verfassung, über die er abstimmen ließ. Sie wurde von einer «Expertenversammlung» ausgearbeitet, die zu über zwei Dritteln mit Geistlichen oder ihnen nahestehenden Vertretern besetzt war. Einerseits war der Verfassungsentwurf an vielen Stellen demokratisch geprägt, um unterschiedliche politische Gruppen einzubinden. So durften Männer und Frauen ab 16 Jahren das Parlament und den Präsidenten wählen. Andererseits zementierte sie die Vormachtstellung der Geistlichkeit. So legte sie die islamische Rechtsauslegung fest und gab damit die politische und religiöse Leitung in die Hände Khomeinis, der als Stellvertreter des 12. Imams verehrt wurde. Dieser durfte die Geistlichen des Wächterrats bestimmen, der Gesetze mit Veto-Macht überwachen sollte, über Krieg und Frieden entscheiden konnte und die Personalhoheit über die Wahl der Präsidenten, Richter oder auch die Leiter der Rundfunksender hatte.[72] Diese Verfassung fand am 2. Dezember 1979 eine Zustimmung von 99 Prozent. Da die Stimmzettel mit Rücksicht auf die Analphabeten erneut farblich gekennzeichnet waren und es keine Wahlkabinen gab, mieden Gegner die Wahl, und die Wahlbeteiligung fiel um vier Millionen ab. Durch die Verfassung entstand eine Doppelstruktur von geistlicher Macht und Regierung: Neben dem demokratisch gewählten Parlament und Präsidenten, bei dem sich mit Bani Sadr zunächst ein Gemäßigter durchsetzte, stand die islamische Führung unter Khomeini. Und zugelassen zur Wahl wurden nur ausgewählte Kandidaten, während Oppositionelle schnell als Gegner des Islams aussortiert oder verfolgt wurden.[73]

Zugleich lockte Khomeini mit populistischen Versprechungen. Auf den Einbruch des Öl- und Außenhandels und die Arbeitslosigkeit reagierte er mit einer Mischung aus sozialistischen und marktwirtschaftlichen Versprechen. So unterstützte eine «Stiftung der Unterdrückten» aus dem Vermögen des Schahs die mittellose Unterschicht, während eine Landreform viele mittellose Landarbeiter zu selbstständigen Bauern machte, die sich in Genossenschaften zusammenschlossen. Auch ein größerer Teil der Staatsausgaben floss in die Unterstützung der Armen und in die Förderung landwirtschaftlicher Kooperativen.[74] Zugleich versprach Khomeini, besonders mit Blick auf die Basarhändler, das Privateigentum zu achten, was er als Schutz gegen den Kommunismus ansah. Die Bürokratie des Schahs wollte er abbauen. Tatsächlich verdoppelte sich jedoch die Zahl der Staatsbediensteten in zwei Jahren, wodurch er eine loyale Verwaltung aufbauen konnte.

Parallel dazu wurde der Umbau der Gesellschaft mit Gewalt

durchgesetzt. Unverschleierte Frauen, die wie am Internationalen Frauentag (8. März) zu zehntausenden für ihre Rechte und eine säkulare Republik protestierten, trafen immer häufiger auf Männer mit Knüppeln.[75] Die Gewalt auf den Straßen richtete sich zunehmend auch gegen Minderheiten wie die Kurden und die Baha'i, die zahlreiche Verwaltungsposten besetzten. Auch die Juden wurden nun Opfer von Repressionen, nachdem der Iran nach der Staatsgründung Israels eines der wenigen islamischen Länder geblieben war, die die jüdische Bevölkerung tolerierten. Bereits zu Beginn der Revolution floh rund ein Viertel der 80 000 Juden, hunderte kamen in Gefängnisse, viele wurden ermordet.[76] Während in vielen Ländern im Kontext der Fernsehserie *Holocaust* ein neues Mitgefühl mit dem Schicksal der Juden aufkam, flammte hier ein neuer öffentlicher Antisemitismus auf. Allerdings tolerierte der Iran die Juden, die sich nicht offen für den Staat Israel aussprachen. Während Juden in anderen islamisch geprägten Ländern heute kaum noch zu finden sind, lebten im Iran nach der Jahrtausendwende noch rund 25 000 und bilden damit die größte jüdische Gemeinde in einem islamischen Land.[77]

Im Laufe des Jahres 1979 entfaltete sich eine unberechenbare halbinstitutionalisierte Gewalt. Revolutionsgerichte und islamische Garden richteten öffentlich hunderte politische Gegner hin. Volksmilizen übernahmen Polizei-, Post- und Militärstationen, wodurch zahllose Waffen kursierten. Jugendliche feuerten halb aus Freude, halb als Drohung in die Luft, oft mit dem deutschen Gewehr G 3 von Heckler & Koch.[78] Ministerpräsident Bāzargān protestierte zwar gegen die Hinrichtung des Ex-Premierministers Hoveyda, konnte sich aber nicht gegen Khomeinis Rachewillen durchsetzen. Insgesamt kam es wohl zu knapp fünfhundert Hinrichtungen in den folgenden zwei Jahren. Die westlichen Staaten protestierten zumindest gegen die Hinrichtung von früheren Spitzenpolitikern, doch die diplomatischen Interventionen blieben zahnlos.[79]

Die Einführung der islamischen Republik schränkte zahlreiche Grundrechte ein, für die in den 1970er-Jahren weltweit Politiker und soziale Bewegungen gekämpft hatten. Das galt besonders für die Rechte von Frauen. Bereits im März durften Frauen sich nicht mehr an Gerichtsverfahren beteiligen. Moralkomitees überwachten die neuen Kleidungsvorschriften, was de facto für Frauen das Tragen des Tschadors bedeutete. Bis zum Oktober wurden die familienrechtlichen Reformen des Schahs rückgängig gemacht: Der Ehemann erhielt die Entscheidungsgewalt und das Recht zur Scheidung zurück, das Heiratsalter wurde schrittweise auf neun Jahre gesenkt und schließlich Frauen das Recht abgesprochen, vor Gericht gleichwertige Zeugenaussagen zu machen. Eingeschränkt wurde zugleich ihr Bildungszugang: Im Mai wurden ko-edukative Schulen verboten und verheirateten Frauen der Schulbesuch untersagt.[80] Während 1978 der Anteil von studierenden Frauen dem in den meisten westlichen Ländern entsprach, war es 1983 nur noch ein Zehntel.[81] Ohnehin veränderte sich auch der Bildungs- und Kulturbereich schlagartig. Viele weltliche Schulen und Universitäten wurden geschlossen, da nicht-islamische Studien als Einfallstor für westliche Werte galten.[82] Lehrmaterial wurde «gereinigt» und die Geschichte umgeschrieben, weg von der persischen Geschichte hin zu der des Islams. Kunst und Kultur bedurften nun der Genehmigung des Ministeriums für Kultur und Information. Die kurzzeitige Pressefreiheit wurde ab März 1979 zunehmend eingeschränkt. Viele Autoren und Redaktionen zensierten sich aus Angst selbst. Die Zahl der Zeitungen schrumpfte, ebenso ihre Auflagen.[83]

Für die politische Linke im Westen war die iranische Revolution eine schwierige Herausforderung. Konservativ-religiöse Regime standen ihr eigentlich fern, aber aufgrund der anti-amerikanischen, konsumkritischen und revolutionären Konstellation zeigte sie doch vielfach Sympathie. So pries Joschka Fischer im Februar 1979 im linken Stadtmagazin *Pflasterstrand* die islamische Revolution als Aufstand gegen die westliche Lebensweise, denn die islamische Revolution «richtet sich auch und gerade gegen das Eindringen des konsumistischen Atheismus der westlichen Industriegesellschaften».[84] In gewisser Weise sah die Linke hier romantisiert jene Revolte, die ihnen daheim nicht gelang. Auch einige westdeutsche Journalisten teilten diesen Grundtenor anfangs. Der Fernsehreporter Gordian Troeller (*Radio Bremen*) verfasste für die ARD eine Dokumentation, die verständnisvoll von einer kulturellen Revolution sprach, «gegen den fremden Lebensstil, der die Verarmung zur Folge hatte», da Gewinne nur an multinationale Konzerne gingen. Die islamische Regierung «wolle das Konsumfieber beseitigen», und Panik herrsche nur in «Nobelvierteln». Dies untermauerte er mit langen moralischen Reden von Khomeini.[85]

Freilich gab es auch andere Stimmen von linksliberaler Seite. *Der Spiegel* berichtete von Beginn an äußerst kritisch über die Gewalt und Entrechtung im Iran und verurteilte diese in ausführlichen Titelgeschichten wesentlich härter als die meisten Politiker. So prognostizierten seine Autoren, der «Islamische Staat» werde «eine Mischung sein aus faschistischen Staatsideen und der Praxis eines spätmittelalterlichen absolutistischen Staates», der Frauen und Nicht-Moslems diskriminiert.[86] Kritische Berichte über die blutigen Strafen der Revolutionsgerichte veröffentlichte insbesondere Amnesty International.[87]

Vor allem Teile der Frauenbewegung wandten sich gegen das Geschehen im Iran. Prominente Frauenrechtlerinnen wie Simone de Beauvoir protestierten mit Manifesten in ihren Ländern, und zahlreiche westliche Feministinnen reisten in den Iran, um dort gegen die zunehmende Diskriminierung zu demonstrieren und die Gewalt gegen Frauen öffentlich zu machen. So flog auch Alice Schwarzer Mitte März 1979 in den Iran, um die dortigen Frauen zu unterstützen. Das Regime deutete gegenüber diesen Gruppen Gesprächsbereitschaft an. Das hastig gegründete «Internationale Komitee zur Verteidigung der Rechte der Frauen» wurde sogar von Khomeini und Bāzargān selbst empfangen.[88] Dennoch endete auch hier der «Frühling der Freiheit» im März 1979. So wurde die US-amerikanische Feministin Kate Millet aus dem Iran ausgewiesen, andere reisten mit dem Gefühl ab, dass gegen die männliche Repression wenig auszurichten sei. Damit platzte die Hoffnung, in einer globalisierten Welt mit internationaler Öffentlichkeit weltweit Menschenrechte durchzusetzen. Die westlichen Menschenrechtsgruppen interessierten sich nach 1979 ohnehin kaum noch für den Iran, da ihnen das Land kulturell zu fern war und kaum in etablierte Feindbilder passte.

## Das Geiseldrama als Machtkampf mit dem Westen

Westliche Ausländer im Iran brachte die Revolution in eine unsichere Lage. Ende 1978 befanden sich immerhin etwa 55 000 US-Amerikaner dort und rund 13 000 Personen mit deutschem Pass.[89] Die meisten Deutschen waren bei den großen Exportprojekten beschäftigt, besonders bei der Hochtief AG und der KWU/Siemens, in geringerem Maße bei Babcock und der Zimmer AG. Bereits im Dezember 1978 verließen rund 1400 Deutsche das Land, auch, weil deutsche Schulen geschlossen wurden.[90] Seit Ende 1978 kam es bereits zu vereinzelten Morden an westlichen Ausländern.[91] Straßensperren, insbesondere nahe dem Flughafen, an denen man sich vor jungen bewaffneten Garden ausweisen musste, trugen zur Einschüchterung bei. Da der Hass vor allem Amerikanern galt, half es vielen Deutschen, demonstrativ auf ihre Nationalität hinzuweisen, wenngleich dies zu Kommentaren führte wie «Deutschland, Hitler, sehr gut».[92]

Die Bundesregierung und die westlichen Länder bereiteten bereits seit November 1978 Evakuierungspläne vor. Die Lufthansa sollte größere Maschinen bereithalten und die Erhöhung der Flugfrequenz sowie Verbindungen über Nachbarländer wurden überprüft. Neben einer militärischen Luftevakuierung mit den westlichen Verbündeten erwog man mit Unterstützung der Sowjetunion eine Seeevakuierung über das Kaspische Meer.[93] Öffentliche Äußerungen dazu, auch zum Schah, sollten aber unterbleiben, um die Lage der verbleibenden Landsleute nicht zu verschlechtern und die relativ guten Beziehungen nicht zu gefährden.[94] Bis zur Rückkehr Khomeinis hatte rund die Hälfte der Deutschen das Land verlassen. Nach Khomeinis Ankunft rechnete die Bundesregierung mit dem Schlimmsten: Sie hielt zwei Boeing 707 flugbereit, Blutkonserven wurden vorbereitet. Zwei Transall-Maschinen mit Bundesgrenzschützern wurden nach Zypern verlegt.[95] Eine deutsch-britischamerikanisch-französische Arbeitsgruppe konkretisierte bald die Evakuierungsplanung, um 20 000 Menschen auszufliegen: 4800 aus Deutschland, 8411 aus den USA – und Japaner, wenn noch Plätze frei bleiben sollten.[96] Während die westlichen Politiker offiziell den Wechsel gelassen beobachteten, war man sich intern der Dramatik bewusst.

Mitte Februar 1979 besetzte eine radikale Gruppe erstmals die Botschaft der USA in Teheran, doch Khomeini sorgte für deren raschen Abzug, da er sich international als Hüter der neuen Ordnung präsentieren wollte. Bis zum Herbst 1979 kam es zwar immer wieder zur Bedrohung von Ausländern, aber insgesamt schien sich die Lage im Laufe des Jahres zu beruhigen. Geschäftsleute reisten wieder in den Iran, da das Öl erneut sprudelte. Aus dem größten deutschen Auftrag, dem fast fertig gestellten und bis heute umstrittenen Atomkraftwerk in Bushehr, zog sich KWU/Siemens zwar im Sommer 1979 aufgrund der ökonomisch und politisch unsicheren Lage zurück, zumal auch Khomeini die Atomkraft nicht förderte,[97] aber andere Großaufträge deutscher Unternehmen wurden bestätigt – etwa der Bau einer Raffinerie in Isfahan (Thyssen), eines Wärmekraftwerks in Neka (BBC/Deutsche Babcock) oder Wasserleitungen für Teheran (Lar-Tunnel-Konsortium Huta Hegerfeld) – im Gesamtwert von drei Milliarden DM.[98]

Die Lage veränderte sich im Oktober 1979, als die USA, vor allem durch die Vermittlung von Kissinger und Rockefeller, den schwer krebskranken Schah zur Behandlung in ihr Land ließen. Da die iranischen Fundamentalisten vergeblich seine Auslieferung verlangten, flammte der Hass gegen die USA neu auf. Gerüchte kursierten, die USA bereiteten wie 1953 einen Putsch vor, um den Schah wieder einzusetzen. Amerikanische Flaggen wurden verbrannt und die US-Botschaft in Teheran zum Zentrum der antiamerikanischen Proteste, als rund vierhundert iranische Studenten sie erstürmten und die sechsundsechzig Botschaftsmitarbeiter zu ihren Geiseln erklärten.[99] Die Botschaftsbesetzung radikalisierte den Umbau der islamischen Republik und stand für einen deutlichen Bruch zwischen dem Islamismus und der westlichen Welt. Sie war zwar nicht von Khomeini initiiert, aber er tolerierte sie jetzt und setzte ihr kein Ende. Zugleich nutzte er sie im Machtkampf, um die Ausgestaltung der islamischen Republik und die Abstimmung über die Verfassung zu beeinflussen.[100] Denn in den Monaten vor der Besetzung hatten sich gemäßigte Regierungsvertreter wie Premierminister Bāzargān für eine eingeschränktere geistliche Macht eingesetzt. Die neue Revolte gegen die USA stärkte die islamischen Fundamentalisten und ihren Straßenprotest. Als Khomeini die Besetzung tolerierte, reichte Bāzargān sofort seinen Rücktritt ein, was den gemäßigten Flügel schwächte.

Offiziell begründete das iranische Außenministerium die Besetzung damit, es handele sich nicht um eine Botschaft, sondern um ein CIA-Spionagenest und die «eigentliche Herrschaftszentrale des Iran».[101] Dass die Besetzer zwischen den rasch geschredderten Dokumenten tatsächlich einzelne iranische Informanten der Amerikaner ausmachten, verstärkte im Iran den Hass und den Glauben an Verschwörungstheorien. Ähnlich wie im Falle des Vietnamkriegs oder 1993 bei der Schlacht von Mogadischu wurden die USA durch weltweit verbreitete Bilder gedemütigt: Botschaftsangehörige mit Augenbinden, die vor laufenden Kameras vorgeführt wurden, zeigten der Welt die Verletzlichkeit der Supermacht und die Stärke der islamischen Revolution, ähnlich wie zuvor in Vietnam die Fluchtbilder der letzten US-Soldaten mit Helikoptern.[102] Die westlichen Fernsehnachrichten hielten diese Demütigung präsent. So beendete der Moderator der CBS *Evening News*, Walter Cronkite, seine Sendung lange täglich mit der Zahl der Tage, die die Amerikaner in Teheran gefangen seien. Die Besetzer spielten ebenfalls auf der Klaviatur der globalen Medienwelt. Trat ein kanadisches Fernsehteam vor die Botschaft, so riefen sie auf Englisch und Französisch «Tod dem Schah», während eine Iranerin in fließendem Deutsch den Journalisten Peter Scholl-Latour informierte.[103] Selbst Khomeini gewährte dem deutschen Journalisten auch unmittelbar nach der Geiselnahme ein Interview, um die globale Debatte anzuheizen.

Die US-amerikanischen Botschaften waren in der Folge in vielen islamisch geprägten Ländern gewaltsamen Protesten ausgesetzt. Insbesondere nachdem Khomeini im Radio verkündet hatte, die USA seien für die Besetzung der Großen Moschee in Mekka am

Die Stürmung der US-Botschaft in Teheran am 4. November 1979 mündete in eine über einjährige Geiselnahme. Sie war eine der großen Demütigungen der USA.

20. November 1979 verantwortlich (die tatsächlich radikale Islamisten durchführten), entlud sich diese Gewalt grenzübergreifend. In Islamabad und Tripolis wurden die US-Botschaften niedergebrannt. Dieser sich radikalisierende Konflikt weitete sich auf westliche Länder aus. Schon am Tag nach der Besetzung versammelten sich iranische Demonstranten vor der US-Botschaft in Bonn, die nun rund um die Uhr bewacht wurde – ähnlich wie später nach dem 11. September 2001. In Washington musste die Polizei Demonstranten für und gegen den Iran trennen.

Die bundesdeutsche Botschaft in Teheran erhielt am 10. November 1979 ebenfalls die Drohung, besetzt zu werden, wenn nicht im Fernsehen ein Brief verlesen würde, der Asylanträge von Schah-Anhängern verurteilte.[104] Die deutschen Botschaftsangehörigen blieben deshalb auf Weisung von Außenminister Genscher vorerst zuhause, dann arbeiteten sie nur mit einem Minimalstab. Zudem wies das Auswärtige Amt die Teheraner Botschaft an, vor allem personenbezogenes Aktenmaterial zu vernichten, und riet den noch rund

1900 Deutschen im Iran, das Land unauffällig zu verlassen und «in jedem Fall sich als Deutscher zu erkennen [zu] geben».[105] Die deutsche Industrie- und Handelskammer schätzte die Gefahr geringer ein und verschiedene Firmenvertreter wollten bleiben. Zugleich versuchte die iranische Politik die Botschaften der anderen Länder zu beruhigen: Ihnen wurde von der neuen Regierung versichert, nicht gefährdet zu sein, da sie keine Spionagezentren seien. Ajatollah Nouri zog sogar mit Anhängern zu den westlichen Botschaften in Teheran und überreichte ihnen vor laufenden Fernsehkameras Blumen mit Freundschaftsbekundungen, was diese als Zeichen des guten Willens akzeptierten.[106]

Die Vermittlungsversuche bei der Geiselnahme verliefen auf unterschiedlichen Ebenen. Ergebnislos blieben die Verurteilung der Botschaftsbesetzung durch den Internationalen Militärgerichtshof und die Verhandlungen des UNO-Generalsekretärs Kurt Waldheim. Wirkungsvoller waren die schrittweise verschärften Wirtschaftssanktionen, die die USA gegen den Iran verhängten. Besonders effizient war das Einfrieren iranischer Guthaben in den USA am 14. November 1979, das immerhin zwölf Milliarden Dollar betrug. Offiziell wurde dieser Schritt als Kapitalsicherung während der instabilen Lage begründet, tatsächlich handelte es sich um eine entscheidende Verhandlungsmasse für die Befreiung.[107] Diese Maßnahme erregte jedoch in der gesamten islamisch geprägten Welt Unmut, da die USA bisher als sicherer Anlageort für die «Petro-Dollars» galten, der nun im Fall politischer Konflikte gefährdet schien. Ebenso untersagte die USA die Einfuhr iranischen Öls. Auch die Bundesrepublik reagierte mit einzelnen Sanktionen: Seit dem 6. November 1979 gab sie keine Bürgschaften mehr bei Ausfuhrgeschäften und stoppte die Ausfuhr militärischer Ersatzteile.[108] Zudem versprach die Bundesregierung, auf Unternehmen einzuwirken, keine Ersatzteile mehr zu liefern und iranisches Öl weiterhin nur in US-Dollar und zu OPEC-Bedingungen zu kaufen. Zudem riet sie den Banken, keine neuen iranischen Konten zu eröffnen und keine Kulanz bei iranischen Zahlungsverzögerungen zu zeigen.[109] Die Deutschen und Westeuropäer setzten folglich eher auf weiche Empfehlungen als auf harte Einschnitte.

Die Frage, wie auf die Geiselnahme zu reagieren sei, spaltete zunehmend die westlichen Länder und verschlechterte die ohnehin angespannten Beziehungen zwischen Westeuropa und den USA.[110] Um den Iran hart unter Druck zu setzen, verlangten die USA von ihren NATO-Partnern schmerzhafte Sanktionen. Schon am 20. November 1979 drängte US-Präsident Carter telefonisch Bundeskanzler Schmidt zur Schließung oder Reduzierung der westeuropäischen Botschaften in Teheran, was Schmidt mit Verweis auf die Sicherheit der dortigen Deutschen ablehnte.[111] Noch Ende März warnte Schmidt den US-Präsidenten, dass «überstürzte Aktionen eine kontraproduktive Wirkung haben» und die Verhandlungen weiter erschweren würden, wie auch der bundesdeutsche Botschafter in Teheran mahnte.[112] Damit spielte er sicherlich auch auf eine militärische Rettungsaktion an, die die Deutschen und Westeuropa nach dem sowjetischen Einmarsch in Afghanistan besonders fürchteten. Auch die Protokolle von Spitzengesprächen zwischen Schmidt, Thatcher und Giscard verdeutlichen, dass die westeuropäischen Staaten und besonders die Bundesrepublik kein Einfrieren der Wirtschaftsbeziehungen oder iranischen Auslandsvermögen wollten.[113] In den Gesprächen der Spitzenpolitiker, im Kabinett und in den Parteispitzen dominierte die Angst, bei Sanktionen würden die Ölpreise weiter steigen.[114]

Erschwert wurden die Sanktionsverhandlungen durch den sowjetischen Einmarsch in Afghanistan Ende 1979, den die USA ebenfalls mit gemeinsamen Sanktionen gegen die Sowjetunion beantworten wollten. Da die Bundesrepublik in beiden Fällen ein besonders großes Exportvolumen hatte und von beiden Staaten größere Energiemengen erhielt, hätte sie dies besonders hart getroffen. Denn obwohl die deutschen Ausfuhren in den Iran um zwei Drittel einbrachen, blieb die Bundesrepublik der wichtigste Handelspartner des Irans und vereinte fast die Hälfte der EG-Exporte auf sich.[115] Trotz aller Bedenken gegen ein echtes Embargo betonte Schmidt, dass die Bundesrepublik im Zweifelsfall, wenn die USA dies unumstößlich verlangen sollten, notfalls gegen deutsche Interessen solidarisch sein müsste, wofür ein gemeinsames Vorgehen der Verbündeten nötig sei.[116]

## 1. Die Revolution im Iran

Die Brille des Kalten Kriegs prägte weiterhin die Entscheidungen. Die westeuropäischen Länder argumentierten, dass bei einem Wirtschaftsboykott die Sowjetunion und ihre Verbündeten im Iran einspringen würden, um nach dem Afghanistan-Einmarsch ein weiteres Land an sich zu binden.[117] Tatsächlich hatte die Sowjetunion die Geiselnahme noch nicht offiziell verurteilt. Der sowjetische Außenminister Gromyko unterstrich Schmidt gegenüber sogar am 23. November 1979, «daß die Sowjetunion zu all dem positiv stehe, was man mit ‹iranischer Revolution› bezeichne.» Niemand dürfe sich hier einmischen, und den USA warf er die Aufnahme des Schahs vor.[118] Im Januar stimmten die Sowjets in der UN-Versammlung erwartungsgemäß gegen wirtschaftliche Sanktionen.

Auch die DDR bemühte sich nach der Geiselnahme um engere Beziehungen zum Iran. Ihre Geheimdienstberichte aus dem Iran stellten zwar eine anti-sowjetische Grundstimmung fest, vom guten Ansehen der Deutschen hofften aber auch sie zu profitieren. Unter Federführung des «Bereichs Kommerzielle Koordinierung» unter Schalck-Golodkowski lieferte sie ab 1980 zunehmend LKWs, Ausbildungsunterstützung und Waffen in den Iran, allein von 1981 bis 1983 im Wert von 477 Millionen Valutamark. Entsprechend bezog die DDR seit der Revolution mehr Öl aus dem islamischen Land.[119] Der Iran versuchte sogar, im noch größeren Stil Rüstungsgüter von der DDR zu erwerben, dies scheiterte jedoch an deren begrenzten Lieferkapazitäten. Pikanterweise exportierte die DDR in den 1980er-Jahren, trotz des Kriegs zwischen beiden Ländern, auch in erheblichem Umfang militärische Güter an den Irak. Die deutsch-deutsche Dimension illustrierte ein Zeitzeugengespräch mit einem iranisch-stämmigen Physiker, das ich bei der Recherche führte: Seine Familie floh 1983 aus dem Iran, und sein kommunistischer Vater erhielt von der DDR-Botschaft in der Türkei gefälschte westdeutsche Einreisepapiere, um über Ost-Berlin in die Bundesrepublik zu fliehen und dort in einem Atomkraftwerk zu arbeiten und der DDR zu berichten.[120]

Gerade nach dem sowjetischen Afghanistan-Einmarsch war ein militärisches Eingreifen der USA im Iran durchaus denkbar. Die Bundesregierung und die Briten warnten nachdrücklich davor, dass dies eine langfristige Verstimmung mit der islamischen Welt zur Folge haben würde.[121] Am 25. April 1980 versuchten die USA im Alleingang, die Geiseln mit einem Geschwader von zunächst acht Hubschraubern zu befreien. Dies endete jedoch in einem Desaster, das an die gescheiterte Invasion in der Schweinebucht in Kuba 1961 erinnerte: Drei Helikopter mussten wegen technischer Probleme zurückfliegen, zwei weitere kollidierten beim Tanken in der Wüste, sodass acht Mann kampflos verstarben und die Aktion abgebrochen wurde. Die USA hatten die westlichen Verbündeten wohl nicht vorab informiert, wohl aber beratende Gespräche geführt.[122] So erwähnte Schmidt in einem Gespräch mit einer Angehörigen einer Geisel am gleichen Tag, er habe dem US-amerikanischen Präsidenten im März aus seiner Erfahrung bei der Geiselbefreiung aus dem entführten Flugzeug *Landshut* in Mogadischu geraten, Derartiges nach überparteilicher Aussprache abzuwägen.[123] Ebenso finden sich interne Berichte, die Vorgespräche zwischen den USA und der Sowjetunion dazu andeuten, wobei sich abzeichnete, dass die Sowjetunion an einer derartigen Eindämmung des radikalen Islams ein Eigeninteresse hatte, solange die USA nicht ihren Einfluss ausbauten.[124] Präsident Carter wollte sich mit der Aktion als handlungsfähig erweisen; nun stärkte der peinliche Verlauf seinen Herausforderer Ronald Reagan.[125] Das US-amerikanische Scheitern führte erneut die Verletzlichkeit und Schwäche gegenüber der neuartigen islamistischen Herausforderung vor Augen. Der Iran und die sozialistischen Länder quittierten es mit Spott, während die bundesdeutsche Öffentlichkeit monierte, dass die blamable Aktion im Alleingang gegen EG-Beschlüsse erfolgt war und die weltpolitischen Spannungen verschlimmert habe.[126] Tatsächlich erschwerte sie den Zugang zu den Geiseln, die nun an unterschiedliche Orte verlegt wurden.

### Befreiung mit deutscher Hilfe

Gelöst wurde der verfahrene Konflikt zwischen dem Iran und dem Westen durch informelle Verhandlungen, härtere Sanktionen und deren anschließende Lockerung. Einen Tag vor der gescheiterten Rettungsaktion hatten sich die EG-Länder für Sanktionen ausgesprochen, falls die Geiseln nicht bis zum 17. Mai 1980 freigelassen würden. Sie betonten aber immer wieder, dass die Sanktionen sie selbst härter träfen als den Iran.[127] Bis dahin sollten die Zahl der Diplomaten verringert und Waffenlieferungen verboten werden. Allerdings bezogen sich die angedrohten und dann umgesetzten Handelssanktionen nur auf neue Verträge seit der Geiselnahme, nicht auf ältere, deren Nichterfüllung tatsächlich handfeste wirtschaftliche Nachteile für die EG-Länder und den Iran bedeutet hätte.[128] Somit trugen die westeuropäischen Sanktionen zumindest kurzfristig wenig zur Konfliktlösung bei.

Unterdessen brachen die offiziellen Kontakte nicht ab. Im Juni 1980 reiste eine vom bundesdeutschen Wirtschaftsministerium geleitete Delegation in den Iran, und im Februar waren bereits drei SPD-Bundestagsabgeordnete einer Einladung zum 1400. Jahrestag der Hidschra, der Auswanderung des Propheten Mohammed von Mekka nach Medina, gefolgt. Der Bericht von Norbert Gansel milderte die Ängste: «Man kann sich als Europäer frei bewegen. Von Fremdenhaß war auch dieses Mal nichts zu spüren.»[129]

Parallel dazu wurden informelle Verhandlungen über die Freilassung der Geiseln geführt. Anfangs bezogen sich die Forderungen der Iraner vor allem auf den Schah. Sie verlangten von den USA erst seine Auslieferung, dann, leicht abgemildert, ein Verhör des Schahs durch eine internationale, vom Iran benannte Untersuchungskommission in den USA, die entscheiden sollte, ob er vor Gericht gestellt werde. Zudem verlangten sie die Rückgabe des Schah-Vermögens und eine offizielle Anerkennung der USA, dass der Schah Verbrechen begangen habe.¹³⁰ Nachdem der gestürzte Schah Mitte Dezember 1979 die USA verlassen hatte und im Juli 1980 in Kairo verstorben war, drehten sich die Verhandlungen um finanzielle Forderungen und symbolische Anerkennungen, bei denen beide Seiten ihr Gesicht wahren konnten.

Auch die informellen, streng geheim geführten Verhandlungen verliefen nicht nur zwischen den USA und dem Iran, sondern multilateral. Eine Vermittlerfunktion hatten der Botschafter der Schweiz sowie Erzbischof Capucci in Palästina,¹³¹ vor allem aber liefen die Gespräche über die Bundesrepublik und Algerien.¹³² Die überlieferten Akten zeigen viele deutsche Akteure und eine bislang kaum bekannte deutsche Rolle bei der Befreiung. Eine zentrale Figur war der bundesdeutsche Botschafter im Iran, Gerhard Ritzel. Dieser brachte einige Erfahrungen für derartig sensible Gespräche mit. Als Sohn eines Reichs- und Bundestagsabgeordneten hatte er früh die politische Welt kennengelernt, eine steile diplomatische Karriere absolviert und Ende der 1960er auch im engeren Umfeld von Willy Brandt gearbeitet. 1979 zählte er zu den wenigen westlichen Botschaftern mit gutem Kontakt zur islamischen Führungsspitze.¹³³ Schon eine Woche nach der Revolution fand Ritzel bei einem Treffen mit Ajatollah Taleghani einen vertraulichen Gesprächsfaden.¹³⁴ Bei dessen Beerdigung ein halbes Jahr später besuchte der deutsche Botschafter die Moschee, begleitete den Trauerzug und wurde danach oft von fremden Iranern auf der Straße mit einem Lächeln begrüßt.¹³⁵ Ebenso sind zahlreiche Gespräche Ritzels mit dem Umfeld von Khomeini überliefert: Ritzel suchte aktiv den Austausch mit Ajatollahs und Angehörigen der iranischen Regierung und wurde umgekehrt auch von ihnen aufgesucht. Schon kurz nach der Geiselnahme wählte das iranische Regime Ritzel als Emissär einer Nachricht für den Schah, wie auch schon während der frühen Proteste.¹³⁶

Für die Geiselbefreiung waren Ritzels Kontakte zum stellvertretenden Ministerpräsident Sadegh Tabatabai entscheidend, da dieser enge Verbindungen zu Khomeini und in die Bundesrepublik besaß, wo er lange gelebt hatte. Nach seinem Chemiestudium in Aachen war Tabatabai in Bochum promoviert worden und hatte angeblich Ulrike Meinhof Material für ihre berühmte *konkret*-Kolumne gegen den Schah-Besuch 1967 vermittelt.[137] Mit Khomeini war er verwandt (seine Schwester war mit Khomeinis Sohn verheiratet) und er stand schon im französischen Exil eng an seiner Seite. Dank seiner westlichen Kultur- und Sprachkenntnisse vermittelte Tabatabai auch den engen Kontakt zwischen Khomeini und westlichen Journalisten wie Scholl-Latour.[138] Er war zugleich im Mai 1979 der erste Vertreter des neuen Regimes, der offiziell Deutschland besuchte und mit Wirtschaftsminister Graf Lambsdorff zusammentraf. Am 21. März 1980 traf sich Genscher mit Tabatabai zu einem Gespräch, das Genschers Verhandlungsgeschick bewies: Er betonte, dass er seit seiner Ernennung zum Außenminister 1974 nie den Iran unter dem Schah besucht und nie offiziell den iranischen Außenminister empfangen habe. Die Geiselnahme sprach Genscher nur vorsichtig an, indem er bemerkte: «Ohne die Geiselnahmen würde die iranische Revolution auch bei uns mit viel mehr Sympathie und Verständnis gesehen werden.» Dann schlug er ein neues privates, zufällig wirkendes Treffen vor, zu dem US-Vertreter kämen, und informierte im Anschluss telefonisch den US-amerikanischen Außenminister.[139] Schon zwei Wochen später führte Genscher ein weiteres Gespräch mit Tabatabai, bei dem er eine schnelle Überstellung der Geiseln verlangte und ansonsten mit Sanktionen drohte.[140] Auch wenn diese Treffen vorerst ergebnislos blieben, festigten sie das Vertrauen in die Deutschen als Unterhändler, zumal die US-Amerikaner in dieser Zeit keine substantiellen Verhandlungspartner fanden. Einzelgespräche hielten diesen Kontakt am Leben, etwa durch den SPD-Abgeordneten Hans-Jürgen Wischnewski – wegen seiner guten Kontakte in den Nahen Osten auch «Ben Wisch» genannt –, der Tabatabai am 19. August 1980 in Bonn traf. Beide kannten sich aus Tabatabais Zeit in der Bundesrepublik und durch die Sozialistische Internationale.[141]

Anfang September 1980 führte Botschafter Ritzel in Teheran entscheidende Vorgespräche mit dem Präsidenten Bani Sadr, mit Ayatollah Beheshti und mit Tabatabai, aus denen sich dann tatsächlich eine Lösung entwickelte.[142] Tabatabai hatte sich am Vorabend in Khomeinis Haus mit dessen Sohn Ahmad und Parlamentspräsident Rafsandjani auf ein Prozedere zur Geiselfreilassung geeinigt, wobei sie drei Forderungen hätten: die Deblockade iranischer Guthaben an einem dritten Ort; eine Zusage der USA, nicht im Iran zu intervenieren; und die Rücküberstellung des Vermögens des Schahs. Tabatabai würde am 14. September in die Bundesrepublik kommen und sei bereit, mit den US-Amerikanern über das Prozedere zu sprechen. Die Freilassung könne dann noch vor dem 4. November abgewickelt werden, also vor dem Jahrestag der Geiselnahme und vor den Wahlen in den USA.[143] Tatsächlich gelangen so am Rande einer Tagung der Friedrich-Ebert-Stiftung über die Lage im Iran am 16. und 18. September 1980 Geheimverhandlungen in Bonn, bei denen Genscher, Vize-US-Außenminister Warren Christopher und Tabatabai miteinander sprachen. Die USA erklärten sich bereit, eingefrorene Vermögen freizugeben, militärische und politische Enthaltung zu versprechen und die Rückführung des Schah-Vermögens zu unterstützen (was Tabatabai als wichtigsten Punkt benannte), und versprachen dafür vorab Sicherheiten.[144]

Alle weiteren Absprachen und Kontakte sollten über den bundesdeutschen Botschafter laufen. Ritzel stand nun regelmäßig mit Tabatabai in Kontakt und informierte über dessen Rücksprachen mit Khomeini oder trat dafür ein, dass alle Geiseln gleichzeitig freizulassen seien.[145] Tatsächlich griff Khomeini die ausgehandelten Forderungen in einer Rede auf, die Ritzel als eine Art Direktive ans Parlament verstand, wobei im Iran wohl nur drei Personen von den geheimen Treffen wussten – neben Khomeini der Staatspräsident Bani Sadr und der Parlamentspräsident. Doch als am 22. September der Irak den Iran angriff, verzögerte sich die Umsetzung des Plans.

Die Übertragung der geforderten Vermögenswerte wurde über Algerien abgewickelt, ein islamisch geprägtes Land, das das Vertrauen des Irans besaß. Das Begräbnis des jugoslawischen Präsidenten Tito am 8. Mai 1980, zu dem führende Politiker aus aller Welt und ganz unterschiedlicher Couleur nach Belgrad kamen, erwies sich für viele aktuelle Krisen als einmalige Verhandlungsgelegenheit. Schmidt bat hier den algerischen Präsidenten Chadli Bendjedid, sich für die Überstellung der Geiseln einzusetzen; «ohne Einmischung von außen werde man sicher eine Lösung finden». Auch wenn das Protokoll keine konkreten Maßnahmen verzeichnet, antwortete dieser immerhin: «Algerien würde sein Möglichstes tun».[146] Die eigentlichen Verhandlungen über die Freilassung, die vor allem Finanzfragen und Übergabeschritte betrafen, verliefen dann ohne die Deutschen zwischen den USA und algerischen Politikern, die wiederum mit dem Iran sprachen.[147] Beide Seiten stimmten schließlich zu, dass die USA rund acht Milliarden Dollar eingefrorener iranischer Gelder und Gold im Wert von knapp einer Million Dollar bei der algerischen Zentralbank hinterlegen und nach der Freilassung dem Iran verfügbar machen würden. Zur Deckung iranischer Schulden behielten die USA einen Teil des iranischen Vermögens ein, was die schließlich transferierte Summe erheblich senkte. Die sogenannten «Algier Accords» vom 19. Januar 1981 garantierten zudem die sofortige Aufhebung der Wirtschaftssanktionen, die Blockierung des Schah-Vermögens und eine Erklärung zur Nicht-Einmischung der USA in Iran, auf die der Iran noch heute besteht.[148] Die Regelung half beiden Seiten zu einer akzeptablen Lösung: Die USA argumentierten, dass sie nur das zurückerstattet hätten, was ohnehin dem Iran gehörte; und der Iran erhielt neben symbolischen Zugeständnissen Zugang zu Devisen, die er für den Krieg gegen den Irak dringend benötigte.

Die Geiseln wurden über Algier zu einer US-Militärstation in Wiesbaden ausgeflogen, wo Helmut Schmidt und der gerade abgewählte US-Präsident Carter sie begrüßten. Dies verstärkte öffentlich den Eindruck, die Bundesrepublik habe zur Rettung maßgeblich beigetragen. Vor laufender Kamera und in einem persönlichen Schreiben bedankte sich Carter bei den Deutschen, was die angeschlagene deutsch-amerikanische Freundschaft ein wenig heilte: «Sie halfen uns in einer Weise, die ich niemals öffentlich der Welt mitteilen darf.» Intern dankte er besonders dem deutschen Botschafter: «Durch geduldige Arbeit brachte Ritzel Tabatabai dazu, einen Mittelsmann der US-amerikanischen Regierung zu akzeptieren, und übermittelte Nachrichten an den Ayattolah durch Ahmed Khomeini.»[149] Das Auswärtige Amt wies zwar in seiner internen Auswertung bescheiden darauf hin, dass Genschers und Ritzels Handeln nicht ursächlich für die Befreiung der Geiseln gewesen seien,[150] doch Ritzels mutiges und feinfühliges Engagement in

Teheran hatte erst die entscheidenden Gespräche ermöglicht. Damit zahlte sich am Ende aus, dass er auch nach Khomeinis Rückkehr den Kontakt zu islamischen Geistlichen und den neuen Machthabern suchte und sich auf eine Welt einließ, die sich politisch und kulturell schlagartig gewandelt hatte. Der Iran kapselte sich hingegen durch die Geiselnahme weiter vom Westen ab und ermöglichte so die zunehmende Islamisierung des Landes.

## Der islamische Fundamentalismus fordert die Weltordnung heraus

Viele Zeitgenossen sahen die iranische Revolution zwar durch die Brille des Kalten Kriegs, aber rasch wurde deutlich, dass sie dessen Logik herausforderte. Neben die bipolare Ordnung, in der sich Kommunismus und Kapitalismus gegenüberstanden, trat nun der politische Islam, der sich quer dazu positionierte und von beiden Seiten abgrenzte. Die Entwicklung im Iran korrespondierte mit der zeitgleichen Stärkung des fundamentalistischen Islams in einigen anderen Staaten, etwa in Pakistan unter Zia-ul-Haq oder Saudi-Arabien.[151]

Die Islamische Republik Iran trat mit dem Anspruch auf, die gesamte islamische Welt politisch zu einigen und die Revolution zu exportieren. Khomeini rief regelmäßig dazu auf und die iranische Verfassung hielt fest, dass alle Muslime eine Nation bilden und die islamische Republik die Aufgabe habe, sie zusammenzuführen. Khomeini erließ neue Glaubensrichtlinien, um die Annäherung der religiösen Richtungen zu erleichtern,[152] und beschwor eine Welt, in der der Islam den Andersgläubigen gegenüberstand, insbesondere dem Westen. Die antisemitischen Tiraden oder später auch das iranische Atomprogramm sollten diesen Führungsanspruch bei der Einigung der islamischen Welt untermauern.[153]

Dieser iranische Pan-Islamismus forderte insbesondere Saudi-Arabien heraus, das selbst eine Führungsrolle in der islamischen Welt beanspruchte. So hatte das saudische Königshaus besonders durch die Gründung der Islamischen Weltliga (1962) und der Organisation für Islamische Zusammenarbeit (1969) einen stärkeren Zusammenschluss forciert. Der Palästina-Konflikt politisierte diese Kooperation frühzeitig. Der Ölreichtum förderte durch die muslimische Arbeitsmigration nach Saudi-Arabien enge Verbindungen zu ärmeren Nachbarländern. Zugleich galt Saudi-Arabien als ein verlässlicher Partner der westlichen Welt: Ähnlich wie der Iran hatte es sich nach der Ölkrise von 1973 für moderate Preise eingesetzt und 1979 dann den Ausfall des iranischen Öls durch verstärkte Lieferungen aufgefangen. Dennoch gewannen auch in Saudi-Arabien unter dem Eindruck des iranischen Umbruchs konservative religiöse Strömungen an Gewicht. Im November 1979 besetzten rund fünfhundert militante Islamisten die Große Moschee in Mekka, nahmen die dortigen Pilger als Geiseln und forderten den Rücktritt des saudischen Königshauses sowie einen Öllieferstopp für den Westen.[154] Die Besetzung konnte zwar blutig niedergeschlagen werden, doch die Folgen waren spürbar: Um Aufstände zu vermeiden und die eigene Vorherrschaft religiös zu untermauern, gab das Königshaus den Religionsgelehrten, der Ulama, mehr Macht, förderte islamische Aktivisten und den Panislamismus. So gab Saudi-Arabien nun deutlich mehr für islamische Gruppen aus, die gegen Nicht-Muslime kämpften, insbesondere in Palästina und Afghanistan, selbst als seine Öl-Einkünfte sanken.[155] Ein gleichzeitiger Aufstand der schiitischen Minderheit im ölreichen Osten Saudi-Arabiens, der sich unmittelbar an die iranische Revolution anschloss, förderte diesen Kurs.[156] Saudi-Arabien richtete sich nun scharf gegen die iranische Revolution, Khomeini wiederum verspottete Saudi-Arabien als «amerikanischer Islam».[157] Statt einer neuen Einheit des Islams förderte dies seine Spaltung.

Der panislamische Anspruch Khomeinis hatte eine begrenzte Reichweite, besonders wegen der Spannungen zwischen Sunniten und Schiiten. Im Iran dominierten die Schiiten, die im Unterschied zu den Sunniten die Wiederkehr des 12. Imams erwarten, der die wahre Ordnung auf Erden verwirklichen soll. Sie machten jedoch weltweit nur rund zehn Prozent der Muslime aus.[158] Daher ebbte die weltweite Euphorie vieler Muslime über die Iranische Revolution schnell ab und die Revolution strahlte vornehmlich auf schiitische Minderheiten im Nahen Osten aus, wie im Libanon.[159] Regionale Spannungen traten hinzu. Der iranische und der saudische Panislamismus prallten besonders bei der Pilgerfahrt nach Mekka aufeinander. 1982 etwa ging die saudi-arabische Polizei gegen iranische Pilger vor, die in Mekka Khomeini-Porträts hochhielten, da die Hidschra unpolitisch sein solle. 1983 wurde sogar der Ausschluss iranischer Pilger diskutiert.[160] Selbst in Afghanistan, Pakistan und Indien, wo die iranische Revolution die Politisierung des Islams förderte, wurde sie nur in der Anfangszeit als islamisch wahrgenommen, dann als schiitisch, was die Spannung zwischen den Glaubensrichtungen verstärkte.[161]

Die Grenzen der schiitischen Mobilisierung wurden im ersten Golfkrieg deutlich, da hier die irakischen Schiiten mehrheitlich gegen Schiiten aus dem Iran kämpften. Die Eroberung Iraks sah Khomeini als Teil seines Revolutionsexports. In den arabischen Nachbarländern schürte der Krieg die Angst vor einer Stärkung des schiitischen Islams im Falle eines iranischen Siegs über den Irak.[162] Die Verbindung Irans zur Palästinensischen Befreiungsorganisation (PLO) schwächte sich ab, weil deren Anführer Arafat zwischen den Kriegsgegnern zu vermitteln suchte, statt Partei zu ergreifen.[163] Gebremst wurde der Export der Revolution zudem durch den Nationalismus in islamisch geprägten Staaten, die eine iranische Dominanz befürchteten.[164]

Dennoch entstand in der westlichen Welt die Angst vor einem mächtigen geeinten, rückständigen Islam, der expandiert. In der zweiten Hälfte der 1970er-Jahre häuften sich die Presseberichte über eine sogenannte Re-Islamisierung in den islamisch geprägten Staaten, verbunden mit Bildberichten über öffentliches Auspeitschen und Hinrichtungen. Schon kurz vor der Iranischen Revolution trugen bereits zahlreiche *Spiegel*-Artikel Titel wie «Allahs Wille», «Hand ab», «Seltsamer Glaube»» oder «Nur der Koran wird uns leiten».[165] Mit Khomeinis Rückkehr verdüsterte sich die bedrohliche Darstellung des Islams, die der *Spiegel* als «Rückkehr ins Mittelalter» betitelte. Drastische Bilder von islamisch geprägten Staaten präsentierten die Gewalt im Iran als grenzübergreifendes

Phänomen – wie das öffentliche Erhängen in Syrien, Prügelstrafen in Saudi-Arabien oder das Abhacken von Körperteilen. Weltkarten und Verallgemeinerungen dramatisierten die Ausbreitung des Islams, der dank der Öleinnahmen auch in den westlichen Metropolen Moscheen bauen würde.[166] Die islamischen Länder verwandelten sich von einem unterstützenswerten Wirtschaftspartner zu einer aggressiven fundamentalistischen Bedrohung. Während in akademischen Kreisen Edward Saids Buch *Orientalism* 1978 für die kulturelle Konstruktion von Islam-Bildern sensibilisierte, entfalteten sich in den Medien neue Stereotype. Wie Edward Said unmittelbar nach der iranischen Revolution an den britischen Medien ausmachte, wurde der «Islam» zu einem vereinheitlichenden Schlagwort, das die Vielfalt in den islamisch geprägten Ländern überdeckte. Der Nahe und Mittlere Osten wurde mit Moscheen, betenden Massen und einer gewaltsamen Bedrohung für den Westen gleichgesetzt und als anachronistisches Gegenstück zur demokratischen Moderne wahrgenommen.[167]

Seit Ende der 1970er-Jahre gingen die Medien von einem Vordringen des Islams auch im Westen aus. Zuvor galten etwa die türkischen «Gastarbeiter» in der Bundesrepublik kaum als Teil der islamischen Welt; vielmehr wurde deren Armut, Kriminalität oder Analphabetismus beschrieben.[168] Im Zuge der Iranischen Revolution meinte man nun auch in der Bundesrepublik das Vordringen von Moscheen, Koranschulen und «radikalen Sekten» wie der Süleymancilar-Bewegung wahrnehmen zu können. Derartige Berichte sprachen nun von 1,4 Millionen Muslimen, zitierten hohe westdeutsche Gewerkschaftsfunktionäre, die einen «islamischen Staat im Staate» fürchteten, und *Die Zeit* titelte «Khomeinis Arm reicht bis Hamburg».[169] Untermauert wurde dieses neue kritische Interesse mit einem Interview des Vorsitzenden der Deutschen Muslim-Liga, der offen antidemokratische Positionen vertrat und unmittelbar nach Khomeinis Triumph im Iran betonte, dass «die jetzige Form der Gleichberechtigung zu unserem Untergang führt.»[170]

Die iranische Revolution förderte die Furcht vor einem radikalen Islam und damit im doppelten Sinne neue Gewalt: durch die Ausgrenzung von Muslimen und durch ein neues Machtgefühl derer, die sich die Gotteskrieger im Iran und seinen Nachbarländern zum Vorbild nahmen.[171] In Politik und Öffentlichkeit kamen diese Deutungen bereits vor Samuel Huntingtons vielzitiertem Buch von 1996 *Clash of civilisations* auf, das den dramatischen deutschen Titel *Kampf der Kulturen* erhielt. So unterstrich der spätere Kanzler Helmut Kohl im Februar 1979 auf einer Fraktionssitzung, man müsse die Ereignisse im Iran in einem größeren Zusammenhang sehen: «Es ist der Zusammenstoß zwischen entwickelten und sich entwickelnden Staaten, der durch das Zusammenprallen unterschiedlicher Kulturen noch verschärft wird. Dieser Konflikt hat längst regionale Grenzen überschritten und ist dabei, den Nord-Süd-Dialog in Bahnen zu lenken, die den Weltfrieden ernsthaft gefährden könnten.»[172] Die Ölkrisen verfestigten diese Wahrnehmung zusätzlich.

Seit den 1980er-Jahren wurde die Wahrnehmung des Islams als Bedrohung durch Selbstmordattentate unter islamistischen Vorzeichen verschärft. Besonders eskalierten die Attentate im Rahmen des Bürgerkriegs im Libanon. In Beirut sprengten sich im April 1983 Selbstmordattentäter vor der US-Botschaft in die Luft, wodurch 63 Menschen starben. Im Oktober darauf drangen Selbstmordattentäter in einen syrischen US-Stützpunkt ein, wo ihre Bombe rund 300 Menschen ermordete, darunter 241 US-Soldaten. Wie auch heute noch forderte die islamistische Gewalt allerdings deutlich mehr Opfer auf muslimischer als auf westlicher Seite. Im Iran drehte sich die Gewaltspirale ebenfalls weiter, besonders durch den Krieg mit dem Irak. Saddam Hussein ließ im September 1980 seine Truppen in den durch die Revolution geschwächten Iran einmarschieren, um selbst zur arabischen Großmacht aufzusteigen und mehr Ölquellen zu gewinnen. Der Krieg gegen den Irak festigte im Iran den Patriotismus, den Islamismus und auch die Stellung Khomeinis. Nun erst kam es zu einem wirklich massenhaften Sterben im Namen des Glaubens. Da der Iran ökonomisch angeschlagen war, setzte er ganz auf den Kampfeinsatz der Bevölkerung. Khomeini rief zum Märtyrertod auf dem Schlachtfeld auf. Zahllose Jugendliche gingen im Glauben an das versprochene Paradies in den Tod, oft mit Schlüsseln um den Hals, um die Pforte des Paradieses aufzuschließen.

Als im September 1978 der ägyptische Präsident Sadat und sein israelischer Kollege Begin das Camp-David-Abkommen unterschrieben, bestand noch die Hoffnung, der israelisch-arabische Konflikt könne sich unter Vermittlung der USA entspannen. Immerhin mündete er im März 1979 in einen Friedensvertrag der beiden Länder, dem ersten eines arabischen Landes mit Israel. Mit Ägypten hat der Vertrag zwar gehalten, aber auf den radikalen Islamismus hatte er eher einen gegenteiligen Effekt: Ägypten wurde in der arabischen Welt isoliert und die Sympathie mit der PLO wuchs. 1981 wurde Sadat durch einen radikalen Islamisten ermordet.

Der Iran isolierte sich im Laufe der 1980er-Jahre zunehmend. Die Fatwa gegen Salman Rushdie 1989 oder die Morde an Kurden im Berliner Restaurant «Mykonos», die der iranische Geheimdienst 1992 verübte, brachten weltweit die radikale Haltung Irans in Erinnerung. Dennoch blieb das Land dank seiner Ölreserven ökonomisch mit der Welt verflochten, obwohl seine Ölexporte nicht mehr das Volumen der späten 1970er-Jahre erreichten.

### Wirtschaftsinteressen und Menschenrechte

Die iranische Revolution ereignete sich in einer Zeit, als im Westen intensiv über Menschenrechte diskutiert und weltweit für sie gestritten wurde. Doch bald zeigte sich, dass die Menschenrechte für das politische Handeln gegenüber dem Iran in der Bundesrepublik nur eine geringe Bedeutung hatten. Das Primat ökonomischer Interessen formulierte 1979 besonders deutlich eine Vorlage für Bundeskanzler Schmidt: Es sei nicht Khomeini, «nicht der Shah, sondern das potentiell reiche Land unser Partner».[173] Unmittelbar nach Ende der Geiselnahme bemühte sich die Bundesrepublik wieder um eine Normalisierung der Beziehungen, weiterhin mit ökonomischen und antikommunistischen Motiven. Im Spätsommer 1981 stellte das Auswärtige Amt zwar intern fest, dass es im Iran seit der Absetzung des iranischen Präsidenten Bani Sadr im Juni täglich etwa dreißig Hinrichtungen gebe, doch Außenminister Genscher erklärte seinem iranischen Kollegen Mir Hossein Mussawi laut internem Protokoll nur vorsichtig, die Bundesrepublik würde «jeden Akt der Gewalt bedauern», und umwarb das Ölland zugleich: «Wir sind Ihrer Revolution ohne Vorbehalt entgegengetreten. Wenn Sie gute Beziehungen haben wollen, werden Sie gute Beziehungen haben.»[174] Und der neue bundesdeutsche Botschafter in Teheran, Jens Petersen, mahnte vor der Industrie- und Handelskammer im Oktober 1981, bei der medialen Kritik an den Hinrichtungen im Iran würden Hinweise fehlen, «in welchem Maße diese Unmenschlichkeiten durch die Terrorakte der militanten Linksopposition» veranlasst seien.[175]

Erst im Oktober 1981 rückte die Lage der Menschenrechte im Iran stärker in den Fokus der bundesdeutschen Öffentlichkeit. Nachdem zwischen der Revolution Anfang 1979 bis zum Sturz Bani Sadrs am 21. Juni 1981 «nur» schätzungsweise zweitausend Menschen hingerichtet worden waren, gab es in den drei Monaten danach ebenso viele Todesstrafen, dazu kam eine viel größere Zahl an Toten bei Kämpfen gegen Kurden.[176] Empörung setzte in der Bundesrepublik nach Medienberichten über hingerichtete Jugendliche und Kinder ein, etwa in der *Tagesschau* am 11. Oktober und in *Panorama* am 27. Oktober 1981. Schüler und Erwachsene wandten sich mit zahlreichen Briefen und Unterschriftenlisten an die Politik. Daraufhin protestierten auch Politiker wie Bundesjustizminister Jürgen Schmude (SPD) beim Empfang für den UN-Menschenrechtsausschuss.[177] In den Monaten nach dieser öffentlichen Entrüstung sprach auch Genscher bei seinen Gesprächen mit iranischen Politikern «die hohe Zahl an Todesurteilen» deutlicher an, auch gegenüber Parlamentspräsident Rafsandschani 1984.[178]

Dennoch pflegte kein westliches Land weiterhin so sehr den Kontakt zu Khomeinis Iran wie die Bundesrepublik. Die etablierten ökonomischen und kulturellen Beziehungen überlagerten die kritische Rhetorik der Medien. 1983 lag der Wert der deutschen Exporte bereits bei 7,7 Milliarden DM.[179] Die bundesdeutschen Ausfuhren in den Iran stiegen in der Folgezeit noch deutlich an und machten in den 1990er-Jahren bis zu 50 Prozent der gesamten EG-

## 1. Die Revolution im Iran

Exporte in den Iran aus.[180] Waffenlieferungen wurden zwar wegen des bis 1988 andauernden Kriegs mit dem Irak eingeschränkt, aber es wurde auch während der Hinrichtungswelle 1983 bereits über mögliche Rüstungsexporte nach Kriegsende gesprochen, wie über die Lieferung von U-Booten, Alpha-Jets und Panzern.[181]

Die Bundesrepublik suchte zugleich stärker als andere Länder den politischen Austausch. 1981 war sie das erste westliche Land, das iranische Staatsmänner empfing, und Außenminister Genscher reiste 1984 als erster hochrangiger westlicher Politiker zu einem Staatsbesuch in den Iran. In den 1990er-Jahren bemühte sich sein Nachfolger Klaus Kinkel intensiver als seine westlichen Kollegen um den Dialog mit dem Iran. Ebenso blieben eingespielte Unternehmensbeziehungen größtenteils bestehen. Vor allem die im Westen ausgebildeten technisch-ökonomischen Eliten ermöglichten die weitere Zusammenarbeit. Dafür nahm die Bundesrepublik beträchtliche Spannungen zu den USA in Kauf. Erst der Druck der USA gegen Unternehmen mit iranischen Anteilen führte 2003 etwa dazu, dass Thyssen-Krupp die iranischen Anteile weitgehend aufkaufte und die Partnerschaft beendete, um sein amerikanisches Geschäft nicht zu gefährden.

Die Menschenrechtspolitik und -rhetorik in der Bundesrepublik konzentrierte sich lange auf andere Regionen und Länder wie Südafrika oder Chile. Gegen die ölreichen arabischen Staaten, die Gewalt und Terrorismus unterstützten und ihre Bevölkerung folterten, engagierten sich Politik und soziale Bewegungen kaum. So reiste Genscher 1979 auch mit großer Delegation nach Libyen, das rasch ein Fünftel der Ölexporte an die Bundesrepublik lieferte und so die Rolle des Irans übernahm. Auch Libyen gegenüber förderte die Bundesregierung die Wirtschaftskontakte mit dem Argument, dass sonst die Sowjetunion dies ausnutze, die bereits Rüstungsgüter lieferte und einen Versuchsreaktor in Libyen errichtet habe. Dass Gaddafis Regime den Terrorismus unterstützte und seine Truppen in den Tschad schickte, veränderte nicht die damalige bundesdeutsche Bürgschaftspolitik.[182] Gegenüber der Türkei zeigte sich nach dem Militärputsch 1980 Ähnliches: Die Aushebelung demokratischer Rechte wurde von den bundesdeutschen Diplomaten in Istanbul als akzeptabel angesehen, da diese vor einer Islamisierung und der Sowjetunion schütze.[183] Während in der Öffentlichkeit mit der iranischen Revolution die Angst vor einem radikalisierten Islam aufflammte, blieb die Politik wirtschaftspolitisch pragmatisch und pflegte offen Kontakte in der zunehmend multipolaren Welt.

Dennoch blieben die deutsch-iranischen Beziehungen nicht spannungsfrei. Die Ausweisung islamistischer Iraner führte 1982 etwa zur vorübergehenden Schließung der bundesdeutschen Botschaft in Teheran. Und ein Witz von Rudi Carrell über Khomeini[184] im Fernsehen löste 1987 eine diplomatische Krise, Proteste vor der bundesdeutschen Botschaft in Teheran und die Schließung des dortigen Goethe Instituts aus – auch *Rudis Tagesschau* erschien nicht mehr. Dennoch blieben die Handelsbeziehungen gut. Erst die Sanktionen, die 2012 auch die EU aufgrund des iranischen Atomprogramms beschloss, sorgten für einen spürbaren Rückgang der Handelsbeziehungen. Seit den 1990er-Jahren traten Russland und China das ökonomische Erbe der Deutschen im Iran an. So wurde das einst von den Deutschen erbaute Atomkraftwerk in Buschehr mit russischer Unterstützung betriebsfertig und 2011 ans Stromnetz angeschlossen.

Von der Iranischen Revolution führt kein direkter Weg zu den Anschlägen vom 11. September 2001. Dennoch betrat mit ihr der islamische Fundamentalismus mit einem Paukenschlag die Weltbühne. Die islamisch geprägte Welt und der Westen nehmen sich seit dieser Zeit stärker als feindliche Sphären wahr. Der Iran und die USA sind seitdem zwei Pole in diesem Spannungsfeld. Bis heute haben die USA keine Botschaft im Iran. Die Mauern des Gebäudes, über die einst die Geiselnehmer kletterten, sind weiterhin mit anti-amerikanischen Bildern besprayt und beherbergen ein Museum zu den «amerikanischen Schandtaten». Khomeinis Nachfolger Ali Khamenei amtiert seit 1989 als oberster Rechtsgelehrter, der bei den massenhaften Protesten 2018 die islamistischen Normen des Staats sicherte, auch gegenüber der vorsichtigen Liberalisierung unter Präsident Hassan Rohani.

Wie komplex das Verhältnis zwischen dem Iran und den USA ist, verdeutlicht der Lebensweg eines der Anführer der einstigen Geiselnehmer, Abbas Abdi: Er gründete Anfang 2000 ein Meinungsforschungsinstitut, das bei einer Umfrage ermittelte, dass rund 75 Prozent der befragten Iraner die Zeit für eine Aussöhnung mit den USA für gekommen hielten; daraufhin wurde er wegen pro-amerikanischer Umtriebe zu drei Jahren Haft verurteilt.[185] Im Iran erinnern riesige Khomeini-Bilder an die Revolution, aber zumindest im Alltag hat sich eine größere Bewegungsfreiheit durchgesetzt, sowohl für westliche Touristen als auch für iranische Frauen. Spannungen um das Atomabkommen sowie die fragile Lage im Land und der Region füllen weiterhin die Nachrichten. In der internationalen Politik und Öffentlichkeit bleibt die Revolution damit bis heute ein wirkmächtiger Bezugspunkt. Die Spannungen zwischen der Regierung von Präsident Trump und dem Iran zeigen, wie tief die Wunden in den USA sind, während Westeuropa weiterhin vermittelnd Brücken sucht.

## 2. Papst Johannes Paul II. in Polen
## Die Kirche als Herausforderung für den Sozialismus

Fast zeitgleich zu Khomeinis Rückkehr nach Teheran bestieg Ende Januar 1979 ein anderer hoher Geistlicher ein Flugzeug. Johannes Paul II., der frisch gewählte erste Papst aus Polen, trat seine erste Auslandsreise an. Wie bei Khomeinis Flug waren zahllose Journalisten an Bord, mit denen der Papst entspannt vor laufender Kamera plauderte.[1] Der Empfang in Mittelamerika stand dem von Khomeini in nichts nach: Millionen Menschen säumten die Straßen von Mexiko, der Dominikanischen Republik und den Bahamas. Während Khomeinis Wagen sich nur im Schritttempo durch die Mengen in Teheran bewegte, erwarteten Papst Johannes Paul II. allein an Mexikos Straßen rund zehn Millionen Menschen. Dabei war Mexiko ein laizistischer Staat, der selbst Priestern und Nonnen das öffentliche Tragen des Habits untersagte. Die emotionale Ausgelassenheit der Gläubigen, die viele Journalisten als hysterisch bezeichneten, ähnelte der im Iran, ebenso ihre volksfestartige Stimmung, als sie den Papst mit Fahnen, Konfetti und Jubel empfingen.

Der Empfang in Mittelamerika gab einen Vorgeschmack auf die zweite Auslandsreise von Papst Johannes Paul II., die ihn im Juni 1979 in sein Heimatland Polen führte. Sie blieb zweifelsohne die wichtigste seiner hundertvier Reisen. Erneut empfingen ihn geschätzte zehn Millionen Menschen begeistert auf den Straßen. Im Unterschied zum Iran löste dies keine Revolution aus, förderte aber öffentliche Protestbewegungen in Polen, die zum Niedergang des Sozialismus beitrugen. Viele Polen erinnern noch heute die Papstreise als einen zentralen Wendepunkt. «Die überwältigende, nichtkommunistische und katholische Bevölkerungsmehrheit Polens, einschließlich der Aktivisten der Opposition, bekam plötzlich das Gefühl, Gott stehe auf ihrer Seite», beschrieb der Historiker Archie Brown diesen Eindruck.[2] Andere betonten, hier habe ein einzelner Mensch durch seine Auftritte den Lauf der Geschichte beeinflusst.[3] Auch Politiker wie Gorbatschow, Kohl und Genscher sahen die Papstreise später als markanten Wendepunkt in der Geschichte des Kalten Kriegs.[4] Ihre tatsächliche Bedeutung lässt sich schwer ausmachen. Aber zumindest der damals weit verbreitete Glaube an die verändernde Kraft des Massenevents förderte die Formierung der unabhängigen Gewerkschaft *Solidarność* und ihren wirkmächtigen Protest unter den Augen der Weltöffentlichkeit.

Während dieser neun Tage im Juni 1979 verwandelte sich der öffentliche Raum des sozialistischen Landes – seien es Flughäfen, städtische Plätze, Wiesen oder auch die Gedenkstätte in Auschwitz. In gewisser Weise schien der Papstbesuch das eigentliche Polen sichtbar zu machen. «Neun Tage lang hörte der Staat praktisch auf zu existieren, außer als Zensor der Fernsehbilder. Jeder konnte sehen, dass Polen kein kommunistisches Land ist – nur ein kommunistischer Staat», brachte der Historiker Timothy Garton Ash dies etwas später auf den Punkt.[5] Zeitzeugen beschrieben, der Besuch habe Selbstbewusstsein und Solidarität erfahrbar gemacht. Denn der Papstbesuch erreichte nicht nur die gläubigen Kirchgänger, sondern auch kirchenferne Intellektuelle und Kommunisten. So resümierte der oppositionelle Intellektuelle Adam Michnik unmittelbar nach dem Papstbesuch: «Tatsächlich ist nämlich etwas Eigenartiges passiert. Dieselben Leute, die im Alltag frustriert und aggressiv zum Einkaufen in der Schlange standen, verwandelten sich in ein würdiges und hocherfreutes Kollektiv, wurden zu Bürgern voller Würde. [...] Die Miliz verschwand aus den Straßen von Warschau, und es herrschte auf ihnen musterhafte Ordnung. Die über so viele Jahre hinweg entmündigte Gesellschaft fand plötzlich die Fähigkeit wieder, über sich selbst zu entscheiden.»[6] Michnik sah die neun Tage als ein «nationales Plebiszit» gegen «totalitäre Gewalt» und für «Freiheit und Würde», und den Aufruf des Papstes, die Menschenwürde zu verteidigen, als Ansporn.[7]

Zahlreiche zeitgenössische Quellen belegen dieses Gefühl des kulturellen und habituellen Wandels. Schon am Tag vor der Anreise hielt der Schriftsteller Kazimierz Brandys in seinem Tagebuch eine neue Form des öffentlichen Umgangs und Auftretens fest, eine «familiäre Atmosphäre in den Straßen [...] eine andere Art zu gehen, eine veränderte Mischung und Rhythmus. In dieser ungeheuren Menge spürte man kein Gedränge, die Masse wogte langsam, die Menschen gingen ohne sich zu stoßen, man ließ einander den Vortritt.»[8] Der führende Oppositionelle Jacek Kuroń hielt später fest: «Überall war es voll von fröhlichen, disziplinierten, unerhört disziplinierten und starken Menschen. Ich spürte das. Die Nacht, die Freude und diese Ordnung. Das Klima der Freiheit. [...] Das war schon keine Menschenmasse mehr, das waren organisierte, bewusste Menschen.»[9] Obwohl der Staat nicht zusammenbrach, erschienen diese Tage vielen wie ein revolutionäres Ereignis.

Zwei verschiedene Ordnungen, die kommunistische und die katholische, rangen bei diesem Ereignis um die Deutungshoheit. Ebenso wurde im Zuge der Papstreise die Interpretation der polnischen Geschichte verhandelt, um künftige Weichen zu stellen. Wenngleich sich Polen auch in den Jahrzehnten zuvor durch Proteste und einen öffentlich präsenten Katholizismus ausgezeichnet hatte, führte der Papstbesuch zu einer nachhaltigen Umgestaltung des sozialistischen Raums und zu einer religiösen Umwidmung des sozialistischen Verständnisses der Nation. Bisher übliche sozialistische Rituale, vom Aufmarsch bis zum Fahnenschwenken, verkehrten sich im katholisch-nationalen Sinne. Die neun Tage erschienen als eine Art gelebte Utopie und Gegenwelt, in der die polnische Gesellschaft sich ihrer eigenen Stärke bewusster wurde.[10] Vor allem hatten die Massenveranstaltungen Einfluss auf die Gründung der freien Gewerkschaft *Solidarność* 1980, wie bereits kurz darauf Interviews von polnischen Soziologen unterstrichen.[11] Der Papst, Teile der Kirche und der Glaube stützten den Protest der *Solidarność*, selbst nachdem das Kriegsrecht die Opposition in die Illegalität abdrängte. Und zugleich verfolgte seit dem Papstbesuch die westliche Welt mit großer Aufmerksamkeit und Anteilnahme, wie die Polen den Sozialismus herausforderten.

## 2. Papst Johannes Paul II. in Polen

Dass ein Papst eine derartig weltpolitisch gewichtige Figur werden würde, hatte in den Jahren zuvor kaum jemand erwartet. Schließlich hatten europaweit seit Ende der 1960er-Jahre die Kirchenaustritte ebenso zugenommen wie die Kritik am Vatikan – etwa an dessen Position zur Verhütung oder an der mangelnden Reformfähigkeit trotz der zahlreichen Veränderungen im Zuge des Zweiten Vatikanischen Konzils. Auch als moralisches Vorbild hatten die Kirchen an Einfluss verloren. Derartige Papstreisen waren lange unüblich. Zwischen 1815 und 1964 hatten die Päpste überhaupt keine Auslandsreisen gemacht, danach Papst Paul VI. zumindest einzelne. Nun jedoch, mit dem frisch gewählten Papst Johannes Paul II., etablierte sich eine neuartige Reise- und Eventkultur, die dem Katholizismus auch von den Straßen aus eine gewaltige öffentliche Präsenz bescherte. Dies knüpfte vielfältig an andere Umbrüche in der Zeit an.

So trat Johannes Paul II. im Herbst 1978, nach seiner überraschenden Wahl zum Papst, zeitgleich mit Khomeini schlagartig in das Licht der Weltöffentlichkeit. Dass beide fast gleichzeitig unterschiedliche Regionen und Kulturen in Bewegung versetzten, war ein Zufall. Trotz aller Unterschiede bestanden jedoch auch strukturelle Ähnlichkeiten. Beide Religionsführer galten als konservativ, faszinierten aber die Weltöffentlichkeit durch ihre Auseinandersetzung mit autoritären Regimen und ihr asketisches Auftreten. Wie Khomeini erschien der Papst sofort als religiöser Gegenspieler zu den säkularen Machthabern in seinem Heimatland und der dahinter stehenden Supermacht. So wie Khomeini dem Protest gegen die USA ein religiöses Fundament gab, verkörperte der Papst, wenngleich gemäßigter, den Widerstand gegen die Sowjetunion. Zugleich galten beide als charismatische Persönlichkeiten, die jenseits der bipolaren Welt des Kalten Kriegs standen.

Beide Religionsführer förderten somit eine Politisierung ihres Amtes und der Gläubigen, wenngleich mit unterschiedlichen Weltbildern. So trat Papst Johannes Paul II. für die Menschenrechte ein, während Khomeini für deren Missachtung stand. Ihre globale Präsenz machte sie zu Projektionsflächen, die den Protest in ihrer Heimat beflügelten. Dabei interagierten beide eng mit den Medien:

Stärker noch als Khomeini profilierte sich der neue Papst rasch durch zahllose Interviews und einen besonders zwanglosen Umgang mit Journalisten. Damit verkörperten beide die neue Präsenz der Religion in der globalisierten Öffentlichkeit, die einem Rückzug der Religion in die Sphäre des Privaten im Sinne der Säkularisierungstheorie entgegen stand.[12]

Die sozialistischen Machthaber Polens blickten der Reise wohl auch wegen des Umsturzes im Iran ängstlich entgegen, der die Sprengkraft der Religion vorgeführt hatte. So berichtete Adam Michnik Anfang Juni 1979: «Manche vergleichen das Kommen des Papstes mit der Rückkehr Chomeinis in den Iran, und in den Warschauer Kaffeehäusern kann man hören, daß der ‹Redemptor Chomeini› komme.»[13] Nicht minder wichtig waren die Bilder von der vorherigen Mexikoreise des Papstes, die einen Vorgeschmack auf die kaum kontrollierbare Massenbegeisterung gaben, zumal der Papst dort den unabhängigen Standpunkt der Kirche gegenüber der Politik betont hatte – sowohl gegen die sozialistisch akzentuierte Befreiungstheologie als auch gegen kapitalistische Ausbeutung.[14] Wie dieses Kapitel zeigt, versuchte die polnische Regierung den Papstbesuch zur Stabilisierung des Sozialismus zu nutzen, scheiterte jedoch auf ganzer Linie. Das Ereignis in Polen stand dabei für eine Politisierung der christlichen Kirchen, die sich zeitgleich auch in beiden Teilen Deutschlands abzeichnete.

## Ein Pole wird Papst

Dass ausgerechnet in Polen ein Papstbesuch und anschließende Proteste eine derartige Wirkungsmacht entfalteten, ist nur aus der spezifischen Konstellation des Landes zu verstehen. Polen war von Beginn an ein Sonderfall in der sozialistischen Welt. Keines der kommunistischen Länder war derartig religiös geprägt und zugleich kulturell so weit gegenüber dem Westen geöffnet. Und in keinem sozialistischen Land häuften sich die Proteste von Arbeitern in den

1970er-Jahren wie in Polen. Auch die staatliche Gängelung der Kirche förderte gesellschaftlichen Widerstand.

Seit den 1950er-Jahren waren die Kirchen in allen sozialistischen Ländern die einzigen verbliebenen unabhängigen Großinstitutionen, die über eine eigene Infrastruktur, Presse und soziale Einrichtungen verfügten. Die sozialistischen Machthaber versuchten entsprechend, ihre sichtbare öffentliche Präsenz zu begrenzen. In Polen konnte die Kirchenleitung vergleichbar große Spielräume bewahren. Ihr Nationalkatholizismus und die Volksfrömmigkeit sicherten eine breite Verankerung des Glaubens.[15] Die Tradition der Wallfahrt führte regelmäßig Menschen auf die Straßen, was den Weg für den spektakulären Papstbesuch und den Straßenprotest der Solidarność mit ebnete. Zugleich häuften sich in keinem sozialistischen Land die Proteste so sehr wie in Polen, wobei meist Wirtschafts- und Versorgungskrisen den Anstoß gaben. So kam es im Dezember 1970 nach Preiserhöhungen zu blutigen Arbeiterunruhen in den Hafenstädten an der Ostseeküste, woraufhin Edward Gierek den bisherigen Parteichef Gomułka ablöste, der pragmatischer agierte und einen engeren Austausch mit dem Westen pflegte. Zudem förderte Gierek Gespräche zwischen der Partei- und Kirchenspitze, die etwa in Konzessionen beim Kirchenbau mündeten. 1977 traf er sogar Papst Paul VI. im Vatikan, der sich für einen Dialog mit den sozialistischen Staaten einsetzte.[16] Dennoch gab es weiterhin Proteste. Ab 1976 zeichnete sich dabei ein Schulterschluss zwischen den tonangebenden Linksintellektuellen, Arbeitern, einigen Konservativen und Vertretern der katholischen Kirche ab.[17] Der Menschenrechtsdiskurs, den auch der Vatikan aufgriff, war dabei eine Brücke.

Selbst in Polen gab es jedoch keine geschlossene Widerstandsfront gegen das kommunistische Regime. Die Kirche trat bei den Konflikten aber zumindest häufiger als Vermittlerin auf und wurde so zum «troubleshooter of the nation».[18] Schließlich waren auch viele Mitglieder in den kommunistischen Organisationen zugleich katholisch, was eine Trennung zwischen Kommunisten und Katholiken kaum möglich machte. Gerade Ende der 1970er-Jahre gewährten Geistliche Protestierenden moralische Unterstützung und eine Infrastruktur, selbst für Hungerstreiks von Regimegegnern.

Wie sehr einige polnische Geistliche mit dem Sozialismus rangen, zeigte sich auch beim Krakauer Erzbischof und späteren Papst Karol Wojtyła. Sein Werdegang war eng mit dem traditionellen katholischen Zentrum Polens, mit Krakau verbunden. Er wuchs in der Nähe von Krakau auf und studierte dort ab 1938, bis die deutschen Besatzer ihn zur Zwangsarbeit verpflichteten. Dennoch beteiligte er sich später maßgeblich am Versöhnungsschreiben an die Deutschen 1965. In Krakau wirkte er als Professor, Weihbischof und seit 1964 auch als Erzbischof. In den 1960/70er-Jahren galt er als ein eher pragmatischer und intellektueller Geistlicher. Er protestierte zwar weniger explizit politisch, aber ignorierte oft staatliche Vorgaben und trat unerschrocken für seine Kirche ein.[19] Ebenso forderte Wojtyła eine Öffnung der Kirche im Sinne des Zweiten Vatikanischen Konzils, an dem er selbst mitgearbeitet hatte. Dabei förderte er die Gründung von Gruppen und Diskussionskreisen, die besonders die polnische Jugend oder die Intelligenz ansprachen. Langwierige Auseinandersetzungen mit dem Staat führte Wojtyła über den Bau von Kirchen. Berühmt wurde sein Kampf in der Industriestadt Nowa Huta nahe Krakau, die als sozialistische Modellstadt gezielt ohne Kirche geplant worden war. Wojtyła predigte ein Jahrzehnt lang regelmäßig vor einem Holzkreuz unter freiem Himmel vor zahlreichen Gläubigen und setzte so den Staat erfolgreich unter Druck, bis dort 1977 tatsächlich eine große Kirche entstand. Bei seiner Polenreise als Papst hielt er hier erneut eine Messe und rief zur Fertigstellung von drei weiteren Gotteshäusern in Nowa Huta auf.

Dass mit Wojtyła im Oktober 1978 ein Pole zum Papst gewählt wurde, galt weltweit als eine Überraschung. Die politische Dimension der Entscheidung war sofort spürbar. So befürchteten die sozialistischen Machthaber sogleich einen eigenständigeren Kurs der Kirche.[20] Die polnische Führung war besonders verunsichert, weil Polen sich Ende der 1970er-Jahre in einer schweren Wirtschaftskrise befand. Die Verschuldung gegenüber dem Westen ging rasant in die Höhe, ebenso die Preise. Die zweite Ölkrise Anfang 1979 verschärfte die Lage zusätzlich. Gerade diese Konstellation lässt den Schluss zu, dass die polnische Führung Anfang des Jahres die Einreise des neu gewählten Papstes zuließ, um durch einen derartigen «Staatsbesuch» die Akzeptanz der kommunistischen Führung sowohl im Westen als auch bei der eigenen Bevölkerung zu verbessern. Von Bedeutung war zudem, dass sich Ende der 1970er-Jahre, bereits vor der Wahl des Papstes, die Beziehungen zwischen Teilen der Kirche und nichtkirchlichen Oppositionellen intensiviert hatten. Somit begann mit Johannes Paul II. eine neue Phase der Ostpolitik, die zwar an die Dialogbereitschaft der 1970er-Jahre anknüpfte, zugleich aber mit neuem Nachdruck die Eigenrechte der Kirche vertrat.[21]

### Verwandlung sozialistischer Räume: «Unser Glaube ist der Sieg»

Die Papstreise forderte von Beginn an das sozialistische Selbstverständnis heraus. Bereits die Terminfrage erwies sich als ein erster Kampf um die Deutung der Reise. Johannes Paul II. schlug den 900. Todestag des Krakauer Bischofs Stanisław Szczepanowski vor, der als polnischer Nationalpatron den Konflikt zwischen Kirche und Staat symbolisierte; der polnische König hatte ihn zum Tode verurteilt, worauf ein Aufstand folgte und der König fliehen musste.[22] Dieses Datum lehnte die Staatsführung erfolgreich ab, gewährte dafür aber eine neuntägige Reise vom 2. bis 10. Juni 1979. Die einzelnen Stationen wurden mühsam verhandelt, da sie eine beachtliche symbolpolitische Sprengkraft bargen. Warschau, Krakau und das schlesische Tschenstochau (Częstochowa) sollten im Mittelpunkt stehen. Abgelehnt wurde der kirchliche Wunsch nach Besuchen im Wallfahrtsort Piekary Śląskie im oberschlesischen Industriegebiet und im niederschlesischen Trebnitz (Trzebnica). Die Staatsvertreter schlugen eine zusätzliche Messe in Auschwitz vor. Dabei hofften sie auf eine Rede zum Frieden, die Polens Opferrolle und Deutschlands Schuld akzentuieren und Polens Ansehen im Nachklang zur KSZE-Akte fördern würde.[23]

Nicht minder umkämpft war der Status der Reise. Gierek und die Parteiführung versuchten sie im weltlichen Sinne als Staatsbesuch zu definieren, was entsprechende Konsequenzen für das Protokoll und Zeremoniell hatte. Die Journalisten wiesen sie vorab an, die Papstreise als Besuch im Kontext des 40. Jahrestages des deutschen Einmarsches und des 35. Geburtstags der Volksrepublik Polen zu beschreiben.[24] Dagegen sprach der Papst selbst immer wieder von einer Pilgerreise, um deren religiöse Dimension zu akzentuieren und sich von staatlichen Anforderungen zu befreien.

Um den bevorstehenden Papstbesuch ohne Schaden für das Regime zu überstehen, wählte die Staatsführung eine doppelte Strategie. Einerseits versuchte sie nach außen hin möglichst tolerant zu erscheinen, um Polen für die Weltöffentlichkeit und die eigene Bevölkerung in ein positives Licht zu setzen. Andererseits bemühten sich das Politbüro und die zuständige Bürokratie, die bevorstehenden Ereignisse intern so weit wie möglich mit vorzubereiten und zu lenken. Bei den Verhandlungen zwischen Kirche und Staat über die Durchführung der Auftritte kamen entsprechende Kompromisse heraus: Messen für Millionen Menschen wurden zwar erlaubt, aber Eintrittskarten, die vorher in den Pfarreien zirkulierten, sollten den Zugang regulieren. Medien, insbesondere das staatliche Fernsehen, durften zwar berichten, die Ton- und Bildführung unterlag jedoch politischer Kontrolle. Kirchliche Symbole wurden zugelassen, aber der Staat organisierte im hohen Maße deren Produktion und Vertrieb.[25] Gerade diese Mischung aus Öffnung und Kontrolle förderte jedoch unkontrollierbare Dynamiken.

Bereits vor Ankunft des Papstes schmückten Marienbilder, die Fahne des Vatikans und Bilder des Papstes die Straßen seines Weges.[26] So beschrieb ein Zeitzeuge die Szenerie in Gnesen: «Als ich heute Morgen Gniezno sah, gehüllt in weiß-rote, rote, weiß-blaue und weiß-gelbe Fahnen, geschmückt mit tausenden Lichtchen, Bildern, Teppichen, Kreuzen, nationalen und kirchlichen Emblemen, als ich die unermesslich wogenden Menschenmassen, alle Farben und Töne, alle Stände und Berufe sah, als ich die Gebete dieser unermesslichen Menge, aber zugleich die bewundernswerte Ordnung und Sauberkeit erlebte, ist mir noch einmal bewusst geworden, welch wertvoller Schatz der Nation eben dieses großpolnische Volk ist.»[27] Die Fahnen und Spruchbänder in den

Straßen, aber auch die Devotionalien in den Schaufenstern, waren damit eine gewisse Verkehrung der sozialistischen Zeichen, die sonst die Straßen schmückten. Bezeichnenderweise produzierte der Staat selbst einen Großteil der Symbole und Devotionalien, die während der Papstreise zu sehen waren. So behielten sie die Kontrolle darüber und profitieren auch finanziell.

Die Kirchenvertreter hatten vorab ausgehandelt, dass im Stadtbild möglichst wenig Uniformierte zu sehen sein sollten. Tatsächlich verzichteten die staatlichen Sicherheitskräfte weitgehend auf eine sichtbare Präsenz und das Tragen von Waffen.[28] Stattdessen organisierte die Kirche einen eigenen Ordnungsdienst, der an gelben Kappen erkennbar war und Ausweise mit Foto hatte. Dass dank dieser Ordner Millionen von Menschen eigenständig und friedlich zusammenkamen, war eine zentrale zivilgesellschaftliche Erfahrung, die das Selbstbewusstsein förderte.[29]

Die staatlichen Ordnungskräfte, wenngleich mit rund 30 000 Personen im Einsatz, hielten sich im Hintergrund. Das war auch Teil einer Absprache zwischen Staat und Kirche, die im Gegenzug wohl versprach, der offenen Präsenz von oppositionellen Symbolen und Spruchbändern entgegenzuwirken. Viele Mitglieder der Oppositionsgruppen beteiligten sich am kirchlichen Ordnungsdienst in Warschau und nahmen besonders an den Jugendmessen teil, für deren Besuch keine Eintrittskarten erforderlich waren. Zugleich verzichteten sie weitgehend auf das Verteilen von Flugblättern oder sonstige Aktionen.[30] Insgesamt zeigte sich der Staat, auch wegen der Anwesenheit westlicher Journalisten, von seiner liberalen Seite, verzichtete auf Arreste und Hausdurchsuchungen und tolerierte sogar Kontakte der Oppositionellen zu Westmedien. Während des Papstbesuches traten dennoch einige Aktivisten aus Widerstandsgruppen hervor. Das linksintellektuell geprägte Arbeiterverteidigungskomitee KOR verfasste etwa eine Grußadresse an den Papst, die ihn nicht nur als Oberhaupt der katholischen Kirche ansprach, sondern auch als «Verkünder der Grundsätze gesellschaftlicher Moral und der Freiheit aller Nationen […], Sprachrohr der menschlichen Würde, Sprachrohr jener Menschen, die den Mut haben, ‹nein!› zu sagen oder auch ‹ja›, wenn es etwas kostet».[31]

Massenaufmärsche zählten im Sozialismus zum fest verankerten Teil politischer Rituale. Der Papstbesuch versammelte jedoch Menschenmengen in der Straßenöffentlichkeit, die die Teilnehmerzahlen der sozialistischen Festtage weit übertrafen. Westliche Beobachter und die Kirche sprachen, vermutlich zu hoch gegriffen, von 13 Millionen Menschen, die den Papst in jenen knapp neun Tagen sahen.[32] Die staatlichen Berichte, die nur die extra zu den Auftritten des Papsts angereisten Besucher zählten, nannten die sehr niedrige Zahl von vier Millionen.[33] Der interne Abschlussbericht des polnischen Innenministeriums verzeichnete dagegen 2 670 000 Teilnehmer an den Fahrtrouten und 5 961 000 bei den Feierlichkeiten; allein die Präzision der Zahlen sollte hier wohl suggerieren, die Sicherheitsorgane hätten alles unter Kontrolle gehabt.[34] Die reale Zahl, die vermutlich in der Mitte bei rund zehn Millionen liegt, war auch deshalb beeindruckend, weil der polnische Staat logistisch kaum Unterstützung bot. Der Einsatz von Sonderzügen und Bussen blieb begrenzt. In den Betrieben wurden nur eingeschränkt freie Tage gewährt,[35] weshalb vermutlich Jugendliche und Frauen besonders stark vertreten waren.

Wie ein Gegenentwurf zum Sozialismus erschien vielen Besuchern auch die Atmosphäre während des Papstbesuches. Freundlicher wirkte der Raum auch, weil der Staat – in Erwartung internationaler Kamerateams – Straßenzüge renoviert und gesäubert hatte, was nun jedoch mit dem religiösen Ereignis assoziiert wurde. Die meisten Augenzeugen berichteten von fröhlicher Gelassenheit sommerlich leicht gekleideter Menschen und von vertrauter Hilfsbereitschaft; angesichts der Hitze teilte man sich etwa Wasser.[36] Viele bemerkten, dass kaum Betrunkene in den Straßen waren. Jugendliche spielten Gitarre, sangen, zelteten und eigneten sich so städtische Räume an. Damit übten sie eine zivilgesellschaftliche Selbstorganisation ein. Die öffentliche Stimmung blieb an den warmen Tagen auch nachts ausgelassen. Um die in den Straßen campierenden Menschen aufzunehmen, blieben die Kirchen geöffnet. Nicht allein die christliche Andacht, sondern auch die Erfahrung individueller Freiheit prägte diese Tage und Nächte.

Die Papstreise verhandelte die polnische Identität. Sie bot eine Umdeutung der Gegenwart und eine Vision für die Zukunft an, die aus einer christlichen Interpretation der polnischen Vergangenheit entstand. Wie bei der Millenniumsfeier 1966 vermischten sich religiöse und geschichtspolitische Elemente. Entsprechend unterstrich Johannes Paul II. in Gnesen bei der Beschreibung seiner Reise: «Gehen wir gemeinsam diesen Weg unserer Geschichte. Nach Jasna Góra [Kloster in Tschenstochau], zum Wawel [Königsburg in Krakau], in Richtung des St. Stanislaus. Gehen wir auf die Vergangenheit zu. Gehen wir jedoch nicht in die Vergangenheit. Gehen wir in die Zukunft!»[37] Indem seine Reden die tausendjährige Geschichte des Christentums in Polen betonten, sollte die kommunistische Gegenwart klein und vergänglich erscheinen.

Häufig vermischten sich bei den Auftritten des Papstes religiöse Symbole mit denen des polnischen Freiheitskampfes. Am Flughafen wurde der Papst wie ein Staatsbesuch mit militärischen Ehren empfangen, aber bereits sein unbefangenes Auftreten und der von ihm neu eingeführte Bodenkuss konterkarierte dies. In Warschau fuhr er durch Straßen mit jubelnden Menschen und hielt vor Hunderttausenden auf dem Siegesplatz eine Messe ab, der früher «Platz der Unabhängigkeit» und «Piłsudski-Platz» hieß und ein zentraler Ort der einstigen bürgerlichen Republik war. Auf dem sozialistischen Aufmarschplatz stand nun ein Altar mit einem monumentalen fünfzehn Meter hohen Kreuz und einem Bild der Gottesmutter von Tschenstochau, das bereits bei der Millenniumsfeier 1966 zu öffentlichen Massenversammlungen geführt hatte. Darunter befanden sich die Namen polnischer Heiliger und Seliggesprochener. Der Altar wiederum war durch einen breiten roten Teppich mit dem gegenüberliegenden Grab des Unbekannten Soldaten verbunden, das nach dem Ersten Weltkrieg an den Freiheitskampf erinnerte.[38] Im Sinne des Nationalkatholizismus vermischten sich in dieser Umgestaltung des Platzes das Martyrium Polens, Freiheitssymbolik und Religion.

Auch bei anderen Auftritten des Papstes zeigte sich eine religiöse Aneignung von Orten, die mit der polnischen Geschichte verbunden waren und der sozialistischen Umdeutung entrissen wurden. So fand in Gnesen die Messe auf dem «Lech-Hügel» statt, der nach dem mythischen Urvater aller Polen benannt war. Unter den geschichtsträchtigen Orten ragte vor allem die Messe auf dem Ge-

Papst Johannes Paul II. am 2. Juni 1979 auf dem Weg zum Hochamt auf dem Siegesplatz in Warschau, der sonst für sozialistische Aufmärsche genutzt wurde.

lände des ehemaligen nationalsozialistischen Vernichtungslagers Auschwitz-Birkenau heraus, wo sich zahlreiche religiöse und zeithistorische Symbole vermischten. Der Papst sprach hier an einem Altar auf der ehemaligen Rampe, auf dem ein Kreuz mit einer Krone errichtet war, die Stacheldraht statt Dornen zierte. Daneben fand sich eine Bahn aus dem gestreiften Stoff der Sträflingskleidung mit der Lagernummer von Pater Maximilian Kolbe, der 1941 für einen polnischen Familienvater Folter und Tod auf sich genommen hatte. Auch der Opferstuhl war in das Streifenmuster der Lagerkleidung gehüllt. Direkt vor dem Altar saßen ehemalige Häftlinge, in Sträflingskleidung mit den Zeichen ihrer Lagerregistrierung. Vor der Ankunft des Papstes verlasen Schauspieler Lagergedichte, und in der Messe traten zahlreiche Priester auf, die ehemals Lagerhäftlinge gewesen waren.[39]

Auschwitz, das für den sozialistischen Staat vor allem ein Ort der deutschen Aggression und der sowjetischen Befreiung war, verwan-

## 2. Papst Johannes Paul II. in Polen

Der Papst im ehemaligen Lager von Auschwitz, das mit christlichen Symbolen versehen ist.

delte der Papstbesuch so zu einem Ort der historischen Bewährung des Glaubens und des Katholizismus. Das Leitwort der Predigt hieß hier «Unser Glaube ist der Sieg, der die Welt überwunden hat», und daran anknüpfend führte Johannes Paul II. weiter aus: «Im Lichte dieses Glaubens ist Auschwitz nicht mehr Symbol gegen etwas oder jemanden, sondern wird zum Zeichen der Standhaftigkeit und des Erhalts der Würde bis zum Ende. Es wird zum Symbol der Gemeinschaft der Leidenden.»[40] Damit wurde Auschwitz einerseits als Erinnerungsort universalisiert, aber andererseits von der offiziellen antifaschistischen Deutung abweichend als Ort der Verfolgung katholischer Gläubiger gedeutet und in eine nationalkatholische Lesart eingefügt.[41] Wiederum verband sich diese historische Umdeutung der Gegenwart mit einer Zukunftsforderung, in diesem Fall der «Standhaftigkeit» gegenüber Machthabern. Durch den vorherigen Welterfolg der Fernsehserie *Holocaust* – obgleich sie hinter dem Eisernen Vorhang nicht gezeigt wurde – erhielt Auschwitz eine besondere Aufmerksamkeit, die der Papst wiederum verstärkte.

Die Messen des Papstes verwandelten profane Plätze in religiöse Erinnerungsorte. In Polen sind sie bis heute fest mit bestimmten Begriffen und Situationen verbunden. Seine auf dem Warschauer Siegesplatz gesprochenen Worte «Dein Geist steige hinab und erneuere das Antlitz des Landes, *dieses* Landes», gelten als Schlüsselmoment der sich später erhebenden friedlichen Massenproteste.[42] Auf den Błonia-Wiesen in Krakau hielt Johannes Paul II. seine größte Messe ab, die unter der Bezeichnung «Firmung der Geschichte» in die polnische Geschichte einging.

## Päpstliche Auftritte als Event

Eine historische Kraft entfaltete die Reise auch durch die Art und Weise, *wie* der Papst auftrat: Er ging auf die Menschen zu. Weder die sozialistischen noch die kirchlichen Rituale ließen normalerweise Raum für spontane Reaktionen und Abweichungen vom geplanten Ablauf. Papst Johannes Paul II. hingegen bewegte sich frei unter den Gläubigen und interagierte mit ihnen. Immer wieder entstand ein spontaner Dialog zwischen dem Kirchenoberhaupt und der Besuchermasse, sei es im Gesang, durch Zurufe oder durch donnernden Applaus während der Messe.[43] Selbst spätabends trat der Papst auf den Balkon, um vor dem Schlafengehen mit den Wartenden zu sprechen, zu scherzen und zu singen. Am Morgen des zweiten Tages in Warschau ging er händeschüttelnd durch ein enges Spalier zur St.-Annen-Kirche. Vielfach unterbrach Applaus seine Rede, woraufhin der Papst seinen Text beiseitelegte und scherzend fragte: «Was ist mit dieser Gesellschaft passiert? Gestern kam Applaus, als ich ‹Christus› gesagt habe, heute kommt Applaus, wenn ich ‹Heiliger Geist› sage. Sind wir schon eine Gesellschaft von Theologen geworden? Denn es ist nicht wichtig, dass geklatscht wird, wichtig ist, wo geklatscht wird.» In Gnesen sangen die Besucher bereits bei der Ankunft und zwischendrin spontan «My chcemy Boga» («Wir wollen Gott») sowie zum Abschluss die Nationalhymne («Noch ist Polen nicht verloren»).⁴⁴ Wiederum verbanden sich Religion und nationales Hochgefühl.

Besonders bei den Auftritten, die sich explizit an Jugendliche richteten, bewies der Papst Spontanität und Nahbarkeit. In Gnesen etwa unterbrach er traditionelle Abläufe, indem er spontan Lieder mitsang, die die Jugendlichen anstimmten. Dann riefen sie «Es lebe der Papst!» und sangen mehrmals das Glückwunschlied «Sto lat» («Hundert Jahre»). In Krakau warfen die Jugendlichen zahllose Rosen, Nelken und Pfingstrosen auf das Podium des Papstes. Und dieser reagierte spontan: «Eigentlich habe ich eine vorbereitete Rede, aber ich habe mich entschlossen, sie nicht vorzutragen, weil sie nicht ganz dem entspricht, was ich hier gehört habe», antwortete er laut Zeitzeugen.⁴⁵

Wenn man heute die offiziellen Redemanuskripte der Papstreise liest, so erscheinen sie allgemein und vorsichtig formuliert, mit nur einzelnen Anspielungen gegen das sozialistische Regime.⁴⁶ Dazu zählte besonders sein Verweis auf die Menschenrechte, die seit der KSZE-Akte im sozialistischen Europa zum Ankerpunkt der Opposition wurden. Wie die Zeitgenossen bemerkten, benutzte der Papst generell eine alternative Sprache zum Sozialismus, indem er abstrakte Begriffe wie «Menschenwürde» oder «Wahrheit» anführte, die sich auf konkrete Situationen beziehen ließen.⁴⁷ Sein Plädoyer für die Einheit Europas und für Polens Zugehörigkeit zu Europa knüpfte an die kirchlichen Äußerungen im Kontext der Millenniumsfeier 1966 an und war unverkennbar gegen die Spaltung von Ost und West gerichtet, wie die Zuhörer besonders aufmerksam registrierten.⁴⁸ Er betonte vielfach die enge Verbindung zwischen Katholizismus und polnischer Identität und forderte zugleich die Versöhnung der Nationen. Seine Reden waren anschlussfähig, weil er sich zwischen Ost und West positionierte, weder für den Kapitalismus noch den Sozialismus. Wie das staatliche Meinungsforschungsinstitut OBOP intern ermittelte, erinnerten sich die Zuhörer vor allem an Botschaften zur Verständigung der Völker, dann erst an «Fragen von Religion und Kirche» und «Patriotismus, Vaterlandsliebe, Einheit aller Polen».⁴⁹ Insgesamt waren aber weniger die Reden als die gesamte Performance von entscheidender Bedeutung.

Sie stärkte die Vorstellung, dass die katholische Gemeinschaft die wahre polnische Nation bilde.[50]
Dank der weltweiten Berichterstattung führte die Reise des «Medienpapstes» dazu, dass Polen weltweit nicht mehr wie ein sozialistisches, sondern wie ein urkatholisches Land erschien. Während sonst bei westlichen Berichten über sozialistische Länder Bilder von Parteifunktionären, grauer Mangelwirtschaft und tristen Plattenbauten dominierten, zeigten sie schon vorab den starken Glauben in Polen – mit Fotos von Wallfahrten, Papstbildern oder kniend betenden Menschen.[51] Damit wirkte ausgerechnet ein sozialistisches Land wie eine religiöse Gegenwelt zum säkularisierten Westeuropa. Mit dem Papst kamen Journalisten aus aller Welt nach Polen. Das polnische Staatsfernsehen berichtete live von vielen Auftritten des Papstes, aber kühl kalkuliert.[52] Die staatlich gelenkte Bildführung behielt die Deutungsmacht. Sie konzentrierte sich ganz auf den Papst selbst, während sie die zahllosen begeisterten, vor allem jungen Menschen und die vielen Symbole ringsherum weitestgehend ausblendete und allenfalls Nonnen und Alte zeigte.[53] Das polnische Fernsehen zensierte somit weniger den Papst als den massenhaften Zulauf, der für die Machthaber die eigentliche Bedrohung war. Die Fernsehberichte sollten die Polen zudem von einem Besuch der Papstauftritte abhalten, hatten aber eher einen gegenteiligen Effekt und förderten den Unmut über diese Darstellung.[54] Unterdrücken ließen sich die Papstauftritte im Zeitalter der internationalen Massenmedien ohnehin nicht. So zogen viele Polen ergänzend das Radio heran, wo über *Radio Free Europe* die Reden übermittelt wurden.[55] Die Parteiführung zog intern dennoch eine recht positive Bilanz. Dass überall «Ruhe und Ordnung» herrschte und die Plakate mehrheitlich religiöse Inhalte hatten, sah sie bereits als Erfolg.[56] Besonders verunsichert war sie über die starke Beteiligung der Jugend. Dass jüngere Menschen Protest und Glauben verbanden, erschien als eine besondere Herausforderung.

### Folgen des Papstbesuchs in Polen

Die Verbindungen zwischen dem Papstbesuch und den kurz darauf folgenden Massenprotesten in Polen sind unübersehbar. Die katholische Bischofskonferenz interpretierte den Papstbesuch bereits unmittelbar danach als vielschichtiges Erweckungserlebnis «von religiöser, nationaler, patriotischer, gesamtslawischer, politischer, internationaler Bedeutung. Dank dieser Pilgerfahrt wurden Herz und Geist von Millionen Polen erweckt und ereignete sich ein großer moralischer Wandel im gesellschaftlichen Leben unseres Landes.»[57] Für die Zeitgenossen jenseits der staatlichen Elite war dieses Durchbrechen der sozialistischen Ordnung eine Schlüsselerfahrung. Ein Autorenteam katholischer Intellektueller, das alle Auftritte des Papstes verfolgte, bilanzierte als Fazit: «Es war ein Akt der Selbstbewusstwerdung: weil wir uns selbst betrachtet haben und Vertrauen zu uns selbst gefasst haben, Vertrauen in die eigenen Kräfte und Vertrauen in die kollektive Würde, deren Zeugnis diese Tage waren. ... Er hat ein Programm und ein Zeugnis des Glaubens hinterlassen; einen Stil des Redens und einen Stil des Auftretens.»[58] Zahlreiche Zeugnisse und auch sozialwissenschaftliche Studien der Zeit unterstreichen, dass der Papstbesuch Emotionen wie kollektive Glücks- und Gemeinschaftsgefühle gefördert habe.[59] Entsprechend sollte man die Performanz, also die Sinnbildung im Zuge der Auftritte, ernstnehmen, um den wegweisenden Umbruch in Polen in den 1980er-Jahren zu verstehen.[60]

Der Papstbesuch schulte im zivilgesellschaftlichen Handeln. Die Organisation von Massenveranstaltungen war eine Erfahrung, die wegweisend für die anschließende Gründung der *Solidarność* wurde. Der Papstbesuch gab Millionen von Polen das Selbstbewusstsein, sich von unten im öffentlichen Raum zu formieren und Vatikan und Weltöffentlichkeit auf ihrer Seite zu wissen.[61] Neben nationalen Symbolen gehörten christliche Zeichen und Papstbilder zu den zentralen Elementen der folgenden Proteste. An den Danziger Werktoren befestigten die Streikenden 1980 etwa ein Kreuz, ein Bild des Papstes und eines der Muttergottes von Tschenstochau, die auch Lech Wałęsas Revers schmückte. Die Religion, die in die Sphäre des Privaten verdrängt werden sollte, erlebte so eine neue öffentliche Präsenz. Geistliche stellten etwa der Oppositionsbewegung ihre Räume zur Verfügung, und bis zur Verhängung des Kriegsrechts unterstützten sie diese vielfach auch explizit. Allerdings löste die Papstreise keine harte Konfrontation zwischen Staat und Kirche aus. Laut Umfragen sah immerhin die Hälfte der Bevölkerung die Beziehung zwischen Staat und Kirche als «gut» an, wenn auch mit leicht sinkender Tendenz, was immerhin noch ein guter Wert war.[62]

Den Anstoß für die Massenproteste 1980 gab erneut ein profanes Problem: die Versorgungslage. Im Jahr zuvor hatte eine fundamentale Wirtschaftskrise eingesetzt, was die Bevölkerung auf die vielen Ausfuhren in die Sowjetunion zurückführte.[63] Am 1. Juli 1980 erhöhte die Regierung die Preise drastisch, und wieder einmal empörten sich viele besonders über den Anstieg der Fleischpreise. Rund 700 000 Arbeiter aus 250 Betrieben beteiligten sich bis Ende August an den Streiks, bei denen es nicht nur um die Versorgungslage ging.[64] Die Arbeiter forderten zwar Lohnerhöhungen, aber auch freie Gewerkschaften und ein Denkmal für die 1970 getöteten Protestierenden. Dazu verlangten sie die Wiedereinstellung des entlassenen Danziger Werftarbeiters Lech Wałęsa. Dieser hatte erst ein überbetriebliches Streikkomitee angeführt, dann ab Mitte September die neu gegründete unabhängige Gewerkschaft *Solidarność*. Bis Ende 1980 schlossen sich der *Solidarność* rund acht Millionen Menschen an, vermutlich auch eine Millionen Mitglieder der Polnischen Vereinigten Arbeiterpartei. Zumindest reformorientierte Teile der Staatspartei zeigten durchaus Sympathien für die *Solidarność*.

Papst Johannes Paul II. unterstützte in einem Schreiben an Kardinal Wyszyński den Widerstand, rief aber zugleich die *Solidarność* mäßigend zu Geduld und Gewaltlosigkeit auf. Ebenso warnte er die Sowjetunion vor einem Einmarsch. Dass er im Januar 1981 Lech Wałęsa zu einem langen Gespräch im Vatikan empfing, unterstrich weltweit das Bündnis zwischen der Gewerkschaft und der katholischen Kirche, weshalb die Sowjets die Reiseerlaubnis für Wałęsa harsch kritisierten.[65] Kardinal Wyszyński sprach sich gegen einen Streik aus, da er eine gewaltsame Unterdrückung fürchtete, und mahnte die Solidarność in seinen Reden, geduldig zu sein.[66] Der Papstbesuch stärkte vermutlich die Durchhaltebereitschaft: Wenngleich die Solidarność an frühere Proteste anknüpfen konnte, gab der Papstbesuch ihr ein gestärktes Fundament.[67]

Generell formierte sich das kirchliche Umfeld gegen die scheinbar allmächtigen kommunistischen Geheimdienste. Schon im Vorfeld hatte sich der KGB mit anderen Diensten über gemeinsame Maßnahmen bei der Papstreise verständigt, da sie Aufstände befürchteten, und auch die Stasi überwachte in Polen und im Vatikan.[68] Der KGB versuchte nach der Polenreise anscheinend, den Papst durch lancierte Meldungen als Gefahr für den Frieden erscheinen zu lassen. Nach dem Attentat auf den Papst 1981 kursierten nicht belegte Gerüchte, der sowjetische Geheimdienst stecke mit der Stasi hinter dem Attentat des türkischen Rechtsextremisten Mehmet Ali Ağca.[69]

Der Papstbesuch und die nachfolgenden Proteste beeinflussten auch den Glauben der Polen. Eine interne staatliche Umfrage des OBOP machte eine leichte Zunahme der praktizierenden Gläubigen auf 79 Prozent (1980) aus.[70] Andere Befragungen zeigen für die Zeit zwischen 1974 und 1982 einen Anstieg der gläubigen und praktizierenden Katholiken (von 73 auf 83 Prozent) sowie einen Rückgang des Anteils der Nichtgläubigen (von 9 auf 2 Prozent).[71] Anscheinend ging der Papstbesuch also nicht nur mit einer stärkeren öffentliche Präsenz der Religion einher, sondern mit einem Wandel der Glaubenspraxis.

Innerhalb des «Ostblocks» war Polen gewiss ein Ausnahmefall – vom Ausmaß des Protestes wie der Rolle der Kirche. Aber zugleich war Polen doch ein Modell mit großer Strahlkraft, wegweisend für die Erosion des Sozialismus. Dies fürchteten bereits 1980 die kommunistischen Herrscher der Nachbarländer und forderten entsprechend ein scharfes Eingreifen. Erich Honecker verlangte etwa in einem Schreiben an Breschnew am 26. November 1980 ein gemeinsames Vorgehen der sozialistischen Staatschefs gegen die drohende

«Konterrevolution». Diese berieten tatsächlich kurz darauf über Maßnahmen, wobei Breschnew vor einer Konfrontation mit der katholischen Kirche warnte.[72] Die Sowjetunion entschied sich zudem trotz offener Drohungen gegen eine Invasion in Polen, da sie durch den Einmarsch in Afghanistan gebunden war und dies die Beziehungen zum Westen fundamental beeinträchtigt hätte. Aber sie forcierte die gewaltsame Auflösung des Widerstands. Am 13. Dezember 1981 wurde tatsächlich vom neuen polnischen Staatschef Jaruzelski das Kriegsrecht verhängt. Die polnische Armee verhaftete tausende Aktivisten der *Solidarność* und tötete über ein Dutzend. Bis Juli 1983 blieb das Kriegsrecht bestehen. Dennoch brach dies die Widerstandskraft kaum: Viele Mitglieder der Gewerkschaft verfassten gleich nach der Haftentlassung wieder illegale Blätter.

Johannes Paul II. wandte sich sofort und nachdrücklich gegen die Verhängung des Kriegsrechts, das er in einem Protestschreiben an General Jaruzelski im Namen der Menschenrechte, des Friedens und des bisher geflossenen «polnischen Bluts» kritisierte.[73] Der Papst entwickelte sich zum weltpolitischen Akteur, dessen «Soft Power» als einflussreich galt. Während die US-Regierung bislang eine betonte Distanz zum Vatikan gehalten hatte, suchte Präsident Reagan jetzt engere, endlich auch offizielle diplomatische Beziehungen mit dem Heiligen Stuhl. Nach der Verhängung des Kriegsrechts in Polen wandte sich Reagan sofort telefonisch an den Papst und besuchte ihn 1982. Der Vatikan wiederum versorgte die US-Administration mit Einschätzungen aus und zu Polen.[74] Auch in den folgenden Jahren verständigten sich beide über den Ost-West-Konflikt und der Papst informierte Reagan über seinen Austausch mit Gorbatschow. Reagan wusste sehr wohl, dass der Papst nicht nur in Polen, sondern auch für die westlichen Bündnispartner von Bedeutung war.

Generell traten die USA vielfältig für die Protestierenden in Polen ein, während viele bundesdeutsche Politiker eher mit der *Solidarność* fremdelten und weiterhin auf Dialog mit der polnischen Staatsführung setzten. So sendeten die USA weltweit über Satellit den emotionalen Film *Let Poland be Poland* gegen die Verhängung des Kriegsrechts, der mit Bildern des polnischen Widerstands und der Unterdrückung sowie mit Mahnungen von führenden Politikern, Sängern und Schauspielern an den nationalen Stolz der Polen appellierte.[75] Zugleich trug die US-Regierung dazu bei, einen Staatsbankrott Polens durch Umschuldungsmaßnahmen zu verhindern. Der Antikommunismus bildete eine Brücke zwischen dem säkularen und dem erstarkten christlich-evangelikalen Lager in den USA. Zudem standen Reagan zahlreiche katholische Berater zur Seite, zumal die Republikaner nun auch erstmals stärker von Katholiken gewählt wurden. Eine konspirative Absprache zwischen Reagan und dem Papst bei der Bekämpfung des Kommunismus, wie sie Journalisten Anfang der 1990er-Jahre vermuteten, lässt sich anhand der Akten jedoch nicht belegen.[76]

Das Kriegsrecht führte zu vielfältigen internationalen Protesten und Hilfsangeboten. In Westeuropa organisierten die großen Gewerkschaften Solidaritätsaktionen, in Frankreich sogar mit Massendemonstrationen und einem kurzen Generalstreik.[77] In anderen Ländern, etwa Italien oder Belgien, waren es vor allem katholisch geprägte Gewerkschaften, Parteien und Gruppen, die sich für Polen engagierten, jedoch nicht die neue Linke, deren Solidarität sich zu dieser Zeit eher auf Nicaragua fokussierte.[78] Die Deutschen schickten Spenden im Wert von angeblich rund 300 Millionen DM, also deutlich mehr als bei der oft zitierten «Dritte-Welt-Bewegung», und die Regierung hielt die Pakete gebührenfrei.[79] Die Bundesregierung sah hingegen von einer direkten Unterstützung der *Solidarność* ab, um den ostpolitischen Dialog nicht zu gefährden. Vielmehr hielt sie den Gesprächskontakt zur polnischen Regierung und setzte sich auch in Moskau vermittelnd für eine Lösung in Polen und Afghanistan ein. «Entspannung durch Kommunikation» blieb besonders Genschers zentrale Strategie.[80] Kontakte zur Opposition in Polen ermöglichte vor allem die katholische Kirche. So fädelte die bundesdeutsche Botschaft in Warschau Gespräche mit Lech Wałęsa ein; 1986 fand beispielsweise ein Gespräch im Haus des Probstes der Danziger Marienkirche statt. Der bundesdeutsche Botschafter legte ihm hier einen «weniger heroischen Weg der Evolution» und verstärkte ökonomische Kooperationen nahe, was Wałęsa ähnlich sah.[81]

Dass der Papst 1983 während des Kriegsrechts erneut in sein Heimatland reiste, war eine abermalige große Unterstützung der Protestierenden und Gläubigen. Dies stabilisierte den Widerstand, wenngleich viele kritisch bemerkten, dass der Papst nicht nach Danzig fuhr, das ein Symbol für die *Solidarność* war. Dennoch setzte er durch sein Treffen mit Lech Wałęsa ein wegweisendes Zeichen, aber auch mit einer engagierten Rede an die Jugend in Jasna Góra, die die Regierung postwendend als «Aufruf zur Rebellion» verurteilte.[82] Seine dritte Reise nach Polen 1987 verstärkte schließlich nach einer Phase der Ermüdung eine neue Dynamik der Proteste, die in den beiden folgenden Jahren das endgültige Ende der kommunistischen Herrschaft einleiteten. Nun besuchte der Papst bewusst auch Danzig, das eng mit der *Solidarność* verbunden war, sprach von «Solidarität», und bei vielen Stationen seiner Reise wehten nun wieder ihre verbotenen Fahnen.[83]

Die Proteste in den 1980er-Jahren gingen jedoch weniger von der Kirche als von den polnischen Arbeitern aus.[84] Die katholische Kirche gab zwar weiterhin wichtige moralische Rückendeckung und galt als Vertreterin nationaler Interessen, aber statt Widerstand forderte sie eher Mäßigung. Die kirchliche Unterstützung der Opposition schwand und sie agierte eher als Mediator, was die sozialistischen Machthaber mit Konzessionen beim Kirchenbau belohnten.[85] Nur noch einige hundert Priester galten als radikale Regimegegner, dies jedoch mit großer Präsenz. Als die Staatssicherheit einen von ihnen, Pater Jerzy Popiełuszko, 1984 brutal ermordete, kamen zu seiner Beerdigung 800 000 Menschen, und die Täter wurden unter dem Druck dieser Öffentlichkeit offiziell verurteilt. Popiełuszko wurde so zu einem Märtyrer, der den religiös motivierten Widerstand anspornte, auch wenn größere Teile der Kirchenführung Zurückhaltung zeigten.[86] Auch bei der Freilassung von politischen Gefangenen blieb die Kirche ein wichtiger Mittler zwischen Staat und Opposition. Dass sich die Kirche dabei eher auf die Oppositionsseite stellte, forcierte auch Papst Johannes II. bei seinen dritten Besuch in Polen 1987.

Vor allem die Perestroika unter Gorbatschow gab dem Protest in der zweiten Hälfte der 1980er-Jahre neue Spielräume. Polens Abhängigkeit von der westlichen Wirtschaft wirkte in dieselbe Richtung. Als 1988 besonders in Krakau und Danzig mit Streiks für Reformen protestiert wurde, formulierten die Bischöfe eine ungewöhnlich scharfe Erklärung zur Missachtung der Menschenrechte und gaben der Regierung die Schuld an der Situation.[87] Bei den folgenden Vorverhandlungen zur Einrichtung eines «Runden Tisches» und zu demokratischen Reformen waren Geistliche zentrale Unterhändler. Bei der ersten freien Wahl 1989 stützte sich die *Solidarność* ebenfalls maßgeblich auf die kirchliche Infrastruktur. Die Kirche blieb damit eine politische Kraft, die bei der Erosion des Sozialismus eine wichtige Rolle spielte. Hierdurch entwickelte sich Polen vom schwarzen Schaf der sozialistischen Staaten zum Vorreiter der Reformen.

### Politik und Religion in der Bundesrepublik

Die neue politische Rolle des Papstes, der Kirchen und der Religion zeigte sich nicht nur in Polen, sondern in weiten Teilen der Welt und auch in Deutschland. Spätestens nach der ersten Polenreise waren sich westliche Spitzenpolitiker einig, dass Johannes Paul II. ein «politischer Papst» sei, wie etwa Bundeskanzler Helmut Schmidt gegenüber dem italienischen Ministerpräsident Andreotti betonte.[88] Lobend führte der deutsche Kanzler auch im Vatikan an, dass der Papst von der Einheit Europas spreche. Intern bezeichnete er ihn als «diplomatische Macht», die bei den schwierigen Ost-West-Verhandlungen um Abrüstung und Menschenrechte eine bedeutende Rolle spielen und die Entspannungspolitik fördern könne.[89] Zugleich hoffte das Auswärtige Amt, dass das Auftreten des Papstes auch auf die Protestanten in der DDR ausstrahlen könnte.[90]

Entsprechend wurde der Papst auch bei den westlichen Politikern schnell ein gefragter Gesprächspartner. Bundeskanzler Schmidt tauschte sich mit dem Papst bereits direkt nach dem Polenbesuch am 9. Juli 1979 über die Rolle der Kirche in den osteuropäischen

Ländern aus und lobte sein Engagement bei seinen Reisen.[91] In der SPD-Führung war es vor allem Hans-Jochen Vogel, der den Papst als politischen Verbündeten ausmachte. Im Parteivorstand bewertete er schon im März 1979 dessen erste Enzyklika als «ein Dokument von hohem Rang», denn: «Viele Aussagen der Enzyklika seien auch für die gesellschaftliche und politische Diskussion in unserem Land von unmittelbarer Bedeutung», wie über «Technik, Natur, Menschenrechte, Wirtschaftswachstum, Staat».[92] Da Vogel Ähnlichkeiten zur SPD-Programmatik sah, versuchte er den Papst politisch zu vereinnahmen. Ohnehin machten die Sozialdemokraten unmittelbar nach der Polenreise des Papstes auch im Westen eine neue Bedeutung des Religiösen, eine «Grundwelle der Frömmigkeit» aus, selbst und gerade bei der Jugend.[93] Die Enttäuschungen der 68er, so ein Redner im SPD-Parteirat, hätten «bei der nachfolgenden Generation zu einem religiösen Trend geführt, der an den Parteien vorbeigeht, aber sich, siehe Grüne, bei der Kerntechnologie und anderen Dingen tief politisch artikuliert».[94] Hans-Jochen Vogel erschien die Begeisterung bei der Polenreise des Papstes als Ausdruck einer breiteren Sinnsuche, bei der «Gefühlswerte» eine neue Bedeutung bekämen.[95]

Entsprechend rasch bemühte sich die Bundesregierung 1980 um einen Papstbesuch in der Bundesrepublik. Seit 198 Jahren hatte kein Papst Deutschland besucht. Dabei achtete Papst Johannes Paul II. auch der Bundesrepublik gegenüber bei der Aushandlung des Ablaufes darauf, sich nicht politisch vereinnahmen zu lassen. Und wie Polen gegenüber ging es um die Frage, ob es sich um einen Staatsbesuch handele oder eine Pilgerreise, was sich schließlich als Sprachregelung durchsetzte. Der Papst betonte, dass er «keine politischen Gespräche (Arbeitsgespräche) führe», und wollte Bundespräsident und Kanzler nur je 45 Minuten zugestehen. Ins Bundeskanzleramt zu kommen, lehnte der Papst ab.[96] Dem Kanzler wurde lapidar angeboten, dem Papst bei einzelnen Stationen beizuwohnen; schließlich traf Schmidt ihn auf Schloss Augustusburg. Bis zum Schluss hielt der Vatikan das politische Protokoll in der Schwebe. All dies markierte erneut das Selbstbewusstsein des Vatikans und die Eigenständigkeit auch gegenüber demokratischen Politikern.

Auch in der Bundesrepublik stand der Papstbesuch für einen neuartigen massenhaften Eventcharakter der Religion. Bei seiner fünftägigen Reise sahen rund 1,5 Millionen Menschen vor Ort den Papst, ARD und ZDF berichteten insgesamt vierzehn Stunden live darüber, bei einer Einschaltquote von 84 Prozent. Allerdings entstand hier keine Papst-Euphorie wie in rein katholischen Ländern, obwohl der Papst nunmehr ähnlich beliebt wie der Bundespräsident war und höher geschätzt als seine Kirche. Über die Hälfte der Befragten blieb gegenüber dem Papstbesuch gleichgültig, und viele monierten die hohen Kosten von 20 Millionen Mark.[97] Ebenso kritisierten die linksliberalen Medien den Papst zunehmend für seine konservativen Positionen, beispielsweise bei Fragen der Verhütung und Abtreibung.

Gewisse Parallelen zu Polen zeigten sich in Westeuropa seit 1979 bei der Politisierung der kirchlichen Basis. Die Teilnehmerzahlen der Kirchen- und Katholikentage stiegen rasant an, und es wurden immer öfter politische Reformforderungen vorgetragen.[98] Ebenso nahmen religiös bewegte Massenversammlungen auf den Straßen zu sowie politische Demonstrationen mit christlichen Symbolen. Ähnlich wie in den Niederlanden oder Großbritannien gab die Verbindung zwischen Religion und Friedensbewegung den Protesten eine größere Massenbasis und eine andere Sprache und Symbolik. Der Papst war nicht ihr wichtigster Bezugspunkt, aber er förderte den neuen Eventcharakter der Religion – sei es durch seine Reisen oder von ihm eingeführte Großveranstaltungen wie den Weltjugendtag. Auch dass Geistliche und Gläubige an Demonstrationen gegen Atomraketen oder AKWs teilnahmen und ihren Widerstand mit christlichen Argumenten untermauerten, markierte die Politisierung der Religion.

Gerade für die christlich geprägte CDU/CSU-Regierung war diese Form des Protestes eine neuartige und schwierige Herausforderung, wie ihre Führungsgremien vielfach intern beklagten.[99] Bei programmatischen Fragen dachte sie deshalb die Position des Papstes mit. So forderten ihre Politiker etwa intern eine Neuausrichtung des Begriffes «Frieden», sodass «auch praktische Schützenhilfe vom Vatikan in dieser Auseinandersetzung» zu erwarten sei».[100] Die christliche Grundierung der Friedensbewegung bedeutete freilich nicht, dass sie die Opposition in Polen rückhaltlos unterstützte. 1982 stellte sich nur die Hälfte von rund 800 in Bonn versammelten Friedensaktivisten hinter einen Resolutionsabschnitt, der für eine politische Lösung in Polen eintrat, die die Zulassung der *Solidarność* einschloss.[101] Dazu waren die kommunistischen und linken Flügel zu stark, und es wurde eine Spaltung der Bewegung befürchtet.

Diese Politisierung innerhalb der Kirchen ging mit ihrer Öffnung gegenüber der Gesellschaft einher. Das neuartige offene Auftreten von Papst Johannes II. korrespondierte mit einem neuen Rollenbild des Geistlichen. Besonders protestantische Pastoren agierten nun stärker wie Sozialarbeiter oder Therapeuten, die jenseits der Kirchen auf die Gesellschaft und besonders auf Jugendliche zugingen. Die in zahlreichen Vorstädten neu gebauten Gemeindehäuser, die sich an die profane Architektur anlehnten, standen für diese Öffnung.[102] Generell entstand ein Markt an religiösen Angeboten, der mit neuen Offerten um Kunden buhlte. Dazu trug auch bei, dass eine neue Spiritualität neben die christliche Religion trat und sie erweiterte. Yoga, Feng Shui und das Interesse an spiritueller Heilung, der Glaube an Reinkarnation oder die Macht der Sterne – all dies sprach gerade auch Christen an und trug mit dazu bei, den Glauben zu pluralisieren und neu zu aktualisieren.[103] Entsprechend erweiterten auch die Kirchen ihre Angebote um spirituelle Praktiken und förderten damit emotionale Gemeinschaftserlebnisse. Zudem verfestigten die Kirchen institutionell ihre Stellung, da sie im boomenden Wohlfahrtsbereich, bei Kindergärten, Krankenpflege oder Altenbetreuung zum größten Arbeitgeber wurden: Noch heute ist allein der Caritasverband der größte nicht-öffentliche Arbeitgeber in Europa. Der vielfach Anfang der 1970er-Jahre ausgemachte Niedergang der Kirche konnte so zumindest aufgehalten werden. Der Mitgliederschwund nahm ab, die öffentliche Präsenz dagegen zu.

### Parallelen zur DDR?

Im Kontext der polnischen Veränderungen gewannen die Kirchen auch in einigen benachbarten sozialistischen Ländern eine neue politische Rolle. Das zeigte sich etwa in der Tschechoslowakei. Die berühmte Charta 77 gegen die Menschenrechtsverletzung der Kommunisten hatten zwar nur wenige Priester unterzeichnet, und die Kirchenleitungen beider Konfessionen hatten sie sogar misstrauisch abgelehnt.[104] Aber selbst hier zeichnete sich seit den späten 1970er-Jahren eine zunehmend religiös gefärbte Distanz zum Staat ab. Der Widerstand in der katholischen Kirche wuchs.[105] 1980 kam es zu einem Hungerstreik in einem Priesterseminar, Protestschreiben nahmen zu, ebenso christliche Samizdat-Schriften. Und auch in der Tschechoslowakei erreichten Versammlungen oder Unterschriftenlisten sowohl Gläubige als auch kirchenferne Bürger. Es kam zu kirchlichen Massenversammlungen, wobei besonders die Teilnehmerzahlen von Wallfahrten anstiegen. 1985 nahmen 150 000 Menschen an der Wallfahrt nach Velehrad teil, am gleichen Wochenende 100 000 Menschen an der Wallfahrt nach Levoča. 1987 gab es bereits 600 000 Pilger, wobei es die sozialistischen Machthaber besonders verunsicherte, dass sich wie in anderen Ländern vor allem junge Menschen beteiligten.[106] Dass in der Tschechoslowakei Gläubige massenweise auf die Straßen gingen, wird auch den damaligen Predigten des Papstes zugeschrieben.[107] Der Unmut der Gläubigen verstärkte sich, als der Papst zur Pilgerfahrt zum 1100. Geburtstag des heiligen Methodius nicht einreisen durfte und die Kommunisten dieses Jubiläum zu einem Friedensfest in ihrem Sinne umzulenken suchten. Dabei kam es auch in der ČSSR zu einer Verbindung von religiöser und nationaler Identifikation gegen die kommunistische Staatsführung. An den Protesten der «samtenen Opposition» 1989 nahmen entsprechend auch zahlreiche Gläubige teil, wenngleich das Land atheistisch geprägt war.

In der gleichermaßen stark atheistischen DDR, in der seit 1953 keine größeren Unruhen aufgetreten waren, spielten die Kirchen ebenfalls seit Ende der 1970er-Jahre eine zentrale Rolle beim Aufkommen neuer Protestbewegungen. Polen hatte auf die DDR großen Einfluss, da beide Staaten trotz aller Unterschiede eng verbunden waren. Polen war das wichtigste Reiseland für DDR-Bürger – wegen seiner Landschaften und wegen der größeren Freiheiten. Viele DDR-Bürger reisten in den Osten, um den Hauch des Westens zu erfahren. Umgekehrt reisten Millionen von Polen in die DDR, oft um einzukaufen.[108] Entsprechend kritisch sah die Stasi die polnische Entwicklung: Sie bewertete den Papst als «extremsten Antikommunisten des polnischen Episkopats» und betonte dessen gefährliche Rolle für den Sozialismus in Polen.[109] Seine Wahl interpretierten die DDR-Diplomaten wie die SED deshalb als politische Entscheidung, um den Einfluss der katholischen Kirche in den sozialistischen Ländern zu stärken.[110]

Entsprechend sensibel reagierte die DDR auf die Vorgänge in Polen. Nach dem Aufkommen und der Akzeptanz der *Solidarność* sprach die SED bereits Anfang September 1980 von einer «Konterrevolution» und pochte auf die uneingeschränkte Machtstellung der kommunistischen Partei. Bereits Ende Oktober 1980 kündigte die DDR daher einseitig den visafreien Reiseverkehr mit Polen auf, um die *Solidarność*-Proteste und den «polnischen Virus» fernzuhalten, und im Jahr darauf kappte die SED auch die kulturellen und wissenschaftlichen Beziehungen mit dem östlichen Nachbarn. Honecker selbst informierte sich über bundesdeutsche Fernsehsendungen zu den polnischen Protesten und sah die Berichte nicht zu Unrecht als Versuch, auch die DDR zu destabilisieren. Entsprechend wandte er sich an Breschnew mit der Bitte, «kollektive Hilfsmaßnahmen für die polnischen Freunde bei der Überwindung der Krise auszuarbeiten».[111] Eine eilig geplante Manöverübung mit der Sowjetunion und der ČSSR unterstrich die gemeinsame Drohung mit einem militärischen Eingriff. Auch bei der zweiten Polenreise des Papstes wurde befürchtet, sie könnte religiöse Gefühle in den sozialistischen Ländern stärken und diese somit destabilisieren.

Auf die eigene Bevölkerung schien die polnische Situation hingegen geringen Einfluss zu haben. Berichte des Freien Deutschen Gewerkschaftsbunds (FDGB) zeigten etwa, dass die Ostdeutschen durchaus Sympathie für die Proteste gegen die schlechten Löhne und Arbeitsbedingungen sowie die Versorgungslage hatten, dass ihnen aber die Nähe zur katholischen Kirche und der polnische Nationalismus fremd waren. Während die SED zunächst argwöhnte, die evangelische Kirche könne «auf polnische Gedanken» kommen, verzeichneten Stasi-Berichte im September 1980, die leitenden Personen in der evangelischen Kirche in der DDR seien der Meinung, dass «man sich diese polnische Jacke nicht anziehen wird».[112] Viele DDR-Bürger sahen die Polen weiterhin kritisch und blickten ansonsten gen Westen.[113] Den protestierenden Polen blieb diese Distanz nicht verborgen, die sie wiederum mit dem deutschen Untertanengeist assoziierten. Die zahlreichen Aufstände in Polen waren jedoch eine Mahnung für die SED und beeinflussten Honeckers Kurs, durch hohe sozialpolitische Subventionen die Stimmung im Land zu verbessern.

Dennoch, oder vielmehr gerade deshalb bemühte sich die SED-Führung um einen Austausch mit dem neuen Papst, obgleich sie intern seine «polemisch angelegte, eindeutig ablehnende Haltung zum Marxismus-Leninismus» monierte.[114] Sie suchte förmlich seit seiner Ernennung nach einzelnen Themen, um mit dem Papst positiv ins Gespräch zu kommen, etwa im Kontext seiner Kritik am «Neokolonialismus» oder der «N-Bombe».[115] Bei der Papstreise in Polen stellte die SED zumindest erleichtert fest, dass der Papst eine direkte politische Kritik vermieden habe und sich nicht mit Dissidenten traf, wenngleich sie seine Auftritte insgesamt und besonders seine Appelle an die «sog. Menschenrechte» kritisch bewertete.[116] Ebenso erfreut stellte die SED fest, dass der Papst bei seinem Besuch in der Bundesrepublik nicht die DDR kritisierte und sie als Teilstaat indirekt anerkannte. Als Konsequenz empfahlen die Berichte der SED-Führung immer wieder, stärker auf die Katholiken zuzugehen, um sie mehr einzubinden.[117]

Funktionäre in verschiedenen sozialistischen Staaten suchten rasch Kontakt zum Papst, allen voran die der DDR. Schon im Oktober

1978 hatte der DDR-Außenminister Oskar Fischer eine Privataudienz bei ihm in Rom. Die Außenminister Bulgariens und der UdSSR folgten seinem Beispiel in den nächsten Monaten. Schließlich bat sogar Erich Honecker im Rahmen seines Staatsbesuches in Italien 1985 um eine Audienz, die allem Anschein nach trotz der thematisierten Menschenrechtsfragen unproblematisch verlief, wenngleich die westdeutschen Medien sie scharf kritisierten.[118] Honecker versuchte sich so als Friedensvermittler zu stilisieren. Im Anschluss daran wurde von der SED 1986 eine Einladung an den Papst vorbereitet und schließlich für 1991 anvisiert.[119] Die Suche nach internationaler Anerkennung, aber sicher auch die Hoffnung, die als bedrohlich wahrgenommenen Kirchen einbinden zu können, waren eine treibende Kraft.

In der DDR waren freilich weniger die kleinen und recht ruhigen katholischen Gemeinden für den Wandel verantwortlich als vielmehr die Reste des Protestantismus. In den 1970er-Jahren sprach noch wenig dafür, dass aus den evangelischen Kirchen heraus wegweisende Proteste entstehen könnten. Die protestantische Kirchenleitung hatte sich in gewisser Weise mit dem Sozialismus arrangiert. Die rasante Zunahme der Kirchenaustritte und die Überalterung der Mitglieder marginalisierten die Kirchen in der DDR immer mehr, und die einst engen Verbindungen zu den westdeutschen Kirchen nahmen ab. Das Spitzengespräch zwischen Erich Honecker und dem Vorsitzenden des Bundes der evangelischen Kirchen der DDR, Albrecht Schönherr, schien 1978 einen Modus vivendi zu besiegeln, indem beide Seiten Konzessionen machten.

Zeitgleich zur Papstreise in Polen entstand jedoch seit 1978/79 unter dem Dach der evangelischen Kirche der DDR eine politische Opposition. Die Dissidenten in der DDR und insbesondere die Kirchen suchten den direkten Austausch mit der Opposition in Polen, wenngleich sich die Kontakte auf wenige Akteure beschränkten. Dissidenten, die Schriften der *Solidarność* über die Grenze schmuggelten, wurden verhaftet. Ein Bürgerrechtler wie Roland Jahn etwa wurde 1982 festgenommen, weil er einen Monat lang mit einer polnischen Fahne zum Zeichen der Solidarität mit Polen durch Jena radelte.[120] Die Einführung der Wehrkunde als obligatorisches Schulfach leitete den kirchlichen Protest in der DDR Ende der 1970er-Jahre ein, der an eine generelle Unzufriedenheit anknüpfte. Dabei entwickelte sich auch in der DDR seit 1979 eine christlich geprägte Friedensbewegung, wenngleich deutlich kleiner als im Westen. Die Ereignisse in Polen beeinflussten die evangelische Kirche in der DDR ebenso wie der Nato-Doppelbeschluss, der Einmarsch in Afghanistan und die Kontakte zur bundesdeutschen Friedensbewegung und Kirche.[121] So entstand nun unter dem kirchlichen Dach ein groß angelegtes Studien- und Aktionsprogramm «Erziehung zum Frieden», und seit 1980 organisierten Kirchenangehörige regelmäßig «Friedensdekaden» vor dem Buß- und Bettag. Insbesondere die Aktion «Schwerter zur Pflugscharen» entwickelte sich zur wichtigsten Protestaktion dieser Jahre.

Diese Veranstaltungen hatten zwar, gerade im Vergleich zu Polen und zum Westen, recht wenige Teilnehmer, aber sie erreichten eine große Aufmerksamkeit und einen größeren Kreis von Sympathisanten. Die vielfältigen dezentral organisierten kirchlichen Aktivitäten, wie Friedensgebete, Friedenswerkstätten oder mobile Friedenseminare, etablierten neue Protestformen und verstetigten sie.[122] Die westlichen Medienberichte machten den lokalen Gruppen oft erst ihre Gemeinsamkeiten bewusst. Ähnlich wie in Polen führte all dies nicht direkt zum Niedergang des Sozialismus, doch bildete es eine wichtige Grundlage für den Umbruch 1989. Zudem boten viele Kirchengemeinden in der DDR oppositionellen Gruppen eine Heimat, insbesondere der Umweltbewegung. Damit gelang selbst in der DDR, was die kommunistische Staatsführung besonders fürchtete: Die Kirchen sprachen wieder verstärkt junge Menschen an, die sich von der SED abwandten. Und wie in Polen wurde die Kirche zum Mittler zwischen Staat und Opposition, der meist mit letzterer sympathisierte.

Diese Aktivitäten entfalteten sich im engen Austausch mit dem Westen. Die Idee der «Friedenswochen» etwa war in den Niederlanden aufgekommen und verbreitete sich von hier aus.[123] 1979 veröffentlichten die Kirchen beider deutscher Teilstaaten auch eine gemeinsame Erklärung zum Ausbruch des Zweiten Weltkriegs. Die Friedensfrage eröffnete zahlreiche Gesprächsmöglichkeiten zwischen

Kirchenvertretern in Ost und West. Dem gemeinsamen «Wort zum Frieden 1979» folgten weitere gemeinsame Erklärungen, denen viele Gespräche vorangingen.[124] Auch darüber hinaus gewährten die Kirchen einen wichtigen Raum für Ost-West-Begegnungen. Mithilfe westlicher Kirchengelder konnten seit Anfang der 1980er-Jahre zahlreiche Gotteshäuser in der DDR gebaut und saniert werden, sodass die Kirchen auch im Stadtbild eine stärkere Präsenz gewannen. Immerhin fünfzig neue Kirchenbauten entstanden in der Ära Honecker, zudem wurden nun symbolträchtige zerstörte Gebäude wie die Potsdamer Nikolaikirche wieder eröffnet oder die Sacrower Heilandskirche im Berliner Grenzstreifen erhalten.[125]

Dass die Proteste 1989 – nicht nur in Leipzig und Ost-Berlin – von kirchlichen Räumen ausgingen, knüpfte an diese rund zehnjährige Vorgeschichte an.[126] Verschiedene Geistliche stellten Begegnungsorte und Kommunikationsstrukturen bereit und prägten die Sprache der Proteste, die vielfach erst durch die Verbindung mit christlichen Ritualen möglich wurden. Bis hin zu den Runden Tischen nahmen Geistliche auch in der DDR eine moderierende Funktion ein. Ebenso wie in Polen förderten sie zudem ein gewaltfreies Beharren auf moralischen Positionen.[127] Polen blieb dabei auch 1989 ein wegweisendes Modell, als die dortigen Streiks in die ersten Wahlen mündeten.[128]

Nach 1989 verloren die christlichen Kirchen hingegen in Ost und West an Gewicht. In Ostdeutschland hatten sie nach dem Mauerfall gerade wegen ihrer wichtigen Rolle Neueintritte erwartet. Tatsächlich traten aus den ohnehin kleinen Kirchengemeinden schlagartig zahlreiche Menschen aus. Die nun verlangte Kirchensteuer war sicher ein Grund, ebenso der Zusammenschluss mit den staatsnahen westdeutschen Kirchen, der den protestantischen Geistlichen den Nimbus des unabhängigen Kämpfers nahm.[129] Ebenso wie in Polen waren viele Reformer in der Transformationszeit kirchlich oder zumindest religiös geprägt. Ernüchtert mussten sie nun feststellen, wie begrenzt die Reformmöglichkeiten waren und welche sozialen Einschnitte der Weg in die Marktwirtschaft mit sich brachte. Wie stark das protestantische Pfarrhaus in der DDR die heutige ostdeutsche politische Elite prägt, ist unverkennbar. Allerdings traten Kirchenvertreter nun, in Ostdeutschland wie in Polen, zunehmend für einzelne Parteien ein, was ihre bisherige Schlichterrolle unterlief.[130] Das Ansehen der Kirchen zehrt zwar bis heute von ihrer Rolle vor 1989, aber gerade die Demokratie macht es den Kirchen schwerer, ihre vormalige Stellung zu bewahren. Ihre Reputation schmälerten demokratisch ausgetragene Konflikte über das Verbot der Abtreibung, um religiöse Schulbildung oder konservative Äußerungen einzelner Geistlicher. Aufgeblüht ist dagegen der islamfeindliche Verweis auf das «christliche Europa», den die Kirchen jedoch mehrheitlich nicht teilen.

Der Papst hingegen behielt seine starke Stellung als weltweite moralische Autorität. Selbst Benedikt XVI. erreichte Massenaufläufe, und sein Nachfolger Papst Franziskus wurde durch Bescheidenheit und soziales Engagement zur globalen moralischen Instanz. Dass er der erste Papst ist, der aus Lateinamerika stammt, korrespondiert mit der gewachsenen Bedeutung der Religion außerhalb von Europa. Die frenetischen Menschenmengen in Mexiko, die 1979 dem Papst bei seiner ersten Auslandsreise zujubelten, waren insofern Vorboten jener neuen öffentlichen Bedeutung der Religion, die auch in Deutschland in diesen Jahren an politischer Bedeutung gewann. In Europa nahmen zwar die Kirchenaustritte wieder zu, weltweit ist die Religion jedoch weiterhin auf dem Vormarsch.

## 3. Die Revolution in Nicaragua
## Solidarität mit der Dritten Welt

Die iranische Revolution elektrisierte viele Teile der Welt, aber besonders Länder, in denen ebenfalls Proteste gegen Autokraten aufkamen. Aus Nicaragua, wo zur gleichen Zeit eine breite Opposition gegen die Diktatur von Anastasio Somoza Debayle kämpfte, berichtete die bundesdeutsche Botschaft im Februar 1979: «Die Nachrichten von dem Regierungsumsturz in Teheran werden mit gespannter Aufmerksamkeit verfolgt. Es ist offensichtlich, daß Vergleiche gezogen werden und daß die Ereignisse in Persien von Regierungsgegnern allgemein als ermutigend aufgefasst werden».[1] Tatsächlich drängten sich die Ähnlichkeiten auf. Auch in Nicaragua regierte ein autoritärer Herrscher, der sich maßlos bereichert hatte und die Opposition gewaltsam bekämpfte.[2] Ähnlich wie beim Schah basierte seine Macht auf der ökonomischen und politischen Unterstützung der USA, die den anti-kommunistischen und wirtschaftsliberalen Kurs von Somoza goutierten. Erst 1977/78, parallel zum Iran, rückten die USA im Zuge des Menschenrechtsdiskurses schrittweise von ihm ab. Und wie im Iran entstand 1978/79 in Nicaragua ein breites Bündnis gegen diesen Präsidenten, das von Marxisten bis hin zu liberalen, konservativen und kirchlichen Kreisen reichte. Dabei spielte auch in Lateinamerika die Religion eine wichtige Rolle, da sich Befreiungstheologen und nun auch konservative Geistliche gegen Somoza richteten. So rechtfertigten die dortigen Bischöfe den Aufstand am 2. Juni 1979 angesichts «einer eindeutigen und fortdauernden Tyrannei, die die fundamentalsten Rechte der Person ernsthaft verletzt und dem allgemeinen Wohl des Landes schadet.»[3] Tatsächlich gelang auch in Nicaragua im Juli

## 3. Die Revolution in Nicaragua

1979 eine erfolgreiche Revolution, bei der die breite Widerstandsbewegung mit der Sandinistischen Nationalen Befreiungsfront (FSLN) an der Spitze den bisherigen Herrscher ins US-amerikanische Exil vertrieb.[4] Die provisorische Regierung in Nicaragua strebte, wie im Iran, einen blockfreien Status an, der sich nicht der binären Logik des Kalten Kriegs unterwarf.

Die Ereignisse im Iran prägten auch unmittelbar nach dem Sieg der Opposition die Sichtweise. «Ein Iran-Effekt ist nicht auszuschließen», notierte etwa das Auswärtige Amt, was auf die Furcht vor einer ähnlichen Eskalation der Gewalt und der anti-amerikanischen Kampagnen anspielte.[5] Sofort grenzte sich aber die provisorische Revolutionsregierung explizit vom Iran ab: «Ich weiß, daß Sie alle an den Iran denken», sagte der frisch ernannte Innenminister Tomás Borge, der kurz zuvor noch in einem Foltergefängnis eingesessen hatte, auf seiner ersten internationalen Pressekonferenz in Managua im Juli 1979: «Wir wollen das Muster früherer Revolutionen durchbrechen. Würden wir auch mit Hinrichtungen und Folterungen anfangen, wofür hätten wir dann eine Revolution gemacht?»[6] Ähnlich wie im Iran war im Umbruch offen, welcher Weg sich durchsetzen würde.

Nicaragua, das damals nur 2,3 Millionen Einwohner hatte, war im Unterschied zum Iran ein kleines armes Land ohne Bodenschätze. Dennoch entfachte die dortige Revolution von 1979 eine außergewöhnliche weltweite Anteilnahme und aktive Unterstützung. Nicaragua erschien besonders im linksalternativen Milieu als Sehnsuchtsort, als Aufbruch in eine bessere Welt, an deren Aufbau viele teilhaben wollten. In zahlreichen Ländern blühten Solidaritätsgruppen auf, die Spenden sammelten, die «sandinistische» Revolution gegen Interventionen verteidigten und dort auf eigene Kosten Hilfsarbeiten übernahmen. Allein in den USA entstanden mehrere tausend Nicaraguagruppen, und in den folgenden Jahren kamen zehntausende freiwillige Helfer in das mittelamerikanische Land, um Kaffee zu pflücken oder Wasserleitungen zu bauen.[7] Aus ganz Europa, von Finnland bis Griechenland, reisten Gruppen nach Nicaragua, um die Aura des revolutionären Aufbruchs zu spüren.[8] In der Bundesrepublik gründeten sich rund dreihundert «Nica-

Gruppen», und tausende überwiegend junge Menschen reisten oft auf eigene Kosten nach Nicaragua, um dort schwere körperliche Arbeiten zu übernehmen und danach authentische Erfahrungen in der Heimat zu vermitteln.[9] Die Unterstützung reichte dabei von christlichen bis hin zu marxistischen Gruppen, von Studenten über engagierte Lehrer und Lokalpolitiker bis hin zu Gewerkschaftern, Grünen und Jusos. Noch lange trank man in bundesdeutschen Universitäten und WGs den fair gehandelten Kaffee, den Dritte-Welt-Gruppen aus Nicaragua ausführten, obwohl die «Sandino-Dröhnung» bitter schmeckte. Das alltägliche solidarische Kaffeetrinken wurde so mit der aufkommenden Globalisierungskritik verbunden. In der DDR wie in vielen sozialistischen Ländern entstand parallel dazu eine staatlich geförderte Solidarität, an der sich viele mit Spenden beteiligten, einige auch mit unabhängigem Engagement. Die Zukunft des kleinen lateinamerikanischen Landes wurde damit Teil einer deutsch-deutschen Konkurrenz.

Die Revolution in Nicaragua war in mehrfacher Hinsicht ein Umbruch in die Gegenwart. Sie steht erstens für den Einflussverlust der großen Mächte des Kalten Krieges, die trotz aller Waffenhilfe treue Verbündete im globalen Süden zugunsten vielschichtiger Verflechtungen verloren. In Nicaragua konkurrierten von nun an sozialistische und marktwirtschaftliche Unterstützer, ost- und westdeutsche Helfer, und die USA verspielten, ähnlich wie die Sowjets in Afghanistan, ihr Ansehen durch die Förderung der Contra-Rebellen. Zweitens steht die dortige Revolution für die Macht, die der Menschenrechtsdiskurs in Verbindung mit globalen Bildmedien entfalten konnte. Sowohl die sandinistisch geführte neue Regierung musste sich daran messen lassen als auch die ab 1981 von den USA finanzierten Contra-Rebellen. Drittens zeigte sich auch in Nicaragua die neue politische Macht von Religion und Kirchen, sowohl bei der Revolution und ihrer globalen Ausstrahlung als auch beim späteren Protest gegen diese. Viertens steht Nicaragua für eine neuartig praxisorientierte Solidarität mit armen Ländern der Dritten Welt. Während die Auseinandersetzung mit Vietnam und Chile noch eher theoretisch im Rahmen einer Kapitalismuskritik verlief, setzte die Linke nun auf prak-

## 3. Die Revolution in Nicaragua

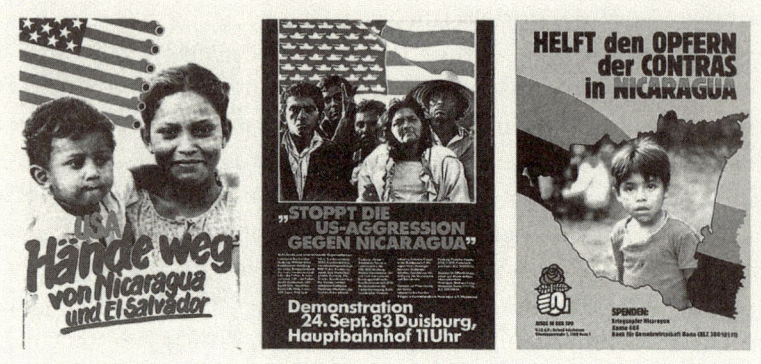

Solidaritätsplakate zur Unterstützung von Nicaragua.

tische Aufbauarbeit und authentische Erfahrungen. Der Umbruch in Nicaragua korrespondierte mit einem Wandel des linksalternativen Milieus, gerade auch in der Bundesrepublik. Aus der Resignation über die Verhältnisse im eigenen Land entfaltete sich hier eine Euphorie über den revolutionären Aufbruch, der in konkrete Hilfe in lokalen Einzelprojekten mündete. Diese sollte nicht nur den Wandel in Nicaragua stützen, sondern auch in das eigene Land zurückwirken. Theorie und Protest verwandelten sich so in konkretes Engagement.

### Somoza stürzt und die Weltgemeinschaft taktiert

Wie kam es zu dieser Revolution? Die 1970er-Jahre gelten im Westen als Zeit der gesellschaftlichen Demokratisierung. In Lateinamerika waren sie hingegen eine Zeit der Diktaturen. In immerhin sechzehn von einundzwanzig Ländern bestanden keine demokratischen Freiheiten, und besonders die Diktaturen in Chile und Argentinien führten in den 1970er-Jahren bereits zu internationalen Solidaritätsbewegungen mit den dort Verfolgten.[10] In Mittelamerika war Ende der 1970er-Jahre nur Costa Rica demokratisch regiert und zugleich das reichste Land der Region. Nicaraguas Geschichte war nach der Unabhängigkeit 1821 noch stärker als andere lateinamerikanische Staaten von langen Diktaturen, von Interventionen der USA (seit 1912) und bürgerkriegsähnlichen Kämpfen gekennzeichnet. Als die USA 1927 zum zweiten Mal mit Truppen eingriffen, um ihren Einfluss abzusichern, richtete sich eine nationalistische und anti-kapitalistische Guerillabewegung unter Augusto Sandino gegen sie, der später zum Namenspatron der Sandinisten wurde.[11] Auch die Macht des Somoza-Clans hatte hier ihren Ursprung: Unter Anleitung der USA entstand eine Nationalgarde unter Anastasio Somoza García, der die Rebellen blutig verfolgte und nach dem Abzug der USA 1936 selbst die Macht als Präsident übernahm. Somoza und seine Familie herrschten trotz aller Widerstände mehr als vier Jahrzehnte mit enger politischer und ökonomischer Unterstützung der USA. Sein jüngerer Sohn Anastasio Somoza Debayle übernahm ab 1967 und ein weiteres Mal 1974 das Präsidentenamt. Brutal verfolgte er die Opposition, gestützt auf seine Nationalgarde. Zugleich gewährten die Somozas einzelne scheindemokratische Elemente, wie eine einzige konservative Oppositionspartei und -zeitung namens *La Prensa*, auch um die weitere Unterstützung der USA abzusichern.

Internationale Aufmerksamkeit erhielt das bis dahin eher unbekannte Nicaragua erstmals 1972, als ein schweres Erdbeben das Land erschütterte. Mindestens fünftausend Menschen starben und ein großer Teil der Bevölkerung wurde obdachlos, besonders in der stark zerstörten Hauptstadt Managua. Nicaragua erhielt internationale Hilfe, die aber, so der rasch kursierende Vorwurf, Somoza zu seinen Gunsten einsetzte. Tatsächlich verlief der Wiederaufbau Managuas schleppend, was die Empörung im Land steigerte.[12] Nach dem Erdbeben gewann auch die radikale Opposition an Aufmerksamkeit. 1961 hatte sich bereits die *Frente Sandinista de Liberación Nacional* (FSLN, Sandinistische Nationale Befreiungsfront) formiert, ab 1974 erreichte sie, aus den Bergen und Grenzgebieten agierend, größere Resonanz, auch durch spektakuläre Aktionen wie Geiselnahmen.

Durch Somozas strikt antikommunistischen Kurs, der sich besonders gegen Kuba richtete, war sein Regime trotz seiner autoritären Herrschaft im westlichen Lager verankert. Das galt wie beim Iran nicht nur für die USA, sondern im besonderen Maße auch für die Bundesrepublik. Während kein sozialistischer Staat mit Nicaragua vor 1979 diplomatische Verbindungen oder einen größeren Handel pflegte, hatte Bonn schon 1952 politische Beziehungen eingeleitet. Trotz der Repression in Nicaragua vermeldeten die internen Botschaftsberichte auch Mitte der 1970er-Jahre regelmäßig, «das Verhältnis zu Deutschland ist seit langem gut und ungetrübt.»[13] Nach den USA und Japan war die Bundesrepublik der drittwichtigste Handelspartner Nicaraguas, das besonders Kaffee, Kupfererze und Baumwolle ausführte und vor allem westdeutsche Autos, Maschinen und Desinfektionsmittel importierte. Die Großaufträge nahmen in den 1970er-Jahren zu. So baute etwa die westdeutsche Firma Berger ab 1975 für knapp 100 Millionen DM den Hafen von Corinto aus.[14] Zu Somozas zahlreichen Firmenbesitzungen und -beteiligungen zählte auch die «Mercedes Benz-Vertretung für Lastwagen und Personenwagen» in Managua.[15] Wie beim Iran dauerte es lange, bis der Menschenrechtsdiskurs die offiziellen Beziehungen beeinflusste.

Die Bundesrepublik unterstützte Nicaragua darüber hinaus mit vielfältiger Hilfe. Seit 1965 bestand ein Rahmenabkommen über eine technische Zusammenarbeit, etwa im Rechts- und Steuerwesen sowie besonders im Fernmeldebereich. Bis 1974 erhielt Nicaragua immerhin 49 Millionen DM Entwicklungshilfe, davon elf Millionen Kredite.[16] Die Botschaftsberichte aus Managua erwähnten zwar mitunter die Machtfülle Somozas, Menschenrechtsverletzungen hingegen kaum. Die Sandinisten sahen sie als «Terroristengruppe», deren Kämpfe «keine entscheidenden Auswirkungen» hätten.[17]

Parallel zum Iran begann diese Architektur des Kalten Krieges 1977/78 zu kippen. Auch hier spielte die von Jimmy Carter forcierte Menschenrechtspolitik eine bedeutende Rolle. Carters Drohung, Kredite und Hilfsmittel für Nicaragua zu kürzen, führte im Herbst 1977 zu einzelnen demokratischen Zugeständnissen Somozas, etwa

zur Aufhebung des Belagerungszustands und zu mehr Pressefreiheit.[18] 101
Ein maßgeblicher Auftakt für die Revolution war Anfang 1978 der
Mord an Pedro Chamorro, dem Herausgeber der Oppositionszeitung
*La Prensa*, für den Somoza verantwortlich gemacht wurde. Wie im
Iran oder in China bildete damit eine Beerdigung einen wichtigen
Ausgangspunkt für Massenproteste. Denn Beerdigungen ermöglichten eine emotional aufgeladene Versammlung auf den Straßen. Die
internationalen Medien zeigten den von vielen Kugeln durchlöcherten Körper Chamorros und bezeichneten Somoza als korrupten
Diktator, den die USA finanziere. Auch deutsche Reporter reisten
daraufhin nach Nicaragua, machten Interviews mit Somoza und porträtierten dessen Reichtum neben den Protesten und Toten.[19]

Zur gleichen Zeit mobilisierten seit Ende 1977 Exil-Nicaraguaner im Ausland verstärkt gegen Somozas Herrschaft. Ihre Auftritte
erhielten in Verbindung mit den Protesten nach Chamorros Ermordung große Aufmerksamkeit. Ihre wichtigste Stimme war sicherlich der Dichter und Priester Ernesto Cardenal, der im Herbst 1977
seine von Soldaten zerstörte Kommune in Nicaragua verlassen
musste. Er floh nach Costa Rica und reiste von hier regelmäßig in
die großen Industriestaaten. Im Dezember 1977 hielt er etwa in
Köln in einem evangelischen Gemeindehaus eine Lesung, die das
Aufkommen der westdeutschen Nicaragua-Solidarität zeigte. Eingeladen hatten das just gegründete «Büro Nicaragua», die evangelische Studentengemeinde, die Kinderhilfe Lateinamerika und die
Gruppe «Christen für den Sozialismus». Cardenal verkörperte mit
seinem wallenden weißen Haar, Baskenmütze und Poncho die romantisierte Rolle des vom Somoza-Regime verfolgten katholisch-christlichen Intellektuellen. Frisch übersetzt war Cardenals Buch
*Das Evangelium der Bauern von Solentiname*, das mit christlichen
Argumenten Ungerechtigkeit anprangerte und zum Widerstand
aufrief. Christentum und Sozialismus erschienen hier versöhnt, was
den starken Zulauf christlicher Gruppen in der nun entstehenden
Nicaragua-Solidarität in West- und Ostdeutschland mit erklärt. In
überfüllten Sälen forderte Cardenal von der Bundesregierung die
Einstellung der Entwicklungshilfe für Nicaragua, die er mit einer
ausländischen Hilfe für Adolf Hitler verglich. In zahlreichen Inter-

views berichteten die Medien und Oppositionsgruppen nun über «Konzentrationslager» in Nicaragua und die Bereicherung des Somoza-Clans, weshalb sogar die USA ihre Unterstützung eingestellt hätten.[20] Viele andere Exil-Nicaraguaner gaben Anstöße im Ausland. So wurde auch das Informationsbüro Nicaragua in Wuppertal, das sich zur wichtigen Koordinationsstelle entwickelte, von dem deutsch-nicaraguanischen Studenten Enrique Schmidt begründet, der im Auftrag der Sandinisten agierte.[21] Ähnlich wie bei den Schah-Protesten prägten damit studentische Exilanten die Proteste im alternativen Milieu mit.

Die Auftritte der Exil-Nicaraguaner hatten, zusammen mit der Ermordung Chamorros, eine gewaltige Wirkung. Nach den Berichten über Cardenals Auftritte erhielt die Bundesregierung zunehmend Anfragen, warum sie dieses «faschistische Regime» unterstütze. In Bonn rechtfertigte man sich zunächst noch, die finanzielle Unterstützung sei eine direkte Hilfe für die Bevölkerung.[22] Sowohl bei den Regierungen als auch in der alternativen Öffentlichkeit entwickelte sich überhaupt erst jetzt, 1978/79, ein Wissen über das kleine Land, aus dem heraus allmählich Druck auf die dortige Diktatur entstand. Von der Botschaft in Nicaragua verlangte das Auswärtige Amt nun Berichte, die deutlicher über Menschenrechtsverletzungen informieren sollten.[23] Es gebe keine systematischen Folterungen und die Opposition könne «in voller Freiheit veröffentlichen», kabelte jedoch der deutsche Botschafter in Managua auch nach der Ermordung des Oppositionsführers und Verlegers Chamorro im Mai 1978.[24]

Die sozialistisch geprägten Sandinisten trugen maßgeblich den Kampf gegen das Regime. Allerdings beteiligten sich darüber hinaus sehr unterschiedliche Gruppen an den Protesten, und gerade das förderte die vielfältige, weltweite Unterstützung. Ein wichtiger Ausgangspunkt für dieses breite Bündnis war das Manifest der «Gruppe der Zwölf» (*Los Doce*) in der Zeitung *La Prensa* im Oktober 1977. Intellektuelle, wie der Schriftsteller Sergio Ramírez, der Verleger Pedro Chamorro, der Priester Miguel d'Escoto, und auch Unternehmer traten hier gemeinsam für Menschenrechte und den Übergang zu einer Demokratie ein.[25] Dies eröffnete neue Perspektiven für Bündnisse nach links und rechts. Sogleich erklärten sich sechzig Geschäftsleute mit ihnen solidarisch. Auch Geistliche richteten sich nun offener gegen Somoza, wobei die Bischöfe vor allem als Vermittler eines Dialogs mit der Opposition auftraten. Zur Befreiungstheologie, die sich auf der Konferenz von Medellín 1968 in Kolumbien gegen die Ausbeutung der Armen in Lateinamerika formiert hatte, wahrten viele Geistliche und gerade die Bischöfe Distanz. Da Priester wie Ernesto Cardenal oder Miguel d'Escoto auch international sehr sichtbar protestierten, galt Nicaragua dennoch rasch als erste Revolution, in der Christen – Laien und Geistliche – eine zentrale Rolle spielten.[26] Als 1979 immer deutlicher wurde, dass die Dialogangebote unter Erzbischof Obando y Bravo nicht fruchteten, legitimierte kurz vor dem Sieg der Sandinisten auch die Kirchenleitung den bewaffneten Widerstand. Dies erhöhte die Akzeptanz der Revolution, aber auch die Akzeptanz der Kirchenleitung nach deren Sieg, da die Befreiungstheologie die katholische Kirche stark gespalten hatte. Die protestantische Minderheit im Land blieb eher zurückhaltend. Eine kleinere Gruppe von Evangelikalen erreichte mit ihrer Unterstützung gewisse Aufmerksamkeit und überwand so ihre Marginalisierung.[27]

Friedlich verlief die Revolution nicht. Der Umbruch wurde unter anderem dynamisiert von einer gewaltsamen Aktion der sandinistischen FSLN Ende 1978, die im Parlament rund tausend Geiseln in ihre Gewalt nahm, darunter sechzig Abgeordnete und den Innenminister. Neben zehn Millionen Dollar, der Freilassung ihrer inhaftierten Compañeros und einer Amnestie der politischen Gefangenen forderte sie, in diesem Fall erfolgreich, die mediale Verbreitung eines «Kriegs-Aufruf[s] an das Volk von Nicaragua».[28] Dieser Aufruf erfolgte parallel zu einem Generalstreik und Massenprotesten, die sich durch diese Aktion ausweiteten. Die sandinistischen Rebellen eroberten schrittweise Städte und mobilisierten per Radio zum Aufstand. Somozas Armee reagierte darauf mit Gewalt und Luftangriffen, sodass seit September 1978 bürgerkriegsartige Zustände in Nicaragua herrschten.

Angesichts dieser Gewalteskalation verlor Somoza, ähnlich wie zur gleichen Zeit der Schah im Iran, gänzlich den Rückhalt des

Westens, auch im Europäischen Parlament. Die Bundesrepublik verkündete nun wie viele andere westliche Länder das Aussetzen von Hilfsmitteln, wobei sie 1978 noch Kredite von über zehn Millionen DM für Wirtschaft und Infrastruktur vorgesehen hatte.[29] Kritisch diskutierte die deutsche Öffentlichkeit auch im Bundestag, ob deutsche Unternehmen wie Siemens in ihrer Niederlassung in Nicaragua Mitarbeiter an Somozas Polizei ausgeliefert hätte. Derartige Vorwürfe gegenüber westdeutschen Firmen in Nicaragua wanderten von der Opposition in Nicaragua über das Informationsbüro in Wuppertal an deutsche Politiker, um dann wiederum von der bundesdeutschen Botschaft geprüft zu werden.[30] Um den Abbruch der diplomatischen Beziehungen mit Nicaragua zu erreichen, kündigten mehrere deutsche Aktionsgruppen im September 1978 einen Hungerstreik an, da Bonn sich sonst «zum Komplizen der Diktatur» und des «Terrorregimes» mit Konzentrationslagern und Folter mache.[31] Parallel zum Generalstreik in Nicaragua hungerten Aktivisten in der Düsseldorfer Thomas-Kirche, im «Dritte-Welt-Laden» Mannheim und im Evangelischen Jugendreferat Aachen. Zudem nahmen die Solidaritätsveranstaltungen und Demonstrationen für Nicaragua zu, oft mit Konzerten gegen «Terror und Völkermord» verbunden.[32] Bands aus Nicaragua tourten durch Westeuropa und verbanden Betroffenheit mit folkloristischer Aufbruchsstimmung. Auch der Katholikentag im September 1978 veranstaltete eine Diskussion über Nicaragua und eine Spendensammlung.

Außenminister Genscher beharrte aber trotz des europaweiten Stimmungsumbruchs darauf, die diplomatischen Beziehungen nicht abzubrechen, um über den Dialog auf das Geschehen einzuwirken. In den Ruhestand geschickt wurde im Herbst 1978 allerdings der bundesdeutsche Botschafter in Managua, der Somozas Herrschaft wohlwollend sah und den Generalstreik noch im September 1978 damit kommentierte, dass er das «Land ruiniert und schließlich zu einer allgemeinen Zerrüttung und zum Chaos führt».[33] Deutsche Hilfsprojekte, die den Kontakt zur Opposition gegen Somoza suchten, blockierte die bundesdeutsche Botschaft bis kurz vor Somozas Sturz. Generell bewertete sie die «Selbsthilfebewegung», wie sie Hilfsprojekte aus kirchlichen Organisationen 1978 nannte, denkbar kritisch. Entwicklungshelfer, die ideologisch motiviert seien, müssten das Land verlassen, und eine Kooperation des Hilfswerks Misereor mit der oppositionellen Organisation INPRHU (*Instituto de Promoción Humana*) «bedeute eine Belastung der politischen Beziehungen zwischen der Bundesrepublik Deutschland und Nicaragua».[34] Auch bei Projekten der Evangelischen Kirche riet die Botschaft sogar im November 1978 noch von einer Förderung ab, weil die Partner der Opposition gegen Somoza nahe stünden. Das Auswärtige Amt in Bonn war hier jedoch großzügiger und trat dafür ein, gerade Projekte von «privaten Trägern» wie Misereor zu fördern.[35] Auch die Evangelische Zentralstelle erhielt im April 1979 etwa 530 000 DM für ein ländliches Entwicklungsprogramm von der Bundesregierung mit dem Hinweis, «auch gegenüber dem Projektträger die Herkunft der Mittel nicht bekannt zu geben».[36] Denn offiziell hatte die Bundesregierung ja gerade jegliche Unterstützung für Nicaragua eingestellt.

Somoza reagierte hierauf mit einer Medienoffensive. Auf die Frage des *Spiegel* im Mai 1979, ob er nie daran gedacht habe, «sich wie der Schah von Persien zurückzuziehen», antwortete er noch kurz vor seiner Flucht mit «Nein», da er schließlich noch für zwei Jahre gewählt sei und Carter doch auch trotz schlechter Umfragen nicht zurücktrete.[37] Selbst für die US-Regierung war Somoza nun nicht mehr haltbar, und sie versuchte moderierend auf seine demokratische Abwahl hinzuwirken. Hier agierte die USA geschickter als im Iran, indem sie zwischen Somoza und der Opposition vermittelte und Kompromisse suchte. Die Opposition verlangte Somozas Rücktritt, einen neuen Staatsrat mit allen Oppositionsparteien sowie eine von allen Kräften getragene Übergangsregierung. Da Somoza dies verzögerte, übten die USA Anfang Februar auch Druck über die Gewährung eines 20 Millionen Dollar schweren IWF-Kredits für Nicaragua aus und froren endlich ihre Wirtschaftshilfe ein.[38] Wenngleich der Kampf auf den Straßen noch nicht entschieden war, hatte sich damit die internationale Staatenwelt und Öffentlichkeit von Somoza abgewandt. Innere Opposition und internationaler Druck interagierten somit recht erfolgreich. Am 21. Juni 1979 trat der US-Außenminister mit Verweis auf die fortgesetzte Brechung der Menschenrechte erstmals offen für eine Ablösung der Regierung Somoza ein, die Bundesregierung schloss sich dem zwei Tage später an.[39] Wiederum gaben global kursierende Bilder einen Anstoß dazu, in diesem Fall Fernsehaufnahmen von Somozas Nationalgarde, die den US-amerikanischen Journalisten Bill Steward erst mit Füßen trat und dann erschoss.[40] Allerdings scheiterten die USA mit ihrem Vorschlag, Truppen aus Nord- und Südamerika nach Nicaragua zur Schlichtung zu schicken, da dies der Opposition in Nicaragua und den Nachbarländern als ein Interventionsversuch erschien.

Der Westen stellte sich ab Juni 1979 auf einen Sieg der Opposition ein. Angesichts der schweren Kämpfe in Managua verblieben nur noch rund fünfzig Deutsche im Land, und auch die Botschaft blieb unbesetzt zurück. Angesichts befürchteter Plünderungen vernichtete sie ihre Akten für die Zeit bis 1975 und flog die Registratur für die Jahre danach mit der elektronischen Ausstattung aus, damit keine Kontakte zu Somozas Regime in die Hände der Sandinisten fielen.[41] Zur gleichen Zeit protestierten in Westeuropa linke Gruppen vor Nicaraguas Botschaften. In Bonn besetzten seit dem 10. Juli 1979 Jusos und Spartakisten deren Eingang, sodass Nicaraguas Botschafter sie trotz Polizeischutz nicht betreten konnte. Nach zehn Tagen erreichten die Demonstrierenden immerhin, dass die Botschaftsräume verschlossen und versiegelt wurden. Der bisherige Botschafter Nicaraguas bat dagegen das Auswärtige Amt frühzeitig um Asyl, da er künftig in Nicaragua zu den Verfolgten zähle.[42]

Angesichts der vorrückenden Revolutionstruppen floh Somoza wie später der iranische Schah am 17. Juli 1979 in die USA. Da er ebenso wie der Schah rasch zur unerwünschten Person wurde, floh Somoza weiter nach Paraguay. Ein Jahr später, kurz nach dem Schah, starb auch Somoza, allerdings durch ein Attentat von argentinischen Terroristen, denen Verbindungen nach Kuba und zur FSLN nachgesagt wurden.

## Globale Euphorie nach der Revolution

Nach dem Sieg der Opposition erwarteten viele westliche Beobachter eine ähnliche Gewalteskalation wie im Iran.[43] Jedoch gelang es den neuen Machthabern in Nicaragua zunächst recht erfolgreich, diese einzuhegen. So verzichteten die Sandinisten auf Racheaktionen und Todesstrafen. Auch Amnesty International zufolge wurden 1979 lediglich Somoza-Anhänger verhaftet und vor Gericht gestellt, die Gewaltverbrechen begangen hatten, also insbesondere Nationalgardisten. Nach offiziellen Angaben führte dies in den folgenden Jahren zu rund siebentausend Verhaftungen, sodass Amnesty International mit der neuen Situation zufrieden war.[44] Vielfach kolportiert wurde der Ausspruch des neuen, einst gefolterten Innenministers Tomás Borge, als er nun auf seine ehemaligen Peiniger traf: «Dies ist meine Rache: Ich vergebe euch.»[45] Der ostdeutsche Sänger Gerhard Schöne verewigte diese Szene etwa in seinem Lied «Meine Rache». Diese insgesamt milde, von christlicher Vergebung geprägte Vergangenheitspolitik beeindruckte auch die deutschen und westlichen Aktivisten.[46] Die siegreiche Opposition kündigte sogleich Reformen an, die jenseits der bipolaren Logik des Kalten Krieges stehen sollten. Sie proklamierte die Blockfreiheit, eine gemischte Wirtschaft und eine pluralistische Übergangsregierung, die die unterschiedlichen Oppositionsgruppen berücksichtigte, obgleich die Sandinisten durch ihren Kampf die stärkste Kraft bildeten.

In welche Richtung sich die Revolution entwickeln würde, war offen und löste auch in der Weltöffentlichkeit unterschiedliche Hoffnungen und Ängste aus. Während die westliche Linke auf eine neuartige, nicht verkrustete Form des sozialistischen Aufbruchs hoffte, fürchteten viele westliche Regierungen ein neues Kuba, weshalb sie die gemäßigten Teile der Revolutionsregierung zu fördern suchten.[47] Ebenso unsicher waren die internen Analysen des DDR-Außenministeriums, ob sich der marxistische Flügel der Sandinisten gegen «die Mehrheit der kleinbürgerlich progressiven Kräfte» durchsetze.[48] Dies spornte die SED, die sich bisher nicht für Nicaragua interessiert hatte, zur Hilfe für die Sandinisten an.

Vermutlich gab es im 20. Jahrhundert deshalb kaum eine Revolution, die so viele Gratulationen und Angebote zur Aufbauhilfe aus allen Teilen der Welt erhielt. Diese entsprangen echter Erleichterung über das Ende von Diktatur und Bürgerkrieg und waren gleichzeitig Versuche, Einfluss auf die künftige Ordnung zu nehmen. So gratulierte einerseits die Sowjetunion der provisorischen Regierung zum «Sturz der verhassten Diktatur», und es kamen Glückwünsche aus Kuba und der DDR, die nun sofort diplomatische Beziehungen mit Nicaragua aufnahmen und Hilfsgüter einflogen.[49] Selbst China erkannte im Rahmen seiner internationalen Öffnung die neue Regierung gleich an, auch um gegen Kubas Einfluss einen Akzent zu setzen.[50] Andererseits suchten auch die westlichen Demokratien schon unmittelbar nach Somozas Flucht Kontakt zu den Sandinisten und der provisorischen Regierungsjunta. Viele von ihnen, insbesondere die Sozialdemokraten, wollten sowohl helfen als auch die Magie eines revolutionären Neuanfangs miterleben.

Entsprechend gab es auch kaum ein anderes Land in der Größe, das in so kurzer Zeit von so vielen Politikern aus aller Welt besucht wurde. Die Bundesregierung suchte besonders rasch den Kontakt zur revolutionären Regierung, sogar schon vor dem Sturz. Bereits zwei Tage nach Somozas Flucht reiste der SPD-Bundestagsabgeordnete Manfred Coppik nach Managua, um mit Junta- und Regierungsmitgliedern Hilfslieferungen zu klären.[51] Schon eine gute Woche nach Somozas Flucht reiste eine Sonderdelegation der Bundesregierung nach Managua, die 300 000 DM Spenden für das Rote Kreuz übergab[52], im Monat darauf kamen Bundestagsabgeordnete von SPD und CDU mit Hilfsgütern. Bei ihrem Empfang wünschte sich der frisch ernannte Kulturminister Ernesto Cardenal – wohl zum Zeichen des kulturellen Aufbruchs – als nächste Hilfssendung «4000 Malpinsel», Farben und Malblöcke sowie 200 Meißel für Steinskulpturen, um den Malunterricht zu fördern.[53] Seine Regierungskollegen baten eher um praktische Hilfsmittel wie Medikamente, Nahrung und Werkzeuge. Im November 1979 wurde eine langfristige finanzielle Zusammenarbeit beschlossen, und Nicaragua erhielt einen langlaufenden Kredit über sechs Millionen DM zur chemikalischen Bekämpfung von Kaffeerost.[54] Derartiges förderte zugleich die exportstarke deutsche Chemieindustrie. Nicaraguas Regierung sicherte dabei den bundesdeutschen Politikern zu, dass es künftig konkurrierende Parteien und Privatunternehmen gäbe. Man werde Hilfe von allen annehmen, aber ohne Bedingungen.[55]

Umgekehrt wurden die Abgesandten der Revolution im folgenden Jahr in Ost und West hofiert. Der Plantagenbesitzer Eduardo Kühl, ein deutsch-nicaraguanischer Doppelstaatler, wurde wenige Tage nach dem Umsturz als Erster nach Westeuropa geschickt und von Stockholm bis Madrid begeistert empfangen. Er erhielt überall Hilfszusagen, obwohl oder gerade weil er politisch völlig unerfahren war. Zur künftigen Beziehung zu den USA befragt, antwortete er, Nicaragua wolle dort nicht einmarschieren.[56] Bereits im September 1979 empfing Jimmy Carter eine Junta-Delegation mit dem Sandinisten Daniel Ortega, der im Weißen Haus stilsicher in olivgrüner Guerilla-Uniform erschien. In der Bundesrepublik folgte auf den Besuch von Kulturminister Cardenal im März 1980 eine Delegation unter Junta-Mitglied Sergio Ramírez und FSLN-Vertretern, die ebenfalls das Flair der romantischen Revolution nach Deutschland brachten: Ramírez reiste mit drei Musikern an, die seine Auftritte begleiteten, und abends sprach er, wie auch andere Sandinisten bei ihren Besuchen, in den rauchigen Räumen der Solidaritätsaktivisten.[57] Als schließlich im September 1980 Außenminister Miguel d'Escoto eintraf, versicherte Genscher ihm beim Empfang, dass Bundesregierung und bundesdeutsche Öffentlichkeit «Anteilnahme und Sympathie für die Revolution» hätten.[58]

Diese westliche Unterstützung der Revolution in Nicaragua schlug sich auch materiell nieder. Neben Spanien war die Bundesrepublik anfangs der größte Geldgeber: Immerhin knapp 100 Millionen DM gewährte Bonn allein im ersten Jahr, bei einer geschätzten Gesamthilfe des Westens von 366 Millionen.[59] Eine vergleichsweise starke Rolle spielten wieder kirchliche Hilfsorganisationen; so erhielten der evangelische Entwicklungsdienst «Brot für die Welt»

14 Millionen DM für seine Arbeit in Nicaragua und der katholische Hilfsdienst «Misereor» in den Jahren 1979 bis 1984 rund 13 Millionen.[60] Aber auch der Deutsche Entwicklungsdienst (DED) war Anfang der 1980er-Jahre in Nicaragua mit 45 Mitarbeitern stärker präsent als in anderen Ländern; zunächst im medizinischen Bereich, dann auch in der Landwirtschaft und Bildung.[61] Selbst die USA sagten neben Hilfslieferungen 1980 Kredite von 75 Millionen Dollar zu. Die größte Unterstützung für Nicaragua kam somit 1979 aus dem Westen, nicht wie oft behauptet von den Staaten des Warschauer Paktes.

Parallel dazu reisten die Junta-Mitglieder allerdings sogleich in die sozialistischen Länder. Im April 1980 erfolgten etwa Besuche in Moskau, Prag, Sofia und Ost-Berlin. Dort schlossen sie zahlreiche Abkommen, die die westlichen Länder argwöhnisch beobachteten, obgleich die Hilfsmittel und Kredite zunächst deutlich hinter ihren eigenen zurückblieben.[62] Gerade weil die Sandinisten zwischen Ost und West pendelten, misstrauten ihnen beide Seiten, und beide bemühten sich umso mehr um einflussnehmende Hilfe. Hier zeigte sich, wie der Kalte Krieg die Globalisierung beflügelte, wenn ein Land dessen bipolare Struktur zu durchbrechen suchte.

Der sozialistische Staat, der Nicaragua am stärksten unterstützte, war die DDR. Bei Hilfsgeldern, Spenden und Solidaritätsbrigaden entstand ein deutsch-deutscher Wettbewerb um Einfluss auf die Revolution. Nach internen Angaben gewährte die DDR bis Anfang 1985 rund 200 Millionen (Ost-)Mark Kredit, dazu Waren im Wert von 80 Millionen, was für sie eine gewaltige Summe war, rund 15 bis 20 Millionen DM nach offiziellem Wechselkurs. Zudem fädelte die DDR bereits Anfang 1980 die Lieferung von Militärausrüstung ein und das Ministerium für Staatssicherheit half beim Aufbau der Überwachung.[63] Abgesehen von Kuba schickte kein sozialistischer Staat mehr Militärberater. Gerade weil Nicaragua ein kleiner, aber symbolisch wichtiger Staat war, eignete er sich gut für die prestigeorientierte Hilfe der DDR. Für die Sowjetunion war Nicaragua hingegen zu unbedeutend, um sich umfangreicher zu engagieren, auch angesichts der Probleme in Afghanistan und Polen.[64] Die wichtigste Unterstützung aus Lateinamerika stammte aus Kuba, das rund dreitausend Helfer schickte, davon die Hälfte Lehrer, und viele Studenten in Kuba als Lehrer ausbildete.[65] Kuba witterte hier die Chance, seinen Sozialismus endlich auf das lateinamerikanische Festland zu übertragen.

## Die Mühen der Ebene

Nach der Anfangseuphorie zeigten sich auch bei dieser Revolution die «Mühen der Ebene», die Bertolt Brecht 1949 schon beim Aufbau des deutschen Staates gesehen hatte. Politisch gelang bis 1980 noch ein gewisser Ausgleich zwischen den unterschiedlichen Oppositionsgruppen, dann gewannen die sozialistisch geprägten Sandinisten zunehmend und erdrückend an Dominanz. Sie selbst verstanden sich zwar nicht als Sozialisten, sondern als eigene hegemoniefreie Ideologie jenseits des Warschauer Pakts, aber ihre Vorstellungen von der staatlichen Lenkung der Wirtschaft und Gesellschaft ähnelten sozialistischen Positionen. Zudem schränkten die Sandinisten in den folgenden Jahren auf allen Ebenen die Spielräume bürgerlicher Gruppen ein.[66] Die vielfältigen Oppositionsgruppen sollte nun der Staatsrat, der Consejo de Estado einfangen, in dem Parteien, Kirchen, Universitäten, Lehrer, Journalisten oder auch Verbände vertreten waren. Als Kommunikationsraum war er bedeutend, eine wirkliche Macht hatte er nicht. Die lag vielmehr beim Direktorium der FSLN, das seit März 1979 die Flügel der Sandinisten mit je drei Sitzen umfasste, also von Marxisten bis hin zu gemäßigten Sozialisten. Während die FSLN bis 1980 noch keine festen Parteistrukturen hatte, begann sie nun, umfassende Massenorganisationen auszubauen, die die Gesellschaft durchzogen.

Dass Ortega erst für 1985 Wahlen ankündigte, verstärkte den Eindruck eines nicht-demokratischen Kurses. Aus der dann im Herbst 1984 abgehaltenen Wahl gingen Ortega und die FSLN mit zwei Dritteln der Stimmen als klarer Sieger hervor. Doch dem Sieg haftete ein Makel an, denn einzelne bürgerliche Oppositionsparteien hatten kurz vorher die Teilnahme verweigert, weil ihre Wahlwerbung eingeschränkt gewesen sei. Internationale Beobachter deuteten dies unterschiedlich: Während bundesdeutsche Politiker der Grünen und die Nicaragua-Solidarität die Wahlen als frei und fair bezeichneten und die Nicht-Teilnahme der Liberalen mit deren Angst vor einer Niederlage erklärten, bewertete das Auswärtige Amt sie kritisch.[67] Zumindest setzten sich die Sandinisten durch diese Wahl mit konkurrierenden Parteien klar von sozialistischen Diktaturen ab, wenngleich die Startbedingungen im Wahlkampf ungleich waren. Das Ergebnis hingegen stärkte die Macht des Sandinisten Ortega und damit die Konfrontation mit dem Westen.

Die Grenzen des Pluralismus zeigten sich rasch auch in der Pressefreiheit. Das bürgerliche Blatt *La Prensa* blieb wie vor 1979 die einzige oppositionelle Tageszeitung. Sie unterlag jedoch in den 1980er-Jahren der Zensur, weshalb sie ihr Erscheinen tageweise ganz verweigerte.[68] Der Umgang mit politischen Gegnern wurde ebenfalls willkürlicher. Der Jahresbericht von Amnesty International 1983 vermerkte bereits Verhaftungen von Oppositionellen und die Verfolgung der indigenen aufständischen Miskito, die als «Indianer» und Indios bezeichnet wurden.[69] Angeblich verschwanden auch hunderte Häftlinge der extremen Rechten und Linken.[70] Insgesamt blieb die Lage aber undurchsichtig, weil klare Beweise für Derartiges fehlten. Angesichts des nach wie vor eingeschränkten Archivzugangs in Managua ist eine genauere Beurteilung der wechselseitigen Vorwürfe weiterhin schwierig.[71]

Politisch gelang der Revolutionsregierung bereits nach einem Jahr ein großer Erfolg, der nur dank der internationalen Unterstützung möglich war: Sie reduzierte mit einer beispiellosen Mobilisierung die große Zahl der Analphabeten von rund 50 auf rund 12 Prozent, wie auch die UN und das Auswärtige Amt anerkennend bestätigten. Rund 200 000 «freiwillige Alphabetisatoren», einige davon auch Revolutionssympathisanten aus dem Ausland, engagierten sich hier. Die Kosten von rund 10 Millionen DM wurden zu einem Viertel von den USA getragen, zu 14 Prozent von der Bundesrepublik, wobei vor allem die SPD-nahe Friedrich-Ebert-Stiftung hervortrat.[72] Zugleich zeigten sich schon hier 1980 die ersten Probleme: Die «Mis-

kito-Indianer», die vor allem an der Ostküste lebten, protestierten in
ihren Regionen gegen die Alphabetisierung, weil sie nur auf Spanisch erfolgte. Damit deutete sich ein Grundkonflikt mit den Indios an, der sich in weiteren Modernisierungsprojekten verstärkte. Denn wie bei vielen Revolutionen ging es auch den Sandinisten um die kulturelle Kohärenz der Nation.

Erfolgversprechend startete auch die Neuordnung der Wirtschaft. Nicaragua stand für eine Wende sozialistischer Wirtschaftskonzeptionen, die sich auch in China und Europa andeutete. Die von den Sandinisten angestrebte «gemischte Wirtschaft» vereinte private und staatliche Wirtschaftsformen. Die Junta verstaatlichte gleich mit ihrem ersten Gesetz Somozas Familienbesitz, der immerhin 132 Unternehmen und knapp ein Fünftel der Landwirtschaft umfasste. Zudem wurden inländische Banken und Minen verstaatlicht.[73] Mehrheitlich bestanden dennoch eine private Industrie und Landwirtschaft fort und willkürliche Enteignungen blieben aus. Zumindest in den ersten Jahren verzeichnete Nicaragua, auch dank der internationalen Hilfe, ein Wirtschaftswachstum, dann nahmen die Krisenzeichen zu. Die Unternehmen konnten gewisse Gewinne machen, fühlten sich aber zunehmend gegängelt. Die Besitzer der Kaffee-Plantagen klagten, dass Exportgewinne abgeschöpft würden und die Gewährung von Subventionen und Krediten kaum kalkulierbar sei, sondern sie unter Druck setze.[74] Weltweit sinkende Kaffeepreise erschwerten die Situation zusätzlich. Schon ab 1982, aber dann besonders seit Ende der 1980er-Jahre kämpfte Nicaragua mit schwachem Wirtschaftswachstum und hoher Inflation, die zu sinkenden Realeinkommen führten.[75]

Auch die Politik gegenüber den Kleinbauern zeigte Erfolge und Probleme. Dass die Junta 1979 Somozas Landbesitz verstaatlichte und nicht an Kleinbauern verteilte, war sicherlich eine verpasste Chance, um Sympathien zu gewinnen und die Produktion anzustoßen. Ab 1983 erhielten Bauern vielfach kleine Landstücke, wobei sie sich in Kooperativen organisieren sollten. Hier fühlten sich viele durch die lokalen FSLN-Eliten gegängelt.[76] Im Vergleich zu den sozialistischen Ländern Mittelosteuropas blieb die Landreform in den 1980er-Jahren zwar gemäßigt und betraf nur wenige Großplantagen, dennoch sorgte sie für Unmut.

Ein weiteres ökonomisches Problem blieb die Zahlungsbilanz. Somozas Regime hinterließ Schulden, die die neuen Machthaber nicht anerkennen wollten. So argumentierten sie, Somoza habe sein mit westlicher Hilfe erreichtes Vermögen auf ausländische Banken transferiert.[77] Hauptschuldner waren die USA, dann folgte die Bundesrepublik. Auch hier erwiesen sich die westlichen Regierungen als konziliant. In einem Rahmenabkommen «über die Konsolidierung nicaraguanischer Verbindlichkeiten» wurden zwar Zahlungen für Verträge vor der Revolution garantiert, aber längere Laufzeiten für Rückzahlungen und Umschuldung fixiert.[78] In der Praxis zeigte sich, dass Nicaragua in den nächsten Jahren immer wieder in Zahlungsrückstand geriet und schließlich 1990 heillos verschuldet war.[79]

### Die Sandinisten und die Kirche

Zunehmende Spannungen entstanden seit April 1980 zwischen den Sandinisten und den Kirchen, die in sich gespalten waren. Nachdem Teile des katholischen Klerus sich 1979 gegen Somoza gerichtet hatten, waren immerhin drei Minister der neuen Regierung Priester aus der Befreiungstheologie. Die Verfassung garantierte Religionsfreiheit, die FSLN lobte die Verdienste der Kirche in der Revolution, und kirchliche Radiosender bestanden fort, wie *Radio Católica*. Auch Messen wurden weiterhin in Radio und Fernsehen übertragen. Ähnlich wie in Polen blieb die katholische Religion ein zentraler Bestandteil des Alltagslebens. Allerdings entwickelte sich besonders in Managuas Erzbistum im Laufe der 1980er-Jahre starker Protest gegen die sandinistische Herrschaft. Dass die FSLN vor allem die Befreiungstheologie förderte, erschien dem Erzbischof als Eingriff in kirchliche Belange.[80] Druck übten einzelne sandinistische Gruppen auch von unten aus, indem sie Gottesdienste störten. Einzelne Geistliche wurden zudem des Landes verwiesen, nachdem sie sich kritisch geäußert hatten.[81] Ein Streitpunkt war die Bildungspolitik, da ein größerer Teil der Schulen kirchlich waren, nun aber Lehrinhalte von sandinistischer Seite geprägt wurden.[82] Zur Leitfigur des kirchlichen Protests gegen die Sandinisten entwickelte sich der Erzbischof von Managua Miguel Obando y Bravo. Ab 1982 kritisierte der Erzbischof die Zunahme der militärischen Ausbildung und die gewaltige Größe des Heeres. Er weigerte sich, seine Rundfunkpredigten der Zensur vorzulegen und wurde deshalb nicht mehr übertragen – seine Kirche blieb gefüllt. Auch das kirchliche Radio musste immer wieder Sendepausen einlegen.[83] Allerdings vertraten nicht alle Bischöfe seinen Kurs.

Papst Johannes Paul II. stand in diesem Konflikt klar auf der Seite der konservativen Geistlichen. Obwohl er sich bereits 1979 bei seiner ersten Reise nach Lateinamerika gegen die Befreiungstheologie positioniert hatte, suchten die Sandinisten seine Nähe. Bereits im März 1980 besuchte Ortega zusammen mit der liberalen Verlegerin Violeta Chamorro den Papst zu einer Audienz.[84] Johannes Paul II. forderte allerdings zu ihrem Unmut, dass die drei Geistlichen in der Regierung Nicaraguas ihr Priesteramt niederlegen sollten, was diese verweigerten.

Dieser Konflikt spitzte sich zu, als der Papst 1983 Nicaragua besuchte. Die Konstellation erinnerte an Polen: Die Bevölkerung wollte den Papst massenweise sehen und die sozialistische Regierung ihr internationales Image aufwerten, aber zugleich den Zulauf eingrenzen. Deshalb unterdrückte sie vorher Berichte über den Papstbesuch und schränkte den Transport zu seinem zentralen Auftritt in Managua ein, indem sie ihn selbst organisierte.[85] Wie erwartet kritisierte der Papst auch hier die «Volkskirche». Als Ernesto Cardenal vor dem Papst niederkniete, wohl in Erwartung einer Segnung, ermahnte der Papst ihn hörbar, er solle die Situation in seiner Kirche klären. Zudem monierte er Störungen beim Abendmahl in Managua, als Zurufe die Segnung der Kriegstoten verlangten und draußen Menschen mit Bannern der FSLN deren Hymne anstimmten. Schließlich fiel sein Mikrofon aus. Dies alles erwies sich jedoch vor allem für die Sandinisten als Desaster. Der Papstbesuch stärkte den Rückhalt der anti-sandinistischen Geistlichen und machte es ihnen leichter, die Sandinisten als Feinde der Kirche darzustellen und die Ausweisung von Geistlichen und die Zensur anzuprangern.[86] Papst Johannes Paul II. stärkte auch aktiv die antisandinistischen Geistlichen und ernannte Obando y Bravo 1985 zum Kardinal. Die Begeisterung vieler jüngerer Christen aus aller Welt für Nicaragua schmälerte dies freilich nicht.

## Die USA unterstützen die Contras

Auch die Bundesregierung betrachtete die Lage in Nicaragua spätestens seit dem Herbst 1980 zunehmend kritisch. Genscher, der gegenüber vielen arabischen und asiatischen Ländern bei Menschenrechtsverletzungen schwieg, sprach gegenüber Nicaraguas Regierung diese deutlich an. Das Auswärtige Amt empfing nun vornehmlich Minister aus den bürgerlichen Parteien, wie den liberalen Arbeitsmister Godoy, während andere Politiker eher über die parteinahen Stiftungen eingeladen wurden.[87] Dennoch sprach sich die Bundesregierung dafür aus, durch Hilfszahlungen an Nicaragua weiterhin Einfluss zu nehmen. Die Auszahlung von versprochenen Hilfsmitteln wurde allerdings unterbrochen und zum Druckmittel. Dies trug zu einer sandinistischen «Jo-Jo-Politik» bei: Die Spielräume für Nicaraguas Oppositionsgruppen und die Privatwirtschaft schwankten, schlossen sich aber nicht ganz.

Zugleich entwickelte sich Nicaragua zu einem international relevanten Konfliktherd. Der neu gewählte Präsident Reagan trat nicht von Beginn an für einen Stellvertreterkrieg in Nicaragua ein.[88] Zunächst verweigerte er, um Druck zu machen, die Auszahlung von größeren Teilen des 1980 gewährten Kredits von 75 Millionen Dollar. Als Nicaragua trotz Mahnungen der USA weiter Waffenhilfe für Rebellen in El Salvador gewährte, beschloss Reagan Ende 1981 eine Förderung der als «Contras» bezeichneten Guerillatruppen, die rasch weltbekannt wurden. Diese wuchsen auf rund 15 000 Mann an und attackierten aus den Grenzgebieten systematisch die Infrastruktur und Versorgung des Landes, ebenso Dörfer und Menschen. Unter ihnen waren ehemalige Nationalgardisten Somozas, aber auch junge Gegner der Sandinisten.[89] Ihr von den USA finanzierter Kampf prägte in vieler Hinsicht Nicaraguas Lage in den 1980er-Jahren: Er förderte Nicaraguas weltpolitische Bedeutung und die globale Solidarität mit dem Land. In Nicaragua zerstörten die Kämpfe den Aufbau des Landes, verschärften die Wirtschaftskrise und führten erneut zu geschätzten 20–30.000 Todesopfern.

Dass die USA den Kampf der Contras so massiv unterstützten, führte ab 1983 in vielen westlichen Ländern zu einem Aufschwung der linksalternativen Solidaritätsgruppen. Für die USA hatte diese militärische Parteinahme mehrere schwere moralische Niederlagen zur Folge, die ihre Reputation nachhaltig belasteten. Internationale Proteste löste etwa 1984 die Verminung von Nicaraguas Hafen Corinto mit CIA-Hilfe aus, was gegen internationales Seerecht verstieß und mehrere ausländische Frachtschiffe beschädigte. Länder wie Frankreich beschwerten sich nachdrücklich, dass dies ihre humanitäre Hilfe behindere.[90] Auch der US-Senat verurteilte diese CIA-Hilfe ausdrücklich mit 84 zu 12 Stimmen, was Reagan innenpolitisch eine erste schwere Niederlage bescherte und danach die Contra-Finanzierung abbremste.[91] Nicaragua klagte vor der UNO und beim Internationalen Gerichtshof gegen die Contra-Unterstützung der USA und verlangte Entschädigung für Verluste und Schäden. Tatsächlich urteilte das Gericht in Den Haag, dass die Contra-Finanzierung, die Verminung und das Handelsembargo nicht rechtens seien und die USA für Schäden aufkommen sollten, was diese ablehnten.[92] Ebenso sorgte 1986 für breite Empörung, dass die USA heimlich die Contras aus Waffenverkäufen an den Iran finanziert hatten und die Guerillatruppen ihrerseits Waffen mit Kokain-Verkäufen bezahlten. Diese «Iran-Contra-Affäre» stürzte die Regierung Reagan und die Unterstützung der Contras in die wohl schwerste Krise seiner Amtszeit, was wiederum die Friedensverhandlungen erleichterte. Zumindest moralisch bescherte der Konflikt mit dem kleinen Nicaragua den USA damit ein «zweites Vietnam». Die USA verspielten ihr Ansehen hier ebenso wie zur gleichen Zeit die Sowjetunion in Afghanistan.

## 3. Die Revolution in Nicaragua

### Solidarität mit Nicaragua im linksalternativen Milieu

Die breite zivilgesellschaftliche Solidarität mit Nicaragua, die seit Ende der 1970er-Jahre in der Bundesrepublik aufkam, war historisch recht einmalig: in ihrem Zulauf, ihrer Dauer und ihrem aktiven emotionalen Engagement. Die Faszination für das kleine lateinamerikanische Land hatte viele Gründe. Nachdem die marxistischen Theoriedebatten der 1970er-Jahre die Linke ermüdet und gespalten hatten und Enttäuschung über die kaum erreichten Ziele im eigenen Land wuchs, stand Nicaragua für einen neuen Aufbruch und für einen Sozialismus jenseits der grauen DDR.[93] Der linksalternative Rückzug in ländliche Kommunen und alternative Stadtteile korrespondierte mit dem Ziel, nun in Nicaraguas wildromantischer Natur in konkreten Einzelprojekten etwas Neues aufzubauen. Nicht die Weltrevolution war mehr das Ziel, sondern eine greifbare Hilfe, etwa der Bau einer Trinkwasserleitung oder eines Sägewerks in abgelegenen Orten. Die Linke faszinierte an Nicaragua, dass scheinbar die gesamte Bevölkerung die Revolution unterstützte. Hier erschien jene breite Gemeinschaft und menschliche Wärme erreicht, nach denen sich das alternative Milieu sehnte und die sie unter den heimischen Arbeitern und Bauern kaum fand.[94] Ein arbeitsloser Berliner Schlosser, der in einer Brigade nach Nicaragua reiste, berichtete etwa danach: «In Europa herrscht die Kälte. In Nicaragua wird auch getötet und gehungert, aber bei uns läuft das psychologisch ab, da wächst du in Beton auf, da gibt es keine Liebe, da gibt's nur psychischen Tod.»[95]

Nicaragua bot sich auch für die linksalternative Aneignung außereuropäischer Religionen und Kulturen an. Während die Linke sich in Westeuropa von der katholischen Kirche entfernt hatte, erschien die katholische Volksfrömmigkeit in Nicaragua als eindrucksvolles Erlebnis. Die Kreuze an der Brust der Sandinos und den allgegenwärtigen Glauben empfanden viele Reisende als Zeichen der Gemeinschaft, Nächstenliebe und als natürliche Form der

Religiosität.[96] Nicaragua galt ihnen als Land der Poesie und Musik, das trotz seiner Armut voller Lebensfreude und Kultur war. Die Bücher Ernesto Cardenals sowie die vielen Solidaritätskonzerte mit Bands aus Nicaragua versprühten diesen romantischen Charme. Die rot-schwarzen sandinistischen Farben, aber auch ihre bunten romantischen Plakate schmückten entsprechend viele WGs und linke Buchläden.[97] Kurz: Nicaragua erschien als bessere Welt des Aufbruches, obgleich und gerade weil es arm und bedroht war.

Dass Nicaragua unter Somoza lange ein Trabant der USA war und Reagans Regierung nun die Contra-Rebellen unterstützte, mobilisierte nachhaltig den Anti-Amerikanismus, der sich gerade im Zuge des Nato-Doppelbeschlusses neu formierte. Nach dem US-amerikanischen Einmarsch in den karibischen Inselstaat Grenada 1983 glaubte man, nun würde eine US-Intervention in Nicaragua und ein neues Vietnam folgen. Erneut war es der als heldenhaft verklärte Kampf eines David gegen Goliath, der die linksalternativen Gruppen elektrisierte. Nicaragua wurde so zu einem Symbol für die weltweite kapitalistische Unterdrückung, insbesondere durch die USA. Den zur gleichen Zeit stattfindenden sowjetischen Einmarsch in Afghanistan erwähnten die «Nica-Gruppen» hingegen kaum. Entsprechende «Afghanistan-Gruppen» formierten sich im alternativen Milieu nicht. Vielfach verbreitet wurde damals Erich Frieds längeres Gedicht *Wo liegt Nicaragua?* von 1986: «Wo liegt Nicaragua? Es liegt überall dort, wo die Vereinigten Staaten Geheimdienstleute einschleusen ... Nicaragua liegt in Deutschland, das Asylanten in ihre Herkunftsländer abschiebt zu Tod und Folter».[98]

Natürlich hatten die Nicaragua-Gruppen Vorläufer. Vor allem die Solidarität mit Vietnam, durch den Krieg gegen die USA entscheidend beflügelt, führte zu einer massenhaften Mobilisierung und kritischen Öffentlichkeit. Allerdings theoretisierte sich im Vietnam-Protest die Auseinandersetzung mit der Dritten Welt. Reisen in diese Länder blieben zudem selten. Seit der kubanischen Revolution hatte der «Befreiungskampf» in Lateinamerika die westliche Linke besonders elektrisiert. Die neu entstehende Nicaragua-Bewegung knüpfte an die «Dritte-Welt»- und Lateinamerika-Gruppen der 1970er-Jahre an, mit ihrem Personenkult um den Revolutionskämpfer Che Guevara und der Begeisterung über die sozialistische Regierung von Salvadore Allende in Chile.

An Nicaragua faszinierte viele Linke, dass es hier um ein politisches Reformprojekt ging, das sich mit der heimischen Kapitalismuskritik verbinden ließ. Die «Nica-Gruppen» überschnitten sich oft mit anderen Initiativen, und weitere Gruppen aus dem bunten Netz der Neuen Sozialen Bewegungen traten für Nicaragua ein. Auch in Kleinstädten sammelten Gruppen wie die «Deutsche Friedensgesellschaft» für Nicaragua. Wie bei den Neuen Sozialen Bewegungen üblich organisierten sich die Nicaragua-Gruppen von unten, waren aber locker vernetzt. Koordiniert wurden die Aktionen besonders vom Wuppertaler Nicaragua-Büro, das im direkten Kontakt mit Nicaragua Hilfsprojekte und Solidaritätsbrigaden vermittelte. Im Austausch mit anderen Solidaritätsgruppen produzierten die Wuppertaler Schriften und ab 1978 die *Nicaragua Nachrichten*, die informierten und Anregungen für die Solidaritätsarbeit gaben.[99]

In der Nicaragua-Bewegung engagierten sich insgesamt weniger kommunistische als «undogmatische Gruppen»: Friedens-, Anti-AKW- oder Frauengruppen, auch Jusos, Sozialdemokraten, Grüne oder junge Gewerkschafter. Selbst der damalige Bremer Senator und spätere Oberbürgermeister Henning Scherf (SPD) reiste 1984 als Kaffeepflücker nach Nicaragua.[100] Ansonsten beschränkten sich die etablierten Politiker eher auf Reisen mit parteinahen Stiftungen. Christliche Gruppen spielten, nicht zuletzt durch die Faszination für die Befreiungstheologie, eine besonders große Rolle. Insgesamt kamen in den rund dreihundert Solidaritätskomitees vor allem junge Menschen unter dreißig zusammen. Dass die meisten Politiker und FSLN-Aktivisten in Nicaragua ebenfalls recht jung waren und unkonventionell in Jeans oder Armeehemd auftraten, erleichterte die emotionale Verbundenheit.[101]

Die Sandinisten und die deutschen Solidaritätsgruppen arbeiteten von Beginn an zusammen. Im Juli und Oktober 1979 initiierten die Sandinisten in Europa zum Beispiel Spendenaufrufe mit einer Liste von zwanzig Projekten zur Unterstützung benachteiligter Gruppen. Bereits im Juli konnte das Wuppertaler Büro 400 000 DM Spenden zusammentragen.[102] Die FSLN hatte eine eigene Abtei-

# Solidarität mit Nicaragua

Solidaritätsgruppen unterstützten die Revolution in Nicaragua: eine IG-Metall-Gruppe 1987.

lung für internationale Beziehungen, die sämtliche Aktivitäten mit ausländischen Partnern und Solidaritätsgruppen organisierte, und für die «Soli-Gruppen» war noch ein eigenes Komitee zuständig.[103] Die Sandinisten, Nicaraguas Bonner Botschaft und Deutsche vor Ort versorgten das Wuppertaler Büro und andere Schlüsselstellen wie die Grünen regelmäßig mit Informationen, die die Wuppertaler durch ihre «Nicaragua Nachrichten» verbreiteten. Da die Telefon- und Portokosten hoch waren, gingen die Nachrichten aus Nicaragua nachts über Telefax auf Lochkartenpapier ein. Nach Nicaragua Reisende nahmen Post aus Wuppertal mit, später benutzten die Wuppertaler das Telefon des Wahlkreis-Büros der Grünen-Bundestagsabgeordneten Gaby Gottwald, um die immensen Telefonkosten nach Nicaragua zu sparen.[104]

Nachhaltige Bedeutung für die Solidaritätsbewegung hatte Nicaraguas Hauptexportgut, der Kaffee. Dank des Preisverfalls trank seit den 1970er-Jahren auch die jüngere Generation mehr Kaffee. Mit Nicaraguas Revolution politisierte sich sein Konsum. Nicaraguas Kaffee ermöglichte, im Alltag die Revolution zu unterstützen und für sie zu werben. Dies knüpfte an die Konsumpolitik des linksalternativen Milieus seit den 1970er-Jahren an, die Produkte aus Ländern wie Südafrika boykottierte und gezielt Produkte aus armen Regionen förderte. Mit den «Dritte-Welt-Läden» bestand seit Mitte der 1970er-Jahre bereits ein wachsendes Vertriebsnetz und mit der «Gesellschaft zur Förderung der Partnerschaft mit der Dritten Welt» (GEPA) eine Fair-Trade-Handelsorganisation. Nach der Revolution vermittelte das Wuppertaler Büro den GEPA-Vertretern Kontakte zu den Sandinisten, die dort im Herbst 1979 den Vertrieb in die Bundesrepublik aushandelten. Der Kaffee aus Nicaragua markierte dabei den Übergang vom «Dritte-Welt-Handel» zum alternativen Handel, bei dem die politische Bedeutung des Herkunftslandes wichtiger war als dessen Armut.[105] Bereits 1980/81 machte der Kaffee aus Nicaragua ein Achtel der GEPA-Umsatzerlöse aus, mit dem Contra-Krieg dann über ein Viertel, obgleich der Export aus Nicaragua kriegsbedingt sank. Hinzu kamen weitere Händler wie die stärker anti-amerikanisch positionierte «Berliner Kaffeegenossenschaft».[106]

Im alternativen Milieu engagierten sich viele ehrenamtlich beim Export des Kaffees, sei es beim Schleppen der Säcke, am Tresen von Dritte Welt-Läden und in Studentencafés oder schlichtweg durch den Kauf. Denn vom Geschmack her war die «Sandino-Dröhnung» durchaus ein Solidaritätsbeweis. Im Mai 1988 kam es deshalb sogar bei der alternativen Tageszeitung *taz* zu einer kleinen Rebellion: In der Berliner Kantine forderte eine Unterschriftenliste eine magenschonendere Mischung, und die Hausmitteilung dazu fragte: «Ist das persönliche Wohlbefinden wichtiger als die internationale Solidarität?»[107] Die *taz* wechselte schließlich auf die Schonkaffee-Variante «Zarter Sandino».

Der Anteil des Nicaragua-Kaffees am gesamten Kaffeekonsum blieb freilich klein. In den 1980er-Jahren machte er deutlich unter einem Prozent aus, und selbst heute umfasst der gesamte fair gehandelte Kaffee nur zwei bis vier Prozent des Kaffeeumsatzes.[108] Ebenso blieb er im alternativen Milieu nicht unumstritten. Der wachsende Konflikt um die «kritische Solidarität mit Nicaragua» schlug sich auch auf den alternativen Kaffeehandel nieder: Das katholische «Misereor» setzte 1985 als Hauptanteilseigner der GEPA durch, dass die Verpackungen neben den Errungenschaften der Revolution auch den Umgang mit der Opposition kritisch erwähnten.[109] Dieser Verweis auf die Risiken und Nebenwirkungen der Revolution markierte die Spaltung der Solidaritätsbewegung in der zweiten Hälfte der 1980er-Jahre: Einige Dritte-Welt-Läden übermalten diese kritischen Sätze oder bezogen den Nicaragua-Kaffee von anderen Kooperativen. Der Kaffeekonsum forcierte damit auch die Debatte über die Menschenrechte in Nicaragua.

Eine weitere Besonderheit der Nicaragua-Solidarität waren die zahlreichen Helfer und Brigaden, die aus westlichen Ländern dorthin ausschwärmten. Bereits 1979/80 kamen im Zuge der Bildungskampagne so viele Unterstützer ins Land, dass die Sandinisten darum baten, von weiteren Reisen abzusehen, da nicht genug zusätzliche Lebensmittel vorhanden seien. Aus Angst, es könnten Saboteure und CIA-Agenten ins Land kommen, mussten die Solidaritätsgruppen oder Stiftungen Empfehlungsschreiben ausstellen.[110] Einen großen Boom erlebten diese Reisen nach Nicaragua dann wieder ab 1983, als die Sandinisten nach dem Einmarsch der USA in Grenada zur Bildung internationaler Brigaden aufriefen. Der Begriff «Brigade» knüpfte bewusst an den Spanischen Bürgerkrieg von 1936 bis 1939 an, als «Internationale Brigaden» in Spanien den Kampf gegen Franco unterstützt hatten. Die westlichen Brigaden waren zwar keine Kampfverbände, sie sollten aber durch ihre Aufbauhilfe zugleich als «menschliche Schutzschilde» einen Einmarsch der USA verhindern und die Kämpfe der Contras begrenzen. Denn auf westliche Helfer, so das zynische Kalkül, würden die Contras nicht schießen. Das Wuppertaler Informationsbüro verwies in seinen Rundschreiben direkt auf die «Entlastungsfunktion für die militärische Verteidigung» und das Ziel, «das Leben und auch das Risiko gemeinsam mit ihnen zu teilen».[111]

Eine Reise nach Nicaragua war folglich mit Gefahren verbunden, und die Helfer mussten unterschreiben, bei Unfällen keine

Ansprüche zu stellen. Schließlich tobten gerade in den Kaffeeplantagen im grenznahen Norden die Kämpfe besonders stark.[112] Tatsächlich entführten und töteten die Contras nur vereinzelt Helfer aus Nordamerika und Westeuropa, was natürlich jeweils große Empörung auslöste, wie beim Tod der beiden ermordeten bundesdeutschen Entwicklungshelfer Albrecht Pflaum (1983) und Bernhard Koberstein (1986) sowie bei der Entführung von acht westdeutschen Erntehelfern im gleichen Jahr. Letztere wurden erst nach fünfundzwanzig Tagen von den Contras freigelassen, nachdem über die Besetzung der bundesdeutschen Botschaft in Managua und die Bundestagsfraktionen Druck auf die USA gemacht worden war, auf die Contras einzuwirken.[113] Viele Nicaraguareisende verspürten entsprechend große Angst.

Trotz aller Gefahren war der Zulauf an freiwilligen Helfern gewaltig. Auf die 162 freien Plätze der ersten Brigade, die das Wuppertaler Informationsbüro Ende 1983 organisierte, meldeten sich fast eintausend Interessierte. Ausgewählt wurden diese nach Spanischkenntnissen und Vorerfahrungen in der Nicaraguasolidarität. Wie bei anderen Reisenden war die Vorbereitung vor allem politisch ausgerichtet, weniger im Hinblick auf Arbeitstechniken, Sanitäts- oder Sprachkenntnisse. Viele flogen angesichts der hohen Flugpreise und schwierigen Verbindungen von Ost-Berlin aus über Kuba. Nachdem sich die Bundesregierung aus der Unterstützung Nicaraguas zurückzog, erschienen die Brigadisten wie Botschafter der Bundesrepublik. So empfing Kultusminister Ernesto Cardenal die erste Brigade persönlich wie Staatsgäste am Flughafen und schüttelte jedem einzeln die Hand. Die Helfer hatten freilich ihren Flug mit Spendenhilfe selbst finanziert und kamen zu einer unentgeltlichen Arbeit mit eigenem Werkzeug, wofür sie nur karge Mahlzeiten und Unterkünfte erhielten. Eine deutsche Brigade, die Anfang 1984 gemeinsam in ein Haus einzog, entrollte auf ihrem Dach sogleich Solidaritätsfahnen wie «Nicaragua – Hoffnung der Unterdrückten der ganzen Welt». Sie wussten um ihre Medienwirkung – schließlich begleitete auch eine *Spiegel*-Journalistin ihre Reise – und unterstrichen so ihren Anspruch, gemeinsame Ziele und Probleme zu teilen.[114] Dennoch merkten die Aktivisten schnell, dass Welten sie von den Einheimischen trennten. Ihre langen Haare und Ohrringe sorgten mitunter für Spott, auch morgendliche Appelle um halb sechs, das Singen der Nationalhymne und hierarchische Ermahnungen wirkten für viele befremdlich.

Die Motivation für die strapaziöse Reise nach Nicaragua war vielfältig. Im Rückblick gaben Brigadisten etwa an, dass sie «etwas gegen dieses Gehabe der Yankees» unternehmen wollten. Wichtig war ihnen, auf «Augenhöhe» mit den Nicarguanern zusammenzuarbeiten. Hinzu kam Neugier auf ferne Länder und der Wunsch, «einmal im Ausland arbeiten zu wollen, aus dem alltäglichen Trott herauszukommen.»[115] Für fast alle war dies die erste Fernreise. Die meisten Gruppen reisten zwischen 1983 und 1986 für vier bis acht Wochen nach Nicaragua, um mit körperlicher Arbeit direkt «ihr» Einzelprojekt zu unterstützen und anschließend darüber in Dia-Vorträgen und Infobriefen aus erster Hand daheim zu berichten.[116] Zunächst halfen die Brigaden vor allem bei der Kaffeeernte im Norden, als dies zu gefährlich erschien, häufiger bei Bauprojekten im Land.

Kritiker betonten oft, die Projekte seien ökonomisch wenig sinnvoll gewesen, sondern hätten eher symbolischen Charakter gehabt und die Solidarität bestärkt. Für Kaffeepflücker, die wenige Wochen kamen, mag das zutreffen. Viele Projekte verbesserten jedoch durchaus gezielt die Infrastruktur. So halfen die Jusos etwa mit Spenden, größeren Arbeitsbrigaden und mit einem festen Koordinator vor Ort, Baumaterialienfabriken zu errichten.[117] Die DGB-Jugend sammelte Werkzeug und reiste zur Aufbauhilfe nach Nicaragua. Gesundheitsbrigaden – etwa vom «Berliner Gesundheitsladen» – unterstützten die medizinische Versorgung und spendeten Medizintechnik. Andere Brigadisten bauten Wasserleitungen und Häuser in besonders armen Regionen Nicaraguas. Fast alle Aktivisten sahen dies als eine positive Erfahrung, wenngleich auch mit ernüchternden Momenten. Die Armut im Lande schockierte viele. Bei der Arbeit mangelte es an Ansprechpartnern und, so ein Aktivist, «es fehlte halt beständig an Material. Nichts ging weiter.»[118] Krumme Nägel wurden wieder gerade geschlagen und Papier mehrfach benutzt. Die ökologisch bewegten Reisenden erinnerten den

Mangel auch als positive Erfahrung, da man lernte, mit Material sparsam umzugehen. Auch blieben Missverständnisse zwischen den westlichen Helfern und den Einheimischen nicht aus. Umfragen in Nicaragua ergaben, dass 90 Prozent der Nicaraguaner glaubten, die Solidaritätsgruppen kämen als Helfer für die Armen und würden genauso in andere arme Länder reisen; von ihrem «anti-imperialistischen Kampf» wussten sie nicht viel.[119] Die Zusammenarbeit mit den Brigadisten wurde allgemein jedoch positiv bewertet, auch ihre Qualifikation. Lediglich vereinzelt wurde moniert, dass sie überheblich seien. Da sie als Hilfskräfte wahrgenommen wurden, glückte der angestrebte gleichberechtigte Austausch nicht immer. Konflikte ergaben sich auch aus einem unterschiedlichen Arbeitsethos der international bunt gewürfelten Brigaden. Ein Nicaraguaner bilanzierte lakonisch: «Die Cubaner versuchen mit den Frauen anzubändeln, die Spanier und Italiener feiern mit ihren nicaraguanischen Familien Feste, und die Deutschen treffen sich zu Arbeitsbesprechungen und reden bis spät in die Nacht, in ihrer Sprache, die nur sie verstehen, über die künftige Arbeit.»[120] Persönliche Kontakte blieben selten, weil die Nicaragua-Solidarität als politisches Projekt galt.[121]

Konflikte entstanden zudem aus den Geschlechterbeziehungen. Die westlichen Reisenden vertraten oft feministische Positionen. Die Bilder von bewaffneten Frauen in Nicaragua hatten in Westeuropa ein Flair von kämpferischer Gleichberechtigung verbreitet. Zugleich hatten die Sandinisten das Ideal des «Neuen Mannes» gepriesen, der heroisch und solidarisch in einer gleichberechtigten Gesellschaft agiere.[122] In Nicaragua trafen die Brigadistinnen jedoch vielfach auf lateinamerikanische Männer mit Macho-Verhalten, die sie nicht ernst nahmen und sexistisch behandelten; der Kontakt zu den Frauen in Nicaragua gelang deutlich besser.

Innerhalb der Linken löste der Umgang mit der Gewalt Konflikte aus. Viele Christen und Linksalternative, die nach Nicaragua reisten, stammten aus der Friedensbewegung und hatten daheim den Kriegsdienst verweigert. In Nicaragua trafen sie auf eine bewaffnete Gesellschaft, deren Widerstandskampf sie unterstützen wollten. Einige von ihnen beteiligten sich an Nachtwachen mit

Gewehr und an militärischen Zeremonien.[123] Dies weckte nicht nur den Argwohn der Pazifisten, sondern auch Konservativer.[124] Alle diese Probleme traten seit Mitte der 1980er-Jahre deutlicher hervor und führten zum Konzept der «kritischen Solidarität». Die Entwicklung in Nicaragua trug dazu bei, aber auch der Wandel des linksalternativen Milieus, das nunmehr zu erodieren begann. Dabei störte sich das linksalternative Milieu weniger am eingeschränkten Pluralismus in Nicaragua. Vielmehr sorgte vor allem der Umgang mit den indigenen Miskitos für Kritik. Der Schutz dieser «Indianer» bedeutete eine neue Stufe der Solidarität mit einer romantisch verklärten schwachen Minderheit.

## Rot-grüne Hilfe mit öffentlichen Mitteln

Nicht nur westliche Regierungen und zivilgesellschaftliche Gruppen unterstützten den Neuanfang in Nicaragua. Staatlich finanzierte Hilfe und Solidarität erhielten sie auch von Parteien, Stiftungen und Kommunen. In der Bundesrepublik waren die zeitgleich gegründeten Grünen die Partei, die am nachdrücklichsten für Nicaragua eintrat. Sie nahmen dabei, wie in anderen Bereichen, eine Mittlerrolle zwischen alternativer Bewegung und offizieller Politik ein. Seit die Grünen 1983 in den Bundestag einzogen, nutzten sie ihn auch als Plattform für die Nicaragua-Solidarität. Schon bei der Regierungserklärung von Helmut Kohl im Mai 1983 entrollten sie ein Plakat, das auf den von Contras ermordeten Deutschen eine Woche zuvor anspielte: «Herr Kohl! Unterstützung der USA in Nicaragua heißt Mitschuld am Tod Albrecht Pflaums».[125] In den folgenden Jahren hielten sie die Regierung immer wieder mit kleinen und großen Anfragen zu Nicaragua auf Trab, etwa zur «Aggression der Vereinigten Staaten gegenüber Nicaragua», zum dortigen Engagement der parteinahen Stiftungen und zur Bewertung der Contra-Netzwerke.[126] Vergeblich forderten sie in offenen Briefen an Kanzler und Regierung, sich von dem «anhaltenden Terror der USA gegen Nicaragua zu distanzieren» und die Entwicklungshilfe wieder zu erweitern.[127]

Aus dem Bundestag heraus versuchten die Grünen, Informationen zu Nicaragua zu verbreiten. So veranstalteten sie ein «Zentralamerika-Hearing», bei dem Referenten aus den USA aussagten, dass die Adenauer-Stiftung CIA-Geld an Anti-Sandinisten weitergebe, was diese prompt zurückwies.[128] Vor allem die Friedensaktivistin und Grünen-Mitgründerin Petra Kelly richtete sich deutlich gegen die «fatale Doppelmoral der Supermächte: Die Sowjetunion deutet auf Nicaragua und die Amerikaner deuten auf Afghanistan, obwohl beide erst einmal vor ihrer eigenen Tür kehren sollten.» Dabei gehörte sie zu den wenigen Grünen, die die geringe Solidarität mit Afghanistan in der Friedensbewegung bemängelten.[129]

Wie die Solidaritätsbewegungen suchten die Grünen den direkten Kontakt mit Nicaragua, jedoch nunmehr auf einer offiziellen politischen Ebene. Die Bonner Botschaft Nicaraguas versorgte die Grünen-Fraktion laufend mit Informationen. Die führenden Grünen trafen sich mit dem Botschafter und sprachen hier auch kritische Punkte an, wie die dortige Verurteilung von Kriegsdienstverweigerern.[130] Vornehmlich unterstützten sie seine Bitten, etwa durch ein Schreiben an den US-Kongress, das mit internationalen Parlamentsabgeordneten um eine Ablehnung der Contra-Finanzierung bat.[131] Die Bundestagsabgeordnete Gabriele Gottwald, die aus der Solidaritätsbewegung kam, nahm dabei eine Schlüsselstellung ein. Sie reiste als gewählte Volksvertreterin und als Repräsentantin der Aktivisten nach Nicaragua, die dort mit führenden Politikern sprach und zumindest die Gewalt gegen die Miskitos kritisch ansprach.[132] Wenige Monate später fuhr sie als Wahlbeobachterin nach Nicaragua und bescheinigte, dass die Wahlen «einwandfrei» verliefen, vor allem im Unterschied zu El Salvador. Seit Mitte der 1980er-Jahre nahm auch bei den Grünen die Kritik an der Entwicklung in Nicaragua zu. Ihre Bundestagsabgeordneten monierten die Verhängung des Ausnahmezustands, und der Abgeordnete Ludger Vollmer führte bei seiner Nicaragua-Reise 1988 auch Gespräche mit der Opposition, wenngleich mit kritischer Distanz.[133]

Eine Unterstützung Nicaraguas erreichten die Grünen zudem

auf der Ebene der Länder und Kommunen, die rot-grüne Mehrheiten hatten. In Hessen, dem ersten rot-grün regierten Land, forderten die Grünen bereits 1984 ein Budget für den Aufbau eines Hospitals in Nicaragua, worauf in den nächsten Jahren insgesamt eine Million DM für die Hilfs- und Menschenrechtsorganisation «medico international» bereitgestellt wurde.[134] Ebenso gelang eine «Länderpartnerschaft zwischen Hessen und Region IV in Nicaragua», und ein spezieller Fonds förderte die Einrichtung von Städtepartnerschaften mit Nicaragua. Die rot-grüne Regierung unterstützte zudem kommunale Projekte, um «Betroffenheit und Sensibilisierung der Bevölkerung» zu erreichen.[135]

Rund zwei Dutzend Städtepartnerschaften mit Nicaragua entstanden bundesweit ab 1985. Auch für große Städte wie Hamburg und Köln waren dies meist die ersten Partnerschaften mit Ländern der «Dritten Welt».[136] Nach der Einstellung bundespolitischer Hilfe für Nicaragua schufen die Grünen so eine Art kommunale Nebenaußenpolitik, die zivilgesellschaftlich geerdet war. Ihr Aufbau erfolgte durch beiderseitige Impulse. Die Auslandsagentur der Sandinisten gab eine direkte Anleitung und verstand die Partnerschaften als Hilfsprojekte, wobei sie Städte bevorzugte, die militärisch angegriffen wurden.[137] Die Städtepartnerschaften gaben dem zivilgesellschaftlichen Engagement eine langfristige, festere und offiziellere Struktur: Sie förderten den lokalen Austausch durch Besuche, in Amtsstuben ausgestellte Fotos und Briefpartnerschaften. Ihre Projekte, wie der Aufbau von Krankenhäusern, Abwassersystemen oder der Müllbeseitigung waren besonders nachhaltig. Zudem waren ihre soziale Reichweite und ihr finanzieller Spielraum größer als bei den Solidaritätsbrigaden. Während letztere auf Spenden basierten, erhielten die Städtepartnerschaften fünf- bis sechsstellige staatliche Beträge. Dies sorgte dann wiederum für größere Spenden und Hilfsmittel, die oft an Schulen oder Krankenhäuser gingen. So sammelte die besonders engagierte hessische Kreisstadt Dietzenbach bis 1986 nach eigenen Angaben rund zwei Millionen DM an Material- und Geldspenden und schickte im Rahmen ihrer Städtepartnerschaft auch deutsche Auszubildende in Nicaraguas Betriebe.[138]

Dies ging mit Schulpartnerschaften einher. Lehrer bemühten sich, am Beispiel Nicaraguas die Probleme der «Dritten Welt» und die «Aggressionspolitik der USA» zu vermitteln, bereiteten Unterrichtsmaterial auf und erstellten mit den Schülern kleine Publikationen, was mitunter Erweckungserlebnisse für spätere Brigadisten waren.[139] Einige Lehrer etablierten feste Beziehungen zu Partnerschulen in Nicaragua, und ihre Schülergruppen besuchten diese dann für einige Wochen. Von der Gesamtschule Bruchköbel reisten etwa die Lehrer in den Sommerferien mit und halfen dort, eine Ziegelei aufzubauen. Die Berichte zeigen ihr Fasziniertsein von einem «einfachen Leben» und den Bildungserfolgen der sandinistischen Revolution, zu denen sie beitragen wollten.[140] Die Schulpartnerschaften verfestigten das Engagement für Nicaragua generationsübergreifend, mitunter halten die Kontakte bis heute. Kleine Orte wie Bruchköbel partizipierten so an der Weltpolitik.

Eine zentrale Rolle bei der Unterstützung Nicaraguas spielten zudem parteinahe Stiftungen, die mit großen Summen Projekte und Begegnungen förderten. Öffentlich standen sie im Schatten der bunten alternativen Brigaden, von ihrer Wirkung her waren sie vielleicht sogar einflussreicher. Schon Monate vor dem Sturz Somozas kündigten die Friedrich-Ebert-Stiftung und die Konrad-Adenauer-Stiftung an, künftig in Nicaragua demokratische Parteien zu unterstützen.[141] Kurz nach dem Umbruch gründeten sie in Managua Projektbüros, um ihre jeweiligen Partner direkt vor Ort zu fördern. Die SPD-nahe Friedrich-Ebert-Stiftung pflegte schon 1978 Kontakte zum gemäßigten Flügel der FSLN: Sie unterstützte Seminare mit der Opposition und lud Oppositionspolitiker nach Bonn ein, die so auch Kontakte zum Auswärtigen Amt knüpften.[142] Ebenso führte sie die sandinistische Partei durch Kongresseinladungen frühzeitig in den Kreis der internationalen Sozialdemokraten und Sozialistischen Internationale ein. Während die FSLN so internationales Ansehen und Unterstützung gewinnen wollte, hoffte die Ebert-Stiftung eine sozialdemokratische Ausrichtung nach Somozas Ende zu erreichen. Tatsächlich dürfte diese Einbindung in sozialdemokratische Unterstützung den gemäßigten Kurs mit gefördert haben.

Die von der Friedrich-Ebert-Stiftung unterstützten Projekte in Nicaragua erreichten ganz andere Größenordnungen als die der Solidaritätsgruppen. Sie finanzierte zunächst mit rund 1,4 Millionen DM maßgeblich die erfolgreiche Alphabetisierungskampagne.[143] Parallel dazu unterstützte sie Infrastrukturprojekte für Wohnraum und Trinkwasser, auch mit «Kurzzeitexperten aus Lateinamerika».[144] Vom Bundesministerium für wirtschaftliche Zusammenarbeit erhielt die Ebert-Stiftung Ende 1979 zudem noch 2,5 Millionen DM, um den Aufbau demokratischer Institutionen in Mittelamerika zu fördern. 1980 finanzierte sie etwa ein Bildungszentrum der Sandinisten, Schulungskurse für deren Diplomaten oder eine erste internationale Solidaritätskonferenz mit sozialdemokratischen Parteien Europas und Lateinamerikas in Managua.[145] In den folgenden Jahren nahmen auch bei ihr die kritischen Kommentare zum mangelhaften Pluralismus in Nicaragua zu, und die Projektgelder gingen ab 1981 zurück. Dennoch sah die Ebert-Stiftung die politische Entwicklung auch 1983 noch als offen an, weshalb sie für die weitere Förderung Nicaraguas eintrat.[146] Die rot-grüne Unterstützung war und blieb somit eine wichtige Brücke nach Lateinamerika.

## «Brillen für Nicaragua»: Die DDR-Solidarität

Die Solidarität mit Nicaragua kam nicht nur im Westen auf. Vielmehr sind viele Ostdeutsche bis heute erstaunt, dass es sie überhaupt im Westen gab. Denn Nicaragua schien «ihr Land» zu sein, das die DDR ähnlich wie Vietnam oder Mosambik mit Spenden und Brigaden unterstützte.

Die Nicaragua-Solidarität der DDR war zwar von der SED gelenkt, aber trotz aller sozialistischen Inszenierung war sie mehr als eine Propaganda-Aktion. Viele Spenden für Nicaragua wurden routiniert gesammelt oder vom Lohn direkt abgeführt. Dennoch förderten sie eine emotionale Verbundenheit. Das zeigte sich auch bei Sachspenden. Ein Aufruf in der Kinderzeitschrift *Bummi* führte etwa zu angeblich 122 Tonnen Kinderspielzeug.[147] Hinzu kamen unabhängige Projekte wie der Aufruf «Brillen für Nicaragua» von 1981, bei dem etwa 62 000 Lesehilfen zusammenkamen. Die DDR spendete Schulhefte, Schuhe und Tütensuppen und verwandelte sich durch derartige Aktionen von einem Teilstaat, der «Westpakete» erhielt, in ein selbstbewusstes Land, das den eigenen Wohlstand mit den Armen der Welt teilte. Hinzu kamen große staatliche Prestigeprojekte wie die Einrichtung des Krankenhauses «Carlos Marx» in Managua, das als Leuchtturmprojekt international ausstrahlen sollte. Einige hundert Nicaraguaner durften in der DDR studieren oder wurden ärztlich versorgt, was Medienbilder verbreiteten.

Zur gleichen Zeit wie die westlichen Helfer kamen die «Brigaden der Freundschaft der FDJ» nach Nicaragua. Seit 1964 schickte die DDR diese, quasi als sozialistisches Pendant zur westlichen Entwicklungshilfe, in insgesamt sechsundzwanzig Länder Afrikas, Asiens und Lateinamerikas, um sozialistische Bruderhilfe zu leisten.[148] Nicht die Armut eines Landes, sondern dessen sozialistische Ausrichtung war dabei entscheidend. In Nicaragua halfen diese Brigaden besonders im Gesundheits- und Bildungsbereich. Im Unterschied zu den westdeutschen linksalternativen Gruppen waren sie sorgfältig mit großer Vorlaufzeit ausgesucht und geschult worden, um dann unter strengen Auflagen ins Land zu reisen. Wie im Westen spielte neben der Überzeugung, in armen Ländern zu helfen, die Neugier auf ferne Regionen eine größere Rolle, seltener hingegen der Anti-Amerikanismus.[149] Die Mitarbeit in Brigaden war zudem finanziell interessant: Man bekam Sonderzulagen sowie Zugang zu Devisen und seltenen Westprodukten, während die westdeutschen Brigadisten auf eigene Kosten kamen. Einzelne gaben wie westdeutsche Brigaden an, sie wollten der «Apathie und den vorgefertigten Strickmustern der gesellschaftlichen Verhältnisse in der DDR entgehen», ohne dass sie deswegen die DDR ablehnten.[150]

Neben den offiziellen Brigaden und Sammelaktionen der SED entstand in der DDR eine kleinere inoffizielle Nicaragua-Solidarität unter dem Dach der Kirche. Wie im Westen faszinierte auch die ostdeutschen Protestanten die Verbindung von Sozialismus und Christentum. Nicaragua stand, so erinnerte sich ein Aktivist, für die Hoffnung, die «Polstellung zwischen Christentum und Marxismus auch im eigenen Land aufzubrechen».[151] Eine wichtige Rolle spielte dabei die «Initiativgruppe Hoffnung Nicaragua», die in Leipzig 1981 entstand und von der dortigen Nikolaikirche unterstützt wurde. Hier bestanden auch einzelne deutsch-deutsche Kontakte zwischen den Nicaraguagruppen. So erhielten die Leipziger von westdeutschen Aktivisten einen Diavortrag über Nicaragua, den sie weiter verbreiteten. Zudem reichte ihnen das Wuppertaler Büro heimlich Informationsbriefe aus Nicaragua weiter, und Westdeutsche vom Dietzenbacher Nicaragua-Zentrum übermittelten Briefe aus Leipzig nach Nicaragua.[152] Erst 1988 erhielt jedoch eine unabhängige kirchliche Nicaragua-Gruppe die Erlaubnis, nach Nicaragua zu reisen.[153]

Deutsch-deutsche Begegnungen in Nicaragua blieben selten. Westdeutsche Reisende führten das darauf zurück, dass sich die Ostdeutschen kaum frei bewegen konnten; sie mussten der Botschaft stets ihren Aufenthaltsort melden, und Kontakte mit westlichen Ausländern waren verboten, worüber die Staatssicherheit auch hier wachte.[154] Bei aller Unterschiedlichkeit und Abschottung teilten Ost- und Westdeutsche in ihrer Solidarität mit dem fernen Land die Sehnsucht nach einem Aufbruch, den Erlebnishunger und das Bedürfnis, einem jungen sozialistischen Land zu helfen.

## Bürgerliche Solidarität mit Nicaraguas Opposition

Parallel zur linksalternativen Solidarität mit den Sandinisten entstand im Westen eine Unterstützung der dortigen Opposition. So wurde Nicaraguas Oppositionszeitung *La Prensa* von Beginn an maßgeblich durch die FDP-nahe Friedrich-Naumann-Stiftung gefördert, die dafür Mittel vom Bundesministerium für wirtschaftliche Zusammenarbeit einwarb, bereits 1980 immerhin eine Million DM.[155] Die Zeitung bildete den Nukleus der Opposition und machte ihre Herausgeberin Violeta Barrios de Chamorro, die

Witwe des ermordeten Oppositionsführers Pedro Chamorro, zu einer Symbolfigur, die 1990 tatsächlich den Sandinisten Daniel Ortega als Präsidentin ablöste.

Unterstützung erhielten die nicht-sandinistischen Politiker Nicaraguas zudem durch Demokratieprojekte. So förderte die Naumann-Stiftung 1980 mit 1,3 Millionen DM den Aufbau der Demokratie von unten mit Seminaren für Führungskräfte.[156] Die Konrad-Adenauer-Stiftung flankierte dies mit Tagungen und Einladungen für nicaraguanische christdemokratische Politiker und christliche Gewerkschafter nach Deutschland. Umgekehrt reisten auch Politiker der Union und der FDP weiterhin nach Nicaragua, wo sie neben den Sandinisten stets auch gezielt bürgerliche Politiker und Geistliche trafen. Dies wertete die nicht-sandinistischen Politiker auf und verschaffte ihnen ein internationales Forum, um ihre Stellung im Land zu verbessern.

Bei ihrem Engagement für Nicaraguas Opposition profilierten sich die Christdemokraten als Hüter der Menschenrechte. Ähnlich wie bei ihrem Engagement für die «Boat People» oder für die Opfer in Afghanistan versuchten Unionspolitiker so, ein traditionell «linkes Thema» zu besetzen und die Linke der Doppelmoral zu überführen. Ihre Abgeordneten im Bundestag und im Europäischen Parlament, aber auch der Junge-Unions-Vorsitzende Christoph Böhr reisten für mehrere «fact-finding missions» nach Nicaragua. Dort besuchten sie auch christdemokratische Gefangene und setzten sich für ihre Freilassung ein.[157] Tatsächlich versprach etwa der nicaraguanische Innenminister Borge 1983 bei einem Treffen mit Bundestagsabgeordneten sogleich deren Freilassung.

In Analogie zu den Menschenrechts-Hearings der Linken hielt die CDU 1985 ein international besetztes Nicaragua-Hearing ab.[158] Die Christdemokraten betonten, dass sie die Revolution anfangs begrüßt hätten, diese nun aber in eine «marxistische Diktatur» abgeglitten sei. Und ähnlich wie die Linke argumentierte die Union, sie wolle gegen die angeblich «einseitigen» Medien in der Bundesrepublik eine kritische Öffentlichkeit schaffen. Die aus Nicaragua eingeladenen Christdemokraten berichteten hier etwa, die Sandinisten hätten bereits 1979 Menschen getötet und aktuell gebe es mehr politische Gefangene als unter Somoza 1978.[159] Auch christliche Gewerkschaftsführer erzählten mit Einzelbeispielen von Verfolgungen und Verhaftungen.[160] Darüber hinaus kamen die Zensur in Nicaragua sowie die Verfolgung von Geistlichen und der Indios zur Sprache. Von der Linken wurden diese Berichte dagegen als wahrheitswidrig zurückgewiesen und die Berichterstatter als Reaktionäre verurteilt.[161] Es fand kein Dialog statt, sondern zwei Sichtweisen standen nebeneinander. Klare Belege für derart viele politische Gefangene fehlten freilich.

Parallel dazu förderten die Adenauer- und die Naumann-Stiftung mit großen Projekten und Millionensummen privatwirtschaftliche Organisationen und Strukturen in Nicaragua. So finanzierte die Adenauer-Stiftung Ausbildungsprojekte, die ein Verband des privatwirtschaftlichen Sektors durchführte, Schulungen von Kleinbetrieben sowie ein Institut der privatwirtschaftlichen Unternehmen.[162] Derartige Projekte dürften mit dazu beigetragen haben, dass in Nicaragua marktwirtschaftliche Strukturen eine gewisse Bedeutung behielten, wenngleich auch die Sandinisten privatwirtschaftliche Strukturen tolerierten.

Konfliktfrei verlief diese Hilfe für die nicht-sandinistischen Gruppen nicht. Die von den beiden großen Stiftungen geförderten Projekte waren seit 1985 häufiger Restriktionen ausgesetzt. So wurde ein Projekt mit Erzbischof Obando y Bravo, der 1985 von der Adenauer-Stiftung über eine halbe Million DM für das Gemeinwesen und Sozialarbeit in seiner Erzdiözese erhielt, für illegal erklärt und im Mai 1986 geschlossen.[163] Der Direktor des von der Adenauer-Stiftung maßgeblich finanzierten Wirtschaftsinstituts «Instituto de Investigación Económica y Sociales de la Empresa Privada» (INIESEP) wurde vom Dachverband der privaten Unternehmer im Juni 1988 wegen Geheimnisverrats von Wirtschaftsdaten und «Gründung einer kriminellen Vereinigung» verurteilt.[164] Andere Projekte mit der Opposition konnte die Adenauer-Stiftung weiter fördern, so etwa 1989 «Radio Católica», das Radio der Bischofskonferenz.

Generell war die Beziehung zwischen den Sandinisten und der Bundesregierung Mitte der 1980er-Jahre denkbar angespannt, da Kohl die Politik der USA stärker als andere westliche Regierungen mittrug. Entsprechend reduzierte Kohl die Hilfe für Nicaragua stark und gab zugesagte Zahlungen nicht frei. Die Ermordung des Entwicklungshelfers Albrecht Pflaum nahm die Bundesregierung 1983 zum Anlass, die Zahl der Helfer in Nicaragua zu halbieren und die Kooperation mit staatlichen Stellen zu untersagen, was in der Praxis wohl kaum Auswirkungen hatte.[165] Zur gleichen Zeit baute die Regierung Kohl die Unterstützung für El Salvador aus, wo eine Militärdiktatur herrschte, und Kohl sprach öffentlich von «seinem langjährigen Freund Duarte».[166] Bei den Grünen, Jusos und kirchlichen Gruppen löste dies entsprechende Proteste aus. Als sich Nicaraguas frisch gewählter Präsident Daniel Ortega 1985 mit Genscher traf, sprachen sie die Spannungen und wechselseitigen Enttäuschungen so offen an, wie man es selten in diplomatischen Protokollen liest.[167] Dies stärkte Ortegas Bindung an die DDR. Noch zur Feier des 40. Jahrestags der DDR im Oktober 1989, als die Proteste auf Ost-Berlins Straßen schon hörbar waren, flog Ortega mit einer Sondermaschine ein, um an Honeckers Seite die Parade abzunehmen. Und 1992 besuchte er Honecker im Gefängnis in Moabit, direkt nach der Trauerfeier für Willy Brandt.[168]

Trotz aller Konfrontationen brach die westliche Kommunikation mit Nicaraguas Regierung in den 1980er-Jahren nicht ab. Die maßgeblichen Verhandlungen zur Friedenssicherung in Lateinamerika, die sogenannten «Contadora-Treffen», organisierten einzelne lateinamerikanische Nachbarstaaten. Deren Umsetzung verschleppte sich aber durch die harte Haltung der USA, und die Bundesrepublik förderte flankierende Treffen der europäischen Außenminister, die gegenüber den USA vermittelten.[169] Denn wie Genscher bemerkte, hatte die Lage in Mittelamerika durchaus Rückwirkungen auf Europa, insbesondere auf die Abrüstung.[170] Zu einer Einigung über eine wechselseitige Einstellung von Waffenlieferungen kam es im Zuge der generellen Abrüstungsgespräche 1987/88 und des sowjetischen Rückzugs aus Afghanistan. Auch in dieser Hinsicht hingen die Ereignisse in Vorderasien und Lateinamerika zusammen. Statt bewaffneten Kämpfern finanzierte die USA nun den Wahlkampf eines Oppositionsbündnisses gegen die Sandinisten, das 1990 tatsächlich die Wahl gewann.

## Geplatzte Träume von einem neuen Sozialismus

1990 platzte für die Linke der Traum von einem «dritten Weg» in Ostdeutschland. Zugleich begrub die Wahl in Nicaragua ihre Illusionen über einen freigeistigen Sozialismus dort. Denn im Februar 1990 verloren die Sandinisten unter Ortega recht klar gegen ein breites Oppositionsbündnis unter Violeta Chamorro. Dass die Witwe des von Somoza ermordeten Oppositionsführers die Wahl gewann, hatte vielfältige Gründe. Entscheidend war sicherlich die katastrophale Wirtschaftslage Ende der 1980er-Jahre, mit einer rasenden Inflation und geringem Pro-Kopf-Einkommen. Dies zwang die sandinistische Regierung zu Reformen, wie der Kürzung von Staatsausgaben, der Entlassung von Beamten und der Streichung von Subventionen.[171] Das verärgerte viele Wähler jedoch ebenso wie der große Militärapparat und die Wehrpflicht. Die Durchführung freier Wahlen konnte nicht überdecken, dass die Sandinisten im Alltag eine allmächtige Staatspartei waren. Auch international verspielten die Sandinisten durch politische Verfolgungen ihre Reputation. So sprach Amnesty International nun von etwa 3200 politischen Häftlingen und einer mangelhaften Aufarbeitung der Gewalt durch sandinistische Regierungstruppen.[172] Nicht unwichtig war langfristig der religiöse Wandel: Statt der katholischen Befreiungstheologie wuchs der Einfluss konservativer Bischöfe und evangelikaler Gruppen, deren Erweckungsversprechen besonders arme Menschen ansprach, sodass sie zur Konkurrenz für die Sandinisten wurden. Dass es in den 1980er-Jahren viele soziale Verbesserungen gab, insbesondere im Bildungs- und Gesundheitsbereich, konnte die Armut nicht aufwiegen.[173] Wie in Ostmitteleuropa dominierte der Wunsch nach einem ökonomischen und demokratischen Neuanfang an der Seite des Westens.

Die internationale Solidarität mit Nicaragua kam damit zum Erliegen, nachdem sie Ende der 1980er-Jahre schon an Schwung verloren hatte. Wenngleich verschiedene Nicaragua-Gruppen bis heute fortbestehen, gingen sie meist in allgemeinen Lateinamerika- und «Dritte-Welt»-Gruppen auf oder lebten in den neuen Netzen der Globalisierungsgegner fort. In einer neuen Defensive befanden sich nun auch die Grünen als einstmals wichtigste Unterstützer im Bundestag, aus dem sie nun herausgewählt wurden. So wie zuvor die Adenauer-Stiftung die anti-sandinistische Opposition mit der Förderung katholischer Radiosender unterstützt hatte, versuchte nun die grüne Böll-Stiftung Mittel für einen Radiosender der Sandinisten zu erhalten, was das Auswärtige Amt als Gefahr für den Pluralismus ablehnte.[174]

Der zeitgleiche Wandel in Ostdeutschland und Nicaragua bescherte besonders den DDR-Brigaden und -Beratern einen prekären Status. Während die Offiziere das Land verlassen mussten, verblieben immerhin rund siebzig Berater dort. Besonders der Deutsche Entwicklungsdienst übernahm Mitarbeiter aus der DDR-Solidarität, obgleich ihr Selbstverständnis weiterhin sehr unterschiedlich war.[175] Auch das von der DDR aufgebaute Krankenhaus «Carlos Marx» führte die Bundesrepublik weiter, nun unter dem Namen «Hospital Alemán-Nicaraguense». Zudem übernahm die Bundesrepublik die hohen Kredite, die die DDR an Nicaragua gegeben hatte, deren Rückzahlung zu einem Großteil erlassen wurde.[176] Eine relativ große Kontinuität über 1990 hinaus war bei den ostdeutschen «Dritte-Welt-Gruppen» zu beobachten, die weiter im kirchlichen Umfeld gegen den weltweiten Kapitalismus agierten und sich von der bundesdeutschen Entwicklungshilfe distanzierten.[177]

Aus Sicht der internationalen Solidaritätsgruppen zog 1990 der «Neoliberalismus» auch in Nicaragua ein. Teile des Staatseigentums, das die Sandinisten oft wie Parteieigentum behandelt hatten, wurden privatisiert und die Inflation eingedämmt. Der Preis dafür war, wie in Ostmitteleuropa, eine steigende Arbeitslosigkeit und Abhängigkeit von ausländischen Geldgebern. So unterstützten die USA Violeta Chamorros Kurs 1990 sogleich mit einem Kredit von 300 Millionen Dollar.[178] Beliebt in der Bevölkerung waren die Verkleinerung der Armee und die Belebung der Pressefreiheit. Zudem setzte Chamorro den relativ kompromissbereiten Kurs fort, der bereits die Revolution von 1979 gekennzeichnet hatte. So durften sandinistische Kommandanten in der Armee Führungsposten behalten. Chamorros liberaler Nachfolger Arnoldo Alemán schloss mit Ortega im Jahr 2000 sogar einen Pakt, der ihre Macht doppelt absichern sollte: Die Sandinisten erhielten mehr Zugang zu öffentlichen Ämtern und zur Justiz, während das Wahlsystem ihre beiden Parteien FSLN und PLC stärkte. Dies sollte Stabilität sichern und die Parteivorsitzenden vor Gerichtsprozessen schützen, weshalb der Pakt von vielen als Verrat und Klüngelei gesehen wurde.[179] Bei der Wahl 2006 gelang Daniel Ortega schließlich nach sechzehn Jahren Opposition die Rückkehr ins Präsidentenamt, das er bis heute innehat; 2016 wurde er mit 72 Prozent erneut gewählt.

Aus heutiger Sicht bildet daher weiterhin die Revolution 1979 eine entscheidende Zäsur, viel stärker als die vermeintlich «neoliberale Wende» von 1990. Denn 1979 entstand jene sandinistische Herrschaftsform, die bis heute das bunte Selbstverständnis von Ortegas Regierung prägt: Sozialistische, christliche und marktwirtschaftliche Elemente vermischen sich in einer autoritären Form der Demokratie mit einer dominanten Partei. Angesichts der Zunahme populistischer Regierungen liegt Nicaragua damit durchaus im Trend. Kennzeichnend ist zudem, dass Ortega – wie früher der Somoza-Clan – seine Macht in hohem Maße auf Familienmitglieder verteilt, die Unternehmen und Medien kontrollieren. Nachdem Ortegas dritte Ehefrau bereits Ministerposten innehatte, ist sie 2017 auch Vizepräsidentin geworden; Derartiges kennt man hierzulande eher aus Politkrimis wie *House of Cards*.[180] Bunt ist auch Ortegas Beziehung zum geteilten Deutschland geblieben. So ehrte er 2008 Margot Honecker für ihre Verdienste um die Bildung in seinem Land mit dem höchsten Staatsorden. Ortegas Bilanz bleibt ambivalent. Nicaragua ist immer noch bitterarm und außenpolitisch recht isoliert, aber dafür etwas sicherer und stabiler als Nachbarn wie El Salvador, Guatemala oder Honduras. Ihren Zuspruch ziehen die Sandinisten weiterhin aus ihrem Erfolg gegenüber Somoza und den USA, wenngleich sie sich längst von der Revolutionsrhetorik verabschiedet haben. Angesichts der verknöcherten Machtfülle Ortegas und seiner FSLN haben sich viele einstige Anhänger der Sandinisten längst von ihnen abgewandt.

## 3. Die Revolution in Nicaragua

Viele, die einst in deutschen Solidaritätsgruppen engagiert waren, behielten aber zumindest eine enge emotionale Beziehung zu dem Land.

Historisch steht Nicaraguas Revolution 1979 damit für den Aufbruch jener Länder der «Dritten Welt», die eigene Wege jenseits der bipolaren Ordnung suchten. Nicaragua wurde kein «zweites Iran», wie anfangs befürchtet, sondern entwickelte ein eigenes Profil und weckte weltweite Sehnsüchte. Weder der Westen noch der Osten gingen als Sieger aus der vielschichtigen Auseinandersetzung um Nicaragua hervor. Den USA brachte ihr Engagement für die Contras eine moralische Niederlage, und es trug mit dazu bei, dass sich die Sandinisten langfristig an der Macht halten konnten.

## 4. Chinas Öffnung unter Deng Xiaoping
### Wege in die Globalisierung

Am 29. Januar 1979 reiste Deng Xiaoping in die USA. Dies war der erste Staatsbesuch eines führenden Politikers der Volksrepublik China und geschah zufällig in der gleichen Woche, in der Khomeini triumphal in Teheran landete und Millionen Menschen Papst Johannes Paul II. bei seiner ersten Auslandsreise bejubelten. Auch Deng Xiaoping galt schon bei seiner Ankunft als großer Reformer, auf den die Welt gebannt blickte. Die amerikanische Zeitschrift *Time* hatte ihn bereits Anfang 1979 als «Mann des Jahres» auf das Titelblatt gesetzt, da er die ökonomische und kulturelle Öffnung des bislang abgeschotteten China forcierte, mehr Demokratie versprach und diplomatische Beziehungen mit den USA aufnahm.[1] Denn kurz zuvor, am 13. Dezember 1978, hatte Deng auf dem «Dritten Plenum» der Kommunistischen Partei eine Rede gehalten, die rasch als historischer Wendepunkt Chinas galt. Die Chinesen sollten, so hatte er gefordert, «von den Sachverständigen und den fortschrittlichen Verwaltungsmethoden anderer Länder lernen», «mehr Lohn für mehr Leistung» erhalten und dezentraler entscheiden können.[2] Soziale Ungleichheit sollte zugelassen werden: «Wenn man zunächst den Lebensstandard eines Teils der Menschen hebt, wird dies automatisch zu einem eindrucksvollen Beispiel für ihre Nachbarn werden», argumentierte der überzeugte Kommunist, womit er das Tor zum Kapitalismus chinesischer Art aufstieß.[3] Bedeutend an seiner Rede war vor allem, dass auch die kommunistischen Parteigenossen sie hinnahmen und damit seinen Reformkurs akzeptierten.

Seit Ende der 1970er-Jahre schwärmten zahlreiche chinesische Funktionäre in westliche Industrieländer aus, um «zu lernen» und

Kooperationen anzubahnen. Für die meisten waren dies die ersten Westreisen und Schlüsselerlebnisse. Umgekehrt kamen viele westliche Politiker und Geschäftsleute erstmals nach China und staunten über den raschen Wandel. «Die Schnelligkeit der Entwicklung hat auch die kühnsten Prognosen übertroffen», berichtete etwa der bundesdeutsche Botschafter Anfang 1979 aus Peking.[4] Westliche Medien zeigten nun euphorische Bilder aus Peking, wo plötzlich Coca-Cola, westliche Filme und private Kleinhändler auf den Straßen zu sehen waren, ebenso kritische Wandzeitungen. Kurz darauf folgten Artikel über Vergnügungsstätten wie Diskotheken und Bowling-Bahnen für neureiche Chinesen.[5] Angesichts der schlechten weltwirtschaftlichen Lage und der Ölkrise versprach Chinas Öffnung einen neuen riesigen Absatzmarkt für westliche Firmen. Dass sich auch umgekehrt der Westen rasch zum großen Absatzmarkt von China entwickeln würde, worauf Dengs Reformpolitik von Beginn an abzielte, glaubte hingegen kaum jemand.

Dengs Reise in den USA verkörperte diese Öffnung Chinas und ließ sie glaubhaft erscheinen. Ihre historische Bedeutung wurde rasch mit der USA-Reise von Chruschtschow 1959 verglichen. Doch während die Amerikaner das selbstbewusste Auftreten Chruschtschows eher distanziert verfolgt hatten, begeisterte Deng 1979 die amerikanische Öffentlichkeit, sodass die Presse von «Mr. Deng's Triumph» sprach.[6] Die chinesische Delegation besichtigte wissbegierig vor allem die westliche Hightech-Industrie, etwa Boeing, Ford und das Space Centre Houston, stets umringt von amerikanischen Wirtschaftsvertretern, die auf große Aufträge hofften. Immer wieder betonte er demütig und bescheiden, er sei gekommen, um von den Amerikanern zu lernen.[7] Zugleich ließ Deng sich medienwirksam auf volkstümliche Auftritte ein. Bilder mit Deng beim Barbecue in Texas oder mit Cowboy-Hut beim Rodeo faszinierten die Weltöffentlichkeit ebenso wie der Handschlag des nur 1,52 Meter kleinen Chinesen mit hochgewachsenen schwarzen Basketballern.[8] Ähnlich wie Papst Johannes Paul II. und Khomeini zeigte auch Deng eine entrückte Nahbarkeit, wirkte authentisch und gewann durch bescheidenes Auftreten Sympathien. Derartige Fotos waren ebenso ein wirkmächtiges Signal für China, denn sie ver-

## 4. Chinas Öffnung unter Deng Xiaoping

Der Reformer Deng Xiaoping (Mitte) besucht bei seiner USA-Reise am 2. Februar 1979 die Ford-Werke. Wie bei allen Westreisen der Chinesen stand die Besichtigung industrieller Anlagen ganz obenan.

deutlichten den Funktionären und der Bevölkerung, dass die Öffnung zum Westen besiegelt war. Die Reise stand für die neue ökonomische und kulturelle Offenheit, von der manche sich auch mehr Demokratie in China erhofften.

Im Oktober 1979 besuchte mit dem chinesischen Ministerpräsidenten Hua Guofeng erstmals ein führender Politiker Westeuropa, der neben Frankreich, Italien und Großbritannien auch eine Woche lang die Bundesrepublik bereiste. Seine fünfundachtzigköpfige Delegation besichtigte zielstrebig moderne Hightech-Standorte von Hamburg bis Stuttgart und München.[9] Offizielle Handels- und Kulturabkommen sollten erreichen, dass auch Westdeutschland vom Wandel Chinas profitierte. Im Vorfeld erhielt die Bundesregierung eine «Flut von Anfragen aus der Wirtschaft», weil Führungskräfte die Chinesen treffen wollten.[10]

Die von Deng forcierte Öffnung des Landes baute das Fundament, um China zu einer wirtschafts- und exportstarken Großmacht zu machen, die politisch aber an einer eigenen Form des Sozialismus festhielt. Dieser Kurswechsel ging mit einer Verschiebung der Achsen im Kalten Krieg einher. China entwickelte sich seit 1979 zu einem zentralen Akteur der ökonomischen Globalisierung, sicherte dabei aber im starken Maße seine nationalen Interessen. Entsprechend schwierig war und blieb der Ausbau dieser globalen Zusammenarbeit.

## Maos Erbe und der Druck der Straße

Chinas Öffnung und Reform entfalteten sich aus seiner ökonomischen und außenpolitischen Lage. Bei ihrer Gründung 1949 war die Volksrepublik China ein agrarisch geprägtes, rückständiges Land und vom langen Bürgerkrieg und Krieg mit Japan zerstört. Anfangs konnte die herrschende Kommunistische Partei unter Mao durchaus einige sozioökonomische Erfolge vorweisen. Die eingeführte Planwirtschaft nach sowjetischem Modell ging Anfang der 1950er-Jahre noch mit deutlichen Wachstumsraten einher.[11] Ähnliches galt für die Bodenreform, die bisherige Sozialstrukturen brechen sollte und gewaltsam Großgrundbesitzer enteignete. Im Bildungsbereich gelang eine fast vollständige Alphabetisierung, erleichtert durch die vereinfachte Standardisierung der Schrift 1956. Nach jahrzehntelangen Kämpfen entstand nun ein geschlossener Nationalstaat, freilich um den Preis der gewaltsamen Unterdrückung von Provinzen an der Peripherie, insbesondere Tibets.

Ab 1957 schlug Maos Kommunistische Partei jedoch politisch einen radikalen Kurs ein. China isolierte sich durch die Abkopplung von der Sowjetunion, da es Stalins Nachfolgern «Revisionismus» vorwarf. Mao bezeichnete Chruschtschow und Breschnew bis zuletzt als «Verräter an Lenin».[12] Dem Abbruch des Kontakts folgten 1970 militärische Grenzkonflikte. China bezeichnete die UdSSR nun als «sozialimperialistisch» und war fest davon überzeugt, dass die Sowjetunion bald einen Krieg gegen China und

Europa beginnen würde. Das Gefühl der Isolierung und Bedrohung führte Anfang der 1970er-Jahre zu einer Annäherung Chinas an die USA, Japan und Westeuropa.

Die sozioökomischen Reformversuche Chinas missglückten. Das gilt besonders für den «großen Sprung nach vorn» ab 1958, der statt der geplanten Modernisierung des Landes eine der größten Hungerkatastrophen in der Weltgeschichte mit bis zu 30 Millionen Toten auslöste. Die Bauern waren dabei in 26 000 große Volkskommunen eingegliedert worden, die das gesamte Leben verstaatlichten und so alle Traditionen auflösen sollten. Bezahlungen wurden nivelliert, private Einkünfte verboten und unrealistisch hohe Planvorgaben gemacht. Reformversuchen Anfang der 1960er-Jahre, dem mit leistungsorientierten Anreizen entgegenzusteuern, trotzte Mao jedoch. Vielmehr mobilisierte er ab 1965 mit der «Kulturrevolution» vor allem die Jugend, gegen angeblich korrupte Kader mit kapitalistischen Methoden vorzugehen. Dies sollte ihr eine revolutionäre Erfahrung geben und war ein Freibrief für die massenhafte Verfolgung selbst leitender Funktionäre. Die Säuberungen zerstörten weiter die Infrastruktur des Staats und führten dazu, dass jegliche Kritik und Reform ohne Maos direkte Anweisung unterblieb. Radikale jugendliche «Rote Garden» jagten mit Maos Segen jene, die sie des «Revisionismus» und des «Kapitalismus» verdächtigten, besonders gebildete Menschen. Universitäten wurden geschlossen und Gebildete zur Landarbeit gezwungen, sodass nun Experten fehlten.[13] Der spätere Reformer Deng Xiaoping, einer der engsten Wegbegleiter Maos, wurde 1966 als «zweitgrößter Machthaber auf dem kapitalistischen Weg» degradiert. Die «Roten Garden» verfolgten seine Familie, er musste mit einer Narrenkappe demütigende Selbstkritikrituale auf der Straße vollziehen, zwei Jahre unter Hausarrest und dann jahrelang verbannt in der Provinz leben, wo er Traktoren reparierte. Sein Sohn stürzte auf der Flucht vor den Roten Garden von einem Dach und litt fortan im Rollstuhl an den Folgen.[14]

Dieser selbstzerstörerische Kurs unter Mao hatte die politische Führung ganz auf ihn ausgerichtet, wenngleich er zunehmend entrückt und abgeschieden das Land lenkte. Ab 1972 schwand seine körperliche Gesundheit. Viele Weggefährten waren getötet, verbannt oder eingeschüchtert worden. China drohte in erneute Machtkämpfe zwischen radikalen und gemäßigten Kommunisten zu fallen, sodass die politische Führung des Landes schon kurz vor Maos Tod neue Strukturen verlangte. Die Vorgeschichte der Öffnung und Reformen begann somit bereits Anfang der 1970er-Jahre unter Mao: Er bremste mit Hilfe des Militärs den Gewaltrausch der «Roten Garden», suchte das Gespräch mit den USA und rehabilitierte pragmatische Weggefährten wie Deng Xiaoping, den er 1973 wieder aus der Verbannung holte, um so vorsichtig, aber sichtbar Reformen einzuleiten.

Als 1976 erst der beliebte Premierminister Zhou Enlai und dann Mao starben, gewann die radikale Linke um Maos Frau Jiang Qing an Einfluss, die als Leiterin der Propagandaabteilung Kampagnen gegen Deng Xiaoping startete, der erneut alle Ämter niederlegen musste. Es kam zu massenhaften Protesten der Bevölkerung, Machtkämpfen in der Führungsspitze und Arbeitsniederlegungen in zahlreichen Betrieben.[15] Die Proteste trugen mit dazu bei, dass Premierminister Hua Guofeng im November 1976 vier exponierte Vertreter der radikalen Linken verhaften ließ. Diese sogenannte «Viererbande» wurde im folgenden Jahrzehnt für alle Fehlentwicklungen und bisherigen Verbrechen öffentlich verantwortlich gemacht. So war eine Auseinandersetzung mit Fehlern der Vergangenheit möglich, ohne Mao und seine zahllosen Helfer bei den Verbrechen direkt verantwortlich zu machen. 1980 erfolgte ihr Todesurteil, das dann in lange Haftstrafen abgemildert wurde.

Wer Mitte der 1970er-Jahre China besuchte, hatte entsprechend kaum den Eindruck, dass hier bald Boomregionen wie in Japan oder Hongkong entstehen könnten. Vielmehr erschien das Land selbst jenen, die andere sozialistische Staaten kannten, als ein armes, gebrochenes und schwer modernisierbares Entwicklungsland, das die kommunistische Partei diktatorisch beherrschte.[16] In der Tat war der Lebensstandard niedrig, Industrie und Landwirtschaft waren unproduktiv. Viele Industrieanlagen stammten aus den 1950er-Jahren, als der industrielle Aufbau noch mit Unterstützung der Sowjetunion erfolgt war, deren Hilfe dann ausblieb. Die katastrophalen Folgen von Maos Politik waren überall sichtbar.

Durch die strikte Vorherrschaft der Kommunistischen Partei und ihres Politbüros war das öffentliche Leben streng kontrolliert und die Benennung von Missständen selbst hohen Funktionären kaum möglich, da jeder mit Verfolgungen zu rechnen hatte. Dass Teile der westlichen Studentenbewegung in den Sechziger- und Siebzigerjahren Mao und seine Kulturrevolution als Vorbild entdeckten, wirkt aus heutiger Sicht grotesk und lässt sich nur durch die Unkenntnis des fernen Landes erklären, das kaum einer der westlichen Maoisten je besuchte.[17]

China war bis in die 1970er-Jahre ein denkbar abgeschottetes Land. Von der Bundesrepublik oder den USA aus bestanden keine Flugverbindungen, sodass die wenigen Besucher über Teheran, Tokio oder Paris einreisten.[18] Ausländische Besucher verwunderte zunächst, dass in Chinas Städten und Straßen kaum Autos fuhren.[19] Das Schienennetz war klein und marode. Stattdessen füllten Unmengen von klingelnden Fahrrädern und hupenden Bussen die Straßen. Frauen und Männer trugen fast durchweg graue «Mao-Anzüge». Theater, Film und Literatur beschränkten sich, wenn es sie überhaupt gab, auf propagandistische Inhalte.

Das Misstrauen gegenüber ausländischen Besuchern war groß, sofern sie überhaupt das Land betreten durften. Zwischen 1961 und 1978 arbeiteten laut chinesischen Angaben nur 6400 Ausländer in China; zwischen 1979 und 1992 hingegen bereits 350 000.[20] Selbst Ingenieuren, die ausländische Technik warten sollten, verweigerten die Behörden oft die Einreise. Auch die wenigen Journalisten, Wissenschaftler oder Diplomaten, die sich dort aufhielten, konnten sich kaum frei bewegen und Informationen über das Land gewinnen. Das Tor zu China, von dem aus es beobachtet wurde und sich Kontakte anbahnten, war vor allem die damalige britische Kronkolonie Hongkong, wo Chinesen ihre Landeskenntnis als Mittler ausspielten. Mit Frankreich hatte zwar bereits 1964 ein westliches Land diplomatische Beziehungen aufgenommen, die erhofften engeren Handelsbeziehungen waren jedoch dürftig geblieben.[21]

Ob China sich wandeln und öffnen würde, war vor Dengs Reformen selbst für westliche Beobachter vor Ort schwer abzuschätzen. Informationen über Chinas Veränderungen nach Maos Tod

1976 konnten sie nur wie bei einem Puzzlespiel zusammentragen. Eine wichtige Informationsquelle war die nuancierte Analyse der kommunistischen Parteiblätter, insbesondere der «Volkszeitungen», die sie übersetzen ließen. Hier konnte der Abdruck eines Gedichts von Mao oder eines seiner rätselhaften Aussprüche («Kranke müssen behandelt werden, um sie zu heilen») dazu führen, dass sich die Diplomaten in Textexegesen über den politischen Kurs versuchten.[22] Dass Deng 1977 rehabilitiert wurde und seine Reformen an Gewicht gewannen, vermuteten sie zunächst nach vagen Andeutungen, etwa einzelnen Sätzen zur Förderung von Wissenschaften und der Verteidigung des leistungsbezogenen Lohns.[23] Zudem existierten in China Zeitungen, deren Lektüre für Nicht-Funktionäre und Ausländer verboten war, da sie etwas offener Informationen verbreiteten. Mitunter gelang es der bundesdeutschen Botschaft, ein derartiges Exemplar über einen Mittelsmann zu erhalten.[24] Einiges erfuhren die Botschaften über «Quellen», also namentlich nie genannte chinesische Kontaktpersonen, deren Andeutungen sie auslegten. Über solche Kontakte erfuhren sie etwa vertraulich, dass 1976 die «Viererbande» verhaftet und Deng Xiaoping 1977 zum stellvertretenden Ministerpräsident ernannt worden sei. Offizielle Meldungen dazu blieben aus.[25] Mitte 1977 konnte Deng erstmals wieder öffentlich auftreten, scheinbar beiläufig in einem Fußballstadion vor 80 000 Zuschauern, die ihn mit Standing Ovations begrüßten. Dass er auf der Tribüne mit Mitgliedern des Politbüros erschien, galt als Zeichnen seiner Rückkehr.[26] Eine weitere zentrale Informationsquelle waren die Wandzeitungen in Peking. Wichtige Informationen, etwa Hua Guofengs Wahl zum Parteivorsitzenden 1976, Dengs Absetzung und seine Rehabilitierung, erfuhren die westlichen Beobachter zuerst aus den handgeschriebenen Zeitungen an bestimmten Straßenmauern.[27] Erst vor diesem Hintergrund wird verständlich, wie erstaunlich auch dem Westen die Öffnung unter Deng erschien.

## Erste politische Annäherungen an Deutschland

Chinas Öffnung gegenüber dem Westen in den 1970er-Jahren knüpfte mitunter an ältere Erfahrungen aus der Zeit vor dem Zweiten Weltkrieg an. Einige führende Köpfe bei diesem Kurswechsel stammten aus wohlhabenden Familien und waren als Jugendliche zur Ausbildung nach Westeuropa gekommen. Ähnlich wie später viele Islamisten nutzten sie die Freiheit des Westens, um sich abgrenzend ideologisch zu formieren. Ihre Deklassierung im Westen förderte dies. So war der letzte Außenminister unter Mao, Qiao Guanhua, 1935 mit einem neu eingerichteten deutsch-chinesischen Stipendienprogramm an die Universität Tübingen gewechselt, wo er zwei Jahre später promoviert wurde.[28] Als erster Diplomat Chinas bei der UN lernte er Anfang der 1970er-Jahre New York kennen und fädelte hier den Kontakt zu Kissinger ein. Bei den ersten China-Reisen bundesdeutscher Politiker in den 1970er-Jahren begrüßte Qiao Guanhua seine Gäste auf Deutsch und mit Small Talk über Kants Philosophie.[29] Chinas Premierminister Zhou Enlai, der in den frühen 1970er-Jahren vorsichtig den Reformkurs ebnete, war Anfang der 1920er-Jahre als Werkstudent nach Paris gekommen, wo er, statt Vorlesungen zu besuchen, vornehmlich die Chinesische Kommunistische Partei aufbaute.[30] 1923/24 organisierte er diese auch in Berlin, wo die chinesischen Kommunisten von der KPD und Münzenbergs Presse Unterstützung erhielten; allein Mitte 1925 führten sie rund fünfhundert China-Kundgebungen in Deutschland durch.[31] An Zhous Seite stand in Paris auch der spätere große Reformer Deng Xiaoping. Deng stammte ebenfalls aus einem wohlhabenden Elternhaus und besuchte eine Schule, die ihn für ein Studium in Frankreich qualifizierte. 1921 war er einer von 1600 chinesischen Studenten, die westliche Erfahrungen nach China zurückbringen sollten. Statt zu studieren, baute Deng mit Zhou Enlai das kommunistische Parteibüro in Paris auf, um dann

1926 in Moskau eine Hochschule für chinesische Revolutionäre zu besuchen.³² Wenngleich diese Politiker anschließend für rund fünf Jahrzehnte kein westliches Land mehr besucht hatten, erleichterte ihnen diese Jugenderfahrung in den 1970er-Jahren den Kontakt mit den Industrieländern.

Ähnliche Erfahrungen konnten nur wenige Menschen aus dem Westen für China vorweisen. Dennoch gab es einige ältere Verbindungen, selbst in Deutschland. Dort war China um 1900 im Zuge des Boxeraufstandes und des kolonialen Engagements in Shandong ins Blickfeld einer breiten Öffentlichkeit geraten. Über die Chinesen kursierten nun rassistische Stereotype: Sie galten als «gelbe Gefahr», als grausam und verschlagen.³³ Nach dem Ersten Weltkrieg spielte Deutschland in China politisch und ökonomisch kaum noch eine Rolle, und die Gebiete mit den einstigen deutschen Niederlassungen in Kiatschou fielen an Japan. Aber in den 1920er-Jahren wuchs in Teilen der deutschen Öffentlichkeit das Interesse an chinesischer Kultur und dem riesigen potentiellen Absatzmarkt.³⁴ China entwickelte sich für Teile der Linken zur Projektionsfläche gegen die westliche Moderne und für revolutionäre Bewegungen. Einzelne Abenteurer wie der spätere bundesdeutsche Botschafter Erwin Wickert reisen in den 1930er-Jahren mit Rucksack durch China; dies prädestinierte ihn bereits 1941 dafür, im japanisch besetzten Shanghai für das Auswärtige Amt Propagandasender aufzubauen.³⁵ Zudem bemühten sich die Deutschen in den 1930er-Jahren um Aufträge, um wechselseitig die Aufrüstung zu fördern. Neben den USA und Brasilien wurde China zum drittwichtigsten deutschen Absatzgebiet außerhalb Europas und umgekehrt war Deutschland einer der wichtigsten Handelspartner Chinas.³⁶ Besonders zu Shanghai, wo später durch das VW-Werk eine enge Anbindung an Deutschland entstand, gab es früh engere Beziehungen. Bereits in den frühen 1930er-Jahren lebten hier rund 2000 Deutsche, und Deutschland förderte dort den Aufbau einer medizinisch-technischen Hochschule. Im Zweiten Weltkrieg flohen 16–18 000 Deutsche hierher, vor allem Juden.³⁷ Dass sich Deutschland unter Hitler klar auf Japans Seite stellte, kappte die Verbindungen, während China bei den Westalliierten als Opfer der japanischen Aggression galt. Die Gründung der Volksrepublik führte dann jedoch zur Enteignung westlicher Unternehmen und zur Abkopplung von der kapitalistischen Welt.

In den 1950er-Jahren bewegte sich China noch in den Koordinaten des Kalten Kriegs, stand zunächst noch an der Seite der sozialistischen Staaten in Ostmitteleuropa und baute einen politischen, wirtschaftlichen und kulturellen Austausch mit der DDR auf. Spätere westdeutsche Chinareisende wurden daher mitunter von Chinesen auf Deutsch begrüßt, die ihre Ausbildung in der DDR erhalten hatten.[38] China wurde in der frühen DDR als Vorbild gepriesen, und das Verhältnis blieb sogar noch während der Abnabelung von der Sowjetunion eng, da beide Staaten Vorbehalte gegen die Entstalinisierung und Reformen in Moskau hatten.[39] Nach der Abnabelung von Moskau versuchte China vergeblich, einen Keil zwischen die DDR und die Sowjetunion zu treiben.[40] Ab 1963 richtete sich die SED scharf gegen Chinas Kurs. 1967 eskalierten die Spannungen, als die Stasi einen gewaltsamen Protest vor Chinas Ost-Berliner Botschaft inszenierte.[41] Umgekehrt richtete sich die Gewalt der Roten Garden in China nicht nur gegen die britische Botschaft, die sie in Brand steckten, sondern auch gegen die der DDR. Nach dem sowjetischen Einmarsch in Prag sprach China von der «imperialistischen» UdSSR und ihren osteuropäischen «Kolonien», was weitere Beziehungen zur DDR unmöglich machte.[42] Die chinesische Botschaft in Ost-Berlin wurde seit Ende der 1960er-Jahre stattdessen ein Vorposten, um Kontakte in die Bundesrepublik zu knüpfen: für die Maoisten der bundesdeutschen Studentenbewegung, die hier «Mao-Bibeln» und -Bilder abholten, für Wirtschaftsvertreter und schließlich für diplomatische Vorgespräche.[43]

Umgekehrt schränkten die westliche Bündnispolitik im Kalten Krieg und die Hallstein-Doktrin lange die bundesdeutschen Beziehungen zu China ein. Ähnlich wie andere kommunistische Staaten unterlag China einer Embargopolitik, über die die USA wachten. Trotzdem bemühten sich bundesdeutsche Unternehmer seit den 1950er-Jahren um Geschäfte, besonders über den Ost-Ausschuss der deutschen Wirtschaft und dessen «Arbeitskreis China». Ihnen gelang 1957 ein halboffizieller Handelsvertrag mit China.

Der maßgebliche Wegbereiter und Vorsitzende des Ost-Ausschusses, Wolf von Amerongen, gehörte auch Ende der 1970er-Jahre zu den bundesdeutschen Wirtschaftsvertretern, die nun unter Verweis auf diese frühen Kontakte Geschäfte abschlossen.[44] Auch während der Kulturrevolution bemühte sich der Ost-Ausschuss weiter um Wirtschaftskontakte, was zu einigen größeren Verträgen führte, auch mit Bürgschaften der Bundesregierung. Durch Lieferungen von Unternehmen wie Mannesmann, Bayer und BASF entwickelte sich die Bundesrepublik Anfang der 1970er-Jahre zum drittwichtigsten Handelspartner Chinas, nach Japan und Kanada. China exportierte im Gegenzug simple Produkte wie Wurstdärme, Federn und Felle. Erste Versuche von Neckermann und Quelle, Fotoapparate aus China zu kaufen, scheiterten an unregelmäßigen und ausbleibenden Lieferungen.[45] So blieb das Handelsvolumen insgesamt gering.

China öffnete sich in den 1970er-Jahren auch schrittweise gegenüber Japan. Der einstige Kriegsgegner entwickelte sich zum mit Abstand wichtigsten Handelspartner Chinas, auf den rund ein Viertel der Exporte fielen. Japans Aufstieg nach dem Zweiten Weltkrieg galt den Chinesen als Vorbild. Diese Annäherung kann durchaus mit der bundesdeutschen Ostpolitik gegenüber der Sowjetunion verglichen werden: Sie war belastet durch Gewalterfahrungen und Vorurteile und entwickelte sich durch ökonomische Kontakte. Im Oktober 1978 ratifizierten die einstigen Kriegsgegner schließlich einen Freundschafts- und Friedensvertrag, der offizielle Kontakte erlaubte.

Auch in der Bundesrepublik förderten die Wirtschaftskontakte die politische Annäherung. Dass die Bundesrepublik und China 1972 diplomatische Beziehungen aufnahmen, lag ebenso am Wandel der internationalen diplomatischen Lage. Chinas UN-Beitritt und ständige Mitgliedschaft im UN-Sicherheitsrat 1971 werteten das Land auf. Chinas Gespräche mit den USA, besonders mit Kissinger und Nixon, machten es im westlichen Bündnis hoffähig. Auch für China änderte sich die außenpolitische Konstellation: Nach dem Ende des Vietnamkriegs galten nicht mehr die USA als grenznahe Gefahr, sondern die Sowjetunion.

## Erste politische Annäherungen an Deutschland

Wegbereiter der bundesdeutschen Annährung an China war weniger die sozialliberale Koalition als die CDU/CSU. Die Christdemokraten suchten Maos Nähe, weil sie dessen anti-sowjetischen Kurs teilten und in China einen großen gemeinsamen Verbündeten gegen Moskau sahen. Wirtschaftsinteressen kamen dazu. Schon 1964 hatte Franz Josef Strauß im Bundestag gefordert, die Spaltung von Moskau und Peking zu nutzen, um «mit den Mitteln unserer Politik das Bestmögliche für uns herauszuholen.»[46] Und bereits 1968, während der Kulturrevolution, warb das CSU-Blatt *Bayernkurier* offen für Handelsbeziehungen mit China und verwies auf BDI-Aussagen, «daß die roten Chinesen äußerst korrekte, kurzfristig und pünktlich zahlende Vertragspartner seien».[47] Dieses offensive Eintreten für China hatte Anfang der 1970er-Jahre vor allem das Ziel, die Ostpolitik der sozialliberalen Regierung zu attackieren und ihr eine Alternative gegenüberzustellen. In Debatten um die Ostpolitik forderte die CDU/CSU nun eine «Fernostpolitik», die sich mit China gegen Moskau richtete. Die sozialliberale Regierung wies diese Annäherung an China zurück, da sie die Ostpolitik gefährde.[48] Ost- und Fernostpolitik hingen tatsächlich eng zusammen: Brandts Annäherung an die Sowjetunion vollzog sich in einer Phase, als die sowjetischen Spannungen mit China ihren Höhepunkt erreichten. Umgekehrt protestierte China erst gegen Brandts Ostpolitik, um dann ab 1971 aus Angst vor einer Isolation und einem Angriff der Sowjetunion die Nähe des Westens zu suchen.[49]

In den 1970er-Jahren reisten deshalb vornehmlich christdemokratische Politiker nach China, um die Beziehungen auszubauen. So flog der ehemalige CDU-Außenminister Gerhard Schröder, nunmehr Vorsitzender des Auswärtigen Ausschusses des Bundestages, 1972 als erster bundesdeutscher Spitzenpolitiker nach Peking und traf bei seinem zweiwöchigen Aufenthalt Ministerpräsident Zhou Enlai. Dabei entstand, nach vorheriger interner Absprache mit Brandts Regierung, eine gemeinsame Erklärung über die baldige Aufnahme voller diplomatischer Beziehungen, die im gleichen Jahr Außenminister Scheel in China besiegelte.[50] Zahlreiche weitere Christdemokraten flogen nun in das kommunistische Land: im September 1974 der neue Parteivorsitzende Helmut Kohl, 1975 der CSU-Vorsitzende Strauß, 1976 die CDU-Bundestagsabgeordneten Dregger und Marx, 1977 der verteidigungspolitische Sprecher Wörner und der baden-württembergische Ministerpräsident Filbinger.[51] Damit empfing Chinas Führung deutsche Regionalpolitiker oder Abgeordnete, obgleich keine Augenhöhe bestand. Die CDU/CSU profilierte sich so nicht nur außenpolitisch gegenüber der Ostpolitik, sondern schuf eine regional geerdete Nebenaußenpolitik, um den Export aus den von ihr regierten Bundesländern zu fördern. China goutierte die Christdemokraten, weil sie gegen die Ostpolitik und den KSZE-Prozess kämpften und als künftige Regierung galten. Ausgerechnet ein konservativer Anti-Kommunist wie Alfred Dregger traf sich deshalb mit einem besonders radikalen Kommunisten wie Zhang Chunqiao, einem Mitglied der sogenannten «Viererbande».[52] Strauß blieb stolz darauf, als erster deutscher Politiker von Mao empfangen worden zu sein, obgleich Maos Politik nicht weniger Tote hinterließ als die von Hitler und Stalin. Auch Strauß' Beileidsschreiben zu Maos Tod 1976 pries ihn als «Herz und Motor Chinas», der «als Politiker und Staatsmann, als Philosoph und Dichter zu den großen Persönlichkeiten des 20. Jahrhunderts» zähle.[53]

Anders agierten die sozialliberalen Politiker gegenüber China. Als Helmut Schmidt 1975 seine erste China-Reise antrat, bei der er ebenfalls Mao traf, versuchte er vorher, Moskau zu beruhigen.[54] Der schon schwer erkrankte Mao, der sich kaum verständlich machen konnte, betonte wie in allen Gesprächen, dass er fest von einem sowjetischen Angriffskrieg ausgehe, während Schmidt und später auch Genscher für Vertrauen gegenüber der Sowjetunion warben.[55] Dass die Chinesen explizit eine Wiedervereinigung Deutschlands selbst unter kapitalistischen Vorzeichen akzeptierten, förderte die Beziehungen.[56] In gewisse Weise betrieben Regierung und Opposition so arbeitsteilig ein Vorgehen, das die doppelte Öffnung gen Osten ermöglichte: Während die Bundesregierung offiziell enge Beziehungen zu Moskau vorzog, konnten die Christdemokraten ohne außenpolitischen Schaden die Fernostpolitik vorantreiben.

Nach der Aufnahme diplomatischer Beziehungen mit der Bundesrepublik 1972 zogen Diplomaten und einzelne westdeutsche Korrespondenten in China ein – für die Bundesrepublik waren es zunächst insgesamt nur drei. Gerd Ruge, einer der ersten Korrespondenten, erinnerte sich, dass er anfangs seine Informationen nur über einen Engländer in der britischen Botschaft beziehen konnte, da er als Ausländer in separaten Gebäuden untergebracht war und kaum Bewegungsfreiheit hatte.[57] Meist erfuhren westliche Politiker und Unternehmer erst vor Ort, welche chinesischen Staatsmänner sie treffen würden, und nach kurzfristiger Ankündigung brachten Limousinen sie an unbekannte Orte. Noch 1977 kämpfte das Auswärtige Amt damit, dass die Chinesen auch Außenminister Genscher erst spontan vor Ort sagen wollten, wen er treffen würden, nachdem der italienische Außenminister gerade in China wartend erfahren hatte, nicht den Ministerpräsidenten zu sehen.[58]

Bei diesen Chinareisen lernten viele Deutsche Deng Xiaoping kennen, der den bereits erkrankten Ministerpräsidenten Zhou Enlai vertrat. Fast durchweg gewannen sie einen sehr positiven Eindruck von ihm und sahen in ihm den eigentlichen Ansprechpartner. Bereits bei der Vorbereitung von Genschers Besuch 1977 galt es als zentrales Ziel, alle entscheidenden Fragen mit Deng Xiaoping zu besprechen, den ausgerechnet Genscher schließlich nicht zu Gesicht bekam.[59] Um Moskau nicht zu verärgern, sollte weniger die politische als die wirtschaftliche und kulturelle Kooperation im Mittelpunkt stehen.

Bei den deutsch-chinesischen Begegnungen verwiesen beide Seiten immer wieder auf den bundesdeutschen Wiederaufbau nach 1945 und das Wirtschaftswunder. Schmidt erinnerte bei Hua Guofengs Deutschlandreise an «unsere Erfahrungen mit dem Aufbau» und Hua betonte, davon lernen zu wollen.[60] Auch Chinas Aufbruchsstimmung 1979 wurde mit der deutschen nach 1945 verglichen. Als sich fünf Jahre später in China ein deutlicher Wandel abzeichnete, stellte Innenminister Zimmermann fest, «eine derartige rasante Entwicklung [sei] nur mit dem Wiederaufstieg der deutschen Wirtschaft in den Nachkriegsjahren zu vergleichen.»[61] Schriftsteller bemerkten bei Treffen mit chinesischen Kollegen, dass diese ein starkes Interesse an deutscher Nachkriegsprosa hätten, etwa der von Heinrich Böll.[62]

Flankiert wurden diese Gespräche in den 1970er-Jahren von kulturellen Annäherungen. Im Anschluss an die «Ping-Pong-Diplomatie» mit den USA, bei der die Einladung von Tischtennis-

Mannschaften das Eis brach, förderte auch die Bundesrepublik Sportbeziehungen. 1976 fuhren deutsche Badminton- und Tischtennis-Mannschaften nach China, dafür kamen chinesische Fußballtrainer in die Bundesrepublik.[63] Auch in der Populärkultur kam es zu einem ersten Austausch. 1975 nahm China erstmals beim (West-)Berliner Filmfestival teil und Chinesen besuchten bundesdeutsche Fernsehmessen. Umgekehrt fuhr eine ZDF-Delegation mit dem Fernsehratsmitglied Schwarz-Schilling (CDU) nach China, um einen Programmhandel einzuleiten und die Zulassung eigener Korrespondenten und Berichte über China zu erreichen.[64] Die ZDF-Vertreter versprachen dabei anbiedernd Reportagen über «Chinas moderne Industrie», über «Die Mechanisierung der Landwirtschaft» oder auch über Tibets Wohlergehen unter chinesischer Leitung.[65] Die Erwartungen an den riesigen Markt überdeckten somit auch hier Menschenrechtsfragen. Selbst auf wissenschaftlicher Ebene begann 1974 bereits ein erster Austausch, indem die Max-Planck-Gesellschaft ein Abkommen mit der Chinesischen Akademie der Wissenschaften schloss, das einzelne Begegnungen erlaubte. Die eigentlich zuständige Deutsche Forschungsgemeinschaft (DFG) erschien dagegen nicht opportun, da sie Kontakte nach Taiwan unterhielt.[66] Denn sich auf China einzulassen, bedeutete generell, auf offizielle Beziehungen zu Taiwan zu verzichten, da China Taiwan als Teil des eigenen Landes ansah. Angesichts des riesigen chinesischen Marktes befolgten die Industrieländer dies. So pflegt Deutschland bis heute keine diplomatischen Beziehungen zu Taiwan und die USA kündigten sie 1979 zugunsten von China auf.

### Der stille «Macher»: Deng Xiaopings Kurswechsel

Wie der vierundsiebzigjährige Deng Xiaoping seit Ende der 1970er-Jahre seine Reformen durchsetzte, ist auf den ersten Blick rätselhaft. Im Unterschied zu Mao verzichtete er auf jeglichen Personenkult: Keine öffentlichen Plakate oder Geldscheine trugen sein Gesicht, selbst an seinem achtzigsten Geburtstag untersagte er eine öffentliche Preisung in den Medien.[67] Beerdigen ließ er sich anonym per Seebestattung – und nicht wie Mao in einem Mausoleum. Deng war weder ein glänzender Redner noch eine charismatische Persönlichkeit, sondern eine unauffällige kleinwüchsige Gestalt. Er übernahm kein staatliches Führungsamt und agierte nachgeordnet in der kollektiven Parteiführung: als ständiges Mitglied im ständigen Ausschuss des Politbüros der Kommunistischen Partei, als einer von zahlreichen stellvertretenden Premierministern, als stellvertretender Vorsitzender der Militärkommission, später als deren Vorsitzender. Ende der 1980er-Jahre zog er sich auch aus diesen Ämtern zurück, hielt aber die Zügel weiter in der Hand. Obwohl er einer der größten ökonomischen Reformer der Weltgeschichte wurde, brachte er kaum ökonomischen Sachverstand mit. Er schuf vielmehr Rahmenbedingungen für den Wandel.

Zurückhaltend erschien auch Dengs Führungsstil. Im Politbüro setzte er auf eine kooperativ-konsensuelle Leitung und arbeitete wenn möglich von Zuhause aus. Morgens las er ausführlich Zeitungen und Akten, empfing dann einzelne Besucher, ging mit ihnen spazieren oder spielte mit Parteigenossen Bridge; Sitzungen mied er wenn möglich.[68] Seine Gesprächspartner empfanden ihn meist als sympathisch: Deng hörte lange zu, antwortete betont bescheiden, abgewogen und beherrscht, war aber schlagfertig, mitunter witzig, und sprach anschaulich, wie bereits die ersten westlichen Besucher bemerkten.[69] Deng war vor allem kein Theoretiker, sondern galt als «Macher», was er als Selbstbild kultivierte.[70] Dazu gehörte bereits 1979, Härte zu zeigen: gegenüber Demonstranten, die offen Demokratie einforderten; gegenüber Vietnam, in das er einen Einmarsch befahl, und in Verhandlungen zum Status von Taiwan und Hongkong, wie besonders die Briten und die USA schnell merkten. Bei dem kurzen Einmarsch in Vietnam im Februar 1979 rückten die chinesischen Soldaten nur mühsam wenige Kilometer vor und mussten sich dann wieder zurückziehen. Militärisch war der Einmarsch ein Debakel, minderte Chinas weltweites Ansehen und provozierte die Sowjetunion, die chinesisch-amerikanische Absprachen vermutete. Innenpolitisch bewies Deng damit jedoch Stärke.

Innerhalb der verschiedenen Parteiströmungen konnte Deng sich durchsetzen, weil er die widersprüchlichen Seiten der Volksrepublik verkörperte. Seine Vita war seit den 1920er-Jahren eng mit der Kommunistischen Partei verbunden, zugleich war er dreimal degradiert worden. Dengs enge Verbindung zum Militär förderte sein entschiedenes Auftreten und seine Machtbasis. Er lobte weiterhin den frühen Mao, wenngleich er vorsichtige Kritik an dessen späterem Wirken zuließ. Denn auch Deng wollte ein starkes, geeintes kommunistisches China schaffen. Nur wählte er einen anderen Weg: Statt mit revolutionären Parolen mobilisierte er mit materiellen Anreizen.

Bei der Lektüre von Dengs Reden und Gesprächen fällt seine selbstkritische Offenheit gegenüber Chinas Situation auf. «Nur wenn wir unsere Rückständigkeit zugeben, können wir sie überwinden», mahnte er die Parteikader 1979 bei zahlreichen Reden.[71] Diese Selbstkritik verschwand auch nicht, als Chinas Wirtschaft rasant zu wachsen begann.[72] So bat der Generalsekretär der Kommunistischen Partei, Hu Yaobang, noch 1986 vor dem Deutschen Industrie- und Handelstag um Nachsicht dafür, «daß die alten Gewohnheiten des Bürokratismus bei weitem noch nicht beseitigt sind und Bummelei, gegenseitige Zuschiebung der Verantwortung sowie Ineffizienz noch reichlich vorhanden sind».[73] Diese Offenheit stiftete Vertrauen im Ausland und unterschied die chinesischen Sozialisten von den Staatschefs des «Ostblocks», die weiterhin die Leistungskraft ihrer Wirtschafts- und Sozialpolitik rühmten. Mehr Offenheit zeigte nun auch die Kommunistische Partei selbst. Während vormals selbst die Tagesordnungen und Rednerlisten ihrer Volkskongresse geheim waren, durften 1980 bereits westliche Diplomaten als Gäste teilnehmen.[74]

Die Umsetzung seines Kurses der technischen und ökonomischen Modernisierung sicherte Deng durch seine Personalpolitik ab. Er sorgte für zahlreiche Rehabilitierungen, die verbannte reformorientierte Köpfe und Experten in leitende Stellen brachten. Auf den noch von Mao ausgewählten Premierminister Hua Guofeng folgte 1980 mit Zhao Ziyang ein reformorientierter Vertrauter Dengs, der während der Kulturrevolution in die Mongolei verbannt worden war. Deng setzte alte Kader wie Hua jedoch oft nicht in den Ruhestand, sondern ließ ihnen Posten im Politbüro oder im ZK, ermöglichte so einen schrittweisen Rückzug ohne Gesichtsverlust. Deng änderte die Grundstruktur des politischen Führungssystems kaum und setzte vor allem auf ein schrittweises, altersbedingtes Ausscheiden der früheren Kader. Einige alte kommunistische Kader erwiesen sich als erstaunlich wandlungsfähig und unterstützen nun den Reformkurs. Den Rückhalt der weiterhin konservativen Kader sicherte sich Deng, indem er gegen jede Gefährdung der Machtstellung der Partei vorging. Reformer, die bei der Liberalisierung des Marktes oder der Zulassung von Protesten zu weit vorpreschten, ließ er in der zweiten Hälfte der 1980er-Jahre absetzen. Selbst seinen wichtigsten Vertrauten, den Generalsekretär Hu Yaobang, entließ Deng deshalb 1987.

Neu war der Ausbau rechtlicher Codierungen. Zunächst wurde ein Strafgesetzbuch verabschiedet, dann folgten Zivil- und Wirtschaftsgesetze, die in- und ausländischen Investoren mehr Sicherheit geben sollten. Die Verfassung der Volksrepublik hatte bereits unter Mao zahlreiche Freiheiten vorgesehen, die denen in Demokratien ähnelten – von freien Wahlen bis hin zur Meinungs- und Versammlungsfreiheit. Sie wurde 1978 leicht ergänzt: «Die Bürger genießen die Freiheit der Rede, der Korrespondenz, der Publikation, der Versammlung, der Koalition, von Straßenumzügen und Protestdemonstrationen», hieß es etwa in Artikel 45.[75] Bei der Verfassungsrevision 1982 kam hinzu, dass Festnahmen nur nach einem Haftbefehl durch einen Staatsanwalt erfolgen dürfen, und es wurden Artikel zum Schutz der Umwelt und historischer Stätten angefügt.[76] Das Strafrecht bot freilich weiterhin große Spielräume, um gegen Oppositionelle vorzugehen. Entscheidend blieb weiterhin die Auslegung der Verfasssung durch die Kommunistische Parteiführung. Dengs große Reformen waren insofern eher sozioökonomischer Natur.

## Ökonomische Reformen unter Deng

Ein Grundstein von Dengs Reformen war die Förderung von individueller Leistung und Wissen, was sich gegen unverdiente Privilegien der Parteikader richtete und den Wandel des Führungspersonals förderte. Bereits seit Dengs Rehabilitierung im Juli 1977 lobten Chinas Zeitungen zunehmend die Intellektuellen, Wissenschaftler und Techniker als «Schatz des ganzen Landes», denen man «im ganzen Maße vertrauen» und die man «mutig einsetzen» müsse.[77] Dies erleichterte viele Rehabilitationen, um Fachkräfte zu gewinnen. Die höheren Bildungseinrichtungen wurden wieder eröffnet und professionalisiert. Seit 1978 wurde der Zugang zu den Universitäten wieder verstärkt über harte Aufnahmeverfahren geregelt. Die bisher obligatorische vorherige Arbeit in der Produktion entfiel. Im gleichen Jahr fasste das Zentralkomitee den Beschluss «Jedem nach seiner Fähigkeit, jedem nach seiner Arbeit», der die Förderung von Spitzentalenten und eine «Entlohnung nach Leistung» der «Gleichmacherei» entgegensetzte.[78]

Auch in der Wissenschaft setzte Deng auf Leistungsanreize. Ende 1979 führte er vor hohen Kadern aus: «Wir sollten Schluss machen mit der Gleichmacherei und der Praxis ‹Alle essen aus demselben großen Topf›. An einem Forschungsinstitut darf ein hervorragender Forscher durchaus mehr verdienen als der Institutsleiter, an einer Hochschule oder Universität ein prominenter Professor mehr als der Rektor.»[79] Aus den Betrieben berichteten viele Beobachter, dass nun tatsächlich Experten in der Leitungshierarchie aufrückten. Die Betriebe setzten weniger auf Massenproduktion als auf Profit, um Überschüsse für Prämien zu erwirtschaften.[80] Allerdings stiegen mit den marktwirtschaftlichen Elementen die Einkünfte von selbständigen Händlern und Dienstleistern viel rasanter als die von akademischen Angestellten, was im Laufe der 1980er-Jahre zu einem «Brain Drain» in die USA führte.[81] Da Taxifahrer oder Eisverkäufer

mehr als hohe Kader verdienen konnten, wuchsen auch bei diesen
Unmut und Korruption.
Deng ermutigte Funktionäre und Wissenschaftler zum Austausch
mit dem Westen. Neben westlichen Politikern und Unternehmern
wurden nun auch westliche Wissenschaftler nach China eingeladen,
selbst marktliberale Ökonomen. So lud die chinesische Staatsführung
seit 1979 regelmäßig japanische und deutsche Wirtschaftswissenschaftler zur Beratung ein, die ihnen besser zur Situation Chinas zu
passen schienen als die liberaleren amerikanischen Wirtschaftsberater.[82] Bereits 1980 zählte jedoch selbst ein neoliberaler Vordenker wie
Milton Friedman zu den Gastrednern in China. Bei Staatsbesuchen
schloss China nun regelmäßig Austausch- und Stipendienprogramme
mit westlichen Ländern ab. 1982 waren bereits 1500 chinesische Studierende in der Bundesrepublik[83] und 19 000 Chinesen gingen in den
ersten fünf Jahren seit Dengs Reformkurs in die USA.[84] Chinesische
Bildungseinrichtungen erhielten technische Hilfe aus dem Westen.
So lieferte Siemens 1978 drei Großrechner für 20 Millionen DM an
Chinas Universitäten und kündigte neben weiteren Computern Programmierschulung in Peking an, um den Grundstein für sein großes
China-Geschäft zu legen.[85] Die Eindrücke der deutschen Wissenschaftler waren jedoch selbst an den Vorzeige-Universitäten ernüchternd, da es an vielem fehlte: an internationalen Fachzeitschriften,
Technik oder auch nur Arbeitszimmern.[86]

Die wichtigsten Reformen Dengs betrafen die Wirtschaft. Im
Zentrum der Reformen standen neben gewinnorientierten Leistungsanreizen die schrittweise Zulassung von Privatbesitz, selbstständigem Wirtschaften und mehr dezentralen Entscheidungen.
Impulse sollte die ökonomische Öffnung gegenüber dem Ausland
setzen. Diese Reformen waren keine neoliberale Wende à la Thatcher, dennoch war der Bruch in China ungleich revolutionärer.
Charakteristisch waren kleine begrenzte Schritte, die trotz marktwirtschaftlicher Elemente dem Staat und der kommunistischen
Partei eine dominante Stellung beließen.

Relativ rasche Erfolge zeigten diese Reformen in der Landwirtschaft, wo der schnellste und sichtbarste Bruch mit der Ära
Maos stattfand. Schon ein Jahr nach Maos Tod legte Deng 1977

Pläne vor, die Landwirtschaft zu entkollektivieren und den Bauern wieder eigenes Land zu geben.[87] In nur fünf Jahren wurden die Volkskommunen aufgelöst, die bislang die ländliche Lebenswelt komplett organisiert hatten. Viele Bauern erhielten nun kleine private Ackerflächen. Deren Erträge mussten bis zu einer bestimmten Menge zu festgesetzten Preisen verkauft werden, aber für Überschüsse waren höhere Preise möglich. Ebenso konnten sie private Werkstätten aufmachen, um etwa Landmaschinen zu verkaufen und zu reparieren. Die landwirtschaftliche Produktion stieg durch diese Anreize gewaltig an, wozu auch der vermehrte Einsatz von Dünger und Maschinen beitrug.[88] Dadurch sank der devisenfressende Weizenimport, und es entstanden Kapazitäten, um andere exportfähige Güter wie Baumwolle anzubauen. Zugleich zeigten sich Nebenwirkungen. Viele Kinder gingen nicht mehr in die Schule, um auf dem heimischen Feld den Gewinn zu steigern. Der Staat subventionierte weiter die Lebensmittelpreise durch Aufkäufe, aber auf den privaten Märkten stiegen die Preise an. Im Unterschied zu den Betrieben konnten die Kleinbauern nicht auf Subventionen hoffen. Nach der Auflösung der Volkskommunen verloren viele Landarbeiter ihre Arbeitsplätze und strömten in die Städte.

In der Industrie starteten die Reformen mit ähnlichen Anreizen. Im Unterschied zur Landwirtschaft erfolgten sie hier schrittweise und ohne größere Entstaatlichung. 1979 erprobten die Chinesen in 3000 Staatsbetrieben mehr dezentrale Eigeninitiative und Gewinnbeteiligung.[89] In Shashi, wo viele Arbeiter de facto arbeitslos waren, wurden versuchsweise private Betriebe zugelassen, die ihre Einnahmen behalten konnten. Angesichts der Erfolge erhielten weitere Betriebe und Städte solche Spielräume. Staatliche Betriebe wurden unter dem Schlagwort der Readjustierung produktiver gemacht, auch durch Schließungen, Zusammenlegung und Neuausrichtung auf Produkte der Leichtindustrie.[90] Die nun einsetzende wirtschaftliche Dynamik entfaltete sich von kleineren, meist als Kollektiv geführten Unternehmen aus, weniger durch die großen Staatsbetriebe. 1986 machten die mittlerweile rund 400 000 privaten Kleinbetriebe bereits 40 Prozent der Industrieproduktion aus.[91]

Banken durften seit 1979 den Betrieben eigenständig zinspflichtige Kredite geben, um Investoren zu mehr Wirtschaftlichkeit zu zwingen.[92] Nach einigen Jahren durften auch Staatsbetriebe ihre Produkte staatlich und privat verkaufen, um Produktionsanreize zu schaffen, sodass zwei Preissysteme bestanden.[93] Während bislang, wie in kommunistischen Ländern üblich, die Schwerindustrie im Vordergrund stand, setzten die Chinesen nun stärker auf die Konsumgüterindustrie. Die reale Wachstumsrate des Konsumniveaus kletterte bis 1985 auf 13 Prozent.[94] Besonders der Absatz von Fernsehern schnellte in die Höhe.[95] In Peking waren die Erfolge dieser ökonomischen Öffnung sofort sichtbar: Kleine Läden und Straßenhändler, private Dienstleister und Rikschafahrer, modisch gekleidete Frauen oder Vergnügungsorte tauchten auf. Ausländische Journalisten bemerkten in Peking schon 1978 vollere Kaufhäuser und Märkte sowie Frauen, die farbige Pullover trugen.[96] Seit Anfang 1979 durften ausländische Firmen auch Werbung in den Straßen und den Medien platzieren, wobei besonders die Coca-Cola-Werbung als Symbol des Wandels galt.[97] Während unter Mao Haustiere als Zeichen der Dekadenz untersagt waren, sah man nun die ersten privaten Hunde. Besonders die landesweite Eröffnung von Gold- und Juweliergeschäften 1982, die bislang als dekadenter Luxus verboten waren, stand für den Wandel, ebenso die Freigabe von hundertsechzig Kleinartikeln des täglichen Bedarfs von staatlichen Planvorgaben und Preisbindungen.[98]

Ziel der wirtschaftlichen Öffnung gegenüber dem Ausland war jedoch nicht, den eigenen Markt mit Konsumgütern zu versorgen. Während die westlichen Firmen stets China als Absatzmarkt im Blick hatten, ging es der chinesischen Regierung vor allem darum, moderne Technologie aus dem Westen zu erlangen, um selbst ins Ausland zu exportieren und so Devisen zu erwirtschaften. Um ausländische Investoren nach China zu locken, entstanden Mitte 1979 vier «Sonderwirtschaftszonen» für ausländische Unternehmen. China gewährte ihnen in abgetrennten Bereichen günstige Arbeitskräfte, Steuern und Zölle, ein eigenes Wirtschaftsrecht und eine vereinfachte Abwicklung des Exports sowie die nötige Infrastruktur. Derartige Zonen, wie sie bereits in Teilen Lateinamerikas und

Asiens bestanden, waren zugleich ökonomische Experimentierfelder, bevor gesamtstaatliche Regeln entstanden.

Um Hongkong Konkurrenz zu machen, entstand 1980 die erste Sonderwirtschaftszone direkt vor dessen Toren in Shenzhen, wohin auch deutsche Politiker und Unternehmer sogleich zur Besichtigung eingeladen wurden. Hier wurden sie damit umworben, dass keine komplizierten Verhandlungen mit der chinesischen Bürokratie nötig seien, sondern die «China Merchants Steam Navigation Co.» (CMSNC) alleiniger Vertragspartner sei und die Arbeitskräfte stelle. Die Unternehmen mussten die Löhne, die zwischen denen in China und Hongkong lagen, in Hongkong-Dollar entrichten, die Arbeiter erhielten freilich einen schlechteren Lohn in chinesischer Währung. Weiterhin lockten die Funktionäre mit nur zehn Prozent Sozialabgaben, stark reduzierten Steuersätzen, drei bis fünf Jahren Steuerfreiheit und günstigeren Betriebskosten als in Hongkong.[99] Damit entstanden in China abgezäunte Inseln des globalen Kapitalismus, von denen der kommunistische Staat profitierte. Bereits Mitte der 1980er-Jahre vergrößerte sich Shenzhen von einer kleinen landwirtschaftlichen Stadt mit 30 000 Einwohnern auf 400 000, und Besucher staunten über westliche Hochhäuser und «Yuppies».[100] Heute leben in der Region Shenzhen rund 18 Millionen Menschen, und der Ort zählt zu den reichsten Chinas. Die Sonderwirtschaftszonen sind bis heute in China umstritten. Die konservativen Kommunisten erinnerten sie an die Freihäfen des 19. Jahrhunderts, von denen aus der Westen mit Sonderrechten die Arbeiter in China ausgebeutet hatte. Andere monierten – 1988 sogar auch in der chinesischen Presse – dass hier selbst Jugendliche mit einem vierzehnstündigen Arbeitstag ausgebeutet würden.[101]

Ein Hauptproblem für die Entwicklung der chinesischen Wirtschaft bestand darin, dass China kaum über Devisen verfügte, um internationale Unternehmen aufzubauen oder auch nur Handel zu betreiben. Im Unterschied zu anderen Entwicklungsländern hatte China bislang kaum ausländische Kredite aufgenommen, was seine Unabhängigkeit sicherte. Dengs Reformen lockerten diesen Kurs, und China nahm nun auch für Importe ausländische Kredite auf, woraufhin sich ausländische Banken mit Kreditofferten überboten, die teils auch noch staatlich subventioniert waren, wie etwa in Japan oder Frankreich.[102] Insgesamt blieb China jedoch bei der Kreditaufnahme zurückhaltend.[103] Die 1983 erstmals veröffentlichten Auslandsschulden Chinas betrugen nur drei Milliarden Dollar langfristige Verbindlichkeiten, die sich in den folgenden Jahren lediglich verdoppelten.[104] Durch diese Zurückhaltung erreichte Chinas Wirtschaft langfristig eine größere Stabilität als die hochverschuldeten Staaten in Lateinamerika oder Ostmitteleuropa, denen im Zuge der Globalisierung rasch der Bankrott und die Abhängigkeit von Schuldnern drohten.

Um ausländisches Kapital aufzubringen, ließ Deng Xiaoping 1979 die «China Trust and Investment Corporation» (CITIC) gründen, die der frühere Unternehmer Rong Yiren leitete, später einer der ersten Milliardäre Chinas. Sie sammelte zunächst in Japan Kapital für chinesische Textilbetriebe, dann auch im Westen, wodurch sich die CITIC zu einem der erfolgreichsten Unternehmen Chinas entwickelte.[105] Ihre zahlreichen Untergesellschaften spezialisierten sich auf Investitionen in einzelnen Branchen und Regionen, um gezielte Kontakte und Fachberatungen mit ausländischen Investoren zu knüpfen. Auch für deutsche Unternehmen und Verbände wie den Bundesverband des deutschen Groß- und Außenhandels war CITIC in dieser Transformationsphase der erste Ansprechpartner.[106]

China versuchte auch beim Aufbau von Unternehmen, eine künftige Abhängigkeit vom Ausland zu verhindern. Die Chinesen bemühten sich um die Gründung exportfähiger Betriebe mit ausländischer Hilfe, bei denen sie selbst günstige Arbeitskräfte, bestehende Betriebe und die Infrastruktur stellten, die Industrieländer hingegen die Technik und das Know-how. Zur Finanzierung strebte China Kompensationsgeschäfte an, bei denen der spätere Rückverkauf von Gütern die ausländischen Investitionen finanzieren sollte.[107] Die ausländischen Unternehmen lehnten das jedoch meist ab, da es ihr Risiko erhöhte und erst nach Jahren eine Bezahlung versprach. Attraktiver erschienen ihnen Kompensationsgeschäfte, bei denen China Rohstoffe lieferte, etwa Öl, Asbest, Seltene Erden oder Uran. So versuchte die Bundesrepublik trotz mehrerer Vorverträge vergeblich, Atomkraftwerke an China zu verkaufen, die unter anderem mit Uran und der Entsorgung abgebrannter Brennelemente bezahlt werden sollten.[108] Generell liefen diese Geschäfte zunächst schleppend an. 1979 wurden insgesamt wohl nur 140 Kompensationsverträge geschlossen, dafür aber 2000 Verträge über Auftragsgeschäfte oder «Lohnveredelung», also die Auslagerung arbeitsintensiver Fertigungsschritte.[109] Bis 1992 entstanden immerhin 42 000 Investitionsprojekte mit ausländischer Beteiligung, ab 1992/93 wurde diese Zahl sogar jährlich erreicht.[110]

China versuchte außerdem mit Nachdruck, Joint Ventures zu gründen, vertraglich fixierte Gemeinschaftsunternehmen von chinesischen und ausländischen Partnern («equity joint ventures»). Bereits 1978 erreichten deutsche Unternehmen erste Anfragen, etwa den Büromaschinenhersteller Olympia[111] und Hersteller von Computer-Komponenten.[112] Um das Misstrauen westlicher Unternehmer abzubauen, erließ China am 8. Juli 1979 ein Gesetz über Gemeinschaftsunternehmen mit ausländischer und chinesischer Investitionsbeteiligung. Es garantierte den Schutz ausländischer Investitionen und Einnahmen, schrieb mindestens 25 Prozent ausländische Beteiligung vor sowie einen gemeinsamen Verwaltungsrat, bei dem ein Chinese den Vorsitz haben sollte und der ausländische Partner die stellvertretende Leitung. Die Rohstoffe sollten vornehmlich aus China stammen, der Absatz hingegen vor allem ins Ausland erfolgen.[113] Dafür erhielten die Joint Ventures ermäßigte Steuern, die bis auf 15 Prozent sinken konnten.

Chinas Staatsführung lenkte so recht selbstbewusst ausländische Investitionen. Mit dem Drängen auf Joint Ventures zielte China darauf ab, seine maroden Betriebe mit moderner Technologie auszustatten, seine Arbeiter auszubilden und Devisen zu erwirtschaften. Joint Ventures strebten sie daher besonders im Maschinenbau sowie der Elektro- und Leichtindustrie an.[114] Für ausländische Anleger waren Joint Ventures attraktiv, um einen Zugang zum komplizierten chinesischen Markt zu erhalten. Auch die Bundesregierung begrüßte solche langfristigen Kooperationen und bot Hermes-Bürgschaften und Kapitalanlagengarantien gegen politische Risiken ebenso an wie Steuerreduktionen für Entwicklungsländer und zinsgünstige Niederlassungskredite.[115]

Während die Medienbilder 1979 ein schlagartig gewandeltes China zeigten, verlief die Umsetzung der Reformen eher schrittweise. Vorteilhaft für China waren die Öl- und Kohlevorkommen, wodurch die zweite Ölkrise China nicht so stark traf wie viele arme Länder des Globalen Südens. Der Devisenmangel blieb ein Hauptproblem Chinas. Die Wirtschaftsreformen vergrößerten in den Achtzigerjahren die sozialen Unterschiede und damit das Protestpotential. Das Pro-Kopf-Einkommen in China verdoppelte sich in den Jahren 1978–1990, stieg aber vor allem im Osten, kaum im verarmten Westen und in Zentralchina.[116] Daher strömten Anfang der 1980er-Jahre arbeitsuchende Wanderarbeiter in die Küstenstädte. Die Freigabe vieler Preise und Lohnerhöhungen führten zu einer Inflation, die ab Mitte der Achtzigerjahre deutlicher anstieg. Da Chinas Regierung den Unmut der Bevölkerung über die Preissteigerung fürchtete, ging sie erfolgreich dagegen vor, besonders durch Reduzierung der Ausgaben und eine langsamere Freigabe von Preisen. Zehn Jahre nach Deng Xiaopings Reformbeginn war China zwar keine Marktwirtschaft und weiterhin von großen Staatsbetrieben und bürokratischen Vorgaben gesteuert, aber es hatte an vielen Stellen marktwirtschaftliche Reformen umgesetzt.

## Die gescheiterte Demokratisierung von unten

Die Proteste auf den Straßen stützten anfangs Dengs Reformkurs. Seit Herbst 1978 hatten sie zugenommen und erst soziale Veränderungen gefordert, dann zunehmend sogar Wahlen, Meinungs- und Versammlungsfreiheit. Im Vergleich zu den damaligen Protesten in Polen war ihr Ausmaß zwar viel geringer, aber sie fanden international ähnlich große Beachtung. In vielen chinesischen Großstädten kursierten nun kritische Wandzeitungen und illegale Zeitschriften. Die handgeschriebenen Wandzeitungen an öffentlichen Orten waren eine etablierte Kommunikationsform: Bei der «Hundert Blumen»-Bewegung 1956/57 waren sie ein Forum der Kritik gewesen, das blutige Verfolgungen nach sich zog; in der Kulturrevolution ein Propaganda-Instrument, das zur Gewalt mobilisierte; und in den Betrieben waren sie ein alltägliches Mittel der ideologischen Ertüchtigung. Bereits 1976, aber dann vor allem 1978/79 bezogen sie sich dagegen deutlicher auf Missstände. In dem neuen Klima der Offenheit hingen seit Herbst 1978 unweit des Pekinger Tiananmen-Platzes in der Xidan-Straße handgeschriebene Poster, die weltberühmt wurden. Da auf der rund 200 Meter langen Mauer zunehmend Forderungen nach Menschenrechten und demokratischen Reformen standen, hieß sie in der Weltöffentlichkeit rasch «Democracy Wall».[117] Einige Texte waren mit Pseudonymen unterzeichnet, andere mit echten Namen. Rasch kursierte der Begriff «Pekinger Frühling», der an die Proteste und Reformen in Prag 1968 erinnerte.

An der Pekinger Demokratie-Mauer versammelten sich tausende Menschen, vor allem jüngere, die die Texte abschrieben und über sie debattierten. Schließlich marschierten sie zu zehntausend zum Tiananmen-Platz, dem Platz des Himmlischen Friedens. Journalisten aus aller Welt berichteten ausführlich über die Forderungen und sprachen mit den Chinesen. Abends wurden Berichte über Inhalte der Wandzeitungen per Radio durch den Sender *Voice of America* in China verbreitet.[118] Die Wandzeitungen forderten eine Abkehr von Maos Kurs, diskutierten Rehabilitierungen, kritisierten den Pekinger Bürgermeister oder die Folgen des Terrors. Zum berühmtesten Kritiker entwickelte sich der Elektriker Wei Jingsheng, einst selbst bei den «Roten Garden», der nun neben Dengs vier Modernisierungen am 5. Dezember 1978 auf der Wand die «Demokratie» als eine fünfte forderte.[119]

Daneben verbreiteten sich hektographierte inoffizielle Zeitschriften (*Minkan*), die die Herausgeber an den Wandzeitungen verkauften.[120] Sie forderten unter anderem Redefreiheit, Autonomie für nationale Minderheiten, die freie Wahl der führenden Politiker, die Offenlegung von Staatsausgaben, freien Zugang zu ausländischen Medien, die Öffnung der Grenzen, freie Wahl der Lebensweise und die Abschaffung von Geheimpolizei und Zensur.[121] Der Menschenrechtsdiskurs hatte damit auch China erreicht.

Deng betonte im November 1978, dass die Verfassung Wandzeitungen erlaube und man keine Angst vor ihnen haben müsse.¹²² Er nutzte vielmehr deren Kritik, um seinen Kurs gegenüber den konservativen Kadern durchzusetzen. Zudem wollte er vor seiner USA-Reise Ende Januar 1979 keine Eskalationen riskieren. Die neue Offenheit zeigte sich auch in der offiziellen Presse. In den Parteizeitungen erschienen ab 1978 kritische Leserbriefe, die etwa auch den Vorschlag aufgriffen, Kader zu wählen.¹²³ Mitte März 1979 erklärte Deng jedoch, die «Demokratie-Mauer» sei außer Kontrolle geraten. Ende des Monats hielt er eine Rede über die «vier grundlegenden Prinzipien», die für die Modernisierung nötig seien: das Festhalten am sozialistischen Weg, an der Diktatur des Proletariats, der Führung der Kommunistischen Partei sowie am Marxismus-Leninismus und an Maos Ideen. Dabei richtete er sich deutlich gegen die Wandzeitungen und Menschenrechtsgruppen und kündigte die Bestrafung von Konterrevolutionären an.¹²⁴ Noch am gleichen Tag wurden alle Wandzeitungen entfernt. Die Demokratie-Mauer wurde von der belebten Xidan-Straße in den Ritan-Park verlegt und beim Betreten wurden Ausweise verlangt. Danach fanden sich Wandzeitungen nur noch in gemäßigter Form.¹²⁵ Es kam zu Verhaftungen, die als abschreckende Beispiele dienen sollten. Bekannte Oppositionelle wie Wei Jingsheng erhielten fünfzehn Jahre Haft als «Konterrevolutionäre», weil sie angeblich ausländischen Journalisten Geheimnisse über den Einmarsch nach Vietnam verraten hätten. Der absurde Vorwurf machte Wei zum bekannten Märtyrer. Die weltweiten Berichte über die lokalen und begrenzten Proteste trugen mit dazu bei, dass die Kommunistische Partei die kleine Opposition als große Bedrohung ansah.¹²⁶

Dengs Rückkehr zu harten politischen Einschränkungen erklärt sich aus seinem ungebrochenen Glauben an die notwendige Vormachtstellung der Kommunistischen Partei. Auch die konservativen kommunistischen Funktionäre wollte er so für seine ökonomische Modernisierung gewinnen.¹²⁷ Das kostete ihn weltweit und im Land Sympathien, sicherte aber seinen Reformkurs in der Partei ab. Der westlichen Euphorie über den Aufbruch in China folgte nun eine Ernüchterung.

Der Protest in China stand durchaus in Verbindung zu anderen weltweiten Protesten in den Jahren nach 1979. So solidarisierten sich Akteure der chinesischen Demokratie-Bewegung öffentlich mit den Protesten in Polen und schrieben persönliche Briefe an Lech Wałęsa.[128] Chinas KP hatte die dortigen Proteste zunächst als Schwächung des sowjetischen Reiches begrüßt, stellte sich dann im Zuge des Generalstreiks und der Ausbildung der Solidarność ganz hinter die polnische Regierung, da sie bei einem Volksaufstand Nachfolgeeffekte fürchtete. So schickte China große Mengen an Lebensmitteln nach Polen, um die dortige Wirtschaftslage zu stabilisieren und auch Jaruzelskis Regierung erhielt von China 1983 Waren und billige Kredite.[129] Der Presse wurde untersagt, über die Ereignisse in Polen zu berichten.

Trotz Dengs hartem Kurs veränderten sich in den 1980er-Jahren die Spielräume für abweichende Meinungen, gerade im Vergleich zu Maos Herrschaft. Westliche Beobachter machten auch in der folgenden Zeit immer wieder Oppositionsliteratur und Wandzeitungen aus, vor denen mehrere tausend Menschen dicht gedrängt standen, während sich die Polizei beobachtend zurückhielt.[130] Ansätze demokratischer Regeln etablierten sich in den Betrieben, wo Wahlen für Produktionsgruppenleiter und Werkshallenaufseher stattfanden.[131] Im Alltag wurde zumindest eine gewisse Pluralisierung und Öffnung zur westlichen Lebenswelt toleriert, wobei die Grenzen umstritten blieben.

Mehr Freiheiten als in der Politik bescherten Dengs Reformen in der Wirtschaft, der Bildung, bei der Arbeit oder auch im Alltag, vor allem durch die Öffnung gegenüber dem Ausland. Der Westen sollte ökonomisch, technisch und hinsichtlich des Lebensstandards für China zu einem Maßstab werden, um den «Sozialismus chinesischer Art» zu stärken. Der angestrebte Gewinn an Wohlstand und Weltoffenheit sollte die begrenzte politische Freiheit kompensieren.

## Reisediplomatie und Austausch von Know-how ab 1979

Mit der Öffnung des Landes 1979 entfalteten die deutsch-chinesischen Beziehungen eine ganz neue Dynamik. Nun durften auch chinesische Delegationen regelmäßig ins Ausland reisen. China empfing fast täglich Besucher aus aller Welt und fast wöchentlich aus der Bundesrepublik, da alle vom großen Markt der Zukunft träumten. So flogen allein 1979 getrennte Delegationen von Bundeswirtschaftsminister Graf Lambsdorff, Forschungsminister Hauff und Gesundheits- und Familienministerin Antje Huber in die Volksrepublik. Nach China reisten auch Landesminister aus Bremen, Bayern, Niedersachsen und Baden-Württemberg, diverse Bundestagsabgeordnete, der DGB-Vorsitzende Oskar Vetter, der Generalstabschef des Heeres, der Chef der Hans-Seidel-Stiftung oder auch Willi Daume vom Olympischen Komitee, alle begleitet von Delegationen.[132] Hinzu kamen zahllose Unternehmensdelegationen. Der VW-Vorstand mahnte 1980 intern, die vielen teuren China-Reisen seiner Manager besser abzustimmen und zu reduzieren.[133] Nicht minder illuster war die Liste der Besucher anderer Länder, die vom UN-Generalsekretär Kurt Waldheim über die Königin von Dänemark bis zu zahllosen Regierungschefs von Industrie- und Entwicklungsländern reichte.

Umgekehrt reisten bereits 1978 ein Dutzend stellvertretende Premierminister und hunderte hochrangige Kader ins Ausland, um sich über den dortigen Stand der Technik zu informieren.[134] Dies half maßgeblich, Dengs Reformen durchzusetzen. So fuhr im Mai 1978 der stellvertretenden Premierminister Gu Mu mit einer Delegation über einen Monat durch fünf westeuropäische Länder, wo sie Fabriken, Warenhäuser und Stromwerke, Computer in Atomkraftwerken, große Flughäfen, den Straßenverkehr, Wohngebiete oder auch moderne Landwirtschaftsbetriebe inspizierten. Im Politbüro berichteten sie euphorisch von diesen Eindrücken, was den Kurswechsel förderte.[135] Ebenso überraschte sie positiv, wie zuvorkommend und

## 4. Chinas Öffnung unter Deng Xiaoping

offen die Europäer sie empfingen. Gu Mu leitete unter dem Eindruck dieser Reisen etwa große Technologieimporte aus der Bundesrepublik und Westeuropa sowie die Etablierung der «Sonderwirtschaftszonen» ein.[136] Wenn chinesische Delegationen die Bundesrepublik bereisten, absolvierten sie dicht gedrängte, lange Programme, die sich ganz auf Hightech-Standorte konzentrierten. Chinesische Fachdelegationen blieben oft über einen Monat in der Bundesrepublik und selbst Spitzenpolitiker ein bis zwei Wochen. So kam eine Gruppe von chinesischen Kohlefachleuten für zweiundvierzig Tage ins Ruhrgebiet, eine weitere Gruppe blieb dreißig Tage bei der Essener Ruhrkohle AG, die die Gäste in der Hoffnung auf Milliardendeals geduldig betreute.[137] Auch Atomkraftwerke und Autofabriken öffneten ihre Türen bereitwillig, obgleich rasch der Vorwurf kursierte, die Chinesen würden ihre langen Besuche für kostenlose Schulungen nutzen.

Bereits der erste Besuch eines führenden chinesischen Staatsmannes in Westeuropa, Hua Guofengs Reise im Oktober 1979, verdeutlichte die Besonderheiten dieses Austausches. Huas fünfundachtzigköpfige Delegation besuchte gezielt die vier wirtschaftlich und politisch stärksten EG-Länder (Bundesrepublik, Frankreich, Großbritannien und Italien). Sein einwöchiges Besuchsprogramm in der Bundesrepublik erstreckte sich – nach Partei- und Regionalproporz ausgezirkelt – über zahlreiche Bundesländer, um deren moderne Wirtschaft anzupreisen: etwa in Hamburg Airbus und die Hafenanlagen, in Nordrhein-Westfalen Stahlwerke und den Braunkohleabbau, in Baden-Württemberg Daimler und in München Siemens.[138] Da Hessen fehlte, traf der im China-Geschäft rührige hessische Wirtschaftsminister Karry die Delegation in Bonn mit Wirtschafts- und Bankvertretern aus seinem Bundesland, um etwa den Bau von Atomkraftwerken und Kredite «in nahezu jeder Höhe» der Frankfurter Großbanken anzubieten.[139] Schlange standen bei Helmut Schmidt auch die Zoodirektoren, die um die versprochenen zwei Panda-Bären buhlten, die Berlin schließlich bekam.[140] Der einzige historische Ort, den die Chinesen in Deutschland zu sehen wünschten, war das Karl-Marx-Haus in Trier. Westeuropa interessierte sie nicht historisch oder kulturell, sondern als High-Tech-Standort.

Denn kulturell fühlten sich die Chinesen weiterhin überlegen und beharrten auf eigenständigen Traditionen.

Die außenpolitische Motivation für Chinas Annäherung an den Westen war unverkennbar: Die Chinesen drängten die westlichen Regierungen zu einer Aufrüstung im Rahmen des Nato-Doppelbeschlusses, während die sozialliberale Regierung für Vertrauen in die Friedfertigkeit der Sowjetunion warb und versuchte, die anti-sowjetischen Töne der Chinesen zu bremsen. Die Differenz zwischen sozialliberaler Ostpolitik und christdemokratischer Fernostpolitik blieb weiterhin deutlich. Um die sowjetische Regierung nicht zu verärgern, empfing kein Bonner Spitzenpolitiker die Chinesen am Flughafen. Ebenso verzichtete Schmidt darauf, Hua ähnlich wie Breschnew in sein Privathaus einzuladen. Dagegen empfing Bayerns konservativer Ministerpräsident Strauß 1979 die Chinesen bewusst im festlichen Rahmen zum Frühstück, um gegen die Ostpolitik zu wettern und bayerische Unternehmen anzupreisen.[141]

Neben der parteipolitisch gespaltenen Außenpolitik zeigte sich so, wie die Bundesländer zur Stützung ihrer Wirtschaft und ihres Ansehens eine Nebenaußenpolitik erprobten. Besonders Bayern ahmte dafür Rituale des Bundes nach: Beim Empfang der Chinesen stimmte man die Bayernhymne an und schritt eine Ehrenkompanie der Polizei ab, wobei die Bonner Regierungsvertreter bewusst ausgeschlossen blieben.[142] Dies ging so weit, dass die Bundesländer eigene Abkommen schlossen. So entstand etwa 1979 das «Memorandum über die Erweiterung und Vertiefung der Zusammenarbeit zwischen der Volksrepublik China und Baden-Württemberg», das die Verträge der Bundesrepublik im Kleinen duplizierte.[143] Die Globalisierung wurde somit auch stark von regionalen Kontakten getragen.

Zugleich festigten die weltpolitischen Krisen 1979 die Beziehungen zu China. Das galt besonders für den Afghanistan-Einmarsch der Sowjetunion, der China als berechenbare Alternative erscheinen ließ. Die Bundesrepublik und China boykottierten nun beide die Olympischen Spiele in Moskau. Auch die westliche Nachrüstung im Rahmen des Nato-Doppelbeschlusses war ganz im Sinne Chinas.[144] Wie diese Dreieckskonstellation die Bündnispolitik prägte, zeigte sich auf groteske Weise beim Sturz von Kambodschas Gewaltherrscher Pol Pot durch den vietnamesischen Einmarsch: Während die DDR das Pol Pot-Regime verurteilte und China die Schuld an den Verbrechen in Kambodscha gab, weil es Waffen geliefert habe, erkannten die Bundesrepublik und die USA 1979 Pol Pots Herrschaft weiter an, weil das sowjetisch gestützte Vietnam ihn gestürzt hatte. Dies löste wiederum in der Bundesrepublik zahlreiche Proteste aus, die die Massenverbrechen unter Pol Pot mit dem nun diskutierten Holocaust verglichen und die Leichenberge visuell gleichsetzten.[145]

Die neue politische Nähe zu China trug dazu bei, das Embargo des Westens aufzuweichen, was die Bundesregierung seit Ende der 1970er-Jahre verlangte.[146] Im Frühjahr 1978 bereiste eine «Gruppe von chinesischen Militärsportlern» bundesdeutsche und westeuropäische Rüstungsfirmen, um mögliche Waffenlieferungen nach China auszuloten.[147] Um die Sowjetunion nicht zu brüskieren, hielt die Bundesregierung jedoch explizit am Embargo fest, wie Schmidt auch Breschnew gegenüber versicherte.[148] Tatsächlich führte bereits der Verkauf von vier Hubschraubern nach China 1978 zu sowjetischen Protesten. Tolerierbar erschien dem Auswärtigen Amt hingegen intern, dass China deutsch-französische Waffensysteme erhielt und chinesische Besuche in deutschen Rüstungsbetrieben «ohne Publizität» stattfanden.[149] Auch die USA bekräftigten 1980 zwar, am Waffenembargo festzuhalten, waren aber bereit, militärisch nutzbare Güter großzügiger zu liefern.[150] Die Regierung Kohl vereinbarte 1983 «eine besondere Flexibilität für China-Exporte», wie das Auswärtige Amt festhielt, und die Bundesregierung versicherte den chinesischen Gesprächspartnern, sich «bei COCOM-pflichtigen Exporten nach China im COCOM an Flexibilität von niemanden übertreffen [zu] lassen.»[151] Trotz der politischen Verfolgungen in China fanden auch Delegationsreisen von Polizeileitungen statt. Bundesinnenminister Zimmermann regte eine «Vervollständigung der Ausrüstung der chinesischen Polizei und Feuerwehr mit deutschen Geräten» an.[152] Wie gegenüber dem Iran blieb die Bundesrepublik pragmatisch im Umgang mit Diktaturen.

## Schwierige Anfänge: China als deutscher Wirtschaftspartner

Chinas Öffnung 1979 und seine Reformen vollzogen sich nicht gradlinig. Der Liberalisierung Ende der 1970er-Jahre folgten schon zwei Jahre später Einschränkungen im Zuge der «Readjustierung», also der Hinwendung zur Leichtindustrie. 1986 forcierte China eine weitere Öffnung, dann folgten zwei Jahre später wieder wirtschaftspolitische Einschränkungen. Insgesamt stieg jedoch der Außenhandel seit 1979 stark an. Schon zwei Jahre nach der Öffnung unter Deng verdoppelten sich Chinas weltweite Ausfuhren und bis 1986 verdreifachten sie sich, während sich die Importe vervierfachten; die aus der Bundesrepublik stiegen in dieser Zeit sogar um das Sechsfache. Ebenso nahm in China der Anteil an selbst produzierten Exportgütern deutlich zu und die ausländischen Investitionen wuchsen.[153]

Die Ausweitung des Handels mit dem Ausland war freilich kein Selbstläufer, sondern von Beginn an mit zahlreichen Problemen und Rückschlägen verbunden.[154] Auch 1980 galt die chinesische Wirtschaft noch als intransparent und schwer zugänglich. So fehlten immer noch Branchenadressbücher, und nur in Hongkong kursierten Telefonbücher in westlicher Sprache, die zumindest die wichtigsten Organisationen enthielten.[155] Es mangelte an zentralen Anlaufstellen und die Bürokratie und die Zuständigkeiten blieben undurchsichtig. Die Dezentralisierung unter Deng Xiaoping erschwerte die Kontaktaufnahme zusätzlich.

Eine erste Anlaufstelle für deutsche Unternehmen war die bundesdeutsche Botschaft in Peking, bei der eine Handelsförderstelle angesiedelt war. Sie vermittelte sie dann zu chinesischen Ansprechpartnern wie der Investitionsgesellschaft CITIC weiter. Eine andere etablierte Kontaktstelle war Chinas exportorientierte Messe in Kanton. Ein Dutzend deutscher Großunternehmen besaß 1980 bereits kleine Firmenrepräsentanzen in China. Da sie keine geeigneten Wohnungen erhielten, residierten sie überwiegend in Hotelzimmern, oft ohne eigenes Telex und ständig von der Kündigung ihres Zimmers und ihrer Aufenthaltserlaubnis bedroht.[156] Zwei Jahre später waren es rund dreißig bundesdeutsche Repräsentanzen, die weiterhin nur in Peking ansässig sein durften.[157]

Ein Grundproblem bei den Verhandlungen war aus deutscher Sicht die Erwartung vieler Chinesen, Technik und Know-how möglichst kostenlos zu erhalten. Nachdem China seine Technik zunächst als sowjetische Freundschaftshilfe bekommen hatte, sah es nun den japanischen und westlichen Transfer als Entschädigung für die frühere Ausbeutung an. Generell hatten die Chinesen aus westlicher Sicht keine Vorstellung von «geistigem Eigentum», und ein Patentrecht fehlte. Westliche Unternehmen klagten Anfang der 1980er-Jahre darüber, dass die Chinesen detaillierte Angebote einholten und bei Verhandlungen eine Offenlegung der gesamten Produktentwicklung verlangten, um diese dann zu kopieren.[158] Daher drängten bundesdeutsche Politiker die chinesische Regierung, geistiges Eigentum anzuerkennen. 1984 wurde immerhin, mit Beratung aus Deutschland, ein Patentrecht geschaffen.[159] Generell führte die Wirtschaftskooperation dazu, dass sich in China rechtliche Regeln der Industrieländer zunehmend durchsetzten.

Mangelnde Transparenz, das Fehlen eines freien Marktes und marode Technik und Infrastruktur stellten die Ausdauer und Geduld westlicher Investoren auf die Probe. Gleiches galt für die intransparenten Preise. Problematisch war zudem, dass die chinesische Seite hart und lange verhandelte und statt detaillierter Verträge mündliche Absprachen bevorzugte.[160] Positiv vermerkten die Unternehmer bei ihren Besuchen in China, dass die Arbeiter deutlich mehr und billiger arbeiteten als in Westeuropa. In China herrschte 1979 ein Acht-Stunden-Tag mit nur einem variablen freien Tag in der Woche und 306 Arbeitstagen im Jahr. Arbeiter in einer Autofabrik verdienten 1979 im oberen Level nur 119 DM im Monat, im mittleren 79 DM und im unteren 53 DM, während der bundesdeutsche Durchschnittslohn bereits bei 2000 DM lag.[161] Im Vergleich zu Afrika und Lateinamerika waren die Chinesen zudem gut ausgebildet und voll alphabetisiert. Geklagt wurde hingegen über geringe Arbeitsdisziplin, einen niedrigen Ausbildungsstand der Facharbeiter und Techniker, hohe Fluktuation, fehlende Verantwortungsbereitschaft der Führungskräfte und ganz allgemein über wenig Motivation und Gleichgültigkeit.[162] Die vielfältigen Probleme verdeutlichte etwa ein aus der Bundesrepublik exportiertes Stahlwalzwerk in Wuhan, das 1979 seinen Betrieb aufnahm. Die westliche Technik ersetzte hier die sowjetischen Anlagen aus den 1950er-Jahren. Nachdem politische Wirren, Streiks und Proteste den Bau lange unterbrochen hatten, fiel nun die Produktion oft durch Stromschwankungen aus, wodurch das Werk anfangs nur zehn Prozent seiner Kapazität erreichte. Die von Deutschen ausgebildeten chinesischen Facharbeiter fehlten und in der Leitung waren weiterhin viele Ex-Soldaten und wenige Experten. Zudem sabotierten Mitarbeiter die Produktion, indem sie per Kugelschreiber die Lochkarten der Computersteuerung manipulierten.[163] Nachdem eine deutsche Tageszeitung über die Missstände berichtet hatte, ließ der chinesische Botschafter diesen Artikel in der auflagenstärksten Funktionärszeitung Chinas drucken, um die Misswirtschaft anzuprangern.[164] Langfristig zahlte sich die Kooperation mit der boomenden Stahlregion Wuhan jedoch aus.

Entsprechend schleppend liefen gemeinsame Wirtschaftsprojekte an. Bis Ende 1981 kamen immerhin zweiundfünfzig Kooperationsverträge mit deutschen Firmen zustande, besonders im Maschinenbau. Die Hälfte davon waren reine Lizenz- und Know-how-Geschäfte, die mit Waren-Lieferungen finanziert wurden.[165] Die bundesdeutschen Firmen versuchten so, Chinas Markt zu erschließen und ihre Marken bekannt zu machen, die Chinesen hingegen, sich zum Exportland zu entwickeln und so Devisen zu bekommen. Globalisierungskritiker betonen zu Recht, westliche Unternehmen hätten angesichts der steigenden Löhne in den 1970er-Jahren die Produktion nach Ostasien ausgelagert, um mit Niedriglöhnen Produkte für den heimischen Markt herzustellen. Zugleich zeigen die Quellen, dass viele deutsche Unternehmen den Schritt nach China scheuten und lieber von der Bundesrepublik aus Waren absetzen wollten. Viele Verträge platzten, weil die deutschen Firmen China nicht zur verlängerten Werkbank machen wollten.[166] Die von China eingeforderte Verlagerung der Produktion erschien ihnen zu riskant und allenfalls sinnvoll, um langfristig den chinesischen Markt und Chinas Nachbarländer zu erreichen.

Die Schwierigkeiten zeigten sich besonders bei den von China gewünschten Joint Ventures, bei denen sich chinesische und ausländische Unternehmen zusammenschlossen. China brachte in der Regel die Fabrik und Infrastruktur ein, die Partner Technik und Knowhow. Der Vorsitzende des gemeinsam besetzten Vorstands musste ein Chinese sein, ebenso wurde auf Chinas Drängen die Laufzeit möglichst knapp gehalten, um rasch die Produktion selbst zu übernehmen. Statt der von China erhofften High-Tech-Betriebe dominierten jedoch zunächst – angesichts der rechtlichen und ökonomischen Unsicherheiten – eher kleinere Gemeinschaftsunternehmen; etwa für Hotelbauten, für Nahrungs- und Genussmittel sowie einfache Konsumgüter, dann auch im Elektronik- und Textilbereich.

Das erste deutsch-chinesische Joint Venture gründete der Kosmetikkonzern Wella AG. Nachdem er seine Produkte erst in Devisenläden und Frisörsalons verbreitet hatte, entstand 1983 mit einem etablierten chinesischen Betrieb die «Tianjin Liming Cosmetics Joint Industrial Co». Hauptstreitpunkt der gut zweijährigen Verhandlungen war die Belieferung des chinesischen Marktes, die die Chinesen klein halten wollten. Vereinbart wurde schließlich, zunächst 60 Prozent für angrenzende asiatische Länder zu produzieren, später dann je die Hälfte für China und das Ausland.[167] Trotz vieler anfänglicher Schwierigkeiten, etwa beim gemeinsamen Management, entwickelte sich Wella durch seine frühe Expansion zu einem weit verbreiteten Markenprodukt in ganz Ostasien.

### Leuchtturmprojekt: VW in China

Das erste große Joint Venture mit deutscher Beteiligung, das für China insgesamt ein Leuchtturm wurde, gründete VW. Da in China bislang keine privaten Autos zugelassen waren und nur einige tausend pro Jahr für Funktionäre gebaut wurden, galt es rasch als künftiger gigantischer Absatzmarkt. Chinas Funktionäre verhandelten mit vielen internationalen Autoherstellern über eine Kooperation, aber schließlich setzte sich VW durch. Die Wolfsburger Manager warben bei den zahllosen Verhandlungen erfolgreich mit ihrer Produktion in Schwellenländern wie Brasilien und Mexiko, die dort Arbeitsplätze, Technik und Exporteinnahmen geschaffen habe, aber ebenso mit dem Aufstieg Wolfsburgs nach 1945.[168] Vor allem zeigten sie die größte Ausdauer angesichts schwieriger Verhandlungen.

Die VW-Mitarbeiter beobachteten 1979 zunächst bei zahlreichen Reisen nach China die dortige Auto-Produktion. Befremdet hielten sie fest, dass rund ein Drittel der technischen Arbeiter weiblich waren, ihre kranken Kinder am Arbeitsplatz auskurierten oder zwischen den Maschinen ihre Wäsche trockneten. Auch die Kindertagesstätten in der Fabrik waren neu für die westdeutschen Experten, sollten aber beibehalten werden. 1983 ließ VW dann, auch um Arbeiter und Infrastruktur zu testen, probeweise 600 VW Santana in China zusammenbauen.[169] Die Chinesen wünschten dabei eine Produktion dieses Modells statt des günstigeren Golf, da der Familienwagen als Auto für Funktionäre und Taxi geeignet sei, während ein breiter Verkauf von Privatwagen nicht intendiert war.[170] VW dagegen ging die hohen Investitionskosten und langen Verhandlungen nur ein, um einen frühen Zugang zum chinesischen Markt zu erhalten und den «Aufbau einer strategischen Gegenposition zur Dominanz der Japaner» im ostasiatischen Autohandel zu ermöglichen.[171]

Am 10. Oktober 1984 wurde schließlich, nach fünfjährigen Verhandlungen, in Anwesenheit von Helmut Kohl der Vertrag über das Joint Venture von VW in China unterzeichnet. Der Kanzler würdigte das auf vorerst fünfundzwanzig Jahre angelegte Unternehmen «Shanghai-Volkswagen Automotive Company» (kurz «Shanghai Volkswagen», SVW) als einen Grundstein, der «symbolisch für die Freundschaft zwischen unseren beiden Völkern» stehe.[172] VW brachte die Hälfte des Kapitals ein, das Autowerk «Shanghai Tractor and Automotive Corporation» ein Viertel, 15 Prozent die «Bank of China» und 10 Prozent die «China National Automotive Industry Corporation», die als Dachorganisation der chinesischen Automobilindustrie die Zulieferer einbinden sollte.¹⁷³ VW brachte gut 100 Millionen DM ein, China musste eine ähnlich große Summe zudem in die Zulieferer investieren. Die gesamten Investitionen betrugen laut Vertrag eine halbe Milliarde DM.¹⁷⁴ Geleitet wurde das Joint Venture wie in China üblich von einem paritätischen Vorstand unter chinesischer Leitung.¹⁷⁵ Mit der Produktion im bisher einzigen größeren chinesischen Autowerk in Anting nahe Shanghai knüpfte es an die dortige Tradition an. Da die Staatsführung weiterhin viele Preise politisch festsetzte, handelte VW neben den Verkaufspreisen auch den Gewinn aus: Vertraglich wurde eine Dividende von 15–18 Prozent nach vier Jahren festgelegt. Beim Abschluss erhielt VW die Zusage, dass «auch ein Markt für private Käufer entstehen wird.»¹⁷⁶ Da das Unternehmen seinen weltweiten Ruf nicht durch fehlerhafte Autos aus China gefährden wollte, beschränkten sich die chinesischen Zulieferer zunächst auf wenige einfache Bereiche, wie Antennen, Reifen und Radios.¹⁷⁷ Für die Verbreitung des VW Santana sorgte «Shanghai Volkswagen» mit innovativen Werbestrategien. So lieferte VW 1988 gratis eine synchronisierte Fassung der Erfolgsfernsehserie «Traumschiff» an das chinesische Fernsehen, die sich landesweit großer Beliebtheit erfreute. Die damit verbundene Fernsehwerbung «Wenn Du einen Santana besitzt, hast Du keine Angst, überall hinzugehen», wurde in China zu einem geflügelten Wort.

Durch das Joint Venture gelang es VW wie erhofft, sich als erste ausländische Automarke auf dem chinesischen Markt zu etablieren. Da die Chinesen einen höheren Anteil eigener Zulieferung verlangten, gründeten zwanzig deutsche Zulieferfirmen von VW wiederum Joint Ventures in China, um die Qualitätsstandards zu halten.¹⁷⁸ Im Laufe der 1990er-Jahre bekam VW zwar Konkurrenz von anderen ausländischen Marken mit Kooperationsgeschäften, dennoch gelang ein steigender Absatz durch die schnell wachsende Mittelschicht. Der in China produzierte Santana entwickelte sich zum Symbol des chinesischen Wirtschaftsaufschwungs und prägte lange das Straßenbild – ähnlich wie einst der VW Käfer im westdeutschen Wirtschaftswunder. Umgekehrt rettete das China-Geschäft den Erfolg der VW AG langfristig; immerhin ein Sechstel der verkauften Wagen geht heute nach China.

Ein VW Santana 1985 in Shanghai: Das Modell – gebaut in einem Joint Venture-Unternehmen nahe Shanghai – gehörte in China in den Achtzigerjahren zu den beliebtesten Pkw.

Andere Großunternehmen standen dem um nichts nach. Siemens besaß 1999 bereits 45 Gemeinschaftsunternehmen und elf Tochterunternehmen in China, mit 2,8 Milliarden DM Umsatz. Gewinne stellten sich bei vielen Unternehmen jedoch erst langfristig ein, für einige gar nicht.[179] In jedem Fall unterstützten die Joint Ventures den Reformkurs von Deng Xiaoping. Sie führten zum angestrebten Techniktransfer in bestehende Betriebe, erhöhten Löhne und Produktivität und verbesserten die Infrastruktur. Umstrittene Reformimpulse von Deng, wie der Leistungslohn oder Kündigungen, konnten durch ausländische Unterstützung umgesetzt werden. Zugleich förderte die Gemeinschaftsproduktion eine verstärkte rechtliche Codierung des Handels. Anders als geplant trugen sie mit dazu bei, die westliche Konsumkultur nach China zu bringen. Auch wenn Joint Ventures nur einen kleinen Teil des deutsch-chinesischen Außenhandels ausmachten, waren sie für die Öffnung Chinas mehr als ein Symbol.

### Wirtschaftspartner trotz Menschenrechtsverletzungen

Menschenrechtsfragen sorgten erst spät und eher am Rande für Konflikte. Die Deutschen sprachen sie im ersten Jahrzehnt der Begegnungen bei fast keinem Treffen an. 1977 erbat Genscher zwar die Freilassung von einzelnen politischen Gefangenen, meinte damit aber nur Deutsche in chinesischer Haft.[180] Deutsch-chinesische Abkommen, etwa das zur technischen Zusammenarbeit 1982, versprachen, «sich nicht in die inneren Angelegenheiten Chinas einzumischen» und «mit den amtlichen Stellen der Volksrepublik China vertrauensvoll zusammenzuarbeiten.»[181] Da Hua Guofeng 1979 unmittelbar nach der Niederschlagung der «Demokratie-Mauer» und der Verurteilung Oppositioneller nach Westeuropa reiste, waren die Menschenrechtsverletzungen in China weltweit sehr präsent. Dennoch war nicht vorgesehen, sie anzusprechen. Amnesty International schickte dem Außenminister kurz vor Huas Besuch umfangreiches Material über politische Gefangene in China.[182] Obgleich Genschers Stab ihn zur Zurückhaltung mahnte, sprach der Außenminister dann immerhin intern das harte Urteil gegen «einen Regimekritiker» an; gemeint war Wei Jingsheng.[183] Wie beim Iran und gegenüber Polen prägten weltanschauliche und hier vor allem strategische Positionen den Umgang mit Menschenrechten. Die sozialliberale Regierung agierte gegenüber Osteuropas Diktaturen pragmatisch; die Christdemokraten beklagten zwar die Menschenrechtsverletzungen im Kommunismus, blendeten diese aber seit den 1970er-Jahren gegenüber China aus. Auch Helmut Kohls euphorischer Bericht über seine Chinareise 1984 im Bundestag erwähnte Menschenrechtsverletzungen ebenso wenig wie die Replik der SPD.[184]

Auf die politische Agenda des Bundestags kamen die Menschenrechte in China erst durch die Grünen, namentlich durch Petra Kellys Engagement für Tibet. Diese stellte 1986 im Bundestag eine Kleine Anfrage dazu und organisierte ein «Tibet-Forum». Zwei

Jahre später publizierte sie das Buch *Tibet – ein vergewaltigtes Land*, das sie gemeinsam mit dem Dalai Lama vorstellte,[185] und lud Flüchtlinge aus Tibet ins Parlament ein. Dies trug mit dazu bei, dass zumindest der Bundestag 1987 parteiübergreifend die Freilassung politischer Gefangener und die Einhaltung der Menschenrechte in China forderte.[186]

Anfang Juni 1989, zehn Jahre nach Beginn der international begrüßten Reform Chinas, brach seine internationale Reputation schlagartig ein. Die von Deng Xiaoping veranlasste blutige Niederschlagung der Demonstration auf dem Platz des Himmlischen Friedens, dem Tiananmen-Platz, führte weltweit zu Empörung und zum Abbruch der gerade aufgebauten politischen Beziehungen. Das Foto des «Tank-Mans», des einsamen Protestierenden vor einem Panzer, entwickelte sich zur globalen Gegenikone zu den Porträts von Mao und Deng.[187] Deng Xiaoping verspielte durch den Militäreinsatz seinen Ruf als großer Reformer und galt nun als starrköpfiger Unterdrücker der Demokratie. So wie der Mauerfall 1989 bis heute das Ende des sowjetisch beherrschten Sozialismus symbolisiert, steht das Tiananmen-Massaker für die Halsstarrigkeit des chinesischen Sozialismus.

Dabei schien sich in China zunächst eine ähnliche Entwicklung wie in Osteuropa und insbesondere in Polen abzuzeichnen. Die demokratischen Bewegungen Ende der 1970er-Jahre waren zwar niedergeschlagen worden, flammten aber immer wieder auf. Der Rückzug des Staats aus vielen Bereichen schuf neue Freiräume.[188] Ökonomische Probleme, wie insbesondere die Inflation und die Korruption, stärkten auch in China den Unmut in der Bevölkerung und die Forderung nach politischen Freiheiten. Ende 1986 kam es bereits zum Protest von zehntausenden Studenten. Deng stellte sich jedoch erneut auf die Seite der Konservativen und hielt an dem Kurs fest, den er 1979 eingeschlagen hatte: Die ökonomische und kulturelle Öffnung sollte nicht den Führungsanspruch der Kommunistischen Partei unterlaufen. Vermutlich fürchtete Deng eine ähnliche Entwicklung wie in Polen, wo die Proteste und Runden Tische zu Wahlen geführt hatten und sich das Ende des Kommunismus deutlich abzeichnete.[189] Nach der Absetzung von liberalen

Reformern nahmen 1989 in China Proteste zu, die auch Dengs Rücktritt forderten. Während in Polen am 4. Juni 1989 die ersten freien Wahlen im sozialistischen Teil Europas stattfanden, ließ Deng am gleichen Tag den Protest in Peking gewaltsam beenden. Dabei starben mehrere hundert, eventuell über tausend Menschen.[190] Das Kriegsrecht blieb noch bis Anfang 1990 bestehen, und landesweite Verhaftungen mit Todesurteilen und langen Haftstrafen folgten.

Die Bundesregierung und alle Parteien im Bundestag kritisierten nun den «möderischen Terror» unter Deng und verlangten, dass die künftigen Beziehungen von der Einhaltung der Menschenrechte abhängen sollten.[191] Helmut Kohls Regierung richtete einen Gnadenappell an den chinesischen Ministerpräsidenten und setzte die Entwicklungshilfe und weitere Hermes-Bürgschaften aus.[192] Chinas wirtschaftliche Stagnation verschärfte sich damit 1990, die ausländischen Investitionen sanken.[193] In den Medien galt China nun wieder als Land der blutigen «Barbaren». Der Militäreinsatz wurde als Fortsetzung der langen Geschichte chinesischer Gewalt verstanden, die das Land um Generationen zurückgeworfen habe.[194] Die Bundesrepublik und andere Industrieländer suchten nun einen engeren kulturellen Austausch mit Taiwan.

Einer der wenigen Staaten weltweit, die das Massaker in Peking begrüßten, war die DDR. Seit Mitte der 1980er-Jahre war es im Zuge von Gorbatschows Reformen wieder zu einer Annäherung der beiden repressiven Staaten gekommen. Die DDR suchte engere Wirtschaftsbeziehungen und schickte unter anderem Schwimmtrainer nach China, um dort zu einem ähnlichen Sportwunder wie daheim zu verhelfen. 1986 reiste auch Honecker nach China. Premierminister Zhao Ziyang witzelte mit ihm über Chinas Mauer: «‹Wer die Mauer hinaufklettert, bekommt eine Urkunde als Anerkennung› E. H. ‹Ja, wir werden auch die große Mauer bezwingen und nicht ohne Urkunde zurückkehren.›»[195] Das 1989 in der DDR-Volkskammer ausgesprochene Lob für die Herstellung von «Ordnung und Sicherheit» war ein Versuch, die ökonomische und politische Nähe auszubauen, aber zugleich eine Warnung an die eigene ostdeutsche Bevölkerung.[196] Das DDR-Fernsehen bezeichnete die Pekinger Demonstranten als «konterrevolutionäre Mörder»[197]. Durch solche

Äußerungen wuchs jedoch der Protest gegen die SED, und es entstanden Solidaritätsveranstaltungen für die Studenten in Peking. Egon Krenz, damals Stellvertreter des Staatsratsvorsitzenden der DDR, beteiligte sich dennoch demonstrativ an den Feiern zum 40. Jahrestag der Volksrepublik China im September 1989. Dass Krenz schließlich im Herbst 1989 nicht auf die Demonstranten schießen ließ, dürfte auch mit der massiven internationalen Isolierung Chinas zu erklären sein, die die SED nicht riskieren wollte. Dafür wandten sich die Chinesen Ende 1989 kritisch gegen die deutsche Vereinigung. 1990 hatten die deutsch-chinesischen Beziehungen damit einen Tiefpunkt erreicht.

Chinas Weg belegt bis heute, dass kapitalistische Strukturen und eine Öffnung gegenüber dem Westen nicht automatisch in eine Demokratie münden. Zugleich belegt die weitere Entwicklung seit 1990, wie langlebig enge wirtschaftliche Beziehungen sein können, die allenfalls kurzzeitig durch politische Verwerfungen und Menschenrechtsfragen überlagert werden. Durch die innere Krise und die internationalen Sanktionen brachen Chinas Handelsbilanzen 1990 zwar ein, aber bereits zwei Jahre später stieg der weltweite Handel mit China umso kometenhafter wieder an.

Um Chinas Wohlstand und die Macht der Kommunistischen Partei zu sichern, stieß Deng Xiaoping 1992 weitergehende ökonomische Reformen an – wie Steuerbefreiungen, mehr Dezentralisierung und ausländische Investitionsmöglichkeiten. Der Zusammenbruch des Sozialismus in Osteuropa dürfte mit dazu beigetragen haben, da nun zahlreiche internationale Unternehmen die dortigen deregulierten Märkte entdeckten. 1992 fielen auch die Sanktionen gegen China und bereits ein Jahr später reiste Bundeskanzler Kohl wieder dorthin. Nach der kurzzeitigen politischen Ächtung kamen um ein vielfaches mehr ausländische Firmen nach China.

China prägte damit die Globalisierung maßgeblich und wandelte sich mit ihr. Im folgenden Jahrzehnt wandte sich China immer weiter von der Planwirtschaft ab, wenngleich seine größten Firmen weiterhin dem Staat gehörten und dieser den Takt vorgab. In diesem Sinne entstand hier kein «Neoliberalismus», trotz der Ausbeutung von Arbeitern und Umwelt. Deng Xiaoping gelang es damit, über seinen Tod im Jahr 1997 hinaus neue Strukturen zu schaffen, die auch für das heutige, kulturell stärker individualisierte China charakteristisch sind. Dengs Nachfolger erweiterten die wirtschaftlichen Freiheiten sowie den ökonomischen, politischen und kulturellen Austausch mit dem Ausland beträchtlich. Dadurch wurde China tatsächlich das größte Exportland der Welt. Dengs beharrliche Förderung von Bildung blieb eine Säule des Erfolgs, ebenso die Isolation Taiwans ein Zankapfel der diplomatischen Beziehungen.[198] Zugleich ist China eine autoritäre Großmacht geblieben, die in vielen Fragen ebenso unberechenbar erscheint wie unter Deng. Dass China im Zweifelsfall seine Truppen auch an den Grenzen mobilisiert, hatte Deng bereits 1979 in Vietnam demonstriert. Angesichts der sozialen Ungleichheit, der Umweltverschmutzung und der Dissidenten-Verfolgung erstaunt die lange Stabilität der Kommunistischen Partei dennoch. Der heutige Staatspräsident Xi Jinping knüpft mit dem Ausbau seiner Machtposition an Dengs Erbe an, indem er eine harte innenpolitische Haltung mit einem Ausbau der globalen ökonomischen Kooperationen verbindet. Nunmehr investiert China innerhalb von Großprojekten wie der «Neuen Seidenstraße» selbst im Westen. Dies alles scheint Chinas Machtgefüge unangreifbar zu machen. Doch gerade der Umbruch Ende der 1970er-Jahre zeigt, wie schnell auch in einem großen Land wie China ein zuvor undenkbarer Wandel einsetzen kann.

## 5. Die Boat People aus Vietnam
### Rettung von Flüchtlingen

Im November 1978 gingen Bilder eines schrottreifen Schiffs namens *Hai Hong* um die Welt, auf dem sich rund zweitausend Flüchtlinge aus Vietnam drängten. Fast die Hälfte davon waren Kinder. Nach der Flucht aus dem kommunistischen Land waren sie seit Wochen ohne Versorgung auf dem Meer getrieben, da Indonesien und Malaysia das Anlanden verweigerten. Entsprechend katastrophal war die gesundheitliche und hygienische Lage an Bord. Zwar waren seit dem Sieg des kommunistischen Nordens schon zahlreiche Vietnamesen unter Einsatz ihres Lebens über das Meer geflohen, nun aber nahm der Flüchtlingsstrom stark zu. Die Fotos von diesem überfüllten Schiff und seiner ausweglosen Situation stießen jetzt jedoch im Westen eine neuartige globale Unterstützung der Boat People an, wie sie rasch hießen. Die Rettungsaktionen sowie die Spenden und die Aufnahme gingen als «Lehrbeispiel der humanitären Hilfe» in die Geschichte ein und wurden bei der gegenwärtigen Flüchtlingsaufnahme oft in Erinnerung gerufen.[1]

Viele westliche Länder lieferten damals nicht nur materielle und humanitäre Hilfe, sondern transportierten gezielt Flüchtlinge in ihr Land. Kanada erklärte sich sofort bereit, einige hundert Menschen von der *Hai Hong* ins Land zu holen und zehntausende weitere aufzunehmen.[2] Die USA hatten schon zuvor eine große Zahl von Vietnamesen in ihr Land gelassen, intensivierten die Aufnahme nun ebenfalls, sodass rund 800 000 Zuflucht fanden.[3] In Frankreich traten Intellektuelle, darunter sowohl Gulag- als auch Holocaust-Überlebende, für eine Aufnahme der *Hai Hong*-Flüchtlinge und die Rettung der Boat People insgesamt ein, was die Regierung förderte.[4]

## 5. Die Boat People aus Vietnam

Großbritannien, das bisher nur einige Hundert Flüchtlinge aufgenommen hatte, erhöhte im Folgejahr ebenfalls seine Kontingente auf 10 000 und richtete Aufnahmelager ein.[5] Die deutsche Bundesregierung bot zunächst einen großen finanziellen Beitrag zur Versorgung der Flüchtlinge an.[6] Vor allem die CDU/CSU-Fraktion drängte jedoch Außenminister Genscher, die finanzielle Hilfe für die Flüchtlinge zu erhöhen und ihnen bevorzugt Asyl zu gewähren.[7] Am 24. November 1978 machte schließlich der niedersächsischen Ministerpräsident Ernst Albrecht (CDU) einen für deutsche Verhältnisse spektakulären Vorstoß: Nachdem er im Familienkreis die Fernsehbilder von der *Hai Hong* gesehen hatte, beschloss er, tausend dieser Boat People aus Vietnam nach Niedersachsen auszufliegen.[8] Darunter waren, auf Genschers Bitte, auch vierhundertfünfzig Menschen, die ein deutscher Frachter aus dem Meer gerettet hatte. Der niedersächsische Innenminister Wilfried Hasselmann (CDU) flog sogar selbst nach Asien, um den Transport aus den Lagern per Lufthansa- und Bundeswehrmaschinen medienwirksam zu begleiten.[9] Bei der Ankunft in Niedersachsen begrüßte Albrecht die Flüchtlinge mit großer Medienbegleitung.

Dies war der Beginn einer ersten außereuropäischen Flüchtlingswelle, die auch die Migrationspolitik der Bundesrepublik neu herausforderte. Schon kurz nach der Aufnahme der *Hai Hong*-Flüchtlinge kursierten ähnlich dramatische Bilder von anderen überfüllten Booten, die weitere Hilfsaktionen mobilisierten.[10] Schätzungen gehen davon aus, dass über 1,5 Millionen Menschen aus Vietnam, Kambodscha und Laos bis Mitte der 1980er-Jahre flohen, sodass rasch Dutzende überfüllte Flüchtlingslager entlang der Küsten entstanden, die aber zunehmend weitere Aufnahmen verweigerten.[11] Dies erhöhte den öffentlichen Handlungsdruck auf die westlichen Länder.

Nach der *Hai Hong*-Rettungsaktion entfaltete sich im Laufe des Jahres 1979 eine Welle der Unterstützung, wie es sie für außereuropäische Flüchtlinge in der Bundesrepublik noch nicht gegeben hatte. Bundesregierung und Bundesländer erhöhten die Kontingente für Flüchtlinge aus Südostasien fast monatlich, und in den folgenden Jahren flogen sie rund 30 000 Boat People und Angehörige per Flugzeug ein; bis 1990 kamen rund 45 000 vietnamesische

## 5. Die Boat People aus Vietnam

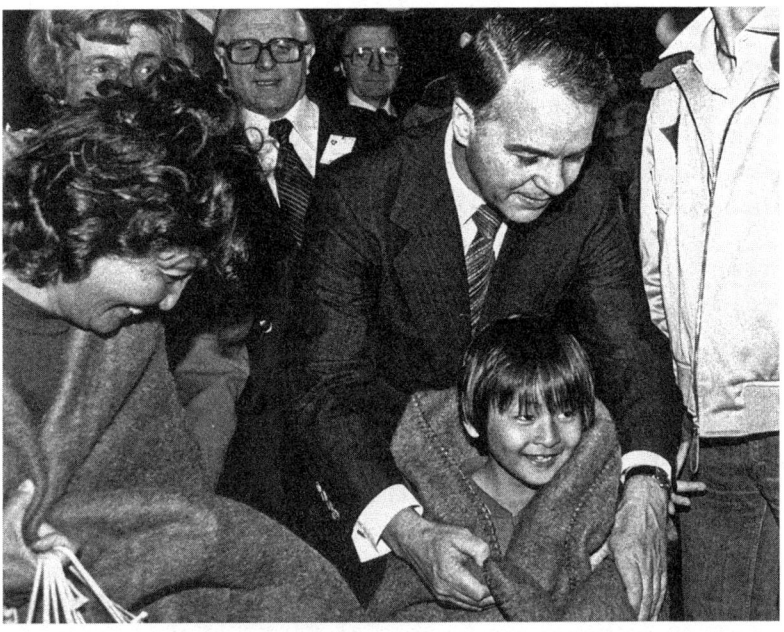

CDU-Ministerpräsident Ernst Albrecht begrüßt am 3. Dezember 1978 die ersten vietnamesischen Flüchtlinge in Niedersachsen.

Geflüchtete, Asylsuchende und Familienangehörige.[12] Die Deutschen spendeten Millionenbeträge, sie offerierten Arbeitsplätze, Kleidung und Adoptionen. Mit der *Cap Anamur* stach ab 1979 sogar ein nur durch Spenden finanziertes Boot in See, um systematisch Flüchtlinge aus dem Meer zu retten und dann in die Bundesrepublik fliegen zu lassen. Dort erhielten sie staatlich finanzierte Sprachkurse, Wohnungen, und ihre Familien durften nachkommen, da man von Anfang an ihren dauerhaften Verbleib in der Bundesrepublik annahm. Die DDR holte ebenfalls seit 1980 zunehmend Vietnamesen ins Land, allerdings keine Flüchtlinge, sondern offiziell einreisende, zeitlich begrenzte «Vertragsarbeiter». Die rund 70 000 Vietnamesen, die auf diese Weise nach Ostdeutschland kamen, entwickelten sich zur größten Migrantengruppe der späten DDR.[13] Die Vietnamesen wurden damit in beiden Teilen Deutschlands ein

## 5. Die Boat People aus Vietnam

Symbol für die globale Solidarität, wenngleich unter unterschiedlichen ideologischen Vorzeichen und Bedingungen. Während die Bundesrepublik bei nicht-deutschen Flüchtlingen bislang vor allem auf finanzielle Hilfe gesetzt hatte, förderte sie nun eine dauerhafte Aufnahme. Die Unterstützung erfolgte zudem parteiübergreifend, wobei zunächst nicht linksalternative «Dritte-Welt»-Gruppen, sondern das bürgerliche Milieu treibend waren. Parallel zur wirkmächtigen Rezeption der US-Serie *Holocaust* setzten sich die Deutschen dabei für Opfer der Verfolgung ein, oft mit Verweisen auf die Judenverfolgung und die Vertreibung der Deutschen 1945. Asien rückte damit ins Zentrum der Aufmerksamkeit, und parallel zum Interesse am sich öffnenden China gelangte so die asiatische Kultur nach Deutschland. Dabei zeigte sich das oft spannungsreiche Ineinandergreifen von zivilgesellschaftlichem Engagement, staatlicher Hilfe und bürokratischen Begrenzungsversuchen.

Ein genauer Blick auf diese Hilfs- und Rettungsaktion zeigt aber auch, wie eng die humanitäre Öffnung und Abschottung der Bundesrepublik beieinander lagen. Denn parallel dazu entstand ab 1980 eine Auseinandersetzung um «Scheinasylanten», durch die auch die Unterstützung für die Bootsflüchtlinge wieder abnahm. Die Aufnahme der Vietnamesen vollzog sich somit in einer Scharnierphase, in der die künftige Migrationspolitik ausgefochten wurde. Der Umgang mit Flüchtlingen entwickelte sich 1979/80 zu einem zentralen Thema, zumal ihre schiere Zahl weltweit in die Höhe schnellte. Laut UN-Statistik waren 1979 12,6 bis 15 Millionen Menschen auf der Flucht, sei es vor dem sowjetischen Einmarsch in Afghanistan, sei es vor Verfolgung und Hunger in Somalia.[14] Heinrich Böll prognostizierte bereits 1979, insbesondere mit Blick auf Indochina: «Ich denke, daß unser Jahrhundert, wenn es einmal einen Namen bekommen wird, das Jahrhundert der Flüchtlinge genannt werden wird.»[15] Die Bundesrepublik versuchte hierbei schrittweise ihre Rolle zu finden.

## Die Aufnahme der ersten Vietnamesen in der Bundesrepublik

Die Bundesrepublik besaß zwar ein liberales Asylrecht, aber de facto nahm sie bis Ende der 1970er-Jahre kaum ausländische Flüchtlinge auf, da dieses Recht sehr restriktiv ausgelegt wurde.[16] In den drei Jahrzehnten vor 1979 gingen insgesamt 230 000 Anträge auf Asyl ein, aber nur 57 000 davon wurden anerkannt, und nur insgesamt 14 746 Asylberechtigte wurden eingebürgert.[17] Vielmehr nahm die Bundesrepublik Millionen *deutscher* Flüchtlinge auf: zunächst nach 1945 die Vertriebenen aus dem vormals deutschen Osten, dann in der 1950er-Jahren Menschen aus der DDR und schließlich deutschstämmige «Aussiedler» aus Ostmitteleuropa. Großzügig ließ die Bundesrepublik zudem nach den Aufständen von Ungarn 1956 und Prag 1968 Flüchtlinge ins Land. Andere Ausländer wurden hingegen als Gastarbeiter angeworben – auf Zeit und mit ökonomischen Zielen. Dafür half die Bundesrepublik bei humanitären Katastrophen großzügig mit finanzieller und medizinischer Unterstützung, etwa während des Biafrakrieges, bei dem 1968 Bilder von verhungernden Kindern Spenden mobilisierten.[18] Ebenso sorgten Berichte über den Vietnamkrieg für Hilfsaktionen in Ost- und Westdeutschland.[19] Der Vietnamkrieg rückte das Land ins Zentrum der Weltöffentlichkeit und schuf unterschiedliche emotionale Bindungen in Ost und West.

Mitte der 1970er-Jahre zeichnete sich ein gewisser Wandel beim humanitären Engagement ab. So kam es im Rahmen des Menschenrechtsdiskurses zu einer symbolischen Aufnahme von verfolgten außereuropäischen Ausländern. Dabei nahm die Bundesrepublik 2500 Flüchtlinge aus Chile auf, die vor Pinochets Diktatur geflohen waren, 400 aus Argentinien und 87 Kurden aus dem Iran. Im Unterschied zu den Asylbewerbern, die jeweils einzeln ihre Verfolgung darlegen mussten, stellte die Bundesrepublik hier einzelne kleinere Kontingente bereit, die nach dem «Königsteiner Schlüssel» auf die

## 5. Die Boat People aus Vietnam

Bundesländer verteilt wurden. Diese Aufnahme fand zwar öffentlich große Beachtung, blieb jedoch sehr begrenzt. Ähnliches galt für die Migrations- und Flüchtlingspolitik der DDR. Auch die SED sagte nach 1973 die Aufnahme von 2000 Flüchtlingen aus Chile zu.[20] Ansonsten nahm die DDR vornehmlich nur «Vertragsarbeiter» aus sozialistischen Ländern nach festen Kontingenten auf.

Wie begrenzt diese Aufnahmebereitschaft in der Bundesrepublik noch war, zeigte sich zunächst auch bei den Vietnamesen. Bereits 1975, mit dem Sieg des kommunistischen Nordens und dem Abzug der USA, flohen viele aus Südvietnam. Die Angst vor Racheaktionen der Kommunisten, vor Umerziehungslagern und vor der Kollektivierung vertrieb vor allem gebildete und wohlhabende, oft chinesischstämmige Vietnamesen, die unter Lebensgefahr flohen. Die USA sahen sich besonders in der Verantwortung und nahmen bei Kriegsende rasch über 100 000 von ihnen auf, insbesondere diejenigen, die die USA im Krieg unterstützt hatten.[21] US-Präsident Ford ging von 150 000 Flüchtlingen aus und hoffte, dass die Verbündeten etwa 20 000 davon aufnehmen würden. Besonders Frankreich und Kanada reagierten prompt, die Bundesrepublik hingegen blieb zurückhaltend. Denn trotz der zivilgesellschaftlichen Solidarität während des Vietnamkriegs waren reale Kontakte nach Vietnam bisher rar. Bis 1975 lebten lediglich rund 1600 Südvietnamesen in der Bundesrepublik, davon die meisten temporär zur Ausbildung.[22] Das Kabinett reagierte zwar mit einer großzügigen Erhöhung der Mittel für Hilfsaktionen um zehn Millionen, aber aufnehmen wollte man vornehmlich nur Vietnamesen mit direktem Bezug zu Deutschland: etwa vietnamesische Ehepartner von Deutschen, bedrohte Mitarbeiter deutscher Dienststellen und Vietnamesen mit Angehörigen in der Bundesrepublik. Die drängenden Bitten der USA, mehr Flüchtlinge ins Land zu lassen, ignorierte die Bundesregierung weitgehend.[23]

1978, bevor die Bilder der *Hai Hong* um die Welt gingen, hatten die USA den amtlichen Zahlen zufolge bereits 164 000 Indochina-Flüchtlinge aufgenommen, Frankreich 43 000 und die Bundesrepublik lediglich 1300.[24] In den internen Schreiben der Ministerialbürokratie hieß es noch 1978, die Bundesrepublik «sei nicht geeignet

## Die Aufnahme der ersten Vietnamesen

zur Aufnahme größerer Mengen an Flüchtlingen» und die bewilligte Quote sei die «äußerste Grenze».[25] Stattdessen engagierte sich die Bundesrepublik erneut stärker über Hilfsgelder, die sie überwiegend an internationale Organisationen überwies. Sie erhöhte diese insgesamt auf über 20 Millionen DM, die vor allem an die Flüchtlingshilfe der UNO (UNHCR), EG-Projekte, an das Deutsche Rote Kreuz und die konfessionellen Wohlfahrtsverbände gingen. Dies sollte offensichtlich die begrenzte Aufnahme außereuropäischer Flüchtlinge kompensieren.

Ende 1978 und dann besonders 1979 nahm die Zahl der Flüchtlinge in Südostasien so stark zu, dass auch der Druck auf die Bundesrepublik wuchs. Gefördert wurde dieser Anstieg zunächst durch den Einmarsch der Vietnamesen in Kambodscha, was auch dort eine Fluchtwelle anstieß, ebenso durch den Einmarsch Chinas in Vietnam 1979, was den Rassismus gegen ethnische Chinesen im Südvietnam verstärkte. Auch die Furcht vor einem erneuten Kriegsdienst dürfte viele Männer zur Flucht angetrieben haben. Zudem nahmen die sozialistischen Kollektivierungen zu, ohne Erträge abzuwerfen. Die Bundesregierung wurde nun auf unterschiedlichen Ebenen zur Solidarität mit den Boat People gedrängt: durch internationale Organisationen wie die UNO, durch die USA, durch die Medien, durch zivilgesellschaftliches Engagement und Spenden sowie durch die christdemokratische Opposition, die in einzelnen Bundesländern wie Niedersachsen eigenständig Aufnahmen beschloss. Jede Erhöhung der Quoten wurde dabei der Bundesregierung und zunehmend auch vielen Bundesländern einzeln abgerungen.

Auf der internationalen Ebene trieb vor allem die UNO eine verstärkte Aufnahmebereitschaft der Bundesrepublik an. Ihr Flüchtlingshilfswerk UNHCR erwies sich als zentraler Akteur, um Hilfe vor Ort und eine Aufnahme mit festen Kontingenten zu etablieren. Bereits auf dem Genfer Treffen am 11. Dezember 1978 machten die Gespräche mit vierunddreißig Regierungsdelegationen, zu denen auch Vietnam zählte, die vergleichsweise geringe Aufnahmezahl der Bundesrepublik international sichtbar.[26] Im Rahmen der Genfer Konferenz im Juli 1979 gelang es dem UNHCR, die internationalen Aufnahmeplätze von 125 000 (Mai 1979) auf 260 000 zu steigern. Nun sagte auch die Bundesregierung die Aufnahme von insgesamt 10 000 Flüchtlingen zu sowie eine Aufstockung der humanitären Hilfe auf 32 Millionen DM.[27] Vietnam hatte kurz vorher dem UNHCR zugesichert, alle Menschen dürften ausreisen, wenn sie nicht wehrpflichtig, straffällig, «Geheimnisträger oder in wichtigen Funktonen tätig und derzeit nicht zu ersetzen» seien.[28] Eingelöst wurde dies von Vietnam nicht, sodass die illegale Flucht weiter zunahm. Auf legalem Weg kamen in den nächsten zwei Jahren lediglich rund 400 Vietnamesen im Rahmen von Familiennachzügen in die Bundesrepublik.[29]

### Christdemokratisches Engagement

Zu dieser Zeit forcierte vor allem die christdemokratische Opposition die schnellere Aufnahme der vietnamesischen Flüchtlinge. Den Sozialdemokraten warf sie bürokratische Verzögerung vor und forderte ein rasches Einfliegen der Flüchtlinge mit der Bundeswehr, sogar der Ruf nach Einsatz der Bundesmarine vor Vietnam wurde laut.[30] Einige CDU-Abgeordnete reisten nach Indochina und kamen mit konkreten Vorschlägen zurück, um ähnlich wie die USA rascher zu helfen.[31] Ebenso drängten CDU-Abgeordnete den Außenminister, das deutsche Rettungsschiff *Cap Anamur* diplomatisch und finanziell zu unterstützen, andere verlangten Hilfsmittel für eine Rettungsaktion der Franzosen.[32] Bundestagspräsident Richard Stücklen (CSU) trat sogar für die Aufnahme von Flüchtlingen von ausländischen Rettungsschiffen wie der französischen *Ile de Lumière* ein.[33] Ebenso forderten auf der europäischen Ebene Konservative, Liberale und die Christdemokraten Transportschiffe für deren Rettung.[34]

Dass die Christdemokraten, die bisher kaum für die Aufnahme außereuropäischer Flüchtlinge eingetreten waren, sich nun so nachdrücklich für Migranten einsetzten, hatte mehrere Ursachen: Entscheidend war zunächst, dass die Vietnamesen vor dem Kommunismus flohen. Die christdemokratischen Klagen über die «Schießbefehle gegen die im Meer Treibenden» waren assoziativ eng mit der Flucht aus der DDR verbunden.³⁵ Die Bilder von überfüllten Booten, Lagern mit Kindern und vergewaltigten Frauen erinnerten viele Christdemokraten zudem an die Vertreibung aus den deutschen Ostgebieten nach 1945. Deshalb sei, so der damalige CDU-Fraktionsvorsitzende Karl Carstens bereits 1975, «der Ruf nach Hilfe für die leidenden Menschen in Vietnam in der Bundesrepublik so weit hörbar».³⁶ 1979 plädierte der neue Fraktionsvorsitzende Helmut Kohl mit eben diesem Verweis auf die deutsche Fluchterfahrung für höhere Aufnahmequoten.³⁷

In der Debatte 1979 waren es bezeichnenderweise oft CDU/CSU-Vertriebenensprecher wie Herbert Hupka und Herbert Czaja, die die Vertreibung aus Vietnam anprangerten und die Bundesregierung aufforderten, «diese Vertreibung genauso zu verurteilen wie die Vertreibung von Millionen Deutscher aus ihrer Heimat 1945/46».³⁸ Zudem konnte sich die CDU/CSU bei den Boat People moralisch als Vertreterin der Menschenrechte positionieren, nachdem die Solidarität mit (Nord-)Vietnam und der Menschenrechtsdiskurs gegenüber Südafrika und lateinamerikanischen Diktaturen von der Linken besetzt waren. Der SPD und der Linken hielten die Christdemokraten nun eine einseitige Solidarität vor.³⁹

Es blieb nicht nur bei Worten. Tatsächlich nahmen CDU-regierte Bundesländer anfangs mehr Flüchtlinge auf, allen voran Niedersachsen unter Ernst Albrecht. Auch Baden-Württemberg unter Lothar Späth verdoppelte die zugeteilte Aufnahmequote.⁴⁰ Die unionsregierten Länder Schleswig-Holstein, Rheinland-Pfalz und Bayern stellten rasch Plätze über die vereinbarten Quoten hinaus bereit, und einzelne CDU-regierte Städte, wie Frankfurt unter dem Oberbürgermeister Walter Wallmann, beschlossen Anfang 1979 ein eigenes Kontingent für 250 Boat People, die sein Büroleiter Alexander Gauland aus Hongkongs Lagern begleitete.⁴¹ Die Sozialdemokraten blieben reservierter. Unter den SPD-regierten Ländern nahm lediglich Hessen anfangs Flüchtlinge über die Quoten hinaus auf, und SPD-Abgeordnete monierten, dass die Vietnam-Flüchtlinge so schnell kämen, während die 500 bewilligten Flüchtlingsplätze aus der Militärdiktatur in Argentinien nicht gefüllt würden.⁴² Wer für welche Flüchtlinge eintrat, war somit weltanschaulich geprägt.

Ebenso zeigten zahlreiche Christdemokraten zivilgesellschaftliches Engagement und organisierten Hilfsaktionen. Der Verband «Ring Christlich-Demokratischer Studenten» (RCDS) organisierte 1979 die Spendenaktion «Helft den Vietnamesen», und die Junge Union warb mit Aktionen für Wohnraum, Arbeit und Patenfamilien für vietnamesische Flüchtlinge und verkaufte Reis, um Spenden einzunehmen. Zudem forderte ihr Vorsitzender Matthias Wissmann eine fünffache Erhöhung der Aufnahmezahlen auf 50 000 und eine «Luftbrücke» mit Spenden.⁴³ Politische Arbeit und zivilgesellschaftliches Engagement gingen besonders beim «Vietnam Büro e.V.» ineinander über, das im April 1979 die CDU-Bundestagsabgeordneten Elmar Pieroth und Matthias Wissmann gründeten, um vietnamesischen Flüchtlingen zu helfen und ihre Integration zu fördern. Der spendenfinanzierte Verein sammelte Hilfsgelder, übermittelte medizinische Hilfe und sorgte anscheinend recht erfolgreich für Jobangebote für die eingeflogenen Vietnamesen.⁴⁴ Die Flüchtlingshilfe war damit zu einem bürgerlichen Projekt geworden.

### Die Medien organisieren Hilfsaktionen

Entscheidend für Unterstützung und Aufnahme vietnamesischer Flüchtlinge waren – wie schon im Vietnamkrieg – die Medien. Die nun kursierenden Aufnahmezahlen und Berichte über die überfüllten Flüchtlingsboote warben noch konkreter für Engagement und Hilfe. Dies gelang ihnen besser als bei anderen Flüchtlingskrisen, da sie mit den sinkenden Booten eine Art Archetypus menschlicher Not zeigten. Dies entkontextualisierte die Flüchtlinge und machte sie zu universellen Opfern, ebenso wie der Begriff «Boat People». Panoramabilder mit kleinen Schiffen in den Weiten des Meeres wurden dabei mit Nahaufnahmen von Momenten der Rettung und der katastrophalen Situation an Bord kombiniert.⁴⁵ Nicht ein einzelnes

Foto, sondern ein universell verständlicher Bildtypus entwickelte sich hier zur Ikone – gedrängte Menschen auf alten Fischerbooten.

Ebenso dramatisch waren die Fluchtgeschichten, die die Journalisten von den Geretteten berichteten, etwa über die Raubüberfälle und Vergewaltigungen durch Piraten oder die katastrophale Situation in den Aufnahmelagern, die zunehmend keine Flüchtlinge mehr einließen. Viele Medienberichte nannten am Ende gezielt Hilfsorganisationen und deren Spendenkonten, was unmittelbar zu einem Anstieg der Spenden führte.[46] Darüber hinaus organisierten Journalisten auch eigenständig Rettungs- und Hilfsaktionen. Dies galt etwa für die Wochenzeitung *Die Zeit*. Direkt aus den südostasiatischen Lagern berichtete ihr Redakteur (und späterer Herausgeber) Josef Joffe, er sei «als Reporter abgefahren, aber als Parteigänger wiedergekommen».[47] Seine Artikel über das Lager auf der malaysischen Insel Bidong, das mit 40 000 Menschen überfüllt war, schickte er an Bundeskanzler Schmidt, um ihn zum Eingreifen zu bewegen.[48]

*Die Zeit* entwickelte zudem unter Chefredakteur Theo Sommer und Herausgeberin Marion Gräfin Dönhoff eine eigene Initiative, um 250 Flüchtlinge außerhalb des Kontingents aus diesem Lager in Hamburg aufzunehmen. Die Stadt Hamburg sagte zu, die zusätzliche Aufnahme zu unterstützen, wenn die *Zeit* Spenden für Betreuung und Sprachkurse aufbringe. Unter der Überschrift «Helft den Flüchtlingen» warb Marion Gräfin Dönhoff mit Verweisen auf die deutsche Vertreibung und den Holocaust äußerst erfolgreich dafür.[49] Innerhalb von knapp zwei Monaten sammelte das Blatt fast 2,2 Millionen DM Spenden ein, die für die Flugkosten, Medizin und ein Notkrankenhaus in Vietnam eingesetzt wurden, ebenso für Helfer, die Erstausstattung in Hamburg und eine Aufstockung der Sozialhilfe.[50] Journalisten der *Zeit* begleiteten den Flüchtlingstransport und erhöhten durch ihre fortlaufenden Berichte die Spendenbereitschaft weiter. Ausgewählt wurden schließlich sogar 274 Menschen, die mit einer Maschine der Bundeswehr und einem Linienflugzeug nach Hamburg gebracht wurden.[51] Angesichts der unerwartet hohen Spenden konnten Kindergärtnerinnen und Sozialhelfer für weitere Flüchtlinge bezahlt werden, den Rest überwies die *Zeit* an «soforthilfe e.V.» für ehrenamtliche Ärzte. Die Journalisten schufen somit selbst die Ereignisse, über die sie berichteten. Dies spornte das Engagement der Konkurrenz an. So organisierte etwa in Münster die Lokalzeitung Spendenaktionen, die Schüler, Kirchen oder auch Unternehmer unterstützten, um 100 zusätzliche Boat People aufzunehmen.[52] Schon ein halbes Jahr später organisierte der *Spiegel* in Absprache mit dem Hamburger Oberbürgermeister Klose die Aufnahme von 14 Flüchtlingen aus Kambodscha. Das Auswärtige Amt sagte widerwillig zu, «da eine Auseinandersetzung mit dem ‹Spiegel› kaum siegreich durchgestanden werden könne».[53] Mobilisiert durch diese Aktionen stellten nun Firmen und Bürgermeister Arbeitsplätze für Vietnamesen zur Verfügung, Arbeiter und Musiker verzichteten auf ihre Einnahmen, zahlreiche Hamburger Familien boten Adoptionen und Patenschaften an, es kam zu Kleidersammlungen und Wohltätigkeitsaktionen; «Baronin Nora Wolf aus Hamburg versteigert am Samstag um 11 Uhr auf dem Gerhart-Hauptmann-Platz einen Jeep und andere Wertgegenstände zugunsten der Aktion», hieß es etwa, und deutsche Vertriebene luden durch die *Zeit* ausgeflogene Vietnamesen zum Essen ein.[54]

Auch in anderen Städten förderten Medienberichte lokale Hilfsangebote. Ein Artikel des *Kölner Stadtanzeigers* über die Ankunft von 34 Boat People sorgte etwa für hohe Geld- und Sachspenden und mehr Hilfsangebote als nötig: 44 Adoptionsanträge, 26 Patenschaftsangebote, 35 offerierte Arbeitsplätze und 25 Wohnungsofferten gingen ein.[55] Andere Menschen schrieben direkt an Politiker wie Genscher oder Eppler, um Flüchtlingen kostenlose Wohnungen anzubieten, und wurden von diesen an die Landesflüchtlingsverwaltung verwiesen.[56] Private Hilfsorganisationen und kirchliche Gruppen nahmen ebenfalls im Zuge der Medienberichte verstärkt Spenden ein: Die katholische *Neue Bildpost* erhielt eine Million DM Spenden von Lesern, ebenso sammelten kirchliche Gruppen wie die «Aktion 365» für die Aufnahme von 150 Vietnamesen, und evangelische Initiativen schickten sogar einen Pfarrer nach Vietnam, um die Aufnahme zu fördern.[57] Zudem baten Diakonie und

Caritas und dann auch die deutschen Bischöfe vereint die Bundesregierung, die Aufnahmequoten zu erhöhen.⁵⁸ Damit zeigte die deutsche Gesellschaft 1979 eine größere Aufnahmebereitschaft als die Bundesregierung. Die Analogie zur deutschen Vertreibung und kommunistischen Bedrohung war eine Erklärung dafür, auch ein moralisches Verantwortungsgefühl angesichts des neuen bundesdeutschen Wohlstandes. Nachdem die US-Serie *Holocaust* im Januar 1979 die unterbliebene Hilfe für jüdische Opfer gezeigt hatte, wurden nun die aus Vietnam vertriebenen ethnischen Chinesen als «Die Juden des Ostens» und «Juden Asiens» bezeichnet, gegenüber denen das Gefühl einer «Verpflichtung zur Wiedergutmachung» bestehe.⁵⁹ Auch die CDU-Abgeordneten des «Vietnam-Büros» argumentierten nun mit der NS-Vergangenheit: «Untätig zu bleiben, macht uns mitschuldig an einem neuen Holocaust, denn in der Zwischenzeit ertrinken nach Schätzungen etwa 2000 Menschen pro Tag.»⁶⁰ Der Einsatz für die Boat People wirkte fast wie eine Kompensation für den zur selben Zeit diskutierten Massenmord an den Juden. Dass 1979 besonders die rassistisch verfolgten Chinesen aus Vietnam im Vordergrund standen, die oft besser gebildet und wohlhabender waren und nun enteignet und in Lager gesteckt werden sollten, verstärkte diese Analogiebildung.

## Die Linken halten sich zurück

Zurückhaltend bis kritisch gegenüber den Hilfsaktionen für die Boat People blieben dagegen viele politisch Linksstehende. Vietnam war in den 1960er-Jahren eine Projektionsfläche ihrer revolutionären Hoffnungen gewesen, die eine ganze Studentengeneration politisiert hatten. Ihre Solidarität galt freilich dem kommunistischen Norden und Ho Chi Minh sowie den Opfern des US-amerikanischen Einsatzes. Mit dem Ende des Krieges verlor ihre Vietnam-Solidarität an Bedeutung und sie wandte sich neuen revolutionären Ländern zu wie insbesondere Nicaragua. In den Protokollen des

Bundesvorstands der Grünen etwa finden sich etwa keine Hinweise, dass sich die neu entstehende Partei mit dem Flüchtlingsdrama in Ostasien auseinandersetzte.[61] Von den kommunistischen Gruppen lobten dagegen einzelne sogar die Gewaltherrschaft von Pol Pot und brachten entsprechend wenig Empathie für die Flüchtlinge aus der Region auf.[62] Verschiedene Linksintellektuelle, die einst gegen den amerikanischen Einsatz in Vietnam eingetreten waren, lehnten nun sogar öffentlich die Hilfe für die Boat People ab. Der Schriftsteller Peter Weiss beklagte etwa die «Verleumdung der vietnamesischen Regierung» und bestritt, dass die Menschen verfolgt würden. Zugleich rechtfertigte er die Lager in Vietnam: «Um das Leben von 50 Millionen Menschen zu schützen, müssen einige Zehntausende, die die Nation gefährden, in Gewahrsam gehalten werden.»[63] Auch der Theologe Helmut Gollwitzer, der sich gegen den Vietnamkrieg engagiert hatte, sprach relativierend von einer Flucht der «Oberschicht und der chinesischen Händler» wegen der «harten Lebensbedingungen».[64] Besonders deutlich fiel die Kritik in der linken Zeitschrift *konkret* aus, die sich direkt gegen Rettungsaktionen durch die *Cap Anamur* wandte: «Mit Spenden von Rentnern, karitativen Vereinen und vom Staat sammelt die ‹Cap Anamur› vietnamesische Flüchtlinge aus dem Meer. Viele der Boat-People sind Schwarzhändler, Zuhälter und US-Kollaborateure, die sich gegen Geld Tickets für den Weg zu neuen Ufern kaufen.»[65] Dies entsprach direkt dem Duktus der SED-Zeitung *Neues Deutschland*, die die Flüchtlinge ebenfalls als fliehende Zuhälter bezeichnete, die den sozialistischen Aufbau scheuten.[66] Der Schriftsteller Heinrich Böll, der sich für die Flüchtlinge engagierte, hielt dem eine überparteiliche Humanität entgegen: «Ich würde auch einen ertrinkenden Zuhälter retten ... Ich hätte sogar den Massenmörder Eichmann aus dem Wasser gezogen.»[67]

Die Hilfe für die Flüchtlinge aus Vietnam forderte damit die Linke in ihrem Selbstverständnis heraus und spaltete sie. Die Flüchtlinge erforderten eine ernüchternde Sicht auf die realen Zustände im sozialistischen Vietnam. Schlüsselfiguren der 68er, wie Rudi Dutschke, kritisierten nun die Menschenrechtsverletzungen in Vietnam und die «Zerstörung aller sozialistischen Ansätze.»[68] Auch die linksalternative *taz* stellte sich eher hinter die Rettungsaktionen. Ein moralisches Versagen der 68er lässt sich somit nicht pauschal ausmachen. Viele erlebten eine Ernüchterung, die zu einem parteiübergreifenden Engagement für konkrete Rettungsaktionen führte. Statt für die rote Fahne traten sie nun für die Fahne des Roten Kreuzes ein – und an die Stelle der marxistischen Theorie trat die konkrete Hilfe vor Ort.[69]

## Rettung aus Seenot

Ob ein Flüchtling aus Indochina in der Bundesrepublik oder einem anderen Land ankam, hing von vielen Zufällen ab und war kaum planbar. Voraussetzung für die Flucht aus Vietnam war zunächst ein gewisses Vermögen und Glück bei der Überfahrt. In Vietnam zahlten fast alle Flüchtlinge an Fluchthelfer die hohe Summe von etwa 3000 Dollar, die sie in der inoffiziellen Goldwährung des Landes entrichteten. Zudem verlangten die vietnamesischen Behörden meist eine Art Fluchtsteuer, was der illegalen Ausreise eine offizielle Note gab, wenngleich Vietnam dies bestritt.[70] Die Boote steuerten die Nachbarländer an. Ob und wo sie diese mit ihren schlechten Navigationsmitteln erreichten, war offen. Ab 1980 nahmen die Überfälle durch Piraten stark zu, die Wertsachen und Lebensmittelvorräte entwendeten und die Boote auf der Suche nach versteckten Edelsteinen aufschlitzten. Ein größerer Teil der Überlebenden berichtete von Vergewaltigungen, der Verschleppung von Frauen in thailändische Bordelle sowie von Morden bei jeder Gegenwehr. Wie viele Menschen bei der Überfahrt durch Seenot oder Piraten starben, ist unklar. Erreichten die Boote tatsächlich die Lager, war die Aufnahme in ein bestimmtes Land nur dann steuerbar, wenn die Flüchtlinge dort enge Verwandte hatten oder für das Land in Vietnam gearbeitet hatten. Dies galt in vielen Fällen für die USA und für Frankreich, kaum aber für die Bundesrepublik. Andernfalls mussten sie auf freie Kontingentplätze warten.

## 5. Die Boat People aus Vietnam

Der bürokratische Entscheidungsprozess für eine Aufnahme in der Bundesrepublik war schon deshalb komplex und schwierig, weil sich im Föderalismus unterschiedliche Länder- und Parteiinteressen abstimmen mussten. Wenn ein von Spenden getragenes deutsches Schiff wie die *Cap Anamur* einige hundert Flüchtlinge rettete und in die Bundesrepublik überführen wollte, meldete sie dies über die jeweilige Botschaft dem Auswärtigen Amt, das dann das Bundesministerium des Innern verständigte, das wiederum – quasi als Bittsteller – eine Zustimmung von allen Landesregierungen zu einer entsprechenden Erhöhung der Kontingente anfragte. Deren Antworten wurden dann wiederum über Bundesinnenministerium und Auswärtiges Amt kommuniziert.[71] Ab Anfang der 1980er-Jahre musste zudem die Zustimmung von mehreren Bundesministerien eingeholt werden, die an der Finanzierung beteiligt waren. Dies alles konnte dauern und das Engagement bremsen. Eine Lösung wäre gewesen, die Kontingente für Flüchtlinge aus Indochina großzügiger zu erhöhen, um derartige Einzelanfragen zu vermeiden. Dies war aber politisch nicht mehrheitsfähig.

Die Bundesregierung sperrte sich auch 1979 in internationalen Gesprächen gegen höhere Quoten und begründete dies immer wieder damit, dass sie durch Aussiedler aus Osteuropa, Flüchtlinge aus der DDR, Gastarbeiter und Asylbewerber schon große «Lasten» zu tragen habe.[72] Zugleich warb sie gegenüber den Bundesländern für Flüchtlingsplätze «zur Wahrung des Ansehens der Bundesrepublik Deutschlands in der Welt».[73] Für eine Aufnahme formulierte die Bundesregierung drei primäre Kriterien: die Zusammenführung mit der engeren Familie; bestehende Bezüge zur Bundesrepublik, etwa die Arbeit für die Botschaft oder mit deutschen Unternehmen; und die Rettung von Schiffen mit deutscher Flagge.[74] Damit war ein Bezug zur Bundesrepublik nötig, um jenseits der Quoten Aufnahme zu finden. Da besonders beim Familiennachzug die Zahlen kaum kalkulierbar waren, ließen viele Bundesländer ihre eigentlich zugesagten Quotenplätze lange unbesetzt, um sie gegebenenfalls mit Angehörigen aufzufüllen. Im September 1979 war etwa ein Drittel der Plätze (4500) wegen eines möglichen Familiennachzugs nicht vergeben, noch zwei Jahre später blieben über 2000 Plätze von 28 000 deshalb unbesetzt.[75]

Noch weniger kalkulierbar war die Aufnahme von Schiffbrüchigen. Das Seevölkerrecht erwies sich als Schleusentor für Aufnahme der Boat People in der Bundesrepublik, da ein Kapitän bei lebensbedrohlicher Gefahrenlage zur Hilfe und zur Aufnahme der Geretteten verpflichtet war und sie an den nächsten sicheren Hafen bringen musste. Daraus leitete sich zwar kein Recht auf eine Aufnahme im Heimatland des Rettungsschiffes ab, aber moralisch erschien es kaum vertretbar, die von einem deutschen Schiff Geretteten wieder in Vietnam abzusetzen, wo ihnen Strafen drohten. Da die Nachbarländer zunehmend die Aufnahme verweigerten und den Frachtschiffen bei längeren Flüchtlingstransporten große Kosten entstanden, konzedierte die Bundesregierung bereits im Spätsommer 1978 eine Aufnahme der von Schiffen mit bundesdeutscher Flagge geretteten Boat People, wenn kein anderes Land sie übernehmen würde. Auf der Genfer Flüchtlingskonferenz im Juli 1979 wurde dies erneut bestätigt, und auch andere westliche Industrieländer bekräftigten dies.[76]

Diese Aufnahme nach Seenotrettung blieb jedoch mit zahlreichen Problemen verbunden. So fuhren viele deutsche Schiffe schon damals unter der Flagge von Billiglohnländern wie Panama, die keine Boat People in ihr Land aufnehmen wollten. Sollten diese eigentlich deutschen Schiffe gerettete Flüchtlinge wieder in Südostasien aussetzen? Zudem wollten viele Gerettete gar nicht in die Bundesrepublik, sondern eher in die USA oder nach Frankreich, wo ihre Verwandten lebten, die Sprachbarrieren geringer waren und bereits eine vietnamesische Community existierte. Auf den Schiffen und in den Lagern musste also erst ausgehandelt werden, wer in welches Land emigrieren wollte oder durfte. Die Nachbarländer im Chinesischen Meer verlangten oft eine feste Bestätigung, dass die Bundesrepublik die Flüchtlinge tatsächlich aufnehmen würde, bevor sie in die Durchgangslager durften. Das Auswärtige Amt konnte diese Zusage nicht ohne die Bundesländer geben, wenn Quoten überschritten waren. Die Kapitäne sahen sich so mit langwierigen Bewilligungsverfahren konfrontiert. Selbst nach der Erhöhung auf 10 000 Plätze im Sommer 1979 stellte sich die Frage, was mit Menschen in Seenot geschehen würde, die ab Platz 10 001 aus dem Wasser gefischt wurden. Dadurch, dass mit der *Cap Ana-*

*nur* ein Boot mit deutscher Flagge extra zur Rettung von Flüchtlingen vor Vietnam kreuzte, stellte sich schließlich die Frage, ob die Flaggenregel hier ebenfalls gelten sollte. Generell war bei den überladenen Booten oft unklar, wann ein Fall von Seenot vorlag, der Kapitäne zu den zeitaufwändigen, teuren und mitunter risikoreichen Rettungsaktionen zwang. Da wegen der deutschen Exportstärke, der Reedereitradition und der vom bundesdeutschen Unternehmen Deminex betriebenen Bohrinseln vergleichsweise viele bundesdeutsche Schiffe im Chinesischen Meer fuhren, war eine Regelung dieser Fragen dringend nötig.

Im Laufe des Jahres 1979 spielte sich ein Verfahren ein: Die Schiffe mit bundesdeutscher Flagge, die Flüchtlinge aufnahmen, gaben über ihre Reederei den Botschaften Bescheid, die wiederum vom Auswärtigen Amt in Bonn eine Antwort erhielten, gegebenenfalls nach Anfrage an die Bundesländer. Die Flüchtlinge selbst erinnern die hilfsbereite Aufnahme durch die deutschen Boote positiv. So schrieb ein im Sommer 1979 geretteter Flüchtling später: «Die damalige deutsche Crew der *Alexanderturm* teilte mit uns Flüchtlingen für die nächsten drei Tage Fahrt nach Singapur ihre Vorräte, und uns ging es so gut wie nie zuvor. Was haben wir uns den Bauch vollgeschlagen. Für mich gab es die erste Limonade im Leben, einen Apfel, den ich alleine essen durfte, Eiscreme u. v. m.»[77]

Wann eine tatsächliche Seenot vorlag, war schwer auszumachen und lag im Ermessen des Kapitäns. Oft waren die Boote noch fahrtüchtig, und die Seenot war eher absehbar denn akut. Deshalb forcierten Flüchtlinge ihre Seenot und hissten Fahnen mit S. O. S. Einzelne deutsche Schiffe meldeten, Flüchtlinge hätten ihr eigenes Boot neben ihnen versenkt, um ihre Aufnahme zu erzwingen. Andere berichteten, sie hätten ein Boot zweimal abgeschleppt, es sei aber immer wieder zu der Bohrinsel gefahren, um eine Rettung zu erhalten.[78] Zudem kam es bei der Flüchtlingsrettung zu Konflikten mit Vietnam. Als die deutschen Schiffe *Nordertor* und *Alexanderturm* im Juli 1979 ein Flüchtlingsboot gen Singapur abschleppten, erzwang ein vietnamesisches Marineschiff durch Schüsse vor den Bug die Übergabe des abgeschleppten Boots, obwohl sie außerhalb vietnamesischer Gewässer waren. Da dies als Bruch des Völkerrechts gesehen wurde, bestellte die Bundesregierung sofort den vietnamesischen Botschafter ins Auswärtige Amt ein, der die Freilassung der 236 Flüchtlinge zusagte, von denen die Hälfte in die Bundesrepublik wollten.[79] Während die USA und Frankreich eine systematische Aufnahme aus den Lagern betrieben, nahmen die anderen europäischen Länder vor allem auf See gerettete Menschen auf. In absoluten Zahlen war die Bundesrepublik großzügiger, gemessen an den Einwohnern der kleinen Nachbarländer. Die Flüchtlinge, denen nach ihrer Rettung eine Weiterreise in ein Drittland zugesichert wurde, kamen – in der Regel für drei Monate – in die Durchgangslager in Südostasien, die dem jeweiligen Land und dem Flüchtlingshilfswerk der Vereinten Nationen (UNHCR) unterstanden. Im Lager erfolgte eine erste Registrierung und Untersuchung, wobei besonders das Rote Kreuz, die Caritas und Diakonie sowie Vertreter der bundesdeutschen Botschaft alle Vorbereitungen trafen und einen etwaigen Familiennachzug vorbereiteten. Da die Zeit im Zwischenlager zunehmend länger dauerte, führte dies zu Konflikten zwischen den Transitländern und den dortigen bundesdeutschen Botschaften.[80]

Bei Rettungen durch deutsche Schiffe mit Billigland-Flagge war das Engagement des Auswärtigen Amts deutlich geringer und eine Flüchtlingsaufnahme für die betroffenen Kapitäne nahezu unkalkulierbar. Ein komplizierter Fall war zum Beispiel das von Esso Malaysia gecharterte deutsche Schiff *Philippsturm*, das unter der Flagge von Panama fuhr und der Bremer Reederei DDG Hansa gehörte. Im August 1979 rettete es 262 vietnamesische Bootsflüchtlinge, darunter 89 Kleinkinder. Diese waren bereits einmal von Malaysia abgewiesen worden, sodass bei einem erneuten Aussetzen dort ein ähnliches Schicksal drohte. Mit Verweis auf die Öffentlichkeit wurde von der Botschaft in Kuala Lumpur eine Überführung in die Bundesrepublik vorgeschlagen, was das AA eher zähneknirschend mit dem Hinweis akzeptierte, dies dürfe kein Präzedenzfall werden.[81] Ähnliche Auseinandersetzungen gab es auch in anderen westlichen Ländern wie Großbritannien, wo erst die Angst vor der öffentlichen Meinung zu einer Aufnahme führte, obgleich Margaret Thatcher Bedenken hatte.

## 5. Die Boat People aus Vietnam

Eine strukturelle Lösung dieses Flaggen-Problems leitete der Flüchtlingsbeauftragte der Vereinten Nationen 1979 ein. Vor allem das Programm «DISERO» (Disembarkation Resettlement Offers) sollte für derartige Fälle von mehreren Ländern getragene Endaufnahmelager und Transferregeln schaffen, aber nur sechs Länder traten dem bei: die USA, Australien, Frankreich, Kanada, Schweden und Schweiz – die Bundesrepublik vorerst nicht. Erst als sich abzeichnete, dass diese Fälle geringer waren als erwartet und diese Regel für die Deutschen vorteilhaft war, schloss sich die Bundesrepublik 1985 DISERO an, nachdem abermals ein deutsches Schiff mit Panama-Flagge Flüchtlinge in Singapur hatte abladen müssen.[82]

### Bürokratische Logistik: Vom Durchgangslager in die Bundesrepublik

Nur ein kleinerer Teil der Flüchtlinge wurde freilich auf See gerettet und dadurch privilegiert aufgenommen. Die Mehrheit erreichte auf dem Land- oder Seeweg die Nachbarländer und kam in die dortigen Aufnahmelager. Die Hauptlast der Flüchtlingswelle trugen, wie heute, die ärmeren benachbarten Länder. Wenngleich sie eine Durchgangsstation sein sollten und tatsächlich viele Menschen von dort aus in den Westen und nach China flohen, führten die Lager zu internationalen Spannungen. Angesichts der zunehmend guten Versorgung der Lager durch Spenden klagten Einheimische über eine Bevorzugung der Flüchtlinge und steigende Preise für Lebensmittel durch deren Verkauf an die Lager.[83] Die Situation in den Lagern war sehr unterschiedlich. Einige waren den jeweiligen Regierungen oder dem Flüchtlingskommissar der UNO unterstellt, über den die meisten westlichen Zuwendungen liefen. In räumlich beengten Inseln und Städten wie in Malaysia fehlte der Platz und die Situation schien chaotisch. In Hongkong lebten etwa bereits 5,5 Millionen Menschen, dennoch waren die Lager sehr gut organisiert, und es fanden hier im ersten Jahrzehnt nach Kriegsende rund 130 000 Boat People eine Zuflucht. Obgleich die Migranten mit wenig Sympathie betrachtet wurden, gelang dort ihre Integration recht gut und sie durften arbeiten.[84]

Ein Großteil floh ins benachbarte Thailand. Im ersten Jahrzehnt nach Kriegsende kamen über eine halbe Million Flüchtlinge zumindest temporär hierher, und rund 115 000 Vietnamesen blieben.[85] In Malaysia, Honkong und Thailand wurden die Aufnahmepolitik besonders ab 1981 deutlich restriktiver und die Rechte der Flüchtlinge zur Abschreckung eingeschränkt. Deshalb wuchsen nun auf den Philippinen und in Indonesien die Flüchtlingszahlen, zumindest als Durchgangsstation. Hier entstanden mit internationaler Finanzierung «Refugee Processing Center», um die Flüchtlinge aufzunehmen, zu betreuen und ihre Umsiedlung vorzubereiten. Allein von der indonesischen Insel Galang wurden angeblich rund 100 000 vietnamesische Boat People umgesiedelt.[86]

Die bundesdeutschen Verfahren für die Auswahl und Aufnahme der Flüchtlinge aus den Lagern spielten sich 1979 erst schrittweise ein. Einzelne Bundesländer kündigten zunächst an, vor Ort ihre Flüchtlinge selbst nach eigenen Wunschkriterien auszuwählen. Rheinland-Pfalz forderte etwa ein niedriges Alter, eine Handwerksausbildung, gesundheitliche Eignung sowie große Familien ohne weitere Angehörige.[87] Bayern verlangte bevorzugt «Großfamilien mit vielen Kleinkindern», um die Integration und den Nachzug kalkulierbar zu halten.[88] In den Lagern klagten die deutschen Vertreter, die Gebildeten würden alle in die USA und nach Kanada gehen. Schließlich akzeptierten die Botschaftsvertreter vor Ort, einerseits Flüchtlinge zu berücksichtigen, die länger in den Lagern seien, andererseits Flüchtlinge mit guter Berufsausbildung zu wählen.[89] Generell spielte sich 1979 die Regelung ein, die ausgewählten Flüchtlinge sollten einen «Querschnitt» des Lagers bilden – vom Alter, der Bildung und Wartezeit her –, um die Integrationschancen zu verbessern.

Um die Menschen in den Aufnahmelagern medizinisch, materiell und logistisch zu versorgen, verdreifachte die Bundesrepublik 1979 ihre Mittel für humanitäre Hilfe im Ausland auf 64 Millionen; insbesondere für die Boat People, aber auch für die Flüchtlinge aus Afghanistan. Den größten Teil erhielten internationale Organisationen wie das Rote Kreuz und die Welthungerhilfe, der UN-

Flüchtlingskommissar, zudem das Diakonische Werk der Evangelischen Kirche sowie der katholische Caritasverband.[90] Kleinere zivilgesellschaftliche Organisationen, die binational halfen, erhielten keine Unterstützung.

Den Transfer nach Deutschland finanzierte und organisierte die Bundesregierung. Das Auswärtige Amt besorgte die Einreiseformalitäten und den Flug, meist mit Linienmaschinen der Lufthansa, anfangs auch mit Bundeswehrmaschinen. Nach ihrer Ankunft kamen sie in zentrale Durchgangslager, wie Friedland in Niedersachsen oder Bergkamen in Nordrhein-Westfalen, wo sie vor allem von den dort aktiven Wohlfahrtsverbänden betreut wurden. Für Aufnahmelager wie Friedland war dies die erste große Gruppe außereuropäischer Asylsuchender, was zu logistischen Problemen führte, genauso wie die 14 000 Pakete aus der Bevölkerung, die allein bis Weihnachten 1978 eingingen.[91] Die Weiterleitung an die spätere Wohnsitzgemeinde erfolgte dann unter Berücksichtigung verwandtschaftlicher Beziehungen.[92] Bei der Aufnahme in den Kommunen trugen die Sozialämter die Hauptlast bei der Wohnungsbeschaffung und -ausstattung. Jede Familie in Niedersachsen erhielt zum Beispiel eine einmalige Summe von 1000 DM sowie monatlich von der Kommune 1200 DM, wobei die Miete abgezogen wurde.

Arbeiten durften die Flüchtlinge erst nach einem halben Jahr. Stattdessen setzten die Bundesländer alle auf verbindliche intensive Sprachkurse, die sofort starteten. Damit förderte die Bundesrepublik die Integration der Indochina-Flüchtlinge stärker als andere Länder. Die Kosten, die für die soziale und sprachliche Integration anfielen, waren gewaltig. Allein für den Ausbau der Sprachförderung für die 13 000 Indochina-Flüchtlinge im Jahr 1979 wurden 176 bis 200 Millionen DM veranschlagt, danach knapp 30 Millionen pro Jahr. Damit lagen die kalkulierten Integrationskosten bei rund 15 000 DM pro Flüchtling im ersten Jahr, 2300 DM im folgenden. Bei späteren Entscheidungen über die Erhöhung der Kontingente mussten verschiedene Bundesministerien entsprechende Millionenbeträge verhandeln.[93]

Ein «Kontingentflüchtling» war für die Behörden zunächst kein klarer rechtlicher Status. Um die vollen sozialen Leistungen zu erhalten, stellten die ersten Indochina-Flüchtlinge deshalb Asylanträge, obwohl dies bei der Kontingentaufnahme eigentlich nicht nötig war. Um die Kontingentflüchtlinge mit anerkannten Asylbewerbern gleichzustellen, verabschiedete das Bundeskabinett am 29. August 1979 das «Programm der Bundesregierung für ausländische Flüchtlinge». Sie erhielten nun eine befristete Arbeitserlaubnis für fünf Jahre, die verlängert werden konnte und nach acht Jahren unbefristet sein sollte, ebenso bekamen sie Bafög, Eingliederungshilfe ins Berufsleben und soziale Beratungs- und Fördermaßnahmen.[94] Dabei unterstrich das BMI, es sei «eine politische Entscheidung des Bundes und der Länder, unter bestimmten Voraussetzungen Menschen aus Krisengebieten als Kontingent aufzunehmen».[95] Damit verfestigte sich ein Rechtsstatus, der die Flüchtlingspolitik nach 1990 prägte.

## Die *Cap Anamur* nimmt Boat People auf

Dass die Kontingente für Boat People fortlaufend erhöht wurden, lag vor allem an den Rettungsaktionen der *Cap Anamur*. Dieses mit Spenden finanzierte deutsche Schiff, das der Verein «Ein Schiff für Vietnam e.V.» unter Leitung von Rupert Neudeck organisiert hatte, nahm zwischen 1979 und 1982 immerhin 9507 Boat People auf, die dann größtenteils in die Bundesrepublik kamen.[96] Rund 35 000 Menschen wurden zudem von den ehrenamtlichen Ärzten und Krankenpflegern an Bord medizinisch versorgt. Bis heute ist die *Cap Anamur* damit ein zentraler Erinnerungsort der bundesdeutschen Geschichte – für die Vietnamesen aus der alten Bundesrepublik ohnehin. Sie repräsentiert das große zivilgesellschaftliche Engagement damals, aber zugleich auch dessen Grenzen. Denn der Einsatz der *Cap Anamur* startete mit breitem öffentlichen Rückenwind und endete nach drei Jahren mit Vorwürfen und schwindender politischer Unterstützung.

Wegweisend für den Einsatz der *Cap Anamur* war ein französisches Vorbild. Bereits Ende 1978 hatte der französische Arzt Bernard

## 5. Die Boot People aus Vietnam

Kouchner zusammen mit anderen engagierten Intellektuellen das Komitee «Un bateau pour le Vietnam» ins Leben gerufen. Mit Spenden finanziert schickten sie nun das Boot *Ile de Lumière* in die Gewässer vor Vietnam, um dort Menschen zu retten und von ehrenamtlichen Ärzten der «Médecins sans frontières» (Ärzte ohne Grenzen) zu versorgen. Öffentlichkeit und Prominente – von Jean-Paul Sartre bis Brigitte Bardot – unterstützten dies engagiert, auch Linke wie Daniel Cohn-Bendit oder der Ex-Maoist André Glucksmann.[97] Der Name der Aktion erinnerte an ein früheres Schiff, das die französische Linke 1967 mit Medikamenten zur Unterstützung des kommunistischen Vietnams ausgesandt hatte.[98] Die jetzige Hilfe stand für den Wandel der ideologischen Solidarität zu einer unpolitischen Hilfsaktion mit breiter öffentlicher Unterstützung. Bei verschiedenen Aktivisten der *Ile de Lumière* spielte die Holocaust-Erfahrung eine wichtige Rolle, etwa bei ihrem leitenden Kopf Bernard Kouchner, der aus einer deutsch-jüdischen Familie kam, oder bei Joelle Eisenberg, einer als Kind aus Deutschland geflohenen Jüdin, die nun in Vietnam als Ärztin half.[99]

Rupert Neudeck, damals Redakteur beim *Deutschlandfunk* in Köln, kannte die französische intellektuelle Szene gut, zumal er über *Die politische Ethik bei Jean-Paul Sartre und Albert Camus* promoviert hatte. Anfang Februar 1979 traf er sich in Paris mit dem Philosophen André Glucksmann, ebenfalls ein Holocaust-Überlebender, der gerade in den Flüchtlingscamps war und ihm von der französischen Initiative berichtete.[100] Neudeck griff dies sofort auf, obwohl er sich bisher nicht politisch engagiert hatte. Dass Neudeck ausgerechnet hier aktiv wurde, führte er selbst auf seine eigene Fluchterfahrung zurück: 1945 sei er als Sechsjähriger allein mit seiner Mutter aus Danzig geflohen und habe nur knapp die Abfahrt der *Wilhelm Gustloff* verpasst, die dann mit neuntausend Menschen an Bord versenkt wurde.[101]

Wie beim französischen Vorbild gelang es Rupert Neudeck, prominente Unterstützer aus unterschiedlichen politischen Lagern zu mobilisieren. Seinen rasch ins Leben gerufenen Verein «Ein Schiff für Vietnam» unterstützten einerseits eher linksliberale Intellektuelle wie Heinrich Böll, Alfred Biolek, Martin Walser, Dieter

## Die *Cap Anamur* nimmt Boat People auf

Hildebrandt und der nunmehr «Grüne» Rudi Dutschke, andererseits auch christdemokratische Politiker und Journalisten wie Norbert Blüm, Matthias Wissmann, Richard Stücklen, Franz Alt oder Klaus von Bismarck. Neudeck selbst warb immer wieder für diese Überparteilichkeit, um «einmal eine Atempause von unseren parteilichen Optionen und parteilichen Standpunktprothesen einzulegen».[102] Bis auf wenige Ausnahmen, wie Johannes Rau, blieb die öffentliche Unterstützung durch Sozialdemokraten und die neu gegründeten Grünen jedoch verhaltener.

Neudeck schwebte 1979 zunächst eine deutsche Beteiligung an einem «europäischen Schiff ‹Ile de Lumière›» vor, und er sprach von der deutschen Sektion des «Europäischen Komitee ‹Ein Schiff für Vietnam›».[103] Die Hoffnung auf eine enge europäische Kooperation scheiterte jedoch am fehlenden Engagement in den anderen Ländern, wenngleich auch in Belgien, Italien und Norwegen ähnliche Initiativen aufkamen. Der Einsatz des mit Spenden gecharterten und umgebauten Frachtschiffs *Cap Anamur* startete 1979 zunächst mit Hilfs- und Versorgungsfahrten. Ab Jahresende barg sie dann systematisch Flüchtlinge aus dem Wasser. Diese aufzuspüren, blieb Glückssache. Zeitweilig hatte die *Cap Anamur* einen Rettungshubschrauber an Bord, der weiträumig Boote suchte. Auch hörte die Besatzung Funksprüche anderer Schiffe ab, etwa der US-Navy, die Flüchtlinge auf See meldeten.[104] Vietnamesischsprachige Auslandssender, wie BBC World oder Voice of America, berichteten den Vietnamesen von dem Rettungsschiff, mitunter sogar seine Auslaufzeiten. Es fuhr mit bundesdeutscher Flagge und setzte so auf die Zusage, dass von diesen Schiffen gerettete Menschen in die Bundesrepublik aufgenommen würden. Entsprechend schickte die *Cap Anamur* fortlaufend Meldungen an das Auswärtige Amt, dass sie wieder einige hundert Menschen an Bord habe, die auszufliegen seien. Nur ungefähr ein Viertel der von der *Cap Anamur* geretteten Menschen kam nicht in die Bundesrepublik, sondern emigrierte in andere Länder wie in die USA, insbesondere bei familiären Beziehungen.[105]

Die Aktion wurde durch ehrenamtliches Engagement und eine breite Unterstützung in der Bevölkerung getragen. Rupert Neu-

## 5. Die Boat People aus Vietnam

**Plötzlich legt sich das Boot auf die Seite**

Die Besatzung der »Cap Anamur« wirft Rettungsringe und Schwimmwesten ins Wasser, als das kleine Boot der vietnamesischen Flüchtlinge kentert. Eine Mutter greift gerade noch ihr Baby, das zu ertrinken droht. Die Kräftigsten klettern ohne fremde Hilfe über die Seile an Deck

22 stern

Das spendenfinanzierte Schiff *Cap Anamur* rettet Flüchtlinge im Südchinesischen

### Die *Cap Anamur* nimmt Boat People auf

gleitet von Journalisten, wie hier von Seiten des *Stern*.

## 5. Die Boat People aus Vietnam

deck behielt dauerhaft seinen Job als Radioredakteur und erledigte die Organisations- und Werbearbeit nach Feierabend zusammen mit seiner Frau im heimischen Reihenhaus in Troisdorf bei Köln. Hier fanden samstags auch die Auswahlgespräche für die Ärzte und Krankenpfleger statt, die ebenfalls ihren Urlaub opferten, um ehrenamtlich für rund vier Wochen auf der *Cap Anamur* zu helfen, einige blieben auch Monate.[106] Trotz dieses ehrenamtlichen Engagements war das Unterfangen mit gewaltigen Kosten verbunden, die allein durch Spenden aufgebracht werden mussten. Bereits die 116 Meter lange *Cap Anamur* kostete mit allen Betriebsausgaben, Ausstattung und Verpflegung monatlich 300–400 000 DM.[107] Entsprechend war sie vorerst nur für drei Monate gechartert. Steuergelder erhielt Neudeck nicht, lediglich von der Europäischen Gemeinschaft einmalig 500 000 DM.[108] Auch finanziell war die Rettungsaktion für ihn damit ein risikoreiches Unternehmen.

Neudeck erwies sich jedoch als Meister der Spendenwerbung. Dies gelang ihm vor allem durch eine starke Medienpräsenz und Unterstützung durch Intellektuelle und Journalisten. Heinrich Bölls Auftritt bei der ersten Pressekonferenz schuf Aufmerksamkeit, den Durchbruch eine Sendung des ARD-Magazins *Report* im August 1979. Nach einem ausführlichen Bericht über die noch recht unbekannte Aktion «Ein Schiff für Vietnam» nannte der Moderator Franz Alt eigenmächtig deren Spendenkonto, auf das nun in Kürze rund 2,2 Millionen DM eingingen.[109] Presseverlage wie Gruner+Jahr oder Springer (in der *Hörzu*) erklärten sich zudem bereit, kostenlosen Anzeigenraum zur Verfügung zu stellen. In diesen Anzeigen hieß es etwas reißerisch mit einem Kinderbild: «Jede Minute stirbt ein Flüchtling aus Vietnam ... Hunderttausende Kinder, Frauen und Männer sind bereits ertrunken oder verhungert.»[110]

Zudem sammelten zahlreiche Prominente und Bürger medienwirksam Spenden. Udo Jürgens kündigte etwa ein Benefizkonzert im Fernsehen an, der Zirkus Roncalli ließ einen Chor von vietnamesischen Flüchtlingen singen, Fußbälle mit Unterschriften der Bundesliga-Vereine wurden versteigert. Schließlich erschien sogar eine Schallplatte namens «Schlager-Rendezvous» mit Heino, Roy Black, Howard Carpendale und anderen zugunsten der *Cap Ana-*

*mur*. Viele Bundesbürger zeigten erneut eine besonders große Spendenbereitschaft, sodass bis Mitte Februar 1980 6,5 Millionen DM eingingen.[111] Erst diese unerwartet hohen Spenden trieben von unten ein langfristiges Engagement an, das so von Neudeck zunächst nicht geplant war.

Entscheidend für die breite gesellschaftliche Unterstützung der Rettungsaktion war, dass Neudeck permanent Journalisten einband. Schon beim ersten Auslaufen waren zwei Fernseh-Teams, Print- und Bildjournalisten an Bord, die spektakuläre Artikel und Aufnahmen von Rettungsaktionen lieferten. Viele Reporter an Bord erzählten von fast ertrunkenen, ausgeraubten Menschen, von Mädchen, die tagelang durch Piraten vergewaltigt worden waren, und von den ehrenamtlichen Krankenpflegern an Bord. Die mitreisenden Ärzte und Pfleger schrieben nach ihren Einsätzen ebenfalls oft Artikel, ebenso Rupert Neudeck selbst. Die raschen Erfolge bei der Rettung und Versorgung der Flüchtlinge wurden so für die Spender permanent und live dokumentiert. Von den nachhaltigen komplexen Hilfsaktionen gab es kaum derartige Bilder.

Neudecks Leitmotiv war die «radikale Humanität». Er setzte auf eine unabhängige, direkte Hilfe, die komplexe Zusammenhänge eher ausblendete und dafür konkreten Handlungsdruck schuf.[112] Insofern standen seine Aktionen im Kontrast zu der weltanschaulich überformten Solidarität der Linken. Im Unterschied zu älteren Hilfsorganisationen und den linksalternativen sozialen Bewegungen der 1970er-Jahre agierte hier kein größeres Netz von Basisgruppen, ebenso fehlten kontrollierende Gremien.[113] Vielmehr traf Neudeck seine Entscheidungen oft reaktionsschnell im Alleingang oder nur mit seiner Frau, was nach wenigen Jahren mit zum Rücktritt eines Teils des Vereinsvorstandes führte. Dem neuen Zeitgeist entsprechend setzte Neudeck auf eine Unabhängigkeit vom Staat, eine schlanke Verwaltung und auf flexibles Agieren statt auf programmatisches Planen.

## Das Ende der Rettungsaktionen

Die Rettungsaktionen der *Cap Anamur* führten rasch zu Konflikten, sei es mit dem Auswärtigen Amt, den Behörden, anderen Hilfsorganisationen oder auch mit den Nachbarländern Vietnams. In der internen Wahrnehmung des Auswärtigen Amts besaß Neudeck «eine grundsätzliche Gegnerschaft zum ‹Apparat› und zur Bürokratie. Wo immer es ihm nützlich erschien, hat er die BReg. [Bundesregierung] durch geschickte und unseren Erachtens häufig unaufrichtige Handhabung der Medien in die Defensive zu drängen versucht», etwa durch «gezielte Informations- und Meinungsmanipulation».[114] Tatsächlich startete Neudeck seine Hilfsaktion ohne Vorkenntnisse und umging immer wieder pragmatisch bürokratische Regeln. Seine Schriften spotteten nicht minder scharf über die Bürokraten, die Menschen ertrinken lassen würden. Schon bei der Ausfahrt des Schiffes von Japan brach er Vorschriften, sodass das Schiff bereits kurz darauf festgesetzt wurde.[115] Nach wenigen Monaten häuften sich in den angrenzenden Ländern und den dortigen bundesdeutschen Botschaften die Klagen. Die Diplomaten in Jakarta monierten bereits im September 1979 die «Ignoranz an rechtlichen Fragen, mit der derartige Hilfsaktionen von Laien durchgeführt werden», sowie die fehlende Koordinierung mit den indonesischen Behörden, dem UNHCR und den Auslandsvertretungen.[116] Zudem seien die Aktionen, so die Botschaft in Jakarta, «von einem überzogenen Erfolgszwang diktiert, der spektakuläre Aktionen fordert, damit der Einsatz des Schiffes zum Anreiz des weiteren Spendenflusses publikumswirksam in Szene gesetzt werden kann».[117]

Zunehmend kursierte der Vorwurf, dass die *Cap Anamur* mit Journalisten an Bord Menschen rettete, die nicht direkt in Seenot seien oder die andere Schiffe aufgenommen hätten. Das Auswärtige Amt verlangte deshalb von Neudeck das Versprechen, keine Flüchtlinge mehr von anderen, nicht-deutschen Booten zu übernehmen.[118] Dass die *Cap Anamur* 1981 eine große spendenfinanzierte Reislieferung nach Vietnam brachte, obwohl die Bundesrepublik die Entwicklungshilfe und eine Darlehenszusage eingestellt hatte, führte zu diplomatischen Spannungen mit den angrenzenden ASEAN-Staaten, die dies als deutsches Unterlaufen des Boykotts ansahen.[119] Hinzu kamen Beschwerden, auch von der UNO, die Rettungen der *Cap Anamur* würden die geregelte Aufnahme von Flüchtlingen aus dem Lager und die Familienzusammenführung erschweren, da sie Zuweisungen beeinflussten.[120]

Der Hauptvorwurf gegenüber der *Cap Anamur* war seit 1980, ihre Präsenz fördere den Flüchtlingsstrom und locke Vietnamesen auf das Meer und nach Deutschland.[121] In einer Vorlage für Genscher lautete die zynisch-kritische Bilanz, «die ‹Cap Anamur› führe durch ihre fortgesetzte und systematische Hilfstätigkeit die Flucht vieler Vietnamesen erst herbei, vergrößere also die Not, die zu lindern sie angetreten sei».[122] Andere monierten, viele Flüchtlinge wollten gar nicht nach Deutschland, würden so aber dazu gedrängt.[123] Ende 1980 wurde dieser Vorwurf in der Öffentlichkeit und in Teilen der Medien lauter; so bezeichnete der WDR die «Cap Anamur» als «Fluchthilfeunternehmen».[124] Neudeck rechtfertigte sich öffentlich, die Boat People könnten angesichts der Weite des Meeres und der mangelhaften Navigation keineswegs systematisch die *Cap Anamur* ansteuern.[125] Hongkong, Indonesien und Singapur verweigerten jedoch wegen der vielfältigen Vorwürfe bereits 1980 die Anlandung und selbst die temporäre Übernahme der Flüchtlinge.[126]

Die Rettungsaktion geriet dadurch ab Anfang 1981 in Gefahr. Verschiedene Bundesländer verweigerten die Aufnahme der Bootsflüchtlinge, sodass Anfang 1981 bereits einige Menschen seit einem Monat auf der *Cap Anamur* darauf warteten, anlanden zu dürfen.[127] Gerade die christdemokratischen Länder forderten nun von der Bundesregierung ein Gesamtkonzept zur künftigen Aufnahme von Flüchtlingen, das Neudecks Aktion einschließe.

Im Auswärtigen Amt blieben derweil die Sachstandsberichte noch ausgewogen.[128] Auch Genscher hielt eher seine schützende Hand über die *Cap Anamur* und vermerkte ein «richtig» auf internen

## 5. Die Boat People aus Vietnam

Vorlagen mit Argumenten für ihre Unterstützung.[129] Da einzelne Bundesländer wie Niedersachsen und Nordrhein-Westfalen weiter für *Cap Anamur*-Flüchtlinge Quoten zugestanden, konnte sie weiter ausfahren. Die ehrenamtlichen Helfer und die Bürokratie rieben sich aneinander, stützten sich aber auch. Im Laufe des Jahres 1981 wurde jedoch erkennbar, dass die Tage der großen Rettungsaktionen vorbei waren. Ein Stimmungswechsel in der Öffentlichkeit war deutlich, die Spenden gingen zurück. Der politische Wille zur Aufnahme von Migranten ließ insgesamt spürbar nach.

Hinzu kamen frühzeitig früh Konflikte zwischen dem neuen spendenfinanzierten Verein «Cap Anamur» und etablierten Organisationen wie dem Deutschen Roten Kreuz. Dessen Generalsekretär Hans-Jürgen Schilling polemisierte gegen derart spontan gegründete kleine Vereine, die sich durch «unqualifizierte Einsätze», «unseriöse Berichterstattung» und «mangelnde Koordinierungsbereitschaft» auszeichnen würden.[130] «Cap Anamur» warf er Anfang 1981 vor, dass sie «Schein-Asylanten aus Vietnam mit Hilfe des Schiffs die Tür» öffne und mit Spenden eine «Überfremdung» der Bundesrepublik gefördert werde.[131] Umgekehrt hielt Neudeck dem DRK vor, eine «gefräßige und bürokratische Institution» zu sein, die trotz immenser staatlicher Zuwendungen keine echte Hilfe leiste, weil sie ihr steuerfinanziertes Schiff vor Vietnam auf medizinische Hilfe beschränke und keine Menschen rette.[132]

Dieser Stimmungswechsel hatte auch Folgen für die Aufnahme der Indochina-Flüchtlinge. Sie machten zwar nur einen kleinen, aber durch die Rettungsaktionen sehr sichtbaren Teil der Migranten aus. Waren die *Cap Anamur*-Flüchtlinge zunächst ein Symbol der humanitären Solidarität gewesen, so standen auch sie nun zunehmend für eine zu großzügige Aufnahme von «Wirtschaftsflüchtlingen». Im Auswärtigen Amt hatte man intern lange gezögert, Neudecks Flüchtlinge abzulehnen, da man eine Medienkampagne von ihm befürchtete.[133] Nachdem sich nun aber die Bundesländer angesichts des Stimmungswandels mehrheitlich gegen ihre Aufnahme stellten, konnte das Auswärtige Amt auf die fehlende Bereitschaft der Länder verweisen, ohne selbst blockierend zu wirken.

## Das Ende der Rettungsaktionen

Angesichts des Stimmungswechsels in Politik und Öffentlichkeit versuchte Neudeck, die *Cap Anamur* noch durch eine Neuausrichtung zu retten, indem er sie zum «Anti-Piraten-Schiff» deklarierte, das durch seine Präsenz Boat People vor Piratenüberfällen schütze; faktisch nahm sie allerdings weiterhin Flüchtlinge auf.[134] Anfang März 1982 beschlossen die Regierungschefs schließlich endgültig, dass Seenotflüchtlinge, die im Rahmen systematischer Such- und Rettungsdienste an Bord kamen, nur noch aufgenommen würden, wenn die Länder *einstimmig* ein entsprechendes Kontingent bereitstellten; nur Niedersachsen beharrte auf einer Sonderaufnahme.[135] Und die Ministerpräsidenten entschieden im Oktober 1981 in Bad Kreuznach, auch sonst keine weiteren Indochina-Flüchtlinge aufzunehmen, mit Ausnahme von Familienzusammenführungen.[136]

Diese Entscheidungen, aber auch das Abflauen der Spendenbereitschaft, sorgten für das endgültige Aus der *Cap Anamur*. Am 11. Juni 1982 erklärte Neudeck der Bundesregierung, dass er die Aktion einstelle und das Schiff mit den letzten 285 Flüchtlingen nach Hamburg zurückfahre. Ein Drittel von ihnen war bereits über dreieinhalb Monate an Bord, da keiner sie aufnehmen wollte. Damit standen am Ende der Rettungsaktionen ähnliche Bilder wie am Anfang. Das Auswärtige Amt versprach eine Aufnahme der Flüchtlinge gegen «eine verbindliche Erklärung Dr. Neudecks, daß dies die letzte Fahrt der ‹Cap Anamur› ist, und das Schiff auch keine weiteren Flüchtlinge in die Bundesrepublik mitbringt».[137] Neudeck verweigerte diese Zusage, sodass die Flüchtlinge auf dem Schiff, die im Hamburger Hafen von tausenden Menschen empfangen wurden, Asyl beantragen mussten.[138] Erneut war es das Land Niedersachsen, das die Boat People großzügig aufnahm.

Die *Cap Anamur* wurde nun in einem polnischen Hafen wieder als Frachter hergerichtet und im August 1982 transportierte sie bereits Mähdrescher nach Südamerika. Nur begrenzten Erfolg hatten Rupert Neudecks Versuche in den folgenden Jahren, weitere Boat People zu retten. 1983 versuchte er etwa, ein spendenfinanziertes Suchflugzeug im Chinesischen Meer zu starten, das dort kreuzende Frachter über Flüchtlingsboote in Seenot informieren sollte.[139] Im Rahmen der deutsch-französischen Annäherung un-

ter Bundeskanzler Kohl plante Neudeck dann eine neue gemeinsame Rettungsaktion – mit einem französischen Boot und deutscher Beteiligung, in der beide Länder die Geretteten aufnehmen sollten. Wegen der bundesdeutschen Ablehnung wurde es dann 1985 eine rein französische Aktion, das Komitee «Cap Anamur» beteiligte sich aber zu einem Drittel an den Kosten.[140]
1986 gelang Neudeck schließlich eine deutsch-französische Aktion mit einem umgebauten Containerschiff namens *Cap Anamur II*. Das Medieninteresse war gering, aber bei dieser zeitlich begrenzten Aktion gelang immerhin noch einmal die Rettung von 888 Flüchtlingen auf offenem Meer. Wiederum, wie 1979, waren es die Länder Niedersachsen, Baden-Württemberg und Nordrhein-Westfalen, die einige hundert Plätze anboten; das von dem Sozialdemokraten Oskar Lafontaine regierte Saarland bot hingegen nur sechs Plätze an und Bayern keinen.[141]

Trotz ihres Endes war die Geschichte der *Cap Anamur* jedoch insgesamt gesehen ein wirklich beeindruckender Erfolg: Über zehntausend gerettete Menschen standen dafür, aber auch die breite öffentliche Unterstützung, durch die der Einsatz deutlich länger währte als ursprünglich geplant.[142] Aus dem Verein «Ein Schiff für Vietnam» entwickelte sich in kurzer Zeit die dauerhafte NGO «Cap Anamur. Deutsche Notärzte e.V.», die auch in Afrika und Zentralasien tätig ist. Bis heute, auch nach Neudecks Rückzug und Tod, führt die Kölner Organisation Hilfsaktionen durch. Rupert Neudeck engagierte sich trotz fortgeschrittenen Alters bis zu seinem Tod 2016 weiter, etwa als Ehrenvorsitzender der «Grünhelme», die sich im Mittelmeer um Flüchtlinge kümmern. Als ich ihn 2016 in seinem Reihenhaus zu einem Zeitzeugengespräch besuchte, wohnte – natürlich – ein Flüchtling im einstigen Kinderzimmer.

# Angst vor Migranten

Nicht nur die Rettungsaktionen der *Cap Anamur* litten unter der wachsenden ausländerfeindlichen Stimmung und der Angst vor einer Überfremdung Deutschlands. Generell ging die euphorische Hilfe für die Boat People mit einer zunehmenden Furcht vor zu vielen Ausländern einher. Verängstigt stellten Politiker und Öffentlichkeit fest, dass die Migrantenzahl wuchs. Durch den Familiennachzug der verbliebenen Gastarbeiter stieg sie auf über 4,5 Millionen. Die Zahl der Asylbewerber schoss ebenfalls in die Höhe: Während bis Mitte der 1970er-Jahre weniger als 10 000 Menschen pro Jahr Asyl beantragt hatten, waren es 1979 bereits über 50 000 Menschen, 1980 dann bereits rund 108 000. Damit gingen in den Jahren um 1980 fast so viele Asylanträge ein wie in den gesamten drei Jahrzehnten zuvor. Zur Hälfte kamen sie aus der Türkei, da dies nach dem Anwerbestopp 1973 eine der wenigen Möglichkeiten war, jenseits des Familiennachzugs in die Bundesrepublik zu gelangen. Auch die kritische Lage in Polen und die verbesserten Ost-West-Beziehungen ließen den Zuzug ansteigen. Die Zahl der erteilten Visa, der «Sichtvermerke für die Bundesrepublik», erhöhte sich in den sozialistischen Nachbarländern um 1980 drastisch. Viele Menschen aus diesen Ländern kehrten wieder in die Heimat zurück, aber die Zahl der dauerhaft Bleibenden wurde bereits auf 150 000 geschätzt.[143] Anfang der 1980er-Jahre nahm zudem die außereuropäische Armutsmigration zu. Die neue Hilfsbereitschaft gegenüber Flüchtlingen und eine neue Angst vor ihnen hingen eng zusammen. Die Furcht vor dem Islam, die 1979 im Zuge der iranischen Revolution aufkam, ging damit einher.

Wie Umfragen zeigten, nahm in der deutschen Bevölkerung in wenigen Jahren die Auffassung zu, die Ausländer sollten in ihre Heimat zurückkehren.[144] Vor allem die hohe Arbeitslosigkeit im Zuge der Wirtschaftskrise förderte dies. Während die einen die Menschen aus sinkenden Booten retteten, skandierten andere «Das

Boot ist voll», um die Abschottung der Grenzen zu fordern. Gerade bei den Christdemokraten, die eben noch die Aufnahme von mehr Flüchtlingen aus Vietnam gefordert hatten, nahmen die Stimmen zu, die vor «Wirtschaftsflüchtlingen» warnten. Anfangs wurden die Vietnamesen noch bei fremdenfeindlichen Äußerungen ausgenommen. Der bayerische Ministerpräsident Franz Josef Strauß (CSU), der seit 1979 verstärkt gegen das «Heer der Scheinasylanten» wetterte, die zu 90 Prozent zu Unrecht Leistungen beanspruchen würden, zählte die Boat People zunächst zu den berechtigten Flüchtlingen.[145] Allerdings verband er als erster prominenter Christdemokrat bereits 1979 ihre weitere Aufnahme mit der Forderung, die Asyl- und Ausländergesetze zu verschärfen.[146] Seit Anfang der 1980er-Jahre wurde die Kritik an der *Cap Anamur* auch für andere Bundesländer zum Argument, um die Aufnahme von Ausländern insgesamt zu kritisieren.

Bereits die sozialliberale Regierung setzte sich zum Ziel, «daß der weitere Zuwachs von Ausländern wirksam begrenzt» werden sollte, besonders durch eingeschränkten Familiennachzug und Asylbewerberzuzug. «Man werde die Tür also eventuell schließen müssen», bilanzierte ein Spitzentreffen zwischen Kanzleramt, BMI und AA Mitte 1981 zur Ausländerfrage.[147] Tatsächlich beschlossen die asiatischen Nachbarländer und die westlichen Endaufnahmeländer wie die Bundesrepublik nun restriktivere Regeln, wodurch die Flüchtlingszahlen 1981/82 sanken, wie das Auswärtige Amt zufrieden feststellte.[148]

Parallel dazu wurde das Bundesinnenministerium um eine Novellierung des Asyl- und Ausländerrechts gebeten.[149] Der linksliberale Innenminister Gerhart Baum, der ebenfalls für eine Begrenzung des Zuzugs eintrat, argumentierte zwar im Kabinett: «Die Bundesrepublik Deutschland ist de facto ein Einwanderungsland»; Helmut Schmidt widersprach dem jedoch, und das Kabinett beschloss am 11. November 1981 sogar förmlich, «daß die Bundesrepublik Deutschland kein Einwanderungsland ist und auch nicht werden soll».[150] Ende 1981 verabschiedete das Kabinett deshalb Maßnahmen zur Begrenzung von Migration und finanzielle Anreize, um Ausländer zur Rückkehr in ihre Heimat zu bewegen.[151]

Tatsächlich konnte sie in den nächsten Jahren aber nur wenige Ausländer zu diesem Schritt bewegen. Zugleich musste die Bundesrepublik mehr «de-facto Flüchtlinge» dulden, die aus Bürgerkriegsgebieten kamen.[152] Parallel dazu entstand eine «Neue Rechte». Mit dem «Heidelberger Manifest» 1981 artikulierte sich ein akademisch getragener Protest gegen eine «Überfremdung», mit den «Republikanern» entstand zwei Jahre später eine neue rechte Partei. Rechtsextreme Organisationen und Gewalttaten nahmen zu. Mit dem Bombenattentat auf das Oktoberfest 1980 von mindestens einem Rechtsradikalen erlebte die Bundesrepublik ihren bisher schwersten terroristischen Anschlag.[153] Bereits im August 1980 wurden in Hamburg zwei Vietnamesen durch einen rechtsradikalen Brandanschlag auf ihr Wohnheim getötet: Einer war über die *Cap Anamur* nach Deutschland gekommen, der andere mit der Rettungsaktion der *Zeit*.[154] Auch in dieser Hinsicht war die erste außereuropäische Flüchtlingsaufnahme ein Umbruch in die Gegenwart.

## Vertragsarbeiter in der DDR

Die Einwanderung aus Vietnam gewann auch in der DDR seit 1979 an gesellschaftlicher Bedeutung. Trotz aller Unterschiede korrespondierten die Migrationspolitiken in Ost und West in gewisser Weise. Die Bilder von der Massenflucht aus Vietnam erreichten über das Westfernsehen sogleich die DDR. So lange wie möglich sparten ihre Leitmedien das Thema weitestgehend aus, bis das *Neue Deutschland* ab Mitte 1979 es verstärkt aufgriff. Dabei denunzierte es die Flüchtlinge als «Schicht reicher Müßiggänger des alten Regimes, Schmarotzer am Krieg, kapitalistische Unternehmer, die nach dem Sieg des Volkes lieber ins Ausland gehen als mit eigener harter Arbeit beim Aufbau des Landes zu helfen». Die Flucht werde von «organisierten Banden übernommen, die hohe Summen kassieren und offenbar eng mit kapitalistischen Ländern zusammenarbeiten».[155] Wäh-

## 5. Die Boat People aus Vietnam

rend der Westen die auf der Flucht vergewaltigten Vietnamesinnen beklagte, sprach der Osten von der Flucht vietnamesischer Zuhälter.

Wie in der Bundesrepublik stiegen mit der Flüchtlingswelle 1979 auch in der DDR die Ausgaben für internationale Hilfsaktionen rasant an, freilich für die Sozialistische Republik Vietnam. Bis Jahresende bekam sie Hilfsmittel im Wert von angeblich 265 Millionen DDR-Mark, überwiegend aus organisierten Spenden der Bevölkerung für Medikamente, Medizingeräte und Konserven.[156] Die Solidaritätskampagnen in Ost- und Westdeutschland richteten sich damit zwar an unterschiedliche Menschen aus Vietnam, verstärkten sich aber gegenseitig. Auch hier beflügelte die Konkurrenz im Kalten Krieg die Globalisierung.

Dies galt auch für die Migrationspolitik der DDR. Bis in die 1970er-Jahre waren, ähnlich wie in der Bundesrepublik, vornehmlich einzelne Studenten und Lehrlinge temporär aus Nord-Vietnam in die DDR gekommen, allerdings deutlich mehr als im Westen. Im Zuge der Flüchtlingswelle schloss die DDR nun im April 1980 ein Abkommen mit Vietnam, um zunächst «Vertragsarbeiter» befristet für vier bis fünf Jahre in den Betrieben der DDR zu beschäftigen, wodurch bis 1989 insgesamt rund 70 000 Vietnamesen temporär nach Ostdeutschland kamen. Ähnlich wie die Bundesrepublik trug auch die DDR die Kosten für die Einreise und Versorgung. Dieses Abkommen reagierte auf den in der DDR bestehenden Arbeitskräftemangel für einfache Tätigkeiten. Eingesetzt wurden die Vertragsarbeiter besonders in der schlechter bezahlten Leichtindustrie in Ost-Berlin und den größeren Städten. Ähnlich wie im Westen schätzte auch die SED den Fleiß und die Anpassungsbereitschaft der Vietnamesen, weshalb sie diese bevorzugt ins Land ließ.[157]

Auch in der DDR stand dies für einen gewissen Wandel der Arbeitsmigration: Nachdem die ausländischen Vertragsarbeiter in den 1970er Jahren noch vornehmlich aus dem Osten, aus Polen und Ungarn stammten, erhielt nun selbst die DDR ein internationaleres Gesicht. Vor dem Mauerfall waren die damals dort 59 000 Vietnamesen die größte Ausländergruppe. Vietnam wiederum hatte angesichts der katastrophalen Wirtschaftslage ein hohes Interesse an der Ausbildung und Bezahlung seiner Arbeiter in der DDR, die ihr

Erspartes und Güter in die Heimat schickten.¹⁵⁸ Die Vertragsarbeiter waren vom Staat ausgewählt und damit politisch eher loyal. Aber auch für diese Vietnamesen war es – wie bei den Boat People – eine Möglichkeit, der Armut zu entkommen, wofür sie ebenfalls mitunter Bestechungsgelder zahlten. Viele konnten sich hier als Facharbeiter qualifizieren und erinnerten später die DDR als «Paradies» und «wunderbares Land».¹⁵⁹

In beiden Teilen Deutschlands bestand jedoch eine Diskrepanz zwischen der öffentlich gepriesenen Solidarität und der begrenzten Integration im Alltag. Die Vertragsarbeiter im Osten waren über die Arbeit stärker eingebunden als die Vietnamesen im Westen und wurden von den Kollegen mehrheitlich geschätzt. Ansonsten war die Integration im Osten begrenzter. So bekamen sie nur kürzere Sprachkurse und lebten mehrheitlich abgeschirmt in separaten Gemeinschaftsunterkünften.¹⁶⁰ Dass die Vietnamesen in der DDR meist kinderlos waren, erschwerte Kontakte zu Deutschen. Eine dauerhafte Aufnahme war politisch nicht gewollt. Bereits eine Schwangerschaft konnte zur Ausweisung führen, ebenso schlecht beurteilte Arbeitsleistungen, chronische Krankheiten oder Straftaten. Das Heiraten war untersagt, und die Zahl der Familienzusammenführungen blieb entsprechend sehr klein, während sie bei den kinderreichen Familien im Westen eine große Rolle spielte.¹⁶¹

Zudem zeigte sich auch in der DDR seit 1979 eine neuartige Gewalt gegen Ausländer. Eine neuere Studie macht 725 rassistische Gewalttaten mit mindestens zehn Toten in der DDR der 1970/80er-Jahre aus.¹⁶² Die Gewalt richtete sich allerdings weniger gegen die Vietnamesen als Menschen mit dunkler Hautfarbe. Den Vietnamesen (und den Polen) wurde besonders vorgeworfen, knappe, begehrte Konsumgüter aufzukaufen. Auch die Eingaben der DDR-Bürger an die Behörden dokumentieren, dass die offiziell gepriesene «Völkerfreundschaft» mit fremdenfeindlichen Klagen einherging.¹⁶³

## 5. Die Boat People aus Vietnam

### Vietnamesen im vereinten Deutschland

1990 brach mit der DDR auch die proklamierte «Völkerfreundschaft» zusammen. Von den Entlassungen ab 1990 waren die Vertragsarbeiter oft als Erste betroffen. Ihre Wohnheimplätze und die Verträge mit den Entsendestaaten wurden gekündigt, und der größte Teil musste in die Heimat zurückkehren, was die Bundesrepublik mit Reisemitteln förderte. Von den rund 60 000 vietnamesischen Vertragsarbeitern beim Mauerfall waren 1993 nur noch 16 635 registriert. Zugleich war im vereinigten Deutschland bei Nachweis eines Einkommens ein weiterer Verbleib möglich, und somit gab es für die Vertragsarbeiter erstmals eine längerfristige Perspektive zu bleiben.[164] Gegenüber den Ausländern im Westen blieben sie vorerst schlechter gestellt, bis 1997 auch ihre Arbeitszeit in der DDR als Aufenthaltszeit anerkannt wurde. Bei denen, die blieben, zeigten sich Probleme aufgrund der vorherigen geringen Integrationsförderung. Nur ein kleiner Teil sprach ausreichend Deutsch. Dass einige von ihnen nun notgedrungen illegal Zigaretten verkauften, stigmatisierte die zuvor als fleißig geschätzten Landsleute. Für die Ausländer in Ostdeutschland hatte die Wiedervereinigung damit noch dramatischere Folgen als für die Deutschen.[165] Über den Verlust der Arbeit hinaus waren sie mit rechtlicher Unsicherheit, Abschiebungen und neuer Ausländerfeindlichkeit konfrontiert. Unter den vietnamesischen Vertragsarbeitern, die blieben, zeigte sich entsprechend rasch eine gewisse Ostalgie: «Also für das Leben hier, die besten Zeiten, DDR», bilanzierte etwa ein Vietnamese.[166]

Das schwierige Zusammenwachsen von West- und Ostdeutschen ging nach der Wiedervereinigung mit Spannungen zwischen den Vietnamesen in beiden Teilen Deutschlands einher. Heute leben geschätzt rund 176 000 Menschen aus Vietnam oder mit mindestens einem vietnamesischen Elternteil in Deutschland,[167] deren Hintergründe denkbar unterschiedlich sind: Anti-kommunistische

Boat People, oft aus gebildeteren Schichten, stießen seit dem Mauerfall auf ehemals loyale Vietnamesen aus der Sozialistischen Republik Vietnam: Oft waren sie sich fremder als Ost- und Westdeutsche. Ihr Dialekt blieb ein Erkennungszeichen, das mit anhaltenden Stereotypen einherging. Viele ehemalige Vertragsarbeiter sehen allerdings das kommunistische Vietnam heute kritischer, sodass sich mit dem Generationswechsel eine Annäherung abzeichnet. Dennoch blieb besonders in Berlin diese Spaltung in der vietnamesischen Gemeinde noch sprachlich, kulturell und besonders politisch erkennbar.[168] Im Berliner Dong Xuan Center, dem Herzen der Ostberliner Vietnamesen, gehen zwar mittlerweile auch ehemalige Boat People und deren Kinder einkaufen. Doch Flaggen aus Nord- oder Südvietnam oder Rituale zum Tag der Einnahme von Saigon markieren diese Differenzen ebenso wie getrennte Vereine.[169]

Insgesamt gelang die Integration der Vietnamesen freilich äußerst gut. Keine andere ethnische Gruppe weist einen derartigen Bildungserfolg auf wie die Vietnamesen, unabhängig vom Bildungsgrad der Eltern. Zwei Drittel der Jugendlichen mit vietnamesischem Migrationshintergrund besuchen das Gymnasium, dagegen nur 42 Prozent der deutschen Schüler insgesamt.[170] Auch ihre Beschäftigungsquote ist sehr hoch. Die Prägung durch den Konfuzianismus und ein Wertesystem, das Bildung, beruflichen Erfolg und die finanzielle Sorgepflicht für Eltern im Alter betont, dürfte dazu beigetragen haben. Auch im Alltag gelang die Integration der Boat People sehr gut. So zeigte eine Studie zur Integration der Vietnamesen in Hamburg, dass diese sich schon in den 1990er-Jahren mehrheitlich selbst finanziell versorgen konnten, viele bereits Eigenheime besaßen und die deutsche Staatsbürgerschaft angenommen hatten. Beruflich gelang erwartungsgemäß die Integration der älteren Flüchtlinge schlechter als bei den jungen, die leichter die deutsche Sprache lernten. Befragte Lehrer hoben auch hier bei den vietnamesischen Schülern ihr diszipliniertes Arbeitsverhalten, ihre Stärken im sprachlichen und mathematisch-naturwissenschaftlichen Bereich und ihr Sozialverhalten hervor.[171]

Die Flüchtlinge selbst erinnern ihre Aufnahme in der Bundesrepublik sehr positiv.[172] Rupert Neudeck und Ernst Albrecht fanden lange Zeit eine geradezu heldengleiche Verehrung unter den Vietnamesen in der Bundesrepublik und wurden auf den anfangs regelmäßigen Treffen der Boat People als Übervater bejubelt. Neudeck hielt bis zu seinem Tod Kontakt zu vielen Flüchtlingen, die zahlreich zu seiner Beerdigung im Juni 2016 erschienen. Am Hamburger Hafen erinnern seit 2009 eine von den Boat People initiierte Gedenkanlage und ein Wandbild von der *Cap Anamur* an die Rettung, mit den großen Lettern «Danke Deutschland. Danke Cap Anamur».

Für die bundesdeutsche Migrationsgeschichte waren die Jahre nach 1979 ein Wendepunkt, der auf die Herausforderungen der Gegenwart verweist. Vieles erinnert an die späteren Flüchtlingswellen nach 1990 und 2015: Eine anfängliche Solidarität ging mit dem Aufflackern ausländerfeindlicher Stimmungen einher, wodurch die engagierte Aufnahmebereitschaft in schärfere Gesetze in der Asyl- und Ausländerpolitik mündete. Dabei zeigte gerade die Aufnahme der Boat People, wie Integration gelingen kann. Vietnam behielt zwar sein realsozialistisches Regierungssystem, weshalb weiterhin Menschen aus dem Land fliehen, aber es öffnete sich wie zuvor China ökonomisch und kulturell für den Kapitalismus. Die zahllosen Flüchtlinge und Vertragsarbeiter trugen maßgeblich zur ökonomischen Globalisierung Vietnams bei. Die weltweiten Familiennetzwerke brachten Devisen, Konsumartikel und Sehnsüchte nach Vietnam, rückkehrende Vietnamesen zudem neue Fähigkeiten. Die Globalisierung Deutschlands durch die Vietnamesen war somit keine Einbahnstraße.

# 6. Der sowjetische Einmarsch in Afghanistan
## Umbruch im Kalten Krieg

Ende 1979 schien der Kalte Krieg wieder dauerhaft frostig zu werden. Nach der Entspannungspolitik der frühen 1970er-Jahre beäugten sich Ost und West zunehmend misstrauisch. Im Westen fürchteten viele eine wachsende sowjetische Einflusszone, die sich von Vietnam und Kambodscha über Afghanistan und Südjemen bis hin zu afrikanischen Ländern wie Angola, Äthiopien und Mosambik erstrecke. Dabei grassierte die Angst, die Sowjetunion würde gezielt die Kontrolle der Ölregionen anstreben, was angesichts der zeitgleichen zweiten Ölkrise als eine Achillesferse erschien.[1] Dies wirkte umso bedrohlicher, als die USA Verbündete wie den Iran oder Nicaragua verloren. Die Angst wuchs 1979 jedoch auch bei der Sowjetunion. Sie fürchtete ein Vordringen der USA, etwa durch deren neue außenpolitische Beziehungen zum benachbarten China und Pakistan oder zum einstigen Verbündeten Ägypten. Selbst im sozialistischen Afghanistan vermutete das Moskauer Politbüro in diesem Jahr Kämpfer, die von den USA, China und Iran gesteuert dort einen Umsturz planten.[2]

Angesichts dieses Ringens um die Aufteilung der Welt kam es 1979 zu einer neuen Zuspitzung des Kalten Krieges, und viele Menschen hielten einen Dritten Weltkrieg für möglich. Diese Ängste gingen mit der geplanten Modernisierung der Atomwaffen auf beiden Seiten einher. Der Westen fürchtete die neuen sowjetischen SS 20-Raketen, die sich mit verstärkten Atomsprengköpfen auf Westeuropa richteten; umgekehrt vergrößerte der Nato-Doppelbeschluss, der eine Aufstellung neuer Atomwaffen in Westeuropa vorsah, nicht nur im Warschauer Pakt Kriegsängste, sondern auch

## 6. Der sowjetische Einmarsch in Afghanistan

in weiten Teilen des Westens, wo Millionen Menschen gegen die Aufrüstung in Ost und West protestierten.

Dass der Nato-Doppelbeschluss mit dem Beginn eines realen Kriegs einherging, war insofern kein Zufall, sondern beides waren Kulminationspunkte dieser Spannungen. Am gleichen Tag, dem 12. Dezember 1979, besiegelte die Nato den Doppelbeschluss und das Moskauer Politbüro den streng geheimen Beschluss, ein begrenztes Kontingent von sowjetischen Truppen nach Afghanistan zu entsenden. Tatsächlich landeten dort Weihnachten 1979 sowjetische Einheiten. Sie besetzten zunächst die Hauptstadt Kabul, und in kurzer Zeit waren rund 85 000 sowjetische Soldaten im Land verteilt. Ihre Panzer rollten über eben jene Straßen, die die sowjetische Entwicklungshilfe zuvor finanziert hatte. Dieser Einmarsch kam für alle Seiten überraschend, zumal selbst die sowjetische Führung bis zum Schluss nicht einhellig von der Entscheidung überzeugt war, da sie um deren Risiken wusste und Afghanistan wirtschaftlich und politisch als unbedeutend erschien.[3]

Afghanistan war vor 1979 tatsächlich ein eher unbedeutendes und wenig bekanntes Land. Es hatte keine Häfen, besaß kaum Fabriken, Städte oder Rohstoffe und auch geostrategisch galt es als marginal.[4] In dem kargen islamischen Gebirgsland waren 85 Prozent Analphabeten und ebenso viele Menschen lebten von den spärlichen Erträgen der Landwirtschaft, weshalb Trockenfrüchte und Baumwolle die wichtigsten Ausfuhrgüter waren.[5] Entsprechend spielte das Land in der internationalen Diplomatie bis Ende der 1970er-Jahre kaum eine Rolle, wenngleich die Sowjetunion und auch westliche Staaten es in den Jahrzehnten zuvor mit Aufbauhilfe und Modernisierungsmaßnahmen unterstützt hatten.[6]

Ende 1979 rückte Afghanistan jedoch schlagartig in den Mittelpunkt der globalen Aufmerksamkeit. «Die Besetzung Afghanistans ist eine Herausforderung der ganzen übrigen Welt», hieß es im Deutschen Bundestag.[7] Die weltweit verhandelten Sanktionen gegen die Sowjetunion zwangen alle Staaten, sich zu positionieren, ob in der UNO oder beim Boykott der Olympischen Spiele in Moskau 1980. An dem dortigen Krieg beteiligten sich so unterschiedliche Mächte wie die USA, Saudi-Arabien, Iran oder auch China, indem

## 6. Der sowjetische Einmarsch in Afghanistan

sie Widerstandskämpfer unterstützten. Im Westen galten diese nun als islamische «Freiheitskämpfer» und wurden hofiert. Auch bundesdeutsche Politiker empfingen radikale Muslime wie Gulbuddin Hekmatyār, obgleich der Fundamentalist auch als ein «afghanischer Khomeini» galt.[8] Der Krieg prägte somit weltweite Achsen und Loyalitäten. Ebenso bedeutend waren die Kriegsfolgen im engeren Sinne: Von den rund 15 Millionen Einwohnern Afghanistans starben 7–10 Prozent in den Kämpfen, mehrere Millionen Menschen flohen zudem aus ihrer Heimat, insbesondere nach Pakistan. Die Zahl der gestorbenen sowjetischen Soldaten wird offiziell mit 13 828 angegeben, einige schätzen jedoch 25–40 000 Tote und 50 000 Verletzte.[9] Angesichts des begrenzten Kontingents von jeweils rund 85 000 Soldaten war auch dies ein hoher Blutzoll, und viele sowjetische Soldaten kehrten traumatisiert zurück.

Der sowjetische Einmarsch in Afghanistan lässt sich in mehrfacher Hinsicht als ein global bedeutender Umbruch fassen, der bis in die Gegenwart prägend blieb. Er steht erstens für die Überdehnung des sowjetischen Machtanspruchs, der sich Ende der 1970er-Jahre auf seinem Höhepunkt befand. Der Einmarsch in Afghanistan, der erste Truppeneinsatz außerhalb des Warschauer Paktes nach dem Zweiten Weltkrieg, entwickelte sich zum Fiasko. Für die Agonie des Sozialismus waren sicherlich innere Probleme verantwortlich, aber das Scheitern in diesem Krieg verstärkte sie.[10] So isolierte der Einmarsch die Sowjetunion international, deren Führung durch die nachdrücklichen weltweiten Reaktionen überrascht wurde. Rasch galt der Krieg als «sowjetisches Vietnam», da er weltweit die Reputation der Sowjetunion schmälerte, besonders bei den Entwicklungsländern, den Blockfreien und den islamischen Staaten, aber auch bei der Linken im Westen. Zudem fraß der lange Kriegseinsatz am Ansehen der Sowjetunion in den verbündeten Staaten und war auch im eigenen Land kaum vermittelbar. Der ausbleibende Erfolg rührte zugleich am Nimbus ihrer Armee, deren Stärke und Sieg über den Faschismus die nationale Identität prägten.[11] Wie frühere Imperien scheiterte die Sowjetunion an ihrer Überdehnung und an Guerilla-Kämpfen in der Peripherie. Weitere parallele Auslandseinsätze der Roten Armee in Nachbarländern mit Protesten,

## 6. Der sowjetische Einmarsch in Afghanistan

etwa in Polen, machte dieser Krieg unwahrscheinlicher. Auch das trug zum Zerfall des Sozialismus bei. Eine vergleichende Studie sprach daher von «communism's first domino», auf das Polen folgte.[12]

Zweitens lässt sich der Einmarsch, zusammen mit dem Nato-Doppelbeschluss 1979 und der Friedensbewegung, als ein letzter Höhe- und Wendepunkt des Kalten Kriegs fassen. Dieser letzte große Stellvertreterkrieg und die Nachrüstung sorgten für eine globale Konfrontation, die oft als «zweiter Kalter Krieg» bezeichnet wird. Im Rückblick ging der Kampf der Roten Armee freilich zugleich mit dem Ende des Kalten Kriegs einher, auch deshalb, weil viele Mechanismen der vorherigen Entspannungspolitik intakt blieben. Der Afghanistankrieg blieb territorial begrenzt, und trotz einiger Sanktionen rissen Gespräche und Wirtschaftsbeziehungen zwischen Ost und West nicht ab, selbst unter den konservativen Regierungschefs der 1980er-Jahre. Zugleich protestierten Millionen Menschen für Frieden und Abrüstung, da sie sich nicht mehr der bipolaren Logik des Atomkriegs unterwerfen wollten und eine Abrüstung in Ost und West forderten. Gerade die Eskalation führte somit zu einer neuen Sehnsucht nach Abrüstung und Frieden, die unter Gorbatschow und US-Präsident Reagan dann in Verhandlungen mündete.

Einen Umbruch in die Gegenwart bedeutet der Krieg drittens, weil er den Aufstieg radikaler islamischer Kämpfer förderte, die finanziell und militärisch vom Westen und dem Nahen Osten unterstützt wurden. Während radikale Fundamentalisten im Iran die USA herausforderten, setzten im Nachbarland Afghanistan politisierte Muslime der Sowjetunion zu. Iran und Afghanistan stehen somit für geopolitisch verbundene Krisen, die die Achsen des Kalten Kriegs verschoben und auf gegenwärtige Herausforderungen verweisen – etwa den Aufstieg der Taliban in den 1990er-Jahren und die Ausbildung radikalislamischer Attentäter.

Viertens repräsentiert auch Afghanistan die Dynamiken der Globalisierung. Selbst ein derart rohstoffarmes Land entwickelte sich nun zu einer globalen Drehscheibe, sei es beim militärischen Engagement in der Region, beim Handel mit Drogen oder auch durch die großen Flüchtlingsströme, die infolge der Kriege aufkamen. Parallel zur Flüchtlingskrise in Südostasien entstand hier eine der größten Fluchtbewegungen der jüngeren Zeitgeschichte: Über drei Millionen Menschen flohen nach Pakistan, ein bis zwei Millionen in den Iran. Beides zusammen prägte weltweit den Eindruck, ein neues Zeitalter der globalen Flucht komme auf. In Afghanistan selbst sind die Nachwirkungen jener Konflikte, die 1979 begannen, bis heute zu spüren. Es ist weiterhin ein Zentrum islamistischer Gewalt und eine instabile Krisenregion, die trotz und wegen des internationalen Engagements kaum zu befrieden ist.

## Gescheiterte Modernisierungsversuche in Afghanistan

In Afghanistan waren seit den 1920er-Jahren zahlreiche Modernisierungsprojekte gestartet – aus eigenem Antrieb und mit Unterstützung aus Ost und West. Dennoch blieb es eines der ärmsten Länder der Welt, das sich durch instabile Regierungen, eine geringe Alphabetisierung und kaum vorhandene staatliche Strukturen auszeichnete. Das Scheitern dieser Modernisierungshoffnungen prägte die Konstellation, in der es 1979 zum Einmarsch kam. Obgleich Afghanistan bereits 1919 die völlige Unabhängigkeit von den Briten erreicht hatte, gelang eine festere Staatsbildung kaum. Die kargen Böden und unwegsamen Berge begünstigten vielmehr ein partikulares Klientelsystem mit zahllosen Clans, sodass die kulturelle und ethnische Vielfalt groß blieb.[13] Die Mehrheit der Bevölkerung war sunnitisch, aber immerhin ein Fünftel schiitisch wie im Iran, was später zusätzliche Spannungen förderte. Bis in die 1930er-Jahre bestand eine lockere Kooperation zwischen Afghanistan und der Sowjetunion, mit einem Freundschaftsvertrag und der britischen Kolonialmacht in Indien als gemeinsamem Feindbild. Im folgenden Jahrzehnt nahm Afghanistan ebenso Kontakte zum Westen auf. Auch mit Deutschland gab es eine gewisse Kooperation im Handels- und Bildungsbereich. Besonders die deutsche Oberrealschule in Kabul erwies sich seit den 1930er-Jahren langfristig als

## 6. Der sowjetische Einmarsch in Afghanistan

Kaderschmiede für spätere Politiker. Selbst viele kommunistische Kader, wie der 1979 von Moskau eingesetzte Präsident Babrak Karmal, erhielten hier ihre Ausbildung.[14]

In den 1950er-Jahren nahmen die Aufbauhilfe der Sowjetunion und ihr Einfluss deutlich zu, gerade weil der Westen die Nachbarländer Iran und Pakistan unterstützte. Zugleich glaubten viele sowjetische Helfer daran, auf diese Weise Wachstum und Wohlergehen zu fördern.[15] Afghanistan übernahm die staatliche Wirtschaftsplanung, nicht jedoch das kommunistische System. Es blieb vielmehr ein neutraler Staat und nahm in den 1950er/60er-Jahren ebenso Unterstützung aus westlichen Ländern wie den USA und der Bundesrepublik an. So bewilligte Westdeutschland bis 1980 rund 300 Millionen DM als Darlehen für die Entwicklungshilfe, besonders für ein Hochdruck-Wasserwerk, Textilfabriken, Fernmeldeprojekte und als Warenhilfe. Damit zielte die Bundesrepublik wie in anderen Fällen auf exportorientierte Großprojekte, die im Falle des Staudammprojekts jedoch scheiterten.[16] Wechselseitige Staatsbesuche flankierten in den 1960er-Jahren diese Annäherung, während die DDR erst 1980 eine Botschaft eröffnete. Dieser Austausch mit dem Westen ging mit einer gewissen Liberalisierung und Demokratisierung Afghanistans einher.

Die Voraussetzungen für den sowjetischen Einmarsch entfalteten sich erst aus der zunehmend krisenhaften und instabilen Lage seit 1973, die durch eine schwankende Annäherung an die Sowjetunion gekennzeichnet war. Nach dem unblutigen Putsch von Mohammad Daoud, der sich auf das Militär und die Linke einschließlich der moderaten Kommunisten stützte, wuchs der Widerstand islamischer Gruppen. Dynamisiert wurde der Protest wie im Iran durch die stärkere Gleichstellung von Frauen und eine Landreform, die die Umverteilung feudaler Machtstrukturen anstrebte.[17] Daoud, der sich sowohl auf die Sowjetunion als auch auf den Westen stützte, wurde wiederum im April 1978, auch zur Überraschung der Sowjets, durch die kommunistische Khalq-Partei entmachtet. Dies gelang mit jungen, meist in der Sowjetunion ausgebildeten Offizieren nach Protesten gegen die Ermordung eines Kommunisten. Die neue kommunistische Regierung unter Präsident Mohammad

Taraki versprach eine enge Kooperation mit Moskau und stellte erneut die Landreform, Alphabetisierung und Frauenrechte in den Vordergrund, konnte aber insbesondere auf dem Land nicht Fuß fassen. Die Sowjetunion versprach in einem Freundschaftsvertrag Aufbauberater und militärische Unterstützung. Doch selbst Tarakis Regierung betonte trotzig, kein Satellit Moskaus zu werden, und bekannte sich zum Islam.[18] Afghanistan pflegte weiterhin einen Austausch mit der Bundesrepublik, die sogar die dortige Polizeiausbildung förderte.[19] Bundesdeutschen Diplomaten in Kabul erschien Afghanistan Mitte 1979 als «blockfreier Satellit der Sowjetunion», und sie meinten, dass eine «möglichst umfangreiche Präsenz des Westens in Afghanistan unerlässlich ist, wenn Afghanistan nicht aufgegeben werden soll».[20] Angesichts der eingeschränkten Meinungsfreiheit sendete die *Deutsche Welle* etwa, ähnlich wie BBC und *Voice of America*, täglich auf Persisch und Paschtu.[21]

Dennoch richtete sich die wachsende Gewalt in Afghanistan nun auch gegen Menschen aus den westlichen Industrieländern. Am 14. Februar 1979 wurde der US-Botschafter entführt und getötet, woraufhin sich die USA zurückzogen und nur eine ausgedünnte Botschaft und Expertenschule weiter betrieben. Nachdem am 7. September zwei deutsche Lehrerfamilien nahe Kabul erschossen wurden, empfahl auch die bundesdeutsche Botschaft eine unauffällige Ausreise. Vor dem sowjetischen Einmarsch waren nur noch rund dreihundertfünfzig Deutsche im Land, deren Lage sich zusehends verschlechterte.[22]

Der islamische Widerstand und der Bürgerkrieg flammten im Zuge dieser sozialistischen Reformversuche auf. Schon im Sommer 1978 hatten islamische Gruppen den Dschihad gegen das Kabuler Regime erklärt, und es kam zu Aufständen und Protesten. Der zunächst größte Aufstand fand im März 1979 in Herat statt, bei dessen Niederschlagung unter Bombeneinsatz mindestens fünftausend Menschen starben, darunter auch zahlreiche sowjetische Entwicklungshelfer und Berater. Die überlieferten Gespräche zwischen Präsident Taraki und Breschnew sowie im Moskauer Politbüro im März 1979 zeigen ein Bild beidseitiger Hilflosigkeit: Taraki musste

Moskau gegenüber eingestehen, dass die Kommunisten keinen Rückhalt im Land hatten, und bat um militärische Unterstützung; die sowjetischen Spitzenpolitiker lehnten dies jedoch aus Angst vor der Weltöffentlichkeit ab, da dies «in die Hand der Gegner spielen» würde.[23] Stattdessen versprachen sie mehr Partei- und Militärberater, mehr Waffen und mehr Wirtschaftshilfe. Ein loyaler sowjetischer Vasall war selbst der Sozialist Hafizullah Amin nicht, der im März Premierminister wurde und im September die gesamte Staatsgewalt an sich riss. Einerseits pries er das kommunistische Modell und herrschte gewaltsam, andererseits suchte auch er angesichts der prekären Wirtschaftslage im Herbst 1979 Gespräche mit dem Westen.[24] Die sowjetische Entscheidung für eine militärische Intervention erwuchs somit erst aus dieser langfristig entstandenen Krisensituation, nachdem die erhoffte sozialistische Modernisierung mehrfach geplatzt war.

### Der Einmarsch: Entscheidung und Rechtfertigung

Am 12. Dezember 1979 beschloss das sowjetische Politbüro eine militärische Intervention in Afghanistan. Vielfältige Gründe führten zu dieser Entscheidung. Da war zunächst das subjektive Bedrohungsgefühl an der Südgrenze der Sowjetunion. Zwischen dem Nato-Mitglied Türkei und China, das nun enger mit dem Westen kooperierte, lagen mittlerweile instabile islamische Staaten. Der Iran trat zwar anti-amerikanisch auf, aber die islamischen Protestbewegungen im Iran, in Afghanistan und Pakistan wirkten beunruhigend, zumal sie sich auch gegen den Kommunismus richteten. Als die afghanische Regierung unter Hafizullah Amin Gespräche mit den USA suchte, glaubte die sowjetische Führung, die USA würden sich nach dem Abfall des Iran verstärkt in Afghanistan und Pakistan engagieren.[25] Nach der milliardenschweren Unterstützung in den letzten Jahrzehnten erschien dies als großer Rückschlag, zumal die Sowjetführung davon überzeugt war, die Afghanen würden ihre Modernisierungspolitik unterstützen. Damit verbunden war zweitens die Angst, die südlichen Sowjetrepubliken, die ebenfalls islamisch geprägt waren und in denen der muslimische Bevölkerungsanteil sich fast verdoppelt hatte, könnten von den Protesten «infiziert» werden. Auch im Westen galt diese Angst vor islamischen Autonomiebestrebungen rasch als eine Erklärung für die sowjetische Nervosität, obgleich es dort keine Anzeichen für Aufstände gab.[26]

Ein dritter und zentraler Grund für die Entscheidung war das zunehmend angespannte Verhältnis zu den USA, insbesondere im Zuge der atomaren Nachrüstung. Die Modernisierung der Atomwaffen ergab sich auf beiden Seiten aus technischen Neuerungen und dem Wandel der Rüstungsarchitektur in den 1970er-Jahren. Angesichts der sowjetischen Überzahl an Atomwaffen und der gescheiterten Abrüstungsvorschläge wurde am 12. Dezember 1979 der sogenannte Nato-Doppelbeschluss vereinbart: 108 Pershing-II-Raketen sollten die gleiche Zahl bisheriger Pershing-Raketen ersetzen und 464 bodengestützte Marschflugkörper in westeuropäischen Ländern stationiert werden, dafür vor allem Kurzstreckenraketen abgezogen werden. Dies machte die Nato vom Ausgang der Rüstungskontrollgespräche der nächsten Jahre abhängig, da die Raketenproduktion ohnehin einige Jahre brauchte.[27] Dieses weitgehende Scheitern der Entspannungspolitik bedeutete, dass die Sowjetunion bei der Entscheidung über Afghanistan keine Rücksicht mehr nehmen musste.[28]

Ein vierter Grund für den Einmarsch waren die Fehleinschätzungen der sowjetischen Führung über die Intervention und die weltweite Reaktion. Vor allem KGB-Chef Andropow und Verteidigungsminister Ustinow unterschätzten beides, obgleich aus dem Generalstab und der Akademie warnende Stimmen kamen. Vermutlich hatte das Politbüro den Einmarsch in Prag 1968 im Hinterkopf: ein kurzer Einsatz, um eine neue Regierung einzusetzen, der zwar Proteste auslöste, aber die Beziehungen zwischen Ost und West nicht nachhaltig beeinträchtigte. Zudem schien die Absetzung eines unbeliebten Gewaltherrschers moralisch leichter vertretbar. Da die USA durch die Geiselnahme in Teheran gebunden waren, lag der Zeit-

## 6. Der sowjetische Einmarsch in Afghanistan

punkt günstig. Zudem glaubte die sowjetische Führung, ihr Eingreifen durch die militärischen Hilfsgesuche und den Freundschaftsvertrag mit Militärbeistand rechtfertigen zu können. Deshalb sprach sie stets von einem «begrenzten Militärkontingent», das sich gegen die ausländische Einmischung richte und nach kurzer Zeit abgezogen werde. Angesichts der bisherigen schrittweisen Erhöhung der militärischen Unterstützung Afghanistans schien dieser Schritt weniger spektakulär als ein plötzlicher Einmarsch. Tatsächlich verkalkulierte sich die Sowjetunion völlig.

Kein entscheidendes Motiv der sowjetischen Führung – zumindest nach den zugänglichen Politbüro-Akten – war hingegen ein Vorstoß zu den Ölgebieten und zum Indischen Ozean. Im Westen galt dies jedoch als Hauptgrund. So argumentierten Schmidt und Genscher und Kohl im Bundestag einhellig, der Einmarsch sei «Ausdruck der Gesamtstrategie, zu den warmen Gewässern vorzustoßen und zugleich Einfluss auf die Energiequellen und Rohstoffe der Region zu gewinnen.»[29] Die westlichen Geheimdienstberichte zeigten 1980 jedoch rasch, dass es sich tatsächlich um einen begrenzten Einsatz handelte und nichts auf einen weiteren Vorstoß zum Indischen Ozean hinwies.[30] Dennoch ging es der Sowjetunion im Zuge der Ölkrise zumindest um eine Machtsicherung in der nunmehr wichtigen Region.

Zugleich dokumentieren die zugänglichen sowjetischen Akten, dass die Entscheidung selbst im Politbüro bis zum Schluss umstritten war. KGB-Chef Juri Andropow und Verteidigungsminister Dimitri Ustinow überzeugten Außenminister Andrei Gromyko und den altersschwachen Parteichef Breschnew schließlich mit Verweis auf Amins Gewaltherrschaft und dessen Kontakte zum Westen, die zu US-Raketen direkt an der sowjetischen Grenze führen könnten.[31] Andropow sprach von einem Einsatz von einem Monat, Breschnew von wenigen Monaten, wobei letzterer aufgrund seiner angeschlagenen Gesundheit kaum noch entscheidungsfähig war. Andere, auch hohe Militärs, betonten vorab die Gefahren eines Guerillakriegs und die Folgen für die sowjetische Reputation in der islamischen Welt und der Weltöffentlichkeit. Die Verbündeten im Warschauer Pakt band die Moskauer Führung kaum in die Entscheidung ein. Kurz vorher informierte sie vermutlich Erich Honecker bei einem Treffen. Zumindest wies Honecker das *Neue Deutschland* bereits am 23. Dezember 1979 an, eventuell zu Afghanistan eingehende Meldungen der TASS ohne Änderung und Kommentar zu übernehmen.[32] Die Bruderstaaten des Warschauer Pakts begrüßten die Entscheidung allenfalls verhalten. Sie fürchteten einen Abbruch der neu gewachsenen Ost-West-Kontakte, die für die Stabilität ihrer Länder zunehmend wichtig waren. Zudem war der Einmarsch auch eine indirekte Warnung an sie, besonders an Polen: Die Sowjetunion zeigte sich militärisch einsatzbereit, wenn ein Partner abzufallen drohte.

Auf westlicher Seite hatte man schon länger befürchtet, dass die Sowjetunion Truppen nach Afghanistan schicken könnte. Die zunehmende Verlegung sowjetischer Soldaten nach Kabul 1979 registrierten die westlichen Geheimdienste frühzeitig.[33] Zudem kursierten latente Drohungen: So hatte Anfang Juni 1979 der sowjetische Botschafter in Islamabad die pakistanische Regierung gewarnt, die Sowjetunion behalte sich einen Einmarsch vor, wenn sie weiter Rebellen unterstützte.[34] Aus heutiger Sicht ist bezeichnend, dass die Zeitgenossen bereits vorher das Scheitern einer sowjetischen Intervention annahmen und sie gerade deshalb für nicht realistisch hielten. Schon im Mai 1978 argumentierte etwa der bundesdeutsche Botschafter in Kabul: «Mit ihrem Eingreifen werden sich die Sowjets in einem Land, das für den Guerilla-Kampf geradezu geschaffen ist, die größten Schwierigkeiten zuziehen», weshalb man versuchen solle, «ein eigenes Eingreifen über die Entsendung von Beratern hinaus so lange wie möglich zu vermeiden».[35] Bereits vor dem Einmarsch kamen deshalb vielfach Analogien zum US-amerikanischen Einsatz in Vietnam auf. So kabelte die bundesdeutsche Botschaft in Kabul Mitte 1979 optimistisch, «daß sie [die Sowjetunion] ihrem ‹Vietnam› entgehen will.»[36] Dass die Sowjets «ihr Vietnam» erleben sollten, griff besonders der konservative US-Sicherheitsberater Brzezinski auf, um eine Unterstützung des afghanischen Widerstands zu forcieren. Unmittelbar nach dem Einmarsch forderte auch ein Strategiepapier im Auswärtigen Amt, eine «umfassenden Unterstützung aller Widerstandsgruppen innerhalb und außerhalb Afghanistans mit dem Ziel, der SU in Afghanistan ein ‹Vietnam› zu bereiten.»[37]

## 6. Der sowjetische Einmarsch in Afghanistan

Der tatsächliche sowjetische Einmarsch erfolgte ebenso schleichend wie plötzlich. Die Sowjets bauten seit Juli 1979 ihr Luftbataillon zur Sicherung des Flughafens in Kabul aus, und Anfang Dezember landeten ein weiteres Bataillon sowie Soldaten zur Sicherung der Stadt. Wegen dieser Truppenverlegungen kursierten bereits Mitte Dezember 1979 Medienberichte über eine sowjetische Invasion. Auch die bundesdeutschen Diplomaten glaubten bereits eine Woche vor Weihnachten, dass die vermuteten 5500 Soldaten bald in Kämpfe verwickelt würden.[38] Den tatsächlichen Einmarsch datieren viele Studien auf die Nacht zum 27. Dezember. Erste Augenzeugenberichte aus der bundesdeutschen Botschaft in Kabul beobachteten jedoch bereits seit 24. Dezember rund hundertzwanzig Flüge von sowjetischen Transportmaschinen, die Soldaten, Militärmaterial und kleinere Kampfpanzer einflogen.[39] In kurzer Zeit sicherten die sowjetischen Truppen Kabul und strategische Städte wie Herat. In Kabul stürmten sie den Palast von Präsident Amin, der getötet wurde, und bereits am 27. Dezember präsentierte sich der gemäßigte und Moskau-treue Kommunist Babrak Karmal als neuer Regierungschef, der aus dem Exil eingeflogen worden war.[40] Die Zahl der sowjetischen Truppen stieg rasch auf 80 000. Damit war es tatsächlich ein «begrenztes Militärkontingent», angesichts von einigen zehntausend Widerstandskämpfern jedoch auch eine gewaltige Präsenz.

Die Sowjetunion verbreitete sofort Rechtfertigungen, weil sie um ihre Reputation fürchtete. Am 28. Dezember übergab der sowjetische Botschafter in Bonn um 5:30 Uhr morgens dem Kanzleramt ein Schreiben der sowjetischen Regierung; offensichtlich wollte er nicht dabei gesehen werden. Andere nicht-sozialistische Länder erhielten zeitgleich ähnliche Erklärungen: Die Sowjetunion sei auf Basis ihres Freundschaftsvertrags der Bitte der afghanischen Regierung gefolgt, gegen ausländische Angriffe «begrenzte militärische Kontingente» zur Hilfe zu schicken und diese sofort zurückzuziehen, wenn die Ursache beseitigt sei.[41] Schon am Vortag hatte sich die sowjetische Führung gegenüber den sozialistischen Ländern gerechtfertigt, dass Amins Terror die Revolution verraten habe. Dies sei eine «aufgezwungene und zeitlich begrenzte Aktion», eine Reaktion auf die «Bitte der neuen afghanischen Regierung um Hilfe und Unterstützung bei der Abschlagung der äußeren Aggression». Dabei berief sich die Sowjetunion auch auf den Artikel 51 der UNO-Charta, der das Recht auf Selbstverteidigung formulierte.[42] Gegenüber Carter rechtfertigte sich Breschnew, die USA könne den Rückzug einleiten, «indem sie die bewaffneten Invasionen auf das Territorium Afghanistans beendet».[43] Die sowjetische Propaganda der nächsten Wochen betonte, dass sie nur auf feindliche, von China und den USA gestützte Kämpfer reagiere: Amin habe engste Verbindungen zur US-Botschaft gehalten, die CIA ihre Zentrale von Teheran nach Pakistan verlegt und es kämen tonnenweise Waffen über Pakistan ins Land.[44] Damit war der Einmarsch für alle Seiten explizit ein weltpolitischer Konflikt.

Haltbar waren diese Rechtfertigungen kaum. Der UNO-Artikel 51 und der Freundschaftsvertrag deckten keinen auswärtigen Truppeneinsatz. Ebenso widersprüchlich war, dass die Sowjetunion auf Hilferufe der afghanischen Regierung verwies, diese zugleich als tyrannisch bezeichnete, sofort stürzte und den Regierungschef ermorden ließ. Denkbar unglaubwürdig war auch, dass der Hilferuf erst von der «neuen Regierung» am 26. Dezember gekommen sei, als ihre Truppen bereits dort waren.[45] Zudem war offensichtlich, dass die sowjetischen Soldaten nicht gegen «äußere Aggressoren» kämpften, sondern gegen die afghanische Bevölkerung. Ihr stärkstes Pfund war noch, dass sie den Gewaltherrscher Amin gegen den gemäßigten Karmal austauschten. Karmal bemühte sich, Vertrauen zu gewinnen: Er betonte die Rolle des Islams, ließ politische Gefangene frei, gab beschlagnahmtes Eigentum zurück und vergab Stellen nicht nur an Kader. Auch willkürliche Verhaftungen nahmen ab.[46] Da er jedoch als Marionette Moskaus galt, blieb Karmals Ansehen gering. Die sowjetische Einflussnahme scheiterte vor allem daran, dass sie zu offensichtlich Einfluss nahm. Mit einem raschen Abzug und finanzieller Förderung hätte sie sicher mehr bewirkt.

## 6. Der sowjetische Einmarsch in Afghanistan

### Weltweite Entrüstung und Sanktionen gegen die Sowjetunion

Die prompte weltweite, nicht nur westliche Empörung über den sowjetischen Einmarsch unterstrich dessen globale Bedeutung. Besonders die islamischen Staaten forderten scharf den sowjetischen Rückzug und erkannten die neue afghanische Regierung mehrheitlich nicht an. Malaysia und Saudi-Arabien brachen sogar die Beziehungen ab.[47] Auf der Konferenz der «Organisation der Islamischen Staaten» (OIC) Ende Januar 1980 verurteilten siebenunddreißig Staaten «die sowjetische militärische Aggression gegen das afghanische Volk» und suspendierten Afghanistans Mitgliedschaft.[48] Ebenso verurteilten zahlreiche Entwicklungsländer den Einmarsch, auch einige mit linksgerichteten Regierungen, dazu Länder wie Indien, Nordkorea, Albanien und Jugoslawien.[49] In der UNO sprach sich am 14. Januar 1980 eine große Mehrheit deutlich gegen das sowjetische Vorgehen in einer Resolution aus. Mit 108 Stimmen, bei nur 18 Gegenstimmen und 18 Enthaltungen, forderte sie den sofortigen sowjetischen Rückzug.[50] Die Sowjetunion stand damit weitgehend isoliert im Mittelpunkt der Weltöffentlichkeit.

Die engsten sozialistischen Verbündeten der Sowjetunion blieben zwar bei der UNO-Abstimmung loyal, reagierten aber zumindest verhalten auf die militärische Intervention. Rumäniens Parteichef Nicolae Ceauşescu missbilligte sogar den Einmarsch, da Rumänien das Prinzip der Souveränität vertrete.[51] Die sozialistischen Staaten fürchteten eine Beeinträchtigung der engeren Beziehungen zwischen Ost und West, auf die sie auch ökonomisch zunehmend angewiesen waren. Besonders linientreu war dagegen die DDR. Schon am 28. Dezember wurde vom Politbüro der SED laut Protokoll die «Abwehr der Aggression ... voll und ganz gebilligt.»[52] Ebenso klar unterstützte die SED-Presse die sowjetische «internationalistische Hilfe» mit Leitartikeln und «Stimmen aus der Bevölkerung» und verwies auf die «innere Konterrevolution mit Unterstützung ausländischer, imperialistischer Kräfte». Zudem berichtete sie über «riesige Mengen Waffen und Geld für [den] Emigrantenabschaum», die von den USA, China und Großbritannien kämen.[53] In der sozialistischen Propaganda handelte es sich quasi um einen Einmarsch der CIA. Die sowjetische Presse sprach bis 1986 von den «Ereignissen in Afghanistan», nicht von einem Krieg oder gar Einmarsch. In persönlichen Gesprächen mit Westdeutschen deuteten die DDR-Journalisten und SED-Funktionäre jedoch vertraulich an, der sowjetische Einmarsch sei schwer zu rechtfertigen.[54] Und selbst Honecker versuchte eigenmächtig den Gesprächsfaden zur Bundesrepublik zu halten, wurde aber von Breschnew gebremst.[55] Der Krieg förderte somit auch Spannungen innerhalb des Warschauer Paktes.

Die Nato-Staaten zielten von Anfang an bewusst darauf ab, den sowjetischen Einmarsch nicht als Teil des Ost-West-Konflikts zu deuten, sondern als Angriff auf ein Land der Dritten Welt, um diese auf ihre Seite zu ziehen. Schon am 31. Dezember 1979 beschlossen die sechs größten Nato-Mitglieder deshalb, die Staaten des Globalen Südens sollten das Thema im Sicherheitsrat aufgreifen.[56] Auch das bundesdeutsche Außenministerium betonte, «gegenüber den islamischen Staaten wäre der anti-islamische Charakter des Eingriffs zu unterstreichen».[57] Bundeskanzler Schmidt und Außenminister Genscher versuchten in vielen Gesprächen mit Entwicklungsländern, dies als einen Angriff auf die blockfreien Staaten darzustellen.[58] Dass die sozialliberale Koalition und insbesondere Genscher dies nicht als Ost-West-Konflikt deuteten, hatte noch einen weiteren Grund: Die sozialliberale Regierung wollte nicht die Errungenschaften der Ostpolitik gefährden und möglichst weiterhin den Gesprächsfaden mit Moskau wahren.[59]

Schnell kam der Ruf nach Sanktionen gegen die Sowjetunion auf. Bereits wenige Tage nach dem Einmarsch diskutierten die internationalen Diplomaten in Kabul alle Maßnahmen, die später umgesetzt wurden.[60] Die USA spielten hier eine treibende Rolle, sei es bei politischen, ökonomischen und kulturellen Sanktionen, während die Bundesregierung zurückhaltender blieb. Politisch reagierten viele Staaten mit einer Einschränkung der diplomatischen

Beziehungen. Die USA begrenzten die Einreisemöglichkeiten für Funktionäre, und die Bundesrepublik rief ihre Botschafter aus Kabul und Moskau zurück. Allerdings wurde der Moskauer Botschafter Wieck kurze Zeit später wieder auf seinen Posten geschickt, um Gesprächsbereitschaft zu signalisieren.[61] Im Bundeskabinett hatte Genscher gleich betont, dass «die öffentliche Erörterung von möglichen Reaktionsmaßnahmen z. Zt. unterbleiben sollte. Gegenwärtig bestehe auch kein Anlaß, deutsch-sowjetische Termine infrage zu stellen.»[62] Und während die USA und Großbritannien die sowjetische Botschaft bei Empfangseinladungen ausschlossen, verzichtete die Bundesregierung auf vergleichbare Weisungen.[63] Die Reaktionen der Organisation der Islamischen Staaten waren ebenso uneinheitlich. Beim Boykott fand sie keine einheitliche Linie, und ihre Resolutionen versuchten, sich nicht zu eindeutig gegen die Sowjetunion zu stellen und die Äquidistanz zu den USA zu wahren.[64]

Die Gespräche zwischen Ost und West rissen gleichfalls nicht ganz ab. So platzte zwar ein Treffen zwischen Schmidt und Honecker, aber schon im Juli 1980 besuchte der Bundeskanzler Breschnew in Moskau, um zumindest Gesprächsbereitschaft zu signalisieren.[65] Bereits seit Februar 1980 starteten Verhandlungsvorstöße, um einen Rückzug und ein neutrales Afghanistan zu erreichen. Umstritten war bereits die Frage, wer an Gesprächen zu beteiligen sei. Während der Westen nicht mit der eingesetzten afghanischen Regierung verhandeln wollte, lehnte die Sowjetunion eine Einbindung des afghanischen Widerstands ab.[66] Vergeblich versuchte Helmut Schmidt im Mai 1980 bei Titos Beerdigung, zu der Staatsmänner aus aller Welt anreisten, mit dem Präsidenten von Pakistan eine Verhandlungskommission auszumachen, die eine Friedenszone schaffen sollte.[67] Schließlich verhandelte das Nachbarland Pakistan in mehreren Gesprächen unter UN-Leitung indirekt für die Seite des Widerstands und für die USA. Neuere Studien unterstreichen, dass die Sowjetunion dabei 1981/82 tatsächlich ernsthafte Ambitionen entwickelte, den Einsatz zu beenden.[68]

Ebenso gingen die ökonomischen Sanktionen mit fortbestehenden Gesprächsfäden einher. So reduzierten die USA ihre Getreidelieferungen an die Sowjetunion, und der EG-Außenministerrat und

## Sanktionen gegen die Sowjetunion

die übrigen großen Getreideproduzenten beschlossen flankierend, nicht für die US-Lieferungen einzuspringen.[69] Die USA drängten auch auf verschärfte Einfuhrsperren im Hochtechnologie-Bereich. Gerade in der boomenden Mikroelektronik brachte dies der Sowjetunion Nachteile. Insgesamt blieben die Nato-Staaten beim Wirtschaftsboykott jedoch uneinig. Margaret Thatcher, die auf der politischen Ebene die Sowjetunion hart verurteilte, wollte angesichts der Wirtschaftskrise den britischen Export nicht beeinträchtigen und beschränkte sich auf kleinere Bereiche wie die Butterausfuhr oder die Nicht-Verlängerung des Kreditabkommens von 1975.[70]

Noch hartnäckiger wehrte sich die Bundesregierung gegen einen Wirtschaftsboykott, da ihr Handel mit der Sowjetunion um ein Vielfaches größer sei als jener der USA und die Bundesrepublik von Exporten abhänge.[71] Auch die Erdgas-Röhren-Geschäfte wurden 1980 nicht unterbrochen, sondern, wie im Kapitel zur Ölkrise verdeutlicht, der bislang größte Vertrag ausgehandelt. Schmidt brachte dies gegenüber Wirtschaftsvertretern im Januar 1980 auf die Formel: «Das normale Geschäft mit der Sowjetunion solle weitergehen, aber es dürfe kein business as usual sein.»[72] Genauso wenig wollten die westeuropäischen Nachbarländer auf das Erdgas aus dem Osten verzichten. Die Ängste im Kontext der Wirtschafts- und Ölkrise überlagerten somit die Afghanistankrise. Wie beim Wirtschaftsboykott gegen Iran folgten die Länder Westeuropas allenfalls widerwillig und eingeschränkt den USA. Selbst das Weizenembargo unterliefen Kanada, Australien und die EG-Länder nach einiger Zeit, sodass die Sowjetunion ab 1981 wieder große Getreidelieferungen erhielt.[73] Schließlich gab selbst Reagan, auch auf Druck der heimischen Bauern, nach einiger Zeit wieder höhere Weizenexporte frei, obwohl die Rote Armee immer noch in Afghanistan kämpfte. Die Wirtschaftssanktionen begleiteten damit die öffentliche Empörung, ohne aber die Sowjetunion ökonomisch hart zu treffen oder gar zum Einlenken zu bewegen.

Diese Uneinigkeit zeigte sich auch beim Boykott der Olympischen Spiele in Moskau 1980. Dies war nicht der erste Olympia-Boykott. Schon bei den Berliner Spielen 1936 hatten besonders sozialistische Staaten und Gruppen dazu aufgerufen, und Spanien und die Sowjetunion blieben tatsächlich fern, während die USA nur mit einer knappen Mehrheit die Teilnahme beschlossen. Einige afrikanische Staaten nahmen 1976 wegen der Beteiligung von Neuseeland nicht teil, weil es Sportbeziehungen zu Südafrika pflegte. Schon 1978 waren vereinzelt Boykottforderungen in den USA gegen die Moskauer Spiele aufgekommen, um gegen die sowjetische Behandlung von Dissidenten zu protestieren.[74] Der nach dem Afghanistan-Einmarsch ausgerufene Boykott war jedoch vom Ausmaß her neuartig. Nur eine Woche nach dem Einmarsch brachte der Nato-Rat ihn auf die Agenda. Die deutsche Öffentlichkeit und verschiedene Politiker wiesen dies jedoch zurück, auch weil dann vermutlich der Warschauer Pakt den Olympischen Spielen in Los Angeles 1984 fernbleiben würde.[75] Wiederum war es die US-Regierung, die auch beim Sport nachdrücklich für Sanktionen eintrat.[76] Unterstützung fand sie in Großbritannien bei Margaret Thatcher und dem britischen Parlament, die offensichtlich kompensieren wollten, dass sie bei den Wirtschaftssanktionen nur halbherzig an der Seite der USA standen.[77] Unterstützung erhielt Carter, der persönlich für diese Entscheidung warb, zudem von zahlreichen arabischen Ländern, Teilen Lateinamerikas, Ostasiens, von Kanada, China, Japan, Australien und einzelnen Staaten Westeuropas wie den Niederlanden. Auch das Europäische Parlament rief seine neun Regierungen auf, «ihrem Abscheu über die sowjetische Unterdrückung und Aggression dadurch Ausdruck zu verleihen» und auf einen Boykott hinzuwirken.[78] Stattdessen sollten die Spiele an einem anderen Ort stattfinden. Westliche EG-Länder wie Frankreich, Belgien, die Schweiz und Griechenland sprachen sich jedoch für eine Teilnahme aus. Nachdrücklich und einstimmig für eine Beteiligung war die Vollversammlung des Internationalen Olympischen Komitees (IOC), und ihr Präsident rief die Regierungen aller Welt auf, «zusammenzukommen und ihre Differenzen zu lösen».

Bezeichnenderweise blieb die Bundesrepublik erneut zunächst abwartend, wie auch Österreich, Italien, Schweden und Irland. Angesichts seiner weichen Haltung bei den Wirtschaftssanktionen versuchte Bundeskanzler Schmidt dann jedoch kompensatorisch Härte und Loyalität zu den USA zu zeigen, zumal die Opposition drängte.

## Sanktionen gegen die Sowjetunion

Helmut Kohl verglich die Situation gegenüber seinen Parteikollegen mit 1936, als die Olympischen Spiele das «Hitler-Regime» aufgewertet hätten, und Schmidts geplante Moskaureise mit Chamberlains Gesprächen 1938.[79] Tatsächlich beschloss das Bundeskabinett und der Bundestag am 23. April 1980 mit großer Mehrheit eine Empfehlung zur Absage, ähnlich wie bei der Iran-Krise wohl hauptsächlich aus Solidarität mit den USA.[80] Knapper, mit nur 59 zu 40 Stimmen, beschloss das deutsche Nationale Olympische Komitee den Boykott, wiederum aus Solidarität mit den USA.

Dabei waren sich alle Beteiligten bewusst, dass ein angedrohter Olympia-Boykott die Sowjetunion nicht zum Rückzug bewegen würde. Der Boykott sollte jedoch ihren Reputationsverlust vergrößern und ein symbolisches Signal setzen, das den Westen mit arabischen Ländern, Ostasien und Staaten der Dritten Welt verband. Tatsächlich fühlte sich die Sowjetunion vom Olympia-Boykott hart getroffen. Als Staatssekretär Well dem sowjetischen Botschafter die Entscheidung zwei Tage vor (!) der offiziellen Abstimmung bekannt gab – wohl um den Eklat zu mindern –, tobte letzterer, dies werde die Beziehungen belasten und die Geschichte werde den Sowjets Recht geben.[81] In den folgenden Monaten versuchte die Sowjetunion die Bundesrepublik mehrfach vom Boykott abzubringen.[82] Unter anderem rief die sowjetische Botschaft am 23. Juni 1980 beim Krupp-Manager Berthold Beitz an, der für das Erdgas-Röhren-Geschäft verhandelte, und meldete den Abzug von 10 000 Mann aus Afghanistan, weshalb das NOC und IOC die Entscheidung überprüfen sollten.[83] Der Olympia-Boykott zeigte somit durchaus eine gewisse Wirkung.

Tatsächlich blieben von China bis Kanada, vom Iran bis Argentinien Länder den Spielen fern und das Fernsehen berichtete dort nur eingeschränkt. Dies bedeutete nicht nur für die Sportler Opfer: Der Sowjetunion und den westlichen Medienunternehmen fehlten dadurch millionenschwere Werbe-Einnahmen. Vor allem sorgte die Boykott-Debatte dafür, dass der sowjetische Einmarsch in der Weltöffentlichkeit intensiv präsent blieb. Immerhin achtzig Staaten nahmen dennoch teil. Sechzehn Länder, etwa Frankreich, Dänemark und Italien, traten nicht mit ihrer Nationalflagge, sondern mit olympischen Ringen auf den Trikots an, um den rein sportlichen Charakter ihrer Teilnahme zu unterstreichen. In der Bundesrepublik begrüßte die Presse die Boykott-Entscheidung, aber eher gedämpft. Auf die kritische Nachfrage der Sportfunktionäre, ob denn auch die Wirtschaft Opfer für Afghanistan bringe, konterte Schmidt scharf, dass dies Arbeitsplätze gefährden würde.[84] Die Prioritäten des Kanzlers waren damit unverkennbar.

Die politischen, wirtschaftlichen und kulturellen Sanktionen waren durch ihre uneinige, abgebremste Umsetzung somit zwar ein stumpfes Schwert, aber sie förderten die weltweite Debatte über den sowjetischen Einmarsch. Dass viele Sanktionen nicht umfassend umgesetzt wurden, zeigte dabei, dass viele Staaten nicht bereit waren, einen «zweiten Kalten Krieg» einzuleiten, sondern ihn im kritischen Austausch zu überwinden suchten.

### Der Westen fördert den islamischen Widerstand

Seit der iranischen Revolution erschien der radikale Islam als eine neue weltweite Herausforderung. Der Krieg in Afghanistan verstärkte dies, sorgte aber für andere Wertungen. Die dortigen islamischen Kämpfer wurden auch im Westen rasch heroisiert und romantisch verklärt. Überzeugte Konservative wie Ronald Reagan bezeichneten sie als «Freedom Fighters». Am von ihm deklarierten «Afghanistan Day», dem 21. März, mahnte er 1983 etwa: «Der Widerstand der afghanischen Freiheitskämpfer ist für die ganze Welt ein Beispiel dafür, dass die wichtigsten Ideen unseres Landes unbesiegbar sind, das Ideal der Freiheit und Unabhängigkeit.»[85] In der Bundesrepublik war es besonders die CDU/CSU, die die Mudschaheddin als «Freiheitskämpfer» pries, während sozialliberale Politiker etwas verhaltener vom Widerstand und von «Aufständischen» sprachen. Islamische Mudschaheddin wie Ahmad Shah Massoud und Gulbuddin Hekmatyār entwickelten sich weltweit zu prominenten Ikonen. Höhepunkt der westlichen Heroisierung war der

Hollywoodfilm *Rambo III* (1988), in dem ein traumatisierter amerikanischer Vietnamveteran an der Seite der afghanischen Mudschaheddin gegen die brutale sowjetische Armee kämpft; der Abspann schloss mit «Dedicated to the brave Mujaheddin fighters». Es schien, als solle das amerikanische Vietnam-Trauma durch das «sowjetische Vietnam» therapiert werden.

Der Widerstand in Afghanistan bestand zunächst aus kaum koordinierten, oft sogar zerstrittenen Gruppen, die dank des gemeinsamen Feindes zumindest zeitweise zusammenfanden. Mit der Gründung der «Islamic Alliance for the Liberation of Afghanistan» gelang Anfang der 1980er für einige Jahre ein Zusammenschluss der sieben größten Gruppen und damit der Aufbau einer zentralisierteren, armeeähnlichen Struktur.[86] Langfristig erwies sich ihre Dezentralität als Vorteil, da die sowjetische Armee so keine zentralen Schlachten führen konnte und die Kriegsführung unberechenbar blieb. Die Kämpfer stammten vornehmlich aus Afghanistan, mindestens einige tausend kamen zudem aus arabischen Staaten, einzelne waren auch Migranten aus westlichen Staaten. Saudi-Arabien entließ angeblich sogar radikale Moslems aus den Gefängnissen zum Kampf nach Afghanistan.[87] Ausgebildet wurden sie in den riesigen Flüchtlingslagern in Pakistan, finanziert von den Spenden wohlhabender Fundamentalisten aus Saudi-Arabien, wie etwa Osama Bin Laden.

Die Mudschaheddin erhielten zugleich frühzeitig Unterstützung aus dem Westen und von China. Anfang Juli 1979 unterzeichnete Carter eine eher symbolische Förderung der Widerstandsgruppen, die zumindest eine halbe Million Dollar erhielten.[88] Obgleich dies geheim verlief und die USA eine Einmischung dementierten, protestierte die Sowjetunion sofort scharf gegen jede Unterstützung. Auch in der Bundesrepublik entstanden frühzeitig Kontakte mit dem afghanischen Widerstand. Schon Anfang 1979 bat etwa die «Afghan National Liberation» den Bundeskanzler um Hilfe im Kampf gegen die sowjetische Okkupation und für die Flüchtlinge, andere sprachen die Botschaft in Kabul an.[89] Auch in der Bundesrepublik kam bald die Forderung auf, den Widerstand zu fördern. Schon Anfang 1980 argumentierte ein internes Strategiepapier des

Auswärtigen Amts: «Ein geeignetes Mittel, die Kosten für die SU hochzuhalten, ist die Unterstützung der afghanischen Befreiungsbewegungen. Die afghanischen Freiheitskämpfer sind für einen Kampf gegen die Sowjetunion stark motiviert. ... Aber sie benötigen Waffen und Ausrüstung für Winter- und Sommereinsatz gegen gepanzerte Einheiten.»[90] Deshalb schlug das Papier vor, den Kämpfern vertraute sowjetische Waffen aus China, Somalia und Ägypten zu besorgen, sowie westliche Waffen, die diskret über Drittländer wie Pakistan zu liefern seien. Die Bundesregierung stellte sich jedoch öffentlich gegen die Forderung, Waffen nach Pakistan zu liefern.[91]

Einigkeit bestand im Westen darüber, Pakistan zu unterstützen. Da das islamische und autokratisch regierte Land versuchte, Atomwaffen zu entwickeln, hatten die USA und ihre Verbündeten bisher ihre Hilfsgelder reduziert. Bereits nach dem sozialistischen Umsturz in Afghanistan im April 1978 hatte die US-Regierung aber in außenpolitischen Gesprächen unterstrichen, man müsse Pakistan stärker fördern.[92] Präsident Carter schloss 1978 in diplomatischen Gesprächen eine direkte Militärhilfe aus, solange Pakistan sein Atomprogramm verfolge.[93] Auch die Bundesrepublik erhielt pakistanische Anfragen nach Militärhilfe, etwa nach deutschen Leopard-Panzern, was sie ablehnte. Erwogen wurden dagegen Ende 1978 im Auswärtigen Amt die «Möglichkeiten bei ‹anderen Rüstungsgütern› (keine Waffen). Evtl. Munition oder Maschinen zur Rüstungsproduktion.» Zudem schloss Siemens eine Tiefflieger-Radar-Lieferung ab.[94]

Nach dem sowjetischen Einmarsch war das pakistanische Atomprogramm kein Hinderungsgrund mehr, das Land zu unterstützen. Die USA verdoppelten bereits kurz nach dem Einmarsch Anfang 1980 ihre Wirtschaftshilfe.[95] Präsident Carter drängte zudem die Bundesregierung persönlich zur Unterstützung von Pakistans Kommunikations- und Transportsystem.[96] Die USA mieden in den ersten Jahren eine direkte Waffenhilfe für die Mudschaheddin, um nicht den Konflikt weiter anzuheizen und den sowjetischen Kriegsvorwand offen zu bestätigen. Stattdessen gaben sie verdeckt Mittel an Drittstaaten, die wiederum die Mudschaheddin unter-

## Der Westen fördert den islamischen Widerstand

stützten, also insbesondere über Pakistan. Die Waffen, oft sowjetischer Herkunft, kamen aus Ägypten oder China.[97] Pakistan trat als selbstbewusster Partner auf und lehnte eine im Oktober 1980 angebotene Militärhilfe angeblich als «Peanuts» ab.[98] Der afghanische Widerstand sollte die sowjetische Armee zermürben; an deren Sieg glaubte niemand. Als er nach einigen Jahren überraschende Erfolge aufwies, wurde die Unterstützung ausgeweitet, wofür Pakistan versichern musste, keine Nuklearsprengköpfe anzuschaffen. 1984 kam es sogar zu einer offenen Unterstützung durch Mittel des US-Kongresses, was eine Ausrüstung mit modernen tragbaren Flugabwehrraketen erlaubte. Auch propagandistisch sahen die USA eine Chance, um die islamischen Staaten gegen die Sowjetunion aufzubringen. Vermehrte US-Radiosendungen in den Sprachen der islamischen Länder mobilisierten gezielt gegen den sowjetischen Einmarsch.[99] Dies sollte auch die anti-amerikanische Stimmung konterkarieren, die die iranische Revolution und der Nahostkonflikt verbreiteten.

Die Bundesregierung unterstützte Pakistan vor allem über eine deutlich intensivierte Flüchtlingshilfe. 1980 verdoppelte sie bereits die Entwicklungshilfe für Pakistan auf 130 Millionen, leitete Umschuldungen ein und gab zusätzlich über sechs Millionen DM für die konkrete Flüchtlingshilfe. Wie bei den Boat People aus Vietnam waren es besonders CDU-Vertriebenenpolitiker wie Herbert Czaja und Herbert Hupka, die Hilfe für die vom Kommunismus verfolgten Flüchtlinge einforderten.[100] Im Haushaltsjahr 1981 stellte die Bundesrepublik sogar rund 60 Millionen DM für die Flüchtlingshilfe in Pakistan bereit sowie weitere 28 Millionen US-Dollar im Rahmen einer EG-Soforthilfe.[101] Große Summen erhielt Pakistan vor allem aus den USA, China und Saudi-Arabien. Damit hatte sich der zunächst regionale Krieg in Afghanistan endgültig zu einem internationalen Konflikt entwickelt.

Die Unterstützung des Widerstands erfolgte logistisch vor allem über die Geheimdienste. Die CIA organisierte die US-amerikanische Hilfe, und der pakistanische Geheimdienst übernahm eine koordinierende Funktion für den verästelten Widerstand in den Lagern sowie beim Waffentransport nach Afghanistan über Bergpfade.

## 6. Der sowjetische Einmarsch in Afghanistan

Auch BND-Mitarbeiter waren in den Flüchtlingslagern Pakistans seit 1981 aktiv. Im Rahmen der Aktion «Sommerregen» unterstützten sie die Kampfvorbereitung und werteten erbeutete sowjetische Waffen aus.[102] Afghanische Widerstandskämpfer wurden auch in der Bundesrepublik empfangen. Mitte 1980 traf Staatssekretär van Well bereits Ahmed Gailani, den Präsidenten der eher royalistisch-moderaten «National-Islamischen Front von Afghanistan».[103] Im Februar 1981 empfing er dann Gulbuddin Hekmatyār als Vertreter der «Islamischen Partei», wobei das Gespräch auf Anregung der CDU stattfand, die ihn mit zwei weiteren Afghanen als Gast der Hanns-Seidel-Stiftung und der Konrad-Adenauer-Stiftung eingeladen hatte.[104] Der gemeinsame sowjetische Feind sorgte somit für ähnlich überraschende Verbindungen wie bei den Treffen zwischen Christdemokraten und Chinas Führung in den 1970er-Jahren. Der afghanische Widerstand warb dabei um finanzielle Unterstützung und um internationale Anerkennung. Dies war freilich nicht einfach, da wegen seiner Zersplitterung allgemein anerkannte Hilfsorganisationen oder koordinierende Stellen fehlten. Obwohl Barspenden wegen der unklaren Verwendung vermieden werden sollten, machte das Auswärtige Amt eine Ausnahme und erlaubte wegen der Hungersnot Zuwendungen bis 100 000 DM für afghanische Kommandanten.[105] Damit nahm man in Kauf, dass diese Mittel eventuell für militärische Zwecke benutzt wurden.

Wie weit dieser aktive politische Einsatz für die «Freiheitskämpfer» reichen konnte, zeigte sich bei dem konservativen Abgeordneten Jürgen Todenhöfer, der von 1972 bis 1990 für die CDU im Bundestag saß. Er reiste bereits im Juli 1980 nach Afghanistan und berichtete anschließend über den «Völkermord in Afghanistan», was Verstimmung in Moskau auslöste.[106] 1982 referierte Todenhöfer im Bundestag, wie er «neun Tage zusammen mit afghanischen Freiheitskämpfern im Landesinnern Afghanistans» verbrachte und «das kleine afghanische Volk mit teilweise mittelalterlichen Waffen gegen die größte Armee der Welt um seine Freiheit kämpft.» Emotional schilderte er, wie Eltern vor den Augen ihrer Kinder erschossen würden und schloss: «Wir bitten daher um Unterstützung der

Engagement für die Freiheitskämpfer: Der CDU-Bundestagsabgeordnete Jürgen Todenhöfer (links) besucht 1984 das Grenzgebiet von Pakistan und Afghanistan.

afghanischen Freiheitskämpfer mit Medikamenten und Nahrungsmitteln.»[107] Der CDU-Politiker reiste noch mehrfach nach Afghanistan. Ende 1984, zum fünften Jahrestag des Einmarsches, nahm er «unbewaffnet» an einem Angriff der Widerstandskämpfer auf eine sowjetische Garnison teil, rund 100 Kilometer von der pakistanischen Grenze entfernt – begleitet von einem Kameramann des ZDF. Die sowjetische Presse bezeichnete ihn daraufhin als «Washingtoner Speichellecker» und «Goebbels».[108] Umgekehrt forderte Todenhöfer 1985 in einem Schreiben an Gorbatschow den Rückzug der Sowjettruppen und legte seinem offenen Brief Fotos von schwerverletzten afghanischen Kindern bei, an denen die sowjetische Armee ihre neuesten Waffen teste.[109]

Die bundesdeutsche Auseinandersetzung mit dem Krieg in Afghanistan erinnerte somit deutlich an die Debatte über die Boat People aus Vietnam. Wiederum war es die CDU/CSU, die sich in

## 6. Der sowjetische Einmarsch in Afghanistan

diesem Konflikt für die Opfer einsetzte, um zugleich gegen den Kommunismus zu mobilisieren und der Linken ihr Schweigen vorzuwerfen. Und erneut übernahm sie die Begriffe, die die Serie *Holocaust* etabliert hatte. So sprach Helmut Kohl von einem «Stück Völkermord» und einer «Ausrottungs-Strategie».[110] Ebenso übernahm die Union auch hier die Rhetorik der einstigen linken Vietnamkriegsproteste von 1968. Sie beklagte den Einsatz von Napalm-Bomben und prangerte plastisch die Tötung von Frauen und Kindern an, während sie Guerilla-Krieger heroisierte oder romantisiert von «friedlichen Stämmen» sprach, «die nichts weiter wollen als persönliche und religiöse Freiheit.»[111] Wie bei den Boat People warf sie der Linken vor zu schweigen. «Wo bleiben die Proteste von Herrn Albertz, von Harry Ristock, von Gollwitzer und anderen, die doch nie müde wurden, gegen den amerikanischen Einsatz in Vietnam zu demonstrieren?», fragte etwa Helmut Kohl im Bundestag nach dem Einmarsch.[112]

Ähnlich wie bei der Vietnamhilfe trat wieder die Organisation «Cap Anamur. Deutsche Notärzte e.V.» als Akteur hervor und warb mit prominenten Journalisten wie Franz Alt um Spenden.[113] Zudem entstanden neue NGOs, wie 1981 die Hilfsorganisation «HELP – Hilfe zur Selbsthilfe e.V.» Und wie bei den Boat People waren es die eher konservativ ausgerichteten Medien, die diese und ähnliche Hilfsaktionen unterstützten. Todenhöfer sammelte etwa, zusammen mit dem ZDF, der Zeitschrift *Die Bunte* und der *Bild-Zeitung*, nach eigenen Angaben 20 Millionen DM für die afghanischen Flüchtlinge.[114] Ein Bundeswehr-Major reiste in seiner Urlaubszeit für das ZDF und die *Stuttgarter Nachrichten* zu den Mudschaheddin und sammelte Spenden, um etwa den «Sender freies Afghanistan» aufzubauen.[115] Ebenso gründete die CDU mit dem «Bonner Afghanistan Komitee» und der «Arbeitsgemeinschaft Afghanistan» eigene Hilfsvereine.

Anders als bei den Boat People traten die Deutschen jedoch nicht für eine Aufnahme afghanischer Flüchtlinge in der Bundesrepublik ein. Im Gegenteil: Am 26. März 1980 verschärfte die Bundesregierung die Visumspflicht für Afghanistan (wie für Äthiopien und Sri Lanka), «um den Zustrom von Asylanten zu kanalisieren», da

Deutschland nicht unbegrenzt «alle politisch Verfolgten dieser Welt aufnehmen» könne.[116] Damit erschwerte sie ausgerechnet für Krisengebiete mit vielen Verfolgten den Zugang, wenngleich sie die Botschaft in Afghanistan anwies, Sichtvermerke zu erteilen, «wenn es sich um Fälle humanitärer Härte oder um Familienzusammenführungen handelt».[117] Über drei Millionen Afghanen flohen vor dem Krieg, vor allem nach Pakistan. In der Bundesrepublik hielt die Statistik von 1980 hingegen nur 5466 Asylbewerber aus Afghanistan fest, und im Jahr darauf sank diese Zahl durch die Einschränkung um ein Drittel und dann auf verschwindend geringe Werte.[118] Die große finanzielle Unterstützung für die Flüchtlingslager in Pakistan war somit auch eine Kompensation dafür, dass die afghanischen Flüchtlinge kaum in Deutschland aufgenommen wurden.

## Friedensbewegung, Nato-Doppelbeschluss und Afghanistan-Einmarsch

Parallel zum weltweiten Protest gegen den sowjetischen Einmarsch etablierte sich in vielen westlichen Ländern eine starke Friedensbewegung. Sie knüpfte an ältere Vorbilder an, gewann aber eine neuartige Reichweite. Besonders groß war sie in den Ländern, die direkt von der Stationierung im Rahmen des Nato-Doppelbeschlusses betroffen waren: etwa in Belgien, den Niederlanden, Großbritannien, Italien und der Bundesrepublik, wo Millionen von Menschen für Frieden und Abrüstung eintraten. In Bonn veranstaltete die Friedensbewegung zentrale Großdemonstrationen mit hunderttausenden von Teilnehmern, und zugleich organisierten ihre dezentralen Gruppen durch lokale Aktionen Protest. Mit Menschenketten, Infoständen oder Filmvorführungen warnten sie vor den Gefahren, die ein Atomkrieg für die Welt und die heimische Region bedeute.[119] Mitte November 1980 fanden in der Bundesrepublik rund 350 dezentrale «Friedenswochen» statt, 1981 bereits etwa zehnmal so viele.

## 6. Der sowjetische Einmarsch in Afghanistan

Die Nachrüstung und der Krieg in Afghanistan waren wichtige Bedingungen für das Aufkommen der Friedensbewegung. Beides mobilisierte für sich jedoch noch keine Massen. Entscheidend war vielmehr das Zusammenspiel unterschiedlicher Veränderungen, denen auch dieses Buch nachspürt. Die aufkommende Friedensbewegung wurde erstens durch die Erfahrung der vorherigen Ost-West-Verständigung geprägt. Gerade die jüngere Generation war mit der Ostpolitik aufgewachsen und wollte den Entspannungskurs nicht wegen des Afghanistankrieges und der Nachrüstung aufgeben. Die Friedensbewegung entfaltete sich zweitens im Kontext von Ängsten vor einer hochtechnisierten Welt. Wie bei den Atomkraftwerken wuchs in der Rüstungsdebatte die Furcht, den Menschen könne die Kontrolle über die tödliche Technik entgleiten. Drittens trieb das Erstarken konservativer Regierungen seit Thatchers Wahl im Frühjahr 1979 die Furcht vor neuen Kriegen an, da diese nachdrücklicher auf eine antikommunistische Abgrenzung von der Sowjetunion setzten. Besonders der neue US-Präsident Ronald Reagan wurde zum Feindbild der weltweiten Friedensbewegung. Auf Thatcher, Reagan und selbst auf Kohl wurden unterschiedliche Ängste projiziert – vor mehr Atomwaffen, unberechenbaren Kriegseinsätzen und einer neoliberalen Ökonomie.

Das Aufkommen der Friedensbewegung stand viertens im Kontext der neuen Präsenz der NS-Geschichte und des Holocaust. Die verstärkte öffentliche Auseinandersetzung mit der Kriegszeit vergrößerte die Angst davor, sie könne sich wiederholen. Schon vor dem Nato-Doppelbeschluss demonstrierten am 1. September 1979, zum 40. Jahrestag des Beginns des Zweiten Weltkriegs, in Bonn rund 40000 Menschen unter dem Motto «Den Frieden sichern – das Wettrüsten beenden.»[120] Fünftens spielte die neue öffentliche Präsenz der Religion eine wichtige Rolle. Die Friedensbewegung knüpfte vielfältig an die christliche Friedenssemantik und kirchliche Netzwerke an. In der Bundesrepublik galt besonders der Evangelische Kirchentag 1981 als ein wichtiger Auftakt der Friedensbewegung, in dessen Kontext rund 100000 Menschen gegen den «Atomtod» protestierten. Auch die Friedensdekaden und Ostermärsche waren eng mit christlichem Engagement verbunden.

Kirchliche Forderungen nach Frieden und die Beteiligung von einzelnen Geistlichen an Protesten förderten eine bürgerliche Reputation der Friedensbewegung, die christdemokratische Parteien nervös machte. Christliche Texte prägten auch bei säkularen Protestierenden die Begriffe und die Denkhaltung – etwa die Feindesliebe in der Bergpredigt, die sie der politischen Logik der Abschreckung entgegen stellten.[121] Trotz deutlicher interner Divergenzen[122] erschienen in der Öffentlichkeit die Kirchen als ein Teil der Friedensbewegung, was beiden Seiten eine neue Sichtbarkeit gab. Besonders für die zahlenmäßig deutlich kleinere Friedensbewegung in der DDR spielten die Kirchen eine Schlüsselrolle, aber auch für die grenzübergreifende Verständigung. So forderte das gemeinsame «Wort zum Frieden» der EKD und des Bundes der evangelischen Kirchen in der DDR 1979 eine «Erziehung zum Frieden» und ein Ende des Wettrüstens, wobei sie mahnend an den Zweiten Weltkrieg und die gemeinsame deutsche Schuld am Holocaust erinnerten.[123]

Der Afghanistan-Einmarsch spielte in diesem Kontext eine vielschichtige Rolle. Wie die Nachrüstung war er ein Testfall, welche langfristige Reichweite die Entspannungs- und Ostpolitik Brandts hatte. Für die CDU/CSU-Opposition war der Einmarsch der Beweis dafür, dass die Entspannungspolitik gescheitert und die Friedensbewegung blauäugig war.[124] Die Bevölkerungsmehrheit sah dies anders. Einer Umfrage Mitte Januar 1980 zufolge forderten 78 Prozent eine Fortsetzung der Entspannungspolitik und nur 11 Prozent waren dagegen. Selbst bei den CDU/CSU-Anhängern traten 70 Prozent für ihre Fortführung ein.[125]

Obgleich die Nachrüstung und der Afghanistan-Einmarsch zu einer neuen politischen Konfrontation und neuen Ängsten führten, ging das Erbe der Entspannungspolitik tatsächlich nicht verloren. Wie bereits für die Sanktionen gegen die Sowjetunion gezeigt wurde, blieb ihre Umsetzung angesichts der etablierten politischen, ökonomischen und kulturellen Ost-West-Beziehungen eher halbherzig, die Kontakte intensivierten sich bald wieder. Die Expertenstäbe und Kommunikationskanäle der Abrüstungsgespräche der 1970er-Jahre bestanden fort und beide Seiten griffen die SALT II-

Bestimmungen wieder auf.[126] Die Friedensbewegung fühlte sich erst recht aufgerufen, trotz des Afghanistan-Einmarsches blockübergreifende Gespräche fortzusetzen. So setzten die deutsch-deutschen Kirchenvertreter ihren Austausch fort.[127] Die neu gegründeten Grünen suchten im Unterschied zu den Altparteien nicht nur den Austausch mit der SED-Führung, sondern auch mit der unabhängigen Friedensbewegung der DDR. Selbst die Regierung Kohl knüpfte nach 1982 grundsätzlich an die Außenpolitik ihrer Vorgänger an und setzte die Ost-West-Beziehungen fort.

Besonders die Friedensbewegung stand für diese gewandelte Bewertung des Kalten Kriegs, die sich trotz des sowjetischen Einmarsches in der Bevölkerung abzeichnete. Wie eine interne Denkschrift des Auswärtigen Amts Ende 1981 feststellte, begann die Friedensbewegung, «die in Ost und West gängigen Denkstrukturen infrage zu stellen, die bisherigen Spielregeln der internationalen Politik nicht länger als nützlich bzw. akzeptabel anzuerkennen.»[128] Das galt vor allem für die atomare Abschreckung. Kriegsangst und Friedensrhetorik reichten nach 1979 weit über das alternative Milieu hinaus. Alle Seiten versuchten, den Begriff Frieden zu besetzen. Auch die CDU/CSU wollte dabei nicht ins Hintertreffen geraten. Statt «Frieden schaffen ohne Waffen», wie die Friedensbewegung reimte, propagierte die CDU nun den Slogan «Frieden schaffen mit immer weniger Waffen». Damit förderte auch sie Erwartungen an eine Abrüstung.

Noch deutlicher zeigte sich die gewandelte Haltung zur Rüstung und zum Umgang mit dem Ost-West-Konflikt seit 1979 in der SPD. Das Eintreten für Frieden und Abrüstung gewann bei ihr zunehmend an Bedeutung. So legte sie 1979 die «Festigung des Friedens» als Hauptthema für ihren Parteitag fest, und die Umsetzung des Nato-Doppelbeschlusses spaltete zunehmend die Partei. Während Helmut Schmidt nachdrücklich für die Stationierung eintrat, rückten die Parteibasis und insbesondere die Jüngeren schrittweise davon ab.[129] Mit dem Regierungsverlust 1982 setzte sich diese Position klar durch, und auf dem Kölner Parteitag 1983 stimmten nur Schmidt und 13 weitere Delegierte für die Nachrüstung, 386 lehnten dagegen die Stationierung ab.

Dass der Afghanistan-Einmarsch mehrheitlich kein verschärftes Blockdenken auslöste, zeigte auch die Bundestagswahl 1980. Mit Franz Josef Strauß (CSU) stand ein Kandidat zur Wahl, der nachdrücklich eine Politik der Abschreckung vertrat. Nachdem sich die CDU/CSU in den 1970er-Jahren eher auf innenpolitische Reformen fokussiert hatte, rückte Strauß unter dem Eindruck des sowjetischen Einmarsches nun stark die Außen- und Sicherheitspolitik in den Vordergrund. Trotz der zugespitzten Situation verlor die Union jedoch Stimmanteile.

Es gelang der Union auch kaum noch, die Protestierenden im antikommunistischen Sinne als Handlanger der DDR auszugrenzen. Unter den konservativen Politikern Westeuropas kursierte noch 1983 die Überzeugung, viele Demonstranten seien von der DDR bezahlt und übernähmen sowjetische Propaganda.[130] Christdemokraten wie Helmut Kohl unterschieden dabei zwischen SED-Akteuren und denen, die sich «als nützliche Idioten ausnützen» ließen, wie etwa christliche Gruppen.[131] Tatsächlich war unübersehbar, dass sich die Friedensbewegung aus sehr unterschiedlichen Strömungen zusammensetzte. Zu ihnen zählten neben dem alternativen Milieu, Sozialdemokraten und christlichen Gruppen eben *auch* Teile der äußersten Linken und Kommunisten, die in der Tat teilweise Unterstützung aus der DDR erhielten. Wie damals schon bekannt war, finanzierte die SED etwa Leitungsmitglieder des «Komitees für Frieden, Abrüstung und Zusammenarbeit» (KOFAZ), das den berühmten «Krefelder Appell» verfasste, was auch im Auftrag des KGB geschah. Die rund vier Millionen Menschen, die diesen Appell zur Abrüstung unterschrieben, waren aber offensichtlich mehrheitlich keine Kommunisten. Zudem war die Friedensbewegung auch der SED ein Dorn im Auge, da sie für die Abrüstung in Ost und West eintrat und sich auch in der DDR unabhängig vom Staat formierte.[132]

Eigenständige Proteste gegen den Krieg in Afghanistan organisierte die Friedensbewegung freilich kaum. Es waren vielmehr Afghanen im westlichen Ausland, die auf den Straßen schon früh gegen die Intervention mobilisierten. In der Bundesrepublik machten afghanische Gruppen bereits seit Frühjahr 1979 mit Infoständen,

Flugblättern und Demonstrationen in Bonn auf die Lage in Afghanistan aufmerksam.[133] Nach der Niederschlagung des Aufstands in Herat besetzten afghanische Studenten die afghanische Botschaft in Bonn, demonstrierten am 28. April 1979 im Bonner Hofgarten gegen das «sozialfaschistische Regime und seine Kremlherren» und forderten «Russen raus aus Afghanistan! Nieder mit dem US-Imperialismus!»[134] Damit passten sie sich der Sprache der sozialen Bewegungen in der Bundesrepublik an. Unmittelbar nach dem Einmarsch der Sowjetunion zerstörten afghanische Protestierende sogar die Einrichtung der afghanischen Botschaft in Bonn.[135] Wie bei der Iran-Krise spielte eine kleine studentische Diaspora damit durchaus eine sichtbare Rolle bei der Globalisierung des Konflikts, allerdings erreichte auch sie kaum die Aufmerksamkeit des linksalternativen Milieus.

Die bundesdeutsche und westliche Friedensbewegung interessierte sich viel mehr für die Konflikte in Lateinamerika. Die Mudschaheddin wurden nicht zu Ikonen auf WG-Postern, obgleich ihr Guerillakampf dem in Vietnam oder Lateinamerika wenig nachstand. Dies lag zunächst daran, dass die bürgerlichen Politiker Afghanistan bereits vereinnahmten – ähnlich wie bei den Boat People aus Vietnam –, während die Friedensbewegung sich eher USA-kritisch positionierte. Sie verurteilte den sowjetischen Einmarsch daher quasi nebenbei, indem sie die Waffengewalt und Invasionen beider «Supermächte» anprangerte und so gleichsetzte. Mitunter richtete die Friedensbewegung sich sogar gegen die Erwähnung Afghanistans. Bei einem Bonner Treffen beschloss etwa 1983 eine knappe Mehrheit, einen Passus zum Rückzug der Sowjets aus Afghanistan wieder zu entfernen, da sich das Treffen auf die Nato beziehe. Andere äußerten ein gewisses Verständnis für die sowjetische Sicherheitspolitik nach zwei deutschen Angriffen.[136]

Kritik am sowjetischen Einmarsch in Afghanistan äußerten dagegen die Grünen, obgleich sie als parlamentarischer Arm der Friedensbewegung agierten. Bereits kurz nach dem Einmarsch proklamierte etwa ihr stärkster Landesverband in Nordrhein-Westfalen: «Ein Jahrzehnt nach Prag wird erneut deutlich, was die Sowjetunion meint, wenn sie von ‹brüderlicher Hilfe› spricht.»[137] Sie sahen den Einmarsch als Bruch des Selbstbestimmungsrechtes von Entwicklungsländern. Damit zogen sie eine bewusste Abgrenzung zu DKP-Aktivisten, die Hinweise auf sowjetische Aggression mieden. In den Sitzungen der Grünen-Bundestagsfraktion war der Einmarsch nur selten Thema, aber immerhin fuhren ihre Bundestagsabgeordneten im Sommer 1984 selbst für zwei Wochen nach Pakistan und Afghanistan, um sich ein Bild der Lage zu machen.[138] Im Unterschied zur CDU/CSU forderten die Grünen nicht nur den Rückzug der Sowjetunion, sondern verurteilten auch die Unterstützung der Mudschaheddin. Neben deren Stellvertreterkrieg prangerten sie deren weltanschauliche Haltung an und nannten sie Teil eines internationalen, radikal-rechten antikommunistischen Netzwerks.[139] Innerhalb der Grünen war umstritten, inwieweit man den afghanischen Widerstand überhaupt zu Anhörungen in Bonn einladen dürfte, da er auf Gewalt setze.[140]

Trotz dieser Distanz war der sowjetische Afghanistan-Einmarsch für das Aufkommen der Friedensbewegung von Bedeutung. Er trug dazu bei, dass sich eine breitere Öffentlichkeit mit Krieg und Gewalt auseinandersetzte.[141] Gerade die Verschärfung des Ost-West-Konflikts im Zuge des Einmarsches führte dazu, dass mehr Menschen Angst vor einem Krieg hatten und gegen die Abschreckungslogik des Kalten Kriegs eintraten. Der Einmarsch diskreditierte zudem die Sowjetunion und machte die sozialistischen Friedensparolen unglaubwürdig. Dies erleichterte, dass die Friedensbewegung insgesamt nicht in den Duktus der einseitig antiamerikanischen Vietnamkriegsproteste verfiel, sondern für den Abbau von Waffen in Ost und West eintrat.

Welche Wirkung die Friedensbewegung hatte, wird seit langem kontrovers diskutiert. Einige bewerten sie als eher folgenlos, weil sie die Nachrüstung nicht verhindern konnte. Andere argumentierten, die Friedensbewegung habe durchaus Einfluss auf die Abrüstungsgespräche gehabt, die Reagan und Gorbatschow ab Mitte der 1980er-Jahre einleiteten. So habe die Friedensbewegung dazu beigetragen, dass Gorbatschow Vertrauen in die Gesprächsbereitschaft des Westens fasste.[142] Ein zentraler Erfolg der Friedensbewegung war, dass sie einen breiten Diskurs etablierte, in dem sich alle Seiten prinzipiell

## 6. Der sowjetische Einmarsch in Afghanistan

zum Frieden und zur Abrüstung bekannten. Selbst die Christdemokraten veranstalteten nun Aktionen wie «10.000 Friedenstage», die nach Angaben der CDU-Bundesgeschäftsstelle 1983 in einem halben Jahr 3,5 Millionen Bürger in über 10 000 Veranstaltungen erreichten, und ihre Regierung ließ Millionen Broschüren zur Friedenssicherung drucken.[143] Besonders herausgefordert wurde die SED. In ihrer sozialistischen Rhetorik hatte der Appell zum Frieden stets eine große Rolle gespielt. Dass die unabhängige Friedensbewegung nun ihre Sprache und Symbole ernst nahm, setzte sie unter Druck, insbesondere bei der Aktion «Schwerter zu Pflugscharen». Dass die SED den sowjetischen Einmarsch rechtfertigte, kostete sie weiteres Vertrauen. Eine spektakuläre Einzelaktion war ein Anschlag, den ein Mann am 9. März 1980 gegen den sowjetischen Afghanistan-Einmarsch verübte: Er zündete eine Bombe an einem sowjetischen Panzer, der in Karl-Marx-Stadt als Denkmal «für die Befreiungstaten der Roten Armee» stand.[144] Für den Niedergang der DDR war der Einmarsch vor allem deshalb von Bedeutung, weil er die Krise und den Wandel der sowjetischen Führung beschleunigte.

### Der sowjetische Rückzug aus Afghanistan

Der Krieg in Afghanistan fraß mit den Jahren am Nimbus der Roten Armee. Erst ließ er die sowjetischen Truppen aggressiv erscheinen, dann zunehmend zahnlos. Die sowjetische Armee verlor zwar keine entscheidenden Schlachten, konnte sich aber nicht flächendeckend durchsetzen. Vielmehr zeigte der Krieg, wie ihr weltanschauliches Vordringen trotz und wegen ihrer Waffengewalt scheiterte. Entsprechend frustriert und unmissverständlich betonte der neue Parteichef Gorbatschow am 13. November 1986 im Politbüro: «Wir kämpfen bereits sechs Jahre in Afghanistan. Wenn wir unsere Methoden nicht ändern, werden wir noch 20 bis 30 Jahre kämpfen. Das würde einen Schatten auf unsere Fähigkeit, die Ereignisse zu beeinflussen, werfen. Man muss unseren Militärs auch sagen, dass sie in diesem Krieg schlecht lernen. ... Wir brauchen in der nächsten Zeit die Beendigung dieses Prozesses.»[145] Tatsächlich leitete die Parteiführung 1986 endlich den Rückzug ein, der sich dennoch bis 1989 hinzog. Im Rückblick stellt sich die Frage, warum es überhaupt zu einem derart langen und vergeblichen Einsatz kam und wie Gorbatschow dessen Ende einleitete.

Die Probleme der sowjetischen Soldaten lassen sich zum Teil mit ihrer Ausbildung erklären. Sie war auf konventionelle Schlachten gegen den Westen und China ausgerichtet, nicht auf Guerillakämpfe in wüsten Bergen. Auch die Logistik, Nachschubversorgung und Koordination der Einsätze funktionierte entsprechend schleppend.[146] Obgleich viele südsowjetische Soldaten rekrutiert wurden, litt ein Großteil unter dem Klima und unter Krankheiten. Hinzu kam, dass die Soldaten denkbar demoralisiert waren: Sie verstanden den Sinn des Einsatzes nicht, und innerhalb der Truppe grassierten Defätismus und Korruption. Einige verscherbelten die eigene Ausrüstung und Munition an Afghanen, um westliche Jeans oder Elektronikgeräte zu kaufen, die viele der Soldaten hier erstmals sahen. Die spätere Nobelpreisträgerin Swetlana Alexijewitsch sammelte in ihrem Interviewband «Zinkjungen» zahllose derartige Erfahrungen.[147]

Wie in Vietnam förderte besonders der Guerillakrieg auf beiden Seiten die Gewaltspirale. Auch die sowjetischen Soldaten griffen aus Hubschraubern an und töteten zahllose Zivilisten. Zwischen den oft muslimisch geprägten Soldaten aus dem sowjetischen Süden und den Afghanen kam es zu keiner Verständigung oder Solidarität. Dies erklärt sich aus einem wechselseitigen Misstrauen, der Gewalterfahrung und dem Überlegenheitsgefühl der sowjetischen Soldaten. Viele Afghanen sahen auch sowjetische Soldaten aus Tadschikistan als Russen und «Ungläubige» an.[148] Von ihrem eigentlichen Ziel, die von ihnen eingesetzte Regierung populär zu machen, entfernte sich die Sowjetunion somit immer weiter. Statt das Land aufzubauen, verminte und zerstörte sie es. Die Sowjets kämpften nicht gegen das Militär, sondern gegen den Widerstand der Bevölkerung. Da sie Feinde und zivile Unterstützer nicht unterscheiden konnten, kam es zu brutalen Vergeltungsmaßnahmen. Viele sowjetische Soldaten kehrten entsprechend traumatisiert in ihre Heimat zurück, ohne dass sie dort über ihre Erlebnisse sprechen konnten.[149] Sie erhielten keine Ehrungen, und selbst beim Rückzug 1989 empfing die politische Führung sie nicht. Dieser Krieg sollte vergessen werden.

Dass die Mudschaheddin derart lange Widerstand leisten konnten, lag an ihrer dezentralen Struktur und ihrer religiös geprägten Überzeugung, ihr Land als Märtyrer zu verteidigen. Noch wichtiger war die internationale Unterstützung, die sie erhielten, besonders über Pakistan. Der sowjetischen Armee gelang es nicht, diese Nachschubrouten über die Berge zu unterbinden. Wie entscheidend die Qualität der Waffen für den Widerstand war, zeigte sich ab 1985: Die von den USA bewilligten mobilen Flugabwehrraketen «Stinger» ermöglichten den Mudschaheddin eine erfolgreiche Abwehr der sowjetischen Luftangriffe und neuartige Erfolge, die mit dazu beitrugen, dass Gorbatschow den Rückzug einleitete.

Ein weiterer Grund für den langen Einsatz waren die sozialistischen Modernisierungsvisionen, die zumindest bei der Parteiführung fortbestanden. Die Sowjetunion hatte lange Zeit große Summen in Afghanistan investiert und förderte auch in den 1980er-Jahren Schulen, Kraftwerke und die Rechte von Frauen. Trotz aller Macht- und Sicherheitsobsessionen sah sich die sowjetische Parteiführung daher nicht als zerstörender Eindringling, sondern als Aufbaukraft in einem patriarchalischen, rückständigen Land.[150] Dass die Mudschaheddin gezielt Schulen und Lehrer angriffen, weil sie ihnen als Teil der kommunistischen Herrschaft erschienen, bestätigte diese Vorurteile. Der lange ergebnislose Kampf machte einen Rückzug nicht leichter, da dies ein Eingeständnis gewesen wäre, dass alle Modernisierungsversuche umsonst gewesen waren.

Trotz der Eskalation blieb der Krieg zugleich ein begrenzter Konflikt. Iran, Pakistan oder gar die USA griffen nie direkt ein, und die Sowjetunion bombardierte nicht Pakistan, was angesichts der Waffenhilfe denkbar gewesen wäre.[151] Die weltweiten öffentlichen Proteste, die Sanktionen und die Architektur des Kalten Kriegs trugen sicher mit zu dieser Begrenzung bei. Im Vergleich zum Vietnamkrieg der USA blieben die Kosten und Verluste der Sowjetunion geringer, auch musste sich ihre Führung nicht mit einer derart kritischen Öffentlichkeit auseinandersetzen. Der Krieg eskalierte jedoch durch seine Dauer, seine Gewalt und seine Ergebnislosigkeit. Zudem konnte die sowjetische Führung ihn trotz Zensur nicht mehr verbergen. Besonders 1985 erreichten die *Prawda* und die Parteiführung zahlreiche Schreiben von Müttern mit gefallenen Söhnen, von Soldaten und lokalen Eliten, die sich kritisch zum Krieg äußerten.[152] Doch erst unter Gorbatschow wurde eine offenere Kommunikation über den Krieg möglich. Ein ZK-Beschluss erlaubte im Juli 1985 vage Berichte und neben allgemeinen und heroischen Bildern «vereinzelte Fakten (nicht mehr als eines pro Monat) betreffend Verletzungen oder Tod sowjetischer Armeeangehöriger» sowie über «einzelne Fälle heroischen Untergangs von Sowjetsoldaten bei der Erfüllung ihrer Gefechtsaufgaben, mit Hinweis auf ihren Mut und ihre Standfestigkeit».[153] Dies war ein Schritt in Richtung «Glasnost», wie Gorbatschow ein Jahr später seine neue Politik der Offenheit bezeichnete. Wie in anderen Bereichen war es zugleich ein Teil von Gorbatschows Reformstrategie. Die offeneren Medienberichte halfen ihm, den Rückzug durchzusetzen.

Dennoch vollzog sich der Rückzug schrittweise. Im Herbst 1985 gewährte das Politbüro eine Frist von einem Jahr, um Afghanistan politisch und militärisch zu konsolidieren. Gorbatschow wollte der Sowjetunion so wieder internationales Ansehen verschaffen, aber zugleich keine Reputation durch das Eingeständnis einer Niederlage verlieren.[154] Als im November 1986 keine Verbesserung erkennbar war, legte das Moskauer Politbüro nun endlich einen Abzug in den nächsten zwei Jahren fest.[155] In dieser Zeit wollte es eine stabile Regierung etablieren, was auch dem neuen Präsidenten Mohammed Nadschibullāh kaum gelang. Selbst 1986 zeigen die Politbüro-Protokolle noch die Angst, die USA würden in den afghanischen Grenzraum eindringen. Umgekehrt trauten in dieser Zeit die westlichen Außenministerien Gorbatschows Reformkraft noch nicht.[156]

Die wachsenden finanziellen und moralischen Kosten des Krieges beeinflussten Gorbatschows Entscheidung ebenfalls. Der Rückzug aus Afghanistan war Teil jener vertrauensbildenden Maßnahmen, die Gorbatschows Abrüstungsgespräche mit Reagan flankierten. Die beiderseitige Abrüstung förderte den Truppenabzug und umgekehrt. Dass der Einmarsch in Afghanistan ein militärisches Desaster war, erleichterte für beide Seiten Verhandlungen. Gorbatschow knüpfte dabei an die Genfer Gespräche an, die seit Anfang der 1980er-Jahre unter UN-Leitung geführt wurden. Um rascher Ergebnisse zu erzielen, wurden die Rückzugsverhandlungen von Fragen der künftigen Regierung Afghanistans getrennt. Am 14. April 1988 regelte ein Genfer Abkommen schließlich einen sowjetischen Truppenrückzug in neun Monaten. Dies war kein Friedensvertrag, sondern ein Abkommen zwischen Pakistan und Afghanistan mit den USA und der Sowjetunion als Garantiemächten.

Der Abzug der sowjetischen Truppen bedeutete freilich kein Ende des Konfliktes. Die Sowjetunion und die USA hatten zwar ihre Nicht-Einmischung in der Region versprochen, hielten sich jedoch in den folgenden Jahren nicht daran. Dokumente des Politbüros offenbarten die Waffenlieferungen, die etwa im Mai 1989 nach Afghanistan geschickt wurden (1500 Splittersprengraketen, 1000 Panzerrohrgeschosse, Raketenbrandgeschosse, Raketenwerfer, 500 Panzerabwehrraketen u. a.).[157] Neben großen Krediten und Nahrungsmitteln, die die von der Sowjetunion eingesetzte Regierung stützen sollten, kamen weiterhin Militärberater nach Afghanistan. Umgekehrt erklärte der US-Außenminister, die Widerstandskämpfer so lange zu fördern, wie die Sowjetunion die Regierung in Kabul unterstützte. Erst nach dem gescheiterten Moskauer Putschversuch 1991 einigten sich die USA und die Sowjetunion auf die Einstellung der Waffenhilfe. Die Supermächte des Kalten Krieges traten ab, der Krieg in Afghanistan hingegen blieb.

## Das Erbe des Krieges

Die Sowjetunion zerfiel nicht durch ihren Krieg in Afghanistan. Aber er fraß kräftig an ihrer Reputation, international und im eigenen Machtbereich. Die anderen Staaten des Warschauer Pakts, in denen Ende der 1980er-Jahre zunehmend Proteste aufkochten, konnten in Afghanistan den Abzug sowjetischer Truppen beobachten, was Hoffnungen für das eigene Land weckte.[158] Dabei erschienen die Mudschaheddin trotz hoher Verluste als Sieger, was deren Verehrung als Märtyrer im Kampf gegen die Ungläubigen verstärkte. Die sowjetischen Truppen verließen das Land, das sie aufbauen wollten, in einem katastrophalen Zustand. Die ohnehin schwache Infrastruktur, Industrie und Landwirtschaft waren zerstört. Da die Einkünfte aus der Sowjetunion schwanden, warf die Regierung in Kabul die Notenpresse an, und die Inflation stieg.[159] Die von Moskau eingesetzte Regierung überlebte den Zusammenbruch der Sowjetunion daher nur wenige Monate. 1992 riefen die Mudschaheddin die islamische Republik aus, aber nachdem der gemeinsame Feind fehlte, rangen nun die islamistischen Widerstandsgruppen um die Macht. Ihre grausamen Kämpfe schmälerten ihr Ansehen zusätzlich. Diese Bürgerkriegskonstellation mit weiteren geschätzten 80 000 Toten ermöglichte den überraschenden Aufstieg der Taliban (arabisch für «Studenten»). Die jüngeren Taliban stammten oft aus Koranschulen und Flüchtlingslagern und waren als Kriegskinder radikalisiert worden. Von Saudi-Arabien, Pakistan und dem Drogenhandel finanziert, übernahmen sie vom Norden und Osten her das Land und 1996 auch Kabul. Sie präsentierten sich als Hüter der Ordnung und verwandelten Afghanistan in einen Gottesstaat: mit Scharia, Verschleierungspflicht und radikal eingeschränkter Bewegungsfreiheit für Frauen sowie dem Verbot für Vergnügungen wie Sport, Musik und Tanz.[160] Dass viele im Westen die islamischen Widerständler lange als «Freiheitskämpfer» verherrlicht und mit Waffenlieferungen gefördert hatten, wollte später niemand mehr wissen, als sich die einst gelieferten Waffen und die Gewaltspirale nun gegen den Westen richteten.

Natürlich führt kein gerader Weg vom Kampf der Mudschaheddin zu den Anschlägen von 9/11 in New York. Aber die Ausbildungscamps für islamistische Terroristen aus aller Welt waren ein Ergebnis der skizzierten Radikalisierung seit 1979. Der von den USA danach eingeleitete Militäreinsatz «Enduring Freedom» hatte auf den ersten Blick Ähnlichkeiten zur sowjetischen Intervention. Auch die USA sahen ihre Sicherheit in Afghanistan bedroht und zielten

## 6. Der sowjetische Einmarsch in Afghanistan

zugleich darauf ab, in Afghanistan eine stabile staatliche Struktur, mehr Rechte für Frauen, Bildung und eine Infrastruktur aufzubauen. Sicherheitspolitische und idealistische Argumentationen vermengten sich so gegenüber einem ökonomisch bedeutungslosen Land, das strategisch zwischen mehreren Atommächten lag.[161] Erneut gelang es rasch, eine Gewaltherrschaft abzusetzen. Dennoch überwogen die Unterschiede. Viele Afghanen begrüßten diese Intervention, weil sie auf ein Ende von Krieg und Gewalt hofften. Zudem war die internationale Unterstützung breiter. Diesmal gelang es, gewisse staatliche und demokratische Strukturen aufzubauen. Allerdings rissen die Kämpfe nicht ab, und Afghanistan blieb eines der ärmsten Länder der Welt, mit besonders geringer Bildung und hohem Bevölkerungswachstum.

Russland hat den Einmarsch in Afghanistan mittlerweile neu gedeutet. Die lange verschwiegenen Kämpfe wurden unter Putin als früher Einsatz gegen den Islamismus und Terrorismus interpretiert und den Soldaten posthum Denkmäler errichtet.[162] Die Afghanistankämpfer stilisierte Putin zum 25. Jahrestag des Abzuges 2014 als Vorbilder und den Krieg als patriotischen Akt, obwohl die russische Bevölkerung den Krieg – in abnehmendem Maße – immer noch kritisch bewertet.[163] Aus heutiger Sicht fügt sich der Einmarsch in Afghanistan in die gegenwartsnahen militärischen Konflikte ein, die Russland in Georgien, Tschetschenien, der Ukraine und Syrien an seiner Peripherie austrägt. Eine offene Auseinandersetzung mit dem Einmarsch wird dagegen in Russland weiterhin unterdrückt. Die in den 1990er-Jahren geöffneten Archive sind wieder geschlossen. Der Kalte Krieg ist zwar vorbei, aber gerade die fortgesetzten Konflikte an Russlands Rändern machen internationale Konstellationen immer wieder frostig. Auch in dieser Hinsicht ist der sowjetische Einmarsch 1979 Teil unserer Gegenwart.

# 7. Thatchers Wahl und die Gründung der Grünen
## Neoliberalismus und Ökologie

Margaret Thatchers Regierungsantritt im Mai 1979 gilt bis heute als eine Zäsur, die über die britische Geschichte hinausweist. Viele Studien bezeichneten ihre Wahl als Ausgangspunkt für das weltweite Vordringen des Neoliberalismus oder gar als «revolutionary turningpoint in the world's social and economic history».[1] Tatsächlich wurde Thatchers Kurs bereits 1979 international als ein Einschnitt gesehen, als Vorbild und Schreckbild zugleich. In der bundesdeutschen Öffentlichkeit galt ihr Regierungsantritt sofort als Umbruch, vergleichbar mit der Währungsreform 1948 oder mit Juan Carlos' Eintreten für die spanische Demokratie.[2] Viele Konservative und Liberale waren von der neuen Premierministerin zunächst fasziniert. Der bundesdeutsche Kanzlerkandidat Franz Josef Strauß erklärte im Juni 1979 sogar: «Ich bin der deutsche Thatcher.»[3] Auch Thatcher selbst sah ihre Politik rasch als internationales Rezept und Exportschlager. 1986 bilanzierte sie auf ihrem Parteitag, Regierungschefs aus aller Welt würden sich nun für die britischen Reformen interessieren: «Menschen aus der ganzen Welt fürchten sich nicht mehr, sich mit der ‹britischen Krankheit› anzustecken; sie stehen vielmehr Schlange, um die britischen Heilmittel zu erhalten.»[4]

Schon die Zeitgenossen faszinierte, dass erstmals eine Frau ein großes Industrieland regierte und Thatcher ein anderes Verständnis von Politik aufbrachte als ihre Vorgänger. Sie polarisierte in der Öffentlichkeit und scheute zugleich keine populistischen Äußerungen. Ihr Patriotismus korrespondierte mit harten Verhandlungen auf internationalem Parkett, besonders gegenüber den Europäischen Gemeinschaften. Vor allem setzte sie recht kompromisslos auf eine

Politik, die in wirtschaftlichen Fragen den Staat zurückdrängte. Auch die bundesdeutsche Politik erhielt durchaus Impulse von Thatchers Kurs.[5] Er förderte zunächst einen marktliberalen Reformgeist, dann eine rhetorische Abgrenzung, was tendenziell ähnliche Ziele nicht ausschloss.

Thatchers Politik ging mit einem generellen Wandel der politischen Kultur um 1979 einher, der sich auch in der Bundesrepublik abzeichnete. Auf der Linken brachen die kommunistischen Gruppen ein und mit Gründung der Grünen entstand ein neuer politischer Arm des alternativen Milieus. Statt der marxistischen Theorie bildete die Ökologie den Kompass der Linken. Zugleich orientierten sich die Liberalen neu als marktliberale Partei der aufstiegsorientierten Mittelschicht. Ökologie und Neoliberalismus betraten somit zeitgleich die politische Bühne. Beide wurden seit Ende der 1970er-Jahre zu wirkmächtigen Ideen und Praktiken der Gegenwart, die bis in unseren Alltag reichen. Bildlich gesprochen: Wir trennen heute unseren Müll zum Recycling, den dann private Entsorger abholen.

Es ließe sich diskutieren, ob man den Begriff «Neoliberalismus» überhaupt verwenden sollte. Schließlich ist er vor allem ein polemischer Kampfbegriff seiner Gegner. Bezeichnenderweise benutzte Margaret Thatcher diesen Begriff öffentlich nie.[6] Hier wird er dennoch für jene mit Thatcher verbundene marktliberale Politik verwendet, die durch das Eintreten für wettbewerbliche Marktstrukturen, eine begrenzte Staatstätigkeit und eine monetaristische Geldmengenpolitik das individuelle und gesellschaftliche Wohlergehen fördern wollte.[7] Die internationale Umsetzung der als neoliberal bezeichneten Reformen – von Chile bis China – blieb freilich sehr unterschiedlich und für die Vordenker – von Milton Friedman bis Friedrich A. von Hayek – meist nicht radikal genug, was diese Ökonomen als Grund für fortbestehende ökonomische Probleme ansahen.[8] Insofern kann der Begriff Neoliberalismus immer nur eine Tendenz und Zuschreibung andeuten, die durch De-Regulierung, Entstaatlichung und Liberalisierung gekennzeichnet ist. Nicht der Sozialismus entwickelt sich dabei langfristig zum Gegenmodell, sondern ökologische Ansätze – vielleicht auch, weil beide zeitgleich wegweisende Entwürfe wurden.

## Die erste Frau an der Spitze einer Industrienation

Als Margaret Thatcher im Mai 1979 Premierministerin wurde, erwartete die Öffentlichkeit eine politische Wende. «Change» war der Leitbegriff, den nicht nur Thatcher selbst im Wahlkampf gepriesen hatte, sondern der mit ihr assoziiert wurde. Zur neoliberalen Ikone entwickelte sie sich jedoch erst schrittweise. Für die Zeitgenossen war bereits spektakulär, dass erstmals eine Frau ein großes Industrieland regieren würde. Bereits dies signalisierte einen grundsätzlichen Neuanfang. Die ihr nahestehende Boulevardpresse pries sie schon vor der Wahl als «die Frau, die Großbritannien retten kann» (*Daily Mail*). Der *Daily Express* warb auf seinen Titelseiten geschlechtsspezifisch für Thatcher und zeigte die 53-Jährige mit einem großen Kehrbesen, mit dem sie nach dem Streikwinter aufräumen werde: «Es ist Zeit für eine Grundreinigung, vergesst nicht den letzten Winter, gebt dem Mädchen eine Chance, Großbritannien wieder groß zu machen».[9] Während sich die Briten schon vor 1979 an eine weibliche Tory-Vorsitzende gewöhnen konnten, war das Staunen in der internationalen Öffentlichkeit noch größer. Wie bis heute bei Politikerinnen üblich, widmeten sich die Journalisten vielfach ihrer Frisur, ihrer Kleidung und ihren Emotionen. Thatcher wurde auch in der bundesdeutschen Presse zunächst als erste Frau in einem Spitzenamt gewürdigt und in eine Linie von Ausnahmefrauen in der Politik gestellt, die von der englischen Königin Elisabeth I. über die Suffragetten bis Isabel Perón und Indira Ghandi reichte. *Der Spiegel* sprach von einem «Experiment mit der Frau an der Spitze», die FAZ bezeichnete sie «als weibliches Erfolgsphänomen, als Frau am Staatsruder, als Matriarch und Symbol femininer Emanzipation».[10]

Tatsächlich stieg Thatcher in einer Zeit auf, in der die neue Frauenbewegung ihren Höhepunkt erlebte. Alternative Zeitschriften wie *Emma* blühten auf, und bei den Frauen stieg das Interesse an

Politik stark an. Besonders der Kampf um die Liberalisierung des Schwangerschaftsabbruchs hatte viele Feministinnen in den 1970er-Jahren mobilisiert. Wenn sie jedoch glaubten, Frauen würden sozial ausgewogener und pazifistischer handeln oder stärker Frauen fördern, dann belehrte sie Thatcher eines Besseren. Entsprechend erschien Thatcher rasch als Feindbild der Frauenrechtlerinnen, weil sie männliche Eigenschaften verkörpere.[11] Umgekehrt distanzierte sich Margaret Thatcher von der Frauenbewegung und verwies darauf, ihre Karriere allein ihren eigenen Anstrengungen zu verdanken.[12] Dass sie zunächst auch als «Quotenfrau» aufgestiegen war, sah sie nicht. Sie sah sich auch nicht als erste Frau an der Regierungsspitze, obgleich sie stets äußerst weiblich mit Schmuck, Kostüm und Handtasche auftrat. Vielmehr betonte sie, sie sei stolz als «first scientist» das Amt übernommen zu haben.[13]

Dennoch war und blieb Thatcher ein wegweisendes Rollenmodell für Frauen in der Politik, da sie zeigte, dass sich Frauen in einer politischen Männerwelt durchsetzen und sich Geschlechtszuschreibungen auflösen konnten. Thatcher stand für beide Frauenrollen: für eine berufstätige Mutter, die als Chemikerin, Anwältin und dann in der Politik Karriere gemacht hatte und sich von Männern nicht einschüchtern ließ; und für eine Frau mit klassischen viktorianischen Familienwerten, die dank der Ehe mit einem Millionär Arbeit und Beruf durch private Kinderbetreuung gut vereinbaren konnte. Damit ebnete sie einen Weg für zahlreiche Regierungschefinnen unserer Tage, von Angela Merkel bis Theresa May.

Vor ihrer Wahl im Mai 1979 wurde vielfältig spekuliert, ob ihr Geschlecht den Wahlausgang beeinflussen würde. Bei Umfragen kurz vor der Wahl sagten immerhin 52 Prozent der Briten, sie würden einen Mann als Premierminister bevorzugen, 29 Prozent war dies egal, und nur 16 Prozent präferierten eine Frau.[14] Entscheidend für Thatchers Erfolg war, dass sie männlich konnotierte Charaktereigenschaften wie Durchsetzungskraft und Härte stark betonte und ihr die Befragten 1979 diese im gleichen Maße zuschrieben wie dem amtierenden Premier James Callaghan von der Labour Party.[15] Zugleich lag sie bei weiblich konnotierten Werten wie Emotion und Empathie vorne. Um nicht zu gefühlskalt zu wirken und stärker Wählerinnen anzusprechen, gewährte sie vor der Wahl Einblicke in ihr Familienleben, ihre Haushaltsführung und die Gestaltung ihrer Frisur.[16] Tatsächlich stimmten zwölf Prozent mehr Frauen für die Konservativen als bei der letzten Wahl, bei den Männern nur drei. Diese weibliche Präferenz für die Konservativen war jedoch auch bei früheren Wahlen üblich und auch in anderen Ländern normal, da Frauen bis in die 1990er-Jahre überwiegend kirchennahe Parteien mit klassischen Familienbildern favorisierten. Auch die CDU/CSU wurde in der Bonner Republik überproportional von Frauen gewählt.[17] Eine dezidierte Entscheidung für oder gegen Thatcher wegen ihres Geschlechts spielte bei den späteren Wahlen kaum eine Rolle, und gerade dies lässt sich als eigentliches Signal einer zunehmenden Gleichberechtigung ausmachen. Männer wie Frauen entschieden sich für Thatcher wegen ihrer Eindämmung der Gewerkschaftsmacht, der Privatisierung von Staatswohnungen und ihrer Verteidigungspolitik, Frauen etwas häufiger wegen ihrer Kriminalitätsbekämpfung.[18]

Überraschend war, dass ausgerechnet bei den sehr traditionellen britischen Konservativen eine Frau an die Spitze rückte, wo die Bedenken dagegen durchaus groß waren.[19] Schließlich waren die meisten konservativen Clubs noch rein männlich und mit Thatchers Wahl mussten sie erstmals eine Frau aufnehmen. Ministerposten erhielten Frauen bis dato, wie auch in der Bundesrepublik, vornehmlich in den Bereichen Familie, Soziales oder Schule. So erging es auch Thatcher selbst, die 1970 bis 1974 als Bildungsministerin die einzige Frau im Kabinett war. Ihre Wahl zur Parteivorsitzenden der Tories 1975 verdankte sie einer zufälligen Krisenkonstellation: Ihr Vorgänger Edward Heath war nach zwei Wahlniederlagen nicht mehr tragbar, andere standen nicht zur Verfügung, und Thatcher war als Ministerin plötzlich die prominenteste Kandidatin, wobei vor allem Hinterbänkler sie unterstützten. Sie setzte sich vor allem durch, weil sie sich deutlicher als andere von Heath unterschied.[20] In diesem Punkt wurden Angela Merkel und Thatcher gelegentlich verglichen, da beide Frauen aufgrund einer spezifischen Krisensituation überraschend die Parteiführung bekamen und dann, ohne vorherigen Plan, schrittweise ihre Parteien umkrempelten.[21]

Dass Thatcher keine direkte Förderin von Frauen war, zeigte sich rasch. Unter den Kandidaten bei den Konservativen waren 1979 nur 7 Prozent Frauen, ebenso bei den Liberalen, bei Labour gerade einmal 9 Prozent. 1987 hatten sich diese mageren Zahlen bei den Tories nicht verändert, und nur 4 Prozent ihrer Abgeordneten waren schließlich noch weiblich.[22] Thatcher nahm in ihr erstes Kabinett keine einzige Frau auf, und selbst von den 94 Mitgliedern des erweiterten Regierungskreises mit Staatssekretären waren nur vier weiblich. Auch dies wirkte wie ein Versuch, den Anschein einer Bevorzugung von Frauen zu vermeiden. Thatcher verabschiedete auch keine Gesetze, die Frauen förderten; lediglich eine Verschlechterung ihrer Rechte blieb trotz konservativer Rhetorik aus.

In der politischen Kommunikation erschien die Tatsache, dass Thatcher eine Frau war, nicht ganz bedeutungslos. Einerseits übte sie, ihre Stimme tief und ruhig zu halten, um dem Vorwurf weiblicher Hysterie zu entgehen. Andererseits spielte sie ihre Frauenrolle aus. Viele männliche Kollegen zeigten sich verwirrt durch ihre Mischung aus Härte und weiblichem Charme in vertraulichen Gesprächen. Zudem achtete sie penibel auf ihr weiblich akzentuiertes Äußeres. Ihre Verbundenheit mit einfachen Menschen unterstrich sie, indem sie auf die Sparsamkeit einer Hausfrau verwies, die wisse, dass man nicht mehr Geld ausgeben dürfe, als man hat. Auch den Umbruch 1979 unterstrich sie metaphorisch damit, dass sie als Frau in Downing Street 10 komplett aufräumen und ausmisten müsse. Mitunter kokettierte sie mit weiblichen Stärken: «Willst Du eine Rede hören, dann wende Dich an einen Mann; willst Du Taten sehen, dann geh zu einer Frau», empfahl sie 1982 vor dem britischen Frauenverband, dem überwiegend Hausfrauen angehörten.[23] Gerade in dieser Inszenierung als tatkräftige Frau lag ihre Stärke und ihr Signal für das Selbstbewusstsein von Frauen insgesamt.

Thatcher veränderte zudem die politischen Umgangsformen. Die britische Politik und Gesellschaft beruhten in starkem Maße auf einer – männlich geprägten – Konsenskultur, trotz des oft agonalen Schlagabtausches in den beengten Reihen ihres Parlaments. Die männliche Vergemeinschaftung in den Privatschulen, den Colleges in Oxford und Cambridge und den Londoner Clubs förderte dies,

## Die erste Frau an der Spitze einer Industrienation

Bundeskanzler Helmut Schmidt besucht am 11. Mai 1979 als erster ausländischer Staatsmann die neue Premierministerin Margaret Thatcher. Schnell wird deutlich, dass die Verständigungsprobleme nicht nur wie hier vom Licht und von der Akustik verursacht werden.

was mit erklären mag, warum ausgerechnet eine Frau diese Konsenskultur aufbrach. In der Auseinandersetzung mit ihren männlichen Kollegen zeigte sie eine kompromisslose Durchsetzungskraft. Schon gleich nach ihrer Wahl hieß es, jedes Gespräch mit ihr sei «eine harte Partie Tennis» und wie eine «Lagebesprechung bei einem Bomberkommando».[24] Mit rüder Härte agierte sie auch auf dem diplomatischen Parkett, wo sie mit den Regeln diplomatischer Höflichkeit brach und gegenüber Staatsmännern wie Helmut Schmidt knallhart verhandelte.[25] Ihr Außenminister erklärte dies Genscher gegenüber mit den Worten, sie sei eine «very direct lady».[26] Führungsstärke zeigte sie auch gegenüber ihren Beratern und den Männern im Kabinett: Sie ließ diese kaum zu Wort kommen und entließ rasch jene von ihr als «Weichlinge» («wets») titulierten Minister, die einen kompromissorientierten Kurs wollten.[27] Den Spitznamen

«Iron Lady», den die sowjetische Propaganda ihr bereits 1976 gab, schätzte sie durchaus. Als sie 1986 auf dem Höhepunkt ihrer Macht zunehmend als kalte Monetaristin galt, inszenierte sie sich bezeichnenderweise kurzzeitig weiblicher – etwa mit einem privat konnotierten Interview in einer Frauenzeitschrift und mit Urlaubsbildern aus Cornwall.[28]

Thatchers Habitus und Führungsstil ergaben sich auch daraus, dass sie bei den Tories in dreifacher Hinsicht als Außenseiterin erschien: als Frau, als Kind der «middle class» und durch ihre religiösen Wurzeln im Methodismus; ihre Partei war dagegen männlich, aus der «upper class» und stand der Anglikanischen Kirche nahe. Thatcher hatte ihre Herkunft zunächst verborgen, dann nach ihrer Wahl zur Tory-Vorsitzenden 1975 zunehmend offensiv eingesetzt. Sie inszenierte sich als «grocer's daughter», als Tochter des Inhabers eines Lebensmittelgeschäftes, die selbst noch hinter der Theke gestanden habe und sich hochgearbeitet habe.[29] Dass sie aus der middle class stamme, machte sie zu einem Leitmotiv ihrer Reden, um Sympathien der Basis zu erlangen und den Anschein zu vermeiden, sie würde als Millionärin eine Politik für Millionäre betreiben. Thatchers Vater war freilich kein kleiner Krämer, sondern besaß zwei Geschäfte, war Bürgermeister seiner Heimatstadt Grantham, Vorsitzender der lokalen Handelskammer und Sparkasse, also zumindest kommunal eine Größe. Thatcher selbst gehörte angesichts ihres Oxford-Abschlusses, ihres reichen Gatten und ihrer zwanzigjährigen politischen Karriere ebenso längst zum klassischen Establishment. Ihre Aufstiegsgeschichte konnte Thatcher dennoch auch jenen Labour-Politikern entgegenhalten, die aus privilegierteren Verhältnissen kamen und auf Privatschulen waren, was ihrer Rede auf dem Tory-Parteitag 1977 den größten Applaus einbrachte.[30] Viele Konservative inszenierten sich nun als volksnahe Aufsteiger, um das Image der Millionärssöhne abzuschütteln und den «popular capitalism» glaubhaft zu vertreten.

Dass mit Thatcher eine Frau aus der Mittelschicht aufstieg, korrespondierte auch mit der wachsenden Skepsis gegenüber dem politischen Establishment. In den 1970er-Jahren wuchs in vielen Ländern das Misstrauen gegen die etablierte politische Klasse in den

Hauptstädten, die als abgehoben oder korrupt galt. Dies begünstigte Außenseiter und jene, die sich als solche inszenierten, seien es Schauspieler wie Ronald Reagan oder auch Aufsteiger wie Helmut Kohl, der als Mann aus der Provinz und kleinen Verhältnissen zwar verspottet wurde, dadurch jedoch volksverbunden wirkte. Wie bei Thatcher förderte dies einen Wandel politischer Stile. Hinsichtlich der Selbststilisierung knüpfen bis heute viele Politiker an ihr Erbe an, nicht zuletzt Donald Trump.

## Versuche, die British Disease zu heilen

Schon nach kurzer Zeit erschien Thatcher weniger als Frau denn als radikale Reformerin, die ihr Land von der «British Disease» zu heilen versuchte. Tatsächlich war Großbritannien früher und stärker von der Wirtschaftskrise der 1970er-Jahre betroffen als andere westeuropäische Länder, was maßgeblich die öffentliche Unterstützung für ihren Kurs erklärt. So lag die Inflation Mitte der 1970er-Jahre bei 25 Prozent und blieb auch danach zweistellig. Wachstum, Export und das Bruttosozialprodukt brachen stärker ein als in anderen Demokratien, und die Produktivität pro Arbeiter blieb vergleichsweise gering. Sichtbar zeigte sich die Krise in der Insolvenz von britischen Traditionsunternehmen wie Rolls Royce und einer massiven Streikwelle. Besonders der Streik der Bergarbeiter im Winter 1973/74 führte phasenweise zu einer Drei-Tage-Woche in der Industrie sowie zu eingeschränkter Beheizung und Stromversorgung. Selbst das Fernsehprogramm lief eine Zeitlang nur bis 22:30 Uhr. Während die Bundesregierung die Deutschen mit Fahrverboten zur Energieeinsparung erzog, lernten die Briten durch streikbedingte Sanktionen, die Macht der Gewerkschaften zu hassen.

Die zweite Ölkrise 1979 ging erneut mit massiven Einschränkungen durch Streiks einher. Sie waren die Reaktion auf die Versuche der Labour-Regierung, die Inflation durch Sparmaßnahmen einzudämmen. Im berühmten «Winter of discontent», dem «Winter der Unzufriedenheit» 1978/79, kam es zu Streiks in Krankenhäusern, der Energieversorgung, der Müllabfuhr, bei LKW-Fahrern und sogar auf einzelnen Friedhöfen. Selbst die *Times* erschien nach Konflikten mit den Druckern ein ganzes Jahr nicht. Da die regierende Labour-Partei eng mit den Gewerkschaften verbunden war, schien sie für diese Misere verantwortlich, obwohl sich die Streiks gegen deren Sparkurs richteten. Der auch in Großbritannien besonders kalte Winter kühlte die Stimmung noch weiter ab. Dennoch leitete sich aus diesen Wirtschaftsdaten und Streiks nicht zwangsläufig eine neoliberale Wende ab. In Italien etwa war die Lage ähnlich, ohne dass ein entsprechender Kurswechsel folgte. Auch im britischen Alltag der 1970er-Jahre dominierten nicht nur Krisendiskurse. Viele Briten genossen vielmehr den gestiegenen Wohlstand, Massenkonsum und die neuen moralischen Freiheiten.[31] Thatcher und den Konservativen gelang es jedoch im Verbund mit der mehrheitlich konservativen Presse, die Krise öffentlich so zu interpretieren, dass eine monetaristisch ausgerichtete neoliberale Wende notwendig erschien. Schuld an der Krise sei nicht der Kapitalismus, sondern das Vorrücken des Sozialismus, weshalb die Inflation und die Gewerkschaftsforderungen zu bekämpfen seien.[32] Dramatisierend warnte sie 1975, keine Demokratie überlebe mehr als 20 Prozent Inflation, und verwies auf die Weimarer Republik.[33] Politik begriff Thatcher vor allem ökonomisch. Über die wirtschaftlichen Reformen hinaus ging es ihr um die geistige Veränderung der Menschen. Die Zurückdrängung des Staates und die Stärkung des Marktes sollten das individuelle Verantwortungsgefühl fördern und den Sozialismus endgültig beseitigen.

Thatchers Regierung knüpfte an neoliberale Grundannahmen und Modelle an, die seit den 1920er-Jahren zunächst in Europa und dann seit den 1960er-Jahren vor allem in den USA aufkamen. Im Unterschied zum Laissez-Faire-Liberalismus des 19. Jahrhunderts sollte danach der Staat aktiv den Rahmen für die freie Entfaltung des Marktes gewähren, insbesondere über den Schutz der Geldwertstabilität und des Eigentums sowie der Sicherung des grenzübergreifenden Handels. Die ökonomische Freiheit galt dabei als eine Vorbedingung für politische Freiheit.[34]

## Versuche, die British Disease zu heilen

Innerhalb der konservativen Partei hatten marktliberale Positionen seit Längerem an Gewicht gewonnen. Die Parteibasis und ihre zweite Führungsgarde standen den Verstaatlichungen schon länger skeptisch gegenüber, die ihre Parteispitze in den 1950er-Jahren mitgetragen hatte.[35] Ab 1965 traten Thatchers Tory-Kollegen zunehmend für mehr Wettbewerb und gegen starke Gewerkschaften ein. Mit dem Generationswechsel der 1970er-Jahre wuchs jene «New Right» in der Partei, die den Nachkriegskonsens nicht mehr kannte und den Staatseinfluss minimieren wollte.[36] Thatchers Regierungsantritt war somit ein Bruch, der sich langfristiger abzeichnete und von ihr mitgestaltet wurde.

Eine ähnliche Hinwendung zu einer neoliberalen Politik zeigte sich zeitgleich auch in den USA, wenngleich dort der Wandel angesichts der ausgeprägten Marktwirtschaft und geringen Staatsquote schwächer war. Die neoliberale Wende entfaltete sich in beiden Ländern eher nebeneinander in wechselseitiger Beobachtung als in einem engen Austausch politischer Experten.[37] Bereits vor Reagans Wahl zeichnete sich auch dort ein Einschnitt ab. So sorgte der von Präsident Carter eingesetzte Notenbankchef Paul Volcker im Oktober 1979 für eine monetaristische Wende, die bis heute als «Volcker-Schock» bekannt ist. Wie in Großbritannien setzten die USA nun auf die Inflationsbekämpfung, weniger auf das Ziel der Vollbeschäftigung. Carter leitete in seinem letzten Amtsjahr ebenfalls Kürzungen bei den öffentlichen Ausgaben und Krediten ein. Zeitgleich sprach Ronald Reagan in seinen Wahlkampfreden von der Zurückdrängung des Staates, die er nach seiner Wahl 1980 ökonomisch umsetzte. Wie bei Thatcher ging es bei der «Reagan Revolution» um die Inszenierung eines Neuanfangs, der in vielen Bereichen – wie bei den steigenden Staatsausgaben – keineswegs eingelöst wurde. Thatcher und Reagan veränderten jedoch den Konservatismus, indem sie ihn von seiner paternalistischen sozialen Verantwortung abrückten, zugunsten einer Förderung individueller Interessen, die das Allgemeinwohl steigern sollten.[38]

Thatchers Regierung startete 1979 mit der Ankündigung, die Spielräume der Gewerkschaften einzuschränken, die Inflation monetaristisch zu bekämpfen und eine Sparpolitik mit Steuersenkun-

## 7. Thatchers Wahl und die Gründung der Grünen

gen zu verbinden. Gewählt wurde Thatcher zudem, weil sie für eine stärkere Bekämpfung der Kriminalität und die Begrenzung des Zuzugs von Ausländern eintrat. Tatsächlich blieb sie als Premierministerin selbst bei der Aufnahme der vietnamesischen Boat People restriktiv, obgleich diese Flüchtlinge auch in Großbritannien durchaus beliebt waren.[39] Zur Privatisierung hatte Thatcher beim Regierungsantritt noch kein klares Konzept, zumal dies den Parteizusammenhalt gefährdet hätte.[40] Selbst den Begriff «privatisation» benutzte sie erst 1981 zum ersten Mal öffentlich und sprach auch später eher zurückhaltend von «denationalisation» oder «demonopolisation».[41] Im Vordergrund ihrer ersten Regierungsphase stand der Versuch, über die Geldmenge die Inflation einzudämmen und die Wirtschaft anzukurbeln.

Die Umsetzung der «neoliberalen Revolution» war jedoch selbst in Großbritannien sehr ungewiss. Bereits nach zwei Jahren galt Thatchers Regierung als gescheitert und ihre Abwahl als sicher. Die abstrakten monetaristischen Reformen ließen sich öffentlich kaum als Leistung vermitteln, zudem verschlechterten sie zunächst – was zu erwarten war – die Wirtschaftsdaten. Die Inflation war, auch durch die Anhebung der Mehrwertsteuer, weiterhin hoch, die Arbeitslosigkeit stieg rasant auf über 11 Prozent an, die Insolvenzen nahmen zu, und Streiks und Proteste zeigten, dass Thatcher keinen sozialen Frieden stiften würde. Ihr gelang zwar eine rasche Öffnung Großbritanniens für ausländische Finanzmärkte, die große Gewinne einfuhren, doch die Wähler sahen vor allem, dass die heimische Industrie von Thatcher nicht geschützt und gerettet werden konnte.

In den Umfragen fiel Thatchers Partei nun auf Platz drei hinter Labour und die Liberalen, und die Beliebtheitswerte der Iron Lady waren im Keller. Als ihr größter Erfolg galt in den ersten Jahren, dass sie bei einer Geiselnahme in der iranischen Botschaft in London Härte und Entschlusskraft gezeigt hatte und sofort eine polizeiliche Erstürmung durchführte.[42] Daran knüpfte Thatcher 1982 im großen Stil an, als sie einen Kriegseinsatz gegen Argentinien zur Verteidigung der britischen Falklandinseln startete und der rasche Sieg eine patriotische Begeisterung auslöste, die die schlechte ökonomische Lage übertünchte. Nur mit Glück verbesserten sich die

Wirtschaftsdaten kurz vor der Wahl 1983, wodurch ihre Wiederwahl gelang. Erst jetzt begannen ihre eigentlichen Reformen, insbesondere im Bereich der Privatisierung.

## Thatchers Reformen: Eine Bilanz

Thatcher verbuchte ihre größten Erfolge, die letztlich auch ihre Wiederwahlen 1983 und 1987 sicherten, bei der Entmachtung der kämpferischen Gewerkschaften. In mehreren Schritten begrenzte sie zulässige Streiks und senkte so die Streiktage; etwa durch das Verbot von «Sympathiestreiks» und reduzierte Entschädigungen, durch die Einschränkung verpflichtender Mitgliedschaft sowie verpflichtende geheime Abstimmung über Streiks und die Wahl der Gewerkschaftsführer. Thatcher setzte damit auf die schweigende Mehrheit der Facharbeiter, die aufstiegsorientiert und patriotisch waren und per Briefwahl die Gewerkschaftsführung bremsten. Legendär wurde Thatchers Standhaftigkeit im eskalierenden «Miners' Strike», die der starken Bergarbeitergewerkschaft 1985 das Genick brach und zu massiven Austritten führte, da auch viele Gewerkschaftsmitglieder den harten Streikkurs nicht mittrugen.[43] Mit der Begrenzung der Streiks zeigte sich zudem, wie sie zwei ihrer Lieblingsbegriffe umsetzte: Ordnung und Disziplin, die eine Brücke zwischen ihren ökonomischen und nicht-ökonomischen Zielen bildeten.[44]

Gewisse Erfolge konnte Thatchers Regierung ab 1982 auch bei der Bekämpfung der Inflation vorzeigen, die auf fünf Prozent fiel, dann 1990 jedoch wieder mit zehn Prozent so hoch wie beim Regierungsantritt lag. Die Inflation sank freilich nur indirekt durch Thatchers Politik, sondern eher unbeabsichtigt durch den Einfluss der hohen Zinsen auf die Wechselkurse, dann durch die sinkenden Ölpreise.[45] Spürbare Reformen leitete Thatcher steuerpolitisch ein, insbesondere für Besserverdienende. Sie senkte den Spitzensteuersatz von 83 auf 60 Prozent und später auf 40 Prozent, ebenso die

## 7. Thatchers Wahl und die Gründung der Grünen

Gewerbesteuer, erhöhte aber kompensatorisch die Mehrwertsteuer.[46] Beides belastete besonders ärmere Menschen. Insgesamt kam es zu einer Umverteilung zugunsten der einkommensstarken Steuerzahler. So stieg das Einkommen beim oberen Zehntel um 62 Prozent an, beim Durchschnittshaushalt um 36 Prozent, während es beim unteren Zehntel um 17 Prozent fiel. Thatcher bestritt jedoch, dass leistungsorientierte Menschen ärmer würden, und verteidigte die Ungleichheit als unvermeidbar – auch als Motivation im Wettbewerb.[47] Gefördert wurde die soziale Ungleichheit durch die steigende Arbeitslosigkeit, die 1987 auf über 10 Prozent wuchs und dann erst fiel. Auch dies trug dazu bei, dass der Anteil der Menschen, die als arm galten, von 5 auf 14 Millionen anstieg. Wie oft betont wurde, war die Spreizung der sozialen Schere ein zentrales Ergebnis von Thatchers Politik. Zugleich disziplinierte die Arbeitslosigkeit die Arbeitnehmer und Gewerkschaften, die aus Angst vor einer Entlassung Streiks fürchteten.

Sichtbare, aber nicht minder zweischneidige Erfolge erzielte Thatcher in ihren Verhandlungen mit der Europäischen Gemeinschaft. Gleich bei den ersten Regierungstreffen mit europäischen Staatsmännern pochte sie darauf, dass Großbritannien als ärmeres EG-Land nicht mehr die zweithöchsten Beiträge abführen würde.[48] Besonders bei ihrer fortgesetzten Ablehnung der Agrarsubventionen brach sie rasch die Konventionen diplomatischer Höflichkeit und schlug angebotene Kompromisse aus, bis sie tatsächlich eine beträchtliche Reduzierung erreichte.[49] Mit diesem Kurs konnte sie ihre heimischen Sparziele fördern und patriotische Gefühle wecken. Dafür verpasste Großbritannien die Chance, eine Führungsrolle in der europäischen Gemeinschaft zu übernehmen, und koppelte sich währungspolitisch ab. Der Preis für Thatchers EG-Kritik war zudem, dass sie nachhaltig die Europa-Skepsis in ihrem Land förderte. Dies zerriss ihre Partei zunehmend, gefährdete ihre eigene Stellung und trug langfristig mit zur Abwendung von der Europäischen Union bei.

Im eigenen Land gelang es Thatcher nicht, die Staatsausgaben zu senken, obwohl sie im öffentlichen Dienst massive Kürzungen durchsetzte und marode Unternehmen privatisierte. Vielmehr stiegen die

Staatsausgaben deutlich an, besonders durch höhere Ausgaben für
Arbeitslose, im Gesundheitsbereich, für die Kriminalitätsbekämpfung und die Verteidigung. Die reduzierten Ausgaben in der Industrieförderung und im Wohnungsbereich konnten das nicht kompensieren. Die Privatisierung blieb das Herzstück von Thatchers Politik und deren Einnahmen trugen maßgeblich zur Haushaltssanierung bei.[50] Insgesamt wurden vierzig Großunternehmen dem Markt zugeführt, sei es durch ihren Verkauf oder die Veräußerung staatlicher Anteile. Hinzu kam die Überführung bislang staatlicher Aufgaben in private Hand. Ein bürgernaher Coup, der die Privatisierungen als «popular capitalism» attraktiv machte, war ihr rasch forcierter Verkauf staatlicher Sozialwohnungen, die Mieter günstig erwerben konnten. In den 1980er-Jahren sank dadurch die Zahl der staatlichen Wohnungen um 10 Prozent und die ohnehin hohe Eigenheimquote stieg auf knapp zwei Drittel. Dieser durchaus erzieherisch gedachte Übergang in die Eigenverantwortung wurde auch von Teilen der Arbeiterschaft begrüßt und sicherte maßgeblich Thatchers erste Wiederwahl. Die staatliche Schuldenlast sank durch die Wohnungsverkäufe, während die privaten Schulden anstiegen.

Thatcher leitete bereits in ihrer ersten Regierungsphase vielfältige Privatisierungen ein, wie die der British Aerospace, der British Sugar Corporation oder der National Freight Corporation. Attraktiv war vor allem der Verkauf von Aktien von Ölunternehmen wie Britoil (1982/85) und Enterprise Oil (1984). Aufwendige Werbekampagnen priesen die großen Aktienverkäufe an. Sie machten die Verkäufe zu populären Events und vermarkteten sie als Form der ökonomischen Teilhabe. Das zeigte sich besonders beim Verkauf der British Telecommunications (BT) 1984. Die Gewerkschaften warnten ihre Mitglieder vergeblich davor, Aktien zu kaufen; 2,3 Millionen Briten griffen allein hier zu, und 96 Prozent der BT-Mitarbeiter registrierten sich für die «free shares», die die «shareholder democracy» verankern sollten. Dieser Erfolg war der Startschuss für die großen Privatisierungen ab 1986, wie von British Gas, Britisch Airways, British Steel, BP oder Stromfirmen. Unverkennbar war dieser Verkauf ebenso ein ökonomisches wie politisches Projekt, das die Gesellschaft verändern sollte.

## 7. Thatchers Wahl und die Gründung der Grünen

Mit ihrem «popular capitalism» und der «capital owning democracy» wollte Thatcher den Einfluss von Labour schwächen und die individuelle Bindung an Unternehmen stärken. Auf den ersten Blick schien ihr dies zu gelingen. In den 1980er-Jahren verdreifachte sich die Zahl der Kleinaktionäre auf immerhin elf Millionen. Dennoch waren diese Zahlen trügerisch und bedeuteten keine breite Unterstützung der Privatisierung. Die Hälfte der Aktienbesitzer hatte nur Anteile von einem einzigen Unternehmen, ein weiteres Fünftel von zwei. Viele Kleinaktionäre verkauften sie rasch wieder. Am Ende von Thatchers Amtszeit waren vier Fünftel des Aktienbesitzes in der Hand von Institutionen.[51] Der Finanzcrash von 1987 sorgte rasch für eine Ernüchterung.

Die Privatisierung brachte zudem nicht überall mehr Wettbewerb und billigere Preise, nicht immer mehr Effizienz und Qualität. Viele staatliche Unternehmen wurden vor allem durch die Vorbereitung auf die Privatisierung produktiver und warfen mehr Gewinn ab, arbeiteten nach dem Verkauf jedoch nicht unbedingt effizienter.[52] Einige heiße Eisen fasste Thatcher gar nicht erst an. Der beliebte Fernsehsender BBC wurde nicht privatisiert, obgleich er Thatcher politisch oft ein Dorn im Auge war. Auch den defizitären und reformbedürftigen *National Health Service* reformierte Thatcher nicht, da die Briten dessen kostenlose medizinische Behandlung laut Meinungsumfragen sehr schätzten. Ohnehin wurde der Sozialstaat mit seiner Basis-Sicherung von Thatcher zwar beschnitten und die Renten gekürzt, sodass die Eigenvorsorge an Bedeutung gewann, aber er wurde nicht strukturell umgebaut.

Die Bilanz von Thatchers marktliberalem Kurs ist generell von Widersprüchen gekennzeichnet. Sie trat für mehr individuelle Freiheit ein, die sie jedoch nur ökonomisch gewährte, politisch hingegen kaum. So blockierte sie die regionale Selbstverwaltung in Schottland und Wales ebenso wie die kommunale Selbstverwaltung und stärkte die zentralstaatliche Kompetenz, obgleich sie sonst gegen Bürokratie wetterte. Ihr Zentralismus förderte schließlich auch in ihrer Partei jenen Unmut, der 1990 zu ihrer Absetzung beitrug. Thatcher verlangte einen schlanken Staat, erhöhte aber in vielen Bereichen die Ausgaben, insbesondere bei der Verteidigung und inneren Sicherheit. Viele sprachen daher von einem «Nanny State», der weiterhin auf Vorschriften und nicht auf individuelle Freiheit setze. Nicht minder widersprüchlich waren ihre patriotischen Appelle: Sie predigte die Bewahrung der «Britishness» und öffnete das Land zugleich für ausländische Investoren, die genau dies unterliefen. Sie einte nicht die Nation, wie sie in vielen Reden gefordert hatte, sondern spaltete sie stärker, in Arm und Reich, in Nord und Süd, in Weiße und Dunkelhäutige. Ihre konservative Rhetorik und die Betonung der «Victorian values» blieben eher folgenlos. Weder wurde die moralische Gesetzgebung verschärft noch nahm der Alkoholkonsum oder die Zahl der Abtreibungen ab. Trotz ihres nachdrücklichen Eintretens für die Todesstrafe fand das Gesetz im Unterhaus keine Mehrheit.[53] Selbst bei der Kriminalitätsbekämpfung kam es entgegen ihrer Rhetorik zu keiner Gesetzesverschärfung, vielmehr erfolgten Gefängnisentlassungen sogar rascher.[54] Zudem ging Thatchers Moralismus kaum mit der von ihr geförderten freien Entfaltung der Konsumenten einher, wie besonders die neue Yuppie-Kultur der Londoner City vorführte. Enttäuscht waren am Ende auch viele neoliberale Vordenker von Thatchers Politik – weil sie den Wohlfahrtsstaat nicht privatisierte und in einigen privatisierten Bereichen kein echter Wettbewerb entstand. Die Bewertung von Thatchers Politik spaltet bis heute die britische Gesellschaft.

## Die Tories und die «Wende» in Bonn

Für viele Wirtschaftsliberale in der Bundesrepublik entwickelte sich Thatcher unmittelbar nach ihrem Regierungsantritt zu einem Vorbild. Vor 1979 war es dagegen umgekehrt: Die Bundesrepublik Deutschland war wirtschaftspolitisch in den späten 1970er-Jahren eher ein gewisses Vorbild für Thatcher.[55] Im Unterschied zu Großbritannien war in der frühen Bundesrepublik eine Verstaatlichung von Schlüsselindustrien weitgehend ausgeblieben. Vielmehr kam es bereits zu einzelnen Privatisierungen mit einem Verkauf von Volksaktien – so bei der Privatisierung des staatlichen Montankonzerns Preussag (1959) und beim Verkauf der Bundesbeteiligungen von VW und VEBA. Mit der Regierungsbeteiligung der SPD setzte sich zwar eine keynesianische Globalsteuerung durch, die jedoch nach den beiden Ölkrisen bereits unter Helmut Schmidt zunehmend an Einfluss verlor.[56] Die autonom agierende Deutsche Bundesbank implementierte zudem schon ab 1974 eine Politik der direkten Geldmengensteuerung, die mit dazu beitrug, dass die Inflationsrate vergleichsweise gering blieb. Margaret Thatcher verwies deshalb während des Parteitags der britischen Konservativen 1978 direkt auf das deutsche Vorbild und mahnte, «in Deutschland haben sie eine strikte Geldmengenkontrolle, keine rigide Einkommenspolitik, weniger staatliche Kontrolle und Einkommenssteuer sowie Gewerkschaften, die zukunftsorientiert sind.»[57]

Da ihr Land in der Bundesrepublik Ende der 1970er-Jahre abschreckend als «das kranke England» galt,[58] faszinierte nun die Verve von Thatchers Aufbruch viele Deutsche. Selbst linksliberale Blätter begrüßten zunächst den britischen Kurswechsel. Bereits kurz nach der Wahl argumentierten die ersten Essays, man müsse auch in der Bundesrepublik umdenken, da sich die Symptome und Ursachen der «englischen Krankheit» auch hier andeuteten – wie hohe Steuern auf Kapitalerträge oder überzogene Forderungen der Gewerkschaften.[59] Denn trotz besserer Wirtschaftsdaten wurde seit 1973 auch in der Bundesrepublik ein Gefühl der Krise heraufbeschworen, das an Großbritannien erinnerte. Inflation und Arbeitslosigkeit stiegen zwar deutlich geringer als in anderen Ländern, führten aber durch die Erinnerung an die Weimarer Inflation und die Währungsreform 1948 zu einer großen Verunsicherung. Die wachsende Staatsverschuldung galt in der Bundesrepublik ebenfalls schnell als bedrohlich. Hinzu kam der ökonomische Einbruch im Zuge der zweiten Ölkrise 1979/80. Zugleich war, ähnlich wie bei den britischen Konservativen, die Beschwörung einer Krisensituation eine konservative Strategie, um die Rückkehr in die Bundesregierung zu erreichen und die eigene künftige Politik zu legitimieren. Die Christdemokraten profitierten davon, dass die

Wirtschaftskrise trotz ihrer internationalen Ursachen der sozialliberalen Koalition angelastet wurde. In zahlreichen Landtagswahlen der 1970er-Jahre erreichte die Union absolute Mehrheiten, bei der Bundestagswahl 1976 verfehlte sie diese nur knapp.

Die CDU und die Tories kamen Ende der 1970er-Jahre regelmäßig zu programmatischen Treffen zusammen und beobachteten ihre Parteitage. Während Thatcher die Parteigesandten einnahm, blieben die Vertreter der Adenauer-Stiftung distanzierter.[60] Die deutschen Diplomaten monierten intern erst Thatchers «radikales Programm», ab 1982 waren auch sie beeindruckt von Thatchers Führungsstärke und ihrem «Instinkt für das Machbare».[61]

In der öffentlichen Auseinandersetzung sah diese Bewertung freilich anders aus. Thatchers Wirtschaftspolitik war in der Bundesrepublik rasch negativ konnotiert und blieb es lange. Wenn im Deutschen Bundestag in den 1980er-Jahren von Thatcher oder dem «Thatcherismus» gesprochen wurde, dann meist kritisch. Besonders Strauß' Ausspruch von 1979, er sei der «deutsche Thatcher», führten die Sozialdemokraten gerne an, um den Kurs der Christdemokraten zu verunglimpfen. So warf Bundeskanzler Schmidt Helmut Kohl kurz vor dem Regierungswechsel 1982 vor, er lobe Thatchers Wirtschaftspolitik, «aber deren viel höhere Arbeitslosigkeitsraten und Inflationsraten und Zinssätze und deren Steuererhöhungen lehnen Sie ab».[62] Nicht nur die SPD rechtfertigte ihre Wirtschaftspolitik in Abgrenzung zu Thatcher, sondern auch die FDP betonte 1981, die Politik von Reagan und Thatcher «kann nicht unser Modell sein», da sie in England zu hoher Arbeitslosigkeit geführt habe.[63] Stattdessen forderten die Liberalen einen «mittleren Weg» des Sparens, um besonders die Folgen der Ölkrise einzudämmen. Selbst wenn einzelne Christdemokraten ähnliche Reformen anstrebten, so erschien eine rhetorische Distanz zu Thatcher rasch geboten.

Gerade in der FDP entfaltete sich Anfang der 1980er-Jahre ein besonders sichtbarer Wandel. Sie positionierte sich nun als marktwirtschaftliche Partei. Mit dem «Scheidungsbrief» des amtierenden Wirtschaftsministers Lambsdorff vom 9. September 1982 wurde ein entsprechendes Fanal gesetzt. Ähnlich wie Thatcher diagnostizierte Lambsdorff, dass nicht die Weltwirtschaft, sondern die bisherige

## 7. Thatchers Wahl und die Gründung der Grünen

Politik und der «Resignations- und Zukunftspessimismus» in der deutschen Wirtschaft Ursachen der Krise seien, die im ordoliberalen Sinne durch eine neue nationale Wirtschaftspolitik behebbar wäre.[64] Das Lambsdorff-Papier, das den Austritt aus der sozialliberalen Regierung mit der SPD einleitete, forderte wie Thatcher eine Stärkung des Marktes, einen Rückzug des Staats und sehr konkret den Abbau sozialer Leistungen.

Mit dem Wechsel in die christlich-liberale Regierung mit der CDU/CSU 1982 veränderte sich auch die FDP insgesamt. Rund 15 000 Mitglieder verließen die Partei, und einzelne prominente Köpfe, wie ihr Generalsekretär Günter Verheugen, wechselten zur SPD.[65] Andere FDP-Mitglieder gründeten die neue linksliberale Partei «Liberale Demokraten», die jedoch eine bedeutungslose Splittergruppe blieb. Einige eher linksliberale Führungsfiguren, etwa Innenminister Gerhart Baum und Staatssekretärin Hildegard Hamm-Brücher, traten zwar nicht aus der FDP aus, wurden aber entmachtet. Neu hinzu kamen Mitglieder aus dem alten Mittelstand. Die linksliberalen «Jungdemokraten» trennten sich 1982 offiziell von der FDP, dafür wurde eine 1980 gegründete konkurrierende Jugendorganisation, die «Jungen Liberalen», nun offiziell von der FDP anerkannt. Unter ihrem Vorsitzenden Guido Westerwelle formulierten die «JuLis» noch nachdrücklicher marktliberale Positionen. Auch im Habitus war der Wandel der Jugendorganisation unübersehbar: Statt der langhaarigen Jungdemokraten der 1970er-Jahre traten nun smarte, aufstiegsorientierte Abiturienten den Jungen Liberalen bei. Der jungen Generation um Westerwelle boten sich in den 1990er-Jahren große innerparteiliche Karrierechancen, weil die etwas ältere Nachwuchskohorte wegbrach.[66]

Auch in der CDU/CSU zeigten sich anfangs durchaus Bezüge zur britischen Entwicklung. Das galt bereits für ihren Anspruch, eine «Wende» einzuleiten. «Change is coming», hatte Thatcher in ihren Wahlreden gerufen.[67] Und ähnlich forderte die CDU/CSU in ihrem Wahlkampf 1980 eine «Wende». Von einer «Tendenzwende» war bereits unmittelbar nach der ersten Ölkrise unter konservativen Intellektuellen und ihren Gegnern die Rede. Um diese zu erreichen, entstanden – durchaus mit britischem Vorbild – seit Mitte der 1970er-Jahre konservative Diskussionszirkel, Zeitschriften und einzelne Think Tanks – wie das «Studienzentrum Weikersheim» 1979, das spendenfinanziert unter Leitung von Hans Filbinger ein Netzwerk bilden sollte.[68] Zu den prominenten Vordenkern dieser Zirkel zählte auch in der Bundesrepublik seit Mitte der 1970er-Jahre Friedrich August von Hayek, den die Christdemokraten einluden.

Eine Wende-Rhetorik nutzten 1980 besonders Strauß und die CSU, die eine «politische und geistige Wende» verlangten. Ähnlich wie bei Thatcher proklamierten sie, einen ökonomischen Neuanfang mit einer Veränderung der Werte und des individuellen Handelns zu verbinden.[69] Bei Kohls Regierungsantritt 1982 war es erneut Franz Josef Strauß, der in der «Stunde der Not» eine «Tendenzwende» verlangte, insbesondere bei der Sanierung der Wirtschaft und der Finanzen.[70] Auch Außenminister Genscher sprach beim Regierungsantritt noch davon: «Jetzt müssen wir diese Wende im Denken und Handeln durchsetzen als eine Politik der Erneuerung in der Koalition der Mitte.»[71]

Kohl selbst vermied allerdings in seinen Regierungserklärungen 1982 und 1983 bewusst den Begriff «Wende», wie auch die CDU-Politiker insgesamt. Sein Leitbegriff war die «Koalition der Mitte», was semantisch für einen Ausgleich stand. Zugleich sprach Kohl von einer «Politik der Erneuerung» und einem «historischen Neuanfang», der wie 1949 nötig sei. Dadurch legte er die Messlatte für die Bewertung seiner Politik hoch. Es war die Opposition, die schon in der Aussprache über die Regierungserklärung immer wieder pejorativ von der Wende sprach: von einer «Wende nach rechts», «Wende nach rückwärts», «Wende in die Ausbeutungs- und Umverteilungsgesellschaft», «Wende zum Klassenkampf», «Rechts-Wendemanöver», «Rückwende in die 50er» und «neokonservative Tendenzwende».[72] Die «geistig-moralische Wende» war damit vor allem ein von Kritikern des Regierungswechsels ausgemalter Terminus, der Angst vor kommenden Veränderungen schüren sollte.

Nach der Regierungsübernahme von Kohl häuften sich die Vorwürfe, die «Wende» bringe nun eine ähnliche Umverteilung «nach oben» wie unter Thatcher.[73] Diesmal antwortete der Abgeordnete und ehemalige Bundesminister Gerhard Schröder für die CDU grundsätzlich gegen die «Legende, die man draußen ausstreut, wir, die Christlichen Demokraten wollten eine Wirtschaftspolitik à la Reagonomics oder Thatcherismus betreiben», denn die Problemstellungen in der Bundesrepublik seien andere.[74] Trotz dieser Distanzierung von Thatchers Politik musste sich die Union auch in den folgenden Jahren den Vorwurf anhören, sie würde Thatcher nacheifern.[75] Dies war nicht ganz aus der Luft gegriffen. Auch Kohl nannte 1982 als «Weichen zur Erneuerung: weg von mehr Staat, hin zu mehr Markt, weg von kollektiven Lasten, hin zur persönlicher Leistung; weg von verkrusteten Strukturen, hin zu mehr Beweglichkeit, Eigeninitiative und verstärkter Wettbewerbsfähigkeit.» Ähnlich wie Thatcher akzentuierte Kohl die individuelle Verantwortung und Vorsorge, um «Freiheit, Dynamik und Selbstverantwortung neu entfalten zu können». Denn: «zu viele haben zu lange auf Kosten anderer gelebt.» Sehr konkret waren auch seine Sparankündigungen, etwa die Kürzung bei Leistungen der Arbeitslosenversicherung, eine erhöhte Eigenbeteiligung bei Krankenhausaufenthalten oder das Aussetzen der Rentenanpassung.[76] Offen war freilich, inwieweit seine Regierung dies umsetzen würde.

### Zahnlos? Die bundesdeutschen Reformen im Schatten Thatchers

Kohl und Thatcher hatten als politische Führer mehr Gemeinsamkeiten, als auf den ersten Blick erkennbar. Doch beide kamen aus der Provinz und inszenierten dies, nachdem sie an der Parteispitze standen, offensiv als Aufstiegsgeschichte. Beide legitimierten damit ihr Handeln und ihren Anspruch, die Sorgen der kleinen Leute zu kennen. In kurzer Zeit bauten sie die Partei zu ihren Gunsten um, mit informellem Führungsstil. Kulturell und moralisch setzten beide eher konservative Akzente und sahen die Nationalgeschichte als Mittel der Identitätsbildung an. Und in beiden Fällen scheiterten sie mit ihren moralischen Zielen, da der Ausbau ökonomischer

Freiheit die erhoffte Renaissance konservativer Werte konterkarierte. Wer wie Kohl für den Ausbau kommerzieller Fernsehsender eintrat, konnte keine Zunahme von Moral- und Bildungsinhalten erwarten, sondern mehr Individualisierung und Fragmentierung. Weder Thatcher noch Kohl gelang es, ein konservatives Geschichtsbild zu verankern, wie viele Linksintellektuelle beim Historikerstreit, beim Bau neuer Museen und bei skandalträchtigen Gedenkzeremonien befürchteten. Und trotz ihrer recht restriktiven Migrationspolitik wurden beide Länder ethnisch bunter.

Ähnlich wie Thatcher setzte die Regierung Kohl in starkem Maße auf die Inflationsbekämpfung und konnte dabei ebenfalls im Windschatten sinkender Ölpreise Erfolge vorweisen. Die Haushaltskonsolidierung war letztlich erfolgreicher als in Großbritannien, wobei sich die sinkenden Energiekosten ab Mitte der 1980er-Jahre als Konjunkturprogramm erwiesen. Auch Kohls Regierungsantritt führte zu harten Konflikten mit den Gewerkschaften, die die christlich-liberale Regierung mit einer Begrenzung ihrer Streikfähigkeit beantwortete. Ähnlich wie Thatcher reformierte Kohl nicht den Wohlfahrtsstaat, sorgte aber gleich nach Regierungsantritt für erste Sparmaßnahmen. Die Haushaltsbegleitgesetze 1983/84 führten zu weiteren Kürzungen beim Arbeitslosengeld, und es kam zu Einschränkungen beim Bafög, Mutterschaftsurlaubsgeld und der Sozialhilfe. Auch in Deutschland nahm die soziale Ungleichheit wieder zu, insbesondere seit der Wiedervereinigung, freilich in deutlich geringerem Maße als in Großbritannien.[77] Spezifisch für die CDU/CSU-Regierung war, dass sie die finanzielle Unterstützung für Familien stark ausbaute. Um Geburten zu fördern, gewährte sie hier Milliardenbeträge und mehr Rechte für Mütter (Beschäftigungsgarantie, Erziehungsgeld). Einen Ausbau von Ganztagsschulen und Kindertagesstätten, die mittlerweile in den meisten europäischen Ländern üblich waren, lehnte die Regierung Kohl hingegen explizit ab.[78] In diesem Bereich zeigte sich der Konservatismus der Union am stärksten.

Ähnlich wie Thatcher reformierte auch Kohl trotz aller Sparmaßnahmen nicht die Struktur des Sozialstaats. Wie in Großbritannien blieb das reformbedürftige Gesundheitssystem unangetastet, da auch Kohls Regierung die Proteste von Patienten, Kassen und Ärzten

## 7. Thatchers Wahl und die Gründung der Grünen

fürchtete. In anderen Bereichen waren die britischen Reformen weitreichender. Die oft angekündigte große Steuerreform blieb aus. Allerdings lag der Spitzensteuersatz in der Bundesrepublik 1982 mit 56 Prozent im internationalen Vergleich niedrig, sodass der Reformdruck anfangs geringer war. Ähnlich wie in Großbritannien wurde jedoch auch in der Bundesrepublik die Gewerbesteuer reduziert und bereits 1983 die Mehrwertsteuer leicht erhöht. Bloße Rhetorik blieb die Ankündigung, Subventionen zu streichen, da die Union wie die FDP zu stark mit mittelständischen Interessen verbunden war.[79] Vor allem der christlich-soziale Flügel der Union bremste geplante marktliberale Reformen.[80]

Kein plötzlicher Einschnitt, sondern ein schrittweiser Wandel lässt sich bei der Privatisierung ausmachen. Auch in Deutschland kam es zunehmend zu einer Entstaatlichung und Auslagerung staatlicher Aufgaben. Im Unterschied zu Thatcher setzte die CDU/CSU zunächst auf eine private Konkurrenz im Rundfunk, die sie seit Ende der 1970er-Jahre vehement förderte und in regionalen Versuchsprogrammen erprobte; ab 1984 lief sie offiziell bundesweit an. Von den kommerziellen Fernsehsendern erhoffte sich die Union zugleich bessere Wahlergebnisse, da sie viele öffentlich-rechtliche Sender als angeblich SPD-nahen «Rotfunk» ansah.[81]

Wie die britischen Konservativen hatten die Christdemokraten kein Konzept für eine Privatisierung. Erst Ende 1984 legte Finanzminister Gerhard Stoltenberg eine Vorschlagsliste für die Reduzierung von elf Unternehmensbeteiligungen des Bundes vor, von der Lufthansa bis zu den Anteilen an VW, was trotz Protesten schrittweise umgesetzt wurde, wenngleich langsamer als unter Thatcher.[82] Aus immerhin vier Großunternehmen zog sich der Bund sogar ganz zurück (VEBA, VIAG, VW und Salzgitter AG), bei anderen kam es zu einer Teilprivatisierung. Wie in Großbritannien standen die Privatisierung der Post und insbesondere der ertragreichen Telekommunikation früh im Fokus. Die populäre Werbung zum Verkauf der Telekom-Aktien erinnerte stark an die entsprechenden britischen Kampagnen. Auch die Privatisierung der Bahn stand für eine Entstaatlichung, deren Vorbereitung mit einem starken Personalabbau einherging. Auf Drängen der EU wurde zudem in den 1990er-

Jahren die Privatisierung der Versorgungswirtschaft angestoßen. In den Ländern und Kommunen blieben die Privatisierungen zunächst geringer, doch wurden Aufgaben häufiger an private Anbieter übertragen. Auch in der Bundesrepublik gerieten staatliche Unternehmen also durchaus in Bewegung.

Eine größere Dynamik sollte der Geist der «Vermarktlichung» in Deutschland aber erst mit der Wiedervereinigung erhalten. Die bewusste Entscheidung, über die Treuhandanstalt in kurzer Zeit die ostdeutsche Wirtschaft zu privatisieren, stand dem Thatcherismus um wenig nach: Die Rhetorik des «There is no alternative» verband sich mit dem Wagnis, große Entlassungswellen zu riskieren, um einen gesellschaftlichen Umbau zu erreichen. Der Eigentumsbegriff wurde mit der konfliktträchtigen Entscheidung «Rückgabe vor Entschädigung» beim Wohneigentum verteidigt.[83] Die Transformation der sozialistischen Staaten war generell ein Experimentierfeld für neoliberale Experten, die ihre oft für Lateinamerika entwickelten Konzepte nun erproben konnten. In Ostdeutschland war der Übergang im Vergleich zu anderen sozialistischen Staaten besonders radikal, wurde aber vom westdeutschen Sozialstaat zumindest abgefedert, der in starkem Maße die Kosten der Wiedervereinigung finanzierte.[84] Ähnlich wie in Großbritannien führten die ostdeutschen Privatisierungen zu einer Ernüchterung über die heilsamen Kräfte eines freien Marktes.[85] Zugleich wirkte der dynamische Umbau im Osten auch auf die alte Bundesrepublik zurück und ergänzte die westlich beeinflussten Wirtschaftsreformen.

Spürbar wurde die Vermarktlichung in vielen Bereichen – etwa im Gesundheitswesen, den Universitäten oder auch den Medien. Margaret Thatchers Regierung benötigte ein Jahrzehnt, um ihr Land zu verändern. Zehn Jahre nach Kohls Regierungsantritt waren auch in der Bundesrepublik die Weichen neu gestellt und die Regeln des Marktes stärker wirksam. Da Großbritannien sich Ende der 1990er-Jahre wirtschaftlich erholt hatte und besser dastand, erschien Thatchers Kurs erneut als Vorbild.[86] Auch die Sozial- und Arbeitsmarktreformen unter der rot-grünen Bundesregierung griffen entsprechend britische Vorbilder auf, um Arbeitslose zu aktivieren und Selbständigkeit zu fördern.

# 7. Thatchers Wahl und die Gründung der Grünen

## «There is no alternative»: Das Aufkommen von Neoliberalen und Grünen

Ende der 1970er-Jahre wurde der klassische Liberalismus zugleich durch die Gründung der Grünen herausgefordert. Dienstleistungs- und Universitätsstädte etwa, einst Hochburgen der Liberalen, entwickelten sich zunehmend zu Bastionen der Grünen, ebenso liberal geprägte Bundesländer wie Baden-Württemberg. Die Etablierung marktliberaler und ökologischer Politiken hat auf den ersten Blick wenig gemeinsam: sie vertraten entgegengesetzte Positionen und bekämpften sich entsprechend.[87] Allerdings bestanden durchaus strukturelle Parallelen in Art und Verlauf ihres Erstarkens. Beide repräsentieren einen Wandel des Liberalismus und der politischen Kultur.

Die Grünen formierten sich in ganz Westeuropa in der zweiten Hälfte der 1970er-Jahre. In Großbritannien entstand bereits 1975 die «Ecology Party», die sich unter dem Eindruck der erfolgreichen bundesdeutschen Grünen später in «Green Party» umbenannte. Die bundesdeutschen Grünen formierten sich 1978/79 zunächst regional und europaweit und schlossen sich Anfang 1980 offiziell als Bundespartei zusammen. Sie erwiesen sich als besonders erfolgreich. Schon drei Jahre später saßen ihre Abgeordneten im deutschen Bundestag, strickend, mit wallenden Gewändern, Latzhosen und provokativen Plakaten. Eine reine Hippie-Partei waren die Grünen freilich nicht, sondern umschlossen unterschiedliche Strömungen.[88] Die von den frühen Grünen aufgebrachte Formel «Nicht rechts, nicht links, sondern vorn» verwies auf den Anspruch, jenseits der bisherigen Ordnungen zu stehen. Neben Gruppen der Neuen Sozialen Bewegungen (wie Anti-AKW-Gruppen, Friedensinitiativen oder Feministinnen) vereinten sie Menschen aus kommunistischen Gruppen, «Spontis» und Alternative, Anthroposophen, enttäuschte Linksliberale und Sozialdemokraten und eben auch ökologische Konservative.[89]

Grüner Programmkongress am 3. November 1979 in Offenbach. Auch äußerlich sind die unterschiedlichen Strömungen der Partei erkennbar; am Pult der Ex-CDU-Abgeordnete Herbert Gruhl.

Die Gründung der Grünen ging mit einem Wandel der Linken einher. Die geburtenstarken Nachkriegsjahrgänge, die durch 68 und das alternative Milieu geprägt wurden, kamen nun in ein Alter, in dem sie Berufe suchten und Familien gründeten. Das zwang sie, jenseits der marxistischen Theorie politische Alltagsfragen zu klären und trotz düsterer Zukunftsprognosen eine lebenswerte Zukunft zu schaffen. Nach der Desillusionierung über die großen Theorien versprach das ökologische Engagement konkrete, greifbare Probleme und Lösungen sowie neue Utopien.[90] Dies ging mit einer Auflösung der vielfältigen kommunistischen Gruppen einher, die sich in theoretischen Abgrenzungen verkämpft hatten und an Zulauf verloren. Die Eskalation des Terrorismus im «heißen Herbst» 1977 förderte ihren Zerfall ebenso wie die Ernüchterung über den Sozialismus in der DDR. Stattdessen blühten alternative Projekte auf, die beim «TUNIX-Treffen» Anfang 1978 an der TU Berlin

## 7. Thatchers Wahl und die Gründung der Grünen

bundesweit zusammenfanden und neue Anstöße entwickelten – von der Gründung der alternativen *tageszeitung* («*taz*») 1979 bis hin zum ersten Christopher Street Day in der Bundesrepublik im selben Jahr. Programmatisch standen die Grünen Thatcher und neoliberalen Positionen diametral gegenüber. Ihr Bundesprogramm 1980 wetterte gegen den Raubbau an der Natur, die «Verschwendungswirtschaft» oder auch «ausbeuterische Wachstumszwänge».[91] Auch Thatchers autoritärer Führungsstil und ihr Patriotismus hatten kaum etwas mit den basisdemokratischen und pazifistischen Grünen gemein, die Minderheiten und sozial Schwache vor dem Kapitalismus schützen wollten und sich dabei in endlosen Diskussionen verloren. Gerade in der Bundesrepublik gewannen Liberale und Grüne ihre Dynamik aus der Abgrenzung voneinander. Es ist vielleicht kein Zufall, dass die Grünen ausgerechnet in Hessen früh an Stärke und Macht zunahmen, da im einst liberalen Frankfurt ein alternatives Spontimilieu auf einen boomenden Bankenplatz mit Hightech-Umgebung traf, vom Flughafen bis zur Atomkraft.[92] «Yuppies» und Alternative standen sich hier gegenüber und mobilisierten so ihre Feindbilder.

Allerdings weist bereits das Aufkommen wirtschaftsliberaler und ökologischer Strömungen Ähnlichkeiten auf. Beide entwickelten sich in den 1970er-Jahren aus der Wahrnehmung fundamentaler Krisen, aus denen sie geradezu apodiktisch einen alternativlosen Zwang zur Umkehr forderten. Thatchers Schlagwort «There is no alternative» entsprach auch der Rhetorik der Umweltbewegung. Beide lebten von geradezu apokalyptischen Krisendiagnosen, die mit einer Pathologisierung von Staat und Gesellschaft einhergingen. Es war ihre Überzeugung, an einem Abgrund zu stehen. Was für Thatchers Anhänger im «winter of discontent» der streikbedingte Müll in den Städten war, war für die Grünen die vermüllte Natur. Aus dieser Endzeitstimmung Ende der 1970er-Jahre entwickelten beide Seiten radikale Neuansätze, die nun entsprechend Gehör fanden. In der Bundesrepublik mobilisierte vor allem der Nato-Doppelbeschluss die Grünen, ebenso das geplante Atommüll-Endlager in Gorleben und die Kernschmelze im AKW «Three Mile

Island» nahe Harrisburg. Die zweite Ölkrise verunsicherte beide, Liberale und Grüne, weshalb sie einen radikalen Politikwechsel forderten.

Wie Thatcher verbanden die Grünen aktuelle Probleme mit einer grundsätzlichen gesellschaftlichen Krisendeutung: «Europa ist heute bedroht durch die ökologische und ökonomische Krise, durch eine militärische Katastrophe und durch einen ständigen Abbau der Demokratie und Grundrechte», hieß es etwa im Europawahlprogramm 1979. Angesichts der Wirtschaftskrise Ende der 1970er-Jahre forderten sie eine «dynamische Gleichgewichtswirtschaft», «Umweltsicherung, Geldwertstabilität und Sicherung menschenwürdiger Arbeitsplätze».[93] «Ökos» und «Neoliberale» riefen beide zu mehr Sparsamkeit auf, wenngleich aus unterschiedlichen Motiven – die einen, um die Umwelt zu schonen, die anderen, um den Haushalt zu sanieren.

Beide Strömungen bemühten sich dabei um die politische Umsetzung von neu etablierten wissenschaftlichen Expertisen. Neoliberale und Grüne beharrten auch deshalb so nachdrücklich auf ihren Reformforderungen, weil sie auf empirische Modelle und große statistische Berechnungen verweisen konnten, die öffentlichkeitswirksame Wissenschaftler vertraten. Beide Paradigmenwechsel korrespondierten so mit der Verwissenschaftlichung des Politischen und rangen oft mit computergenerierten Hochrechnungen um Legitimität. Bestseller wie *Die Grenzen des Wachstums* des Club of Rome (1972) standen in dieser Hinsicht mit ihren statistischen Variablen neoliberalen Erfolgsautoren wie Milton Friedman wenig nach und gaben nicht minder starke Impulse für ein ökonomisches Umdenken. Die Zukunft wurde mit Grafiken modelliert, die eine Entscheidung zur Umkehr abverlangten. Es entstand eine neue Konkurrenz der Experten, die mit unterschiedlichen Positionen um ökonomische und ökologische Deutungen rangen.

Grüne und Neoliberale verfolgten Ziele, die über gesetzliche Reformen hinausreichten. Beide strebten an, aus der Krise heraus die Moral der Gesellschaft und das individuelle Denken und Handeln zu ändern. So wie Thatcher etwa durch die Förderung des Eigentums die Verantwortung des Einzelnen stärken wollte, ging es den Grünen um eine neue individuelle Verantwortung der Verbraucher, ob beim Einkaufen oder Hausbau. Beide Seiten traten zwar für die individuelle Selbstverwirklichung und Freiheit ein, versuchten aber, bestimmte Moralvorstellungen und Normen zu implementieren. Damit schufen sie neue Bevormundungen, die durch Sanktionen und Subventionen durchgesetzt werden sollten.

Die Grünen knüpften bei ihrer Gründung durchaus an das Erbe des (Links-)Liberalismus an. So war die FDP die erste Partei, die Anfang der 1970er-Jahre den Umweltschutz als politisches Thema entdeckt hatte und unter ihrem Innenminister Genscher stark machte.[94] Programmatisch griffen die Liberalen den Umweltschutz ebenfalls frühzeitig auf. «Umweltschutz hat Vorrang vor Gewinnstreben und persönlichem Nutzen»[95], verkündeten die Freiburger Thesen der FDP 1971. Dieses anfangs ökologische Engagement der Liberalen verblasste jedoch seit Mitte der 1970er-Jahre, als die ökonomische Krisenperzeption zunehmend in den Vordergrund rückte. Die neu gegründeten Grünen übernahmen ab Ende der 1970er-Jahre dieses Erbe.

Ähnliches galt für die liberale Verteidigung von Bürgerrechten, für die in den 1970er-Jahren insbesondere Bundesinnenminister Gerhart Baum (FDP) stand. Angesichts der terroristischen Herausforderung geriet jedoch auch hier die FDP in einen Spagat, der es den Grünen erleichterte, diese liberale Tradition zu übernehmen. Besonders deutlich zeigt sich dies etwa beim Thema Schutz privater Daten gegenüber dem Staat. 1977 trug die FDP noch maßgeblich dazu bei, dass mit dem Bundesdatenschutzgesetz eine weltweite deutsche Vorreiterrolle auf diesem Feld entstand. In den Jahren darauf erhob sich jedoch besonders gegen die Rasterfahndung und die Volkszählung ein breiter Protest für einen umfassenden Datenschutz aus dem Umfeld der Grünen.[96] Ähnliches lässt sich für den Umgang mit politisch Verfolgten und Flüchtlingen ausmachen, bei dem die Linksliberalen ebenfalls die Gestaltungsmacht verloren und die Grünen ihr Erbe antraten.

## Richtungweisend, weder rechts noch links

Grundsätzlich hatten «Neoliberale» und «Ökos» natürlich ein unterschiedliches Verhältnis zur Rolle des Staates. Grüne Parteien vertrauten auf den Staat beim Umbau der Gesellschaft, bei der Schaffung einer ökologischen Wirtschaft und bei der sozialen Absicherung.[97] Allerdings zeichnete sich auch das alternative Milieu durch eine gewisse Distanz zum Staat und zu staatsnahen Institutionen aus. Der Staat galt als eine kontrollierende Instanz, als ein «Überwachungsstaat», zu dem ein kritischer Abstand durch Betonung von Eigeninitiative und Schutz der Privatsphäre gesucht wurde. Heute stammt die grüne Klientel oft aus dem öffentlichen Dienst, so wie einst viele Liberale. Zugleich entwickelte sich im grünen Milieu seit Ende der 1970er-Jahre eine neue Selbständigkeit. So entstanden zahlreiche alternative Verlage, Architektur- und Anwaltspraxen, Schneidereien, Fahrradwerkstätten, Cafés oder Bäckereien, die trotz geringer Einkommen selbständig oder als Kollektiv mit flachen Hierarchien Dienstleitungen erbrachten. Privat getragene Schulen und Kindergärten übernahmen selbständig wohlfahrtstaatliche Aufgaben. In der Bundesrepublik waren nach Schätzungen 1986 rund 200 000 Menschen in diesen Bereichen beschäftigt, in ihrem Umfeld vermutlich mehr.[98] In den grünen Hochburgen entstand somit eine selbständige Sozialform, die zwar nicht gewinnorientiert war, aber mit dem Ethos der Eigeninitiative durchaus Bezüge zu liberalen Traditionen und liberalem Selbstverständnis aufwies. In den 1990er-Jahren, nach der Etablierung der Grünen, war der prozentuale Anteil von Selbständigen bei den grünen Parteimitgliedern zwar geringer als bei der FDP, aber mit 14 Prozent noch doppelt so hoch wie bei den Sozialdemokraten.[99]

Diese Präferenz der Eigeninitiative bis hin zur Selbstausbeutung zeigte sich auch in der Organisation der Grünen. Ihr Apparat war denkbar klein und wurde von der Parteibasis dennoch argwöhnisch beobachtet, dabei arbeiteten ihre Politiker und Anhänger mit denkbar großer Selbstaufopferung. «Die Parteigehälter müssen sich orientieren an unseren Vorstellungen eines materiell bescheidenen und damit energie-, rohstoff- und umweltschonenden Lebensstils»[100], betonte etwa ein Rundschreiben der Grünen 1979. Tatsächlich blieben die Gehälter in den 1980er-Jahren bescheiden, und die Bundespartei stellte kaum Mitarbeiter ein.[101] Marktliberale und Grüne einte die Abscheu vor «Funktionären», die alimentiert dauerhaft Macht erhielten. Beide Seiten inszenierten sich dabei als Außenseiter, die sich von der traditionellen «Politikerkaste» abgrenzten.

In Parteien traten ihre Anhänger eher widerwillig ein, weshalb die Grünen anfangs auch als «Anti-Parteien-Partei» firmierten. Auch dies war ursprünglich für den zivilgesellschaftlich orientierten Liberalismus typisch: Dessen Mitglieder waren in Verbänden und Vereinen sowie als Einzelpersönlichkeit engagiert, aber Parteien gegenüber blieben sie eher distanziert. Entsprechend wenige Mitglieder hatte zunächst die FDP, wie auch die Grünen bis heute. Dem entsprach auch, dass sich die Grünen anfangs ähnlich wie die Liberalen weder als rechte noch als linke Parteien titulieren lassen wollten.[102]

Soziokulturell gab es ebenfalls Bezüge. FDP und Grüne waren und blieben die Parteien, deren Wähler die höchsten Bildungsabschlüsse aufwiesen.[103] Beide hatten ihre Hochburgen in den bürgerlichen Vierteln in den Groß- und Universitätsstädten. Blickt man genauer auf die Wahlergebnisse, wird deutlich, dass die Grünen zunehmend die Hochburgen der FDP übernahmen, die aber weiterhin dort stark blieb. In einst liberal dominierten Städten wie Tübingen, Freiburg, Marburg oder Göttingen erreichten die Grünen rasch zweistellige Ergebnisse, dann zum Teil über 20 Prozent, ebenso in den innerstädtischen Altbauvierteln in Stuttgart oder Düsseldorf, in denen die klassische liberale Klientel wohnte, seien es Selbständige oder Beamte. Selbst in einer traditionell liberalen Großstadt wie Frankfurt kamen die Grünen bei der Stadtverordnetenwahl 2011 auf den Spitzenwert von 25 Prozent. Besonders die Altbauviertel entwickelten sich dabei zu Quartieren, in denen die alte liberale und dann die neue grüne Bürgerlichkeit eine Heimstatt fand. Der Politologe Franz Walter bezeichnete Liberale und Grüne daher als «besserverdienende Mitte», die sich durch unterschiedliche Lebensmodelle und Gesellschaftsentwürfe auszeichne.[104] Das Aufkommen des Neoliberalismus und der Öko-Bewegung war eng mit der Erfahrung der Globalisierung verbunden. In den 1970er-Jahren wurde deutlich erfahrbar, dass weder Energie- und Umweltprobleme noch Finanz- und Wirtschaftskrisen an Grenzen haltmachten. Liberale und Grüne versuchten daher, grenzübergreifende Antworten zu finden, sei es mit marktliberalen oder mit ökologischen Kooperationen. Grenzübergreifend ausgerichtet waren bereits die Vordenker beider Bewegungen. So entstanden beide im Kontext transnationaler Think Tanks – wie der neoliberalen Mont Pèlerin Society oder dem Club of Rome, die global ausgelegte Modelle entwickelten.[105] Deren Umsetzung basierte auf transnationalen Netzwerken, die an unterschiedlichen Orten der Welt experimentierten, sei es mit Wirtschaftsreformen in Chile oder Windkraft in Dänemark. Auch der Erfolg ökologischer und marktradikaler Reformen hing von der Implementierung internationaler Abkommen ab, sei es beim Freihandel oder beim Klimaschutz. Ihnen nahestehende transnationale Organisationen wie Greenpeace oder der IWF begleiteten dies. Zudem entstanden transnationale Netzwerke von unten: in der Umweltbewegung besonders mit Frankreich, aber auch mit den USA, besonders durch Petra Kellys transatlantische Vermittlungsrolle.[106]

«Ökos» und «Marktliberale» forderten radikale, kompromisslose Schritte, die quer zu den etablierten Rezepten des Nachkriegskonsenses standen. In Zeiten verbreiteter Zukunftsangst entwarfen sie Visionen einer besseren Welt, die nur durch schmerzhafte Einschnitte, durch Verzicht und einen langen Atem erreichbar seien. Beide forderten, den Gürtel enger zu schnallen. Auch die Grünen standen nicht einfach für einen technischen Rückschritt, sondern propagierten neue Technologien, die sich zum Teil langfristig tatsächlich durchsetzten. Dafür nahmen Wirtschaftsliberale und Ökologen unpopuläre Maßnahmen in Kauf, auch Rückschläge bei Wahlen. Wenngleich die Segnungen des Neoliberalismus und der Ökologie der gesamten Gesellschaft zugute kommen sollten, trafen die Folgen der geplanten oder tatsächlich umgesetzten Reformen vor allem die unteren Schichten – sei es bei den Mieten in Großstädten im Zuge der Privatisierungen, sei es bei Benzin- und Strompreisen im Falle ökologischer Reformen.

Ihre politischen Entwürfe waren jeweils risikoreiche Schritte, die vor allem dem Arbeitsmarkt Ungewissheiten brachten. Der Vorwurf, Jobs zu vernichten, traf sowohl die Grünen als auch neoliberale Anhänger des Thatcherismus. Die Grünen suchten zwar programmatisch das Bündnis zu den Gewerkschaften, doch ihre Verbindung zur heimischen Arbeiterbewegung blieb auch bei ihnen entsprechend schwach. Die Gesellschaft der 1970er-Jahre suchte in starkem Maße Sicherheit – und nun verlangten Ökos und Neoliberale unsichere Reformen, um langfristig die Arbeitswelt umzubauen. Inhaltlich lagen sie dabei konträr: Während es den einen um «Nachhaltigkeit» ging, stand bei den anderen «Leistung» im Vordergrund.

Die Verfechter wirtschaftsliberaler und ökologischer Reformen hatten klare Ziele. Ihr Weg und die konkrete Umsetzung waren hingegen 1979 offen und entstanden erst experimentell. Wie Thatcher und Kohl entwickelten die Grünen trotz klarer Reformankündigungen erst langsam konkretere Schritte für politische Maßnahmen. Ihnen wurde deshalb Strategie- und Regierungsunfähigkeit vorgeworfen.[107] Und wie marktliberale Politiker gingen auch die Grünen trotz ihrer radikalen Rhetorik pragmatische Kompromisse ein.

In beiden Fällen ging der Politikwechsel mit einem Generationenumbruch einher. Das alternative Milieu speiste sich vor allem aus den geburtenstarken Jahrgängen der beiden Nachkriegsjahrzehnte, die im Zuge der Bildungsexpansion neue Freiräume und Erwartungen entwickelten und schon als Schüler von den Studentenprotesten beeinflusst worden waren. Grüne und FDP wurden so zu Parteien der jüngeren Politiker und Wähler. Menschen ab sechzig bevorzugten hingegen vor allem die CDU/CSU und die SPD, da diese ihnen mehr Sicherheit und Kontinuität versprachen.

Da beide Strömungen provokant, kompromisslos und konfliktorientiert auftraten, polarisierten sie entsprechend. Die Umgangsformen mit politischen Gegnern erreichten eine neue Stufe im Konfrontationsgrad und Freund-Feind-Denken. Selbst innerhalb der FDP und der Grünen kam es zu harten, verletzenden Richtungskämpfen, wie sie bislang nicht üblich waren. Die Kommunikation der Grünen polarisierte nicht weniger als die von Thatcher, ebenso zerrissen Richtungskämpfe auch die eigene Partei. Die als «Fundis» und «Realos» bezeichneten Flügel bekämpften sich in den 1980er-Jahren so nachdrücklich, dass eine Spaltung wie bei der FDP 1982 erwartbar war. Auch bei ihnen kam es zu prominenten Austritten, sei es von eher konservativen Grünen wie Herbert Gruhl oder linksstehenden wie Jutta Ditfurth. Entsprechend kritisch und pessimistisch fielen auch Studien über die Zukunft der Grünen aus, die Anfang der 1990er-Jahre aus ihrem Umfeld heraus entstanden.[108]

Diesen Wandel des Politischen repräsentierten auch ihre jeweiligen Führungspersonen. Die weiblichen Ikonen, Margaret Thatcher und Petra Kelly, waren in ihren weltanschaulichen Ansätzen denkbar unterschiedlich. Aber wie in Großbritannien rückten mit den Grünen erstmals Frauen an die Spitze bundesdeutscher Parteien, die genauso selbstbewusst und kampfesfreudig Männer herausforderten. Auch wenn die Mehrheit der Mitglieder und Wähler der Grünen in den 1980er-Jahren noch männlich war – die Grünen setzten als erste Partei auf eine Frauenquote und paritätisch besetzte Führungsgremien.

Festzuhalten bleibt: Die britischen Tories und die deutschen Grünen waren in Europa besonders markante Exponenten ihrer Strömungen, die trotz aller Gegensätze durchaus auch Bezugspunkte aufwiesen. Beide wurden grenzübergreifend zu Modellen, und ihre Ansätze sickerten auch in andere Parteien ein, besonders bei den Sozialdemokraten und bei der Labour Party. Selbst die CDU/CSU griff ökologische Ansätze auf und zementierte schließlich sogar den Atomausstieg, während auf der anderen Seite die deutschen Grünen mit der «Agenda 2010» Reformen umsetzten, die marktliberale Positionen in den Sozialstaat implementierten oder marktorientiert Bioprodukte und alternative Energien ausbauten. Auch die Wirtschaft näherte sich entsprechend an: Der größte Anbieter von Bioprodukten ist heute Aldi-Nord, also eine Supermarktkette, die viele mit neoliberalen Praktiken assoziieren.[109] Inwieweit sich der Kapitalismus in Deutschland heute bewährt, wird nunmehr am Einhalten ökonomischer *und* ökologischer Regeln gemessen. Wachstumsraten wie in China beeindrucken uns weniger, wenn dort Luft und Wasser wie im Ruhrgebiet der 1960er-Jahre aussehen. Auch die sozialistische Wirtschaft in der DDR gilt nicht nur ökonomisch als gescheitert, sondern auch aufgrund der verheerenden Folgen für die Umwelt. Insofern sind ökologische und marktliberale Strukturen zu einer Art neuem Konsens geworden. Wie jede dominante Bewegung steht diese Melange aus Marktwirtschaft und Ökologie jetzt unter verstärktem Beschuss, sowohl von rechtspopulistischer Seite als auch von der Linken.

## 8. Die zweite Ölkrise
## Globale Abhängigkeiten und Wege zum Energiesparen

Das Jahr 1979 begann mit einem besonders frostigen Winter. Autos verendeten in Schneewehen auf Autobahnen und in vielen Dörfern Ost- und Westdeutschlands fiel der Strom aus. In Schleswig-Holstein türmten sich die Schneeberge so hoch, dass Panzer und Hubschrauber der Bundeswehr anrücken mussten, in Mecklenburg die der Nationalen Volksarmee. Mitten in dieser Kälte stiegen die Ölpreise plötzlich rasant an. Denn die iranische Revolution führte auch ökonomisch zu einer globalen Erschütterung, indem sie die dortige Ölproduktion zum Erliegen brachte. Da der Iran der zweitgrößte Erdölexporteur der Welt war, fielen schlagartig rund ein Zehntel der Öllieferungen aus. Die Bundesrepublik, Japan und die Niederlande bezogen sogar rund ein Fünftel ihres Erdöls aus dem Iran. Entsprechend schnellten die Preise durch panikartige Ankäufe an den Spotmärkten weltweit in die Höhe – in einem Jahr um 250 Prozent.[1] Der anschließende Krieg zwischen Iran und Irak verlängerte die Ausfälle und Preisspekulationen zusätzlich.

Bereits die erste große Ölkrise 1973 hatte gezeigt, wie verletzlich die Industrieländer bei Lieferausfällen waren. Die autofreien Sonntage und die Weihnachtsmärkte ohne Beleuchtung stehen bis heute für dieses Krisengefühl. Bei der zweiten Ölkrise 1979 kletterten die Preise noch deutlich höher. Entsprechend wurde sie als «größte Herausforderung für den Ölmarkt seit dem Zweiten Weltkrieg»[2] bezeichnet und galt schon den Zeitgenossen als «historische Wende.»[3] Die Atomkraft, die 1973 noch als rettende Alternative gesehen wurde, erschien durch den AKW-Unfall bei Harrisburg nun in vielen Ländern als risikoreiches Problem. Zusammen mit dem Nie-

## 8. Die zweite Ölkrise

dergang der heimischen Kohle entstand so eine komplexe Krise der Energieversorgung, die die verschärfte Abhängigkeit von globalen Märkten unterstrich. Die erneute Ölkrise verdeutlichte, dass Energie nunmehr ein knappes, umkämpftes Gut war. Ihre Folgen waren sofort weltweit zu spüren – sei es bei den Heizkosten oder beim Tanken. In den USA stauten sich die Autos vor den Tankstellen, die Preisschilder wurden laufend ausgewechselt.[4] In der Bundesrepublik überschritten die Benzinpreise 1979 erstmals die symbolische Grenze von einer Mark und lagen zwei Jahre später mit 1,40 DM um knapp 50 Prozent höher als vor der Krise. Die Schattenseiten einer global vernetzten Welt wurden für alle Konsumenten sichtbar. In den meisten sozialistischen Ländern blieben die subventionierten Verbraucherpreise zwar niedriger, aber auch hier stiegen sie, und die ersatzweise ausgebaute Braunkohle verrußte die Luft. Nachdem günstiges Öl lange den Wirtschaftsboom getragen hatte, galten die Ölkrisen nun als Zeichen für die Grenzen des Wachstums.

Die hohen Ölpreise förderten weltweit Wirtschaftskrisen. Das Wirtschaftswachstum sank in vielen Industrieländern auf den Nullpunkt, während die Inflationsraten in vielen Staaten hochschnellten, in Japan und Großbritannien sogar auf über 20 Prozent. Erst dies ermöglichte politische Kehrtwenden wie unter Thatcher und Reagan. Auch für die sozialistischen Länder, deren Nachkriegsboom ein paar Jahre länger anhielt, waren die ökonomischen Folgen gewaltig. Die Sowjetunion baute den Energiehandel mit dem Westen aus und reduzierte dafür die Versorgung ihrer «Bruderländer». Staaten wie die DDR wurden nun gezwungen, mehr Öl aus dem Westen zu kaufen, was ihre Verschuldung ansteigen ließ. Auch die Ölkrisen forderten damit die bipolare Logik des Kalten Kriegs heraus: mit neuen Kooperationen zwischen Ost und West sowie neuen Konstellationen in den Nord-Süd-Beziehungen. Damit markierten die Ölkrisen für viele Zeitgenossen den Aufbruch in eine stärker multipolare Welt, die weniger durch militärische als durch ökonomische Bedrohungen gekennzeichnet war.[5]

Unter Politikern wurden Energiefragen zu einem Schlüsselthema, das internationale Treffen wie den Weltwirtschaftsgipfel beherrschte und die Stimmung weiter verdüsterte. So argumentierte Bundeskanzler Schmidt gegenüber Premierministerin Thatcher ebenso pessimistisch wie strategisch: «Wir leben in einer veränderten Welt. Eine ‹neue Weltwirtschaftsordnung› hat sich bereits herausgebildet, geschieden in Ölexporteure und -importeure ... Diese Welt haben weder Keynes noch Friedman vorausgesehen.»[6] Die Ölkrisen stehen somit in mehrfacher Hinsicht für einen Umbruch in die Gegenwart: Sie veränderten die internationale Ordnung, sie zeigten die Verletzlichkeit der Weltwirtschaft und sie förderten einen anderen Umgang mit Energie. Sie öffneten Wege zum Energiesparen und zu Bemühungen, die Abhängigkeit von den Ölförderländern im Nahen Osten zu mindern.

## Auftakt: Die Ölkrise 1973

Die Ölkrisen entstanden aus den großen Veränderungen des Energiemarktes in den Nachkriegsjahrzehnten. Öl stieg im Nachkriegsboom zum zentralen globalen Handelsgut auf. Es ersetzte seit den 1950er-Jahren zunehmend die Kohle als Hauptenergieträger und galt als günstige und saubere Alternative. Dass moderne Ölheizungen die Kohleöfen verdrängten, machte den neuen Wohlstand erfahrbar, ebenso wie die privaten Autos, die seit den 1960er-Jahren die Straßen füllten. Trotz der steigenden Nachfrage sanken die realen Ölpreise zwischen 1920 und 1969 deutlich, da die Fördermengen wuchsen.[7] Die USA und die UdSSR verfügten zugleich über den größten Energiebedarf und die größten Energievorräte. Beide Seiten nutzen dies im Kalten Krieg, um ihre Einflusssphären zu sichern. Die Sowjetunion erschloss ihre Öl- und Gasvorkommen in Sibirien, um zunehmend große Mengen Öl und Gas per Pipeline zu exportieren, und in den USA saßen die meisten großen Ölfirmen, die den Welthandel organisierten und maßgeblich davon profitierten. Daher gründeten die Länder mit großen Ölexporten im Globalen Süden die OPEC (Organisation of Petroleum Exporting

Countries), um eine höhere Gewinnbeteiligung zu erreichen. Wenngleich sie zunächst recht uneinig waren, veränderte diese Kooperation schrittweise das geopolitische Gefüge.

Dabei verschoben sich globale Abhängigkeiten. Vor dem Zweiten Weltkrieg stammten noch fast zwei Drittel der Öl-Weltproduktion aus den USA, 1972 nur noch ein Fünftel, sodass die USA nun als größter Energieverbraucher der Welt selbst Öl importieren mussten.[8] In Westeuropa stammte 1960 ein Drittel der Energie von außen, 1972 bereits zwei Drittel. Auch die Bundesrepublik entwickelte sich in den 1960/70er-Jahren von einem energieautarken Land mit Kohleabbau zu einem abhängigen Ölimporteur.[9] Noch stärker war die Importabhängigkeit in rohstoffarmen Industrieländern wie Japan und Frankreich. Ebenso nutzte die Sowjetunion ihre gewaltigen Öl- und Gasvorkommen, um per Pipeline die sozialistischen «Bruderländer» mit günstigen Lieferungen zu versorgen, was ihre Abhängigkeit verstärkte.[10]

Als politische Waffe setzten die arabischen Staaten ihre Öllieferungen bereits 1967 nach dem «Sechs-Tage-Krieg» mit Israel ein. Nach Israels Sieg beschlossen sie ein Embargo für Länder, die einen Angriff gegen ein arabisches Land unterstützten, und drohten mit Konzessionsentzügen. Ihr neues Selbstbewusstsein zeigte sich 1970, als Libyen unter dem neuen Machthaber Gaddafi höhere eigene Gewinnanteile aushandelte, was andere Länder aufgriffen. Schon diese Krisen zeigten Wirkungen. Die Bundesrepublik und ihre westeuropäischen Nachbarn suchten nun nach Alternativen zur arabischen Energie. So setzten sie auf Erdgaslieferungen aus der Sowjetunion. Bereits Ende 1969 beschlossen zwei langfristige Verträge Erdgaslieferungen in die Bundesrepublik für 20 Jahre sowie den Verkauf von bundesdeutschen Röhren für 2000 Kilometer Pipeline.[11] Die Angst vor der neuen Macht der arabischen Länder förderte somit Ost-West-Kooperationen.

Bereits um 1970 kam es durch leichte Preiserhöhungen zu erneuten Verunsicherungen im Westen. Die USA kündigten an, bei einem Ölausfall Westeuropa nicht helfen zu können, und große Ölkonzerne wie BP warnten ihre Regierungen vor künftigen Problemen.[12] Durch die wachsende Nachfrage stiegen die Preise weiter, und die

## Auftakt: Die Ölkrise 1973

Experten prognostizierten eine Verknappung. Insofern brach die Ölkrise 1973 nicht plötzlich durch das arabische Ölembargo aus, sondern deutete sich vorher an. Der Ölboykott 1973 ermöglichte jedoch der westlichen Politik und Öffentlichkeit, die Schuld an der Krise allein auf «die Araber» zu schieben.

Im Zuge des Yom-Kippur-Kriegs im Oktober 1973 unterteilten die arabischen Ölförderländer die Staaten in Unterstützer Israels, die kein Öl erhielten (USA und die Niederlande), neutrale, die reduzierte Mengen bekamen (wie die Bundesrepublik und Japan), und befreundete Staaten, die bisherige Mengen (wie Frankreich und Großbritannien) oder den gewünschten Bedarf erhielten (wie andere arabische Länder). Dies führte zu einer Vervierfachung der Ölpreise.[13] Dass ein Gegenboykott der Industrieländer ausblieb belegte deren Hilflosigkeit. Umgekehrt zeigte sich rasch der begrenzte Erfolg des Ölboykotts: Das arabische Lager spaltete sich, und letztlich konnte es seine politischen Forderungen kaum durchsetzen, wohl aber die ohnehin geforderten höheren Ölpreise. Während die westlichen Länder in eine Rezession rutschten, wuchsen die Gewinne der Ölproduzenten. Dies führte aber zu keinem politischen Bruch mit dem Nahen Osten, sondern verstärkte ihre Beziehungen mit dem Westen, wo sie «Petrodollars» anlegten, im Handel investierten und politisch hofiert wurden.

Die Krise erreichte über die Energiepreise hinaus die Gesellschaft, da die Politik mit symbolischen Maßnahmen reagierte, die zum Energiesparen anregen sollten. Die Bundesrepublik schränkte ähnlich wie andere westliche Länder die öffentliche Beleuchtung ein, etwa auf Sportplätzen oder in den vorweihnachtlichen Innenstädten. Die meisten Staaten verhängten ein reduziertes Tempolimit, und in Italien mussten sogar die Flugzeuge von Alitalia langsamer fliegen. Politiker sollten als Vorbilder agieren: Für sämtliche Bundesbehörden galt nun eine maximale Raumtemperatur von 20 Grad und bei Dienstfahrten ein Tempolimit von 100 km/h. Besonders in den USA bildeten sich Schlangen vor Tankstellen, die kein Benzin mehr liefern konnten. Auch beim Heizöl kam es zu Hamsterkäufen. Entsprechend erfolgten rasch Maßnahmen des US-Wirtschaftsministeriums: etwa eine Schließung der Tankstellen am Sonntag und ein Tempolimit von 90 km/h auf den Highways.[14] Frankreich, Belgien und Großbritannien verboten sogar den Benzinverkauf in Reservekanistern. Die sichtbarste Maßnahme waren die «autofreien Sonntage» in vielen westeuropäischen Ländern. Selbst die autobegeisterte Bundesrepublik erließ zumindest an vier Sonntagen Ende 1973 Fahrverbote. Durch die ikonischen Bilder von leeren Autobahnkreuzen, auf denen die Menschen Rad fuhren oder spazieren gingen, blieb diese Ölkrise stärker als die zweite 1979 in Erinnerung. Eine bemerkenswerte Einsparung bewirkten die «autofreien Sonntage» zwar nicht, aber sie vermittelten die Endlichkeit der Rohstoffe und die Notwendigkeit zu sparen.

Die Erfahrung der ersten Ölkrise setzte bereits zahlreiche Reformen in Gang, um strukturell die Abhängigkeit vom Wohlwollen arabischer Staaten zu reduzieren. Schlagworte wie «weg vom Öl» bedeuteten vor allem «weg vom arabischen Öl». Neue internationale Organisationen, wie die Internationale Energieagentur, sollten Mechanismen entwickeln, um die nördlichen Industrieländer vor ähnlichen Boykotts und Preisanstiegen zu schützen. Neben dem Ausbau der Kernenergie war die Erschließung heimischer Ölvorkommen die nachhaltigste Konsequenz, was angesichts der gestiegenen Preise nun lohnend war. Besonders die Förderung des Nordsee-Öls machte Norwegen und Großbritannien zu gefragten neuen Lieferanten. In den USA wurden im kostspieligen Offshore-Verfahren Vorkommen im Golf von Mexiko und in Alaska erschlossen.

Ab Mitte der 1970er-Jahre sanken durch das vergrößerte Angebot und den mäßigenden Einfluss des Irans und Saudi-Arabiens die realen Ölpreise bereits wieder, und die Konjunktur in den westlichen Ländern zog an. Die steigenden Löhne und Vermögen sorgten für größere Spielräume beim Konsum. Und die Verbraucher fielen rasch wieder in alte Gewohnheiten zurück. 1974 verzichteten die Westdeutschen kurzzeitig auf große energieintensive Ausgaben wie Neuwagen oder Fernreisen, dann stieg die Nachfrage wieder deutlich.[15] Die kurz erprobten Energiesparmaßnahmen der Bundesregierung waren ebenfalls nicht nachhaltig. Obgleich die deutliche Mehrheit der Bundesbürger 1974 für ein Tempolimit eintrat und die Unfälle dadurch abnahmen, lehnten die FDP und CDU/CSU dies mit ihrer Mehrheit im Bundesrat erfolgreich ab.[16] Und trotz des oft zitierten Erfolgs der Club of Rome-Studie *Die Grenzen des Wachstums* wurde am Wachstumsparadigma festgehalten.

## Die Ölkrise 1979 spitzt sich zu

Die erste Ölkrise schien schon fast vergessen, als Anfang 1979 die Preise erneut in die Höhe schnellten. Der schlagartige Preisanstieg überraschte selbst Experten, wenngleich einige zumindest langfristig eine erneute Ölkrise prognostiziert hatten.[17] Zu deren Entstehen trugen drei unterschiedliche Faktoren bei: Erstens sorgten die Streiks und Proteste in der Ölindustrie im Iran seit Ende 1978 weltweit für einen Ausfall großer Fördermengen. Sie sollten die Herrschaft des Schahs treffen, da sein Reichtum, seine Macht und seine Verbindungen zum Westen maßgeblich auf Ölexporten beruhten. Zweitens beruhte der Ölpreisanstieg auf strukturellen Veränderungen im internationalen Energiehandel. Die OPEC, deren Macht in den 1970er-Jahren gewachsen war, strebte einen Preisanstieg an, um den schwachen Dollar auszugleichen. Drittens wurde der Preissprung 1979 durch panikartige Käufe von Ländern wie Japan gefördert, die keine eigenen Energieträger hatten und nun auf den Spotmärkten Höchstpreise zahlten.[18] Die Erfahrung der ersten Ölkrise verstärkte diese Panik, ebenso die Wirtschaftssanktionen gegen den Iran. Im Unterschied zu 1973 entstand diese Krise also nicht aus einem gemeinsamen Vorgehen der arabischen Staaten, sondern aus dem Zusammenspiel eines regionalen Förderausfalls und globaler Marktmechanismen. Saudi-Arabien versuchte durch ein erhöhtes Ölangebot den Ausfall aus dem Iran auszugleichen, aber die Angst vor der Ölknappheit trieb die Preise weiter in die Höhe.

Weltweit kursierten 1979 wieder Bilder von Ad-hoc-Maßnahmen, die an 1973 erinnerten und den Ernst der Lage unterstrichen, etwa von geschlossenen Tankstellen in den USA, Irland oder Japan, neuen Tempolimit-Schildern und abgeschalteten Leuchtreklamen.[19]

## 8. Die zweite Ölkrise

Selbst ein ölreiches Land wie Norwegen führte ein Tempolimit ein. Auch die sozialistischen Länder Europas reagierten diesmal: Jugoslawien verhängte umfassende Fahreinschränkungen, Bulgarien verabschiedete verdoppelte Benzinpreise und in der Tschechoslowakei stiegen die Energiepreise ebenfalls in die Höhe, obwohl die Staatsführung Proteste wie in Polen fürchtete.[20] In der DDR führte bereits der kalte Winter Anfang 1979 zu Problemen, dann sorgten Preiserhöhungen und Lieferkürzungen aus der Sowjetunion für Schwierigkeiten bei der Energieversorgung. In der Bundesrepublik blieben die Tankstellen zwar offen, aber die Preise kletterten rasch nach oben. Zudem stiegen die Heizungskosten, die durch den extrem kalten Winter ohnehin hoch waren, und brachten ärmere Familien in Bedrängnis. Die Bundesregierung verzichtete diesmal jedoch auf die symbolische Maßnahme eines temporären Fahrverbots, wenngleich sie für weitere Engpässe intern vorbereitet war.[21]

Die Politiker unterstrichen den Ernst der Lage. US-Präsident Jimmy Carter hielt am 15. Juli 1979 vor rund 100 Millionen Fernsehzuschauern eine bewegende halbstündige Rede. Sie ging als «malaise speech» und «crisis of confidence speech» in die Geschichte ein. Die Ölkrise sah er als eine der größten Herausforderungen seit dem Weltkrieg: «Die Energiekrise ist real. Sie ist weltweit. Sie ist eine eindeutige und akute Gefahr für unsere Nation.» Für den gemeinsamen Kampf gegen die Ölkrise versprach er ein konkretes Energieprogramm, das den USA eine neue Stärke und Unabhängigkeit sichern sollte, besonders durch Reduzierung der Importe, des Ölverbrauchs und durch eine milliardenschwere Förderung von heimischen Energiequellen. Vor allem in die Sonnenenergie setzte er große Hoffnungen, «um den Energiekrieg zu gewinnen».[22]

In der Bundesrepublik war man ähnlich besorgt. Kanzler Schmidt und Wirtschaftsminister Lambsdorff waren sich Ende 1979 darin einig, dass die Ölpreise langfristig weiter steigen und dafür das Wachstum und die Beschäftigung sinken würden.[23] Helmut Schmidt blieb nach außen hin gelassen, betonte aber in zahlreichen internen Gesprächen, dass er «einen Krieg um das Erdöl» nicht ausschließe.[24] Sein Forschungsminister Hauff unterstrich sogar öf-

## Die Ölkrise 1979 spitzt sich zu

Um in der Ölkrise 1979 die eigenen Benzinvorräte nicht anzutasten, tankt die Polizei auf Anweisung des Innenministers von Nordrhein-Westfalen an öffentlichen Tankstellen.

fentlich: «Wir müssen davon ausgehen, daß der Kampf um die knappen Erdölquellen zur wichtigsten internationalen Krisenursache in den 80er-Jahren werden wird, mit der Gefahr, daß daraus Kriege unter Einsatz atomarer Waffen entstehen.»[25] In der CDU/CSU sprach der spätere Innenminister Zimmermann davon, «dass es sich bei der Energieversorgung in den 80er-Jahren um die nationale Existenzfrage Nummer 1 handelt.»[26] Auch sozialwissenschaftliche Analysen prognostizierten, dass diese Ölkrise schlimmere Folgen als die erste haben würde.[27] Entsprechend groß erschien der Handlungsdruck.

Die Politiker und Ökonomen fürchteten nicht nur Versorgungsengpässe und nationale Abhängigkeiten. Vor allem die Angst vor der Inflation und ihren ökonomischen Folgen spornte in vielen Ländern Kurswechsel an. «Ölpreiserhöhungen bedeuten Realeinkommensverluste für die Verbraucherländer», hieß es etwa in einem Wirtschaftsgutachten, weshalb sie alle sozialen Gruppen träfen. Auch internationale Spitzengespräche und der Weltwirtschaftsgipfel fokussierten die Inflationsbekämpfung im Kontext der Ölkrise.[28] Dies leitete in vielen westlichen Ländern einen Politikwechsel ein, insbesondere natürlich in Großbritannien unter Margaret Thatcher. Selbst in der Sowjetunion ging die zweite Ölkrise mit einer wirtschaftlichen Bilanz einher, die im Vergleich zum früheren Wachstumsoptimismus vernichtend ausfiel.[29] Die zweite Ölkrise war damit eine internationale Herausforderung und legitimierte nationale und internationale Reformen.

### Die Koordinaten im Kalten Krieg verschieben sich

Die Konflikte im Nahen Osten und die Angst vor einer Erpressbarkeit förderten neue internationale Kooperationen, die wiederum die nationale Souveränität stärken sollten.[30] Auf diese Weise trugen die Ölkrisen dazu bei, Brücken im Kalten Krieg zu bauen. Die Sowjetunion war in den 1970er-Jahren zum größten Ölproduzenten aufgestiegen, verbrauchte das Öl aber vorwiegend selbst und belieferte die sozialistischen «Bruderländer». Die Ölkrise 1973 hatte sich im Sozialismus zunächst kaum niedergeschlagen, da die Fünfjahrespläne den Preisanstieg abbremsten und Öl aus dem Nahen Osten eine geringe Rolle spielte. Die Ölkrisen förderten nun den Energiehandel mit dem Westen. So kam es zu weiteren sogenannten «Erdgas-Röhrengeschäften», bei denen bundesdeutsche Unternehmen Röhren an die Sowjetunion lieferten, die mit Erdgas bezahlt wurden. Ebenso bauten Italien, Österreich und Frankreich ihren Gasimport aus dem Osten aus.[31]

Wie sehr Energiefragen die Diplomatie bestimmten, zeigte sich ebenfalls nach der zweiten Ölkrise 1979. Trotz des zeitgleichen sowjetischen Einmarsches in Afghanistan und der Boykottmaßnahmen der USA entwickelte die Bundesrepublik das bislang mit

## Die Koordinaten im Kalten Krieg verschieben sich

Abstand größte Energiegeschäft mit der UdSSR. Das Kanzleramt tolerierte, dass führende Vertreter aus Energieunternehmen, Banken und Stahlkonzernen Anfang 1980 nach Moskau reisten, um Gespräche über die Gasverträge zu führen. «Wer Handel miteinander treibe, schieße nicht aufeinander», argumentierte Schmidt.[32] Der daraus entstehende Vertrag sah eine Verdopplung der künftigen sowjetischen Gaslieferungen vor, die wiederum mehr Exporte in die Sowjetunion ermöglichen sollte. Auch sprach sich Schmidt Anfang 1980 gegen die von den USA geforderten Wirtschaftsboykotte aus, da die Bundesrepublik zu abhängig von den Öl- und Gaslieferungen sei und der Export an die Sowjetunion zu bedeutsam.[33] Da der Afghanistan-Einmarsch auch damit erklärt wurde, dass die Sowjetunion in den ölreichen Nahen Osten vorstoßen wolle, rechtfertigten die Deutschen die Energiekooperation und den Ausbau sowjetischer Energiequellen als friedenserhaltende Maßnahme. Man solle, so der Kanzler, der Sowjetunion helfen, «auf ihrem eigenen Territorium Energiequellen zu erschließen, damit ihr Appetit auf fremde gezügelt wird.»[34]

Die Ölkrise veränderte damit die Koordinaten im Kalten Krieg.[35] Die Sowjetunion erschien den Politikern trotz des Afghanistaneinmarsches kalkulierbarer als ein islamischer Staat wie Algerien, der ebenfalls Westeuropa Gas anbot.[36] Dafür nahmen die westeuropäischen Länder eine Verstimmung der USA in Kauf, die die Energielieferungen aus der Sowjetunion unterbinden wollten. Vergeblich versuchten die Amerikaner 1981, die Deutschen davon abzubringen, indem sie mehr Kohle und Reaktortechnik für Westeuropa versprachen.[37] Die Sowjetunion war damit zunächst ein Gewinner der Ölkrisen und bezog nun über die Hälfte ihrer Devisen aus den Öl- und Gasverkäufen. Dies ermöglichte Ende der 1970er-Jahre ihre Aufrüstung, ihre militärischen Einsätze oder auch ihr gesteigertes Engagement in Entwicklungsländern.

Zugleich bemühte sich die Bundesrepublik, eine zu starke Abhängigkeit vom sowjetischen Gas zu vermeiden. So sollten die sowjetischen Lieferungen nur bis zu 30 Prozent der Gesamtmenge betragen.[38] Verdreifachte Untertagespeicher für Reserven und das europäische Gasverbundnetz sollten Ausfälle abfedern.[39] Da das Gas

## 8. Die zweite Ölkrise

über eine gemeinsame Pipeline an die westlichen Nachbarländer ging, war ein Stopp der Gaslieferungen nur gegen die Bundesrepublik schwer möglich, gegen mehrere Länder hingegen auch aus ökonomischen Gründen sehr unwahrscheinlich. Die Bundesrepublik reduzierte somit ihre Importabhängigkeit bei der Energie weniger als andere Länder, aber streute die Risiken breiter.

Die Ölkrisen beeinflussten auch die Ost-West-Beziehungen der anderen sozialistischen Staaten. Diese waren fast ausnahmslos von den günstigen sowjetischen Öl- und Gaslieferungen abhängig, deren Preise nun anstiegen. 1976 zahlte die DDR etwa die Hälfte des Weltmarktpreises, 1978 bereits 80 Prozent.[40] Die DDR konnte so weiterhin in ihren Raffinerien veredelte Energieprodukte gewinnbringend in die Bundesrepublik verkaufen. West-Berlin erhielt seine Energieversorgung seit Ende der 1970er-Jahre sogar überwiegend aus Ostdeutschland. Die hohen Weltmarktpreise nach der zweiten Ölkrise führten jedoch dazu, dass die Sowjetunion stärker auf eigene Verkäufe in den kapitalistischen Westen setzte und ihre günstigen Lieferungen an die sozialistischen Staaten 1982 um zehn Prozent reduzierte.[41] Dies war für Letztere ökonomisch fatal und gefährdete ihre politische Stabilität. Die SED sah dies als «das beginnende Ende der sowjetischen Globalstrategie», und Erich Honecker ließ angeblich bei Breschnew anfragen, warum er wegen zwei Millionen Tonnen Erdöl die Existenz der DDR aufs Spiel setzen wolle.[42] Denn selbst die relativ reiche DDR sah sich nun gezwungen, den Heizölverbrauch ab 1979 mit kostspieligen Umstellungen in nur fünf Jahren auf ein Viertel (!) zu senken – durch mehr Braunkohle, Gas und Energiesparmaßnahmen.[43] Der Ausbau der heimischen Energie sorgte in den 1980er-Jahren freilich für massive Probleme: Störfälle in Kraftwerken nahmen zu, und die angestrebte Einsparung an Rohstoffen gelang nicht.[44] Zudem hatte der Ausbau der maroden Braunkohlewerke fatale Konsequenzen für die Umwelt. All dies förderte den Unmut der Bevölkerung und schließlich auch den Protest.

Damit beeinflussten die Ölkrisen auch die wirtschaftlichen Beziehungen zwischen beiden Teilen Deutschlands – und schließlich die Krise der DDR. So wünschte die DDR etwa von der Bundesrepublik eine Aufstockung beim Steinkohle- und Rohöl-Kauf und wollte umgekehrt mehr Gasöl abnehmen.⁴⁵ Das Bundeswirtschaftsministerium sondierte mit dem DDR-Außenhandelsministerium vertraulich den Bau eines Braunkohlekraftwerks in der DDR, das mit Stromlieferungen in die Bundesrepublik und West-Berlin bezahlt werden sollte.⁴⁶ Mit dem Fall der Ölpreise Mitte der 1980er-Jahre verschlechterte sich die Lage der DDR noch mehr, da die Preisreduktion in der Planwirtschaft nicht ankam. Nun musste sie Weltmarktpreise an die Sowjetunion zahlen, was den Weiterverkauf veredelter Rohstoffe unrentabel machte. Die Ölpreisschwankungen trieben die DDR folglich mit in den Ruin. Sozialistische Länder mit eigenen Energieressourcen, wie Polen und Ungarn mit ihrer Steinkohle, konnten dagegen trotz Energiekrise eine größere Unabhängigkeit von der Sowjetunion bewahren. Das vergrößerte deren Spielräume insgesamt, wenngleich der Staatshaushalt auch in Polen kurz vor dem Kollaps war.⁴⁷

Die Ölkrisen veränderten zudem die globalen Nord-Süd-Achsen. Einzelne ölproduzierende Länder, deren Hauptstädte Anfang der 1970er-Jahre noch unbefestigte Straßen hatten, verwandelten sich rasant zu reichen, international beachteten Staaten. Besonders Saudi-Arabien, nunmehr das Land mit den weltweit größten Ölexporten, wurde schon nach der ersten Ölkrise zum machtvollen «Swing Producer», der Preise global beeinflusste. Da die Saudis eine gemäßigte Preispolitik betrieben und 1979 den iranischen Ölausfall durch erhöhte Produktion kompensierten, waren sie hoch geschätzte Partner der westlichen Industrieländer, die mit Staatsbesuchen, Exporten und Waffen umworben wurden.⁴⁸ Zudem stärkten die Ölkrisen bilaterale Nord-Süd-Kooperationen, etwa zwischen Frankreich und dem Irak oder der Bundesrepublik und dem Iran.⁴⁹ Besonders beim größten Öllieferanten der Bundesrepublik nach 1979, bei Libyen, zeigte sich, wie sehr die Energieabhängigkeit Menschenrechtsfragen überlagerte. Obgleich Libyen unter Gaddafi palästinensische Terroristen unterstützte, politische Gegner hinrichten ließ und seit 1978 mehrfach ins Nachbarland Tschad einmarschierte, förderte die Bundesregierung die wachsenden wirtschaftlichen Beziehungen, sei es mit Bürgschaften oder Polizeiausbildung. Während die USA bereits

## 8. Die zweite Ölkrise

seit Ende der 1970er-Jahre auf Distanz gingen, reiste Genscher gerade während der Ölkrise 1979 mit großer Delegation nach Libyen, um die Energie- und Wirtschaftsbeziehungen zu festigen.[50] Entsprechend wäre es ungenau, von einem neuen Nord-Süd-Konflikt zu sprechen. Die arabischen Ölförderländer waren zudem untereinander zu gespalten, um mit einer Stimme zu agieren. Besonders Iran und Saudi-Arabien entwickelten sich zu Rivalen, die religiöse und politische Differenzen auch über unterschiedliche Ölpreise austrugen. Zudem traten neue ölreiche Entwicklungsländer hinzu. Aufgewertet wurde durch die Ölkrisen besonders Mexiko, das erst seit 1974 wieder Öl exportierte. Nach 1979 expandierten seine Exporte stark und vervierfachten sich in weniger als zehn Jahren. Dadurch baute es besonders zu den USA und zu Japan engste Verbindungen aus, da es die Ausfälle aus dem Iran kompensierte. Mexiko trug so maßgeblich dazu bei, die Macht der arabischen OPEC-Länder herauszufordern.[51]

Darüber hinaus stärkten und prägten die Ölkrisen internationale Kooperationen. Das galt für die OPEC-Länder untereinander wie für die demokratischen Industrieländer, die sich gemeinsam gegen die Macht der OPEC organisierten. Innerhalb Westeuropas kam es zu einer Aufwertung von Großbritannien und Norwegen als nunmehr große Ölverkäufer. Sie erhielten eine Sonderrolle in Westeuropa, die nicht nur ihre Staatsfinanzen sanierte, sondern auch ihr Selbstbewusstsein gegenüber der EG stärkte. Gerade weil bilaterale Abkommen die Erpressbarkeit förderten, drängten die Industrieländer auf eine internationale Abstimmung.[52] Allerdings erwiesen sich die Krisenpläne der Internationalen Energie-Agentur der OECD-Staaten bei der Ölkrise als recht wirkungslos.

Auch der Weltwirtschaftsgipfel in Tokio 1979 war ganz von der Ölkrise und dem Atomkraftwerksunfall nahe Harrisburg geprägt. Die führenden Industrieländer beschlossen hier eine länderspezifische Reduktion der Öleinfuhren und des Verbrauchs von fünf Prozent, wobei sie eine Überprüfung der eingesparten Mengen festlegten. Immerhin fünf der sieben Länder erreichten dieses Ziel im Folgejahr.[53] Ähnlich legten die Mitgliedsländer der Europäischen Gemeinschaft 1979 eine Einsparung von fünf Prozent des erwarteten Ölverbrauchs fest, und der Europäische Rat verlangte, die Ölimporte der nächsten fünf Jahre auf das Niveau von 1978 zu beschränken.[54] Auch die Internationale Energieagentur beschloss vielfältige Einsparungen, Ende 1980 in Paris sogar eine zehnprozentige Kürzung des Ölverbrauchs. Ein «Aktionsprogramm» zur Förderung von Kohle sollte das ermöglichen.[55] Die vielfältigen internationalen Institutionen trugen somit dazu bei, dass Anfang der 1980er-Jahre die Ölimporte sanken und damit auch der Preis. Wenngleich unter Beteiligung und Anregung der Sowjetunion sogar gesamteuropäische Lösungen angestrebt wurden, entstand jedoch kaum eine koordinierte europäische Energiepolitik.

Die größten Verlierer der Ölkrisen waren Entwicklungsländer ohne Energie-Rohstoffe. Viele Länder Afrikas hatten gerade ihre nationale Unabhängigkeit erreicht und eine Modernisierung ihrer Wirtschaft begonnen. Die Ölkrisen bremsten nun massiv ihr Wirtschaftswachstum, verstärkten ihre Auslandsverschuldung und damit ihre Abhängigkeit.[56] Ihre Devisenschwäche führte zu einem Einbruch ihres Energieverbrauchs. Ein Viertel bis zur Hälfte ihrer Exporteinnahmen floss nun in den verteuerten Energiekonsum.[57] Allein die Mehrkosten, die die Entwicklungsländer durch die erhöhten Ölpreise 1979 hatten, waren laut Kanzleramt doppelt so hoch wie die gesamte Entwicklungshilfe, die sie erhielten.[58] Auch dies unterstrich, dass die Ölkrisen weniger einen Nord-Süd-Konflikt als eine komplexe Neuordnung der Kooperationen förderten. Dass die Entwicklungsländer besonders an den hohen Ölpreisen litten, nutzten die Industrieländer als ein moralisches Argument gegenüber den Ölstaaten des Südens. Bundeskanzler Schmidt führte in fast allen Gesprächen mit OPEC-Staaten an, wie stark der hohe Ölpreis die Entwicklungsländer treffe.[59] Schmidt gab der OPEC die Schuld, dass wegen ihrer hohen Ölpreise «Millionen Menschen hungern müssen»[60], und beschwerte sich beim saudischen König Khalid, «die Industrieländer können die Ölrechnung dieser Entwicklungsländer nicht bezahlen».[61] Die afrikanischen Länder drängte er deshalb, bei den arabischen Staaten um günstigere Ölpreise zu bitten.[62] Die Ölkrise verschob die internationalen Achsen somit hin zu einer multipolaren Welt und schuf neue Verbindungen und Machtkonstellationen.

## 8. Die zweite Ölkrise

### Kleinwagen und Sommerzeit: Energiesparen als Königsweg

Die Ölkrisen veränderten den Umgang mit Energie. In allen Industriestaaten kam nun die Forderung auf, Energie zu sparen, insbesondere ölbasierte. Die politischen Anstrengungen bezogen sich vor allem auf die Privathaushalte. Denn der private Ölverbrauch machte in der Bundesrepublik, ähnlich wie in Japan und Italien, fast zwei Drittel aus, in den USA, Kanada und Großbritannien hingegen weniger.[63] Politiker versuchten demonstrativ eine Vorbildrolle einzunehmen. Viele westliche Länder senkten in Regierungsgebäuden und bei Behörden die Raumtemperatur ab. Wirtschaftsminister Graf Lambsdorff begrenzte sie in seinem Ministerium etwa auf 20 Grad und ließ seinen Dienstwagen nur noch maximal 130 km/h fahren.[64] Generell beschloss das Kabinett am 16. Mai 1979, alle Dienstwagen mit Verbrauchsanzeigegeräten auszustatten und Tempostate einzuführen.[65] Erhard Eppler (SPD) betonte in Interviews, dass er einen sparsamen Passat-Diesel mit 6-Liter-Verbrauch fahre, und posierte vor seinem Haus mit Solaranlage auf dem Dach.[66] Im Kanzleramt entwickelten die Referenten Mitte 1979 kreative Ideen zum Energiesparen, wie Abgaben auf Einwegverpackungen, markierte Radwege, Anschlusszwang an Fernwärme, Haushaltsgeräte mit markiertem Stromverbrauch, die Einführung der Sommerzeit, ein Tempolimit oder auch ein Verbot von Klimaanlagen.[67] Die tatsächlichen Maßnahmen blieben bescheidener. Dennoch brachte die Bürokratie hier zukunftsweisende Vorschläge auf, die später Realität wurden. Sogar über eine Briefmarke mit der Aufschrift «Energie sparen» (1979), die eine Glühbirne zierte, versuchte die Bundesregierung, die Verbraucher zu erziehen.[68]

Rasche Erfolge erzielten die Deutschen bei der Wärmedämmung. Bis in die 1970er-Jahre hatten viele Häuser noch einfache Scheiben und kaum isolierte Wände. Das Heizen machte immerhin

1979 wurde vielfältig für das Energiesparen geworben: Briefmarke der Deutschen Bundespost von 1979, die zusätzlich den Stempel «Energiesparen ist unsere beste Energiequelle» einsetzte.

vier Fünftel des Energieverbrauchs im Haushalt und die Hälfte des Endverbrauchs insgesamt aus. Vorbild waren Schweden und das rohstoffarme Dänemark, die bereits in den 1970er-Jahren die Hausisolierung ausgebaut hatten.[69] Auch die Bundesregierung legte nach der ersten Ölkrise entsprechende Programme auf, die sie Ende der

## 8. Die zweite Ölkrise

1970er-Jahre im großen Stil erhöhte. Das 4,35 Milliarden teure «Programm zur Förderung heizenergiesparender Investitionen» sorgte zwischen 1978 und 1980 für Dämmmaßnahmen an rund 800 000 Wohnungen, besonders an Fenstern und Türen.[70] Damit war es zugleich eine riesige Konjunkturmaßnahme für das Baugewerbe in der Wirtschaftsflaute. Zusammen mit den Sparappellen und gestiegenen Preisen sank bereits 1979, trotz des besonders kalten Winters, der Verbrauch leichten Heizöls. Eine erfolgreiche Lenkungsmaßnahme war sicherlich auch die 1979 angeregte «verbrauchsabhängige Abrechnung für Heizkosten», die zwei Jahre später als Heizkostenverordnung verbindliche Vorgaben für Vermieter machte.[71] Tatsächlich sank der Verbrauch pro Kopf in den 1980er-Jahren leicht, obgleich die Wohnungen größer wurden.[72] Das Marktdenken zog damit in den Alltag ein: Wer als Mieter viel heizte, musste auch viel zahlen.

Auch der Benzinverbrauch pro Auto sank 1979. Obgleich es in diesem Jahr über sechs Prozent mehr Kraftfahrzeuge gab, stieg der Verbrauch nur um 1,3 Prozent an.[73] Dies lässt sich mit einer neuen Sparsamkeit angesichts gestiegener Preise erklären, aber sicher auch mit dem Trend zum Zweit- und Freizeitwagen. Die Bundesregierung führte mit der Auto-Industrie Gespräche, um langfristig Autos mit weniger Verbrauch zu fördern. Dabei sagten die Autohersteller im April 1979 zu, bis 1985 Pkws mit zehn Prozent weniger Verbrauch anzustreben und schon im nächsten Jahr über Erfolge zu berichten.[74] Öffentlich kursierte nun die Vision von Biosprit-Autos, die Kraftstoff aus Zuckerrüben verbrauchen, und von 5-Liter-Wagen, die Forschungsminister Hauff in den Medien einforderte.[75] Auch Wissenschaftler trieb die Ölkrise zu Innovationen an. So berichtet der Erfinder des Hybrid-Autos, Alex Severinsky, er habe diese Idee zu entwickeln begonnen, nachdem er bei der Ölkrise 1979 vor einer Tankstelle in einer langen Schlange wartete.[76]

Tatsächlich nahmen sparsamere Autos zu. Die Zahl der Diesel-Pkw wuchs 1979 und kletterte besonders in der Bundesrepublik in die Höhe.[77] Auch der Erfolg von Kleinwagen wie dem VW-Golf mit weniger Spritverbrauch hing mit den Ölkrisen zusammen.[78] Audi baute nun aerodynamische Familienwagen mit deutlich reduziertem Verbrauch.[79] Das windschnittige Design löste die Kastenform der 1970er-Jahre ab. Große Hoffnungen setzte die Regierung in die – verpflichtende – Einführung von Verbrauchsanzeigen. Die europaweit eingeführte DIN-Norm zur Messung des Benzinverbrauchs machte diesen in der Werbung zu einem Kaufkriterium.[80] So warb eine doppelseitige Anzeige für den «Fiat-Ritmo» damit, dass der Kleinwagen bei 120 km/h «nur» 8,6 Liter verbrauche.[81] Durch die Zunahme der Motorisierung stieg der Verbrauch pro Kopf dennoch an, während der Schienenverkehr an Bedeutung verlor.[82] Ebenso blieb bei bundesdeutschen Pkw der Verbrauch mit durchschnittlich zehn Litern deutlich höher als in westlichen Nachbarländern wie Frankreich, wo es mehr Kleinwagen gab.[83]

Statt auf staatliche Vorgaben setzte die Bundesregierung auf die Erziehung der Konsumenten und einen Bewusstseinswandel. Dank der ökonomischen Anreize hatte dieser Kurs tendenziell Erfolg. Dagegen machte die US-Regierung Vorgaben von oben und verlangte etwa Sparauflagen beim «Flottenverband» von Auto-Herstellern. Deren Umsetzung scheiterte jedoch am Kaufverhalten der Amerikaner, die weiterhin große Autos bevorzugten und sparsame Dieselmodelle als unzuverlässig, schmutzig und krebserregend ablehnten.[84] Ein Vorteil für die Bundesrepublik und andere westeuropäische Länder war, dass sich die Massenmotorisierung erst in den 1970er-Jahren wirklich ausbreitete. Im Unterschied zu den USA lernten viele Erstkäufer das Autofahren bei steigenden Benzinpreisen kennen und achteten daher stärker auf den Verbrauch.

Auch bei den Haushaltsgeräten sollte 1979 eine Etikettierung mit europaweit vergleichbaren Verbrauchsdaten per Wettbewerbsdruck die Energiebilanz verbessern.[85] Dazu versprach die Geräteindustrie im gleichen Jahr technische Innovationen bei der Energieeffizienz.[86] Zu ihren Selbstverpflichtungen gegenüber der Regierung zählte, bis 1985 bei Gefrier- und Kühlgeräten den Energieverbrauch um 15 bis 20 Prozent zu senken, bei Geschirrspülern bis 15 Prozent und bei Waschmaschinen bis zu 10 Prozent.[87] Tatsächlich gelang es ihr, diese Selbstverpflichtung einzulösen und sogar zu übertreffen.[88] Und nach langer Diskussion führte die Bundesrepublik 1980 auch die Sommerzeit ein, nachdem die DDR diese bereits im Jahr zuvor

## 8. Die zweite Ölkrise

beschlossen hatte.[89] Zwar argumentierte man bereits damals, dass die Sommerzeit nur marginale Energieeinsparungen bringen werde, man hielt aber ihre symbolische Bedeutung für wichtig, da sie jährlich ans Energiesparen erinnere.[90] Die Erziehung der Konsumenten wurde durch Broschüren und Schulbücher forciert. Das Wirtschaftsministerium warb mit «16 Beispielen, wie man Energie sparen kann», vom Lichtausschalten bis hin zum Abtauen des Kühlschranks.[91] Selbst in den Kinderzimmern fand ein Wandel statt. 1976 brachte der dänische Spielzeughersteller Lego noch Ölbohrplattformen mit dem Logo von Shell auf den Markt, die das neue Interesse an Energiefragen und die Imagepflege der Ölkonzerne zeigten. 1979 erschien dagegen eine Disney-Sonderausgabe *Micky und Goofy sparen Energie*, in der Goofy feststellt: «Au Backe! Unsere Nachfrage ist ja viel größer als die vorhandenen Energiequellen!», worauf Micky ihm antwortet: «Richtig! ... Wir müssen Energie sparen.»[92] In Frankreich führte die «Agentur für Energieeinsparung» Werbekampagnen durch, unter anderen mit der bis heute bekannten Comicserie *Chassons le Gaspi!* – der Jagd auf das «Verschwenderlein».[93]

Große Unfälle von Öltankern verstärkten Ende der 1970er-Jahre das negative Image des Öls. Besonders der Unfall der *Amoco Cadiz* vor der Küste der Bretagne 1978 war ein Schock, da die «Ölpest» tonnenweise Fische und rund 20 000 Vögel tötete. Energie- und Umweltbewusstsein verbanden sich durch die Bilder von ölverklebten Tieren. Die Berichte über die Erderwärmung, die 1979 im Rahmen der ersten Weltklimakonferenz aufkamen, stützten ebenfalls die ökologischen Appelle zum Energiesparen.

In der Populärkultur entwickelte sich Öl seit Ende der 1970er-Jahre zu einem sichtbaren Thema, das mit Reichtum und Machtspielen verbunden war. So zeigten die weltweit äußerst erfolgreichen Serien *Dallas* (USA 1978–1991) und *Denver-Clan* (1981–1989) das intrigenreiche Familienleben von Öl-Millionären. Parallel zur Figur des erpresserischen Scheiches entstand hier die Rolle des dekadenten westlichen Öl-Multis, der sich hemmungslos bereichert. In der Popmusik gab es Songs zur Ölkrise, etwa *Petrol Gang* (1978) von den Rolling Stones: «Please Mr. President, say it isn't so / I don't wanna pay $10 for gas/I got nowhere to go». Und der Kultfilm *Mad Max* (Australien 1979 und 1981) handelte vom künftigen Streit um Brennstoffe. Besonders sein zweiter Teil zeigte unter dem Eindruck der Ölkrise eine apokalyptische Zukunft, in der Rockerbanden auf den Straßen um Benzin und Öl kämpfen.[94] Unmittelbar nach den Ölkrisen verbrauchte auch die bundesdeutsche Industrie weniger Energie, da sie mehr technische Effizienz förderte. Dass energieintensive Wirtschaftszweige wie der Schiffsbau ins Ausland abwanderten, verbesserte die Statistiken zusätzlich.[95] Ein kurzfristiger Effekt trat zudem durch die Wirtschaftskrise ein, die zum Sparen animierte. Energieintensive Branchen stellten sich auf eine dauerhafte Energieverteuerung ein. So versuchte die Chemieindustrie eigene Kernkraftwerke aufzubauen und Öl aus Kohlekonversion zu gewinnen. Dies erreichte trotz politischer Unterstützung allerdings nur das Versuchsstadium, weil die Ölpreise wieder fielen.[96] BASF reagierte zudem mit Energiesparmaßnahmen: Das Unternehmen rüstete ein Kraftwerk auf Müllverbrennung um und investierte in einen «Steamcracker», um Kohlenwasserstoffe umzuwandeln. Dazu beschloss der Vorstand einen Rückbau der ölpreisabhängigen Massenkunststoffe und senkte die Produktion von Verpackungen aus Polyethylen.[97] Wenngleich sich die Stromwirtschaft insgesamt wenig umstrukturierte,[98] waren die eingeleiteten Maßnahmen doch richtungweisend.

Eine wesentliche Schuld für die Wucht der zweiten Ölkrise gaben die Deutschen den USA, da sie mit Abstand den höchsten Energiekonsum hatten und ihre Ölpreise niedrig hielten.[99] Waren die großen amerikanischen Autos bislang der heimliche Traum vieler Deutscher gewesen, so nahm nun der Spott über sie zu. Dabei stieß auch in Westeuropa das Energiesparen auf Grenzen. Verantwortlich waren dafür vor allem Rebound-Effekte: Die Geräte verbrauchten zwar weniger Energie, aber die Verbraucher schafften sich mehr Produkte an oder solche mit höherer Leistung.[100] So wurden Kühlschränke energiesparsamer, dafür jedoch größer, und die Zahl zusätzlicher Gefriertruhen nahm zu. Die Verbrauchsintensität pro Kopf stieg bei Geräten zwischen 1960 und 1990 so um fast das Achtfache.[101] Und auch die Sommerzeit führte weniger zum Ener-

## 8. Die zweite Ölkrise

giesparen, sondern galt rasch als Möglichkeit, die Freizeit zu verlängern und so eher noch mehr zu verbrauchen. Die Grenzen des staatlichen Engagements zeigten sich besonders auf bundesdeutschen Autobahnen. In anderen Ländern bekräftigte die zweite Ölkrise Tempolimits. In der Bundesrepublik traten etwa Forschungsminister Hauff und Ex-Minister Eppler dafür ein, doch Kanzler Schmidt und vor allem die CDU/CSU stimmten erfolgreich dagegen.[102] Auch beim Autoverkehr setzte die Bundesrepublik wohl darauf, die Energiekrise vor allem mit neuen technischen Maßnahmen zu bekämpfen, die exportfähig waren. Das Tempolimit hätte dagegen ohne Innovationen leicht deutliche Einsparungen gebracht. Erneut setzte die bundesdeutsche Politik weniger auf Vorschriften denn auf Vereinbarungen mit der Wirtschaft, um das Energiesparen marktgemäß und mit technischen Innovationen zu fördern. Der Verbraucher sollte transparent erkennen, was ein vermehrter Öl- und Energiekonsum kostet.

### «Weg vom Öl»: Der Ausbau alternativer Energien

Um die Abhängigkeit von den Ölländern zu mindern, forderten alle westlichen Staaten den Ausbau anderer Energieressourcen – seien es Atomkraft, Kohle, Gas oder regenerative Energien. Die Umsetzung war sehr unterschiedlich. Nach der ersten Ölkrise wuchs überall der Anteil der Atomkraft, während die ölbasierte Stromerzeugung einbrach, die in der Bundesrepublik ohnehin eine geringe Rolle spielte.[103] Verstärkt wurde Erdgas als Alternative entdeckt. Gasvorkommen lagerten zwar vor allem in den OPEC-Staaten und der Sowjetunion, aber eben auch in Europa, besonders in den Niederlanden und Norwegen, in kleineren Mengen auch in der Bundesrepublik. Bereits nach der ersten Ölkrise stieg in der Bundesrepublik der Gasanteil auf 16 Prozent an und ein weiterer Anstieg wurde 1979 empfohlen.[104] Obgleich die Gaskosten an die Ölpreise gekoppelt waren, erschien Gas als sichere, günstige und umweltfreundliche

Lösung. Zudem nahmen die Energieberichte an, Erdgas werde länger zur Verfügung stehen als die Ölreserven.[105] Bezeichnend sind die zahllosen Bürgerbriefe, die den Bundeswirtschaftsminister fragten, ob man von Öl auf Gas umstellen solle; seine Mitarbeiter beantworteten dies geduldig und rechneten den Bürgern zum Teil individuell aus, dass es für ihren Haushalt besser sei.[106] Wieder einmal wählte die Bundesrepublik mit der Umstellung auf Gas eine technisch sehr aufwändige Lösung, die ihr langfristig eine Vorreiterrolle sichern sollte: sei es beim Ausbau der Gasröhren in der Sowjetunion oder bei neuen Gaswärmepumpen in Haushalten. Nach der zweiten Ölkrise wurde die Bundesrepublik so zum größten Erdgasverbraucher in Westeuropa.[107]

Zugleich lenkten die Ölkrisen den Blick auf erneuerbare Energien. US-Präsident Carter trat international an die Spitze, als er Mitte 1979 mehrfach forderte, bis zum Jahr 2000 sollten 20 Prozent des US-amerikanischen Energiebedarfs aus Sonnenenergie stammen.[108] Auch die Regierungschefs im Europäischen Rat und bundesdeutsche Spitzenpolitiker stellten die regenerativen Energien als zentrales Zukunftsmodell heraus – selbst Atomkraftbefürworter wie Helmut Schmidt.[109] In der Presse erschienen 1979 lange Artikelserien, die künftige Wasser-, Wind- und Solaranlagen diskutierten.[110] Zugleich zeigen aber die Akten der Bundesregierung, dass die Politiker intern regenerative Energie äußerst pessimistisch sahen und ihr vorerst keine Bedeutung beimaßen. Vor dem Jahr 2000 seien hier keine nennenswerten Erträge zu erzielen, und selbst dann prognostizierten die meisten Experten und Politiker nur einen kleinen Beitrag.[111]

In Deutschland kam 1979/80 nun der heute oft benutzte Begriff der «Energiewende» auf. Ein prominentes Buch des Freiburger Öko-Instituts promotete ihn, um «Wachstum und Wohlstand ohne Öl und Uran» anzupreisen.[112] Die Probleme mit Öl *und* Kernkraft führten dazu, dass Politiker aller Couleur offiziell den Ausbau regenerativer Energien als vorrangig bezeichneten. Selbst die CDU forderte steuerliche Erleichterungen für Solarkollektoren.[113] Die öffentliche Hoffnung auf regenerative Energie stieg: 1981 erwarteten laut Umfragen 60 Prozent der Deutschen eine wachsende Rolle der

## 8. Die zweite Ölkrise

Sonnenergie und 31 Prozent der Windenergie.[114] Zudem stieß die Debatte große Forschungsprojekte zur regenerativen Energie an. Nach Angaben der Internationalen Energie-Agentur IEA gaben deren Mitglieder 1979 eine Milliarde Dollar für Forschungen zu erneuerbaren Energien aus, 1985 immerhin noch die Hälfte.[115] In der Bundesrepublik entstanden Großforschungseinrichtungen wie das 1981 gegründete «Fraunhofer-Institut für Solare Energiesysteme», das erste und größte Solarforschungsinstitut in Europa. Ein weltweiter Vorreiter war die Bundesrepublik dabei nicht: 1979 gingen knapp 60 Prozent der energiepolitischen Mittel in die Atomenergie, nur 4 Prozent in regenerative Energien.[116] Die USA hatten bereits nach der ersten Ölkrise ein Windenergieprogramm aufgelegt, und Ende der 1970er nahm die staatliche Förderung stark zu. Besonders Kalifornien beschloss weitere Subventionen, die ab 1981 dort zu einem Boom der Windenergie führten.[117] Daneben wurde Dänemark zum Vorreiter, stieg zum weltweit erfolgreichsten Exporteur von Windrädern auf und lieferte besonders nach Kalifornien. Wegweisend bei der Substitution von Öl wurde Brasilien, das mit einem umfassenden Förderprogramm Benzin durch Ethanol aus Zuckerrohr ersetzte, Dieselöl durch Pflanzenöl, Heizöl durch Kohle und Strom aus Wasserkraft.[118] Tatsächlich gelang es auf diese Weise, nach der zweiten Ölkrise die Ölimporte bei steigendem Energieverbrauch zu senken.

In der Bundesrepublik galt die Windenergie dagegen nach der ersten Ölkrise noch als wenig zukunftsträchtig, obgleich Gutachten ihr Potential unterstrichen. Nach der zweiten Ölkrise floss dann fast die Hälfte der bundesdeutschen Forschungsmittel in eine einzelne gigantische Großwindkraftanlage («Growian»), die nicht zuletzt wegen ihrer Größe technisch scheiterte.[119] Auch die Solarenergie entwickelte sich trotz der Großforschung in der Bundesrepublik langsam, da es am praktischen Erfahrungswissen und an Schnittstellen zwischen Labor und Markt mangelte.[120] Entsprechend waren kleine Anbieter zunächst erfolgreicher. Gebremst wurde die Energiewende besonders durch den Preisverfall des Öls Mitte der 1980er-Jahre.

Kohlekraftwerke gewannen in allen Ländern mit entsprechenden Rohstoffen wieder an Bedeutung. Auch die Bundesregierung setzte auf die hochsubventionierte heimische Kohle, die nun als eine rentable und sichere Alternative erschien. In den Jahren nach 1979 nahm entsprechend, ebenso wie in den USA und Japan, der Kohleverbrauch deutlich zu.[121] Dies ging mit einer gewissen Liberalisierung des Marktes einher, da die Kohle auf dem Weltmarkt um etwa die Hälfte billiger war als die bundesdeutsche. Die Regierung Schmidt erhöhte nach der zweiten Ölkrise mehrfach die Einfuhrkontingente, dominant blieb jedoch weiterhin die heimische Kohle.[122] Der Schutz heimischer Arbeitsplätze und die Energieautonomie standen somit weiterhin über ökonomischen Gesichtspunkten, besonders bei der SPD.[123] Neben dem Ausbau klassischer Kohlekraftwerke standen 1979 Pläne für Großprojekte zur Kohleveredelung im Vordergrund, die eine Erzeugung von Gas, Öl und Benzin aus Kohle fördern sollten, um zugleich auch auf diesem Gebiet eine technisch-innovative Führungsrolle zu gewinnen – obgleich Kohleverflüssigung sehr hohe Investitionen und viel Energie benötigt und umweltschädlich ist.[124] Tatsächlich erwiesen sich derartige Verfahren spätestens Mitte der 1980er-Jahre als viel zu teure Illusion, als die Ölpreise sanken. Größeren Erfolg hatten stattdessen kleinere regionale Anlagen mit Kraft-Wärme-Kopplung und Fernwärme. Bis zum Ende des Jahrhunderts erbrachten sie zumindest ein Zehntel des Stroms, in Nachbarländern wie den Niederlanden oder Dänemark sogar ein Fünftel.[125] Somit wurden durchaus viele Weichen für eine Energieversorgung gestellt, die mit weniger Öl auskam. Wenngleich einiges im Versuchsstadium blieb und erst langfristig reüssierte, zeichnete sich doch eine Diversifizierung ab.

## Ölschwemme statt Ölknappheit

In den 1970er-Jahren hatten viele Experten angenommen, Öl werde bald dauerhaft ein knapper und versiegender Rohstoff sein und selbst Saudi-Arabien habe nur noch für zwei Jahrzehnte Vorräte.[126] Diese Erwartung trug zusammen mit den steigenden Preisen dazu bei, dass genau das Gegenteil eintrat. Seit den 1980er-Jahren kam durch neue Erschließungen ein Überangebot an Öl auf den Markt. Als ebenso falsch erwies sich die Prognose, die Industrieländer würden immer mehr Öl konsumieren. Vielmehr stagnierte ihr Ölverbrauch in den Jahren nach 1979 lange – sei es durch die beschriebenen Reaktionen, sei es durch den generellen Strukturwandel der Wirtschaft. Eine weitere Fehlannahme der 1970er-Jahre war, die OPEC und insbesondere die arabischen Länder würden künftig der Welt die Ölpreise diktieren. Tatsächlich wertete die zweite Ölkrise den offenen Handel auf, was die Macht der OPEC zunehmend schwächte. Das große Angebot von günstigem Öl aus Saudi-Arabien und die zunehmende Förderung aus anderen Ländern senkten bereits Anfang der 1980er-Jahre die Preise, die ab Mitte des Jahrzehnts wieder einen Tiefpunkt erreichten. Im Vergleich zu ihrer starken Stellung in den 1970er-Jahren zählte die OPEC zu den Verlierern. Damit hatten die Ölkrisen durchaus große Folgen, wenngleich nicht die erwarteten. Öl wurde zwar nicht zu einem knappen Gut, wohl aber zu einem umkämpften Rohstoff, um dessen Menge und Preis gerungen wurde.[127]

Der Verfall der Ölpreise Mitte der 1980er-Jahre wirkte im Westen wie ein riesiges Konjunkturprogramm. Die niedrigen Ölpreise reduzierten die Inflation sowie die Staatsausgaben und stärkten das Wachstum. Mit der billigen Energie verbreitete sich im Laufe der 1980er-Jahre ein neuer Optimismus. In gewisser Weise schufen die günstigen Energiekosten jene Entlastung für die Wirtschaft und die Bürger, die marktliberale Reformer wie Thatcher und liberal-konservative Regierungen versprochen hatten, aber durch ihre Reformen kaum einlösen konnten.

Ebenso trugen die starken Schwankungen der Ölpreise mit zur Beendigung des Kalten Kriegs bei. Nachdem die rohstoffreiche Sowjetunion von den hohen Ölpreisen profitiert hatte, traf der Preisverfall sie besonders hart. Er hatte gewaltige Devisenverluste zur Folge und förderte so ihren ökonomischen Kollaps. Öl und Gas waren zu derart einflussreichen globalen Gütern geworden, dass sie selbst eine rohstoffreiche «Supermacht» wie die Sowjetunion verletzlich machten. Ihre bisherige Hochrüstungspolitik war kaum noch finanzierbar, ebenso fehlten Devisen für die Modernisierung ihrer Industrie.

Öl blieb der Stoff, der die internationalen Beziehungen dauerhaft prägte, und blieb wie das Erdgas eine Machtressource. Dies zeigte sich erneut in den 1990er-Jahren, als Iraks Einmarsch in das kleine, aber ölreiche Kuwait mit einem internationalen militärischen Einsatz unter Führung der USA beantwortet wurde. Die Anfang 1980 formulierte Carter-Doktrin, die eine Verteidigung der «Lebensinteressen» der USA im Nahen Osten angekündigt hatte, zeigte hier ihre Nachwirkung. Ebenso spielte Russland nach dem Untergang der Sowjetunion weiterhin seine Macht als Energielieferant gegenüber Nachbarländern aus. Bereits Litauens Unabhängigkeitserklärung quittierte Russland mit stark reduzierten Energielieferungen. Danach wurden Estland und die Ukraine mit unterbrochenen Lieferungen eingeschüchtert. Die «Freundschafts»-Pipelines, wie sie einst getauft wurden, erwiesen sich somit als Krakenarme. Besonders die Ukraine bekam in ihren Konflikten mit Russland immer wieder zu spüren, wie abhängig sie von russischem Gas war.

In den 2000er-Jahren stieg der Ölpreis wieder rasant an, nicht zuletzt durch die wachsende Nachfrage in China und Indien. Auch die instabile Lage im Nahen Osten trug dazu bei. Erneut ging der hohe Ölpreis ab 2008 mit einer weltwirtschaftlichen Krise einher. Diesmal führten die hohen Ölpreise zwar nicht zu geschlossenen Tankstellen und Fahrverboten, aber viele Reaktionsmuster erinnerten an die Ölkrisen der 1970er-Jahre. Abermals reagierten die westlichen Länder mit neuen Methoden der Energieförderung. Insbesondere der Ausbau des Frackings in den USA erhöhte das Angebot, was vor allem Saudi-Arabien mit einem strategisch geförderten Preisverfall durch günstige Öllieferungen beantwortete, um die Konkurrenz auszuschalten. Mehr Atomkraft erschien vielen Ländern, zum Beispiel Frankreich, wieder als eine Option, bis der AKW-Unfall von Fukushima 2011 zu einer erneuten Verunsicherung führte. Diese doppelte Diskreditierung der Atomkraft und des Öls erinnerte durchaus an die Konstellation von 1979. Zu den Verlierern des zweiten großen Preiseinbruches nach 2014 zählte erneut Russland, das weiterhin seine Devisen in hohem Maße aus Öl- und

## 8. Die zweite Ölkrise

Gasverkäufen bezieht. Die arabischen Länder büßten zwar Einnahmen ein, zeigten jedoch zugleich ihre Macht, indem sie den Ausbau des Frackings und damit den Ausbau einer stärkeren energiepolitischen Souveränität der USA vorerst stoppen konnten. Die Transformation des Ölmarktes in den 1970er-Jahren führte besonders in den arabischen Ländern zu rasanten Modernisierungen. Auf den ersten Blick erinnern sie an den Umbruch in China – etwa der rasante Ausbau städtischer Infrastrukturen, die internationale Ausbildung der Elite und die Investitionen im Ausland. Die ölproduzierenden Länder wurden damit selbst zu großen ölkonsumierenden Gesellschaften. Ähnlich wie in China widerlegte der arabische Ölboom, dass Wohlstand und Bildung zwangsläufig zu einer Demokratisierung führen. Auch der weltpolitische Aufstieg militarisierter islamischer Staaten in der Golfregionen erklärt sich auch durch die hohen Öleinnahmen, was den Nahen Osten seit den 1970er-Jahren zu einem dauerhaften Krisenherd machte.

Wie sehr die Ölkrisen langfristig dazu beitrugen, das Energiesparen zu etablieren, zeigte sich besonders in der Bundesrepublik. Trotz sinkender Energiekosten ab Mitte der 1980er-Jahre kaufte man weiterhin sparsame Haushaltgeräte, baute mit Wärmedämmung und nutzte immer öfter die neu angelegten Fahrradwege. Dass der vermehrte Massenkonsum die jeweiligen Spareffekte auffraß, ist kein Argument für das Scheitern dieser Reformen. Denn schließlich hätte der wachsende Konsum sonst deutlich mehr Energie geschluckt. Es fällt jedoch auf, dass Produkte, die nach den Ölkrisen auf den Markt kamen – wie insbesondere Computer – bis heute kaum Kennzeichnungen zu ihrem Energieverbrauch tragen. Flug- und Internetverkehr stehen im stärksten Kontrast zu den Energiesparappellen. Neue Siegel zum fairen Handel und zum Gesundheits- und Umweltschutz überlagern Hinweise zum sparsamen Verbrauch.

Viele Studien sprechen von einem Ende jener Ära, die durch fossile Brennstoffe geprägt war.[128] Die Geschichte der Ölkrisen zeigt, dass sich Rohstoffe und ihre Preise schwer prognostizieren lassen. Sicher ist, dass die Energieversorgung zunehmend umkämpft und eine zentrale Machtfrage in unserer globalisierten Welt bleiben wird.

## 9. Der AKW-Unfall bei Harrisburg
### Angst vor der Atomkraft

Am 28. März 1979 kam es im amerikanischen Atomkraftwerk Three Mile Island (TMI) zu einem der schwersten Unfälle in der Geschichte der Atomkraft. Menschen aus aller Welt fieberten mehrere Tage vor den Fernsehern mit, ob die Schutzhülle standhalten werde. Da der Reaktor nur zehn Kilometer vor der Großstadt Harrisburg und in einem Ballungsraum lag, flohen über hunderttausend Menschen ins Umland. Experten und Medien rätselten tagelang, ob eine unkontrollierbare radioaktive Gasblase eine Explosion im Reaktor auslösen würde. Tatsächlich kam es zu einer partiellen Kernschmelze im Reaktor, wenngleich diese, wie sich schließlich herausstellte, nicht die Umwelt verseuchte. Inmitten der weltweiten Expansion der Atomkraft zeigte der Unfall dennoch, dass ein Super-Gau nicht so unwahrscheinlich war, wie Experten annahmen. Da die USA im Anschluss daran jahrzehntelang darauf verzichteten, neue Kernkraftwerke zu planen, gilt der Unfall dort als «turning point for the American nuclear industry».[1]

In Deutschland steht die Kernschmelze in Three Mile Island heute im Schatten der Unfälle von Tschernobyl 1986 und Fukushima 2011, wenngleich sie als der dritt- oder viertschwerste AKW-Unfall der Geschichte gilt.[2] Für Europa gilt besonders Tschernobyl als Wendepunkt in der Geschichte der Atomkraft.[3] Der TMI-Unfall ist daher auch in der Forschung zur europäischen Atomkraft eher in Vergessenheit geraten und wird allenfalls am Rande von Protestgeschichten knapp erwähnt, die generell im Vordergrund stehen.[4] Die internationale Bedeutung des Störfalls von Harrisburg zeigt sich besonders, wenn man ihn in den breiteren Umgang mit der Atomenergie einordnet – politisch, technisch und kulturell. Sowohl in der Bundesrepublik als auch in Teilen Europas verstärkte er durchaus Verunsicherung und Reformversuche. Sein Einfluss auf öffentliche Meinungen, politische Entscheidungen und technische Reformen reichte dabei über die bereits etablierten Anti-AKW-Gruppen hinaus.

## Global vernetzt: Atomkraft vor dem Harrisburg-Unfall

Die Atomenergie war frühzeitig eine international vernetzte Technik. Sie wurde grenzübergreifend verbreitet und Sicherheitsfragen weltweit beobachtet. Ein Störfall im Ausland kam immer einer potentiellen Gefährdung der eigenen Bevölkerung gleich. Im Jahr 1979 war die Atomkraft in vielen Ländern noch in der Phase des Aufbaus und der Erprobung. Weltweit gab es bereits rund zweihundertdreißig Kernkraftwerke, ähnlich viele waren im Bau, weitere in der Planung. Immerhin ein Viertel der AKWs standen in den USA, etwa die Hälfte in Westeuropa und ein knappes Zehntel in Japan und in der Bundesrepublik.[5] Das Risiko eines Unfalls wuchs mit ihrer rasanten Verbreitung. Das sozialistische Mittelosteuropa betrieb dagegen erst rund dreißig Kernkraftwerke. Nur zwei davon standen in der DDR – ein leistungsstarkes nahe Greifswald und ein kleineres bei Rheinsberg; zudem war ein Kraftwerk in Stendal im Bau. Entsprechend blickte die Welt in den 1970er-Jahren vor allem auf die Atomkraft im Westen und in den USA, kaum dagegen auf Risiken im Osten. Die Atomenergie sorgte jedoch selbst in westlichen großen Industrieländern nur für rund ein Zehntel des Stroms, und noch kleiner war ihr Anteil an der Primärenergie – in der Bundesrepublik gerade einmal drei Prozent. Die Atomkraft war damit vor allem ein Zukunftsversprechen, zum Schutz der nationalen Unabhängigkeit und vor dem Ende fossiler Energie. In Zeiten der Öl- und Wirtschaftskrisen sollte sie Wachstum und Wohlstand sichern.[6] Ein Unfall wie in Harrisburg stellte dies potentiell infrage.

Die Risiken der Atomenergie waren früh bekannt. Das zeigte sich bereits in den 1950er-Jahren bei der Schwierigkeit, sie zu versichern.[7] Auch ihre militärische Relevanz förderte Ängste. Um die Verbindung von Atomkraft und Atombomben zu kaschieren, führten ihre Befürworter das Synonym *Kernenergie* ein. Bereits vor Harrisburg hatte es zahlreiche Störfälle in Atomkraftwerken gegeben: im kanadischen Chalk River 1952, im englischen Windscale 1957, 1973/74 gehäuft in den Atomkraftwerken der USA. Ein 1974 veröffentlichter Bericht an die Atomic Energy Commission untersuchte 861 «unnormale Vorgänge», in zwölf Fällen wurde Radioaktivität über den Grenzwerten gemessen.[8] Welche Konsequenzen mögliches menschliches Versagen haben konnte, zeigte ein Unfall im Atomkraftwerk in Browns Ferry 1975. Hier hatten Arbeiter bei der Suche nach einem Leck mit einer Kerze (!) ein Reaktorkontrollkabel in Brand gesetzt. Kaum bekannt waren dagegen die Störfälle in den sozialistischen Ländern. So trat etwa 1975 im AKW Greifswald 1 nach einem Kabelbrand Radioaktivität durch die Sicherheitsventile aus. Wie später in Three Mile Island 1979 waren menschliche Bedienfehler und Ventilprobleme die Ursachen.[9] Obwohl Anwohner Dampfwolken und Feuerwehreinsätze beobachteten, wurden die Greifswalder Störfalle erst nach dem Mauerfall öffentlich eingestanden.

In der Bundesrepublik war die Sicherheit der Atomkraftwerke eng mit den US-Erfahrungen verbunden. Die ersten Leichtwasserreaktoren entstanden in Zusammenarbeit mit amerikanischen Firmen, wobei die Reaktor-Sicherheitskommission zugleich ihre weiterführenden Sicherheitstechniken betonte, besonders bei der Notkühlung, beim Berstschutz und dem Containment, also der Ummantelung durch einen Sicherheitsbehälter.[10] Die US-Reaktoren galten dennoch als ein Testfeld für die eigenen Kernkraftwerke, besonders für vergleichbare Anlagen in Lingen, Gundremmingen und Würgassen.[11] Alle Störungen in den Atomkraftwerken der USA fanden deshalb früh internationale Aufmerksamkeit. Dagegen blieb der Austausch über Sicherheitsfragen mit dem Atomnachbarn Frankreich recht gering.[12]

Auch in Westdeutschland kam es seit Ende der 1960er-Jahre zu einer Reihe von öffentlich bekannten Störfällen, oft durch Ausfall

## 9. Der AKW-Unfall bei Harrisburg

der Notstrom-Dieselaggregate: etwa in Kahl 1968 und Würgassen 1973, in Brunsbüttel 1976 nach einem Relais-Versagen und in Gundremmingen 1977, wo radioaktiver Dampf durch Überdruckventile austrat. Unter dem Druck der öffentlichen Kritik publizierte der Bundesminister des Innern 1977 die Schrift «Besondere Vorkommnisse in Kernkraftwerken in der Bundesrepublik Deutschland», die allein 1976 vierzehn Schäden erwähnte, aber dennoch unvollständig war.[13] Denn wie die internen Akten zeigen, stieg die Zahl der erfassten Störfälle in der Bundesrepublik Ende der 1970er-Jahre an: 1977 waren es 139, 1978 bereits 185, wobei es zu 28 Abschaltungen kam.[14] Bei ca. 15 Prozent der Störfälle vor Harrisburg waren menschliche Fehler verantwortlich. Am häufigsten traten Fehler am Notstromsystem auf, zudem am Frischdampf- und Speisewasser-System.[15] Wenngleich durch sie keine Gefahr für Menschen und Umwelt entstand, verunsicherte ihre Häufung. Zum ersten und bisher einzigen Störfall in der Bundesrepublik, der eine komplette Stilllegung auslöste, kam es am 13. Januar 1977 im Block A des Siedewasserreaktors Gundremmingen. Nach Kurzschlüssen und der daraus resultierenden Schnellabschaltung entstand eine Fehlsteuerung, bei der übermäßig viel Wasser in die Notkühlung und dann radioaktiver Dampf durch die Überdruckventile in das Reaktorgebäude drang.[16] Angesichts der hohen Schadenskosten wurde der Block zurückgebaut, wohingegen ein anderer Block bis heute in Betrieb ist.

Die internen Unterlagen der Archive zeigen weitere Störfälle. In Brunsbüttel zerstörte am 18. Juni 1978 etwa ein Überdruck im Maschinenhaus die Rissmembrane zum Reaktorgebäude, die Aufsichtsbehörde wurde erst spät informiert.[17] Wenig später wurde für das gleiche Kraftwerk vermerkt, dass es zu einem Ausfall von Pumpen kam und aus Unachtsamkeit das Brenn-Elemente-Lagerbecken geflutet wurde.[18] Auf Anfrage gab die Regierung im Bundestag bekannt, dass bereits in der ersten Hälfte von 1978 neun der vierzehn AKWs wegen Schäden länger abgeschaltet worden waren. Die genannten Schäden reichten von Steuerdefekten bis hin zu Haarrissen in Leitungen.[19] Unmittelbar vor dem Unfall von Harrisburg war somit bekannt, wie störanfällig auch bundesdeutsche AKWs waren.

Entsprechend reagierte die Reaktor-Sicherheitskommission, die der
Bundesregierung beratend zur Seite stand, Anfang 1979 mit einem
neuen Sicherheitskonzept.[20] Auch der Verkauf von Atomkraftwerken war international vernetzt. Die Bundesrepublik lieferte sie Mitte der 1970er-Jahre selbst an Militärdiktaturen wie den Iran, Argentinien und Brasilien, was mit Abstand die größten Exportgeschäfte waren. Im Wettlauf mit Frankreich förderte die Bundesregierung den Verkauf von Atomkraftwerken in den Irak, obwohl von dort PLO-Terroristen unterstützt wurden und dies zu Spannungen mit Israel führte. Frankreich erhielt jedoch den Zuschlag.[21] Ebenso unterstützte das Bundeswirtschaftsministerium Anfang 1979 den Wunsch der Kraftwerk Union AG (KWU), ein Atomkraftwerk in China zu bauen.[22] Ökonomische Interessen überwanden sicherheitspolitische Bedenken. Bezeichnenderweise erreichte den damaligen Bundeskanzler Helmut Schmidt die Nachricht vom Unfall nahe Harrisburg kurz vor seiner Abreise nach Brasilien, wo seine Delegation den laufenden Aufbau eines deutschen Atomkraftwerks besprechen wollte.[23] Solche Geschäfte mit der Atomkraft förderten den Protest gegen diese zusätzlich und führten außerdem zu Spannungen mit den USA.[24]

International vernetzt lief schließlich auch der Uranhandel. Atomkraft sollte energiepolitische Unabhängigkeit sichern, basierte aber auf dem knappen Rohstoff Uran, was neue Abhängigkeiten schuf. Im großen Stil baute die DDR im Erzgebirge dieses wertvolle Metall ab – immerhin rund 60 Prozent des Urans für die sozialistischen Länder –, das in der Sowjetunion angereichert und auch für die DDR-Reaktoren re-importiert wurde.[25] Die EG-Staaten erhielten ihr angereichertes Uran hingegen zunächst vor allem aus den USA, die 1973 ihre Lieferbedingungen verschärften.[26] Auch als Reaktion darauf versuchte die Bundesrepublik den Uranhandel zu diversifizieren und bezog den Rohstoff 1979 vor allem aus Südafrika und Namibia.[27] Wie beim Gas setzte die Bundesrepublik in den 1970er-Jahren zudem auf die UdSSR, die von Kanzler Schmidt als vertragstreuer Partner angesehen wurde.[28] Anfang der 1980er-Jahre, also mitten während des sowjetischen Einmarsches in Afghanistan, wurde intern prognostiziert, dass bis Ende der Dekade

30 Prozent des in bundesdeutschen Kernkraftwerken genutzten Urans in der UdSSR angereichert werde.²⁹ Neben dem Gas bildete die Nuklearpolitik eine zentrale Brücke zwischen Ost und West, trotz Afghanistan-Einmarsch.³⁰ Ebenso wurde der Verkauf von Atomkraftwerken an sozialistische Länder wie Polen und die Sowjetunion erwogen.³¹ Der Unfall nahe Harrisburg bremste das Interesse an einer Atomkooperation nicht. Vielmehr vermerkte das Auswärtige Amt danach lapidar: «Die deutsche Kernkraftwerksindustrie muß nach den jüngsten Entwicklungen eher noch stärker an der Ausnutzung ihrer Marktchancen in der UdSSR interessiert sein.»³² Wenngleich dies scheiterte, erhielten die DDR-Kraftwerke gerade auch nach Harrisburg regelmäßig Westimporte bei der Ausstattung.³³ Diese vielfältige internationale Vernetzung trug dazu bei, dass der Unfall nahe Harrisburg derartige Aufmerksamkeit erhielt.

### Die Anti-Atomkraft-Bewegung formiert sich

Die starken internationalen Reaktionen auf den Unfall 1979 erklären sich auch daraus, dass sich die Kritiker der Atomkraft in dieser Zeit grenzübergreifend formierten. Bereits die frühere Anti-Atom*waffen*-bewegung der 1950er-Jahre agierte in vielen Ländern mit einem globalen Verantwortungsgefühl. Die Anti-AKW-Bewegung der 1970er-Jahre knüpfte daran an, da nukleare Strahlen Grenzzäune überwinden. Beide Bewegungen waren erst locker verbunden, gingen dann aber 1979 mit den Friedensdemonstrationen gegen den Nato-Doppelbeschluss eine engere Liaison ein, was sie stärkte.

Die Anti-AKW-Gruppen zählen zu den sehr erfolgreichen sozialen Bewegungen, mit internationaler Reichweite und starker Mobilisierung.³⁴ Besonders groß war diese Bewegung in der Bundesrepublik.³⁵ Ihre öffentliche Präsenz reichte von Großdemonstrationen über Medienberichte bis zu Anti-AKW-Aufklebern auf Autos. Aus diesem Engagement gingen einflussreiche NGOs wie Greenpeace hervor oder Parteien wie die Grünen, denen es gelang, kurzfristig den Bau einzelner Kraftwerke zu verhindern und langfristig den Atomausstieg und regenerative Energien zu fördern. Ihr Erfolg hing letztlich davon ab, dass ihre düsteren Prognosen zu AKW-Unfällen tatsächlich 1979 und 1986 eintraten. Der frühe Protest war stark regional geerdet. Überregionale Proteste und Warnungen vor der Atomkraft kamen in den USA und Frankreich bereits Anfang der 1970er-Jahre auf. In den USA war es oft die Angst vor Krebs und beeinträchtigten Schwangerschaften, die Frauen und selbst Konservative zur Kritik an der Atomkraft antrieb, ebenso die Angst vor Verschwörungen.[36] In den USA hatten sich bereits Ende der 1960er-Jahre auch Wissenschaftler und Intellektuelle daran beteiligt. Ihre Proteste wanderten medial und durch einzelne Aktivisten nach Westeuropa. Einzelne international reisende AKW-Gegner wie Petra Kelly, die in den USA aufgewachsen war, vernetzten die Bewegung.[37] Als oft zitierter Startpunkt der bundesdeutschen Anti-AKW-Bewegung gilt die erste Bauplatzbesetzung im südwestdeutschen Wyhl 1975. Da breite Teile der Bevölkerung und angereiste Kernkraftgegner aus Deutschland und Frankreich gemeinsam erfolgreich protestierten und dies auch im Ausland wahrgenommen wurde, hat sie noch heute eine geradezu mythische Bedeutung.[38]

Eine Schlüsselrolle für die Entstehung der Anti-AKW-Kritik spielten die Medien, allen voran der *Spiegel*, der seit 1973 kontinuierlich und hartnäckig vor krebserzeugenden Strahlenbelastungen und Reaktorunfällen warnte, «die weite Landstriche entvölkern könnten».[39] Investigativ deckte der *Spiegel* 1974 auf, wie wenig geschützt Plutonium lagere und damit für Terroristen zugänglich sei,[40] oder dass bei einem Super-Gau des geplanten BASF-Reaktors Ludwigshafen mit 100 000 Toten und 1,67 Millionen langfristigen Todesfällen zu rechnen sei.[41] Fernsehberichte von WDR und NDR zeigten mögliche Gefahren und die Gewalt gegen die Demonstranten.[42]

Durch die bildstarken, weltweiten Berichte und die Vernetzungen reichte es aus, wenn irgendwo in der Welt mobilisierende Ereignisse eintraten. Die grenzübergreifende Kommunikation über die Proteste gab den lokalen Bewegungen ein Gefühl globaler Gemeinschaft – so wie im Jahr 1977, anlässlich der blutigen Auseinandersetzungen zwischen Demonstranten und Polizisten im amerikanischen Seabrook, im französischen Malville und in deutschen Orten wie Grohnde, Kalkar und Brokdorf. Gemeinsame Symbole verfestigten dies, etwa die lachende Sonne mit dem Slogan «Atomkraft? – Nein danke», die eine dänische Gruppe 1975 erfand und die auch in der Bundesrepublik zum wichtigsten Symbol wurde.[43] Der Aktivismus ging mit einem gewissen Meinungsumschwung einher. Auf die Frage, wie man bei einer Volksabstimmung über ein Atomkraftwerk in der Nähe abstimmen würde, antworteten 1975 nur 28 Prozent der Bundesbürger «dagegen», im Dezember 1976 schon 47 Prozent. Der Atommüll galt früh als Hauptnachteil der Kernkraft, während «billiger Strom» und seine Notwendigkeit im «modernen Industriestaat» als Hauptargumente für sie genannt wurden.[44]

Die Proteste, Medienberichte und Umfragen führten dazu, dass die bundesdeutschen Parteien bereits vor dem Unfall nahe Harrisburg verhaltener für die Atomenergie eintraten. Wenngleich Bundeskanzler Helmut Schmidt fest von ihr überzeugt war, formulierte die SPD nun vorsichtiger auf ihrem Hamburger Parteitag 1977: «Angesichts der vielfältig offenen Probleme bei der Kernenergie ist ein verstärkter Bau von Kernkraftwerken ... gegenwärtig ebenfalls auch nicht vertretbar. Daher muß die Option für die Kernenergie offen gehalten werden und die Option, künftig auf Kernenergie verzichten zu können, geöffnet werden.»[45] Selbst der Atomkraft-Befürworter Helmut Schmidt sprach in den SPD-Gremien kurz vor dem Unfall von alternativer Energie und eher zurückhaltend von einem begrenzten Ausbau der Kernenergie.[46] Auch das energiepolitische Programm der CDU betonte angesichts der wachsenden Proteste 1977, die Kernenergie sei zwar wirtschaftlich notwendig, aber eine «grundsätzlich neue Art von möglicher Gefährdung».[47]

Für eine globale mediale Auseinandersetzung mit einem realen Unfall wie in Three Mile Island war demnach der Rahmen vorher gespannt. Die Wahrnehmung des Unfalls von Harrisburg wurde schließlich durch den Spielfilm *The China Syndrome* geprägt, der nur zwei Wochen vor dem Unfall Mitte März 1979 in den USA angelaufen war und durch den Störfall das Zehnfache seiner Kosten einspielte. Mit einer Starbesetzung (u. a. Jane Fonda, Michael Douglas und Jack Lemmon) erzählte er actionreich das Vertuschen eines

AKW-Unfalls. Wie beim späteren realen Störfall drohte ein kleiner technischer Fehler zusammen mit menschlichem Versagen, eine Kernschmelze auszulösen, was ein investigativer Journalist unter Lebensgefahr aufzuklären versucht. Nicht allein die Atomkraft erschien im Film gefährlich, sondern vor allem die Menschen, die sie betreiben. Dabei machte er in mehrfacher Hinsicht die «Schwachstelle Mensch» aus: die überforderten Techniker vor Ort, die Betreiber und Baufirmen, korrupte Politiker sowie Sicherheitsagenturen, die nicht objektiv genug Mängel überprüften.

Als im März 1979 die ersten Meldungen aus Three Mile Island die Weltöffentlichkeit erreichten, bestand somit bereits eine international vernetzte atomkritische Protest- und Medienöffentlichkeit, die die Politik sensibilisierte. Die Welt konnte nun live beobachten, ob die von ihnen befürchtete radioaktive Katastrophe eintrat.

## Kernschmelze in Three Mile Island: Angst und Krisenmanagement

Der Unfall im Atomkraftwerk Three Mile Island ergab sich aus dem zufälligen Zusammenspiel von mehreren kleinen Fehlern. Jeder für sich war behebbar, zusammen hatten sie jedoch katastrophale Folgen.[48] Dabei verbanden sich technisches Versagen (mehrere Wasserpumpen stellten ihren Betrieb ein, und ein Überdruckventil schloss sich nicht bei der Notkühlung), Fehler bei der Installation (der Abfall des Kühlwassers im Primärkreislauf war nicht sichtbar) und menschliches Versagen (zwei Ventile waren bei Wartungsarbeiten nicht geschlossen worden und das diensthabende Personal reagierte nicht korrekt). Durch das offene Überdruckventil trat radioaktives Wasser aus dem Primärkreislauf aus, wodurch der Reaktorkern nicht ausreichend abkühlte und über die Hälfte des Kerns schmolz. Wie dicht die USA am Rande einer Katastrophe standen, ist zwar umstritten, aber bei einem längeren Ausbleiben der Kühlung wäre der Beton sicher geschmolzen.[49] Nach vierzehn Jahren Rückbau mit einer Milliarde Dollar Kosten konnten die Schäden beseitigt werden.

## 9. Der AKW-Unfall bei Harrisburg

Die Betreiber waren nicht darauf vorbereitet, der Öffentlichkeit einen derartigen Störfall zu vermitteln. Die Anwohner erfuhren davon indirekt durch einen lokalen Radiosender, der angesichts der vielen Feuerwehrautos Funkgespräche abgehört hatte.[50] Die Betreiber und Politiker gaben erst beschwichtigend und widersprüchlich eine Entwarnung, zwei Tage später wurde eine mögliche Gefährdung verkündet. Die Öffentlichkeit war vor allem wegen einer Dampfwolke aus dem Kraftwerk verunsichert. Selbst die Experten hatten zu wenige Informationen, um die mögliche Gefahr adäquat einzuschätzen. Ein renommierter Experte der Nuclear Regulatory Commission (NRC) berechnete die Existenz einer Gaswolke über dem Kern, die eine Kernschmelze und einen Bruch des Reaktors verursachen könnte. Daraufhin riet der Gouverneur zwei Tage (!) nach dem Unfall, dass Schwangere und kleine Kinder im Umkreis von acht Kilometern das Gebiet verlassen, alle anderen bei geschlossenen Fenstern in der Wohnung bleiben und die Schulen geschlossen werden sollten. Immerhin geschätzte 140 000 Menschen, rund 40 Prozent der Bevölkerung, verließen das Gebiet 15 Meilen um das Atomkraftwerk, weitere aus dem Großraum ringsherum.[51] Dies zeigt das geringe Vertrauen in die Entwarnung, auch wegen der widersprüchlichen Kommunikation.

Das Fernsehen machte den Unfall zum global verfolgten Ereignis. Der TV-Journalist Walter Cronkite, der als «most trusted man» in den USA galt, begann seine CBS-Abendnachrichten mit den Worten: «Die Welt hat noch keinen Tag wie diesen erlebt. Wir durchleben die großen Gefahren und Ungewissheiten des schlimmsten Unfalls in einem Atomkraftwerk in der Geschichte des Atomzeitalters.»[52] Dabei verwies er auf eine vermutliche nukleare Wolke und Kernschmelze. In Deutschland zeigte die *Tagesschau* vom 30. März 1979 mit großer Dramatik das Austreten radioaktiven Dampfes und Wassers und die Vorbereitung auf eine mögliche Evakuierung von einer Million Menschen.[53] Die Bilder von der dann tatsächlich erfolgten Massenevakuierung suggerierten weltweit eine radioaktive Verstrahlung. Während die Bevölkerung massenweise floh, rückten rund dreihundert Journalisten aus aller Welt an. Angesichts fehlender Informationen und Fachkenntnisse zeigten sie Emotionen der verängstigten

Kernschmelze in Three Mile Island

Der Unfall im Atomkraftwerk nahe Harrisburg verstärkte weltweit die Angst vor der Atomkraft. Medien wie *Der Spiegel* – hier das Titelbild vom 9. April 1979 – vermittelten diese Angst.

Anwohner, die die kühlen Expertenberichte zu Sicherheitssystemen überlagerten. Global agierende Nachrichtenagenturen wie AP oder AFP verbreiteten rasch die Annahme einer unkontrollierten radioaktiven Gasblase, die eine Explosion im Reaktor herbeiführen könne.[54] In den folgenden Tagen machte das US-Nachrichtenmagazin *Time* mit dem Titelbild «Nuclear Nightmare» auf, ebenso wortgleich sein deutsches Pendant *Spiegel* mit «Alptraum Atomkraft» und einem Totenkopf über dem Three Miles Island Reaktor.[55] Die internationalen Medien und politischen Gruppen verknüpften die atomaren Ängste und sprachen davon, dass der Reaktor bereits das Strahlungspotential von 1700 Hiroshima-Bomben habe.[56] Ebenso griffen die Journalisten mit dem Ausdruck «Reaktor-Holocaust» einen Begriff der zeitgleich laufenden US-Fernsehserie auf, um die drohende Gefahr zu dramatisieren. Selbst die konservative *Bild* berichtete von einer möglichen Explosion, «die eine Million Menschen in Todesgefahr bringen könnte».[57]

Dieses Panorama der Angst wurde durch Bilder von hilflosen Experten verstärkt, die auf die kritischen Fragen der Journalisten keine Antworten hatten. Da sich ihre Deutungen oft widersprachen, veröffentlichten die Medien unterschiedliche Expertisen nebeneinander, was zu weiterer Verwirrung und Verängstigung führte – bei den Anwohnern, den Amerikanern und international.[58] Inwiefern etwa eine Gasblase die Kühlung des Kerns bedrohte, war in den Tagen nach dem Störfall umstritten. Lange blieb offen, ob eine Katastrophe eintreten würde oder nicht. So gerieten die Atomexperten in der Folge des Unfalls zunehmend in Misskredit, nicht nur wegen ihrer Schwäche bei der aktuellen Bewertung und Bewältigung. Schon der Unfall selbst ließ an ihrer Kompetenz zweifeln, da sie Derartiges als äußerst unwahrscheinlich dargestellt hatten. Insbesondere die Risikoberechnungen von Norman Rasmussen wurden nun verspottet, der in einer aufwändigen, regierungsfinanzierten Studie ermittelt hatte, ein Super-Gau trete bei hundert Reaktoren nur einmal in zehn Millionen Jahren auf.[59] Auch die Kompetenz von Experten bei der konkreten Überwachung von Sicherheitsrisiken wurde diskreditiert, zum Beispiel weil das Ventil, das den Störfall auslöste, bereits zuvor diverse Male nicht funktioniert hatte.⁶⁰ Nicht minder peinlich war für die NRC, dass sie Zulassungen gewährte ohne hinreichende Prüfung der Notkühlsysteme. Insgesamt stand der Unfall somit für eine Delegitimierung von Experten, die auch die Wissenschaftssoziologie unter dem Eindruck von Harrisburg ausmachte.⁶¹ Mit dem Beginn einer neuen Zeit unbeherrschbarer Risiken sei man diesen Experten jedoch ausgeliefert, obgleich derartige Unfälle durch eine Verkettung zufälliger Fehler immer wieder auftreten könnten.⁶²

Ein erfolgreiches Krisenmanagement betrieb lediglich US-Präsident Jimmy Carter. Dieser besuchte am fünften Tag des Störfalls zusammen mit seiner Frau das defekte Kernkraftwerk nahe Harrisburg. Ohne Schutzmaske und nur mit gelben Gummischuhen gegen das radioaktive Wasser demonstrierte das Präsidentenpaar, dass keine Gefahr bestehe. Damit stellten sie für die Anwohner jenes Vertrauen her, das die Experten vor Ort nicht mehr vermitteln konnten. Handlungsstärke zeigte Carter auch bei der Aufarbeitung des Unfalls und dem Aufbau von verbesserten Sicherheitssystemen. Er setzte neben der NRC eine eigene Kommission ein, unter der Leitung des Computerwissenschaftlers John G. Kemeny.⁶³ Über den Störfall hinaus prüfte sie die gesamte Praxis der Reaktorsicherheit in den USA. Beide Kommissionen stellten fest, dass der Unfall auf eine schlechte Ausbildung und Ausstattung im Kontrollraum zurückzuführen sei.⁶⁴ Kemenys Bericht formulierte eine harte Kritik an der NRC, die er als zu industriefreundlich bezeichnete, und forderte ein grundsätzliches Umdenken bei ihrer Organisation und Praxis. Dass die AKW-Betreiber und die NRC nicht aus ähnlichen Störfällen gelernt hätten, war ein weiterer Vorwurf. Gefordert wurde nun ein umfassendes «Mensch-Maschine-Konzept» mit Notfallregelungen, besserer Ausbildung und klareren Verantwortlichkeiten. Zudem sollten keine AKWs mehr in Ballungsräumen entstehen, Überprüfungen ausgebaut werden und auch das Recht der Öffentlichkeit auf Informationen gestärkt werden. Der äußerst kritische Bericht förderte so Reformen, aber zerstörte das Vertrauen in die bisherige Atompolitik. Da die Befunde des Kemeny-Berichts sofort weltweit zirkulierten, blieben diese Zweifel nicht auf die USA beschränkt.

## 9. Der AKW-Unfall bei Harrisburg

Knapp ein Drittel der Anwohner im Umkreis von fünf Meilen um das AKW erwogen wegzuziehen, unmittelbar nach dem Unfall waren es laut Zensus 147 Haushalte (ca. ein Prozent). Zumindest in den nächsten zwei Jahren klagten die Anwohner überdurchschnittlich häufig über Angstvorstellungen und Stressgefühle.[65] Allerdings blieb der Protest nahe der Unfallstelle recht gering, in Harrisburg gingen nur einige tausend Menschen auf die Straße und sammelten Unterschriften. Dagegen fanden nun große nationale Demonstrationen gegen die Atomkraft statt; in Washington protestierten am 6. Mai 1979 über hunderttausend Menschen, im September waren es in New York mehr als doppelt so viele.[66] Kaliforniens Gouverneur Jerry Brown trat bei atomkritischen Veranstaltungen auf und plädierte für die Stilllegung der Reaktoren der verantwortlichen Betreiberfirma. Dagegen ging die US-Regierungsspitze intern angesichts der Ölkrise davon aus, dass das Kernenergieprogramm nach einer grundlegenden Überprüfung weiterlaufe. So versicherte Carter gegenüber Helmut Schmidt bereits im Juni, man wolle weiterhin Leichtwasserreaktoren bauen und das Programm für Schnelle Brüter fortsetzen.[67] Ein Jahr nach dem Unfall sprach Jimmy Carter intern sogar von einer Vervierfachung der Energieleistung der Kernkraft bis zum Jahr 2000.[68]

Der Vertrauensverlust in die Atompolitik leitete jedoch einen Wandel ein. In den USA waren nur 13 Prozent der Befragten «nicht besorgt», 60 Prozent hingegen sehr, und eine deutliche, in den 1980er-Jahren wachsende Mehrheit sprach sich gegen den weiteren Ausbau der Kernkraft aus.[69] Der Unfall führte zu einem kurzzeitigen Moratorium für den laufenden Bau von Atomkraftwerken, und tatsächlich wurde nach dem Unfall von Three Mile Island rund drei Jahrzehnte lang kein neues Atomkraftwerk mehr in den USA geplant. Dennoch wuchsen in den 1980er-Jahren die Zahl der AKWs und der Anteil der nuklearen Energie an der Stromversorgung, weil bereits geplante und im Bau befindliche Kraftwerke weiterhin ans Netz gingen. Der Unfall 1979 hatte die Amerikaner zwar nachhaltig verängstigt, aber zugleich schuf er ein neues Gefühl von Sicherheit, da er zu zahlreichen Reformen bei der Aufsicht und Genehmigung führte.

# Internationale Stimmungswechsel

Nach Harrisburg wuchs in vielen Ländern Europas die Skepsis gegenüber der Atomkraft. Alle Länder mit Atomkraft kündigten sofort nach dem Unfall eine Überprüfung ihrer AKWs an, insbesondere auf ähnliche Schwachstellen. Zudem wurden die Zulassungsverfahren ins Visier genommen, gerade wenn sie wie im Falle Italiens dem US-amerikanischen Typ ähnelten.[70]
In verschiedenen westeuropäischen Ländern kam es zu Stimmungswechseln, die die Atompolitik beeinflussten. So nahm in Spanien nach dem Unfall 1979 die atomkritische Haltung der Sozialisten und Gewerkschaften deutlich zu. Als die Sozialisten 1982 an die Regierung kamen, leiteten sie ein Moratorium ein und stoppten den Bau von fünf geplanten Reaktoren, auch aus ökonomischen Gründen.[71] Auch Dänemarks Parlament beschloss 1985, keine Atomkraftwerke zu bauen, obgleich welche geplant waren und das Land keinerlei Rohstoffe hatte; stattdessen setzte es nun auf Windenergie und Energiesparen.[72] In Schweden, das nach Einwohnern gerechnet das ehrgeizigste Atomkraftprogramm der Welt hatte, fand 1980 in Reaktion auf den Unfall in den USA eine Volksabstimmung statt, bei der 39,1 Prozent für eine Abschaltung der bestehenden Reaktoren nach fünfundzwanzig Jahren und 38,7 Prozent sogar für einen Ausstieg aus der Atomenergie in zehn Jahren eintraten. Das Parlament beschloss bereits 1988 die Schließung zweier Kraftwerke.[73] In Österreich hatte bereits 1978 eine Volksabstimmung die Inbetriebnahme des einzigen dortigen AKWs verhindert.

Andere Länder hielten trotz Harrisburg am Ausbau der Atomkraft fest. Aber auch sie blieben nicht unbeeindruckt. Aus Japan wurde eine große Verunsicherung berichtet.[74] Viele AKWs wurden zur Überprüfung heruntergefahren. Für immerhin neunzehn laufende Kernkraftwerke wurde sofort eine Inspektion angeordnet, zumal es hier auch Leichtwasserreaktoren nach amerikanischem Modell gab.

## 9. Der AKW-Unfall bei Harrisburg

Ein 500 Seiten starker Bericht kam zu dem Schluss, dass die japanischen Kernkraftwerke zwar ausreichend sicher seien, verlangte aber zahlreiche Verbesserungsvorschläge, etwa zur Langzeitkühlung oder zum Umgang mit kleineren Lecks.[75] Da Japan besonders ölabhängig und entsprechend vom Preisanstieg der zweiten Ölkrise besonders getroffen war, hielt die Regierung freilich am Ausbau der Kernenergie fest.

Besonders unbeeindruckt blieb Frankreich. Seine Rohstoffarmut und das Selbstbild als eine von den USA unabhängige Atommacht förderten im Zuge der Ölkrise den weiteren Ausbau der Atomenergie.[76] Auch nach dem Unfall unterstützten knapp zwei Drittel der Franzosen diese Energiegewinnung, verlangten aber von der Regierung offenere Informationen hierüber. Ähnliches galt für Großbritannien, wo die Zahl der Befürworter 1978 die höchste in Westeuropa gewesen war. Nach Harrisburg brach auch sie ein, und die Zahl der AKW-Gegner nahm in den folgenden Jahren zu. Unter der frisch gewählten konservativen Premierministerin Thatcher, die patriotisch Großmachtansprüche erhob, bestellten die Briten jedoch neue Reaktoren. Die Öffentlichkeit in Großbritannien war auch bei dieser Frage besonders polarisiert. Da neben der Sicherheit auch die hohen Kosten der Atomenergie diskutiert wurden, wuchs auch bei den Konservativen Anfang der 1980er-Jahre der Rechtfertigungsdruck.[77]

Die sozialistischen Länder zeigten hingegen ihre Verunsicherung dadurch, dass sie keine offiziellen Stellungnahmen machten. Um die eigene Bevölkerung nicht zu beunruhigen, brachte in der DDR das *Neue Deutschland* über Three Mile Island nur eine kurze Meldung, als der Schaden wieder unter Kontrolle war, und verzichtete auf hämische Bemerkungen über die Sicherheit, um keine Rückfragen zu den eigenen Reaktoren aufkommen zu lassen.[78] In der Sowjetunion blieben die Presse-Meldungen von TASS und *Prawda* knapp und verhalten, aber die Berichte über den TMI-Unfall wurden intern zur Schulung weitergereicht.[79] Der sowjetische Energieminister gestand zumindest kleinere Zwischenfälle im eigenen Land ein, bei denen es zu Explosionen und zum Austritt von Radioaktivität in der Schutzhülle nach Ausfall der Notkühlung gekommen sei.[80] Sowjetische

Dissidenten berichteten zudem über Unfälle im Ural nahe Kyschtym, die sich schon 1958 und 1960/61 ereignet hatten.[81] Zugleich verbreitete aber die KPdSU, ihre Atomkraftwerke hätten bessere Kühlsysteme als in Three Mile Island und daher sei so ein Unfall nicht möglich.[82] Tatsächlich waren die Sicherheitsvorkehrungen bei den sowjetischen Druckwasserreaktoren, wie sie auch in der DDR standen, jedoch deutlich geringer als im Westen. So hatten sie keine vollständige gasdichte Umschließung und zum Teil mangelhafte Notkühl- und Druckabbausysteme.[83]

Intern kam es auch in der DDR nach dem Unfall von Harrisburg zu einer kritischen Überprüfung der Sicherheitstechnik.[84] Geheime Berichte benannten 1980 explizit die geringeren Sicherheitsstandards: «So ermöglichen die in den KKW der kapitalistischen Länder vorgesehenen Systeme zur Notkühlung der Spaltzone und zum Einschluß freigesetzter radioaktiver Spaltprodukte die Beherrschung schwerer Störfälle [besser], als das bei den in der DDR z. Z. in Betrieb befindlichen KKW der Fall ist.»[85] Dennoch rechne man in der DDR nur «mit dem Auftreten kleiner bis mittlere(r) Störfälle». Und 1984 hieß es zum kleineren DDR-Atomkraftwerk in Rheinsberg selbstkritisch: «Die dem Kernkraftwerk zugrunde liegenden Auslegungs- und Sicherheitsnormen entsprechen dem Kenntnisstand der zweiten Hälfte der 50er Jahre», und auch die Stasi vermerkte, das Atomkraftwerk liege weit unter dem internationalen Sicherheitsniveau.[86] Dennoch verlängerte die SED mit geringen Sanierungsmaßnahmen seine Laufzeit bis 1992.

Nach dem Unfall von Harrisburg entstand auch in der DDR eine kleine Anti-AKW-Bewegung, besonders unter dem Dach der evangelischen Kirchen und im Rahmen von allgemeinen Umweltgruppen. Die vom Oppositionellen Robert Havemann im Westen veröffentlichte Schrift *Morgen*, die ökonomische und ökologische Krisen in Ost und West diskutierte, rezipierte auch der Osten zumindest heimlich.[87] Insgesamt blieb bei den Ostdeutschen die Angst vor der Atomkraft geringer, da sich ein breiter offener Diskurs hierzu in den 1980er-Jahren nicht entfalten konnte. Während sich 1990 in Westdeutschland 60 Prozent der Deutschen gegen neue AKWs aussprachen, waren im Osten «nur» 46 Prozent dagegen.[88]

## 9. Der AKW-Unfall bei Harrisburg

Als im Zuge der Wiedervereinigung westliche Experten die DDR-Anlagen prüften, bestätigte sich die desaströse Sicherheitslage. Dies führte bereits 1990 zu ihrer Schließung und damit zum «Atomausstieg in Ostdeutschland.» Der Osten war damit Vorläufer für den Ausstieg im Westen.

### «Schwachstelle Mensch»: Krisen-Experten und neue Sicherheitskonzepte

Unmittelbar nach dem Unfall reisten Experten aus aller Welt zum havarierten AKW Three Mile Island, um die Situation für ihre Heimat zu interpretieren und international ihre Berichte auszutauschen. Durch den Unfall nahm so das interne und öffentliche Wissen über die Atomenergie, deren Gefahren und mögliche Alternativen rasant zu. Was bisher nur in linksalternativen Kreisen und Qualitätsblättern kursierte, stand nun selbst in der *Bild*, wo Experten bilanzierten, trotz der größeren bundesdeutschen Sicherheitsbestimmungen sei «ein solches Unglück auch bei uns nicht auszuschließen».[89] Einige Journalisten, die ihr Wissen mit Schaubildern und Detailberichten vermittelten, publizierten rasch auch Bücher zu diesem Thema.[90]

Der Unfall in Three Mile Island führte dazu, dass die bisherigen Berichte der Bundesregierung über bundesdeutsche Störfälle kritisch überprüft wurden. Dabei stellte sich im Sommer 1979 heraus, dass sie verharmlosend und äußerst unvollständig waren. Der Bundesverband Bürgerinitiativen Umweltschutz (BBU) veröffentlichte nun fotokopiert die vertraulichen ausführlichen Störfallberichte der Bundesregierung. Demnach wurde im Schnitt alle drei Tage ein kleiner oder größerer Störfall registriert, was aber wegen der «Urheberrechte» der Betreiber, die selbst die Berichte erstellten, geheim gehalten werde.[91] Statt der 1976 offiziell nur vierzehn Störfälle in deutschen AKWs, zeigte die nun publizierte Liste 139 auf. Im Kanzleramt rechtfertigte man dies damit, dass die Meldung auf freiwilliger Basis geschehen sei und «einen repräsentativen Überblick über besondere Vorfälle» geben sollte, weshalb bei mittleren und leichteren Störfällen nur die bedeutenden Fälle ausgewählt wurden.[92] Auch im Bundestag kam es sofort parteiübergreifend zu kritischen Nachfragen zur Sicherheit der bundesdeutschen Atomkraftwerke, selbst von deren Befürwortern. Sie griffen kritische Medienberichte zu Mängeln auf und verlangten vom Innenminister Erklärungen.[93] Grundsätzlich sprachen sich alle Abgeordneten für die Fortführung der Atomkraft aus, außer dem mittlerweile fraktionslosen Ex-CDU-Abgeordneten Herbert Gruhl, der als erster die Argumente der Grünen im Bundestag formulierte, denen er sich 1980 anschloss. Die Grünen brachten nach ihrer Wahl in den Bundestag dann sogleich einen Antrag «über die sofortige Stilllegung von Atomkraftanlagen in der Bundesrepublik Deutschland» ein. Dies begründeten sie auch mit Verweis auf den Unfall von Harrisburg.[94]

Zahlreiche Expertisen bilanzierten in den folgenden Monaten, dass die bundesdeutschen Kraftwerke sicherheitstechnisch dem AKW Three Mile Island überlegen seien und daher ein ähnlicher Unfall nicht passieren könne. Bereits das interne Gutachten im Unterausschuss der Reaktorsicherheits-Kommission am 31. März 1979 betonte, in so einem Fall wäre die Notwasserspeiseversorgung weiter verfügbar gewesen und das Schließen eines Vorventils hätte das rasche Ausdampfen bei der Notwasserversorgung verhindert. Auch das Notspeisesystem hätte sich nicht abgeschaltet.[95] Ähnlich optimistisch betonte das Innenministerium «die Richtigkeit des deutschen Sicherheitskonzepts: dies rechnet grundsätzlich mit dem Menschen als schwächstem Glied in der Sicherheitskette.»[96] Entsprechend bilanzierte der Zwischenbericht im Innenausschuss, es gebe «bei keiner der Anlagen Anlaß für Sofortmaßnahmen», da die «deutschen Anlagen sowohl ein höheres Maß an inhärenter Sicherheit als auch eine größere Unempfindlichkeit gegenüber Fehlhandlungen der Betriebsmannschaft in kritischen Betriebszuständen» aufwiesen.[97] Zugespitzt gesagt, fühlten sich die Deutschen technisch überlegen, auch weil sie dem menschlichen Handeln weniger Spielräume ließen.

Dennoch wurden aus der Überprüfung durchaus technische Konsequenzen gezogen. Bereits der Zwischenbericht des Innenministeriums verlangte bei vier alten Atomkraftwerken Verbesserungen und forderte eine neue Ausstattung mit Messinstrumenten, da etwa der Druckhalter-Füllstand bei einem Leck nicht erkennbar sei. Ein «umfassendes Überprüfungsprogramm» wurde für ältere Anlagen wie in Stade und für die im Bau befindlichen Anlagen verordnet. Dies galt besonders für das AKW Mühlheim-Kärlich, das dem amerikanischen Typ ähnelte. Im Kernkraftwerk Kahl, so der interne Bericht, entsprach «das Sicherheitssystem zur Wärmeabfuhr nicht dem heutigen Stand der Technik»[98]. Die folgenden Berichte zu bundesdeutschen AKWs forderten unter anderem Verbesserungen bei den Hauptwärmepumpen und Ventilen, der Reaktorschnellabschaltung, der Notstandspumpe, der Messsysteme oder auch der Feststellung des Strahlenpegels.[99] Andere Punkte monierten die Notfallschutzpläne und die medizinische Versorgung. Die technischen Verbesserungen sollten Vertrauen schaffen. Die Bundesregierung bewilligte bereits einen Monat nach dem Unfall eine Milliarde Mark für ein Forschungsprogramm zur Reaktorsicherheit und forderte zudem eine stärkere zentrale Kontrolle, die bisher eher den Bundesländern überantwortet war. Eine Bund-Länder-Absprache beschloss 1980 umfassende Fernüberwachungssysteme, um betreiberunabhängig Fehlermeldungen zentral zu erhalten.[100] Nicht angetastet wurde hingegen die Haftung bei Unfällen, was nach einem internen Beschluss nicht öffentlich zu erörtern sei. Dass private Unternehmen eine Versicherung von AKW-Schäden scheuten, galt allerdings zunehmend als Beweis dafür, dass ein GAU durchaus möglich erschien.[101]

Um die Gefahr menschlichen Versagens zu reduzieren, sollte die Qualifikation der AKW-Mitarbeiter verbessert werden. Innenminister Baum verordnete deshalb, dass die Schichtleitung in der Regel von Graduierten übernommen werden sollte und in jedem Fall ein Ingenieur in der Anlage verfügbar sein müsse. Die «Risikostudie Kernkraftwerke B» beschrieb neue Maßnahmen zu Vermeidung menschlicher Fehler. Planspiele mit Mitarbeitern übten Unfallszenarien ein und prüften mathematisch Einflussfaktoren, vom Geräuschpegel über Hierarchien bis hin zum jeweiligen Zeitdruck. Sie machten einen Anteil menschlicher Fehler von ca. 25 Prozent aus, die besonders beim Abfahren der Anlage entstünden.[102] Es galt, die Schwachstelle Mensch zu optimieren, etwa mit festen Handlungsleitfäden. Neu war auch, dass die Politik zunehmend unterschiedliche Expertisen zur Atomkraft einholte. Die Enquete-Kommission «Zukünftige Kernenergie-Politik» des Bundestags brachte erstmals von staatlicher Seite Befürworter und Gegner der Kernenergie als Experten zusammen.[103] Für eine neue «Risikostudie Kernkraftwerke» empfahl sie 1980, «dieselbe Frage von wenigstens zwei Arbeitsgruppen untersuchen zu lassen», ebenso bei anderen Kommissionen.[104] Selbst das Forschungsministerium betonte nun, dass Wissenschaftler, die skeptisch gegenüber der Kernenergie seien, einzubeziehen wären.[105] Dass in den 1980er-Jahren regelmäßig «Gegenexperten» bei energiepolitischen Beratungen sprachen, verstärkte allerdings die allgemeine Verunsicherung.

## Die parteipolitischen Frontlinien verändern sich

Im politischen Raum zeichneten sich nach Harrisburg ebenfalls deutliche Veränderungen ab. Sichtbarster Ausdruck war die erfolgreiche europaweite Formierung der Grünen. Da der Kampf gegen die Atomkraft eines ihrer zentralen Anliegen war, förderte der Atomunfall ihre Wahlerfolge. So zogen die gerade gegründeten Grünen seit 1979 in Landtage ein und erreichten in Regionen mit (geplanten) Atomkraftwerken auf Anhieb zweistellige Ergebnisse. Bei den Europawahlen kamen sie im Juni 1979 direkt auf 3,2 Prozent in der Bundesrepublik, was ihnen hohe Wahlkampfmittel für den Parteiaufbau bescherte.[106] Die größte Wirkung erzielten die Grünen dadurch, dass SPD und CDU um ihre Wähler fürchteten. Als schließlich 1998 die Grünen Regierungspartner wurden, beschlossen sie tatsächlich mit der SPD den Atomausstieg.

Innerhalb der SPD nahm mit dem Unfall bei Harrisburg die Kritik an der Atompolitik deutlich zu. Der sozialdemokratische Nachwuchs trat nun für die sofortige Stillegung der Atomkraftwerke ein. Der Juso-Bundesvorstand verbreitete Mitte 1979 ein Aktionsprogramm gegen Atomenergie und beteiligte sich an Demonstrationen in Bonn.[107] Zudem positionierten sich unmittelbar nach Harrisburg erstmals SPD-Landesverbände kritisch zur Atomkraft. Dass im Norden Landtagswahlen anstanden und sich die Grünen formierten, beschleunigte diesen Kurswechsel. So legte die SPD in Schleswig-Holstein ein eigenes Energieprogramm vor, das auf Gas und Kohle setzte. Das geplante AKW in Brokdorf sei durch ein Kohlekraftwerk zu ersetzen und das in Krümmel erst bei gesicherter Entsorgung in Betrieb zu nehmen.[108]

Andere Sozialdemokraten zogen in dieser atomkraftkritischen Haltung nach: in Niedersachsen Oppositionsführer Karl Ravens,[109] in Baden-Württemberg der Partei- und Fraktionsvorsitzende Erhard Eppler,[110] und auch in der SPD-Bundestagsfraktion kamen Stimmen auf, die gegen weitere Atomkraftwerke eintraten.[111] Die Mehrheit der SPD-Abgeordneten, insbesondere der gewerkschaftsnahe Flügel, unterstützte zwar weiterhin die Atomkraft, ebenso der DGB, dem es um Arbeitsplätze ging. Aber der Riss in der Partei wuchs und die SPD kehrte sich schrittweise von der Atomkraft ab.

Ein klarer Befürworter blieb Bundeskanzler Helmut Schmidt. Für ihn war die zweite Ölkrise die schlimmere Herausforderung, die mit mehr Atomkraft zu bekämpfen sei. In Gesprächen mit ausländischen Regierungschefs unterstrich er regelmäßig «die dringende Notwendigkeit, in Europa genügend Kernkraftwerke zu errichten», denn sonst «könnte Europa den OPEC-Ländern ‹ans Messer geliefert› werden».[112] Selbst einem armen, sonnenreichen Land wie Kenia empfahl er, «die Entwicklungsländer [sollten] auf ihrem Recht zur Entwicklung friedlicher Kernenergie bestehen.»[113] Oft betonte Schmidt, es habe seit dem Kriegsende im Bergbau 15 000 Tote gegeben, aber noch keinen bei einem Kernkraftwerk.[114] Schmidts Vertrauen in die nukleare Sicherheit wirkt aus heutiger Sicht leichtfertig, ja naiv. So argumentierte er 1982 gegenüber Schwedens Ministerpräsident, man könne Atommüll in Grönland oder Australien lagern, und er halte es «bei Anstrengung der Phantasie für denkbar, daß man in weniger als fünfzig Jahren Abfälle auf die Sonne mit Raketen schießen würde, die dort verbrennen könnten».[115] Und im SPD-Parteivorstand argumentierte er laut Medienberichten mit der Prognose: «Im Jahr 2010 werden wir kein Öl mehr haben. Dann werden alle Autos mit Batterien fahren. Dazu brauchen wir Atomkraftwerke, damit wir die Batterien aus der Steckdose aufladen können.»[116] Gerade diese starre Haltung trug mit zur Spaltung der Partei und Schmidts schwindendem Rückhalt bei.

Die CDU/CSU-Führung hielt ebenfalls prinzipiell an der Atomkraft fest. Allerdings veränderte der Unfall ihre Bewertung. Nur noch ein Viertel der CDU-Anhänger trat danach für den Bau weiterer Atomkraftwerke ein, und über die Hälfte hielt die deutschen AKWs für unsicher, wie Helmut Kohl seine Fraktion vertraulich über eine geheime Umfrage informierte.[117] Deshalb versuchte die CDU sich argumentativ neu aufzustellen, um Verluste an die Grünen zu verhindern. Kohl betonte, die CDU müsse unbedingt den Eindruck vermeiden, dass «wir die Partei der Kernenergie sind. Wir sind die Partei, die die Energieversorgung auch in Zukunft sicherstellen will.»[118] Die CDU müsse sich als Partei des Umweltschutzes profilieren und hierin die Kernenergie integrieren. Entsprechend gab sich die CDU ein neues umweltpolitisches Programm, das sie ab Mitte der 1980er-Jahre tatsächlich mit verschiedenen Maßnahmen umsetzte.

Wie sehr die Ängste nach Harrisburg und vor der Endlagerung des Atommülls ineinander griffen, zeigte sich im Streit um das geplante «Nukleare Entsorgungszentrum Gorleben». Nahe der DDR-Grenze sollten hier eine Wiederaufbereitungsanlage für Kernbrennstoffe und ein Endlager für Atommüll entstehen. Für das Land Niedersachsen war dies finanziell attraktiv, da es vom Bund dafür 228 Millionen DM erhielt.[119] Politisch war es eine große Herausforderung. Deshalb hatte die CDU-Regierung unter Ernst Albrecht vierundsechzig führende internationale Experten zu einem einwöchigen Symposium über die Sicherheit der Anlage eingeladen. Unter der Leitung des renommierten Atomphysikers und Pazifisten Carl Friedrich von Weizsäcker tauschten sich Kritiker und Befürworter in einer bisher einmaligen Besetzung und Ausführlichkeit aus. Genau zum Start am 28. März 1979 traf die Nachricht vom Unfall in Three Mile Island ein, die den Exper-

## 9. Der AKW-Unfall bei Harrisburg

tenaustausch überschattete und auch Ernst Albrecht nach Alternativen fragen ließ.[120] Parallel dazu demonstrierten am 31. März 1979 in Hannover rund hunderttausend Menschen gegen Gorleben und die Atomkraft, eine der größten Demonstrationen bisher. Hinzu kam die Angst, dass hier aufbereitetes Plutonium für Atombomben verwendet werden könnte. Die CDU beobachtete besonders besorgt, dass auch die konservative Landbevölkerung der Region und christliche Gruppen auf die Straße gingen.[121] Technische Risiken verwandelten sich so in politische Risiken für die Regierung.

Dieses Zusammenspiel von Bürgerprotest und Expertenstimmen nach Harrisburg führte dazu, dass sich erst die niedersächsische SPD von dem Entsorgungszentrum Gorleben distanzierte, dann auch der CDU-Ministerpräsident Ernst Albrecht. «Ich will keinen Bürgerkrieg», begründete er dies.[122] Er wolle nur zustimmen, wenn auch die SPD-Landesverbände eindeutig dafür einträten, um nicht allein verantwortlich zu sein.[123] Albrecht fürchtete vor allem Wählerverluste auf dem Land und sprach den Grünen im Falle einer Genehmigung von Gorleben ein Potential von 25 Prozent Stimmen zu.[124] In seiner Regierungserklärung vom 16. Mai 1979 bezeichnete Albrecht das Entsorgungszentrum deshalb als «sicherheitstechnisch realisierbar», aber politisch nicht umsetzbar angesichts des breiten Protestes – ein fulminanter Teilerfolg der Atomkraftkritiker.[125] Albrecht stemmte sich zwar nur gegen die Wiederaufarbeitungsanlage und nicht gegen ein Zwischenlager, aber 1979 wollten viele Gegner besonders erstere verhindern. Dagegen beschloss die Bundesregierung, an dem Entsorgungskonzept festzuhalten, und plante nun acht Zwischenlager. Dabei zeigte sich, wie sehr beide Volksparteien den Protest in ihren Bundesländern fürchteten: Während die SPD verlangte, dass auch Bayern ein Zwischenlager errichten solle, forderten die Unionspolitiker dies vom SPD-regierten Hamburg.[126]

Bis ins christdemokratische Lager reichte auch die Verunsicherung durch angrenzende Atomkraftwerke der Nachbarstaaten, besonders in Frankreich. Im Saarland, in Rheinland-Pfalz und Baden-Württemberg äußerten die CDU-Landesfürsten Bedenken. In

Gorleben-Treck 1979: Als auch die Landbevölkerung protestierte, änderte das die Haltung der Parteien zur Atomkraft.

Baden-Württemberg wurde die Planung des großen Atomkraftwerks im nahen Cattenom 1980 sogar zu einem Wahlkampfthema und CDU-Ministerpräsident Lothar Späth verlangte von Frankreich eine feste Informationsabsprache über «Vorfälle unterhalb der Alarmschwelle».[127] Im konservativen Lager war zudem die Angst verbreitet, Terroristen oder radikale AKW-Gegner könnten Atomkraftwerke angreifen.[128] Tatsächlich gab es einzelne Anschläge auf Schweizer AKWs und auch terroristische Drohungen in der Bundesrepublik. So kündigte die Gruppe «Kommando 18. Oktober» im Oktober 1979 einen Anschlag auf ein deutsches Atomkraftwerk an, wenn nicht bis zum Anfang 1980 RAF-Mitglieder freigelassen würden.[129] Ebenfalls im Oktober 1979 drohte eine Gruppe anonym, wenn nicht alle Atomkraftwerke abgeschaltet würden, «Flugzeuge zu entführen und damit Einsätze auf Atomkraftwerke zu fliegen».[130] Flugzeugen war jedoch schon damals untersagt, über AKWs zu fliegen. Das Bundeskanzleramt schätzte intern derartige Anschläge als eher unwahrscheinlich ein; wahrscheinlicher seien

Angriffe gegen beteiligte Firmen.[131] Die Angst vor der Atomkraft verband sich so mit vielfältigen anderen Ängsten. Dies machte sie diffuser und noch wirkmächtiger.

## Harrisburg, Tschernobyl und der Atomausstieg

Seit dem Harrisburg-Unfall sprachen selbst die Befürworter der Atomenergie eher vorsichtig von einer «Übergangstechnologie», die für eine gewisse Zeit nötig sei. In der Bundesrepublik bereitete dies semantisch den Ausstieg vor, den die rot-grüne Regierung im Jahr 2001 vereinbarte und Angela Merkels Kabinett schließlich 2011 fixierte. Einen geradlinigen Weg dorthin gab es jedoch nicht. In fast allen Industrieländern kam es zu einer umfassenden Überprüfung der Sicherheitstechnik und zu Reformvorschlägen, in einigen Ländern auch zu einer mittelfristigen Ausstiegspolitik.

Die nukleare Katastrophe von Tschernobyl vom 26. April 1986 reaktivierte und verstärkte die Angst vor der Atomkraft. Sie machte deutlich, dass der Harrisburg-Unfall kein Zufall gewesen war. Tschernobyl dynamisierte dabei Perzeptionen von 1979. Nach Tschernobyl fiel die Abkehr von der Atomenergie leichter, weil die Ölpreise zeitgleich massiv fielen. Seit den 1980/90er-Jahren wurden in den westlichen Ländern kaum noch neue AKWs geplant, sondern hauptsächlich vorher konzipierte fertiggestellt. Allein mit einer energiepolitischen «Sättigung» ist dies nicht zu erklären, da die Atomkraft in den meisten Ländern nur einen kleineren Teil der gesamten Energieversorgung ausmachte. Vielmehr war ein wesentlicher Faktor, dass es in nur sieben Jahre zwei schwere Unfälle gab.

Während die partielle Kernschmelze in Three Mile Island 1979 der Welt vorgeführt hatte, was passieren könnte, kam es in Tschernobyl 1986 tatsächlich zu einer Explosion eines Reaktors, die europaweit Radioaktivität verbreitete. Bereits in den ersten drei Monaten zählte man einunddreißig Tote in der direkten Umgebung von Tschernobyl. Wie viele Menschen durch die Strahlung an Krebs erkrankten, ist umstritten; neuere Berechnungen gehen etwa von rund fünftausend Krebsfällen in den ersten zwanzig Jahren aus.[132] Vieles wiederholte sich 1986, aber in dramatischen Ausmaßen. Bereits beim Unfall gab es zahlreiche Ähnlichkeiten. So entstand die Explosion in dem ukrainischen Reaktor erneut durch ein Zusammenspiel von technischen Mängeln und menschlichem Versagen, wobei wiederum das Personal der Nachtschicht die Wasserkühlung händisch falsch regulierte. Auch in Tschernobyl war das technische Problem bereits in den Jahren zuvor aufgetreten, dennoch waren auch hier weder das Personal hinreichend ausgebildet noch die Sicherheitsmaßnahmen auf einen derartigen Unfall ausgerichtet worden, bis hin zur fehlenden Schutzkleidung. Nun rächte sich, dass in der Sowjetunion keine kritische Öffentlichkeit bestand.

Auch in der mangelhaften Kommunikation an die Öffentlichkeit zeigten sich einige Parallelen, wenngleich diese in der kommunistischen Diktatur eingeschränkt war. Da in der Sowjetunion, trotz Gorbatschows Glasnost, negative Meldungen weiterhin unterdrückt wurden, drang lange nichts an die Medien durch, und dann nur Verharmlosendes und Widersprüchliches. Erst am zweiten Tag kam abends eine knappe Meldung im Fernsehen. Selbst Gorbatschow erfuhr erst schrittweise vom Ausmaß der Katastrophe und äußerte sich erst achtzehn Tage später dazu im Fernsehen.[133] Während die USA 1979 sofort Experten aus aller Welt Zugang gewährt hatten, verschleierte die Sowjetunion die Folgen. Erst die westlichen Berichte über die rasant angestiegene Radioaktivität, insbesondere in Österreich und Skandinavien, verdeutlichten auch der Bevölkerung in den sozialistischen Staaten das Ausmaß der Bedrohung. Dies verschärfte nachhaltig das Misstrauen in die kommunistischen Führungen. Wie bei Harrisburg 1979 versuchten die westlichen Regierungen auch 1986, mit Verweisen auf die überlegene Sicherheitstechnik der eigenen Atomkraftwerke die Öffentlichkeit zu beruhigen, was viele als Verharmlosung bewerteten. Selbst die SED erklärte der besorgten Bevölkerung, dass man ganz andere Reaktoren habe, obgleich diese aus der Sowjetunion stammten. Und wiederum kamen mit der Havarie Meldungen über frühere Unfälle in Atomkraftwerken auf. Nun veröffentlichte, um von der Sowjetunion abzulenken, sogar die

DDR-Presse zahlreiche Meldungen über westliche AKW-Unfälle, was sonst nicht üblich war.[134] Denn Derartiges konnte durchaus dazu beitragen, das Misstrauen im eigenen Land zu vergrößern.

Wie 1979 verstärkte auch der Unfall von Tschernobyl kurzzeitig in allen Industrieländern die Skepsis gegenüber der Atomkraft, aber ein Jahr später gingen diese Werte bereits wieder zurück, wenngleich nicht bis auf das Vorniveau.[135] Die mittel- und langfristige Wirkung von Tschernobyl war wie bei Harrisburg national unterschiedlich. In den USA und Japan blieb sie wegen der Entfernung gering. In Japan formierte sich zumindest eine stärkere Anti-AKW-Bewegung, und erstmals lehnte eine Mehrheit die Atomkraft ab.[136] Recht unbeeinflusst blieb erneut die Politik der Atommächte Frankreich und Großbritannien, obgleich die Zustimmung zur Atomkraft in der Bevölkerung deutlich sank. In Frankreich versicherten Behörden und Eliten unmittelbar nach Tschernobyl, dass keine erhöhte Radioaktivität bestehe und die französischen Atomkraftwerke sicherer seien. Als Messwerte Ersteres widerlegten, wuchs das Misstrauen, und auch in Frankreich brachten nun kritische Journalisten Meldungen zu heimischen Störfällen auf.[137] Neuere Eurobarometer-Umfragen zeigen, dass die Franzosen langfristig die größte Angst vor Atomkraftwerksunfällen entwickelten.[138]

Deutlich stärker war die Wirkung von Tschernobyl auf das restliche Europa. Hier protestierten vielerorts zahlreiche Umweltgruppen. Statt «Harrisburg ist überall» hielten Demonstranten nun Schilder mit «Tschernobyl ist überall» und «Tschernobyl can happen here» in die Kameras. Auch in der DDR wurden kritische Umweltstimmen zum Unfall und zur Atomkraft in sozialistischen Ländern lauter, vor allem im kirchlichen Umfeld. Stasi-Berichte und Eingaben deuten an, dass in der Bevölkerung der DDR die Verunsicherung groß war.[139] Nicht nur deshalb kam es erneut zu einer kritischen internen Kontrolle der eigenen Sicherheitsvorkehrungen.

In der Bundesrepublik entfaltete der Unfall von Tschernobyl eine besonders starke und nachhaltige Wirkung. Dass weite Teile der bundesdeutschen Bevölkerung potentiell verstrahlte Produkte wie Pilze, Milch oder Wild mieden und auf Konserven und H-Milch auswichen, belegt die verbreiteten Ängste. Der Anteil derjenigen, die den Ausbau der Atomkraft befürworteten, sank nun auf ein Drittel. Im Unterschied zu einigen anderen Ländern blieb dieser Wert stabil und sank sogar noch, während die Zahl der Gegner anstieg.[140] In der SPD plädierte nun die gesamte Partei, ebenso wie die meisten Gewerkschaften, für den Abschied von der Atomenergie. 2001 besiegelte die rot-grüne Bundesregierung den Ausstieg aus der Atomenergie, und das war kein Sonderweg. Vielmehr schloss dies recht spät an jenen Trend in Westeuropa an, der sich nach Harrisburg angedeutet hatte und nach Tschernobyl verstärkte. Am schnellsten reagierten die Italiener auf Tschernobyl. Hier kam es bereits 1987 zu einer Volksabstimmung, die ein Moratorium und damit den Ausstieg aus der Atomkraft beschloss, obgleich bereits große Investitionen getätigt worden waren.[141] Die Schweiz verabschiedete 1990 ein Moratorium, und sechs Jahre später beschlossen die Niederlande, ihr Atomprogramm auslaufen zu lassen, was erst aufgeweicht, dann nach Fukushima de facto bestätigt wurde. Selbst Belgien, das überwiegend Atomstrom verbrauchte, beschloss 1999 den langfristigen Ausstieg, den es nach Fukushima erneut auf 2025 terminierte. Auch der bundesdeutsche Ausstieg aus der Atomenergie wurde durch den Unfall in Fukushima 2011, der dritten Kernschmelze in drei Jahrzehnten, endgültig fixiert. Erneut zeigte sich die prägende Kraft von Ereignissen, und Angela Merkel stellte in ihrer Regierungserklärung am 9. Juni 2011 fest: «Fukushima hat meine Haltung zur Kernenergie verändert.» Entsprechend kündigte sie bis 2022 eine Abschaltung der bundesdeutschen Atomkraftwerke an, während die erneuerbaren Energien bis 2050 achtzig Prozent des Stroms liefern sollen.

Die Unfälle seit Harrisburg haben weltweit die Skepsis gegenüber der Atomkraft gefördert. Das Zeitalter der Atomkraft ist jedoch nicht vorbei. Jenseits vom «alten» Westen scheint sie vielmehr eine gewisse Renaissance zu erleben. So setzen verschiedene postsozialistische Länder, die direkt von Tschernobyl betroffen waren, auch künftig auf die Atomkraft, wie besonders Tschechien, die Slowakei, Ungarn, Bulgarien oder auch Russland. Und trotz Tschernobyl blieben Atomkraftwerke mit ähnlich problematischen Sicherheitsstandards in Osteuropa am Netz. Hier macht sich bemerkbar,

## 9. Der AKW-Unfall bei Harrisburg

dass die Generation der dort Regierenden nicht mit dem atomkritischen Diskurs aufgewachsen ist, der im Westen seit den 1970er-Jahren die Öffentlichkeit prägte. Trotz der ungeklärten Frage der Endlagerung diskutieren Länder wie Finnland oder Polen neue Atomkraftwerke, um energiepolitisch von Russland unabhängiger zu werden. Zugleich fördert Russland seit den 1990er-Jahren vielfach den Bau von AKWs im Ausland – auch in Krisengebieten. Ähnlich wie in der Türkei, die nun ebenfalls ihr erstes Atomkraftwerk konzipiert, ist der aufblühende Nationalismus eine wichtige Triebkraft, da die AKWs die Souveränität stärken sollen. Auch in den USA werden derzeit wieder neue Atomkraftwerke konzipiert. Ob sie tatsächlich fertig gestellt werden, hängt trotz Fukushima eher von Rentabilitätserwartungen ab. Neue Atomkraftwerke entstanden vor allem in Asien, besonders in China, Südkorea und Indien. In diesen Ländern kam es unmittelbar nach dem Unfall von Fukushima, ähnlich wie in Japan selbst, jedoch zu einem Meinungswechsel in der Bevölkerung. Unmittelbar danach gab über die Hälfte der Befragten an, durch den Super-Gau 2011 zu Atomkraftgegnern geworden zu sein.[142] Südkorea hat 2017 seinen Ausstieg aus der Atomenergie angekündigt, ebenso Taiwan. Offensichtlich bedarf es größerer Unfälle, um die Bewertung der Atomkraft zu verändern. Dass zeitnah ein weiterer großer AKW-Unfall auftritt, ist wahrscheinlich. Offen ist nur, wo.

## 10. Die Fernsehserie *Holocaust*
«Geschichtssturm» und neue Erinnerungskultur

Der Holocaust steht heute im Zentrum der globalen Erinnerungskultur und gilt als *die* Chiffre für die Gewaltentgrenzung in der Moderne. Weltweit setzen sich mittlerweile Gedenkstätten, Museen und Filme mit dem Genozid an den Juden auseinander. Er ist international ein kanonischer Bestandteil des Schulunterrichts und der zeithistorischen Forschung. Noch in den 1970er-Jahren war dies jedoch deutlich anders. Trotz der Eichmann- und Auschwitz-Prozesse waren Ausstellungen zur Judenverfolgung, öffentliche Erinnerungen an die Opfer oder Bücher dazu rar. 1978/79 änderte sich dies nachhaltig. Eine Schlüsselrolle spielte dabei die vierteilige Fernsehserie *Holocaust*, deren große Wirkung überhaupt erst dieses Wort bekannt machte. Sie zeigte die Verfolgung und Ermordung einer jüdischen Familie, verwoben mit der Geschichte eines leitenden SS-Mannes, und erreichte schon in den USA rund 120 Millionen Zuschauer. 1979 lief sie in rund fünfzig anderen Ländern mit schätzungsweise einer Viertelmilliarde Zuschauern.[1] In vielen westeuropäischen Ländern erreichte sie rund ein Drittel der erwachsenen Bevölkerung, und in der Bundesrepublik sahen über 20 Millionen Menschen zumindest eine Folge.[2] Trotz des damaligen Monopols öffentlich-rechtlicher Sender waren das Rekordwerte. Vor allem löst die fiktionale Serie eine recht einmalige emotionale Erschütterung und Kommunikation aus. In zahlreichen Ländern Westeuropas, aber besonders in der Bundesrepublik und Österreich, führte sie zu einer selbstkritischen Auseinandersetzung mit der Zeit des Nationalsozialismus. Zehntausende Menschen riefen bei den Fernsehsendern an, erzählten weinend ihre Erinnerungen oder schrieben emotionale Briefe.³ Die Serie galt deshalb sogleich als eine Zäsur. «Nun erst sind die Deutschen in die Nach-Hitler-Ära eingetreten», notierte etwa der Philosoph Günther Anders nach der Ausstrahlung in sein Tagebuch und sprach von einem «Geschichtssturm».⁴ Und Heinrich Böll mutmaßte: «Es sieht so aus, als würde es in Zukunft ein ‹Vor *Holocaust*› und ein ‹Nach-*Holocaust*› geben, wenn sich jemand – gleich auf welcher Ebene – mit ‹Endlösung› und Antisemitismus beschäftigen wird; vergleichbar dem ‹Vor› und ‹Nach› der Währungsreform.»⁵ Tatsächlich nahm nun erst die zeithistorische Auseinandersetzung mit der Ermordung der Juden zu.⁶ Dass eine «Hollywood-Serie» dieses Thema anstieß, führte zu Vorwürfen an die Geschichtswissenschaft, die eher hilflos konterte.⁷

Heute wirkt es befremdend, wie abwertend die Serie vor der Ausstrahlung in der Bunderepublik beurteilt wurde. Die «Judenvernichtung als Seifenoper» hieß es in Teilen der Presse.⁸ Im Auswärtigen Amt herrschte bereits seit 1977 eine große Angst vor der Serie, weshalb es frühzeitig Einfluss auf die Ausstrahlung und Rezeption im Ausland zu nehmen suchte. Interne Dokumente der Fernseharchive belegen eine ähnliche Ablehnung und Lenkungsversuche. Selbst einer der wenigen Befürworter ihrer Ausstrahlung, der WDR-Redakteur Peter Märthesheimer, urteilte bei den Ankaufverhandlungen in den USA im Mai 1978 intern, sie biete einen «geringen Gehalt an historisch-politischer Aufklärung, an gesellschaftlicher Analyse, vor allem auch über die grobe Verkürzung des nazistischen Antisemitismus auf die SS».⁹ Allerdings sei sie ein «einzigartiges politisches Programm», das Diskussionen anstoße. Gegen die Ausstrahlung protestierten vor allem christdemokratische Politiker und Sender in CDU/CSU-regierten Bundesländern, weshalb die Serie nur eher versteckt im Dritten Programm laufen durfte.

Die Serie war darüber hinaus Katalysator und Ausdruck von generellen Veränderungen in der Geschichtskultur. So steht sie erstens für einen neuen Blick auf die Geschichte, der sich auf die Opfer konzentriert und individuelle Erfahrungen in den Vordergrund rückt. Zweitens repräsentierte sie eine zunehmend medialisierte und kommerzialisierte Geschichtskultur, die nicht auf elitäre Bildung, sondern stärker auf Emotionen und große Reichweite setzt.

Drittens zeigt die Debatte um die Serie *Holocaust* den Wandel im Umgang mit historischer Erfahrung und Schuld: Die gesellschaftliche Anerkennung und Aufarbeitung von Verbrechen entwickelte sich zu einer moralischen Verpflichtung, die das Selbstverständnis und die außenpolitische Akzeptanz zunehmend prägte. Schuld und Leid wurden dabei zugleich individualisiert und universalisiert. Und schließlich markiert die Serie den Beginn des Erinnerungs- und Geschichtsbooms in vielen Bereichen der Gesellschaft, der weit über den Judenmord hinausreichte und bis heute anhält.

## Nachkriegszeit: Zaghafte Auseinandersetzung mit dem Judenmord

Die Serie Holocaust setzte zwar neue Akzente, knüpfte aber dennoch an frühere Darstellungen der Judenmorde an. Schon seit der Befreiung der ersten Konzentrationslager 1944 kursierten weltweit Augenzeugenberichte, Bilder und Darstellungen der Aliierten.[10] In den USA waren derartige Aufnahmen von Lagern bereits 1945 im Fernsehen zu sehen, in anderen Ländern in den Wochenschauen und in der Presse.[11] In Deutschland waren sie ein zentraler Teil der Re-Education-Filme, die die Menschen aufklären und beschämen sollten.[12] Die Serie *Holocaust* enthielt 1978/79 diese ebenso wie heimlich erstellte dokumentarische Aufnahmen von Erschießungen im Original. Damit reaktivierte sie die schockartige Konfrontation mit den realen KZ- und Leichenbildern nach 1945 und belegte ihre fiktional erzählte Geschichte. Angesichts neuer Holocaust-Leugnungen Ende der 1970er-Jahre erschien dies notwendig.

Bereits ab 1946 bildeten sich unterschiedliche Erzählungen und Bildgedächtnisse in Ost und West aus. Gemeinsam war diesen frühen Filmen, dass sie zwar Lager, Leichen und Überlebende zeigten, die Juden als Opfergruppe jedoch kaum besonders hervorhoben. Die jüdische Verfolgung der 1930er-Jahre zeigten am ehesten noch einzelne Spielfilme (wie *Ehe im Schatten*, DEFA 1947). Die Serie *Holocaust* stand durchaus in der Tradition dieser Spiel-

## 10. Die Fernsehserie *Holocaust*

filme, indem sie Motive wie die «Mischehe» und das Alltagsleben im Lager zeigte. Mit dem Ende der Besatzungszeit verschwanden derartige Bilder weitgehend. Eine große Ausnahme bildete der französische Dokumentarfilm *Nacht und Nebel* (1955), der die Morde und den Alltag in Auschwitz zeigte. Die Bundesregierung konnte zwar seine Aufführung beim Filmfestival in Cannes noch verhindern, aber angesichts der internationalen Aufmerksamkeit zeigte ihn schließlich sogar das bundesdeutsche Fernsehen 1957. Die spätere Angst vor der Serie *Holocaust* und die Versuche, ihre Ausstrahlung zu verhindern, waren ein Nachhall dieser Interventionen. Weltweite Aufmerksamkeit und neues Wissen zogen die großen Prozesse nach sich: zunächst den Ulmer Einsatzgruppen-Prozess 1958, der die Massenerschießungen auf freiem Feld und das bürgerliche Leben der Täter danach vor Augen führte; dann den Eichmann-Prozess 1961 in Jerusalem, der den Typus des Schreibtischtäters und die Entscheidungsprozesse des Genozids offenlegte; und schließlich die Frankfurter Auschwitz-Prozesse 1963–65, die Auschwitz zu einem Synonym für die Funktionsweise der Vernichtungslager machten. Im Vordergrund standen jedoch die Täter und die Organisation der «Endlösung».

Beim Eichmann-Prozess in Jerusalem zeigten jedoch die Fernsehkameras erstmals weltweit die Figur eines Massenmörders der SS, die Emotionen der Zeugen und Opfer und die Reaktionen der Zuschauer zugleich.[13] Auch das westdeutsche Fernsehen brachte allein 1961 dreiunddreißig Sendungen zum Eichmann-Prozess.[14] Damit rückten zwar die Opfer in den Vordergrund, im Unterschied zur späteren Serie *Holocaust* aber noch kaum ihr individuelles Schicksal.

Zeitgleich kamen in einigen Ländern aufwändige zeithistorische Fernseh-Dokumentationen über die Diktatur- und Kriegsjahre auf, die auch den Holocaust thematisierten. So brachte das niederländische Fernsehen ab 1960 die 25-teilige Serie *De Bezetting* («Die Besatzung», 1960–65) über die Zeit der deutschen Okkupation, was zu einer umfangreichen öffentlichen Diskussion über die niederländischen Opfer, aber auch über die Deportation der niederländischen Juden führte.[15] Auch im bundesdeutschen Fernsehen gewann der Nationalsozialismus in den 1960er-Jahren eine stärkere Präsenz.[16]

## Zaghafte Auseinandersetzung mit dem Judenmord

Das wichtigste Werk war die 14-teilige Dokumentation *Das Dritte Reich* (WDR/SDR 1960/61), die in einer Folge auch die NS-Massenmorde und die Verfolgung der Juden zeigte.[17] Insgesamt erreichte die Serie rund 15 Millionen Zuschauer, und den Teil zur Massenvernichtung sahen allein sechs bis sieben Millionen Menschen.[18] Die ereignisgeschichtliche Serie wirkt heute wie ein bebildertes Schulbuch, das vor allem Hitler die Schuld gab und den breiten Widerstand in der Bevölkerung betonte. Zugleich staunt man, wie dicht und intensiv recherchiert die vom Tübinger Historiker Waldemar Besson betreute Serie den damaligen Kenntnisstand aus internationalen Archiven aufbereitete, denn bis dahin lagen noch kaum Forschungen vor.[19] In gewisser Weise hatte die Serie im Kleinen einen ähnlichen Effekt wie später *Holocaust*: Hunderte Zuschauer schrieben an die Sender, um ihre Erfahrungen mitzuteilen oder mehr Informationen zu erhalten, und auch der Teil zur «Endlösung» wurde recht positiv bewertet.[20]

Die Schuld und das Leid von Einzelnen präsentierten eher Spielfilme, nicht nur in den USA, wo etwa das bereits erfolgreiche *Tagebuch von Anne Frank* verfilmt wurde.[21] So entstanden einige Koproduktionen zwischen der Bundesrepublik und Jugoslawien zum Holocaust, wie *Mensch und Bestie* (1963) über ein Konzentrationslager im Osten oder *Zeugin aus der Hölle* (1965/67), die die Schwierigkeiten von KZ-Überlebenden nachzeichneten, welche für Zeugenaussagen nach Deutschland zurückkehren sollten. Ebenso gelang es verschiedenen DDR-Produktionen, auch im westlichen Europa rezipiert zu werden. Das galt etwa für Konrad Wolfs Film *Sterne* (DDR/Bulgarien 1959), der den gescheiterten Versuch eines deutschen Soldaten zeigte, eine Jüdin zu retten.[22] Die größte internationale Anerkennung erreichte Frank Beyers Verfilmung von *Jakob der Lügner* (DDR/ČSSR 1974), die in einem jüdischen Ghetto in Polen kurz vor der Räumung spielt. Für das Fernsehen produzierte die DDR den Mehrteiler *Bilder des Zeugen Schattmann* (DDR 1972), der die Deportation einer jüdischen Familie zeigte, wenngleich verbunden mit dem kommunistischen Widerstand und Anklagen gegen Adenauers rechte Hand Hans Globke. Die öffentliche Auseinandersetzung mit dem Nationalsozialismus kam also nicht erst, wie oft behauptet, mit den «68ern» auf. Generell nahm seit Ende der 1960er-Jahre das Interesse an diesem Themenfeld wieder ab. In den 1970er-Jahren kamen weder im bundesdeutschen Fernsehen und Kino noch in der Presse dazu größere Dokumentationen.[23] Öffentlich fokussiert wurden weiterhin die Eliten des NS, etwa in Joachim Fests erfolgreicher Hitler-Biographie (1973) oder in der TV-Produktion *Aus einem deutschen Leben* (1976) über den Auschwitz-Kommandanten Rudolf Höß. Die Serie *Holocaust* hatte somit einige Vorläufer. Eine derart umfassende Verbindung von Täter- und Opferperspektive, die exemplarisch fast alle Stationen der Shoa durchläuft, gab es vorher freilich nicht.

Ein gewisser Wandel zeichnete sich jedoch bereits 1978 in der Bundesrepublik ab, als die *Holocaust*-Serie in den USA anlief. Zum 40. Jahrestag der Reichspogromnacht 1978 nahm das öffentliche und insbesondere das lokale Gedenken deutlich zu, und mehr Fernsehsendungen widmeten sich dem Mord an den Juden.[24] Im gleichen Jahr rückte die Frage nach der deutschen Schuld und nach individuellen Handlungsspielräumen wieder in den öffentlichen Fokus, etwa in der umfangreichen Debatte um Baden-Württembergs Ministerpräsidenten Hans Filbinger und dessen Urteile als NS-Marinerichter bei Kriegsende. Die Medienberichte über Filbinger kreisten um die Begriffe «Schuld» und «Verstrickung» und stützten sich oft auf eigene Archivrecherchen der Journalisten.[25] Bereits die Ankündigung, dass eine erfolgreiche US-amerikanische Serie zum Judenmord gezeigt werden solle, dynamisierte also die ohnehin zunehmende Auseinandersetzung mit der NS-Vergangenheit.

### Familie Weiss und SS-Mann Dorf in den USA

Auch in den USA ist der Erfolg der Serie nur aus den geschichtskulturellen Veränderungen in den späten 1970er-Jahren zu erklären. Noch ein Jahrzehnt zuvor war die Auseinandersetzung mit dem Holocaust dort kein zentrales Thema – selbst in den jüdischen Gemeinden. Die Bedrohung Israels durch die Kriege mit den arabischen Nachbarn förderte die Existenzangst der Juden und machte den Holocaust auch zu einem politischen Argument. Da die bindende Kraft des Glaubens gerade bei den jüngeren Juden in den 1970er-Jahren abnahm, gewann die jüdische Geschichte bei der Identitätsbildung an Bedeutung.[26] Zugleich wuchs das Interesse an der Geschichte von Minderheiten. Die Serie *Holocaust* war auch eine Reaktion des Senders NBC auf den großen Erfolg der ABC-Serie *Roots* von 1977, die als Familienepos die Geschichte aus Afrika verschleppter Sklaven im 18./19. Jahrhundert hin zur Emanzipation erzählte. Mit Marvin Chomsky hatte sie sogar den gleichen Regisseur. Wie bei *Roots* fürchteten die Produzenten von *Holocaust*, nur die gezeigte Minderheit würde die Serie schauen, weshalb sie neben der jüdischen Familie Weiss die Familie des SS-Mannes Erik Dorf einbauten.[27] Zudem setzte die Serie *Holocaust* noch stärker auf die Darstellung amerikanischer Werte, wie die Kraft der Familie, bürgerliche Tugenden oder den selbstlosen Einsatz für die Freiheit. Da Familien meist gemeinsam vor den Fernsehern saßen, war eine Familienerzählung wichtig für den Erfolg und die Identifikation der Zuschauer. Zugleich griff die Serie Motive früherer Filme zur Judenverfolgung auf, indem sie eine bürgerlich-assimilierte jüdische Familie zeigte (wie seit dem Fernsehspiel *Anne Frank* von 1952 etabliert) und einen Schreibtischtäter (wie etwa bei *Engineer of Death* zu Eichmann 1960).[28] Im Unterschied zu den Hitler-zentrierten westdeutschen Darstellungen kam die Serie ganz ohne den «Führer» aus. Vielmehr erklärte sie den Holocaust eher aus einer situativen Zuarbeit von unten: mit der antisemitischen Brutalität auf den Straßen und den Ideen einfacher Mitarbeiter im Reichssicherheitshauptamt. Um den Anspruch auf Authentizität zu erhöhen, wurde in Berlin-Wedding, im früheren KZ Mauthausen und an anderen Orten Österreichs gedreht. Zudem sicherten sich die Produzenten gegenüber den jüdischen Gemeinden ab, indem sie die Serie vorab testweise vor jüdischen und christlichen Geistlichen zeigten, die sie zustimmend aufnahmen.

Der Erfolg von *Holocaust* wurde durch ein außergewöhnlich großes Begleitprogramm gefördert. Der Sender NBC und jüdische

Gruppen verteilten millionenfach Materialien und jüdische Organisationen und Geistliche warben dafür. Damit war *Holocaust* in den USA in ein breites zivilgesellschaftliches Engagement eingebettet. Zudem wurde das Buch zur Serie erfolgreich als Bestseller vermarktet, es erschien auch in Zeitungen als Fortsetzungsgeschichte. Dass die Serie bereits in den USA kontroverse Stimmen hervorrief, förderte die weltweite Aufmerksamkeit. Besondere die harte Kritik des Holocaust-Überlebenden und Publizisten Elie Wiesel entfachte die Debatte. Wiesel warf der Serie eine Vermischung von Fakten und Fiktionen vor und hinterfragte generell die Darstellbarkeit des Genozids: «Nur die, die dort waren, wissen, was war, kein anderer wird es je wissen.»[29] Seine Stimme wurde gerade in der Bundesrepublik vielfach aufgegriffen, wenngleich mit anderen Intentionen. Zudem mobilisierte auch in den USA die äußerste Rechte, die dem «Jew Hollywood» eine Geschichtsfälschung vorwarf. Insgesamt überwogen jedoch positive Reaktionen. Dass *Holocaust* den höchsten Fernsehpreis der USA, den Emmy Award, und zahlreiche weitere Preise erhielt, unterstrich dies.

Wie nach *Roots* sprachen die Menschen über die Serie, über ihre Emotionen und die Verbrechen. Zur Erleichterung der Bundesregierung kam dabei kein Hass gegen die Deutschen auf. Vielmehr wurde die gezeigte Gewalt historisiert und universalisiert. Psychologische Begleitstudien, etwa anhand von Gesprächen mit Zuschauern, machten ein größeres Verständnis für das Schicksal der Juden aus, bei einigen aber auch eine Identifikation mit den gezeigten Nazis, was Verständnis für deren Taten förderte.[30] Der deutsche Psychologe Stefan Hormuth, der damals an der Universität Texas dazu forschte, bot 1978 daraufhin dem WDR eine ähnliche Studie über den möglichen Wandel der Deutschen an, die er dann tatsächlich durchführte.[31]

In der internationalen Öffentlichkeit kam sofort der Vorwurf auf, es handele sich um eine kommerzielle Trivialisierung des Leidens. Zweifelsohne hat die Serie melodramatische Züge, von der familiären Verdichtung der Schicksalsschläge bis hin zur Filmmusik. Inhaltlich ist sie ein Stationendrama, das alle wesentlichen Etappen des Judenmordes aus der doppelten Perspektive der Täter und

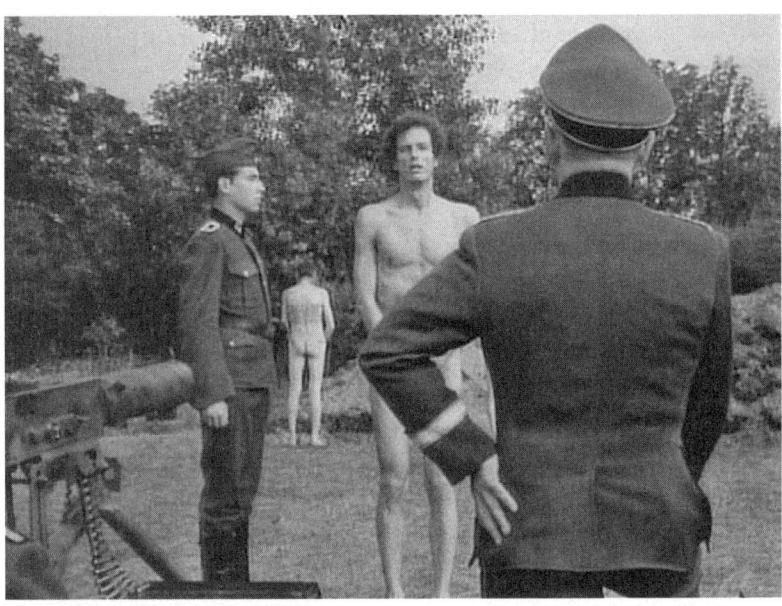

Die Serie *Holocaust* zeigte gleichermaßen Täter und Opfer. Hier eine Erschießung auf freiem Feld.

der Opfer erzählt: von der Reichspogromnacht über die Ghettoisierung, den jüdischen Widerstand bis hin zu den Massenerschießungen wie in Babij Jar und den Gaskammern von Auschwitz. Die Serie vermittelte so recht breite historische Kenntnisse und stand durchaus in der pädagogischen Tradition des damaligen Fernsehens in Europa. Aus heutiger Sicht fällt es leicht, den Plot zu kritisieren, etwa die zufälligen Begegnungen oder die tragende Rolle des einfachen SS-Juristen Dorf beim Massenmord. Jedoch zeigte die Serie zahlreiche Aspekte, die weit über das damalige öffentliche Wissen hinausgingen und selbst in der Forschung noch wenig thematisiert waren; etwa die «Euthanasie» mit Gaswagen als Vorstufe zum Holocaust (mit der Tötung der Tochter in Hadamar), die Massenerschießungen von Juden auf freiem Feld durch Einsatzgruppen und die organisatorische Beteiligung der Wehrmacht oder auch die Bereicherung am jüdischen Eigentum durch Nachbarn und die sexuelle Gewalt gegen Frauen. Selbst das Filmen und Fotografieren der Morde, das erst Mitte der 1990er-Jahre in der Debatte um die «Wehrmachtsausstellung» Aufmerksamkeit fand, ist in der Serie bereits dargestellt. Sie riss damit Themen an, die selbst die zeithistorische Forschung erst seit den 1990er-Jahren entdeckte. Generell verdeutlichte die Serie, dass die Massentötungen eben nicht nur quasi maschinell per Gas geschahen. Vielmehr zeigte sie die Gewalt als unmittelbar und individuell ausgeführte Praktik – sei es bei Erschießungen, beim Anstecken einer Scheune mit jüdischen Menschen oder beim Einwerfen des Zyklon B in eine Gaskammer. Die Grenzen des Zeigbaren wurden dabei klug ausgelotet. So wurde das qualvolle Sterben in der Gaskammer durch den Blick eines angereisten Marburger Professors visualisiert, der dies durch ein Guckloch beobachtet. Nebenbei deutet diese Szene so die Verbindung zwischen Wissenschaft und Judenmord an. Indem die Serie nicht von Hitlers Befehlen und einem vorgefertigtem Plan zum Judenmord ausging, sondern die Radikalisierung aus der Bürokratie heraus erklärte, korrespondierte sie mit der «funktionalistischen» Deutung des Nationalsozialismus, die damals an Gewicht gewann. Internationalen Erfolg, gerade auch in Deutschland, hatte die Serie, weil sie sehr unterschiedliche Rollen präsentierte: Deutsche als SS-Männer, als korrupte und brutale Nationalsozialisten, aber eben auch als helfende und vorurteilsfreie Menschen. Sie zeigte zum Abschluss bei Kriegsende einsichtige und uneinsichtige Deutsche. Dabei verband die Serie die große Geschichte mit individuell unterschiedlichen Erfahrungen. Sie nutzte so ein Erzählverfahren, das später große Holocaust-Darstellungen wie von Saul Friedländer berühmt machten, die ebenfalls einzelnen Opfern eine Stimme in einer großen Erzählung gaben.[32]

### Trivial oder lehrreich? Die Serie *Holocaust* in Europa und Israel

Wie in den USA erreichte die Serie im folgenden Jahr in zahlreichen Ländern sehr hohe Einschaltquoten und stieß lebhafte Debatten an – besonders dort, wo einst Juden verfolgt worden waren. Und wie in den USA führten viele Länder umfangreiche, bisher unübliche Begleituntersuchungen durch. Gerade weil man vorab eine historische Selbstvergewisserung erwartete, konnte sie detailliert ausgemacht werden.

So leitete *Holocaust* in Österreich, das sich bislang vor allem als unschuldiges Opfer des Nationalsozialismus stilisiert hatte, einen Paradigmenwechsel ein. Nun wurde nach dem spezifisch österreichischen Beitrag an den Morden, der gesellschaftlichen Verantwortung und der individuellen Schuld gefragt. Schon der 40. Jahrestag des «Anschlusses Österreichs» 1978 hatte eine Debatte über die eigene und besonders die bürgerliche Verantwortung angestoßen. Die Serie *Holocaust* gab dem nun eine neue Qualität.[33] Wie emotional bewegt, aber auch gespalten die Österreicher waren, zeigte sich an den zahlreichen Anrufen beim Sender. Pro Einwohner gerechnet übertrafen sie die deutschen Reaktionen sogar noch: 8227 Anrufer wurden beim Fernsehsender erfasst, davon äußerte sich die Hälfte positiv, 39 Prozent negativ, davon 30 Prozent antisemitisch.[34] Fast 90 Prozent der Zuschauer bewerteten die Serie positiv, trotz der Kritik in der Presse. Spätere Meinungsumfragen zeigten, dass die Judenmorde nun öfter als historisches Faktum akzeptiert wurden (von 72 auf 81 Prozent) und dass die Hälfte der Bevölkerung eine Mitschuld Österreichs akzeptierte. Die Serie implementierte so den Holocaust auch in die österreichische Geschichte.[35]

Nicht minder intensiv war die Debatte in den Niederlanden, wo das Thema schon etwas früher aufgekommen war. Bereits 1972 hatte das Fernsehen nach einer Parlamentsdebatte über die Amnestie von Kriegsverbrechern umfassend über die Täter und die Erfahrungen von KZ-Opfern berichtet, was mit zur Verhinderung der Amnestie beitrug.[36] Dennoch hatte *Holocaust* auch hier eine starke Wirkung. Die Hälfte der Befragten gab an, aus der Serie gelernt zu haben, und bei vorher und nachher befragten Schülern nahmen Intoleranz und Antisemitismus ab, während die Zustimmung zur weiteren Bestrafung von NS-Tätern wuchs.[37]

In Frankreich stieß die Serie eine Auseinandersetzung über die Kollaboration und die Gewalt in den französischen Kolonien an, während neue Schuldzuschreibungen an die Deutschen eher ausblieben.[38] Wie von der bundesdeutschen Regierung eifrig beobachtet wurde, bemerkte die dortige Presse: «Auch wir sind nicht ohne Schuld an der Entstehung des Nationalsozialismus», und *Le Monde* kommentierte: «Sie [unsere Kinder] sehen nicht oft Filme, in denen verdeutlicht wird, wie die Polizei des Vichy-Regimes der Gestapo deutsche politische Flüchtlinge ausliefert.»[39] Entsprechend bilanzierten Studien, dass mit der Serie *Holocaust* auch hier eine Emotionalisierung der Erinnerungskultur einsetzte.[40] In anderen Ländern, wie in Großbritannien und in Italien, wurde die Serie ebenfalls lebhaft diskutiert, hatte jedoch eine geringere gesellschaftliche Reichweite. Dennoch zeichnete sich seit den 1980er-Jahren selbst im politisch stark polarisierten Italien eine langsame Erosion des Widerstandsmythos ab.

Weltweit beobachtet wurde vor allem die Rezeption in Israel. Auch dort dominierten anfangs die Skepsis und der Vorwurf, die Serie sei zu trivial, um sie auszustrahlen. Gesendet wurde sie schließlich mit dem Argument, sie könne historisches Wissen und die Identifikation mit Israel fördern. Tatsächlich sahen sie rund drei Viertel der Erwachsenen und Jugendlichen, meist in Gesellschaft. Der Rest schaltete laut Umfragen bewusst nicht ein, weil die Angst vor traumatischen Erinnerungen zu groß war. Tatsächlich berichteten viele befragte Zuschauer von starken emotionalen Reaktionen wie Albträumen oder Depressionen.[41] Fast alle Zuschauer begrüßten die Serie, auch zur Wissensvermittlung, und forderten mehr Medienberichte über den Holocaust. Besonders Jugendliche gaben an, viel über den Genozid gelernt zu haben. Zudem stärkte die Serie zionistische Einstellungen.[42] Bemerkenswerterweise wurden in vielen Ländern, auch in Israel, Parallelen zum Schicksal der Boat People aus Vietnam gezogen.

Die positive Rezeption in Israel machte es konservativen Politikern und Journalisten in Westdeutschland schwer, weiter mit Verweis auf jüdische Stimmen eine Ausstrahlung zu verhindern. Die WDR-Redakteure berichteten nun von Zeitzeugen aus Israel, die die Serie als authentisch, «glaubhaft und typisch» bewerteten.[43] Und der Leiter der Redaktion Zeitgeschichte teilte der Intendanz intern mit: «Sämtliche Aussagen sind übrigens frei von Emotionen gegen die Deutschen; im Gegenteil: jeder bemüht sich, einige Beispiele zu erzählen, wo es Äußerungen der Menschlichkeit und Solidarität auf Seiten der Deutschen gab; dies alles natürlich ohne jede Beschönigung.»[44] Nicht gezeigt wurde *Holocaust* dagegen in den sozialistischen Ländern. Sie passte nicht in die kommunistische Erinnerungskultur, die die Heldenleistungen der Roten Armee und des kommunistischen Widerstands feierte, den Genozid an den Juden hingegen kaum erwähnte. Die DDR-Bürger konnten die Serie nur in den grenznahen Gebieten und in Ost-Berlin sehen, wo sie laut westdeutschen Berichten auf große Anteilnahme stieß.[45] Dennoch reagierte die DDR auf die westliche Debatte: So sollte die Verfilmung des Buches *Der Kampf um Bohemia* 1979 parallel zur westdeutschen Ausstrahlung von *Holocaust* gesendet werden, um als DDR-Gegenstück «die ‹Judenfrage› als eine übernationale, bis in den Nahen Osten wirkende ‹Klassenfrage› zu begreifen», wie ein Beteiligter sich zwei Jahrzehnte später erinnerte.[46] Sie sahen dies als politische Debatte, wie der Co-Autor intern 1978 formulierte: «Alle Beteiligten sind sich bewusst, daß der Gegner an ähnlichen Geschichten arbeitet, um die Historie zu verfälschen und den Sozialismus und seine ethischen Grundlagen zu diffamieren.»[47] Allerdings wurde diese anti-zionistische «Jüdische Buddenbrook-Geschichte» nicht rechtzeitig fertig und lief erst 1981 unter dem Titel *Hotel Polan und seine Gäste*. Deshalb sendete das DDR-Fernsehen unmittelbar vor der bundesdeutschen Ausstrahlung von *Holocaust* erneut den Mehrteiler *Bilder des Zeugen Schattmann* (DDR 1972), um vorab eine sozialistische Deutung der Judenverfolgung vorzulegen. Damit versuchte sich die DDR als das bessere Deutschland darzustellen, das schon längst derartige Filme produziert hatte. Offizielle Reaktionen der SED kritisierten an *Holocaust*, dass die Gründe für den Aufstieg des Nationalsozialismus, besonders die Rolle des Finanzkapitals, nicht gezeigt würden. Man müsse die Serie nicht zeigen, da die DDR-Bürger in den Schulen und über Filme seit langem über die Verbrechen des Faschismus aufgeklärt würden.[48]

Die internationale Rezeption der Serie, die hier nur andeutungsweise vorgestellt wurde, reichte von Südamerika bis Ostasien. Dies bedeutete für die Bundesrepublik eine doppelte Herausforderung: Die Welt blickte nun wieder auf die Verbrechen der Deutschen und beobachtete zugleich, wie die Deutschen die Serie aufnehmen würden. Das Wissen um diese weltweite Beobachtung prägte wiederum die deutsche Reaktion.

## Ängste im Vorfeld der bundesdeutschen Ausstrahlung

Die Serie *Holocaust* war für viele Deutsche von Beginn an ein Politikum. Dabei dominierte die Angst, *Holocaust* würde ihr Ansehen international schmälern. Schon als im August 1977 erste Informationen über die geplante Serie in den USA aufkamen, meldete die Deutsch-Amerikanische Bürgerliga in den USA gegenüber NBC Bedenken an, weil das Vorhaben antideutsche Ressentiments schüren könne.[49] Auch antisemitische Reaktionen kamen auf, etwa einzelne Zusammenstöße zwischen jüdischen Gruppen und Deutsch-Amerikanern bei Demonstrationen vor dem Sender NBC.[50]

Große Aktivität entfaltete von Beginn an das Auswärtige Amt, das umfassend Informationen über die Planung, Ausstrahlung und Rezeption sammelte. Dabei sah es bewusst von direkten öffentlichen Reaktionen gegenüber NBC ab, um den Anschein der Pressebeeinflussung in den USA zu vermeiden.[51] Es informierte sich aber 1977 intensiv beim Sender über den Inhalt und den geplanten internationalen Vertrieb der Serie, um die Rezeption zu beeinflussen.[52] Das Konsulat erhielt in New York einen Preview und war einerseits erleichtert über den Inhalt, der «objektiv» erschien; andererseits vermerkte man, dass etwa die Zwangsarbeit bei Unternehmen wie Krupp gezeigt werde und die Serie vermutlich einen nachhaltigen emotionalen Eindruck auf die Einstellung zu den Deutschen hinterlasse.[53] Deshalb beschloss das Auswärtige Amt, dass «alles getan werden müsse, um das heutige Deutschland im Ausland in das richtige Licht zu stellen. Dabei muss besonders hervorgehoben werden, dass unser Staat mit dem Regime, das die Judenmorde veranlasste nichts gemein hat.»[54] Angestrebt wurde «in der amerikanischen Öffentlichkeit eine Unterscheidung zwischen Nazis und Deutschen zu bewirken», wofür es alle Konsulate in den USA mit entsprechendem Material versorgte: Zahlen zur bisher geleisteten Wiedergutmachung, Zitate zur Vergangenheitsbewältigung oder auch deutsche Filme zur NS-Geschichte.[55] Ebenso regte die Staatsministerin des Auswärtigen Amts Info-Abende und Materialsammlungen bei Goethe-Instituten an. Alle bundesdeutschen Botschaften weltweit erhielten Unterlagen, um sie für eine Debatte zur NS-Vergangenheit zu wappnen.[56] Entsprechend beobachtete das Auswärtige Amt in jedem Land die Reaktionen, um rasch zu reagieren. Insgesamt war man aber erleichtert, dass die befürchteten anti-deutschen Reaktionen ausblieben.[57]

In der Bundesrepublik empörten sich bereits unmittelbar nach Ausstrahlung der Serie in den USA parteiübergreifend Politiker und Journalisten, obwohl fast keiner von ihnen sie gesehen hatte. Mit anti-amerikanischen Ressentiments verurteilten sie *Holocaust* als Geschäftemacherei und Trivialisierung des jüdischen Leids durch Hollywood. Wenngleich sich diese Reaktionen nicht wesentlich von denen in Großbritannien oder Italien unterschieden, war die bundesdeutsche Abwehrhaltung problematischer. Um nicht revisionistisch zu wirken, argumentierten Blätter wie die *FAZ* oft mit kritischen Stimmen aus Israel und von Holocaust-Überlebenden in den USA.[58] Nicht minder scharf war die Ablehnung von linksliberaler Seite. «Der Völkermord schrumpft auf ‹Bonanza›-Maße», nörgelte der *Spiegel* noch kurz vor der Ausstrahlung und bilanzierte: «Holocaust abzulehnen wäre respektabel und mutig gewesen.»[59] Aber nachdem mehrere dutzend Länder *Holocaust* gekauft hatten, erschien es letztlich inopportun, sie gerade in der Bundesrepublik wegen ihrer angeblich minderen Qualität nicht zu zeigen. Letztlich war ihre globale Verbreitung der entscheidende Grund, warum kein Weg an einer deutschen Ausstrahlung vorbeiführte. Und das Auswärtige Amt unterstützte den Ankauf, «da sie unsere Distanzierung von den Verbrechen der Nazizeit unterstreichen würde».[60]

Der WDR-Redakteur Peter Märthesheimer hatte schon unmittelbar nach der ersten Sichtung der Serie Mitte April 1978 mit den Verhandlungen über den Kauf begonnen. Obwohl er den Inhalt der

Serie ebenfalls intern scharf kritisierte, sah er sie als ein «einzigartiges politisches Programm», das Diskussionsanreize schaffe. Schon damals regte er an, die Serie müsse durch ein deutsches Begleitprogramm ergänzt werden und sei mit Broschüren und Publikationen der Bundeszentrale für politische Bildung zu flankieren. Um sich abzusichern, gab der WDR die Serie einem Historiker des Münchener Institut für Zeitgeschichte zur Prüfung, der sich überrascht über die historische Genauigkeit der Serie zeigte. Ebenso plante der WDR bereits im Mai 1978 durch begleitende Umfragen eine «Wandlung» der Deutschen zu zeigen.[61] Offensichtlich wollte man damit von Beginn an eine ähnliche Wirkung erzielen und belegen, wie sie für die USA postuliert wurde, aber eingehegt und gesteuert durch bundesdeutsche Eigenproduktionen und Erläuterungen. All dies ließ sich der WDR einiges kosten: Mit gut einer Million DM war der Einkaufspreis der Serie bereits sensationell hoch, hinzu kamen rund 250 000 DM für die Synchronisation.

Dass ausgerechnet der WDR diese Serie für das Erste Programm der ARD kaufen wollte, war selbst ein Politikum. Da in Nordrhein-Westfalen seit 1966 die SPD regierte, kursierte in den 1970er-Jahren bei den Christdemokraten der Vorwurf, der WDR sei ein «roter Sender». Diese Auseinandersetzung gewann vor der Bundestagswahl 1980 an Dynamik.[62] Entsprechend paradox war es, der ohne Gebühren finanzierten Serie *Holocaust* Geschäftemacherei vorzuwerfen, aber zugleich werbefinanzierte Sender zu fordern. Dahinter steckte der Vorwurf, die SPD hätte dem WDR diesen Ankauf nahegelegt, um so Vergangenheitspolitik zu betreiben und Rundfunkgebühren politisch zu verschwenden.[63]

Besonders der von der CSU dominierte Bayerische Rundfunk drohte nun damit, bei einer Ausstrahlung von *Holocaust* in der ARD auszusteigen und ein Alternativprogramm zu senden. Wie umstritten die Serie bei den einzelnen Sendern in der ARD war, zeigte die Abstimmung der Fernsehdirektoren: Nur eine knappe Mehrheit von fünf zu vier sprach sich für eine Ausstrahlung im Ersten Programm aus. Daraufhin beschloss der WDR im Juli 1978, die Serie nur im Dritten Programm zu senden und sie allen anderen Regionalsendern auch zur gleichzeitigen Ausstrahlung anzubieten.[64]

Tatsächlich zeigten schließlich alle Sender zeitgleich vom 22. bis 26. Januar 1979 auf ihren Dritten Programmen die Serie, freilich nicht zur besten Sendezeit nach der *Tagesschau*, sondern erst um 21 Uhr. Die Sendeanstalten rechtfertigten dies damit, dass so eine kompakte Ausstrahlung in einer Woche ohne Bruch des Programmschemas möglich sei und mehr Sendeplatz für Diskussionen bestehe, die nun jedoch noch später liefen. Eine Sendung im ersten Programm hätte hingegen, so der WDR, wie eine «Zwangsveranstaltung» gewirkt. Zweifelsohne war diese Verlagerung ins Dritte Programm jedoch eine Abwertung der Serie und versteckte sie ein wenig. Statt der angeblich niveaulosen Serie *Holocaust* zeigten ARD und ZDF parallel *Liebe zu Lydia* und die Ulk-Serie *Klimbim*.

Da die Ausstrahlung von *Holocaust* nicht zu verhindern war, setzten die bundesdeutschen Rundfunkvertreter nun darauf, die Serie mit eigenen Produktionen zu rahmen. So forderte die CSU sogleich eine Fernsehproduktion über die Vertreibung und die deutschen Kriegsopfer. Der Bayerische Rundfunk erstellte daraufhin tatsächlich rasch eine dreiteilige Serie, die 1981 unter dem Titel *Flucht und Vertreibung* mit Zeitzeugen das Leid der Deutschen zeigte.[65] Dagegen produzierte insbesondere der WDR eigene dokumentarische Filme zu den NS-Massenverbrechen, die kurz vorher laufen sollten. Unverkennbar war dabei die anti-amerikanische Arroganz. So erklärte Günter Rohrbach, Leiter der WDR-Abteilung Fernsehspiel, die Amerikaner seien «Weltmeister im Erfinden von Trivialmustern», die die Welt überschwemmten, sie «schaffen es aber, Massen zu interessieren», was als Initialzündung für Diskussionen legitim sei.[66] Stattdessen betonte das WDR-Konzept: «Wir stellen uns als Gegensatz zu der umstrittenen Dramatisierung einen leisen, teils wissenschaftlich nüchternen, teils menschlich lakonischen Film vor.»[67] Deshalb sollte laut WDR «das gigantische propagandistische Umfeld gezeigt werden, das die Amerikaner vorab für Holocaust geschaffen haben.»[68] Diskussionsrunden mit Experten und Zeitzeugen nach den Serienteilen sollten diese selbst beanspruchte Sachlichkeit ebenfalls fördern und die Serie so korrigieren.

Zwei Wochen vor *Holocaust* sendete das Erste Programm deshalb den Dokumentarfilm *Antisemitismus* für die Zeit bis 1933. Eine Wo-

## 10. Die Fernsehserie *Holocaust*

che vorher lief die angekündigte deutsche Antwort auf *Holocaust*, der WDR-Dokumentarfilm *Endlösung* von Paul Karalus. Und direkt davor kam ein kurzer Bericht über die Wirkung von *Holocaust* in den USA, der betonte, dass die Serie nicht gegen Deutschland gerichtet sei, dass er eine aufklärende Wirkung auf Jugendliche dort gehabt habe und dass 70 Prozent der Amerikaner meinten, Derartiges könnte auch bei ihnen passieren.[69] Diese Vorprogramme bezeichnete der WDR intern als eine Art «gigantischen Programmhinweis».[70]

Dass nun mit der WDR-Dokumentation *Endlösung* zur besten Sendezeit um 20:15 Uhr neunzig Minuten lang die NS-Verbrechen gezeigt wurden, wäre ohne den weltweiten Erfolg von *Holocaust* undenkbar gewesen. Der Dokumentarfilm griff Szenen aus *Holocaust* direkt auf und wirkte wie eine Erklärung der Inhalte. Historiker blendete er nicht ein, dafür Zeitzeugen. Wie in *Holocaust* rückten somit Opfer und Einzelschicksale in den Vordergrund. Dazu zählten prominente Opfer wie Marcel Reich-Ranicki, Hermann Langbein oder Israel Gutman, ebenso unbekanntere wie die Auschwitz-Überlebende Anna Palarczyk.[71] Sie berichteten etwa über die Einsatzgruppen und das Warschauer Ghetto, was wiederum Ausschnitte aus der Serie *Holocaust* illustrierten. Die Sendung erreichte zwar deutlich weniger Menschen als die amerikanische Serie eine Woche später, hatte aber immerhin 6,2 Millionen Zuschauer und über zweitausend Anrufe; viele von Opfern, aber auch von fluchenden alten Nazis.[72]

Um die Akzeptanz in Deutschland zu erhöhen, veränderte der WDR die deutsche Fassung von *Holocaust* leicht. So klang die Stimme des SS-Mannes Dorf in der englischen Fassung resoluter, in der deutschen hingegen oft zögerlicher. Vor allem kürzte der WDR den Schluss des letzten Teils, der die Emigration von jüdischen Kindern nach Palästina als Zeichen der Hoffnung und das Wiedersehen eines getrennten Paares zeigte. Stattdessen endete die deutsche Fassung mit dem Selbstmord des SS-Mannes Dorf, da dieses Ende nach Meinung des WDR besser zu Deutschland passe. Szenen zum jüdischen Widerstand wurden hinter Folter-Szenen geschnitten, um sie motiviert und akzeptabler erscheinen zu lassen. Die

## Ängste im Vorfeld der bundesdeutschen Ausstrahlung

Szene «Erschießung von Juden im Warschauer Ghetto durch Männer in polnischen Militäruniformen» wurde als unkorrekt rausgeschnitten, um Debatten über den Antisemitismus in Polen zu vermeiden.[73] Politisch legitimiert wurde die Ausstrahlung auch mit dem Anwachsen des Rechtsradikalismus. Schon während der Ausstrahlung von *Endlösung* am 18. Januar 1979 verübten Rechtsradikale Sprengstoffanschläge auf Sendemasten in Rheinland-Pfalz und im Münsterland, sodass die Dokumentation dort nicht zu sehen war (sie wurde ein Jahr später, auch nach vielen Zuschriften aus den Regionen, wiederholt).[74] Daher wurde während der Ausstrahlung von *Holocaust* ein verstärkter Objektschutz der Sendemasten eingerichtet. Im WDR-Studio erhöhte man die Sicherheitsmaßnahmen, zumal Drohbriefe eingingen, etwa von der «Bürgerwehr gegen Holocaust».[75] Auch der Verfassungsschutzbericht vermerkte nun verstärkt neonazistische Gewalt,[76] und die NPD versuchte sich durch Proteste gegen die «Lügen» von *Holocaust* zu profilieren. Wie bei der Aufnahme der Boat People führte der kulturelle Wandel um 1979 zu nationalistischen Gegenbewegungen.

Um die Rezeption zu beeinflussen, startete vorab ein bisher einmalig aufwändiges begleitendes Bildungsprogramm. Die Landeszentrale für Politische Bildung in Nordrhein-Westfalen konzipierte etwa eine Broschüre zum Nationalsozialismus und Antisemitismus mit 150000 Exemplaren als Startauflage, die jedoch bereits vor der Ausstrahlung vergriffen war.[77] Bei allen Landeszentralen und der Bundeszentrale für politische Bildung gingen insgesamt rund 450000 Anfragen ein, vornehmlich von Lehrern, aber auch von Schülern. Der Wissensdurst war groß, da die Schulbücher bis dahin nur wenige Informationen zu den NS-Verbrechen boten.[78] Begleitende Veranstaltungen gab es auch von Volkshochschulen, Amerikahäusern oder der Gesellschaft für christlich-jüdische Zusammenarbeit. Zeitungen druckten Literaturlisten zum Thema. Sie empfahlen Berichte von Opfern und Tätern (Eugen Kogon, Anne Frank oder Rudolf Höß) oder ältere Werke von Publizisten wie Heinz Höhne oder Gerhard Schoenberner. Denn Werke von deutschen Historikern zum Holocaust gab es bisher

## 10. Die Fernsehserie Holocaust

kaum.[79] Nach der Serie *Holocaust* erschienen viele Opferberichte und endlich auch, wenngleich nur in einem kleinen Verlag, Raul Hilbergs grundlegendes Werk *The Destruction of the European Jews* von 1961 auf Deutsch.[80]

Der Start der Serie ging schließlich, wie in den meisten westlichen Ländern, mit einer neuartig intensiven Begleitforschung einher. Der WDR, die Bundeszentralen und die Medien beauftragten Meinungsforschungsinstitute mit komplexen Analysen, Universitätsmitarbeiter und Publizisten (etwa der Uni Münster und FU Berlin) vereinbarten vorher mit dem WDR entsprechende Studien. 2800 Menschen wurden per Umfragen zwei Wochen vor der Sendung, eine Woche danach und schließlich noch einmal nach über drei Monaten demoskopisch befragt. Für die noch junge Medienrezeptionsforschung war die Serie *Holocaust* ein gigantisches Experiment.

### Erschütterung in der Bundesrepublik

Die Aufnahme der Serie in Westdeutschland glich einer Selbstvergewisserung über die deutsche Vergangenheit. Angesichts der vorherigen Kritik übertraf sie alle Erwartungen. Während die erste Folge bereits über zehn Millionen Menschen sahen, erhöhte sich die Zuschauerzahl bis auf über vierzehn Millionen beim letzten Teil.[81] Über zwanzig Millionen, die Hälfte der Bundesbürger über vierzehn Jahre, sahen zumindest eine Folge, ein Viertel sogar alle vier. Alle Bildungs- und Altersgruppen saßen vor dem Bildschirm, lediglich die Altersgruppe der 30- bis 49-Jährigen war leicht überrepräsentiert. Bei den «Nicht-Sehern» gab je ein Viertel an, sie «interessierte das Thema nicht» und dass «man diese Dinge endlich vergessen sollte». Einzelne fürchteten eine zu große Aufregung.

Die Reaktionen direkt nach der Sendung zeigten generell eine stark emotionale Verarbeitung, die *Holocaust* wie ein therapeutisches Experiment erscheinen ließen. Zwei Drittel waren erschüttert, fast die Hälfte empfand Scham.[82] Obgleich der WDR nach der Aus-

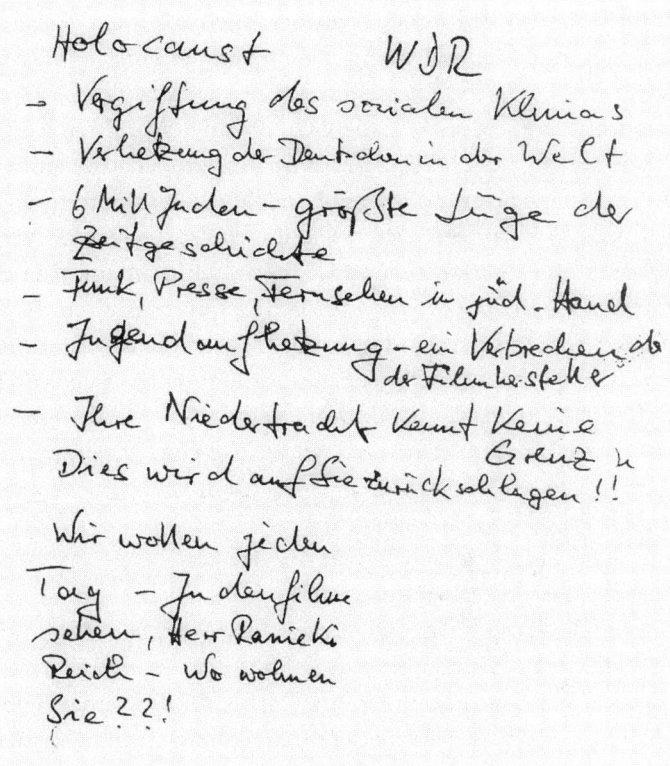

Rund 16 000 Briefe erreichten den WDR zu *Holocaust*. Es dominierte Zustimmung, ein Achtel war abwertend und antisemitisch wie dieser Brief.

strahlung von *Holocaust* nur ein kleines, spätes Zeitfenster für Anrufe freischaltete, riefen nun mehrere zehntausend Menschen an, von denen «nur» rund 10 000 angenommen werden konnten.[83] Eine Studentin, die diese Anrufe entgegennahm, beschrieb dies: «Es ist ganz schlimm. Sie wollen es sich alle endlich von der Seele reden. Viele weinen. Und das Weinen kann man nicht protokollieren.» Unter Schluchzen erklärte etwa eine Frau «Wir weinen hier die ganze Zeit! Wie war es bloß möglich, dass so etwas passierte? Und warum haben die Alliierten, die doch über alles Bescheid wussten, nicht eingegriffen?»⁸⁴ Eine andere Frau las selbstverfasste Gedichte vor, andere boten Informationen über Verbrechen an, über die sie noch nie gesprochen hatten. Aber auch Mitglieder der (Waffen-)SS riefen an und baten um Klarstellung, dass sie nicht mit den Einsatzgruppen und der SS im KZ zu verwechseln seien, da sich in ihren Familien gerade furchtbare Diskussionen abspielen würden.⁸⁵ Über die Erschütterung der Deutschen berichtete wiederum die *Deutsche Welle* in alle Welt. Bisher hätten sich die deutschen Sendungen über den Nationalsozialismus nur an den Verstand gerichtet, nun erst an das Gefühl: «Gerade weil der Fernsehfilm ‹Holocaust› an elementaren Gefühlen rührte, erlaubte er den Zuschauern die erlösenden Tränen, die Katharsis im Sinne der antiken Tragödie – die Möglichkeit einer Läuterung, wenn man den Vorgang religiös auffassen will.»⁸⁶ Wie Günther Anders in seinem Tagebuch notierte, standen die Deutschen und Österreicher nun erst unter dem Schock, der eigentlich 1945 hätte einsetzen sollen.⁸⁷

Vor allem aber war die Bewertung der Zuschauer viel besser als zuvor bei den deutschen Journalisten und Politikern: 86 Prozent hielten die Sendung für glaubwürdig, 72 Prozent beurteilten sie positiv und nur 7 Prozent lehnten sie ab. Fast die Hälfte bezeichnete sie sogar als ein für sie persönlich «wichtiges Erlebnis». Gut beurteilt wurde dabei der Aufklärungseffekt (19 %), der Realismus (13 %) oder die Präsentation als Familienschicksal (10 %). Negativ vermerkt wurde, sie sei «zu grausam» (14 %). Inhaltlich wurde die Serie durchaus als Wissensgewinn erfahren. Die Hälfte der Zuschauer plädierte laut Umfragen dafür, *Holocaust* im Schulunterricht einzusetzen, unter Teenagern sogar zwei Drittel. Größere Teile der Zuschauer gaben an, Neues über den Nationalsozialismus erfahren zu haben, etwa über die Grausamkeit der Verfolgung (31 %), über Konzentrationslager und die «Endlösung» (je 22 %). 14 Prozent sagten sogar, ihr Geschichtsbild habe sich geändert, und antisemitische Einstellung gingen leicht zurück.⁸⁸ Weiterhin war jedoch – ähnlich wie in Österreich – knapp ein Drittel der Bundesbürger der Meinung, der Nationalsozialismus sei eine gute Idee gewesen, nur schlecht ausgeführt.⁸⁹

Die Serie regte einen breiten Austausch über den Nationalsozialismus an, vor allem in den Familien und unter Freunden. Die Schuldfrage war dabei das Hauptthema. Briefe und Anrufe von Zuschauern zeigten das ebenso wie öffentliche Debatten. Allein die Bundeszentrale für politische Bildung erhielt rund 15 000 Anfragen mit Briefen, die Informationen zu den Ursachen und zum aktuellen Umgang mit den Verbrechen erbaten.[90] Beim WDR kamen nach der Ausstrahlung rund 16 000 Postsendungen zum Thema Holocaust an, etwas häufiger von Männern und Menschen über fünfzig. Zwei Drittel davon bewerteten die Serie positiv und verbanden dies oft mit persönlichen Gefühlen, und nur 13 Prozent traten mit abwertenden, oft antisemitisch geprägten Tiraden gegen die Serie und die USA auf.

Eine solche Empathie gegenüber den NS-Opfern wie in *Holocaust* hatte bei den bisherigen Filmen zum Zweiten Weltkrieg gefehlt. Dass diese nun in der Bevölkerung zunahm, lag sicherlich auch an einem generellen Wandel der Gefühlskultur in den 1970er-Jahren, die Emotionen zunehmend positiver besetzte, was auch auf die Auseinandersetzung mit der Vergangenheit abfärbte. Vor allem das Ehepaar Mitscherlich hatte in seinem Bestseller von 1967 *Die Unfähigkeit zu trauern* eine «auffallende Gefühlsstarre» der Deutschen ausgemacht, die aus der Erinnerungsverweigerung im Wirtschaftswunder resultiere.[91] Nun hingegen sah auch Margarete Mitscherlich in der Ausstrahlung von *Holocaust* die Chance zu einer Wende: Es sei eine Erinnerungsarbeit vonnöten, «die die Wiederbelebung unserer damaligen Verhaltensweisen, unserer Gefühle und Phantasien einschließt».[92] Die Serie *Holocaust* bot beides: Im Sinne von Mitscherlichs Buch ein Durchleben der nationalsozialistischen Vernichtungsphantasien und der Liebe zum «Führer» und im Sinne der populären Rezeption des Buchtitels eine Trauer über die Opfer. Viele, unter anderem Heinrich Böll, plädierten deshalb dafür, dass «Emotion und Aufklärung nicht im Dauerstreit bleiben» sollten.[93] Viele Medien, die vorher noch gegen *Holocaust* gewettert hatten, verkauften nun selbst Geschichten über Täter und Opfer.

Ebenso sprachen einige vom Versagen der deutschen Historiker. *Der Spiegel* betitelte einen zehnseitigen Artikel über *Holocaust* mit «Schwarzer Freitag für die Historiker»; er endete: «Selten ist einer Wissenschaft so drastisch bescheinigt worden, daß sie jahrzehntelang an den Interessen und Bedürfnissen der Öffentlichkeit vorbeigelebt hat. Es ist Zeit, umzukehren.»[94] Joachim Fest sah in einem Leitkommentar auf der *FAZ*-Titelseite eine «Bankrotterkärung unserer Schulen und Universitäten».[95] Einzelne Historiker reagierten hierauf öffentlich und in ihren Fachzeitschriften – sowohl mit Einsicht, wie mit Abwehr. Martin Broszat, Direktor des Instituts für Zeitgeschichte in München, räumte sorgsam balancierend ein, die Wissenschaft habe sich bisher an das «besonders heikle Thema des jüdischen Schicksals in der Hitlerzeit nur auf sehr vorsichtige, sachlich unterkühlte Weise herangewagt», was seine eigene Formulierung unterstrich.[96] Der Serie *Holocaust* warf er jedoch abwertend Vereinfachungen und sachliche Fehler vor: So habe sie das «historisch-politische System und Umfeld, das die Judenverfolgung in Gang setzte» ausgeblendet, womit er besonders die «antisemitische Dauerpropaganda» meinte. Wesentlich selbstkritischer fiel die Antwort des NS-Experten Wolfgang Scheffler aus: Die meisten Gesamtdarstellungen zum Holocaust kämen nicht aus Deutschland und seien bisher kaum rezipiert worden, die Forschung zu Konzentrationslagern, Massenerschießungen in der Sowjetunion oder zum Grad der Geheimhaltung der Morde sei rudimentär. So sei *Holocaust* eine echte Chance, derartigen Forschungsthemen nun intensiver nachzugehen.[97]

Auf den Prüfstand geriet in der Folge auch der Geschichtsunterricht. Schon 1977 hatte eine Auswertung von dreitausend Schüleraufsätzen über Adolf Hitler gezeigt, dass selbst Gymnasiasten kaum Kenntnisse über den Nationalsozialismus hatten.[98] Im Zuge von *Holocaust* zeigten die Umfragen, dass viele jüngere Menschen erst durch die Serie vom Ablauf des Genozids Genaueres erfahren hatten. Schüler, die *Holocaust* gesehen hatten, konnten zumindest Gaskammern detailliert beschreiben, dennoch war das Wissen weiterhin schwach.[99] Der oft gepriesene deutsche Bildungsstandard, der den Hollywood-Filmen entgegengestellt worden war, zeigte hier seine Grenzen und weckte den Ruf nach Reformen.

## Kein Strohfeuer. Filmische Nachwirkungen der Serie

Die Serie *Holocaust* war ein «Geschichtssturm» mit nachhaltigen Folgen. Er fegte viele Gewissheiten hinweg und schob eine intensivere Auseinandersetzung mit der Vergangenheit an. Die USA spielten eine wegweisende Rolle und integrierten den Judenmord in ihre Geschichte, weshalb man in gewissem Maße tatsächlich von einer «Amerikanisierung des Holocaust»[100] sprechen kann. Dies gab aber Impulse für die weltweite Auseinandersetzung. Allerdings zeigte sich gerade in der Bundesrepublik, wie stark sich diese Adaptionen aus eigenen nationalen Traditionen heraus von den US-amerikanischen Vorbildern absetzten.

Auch in der Bundesrepublik trug die Debatte über *Holocaust* maßgeblich dazu bei, dass die Ermordung der europäischen Juden in der Öffentlichkeit, im Unterricht und in der Forschung zunehmend thematisiert wurde. Schon unmittelbar nach *Holocaust* setzten sich innovative Schülerprojekte mit den NS-Verbrechen auseinander. Ähnlich wie bei Geschichtswerkstätten stand die Recherche vor Ort oft im Vordergrund und damit auch Einzelschicksale. Große Resonanz fand der «Geschichtswettbewerb des Bundespräsidenten» 1980/81, der nun unter dem Thema «Alltag im Nationalsozialismus» lief und damit auch an neue Trends in der Forschung anknüpfte.

Große Institutionen wie die Kirchen positionierten sich nun kritischer zur Vergangenheit. Die Vorwürfe der 1960er-Jahre, die sich vor allem auf das Verhalten von Papst Pius XII. bezogen, hatte die Kirche noch eher konfrontativ von sich gewiesen. Die katholische Deutsche Bischofskonferenz stellte nun unmittelbar nach Ausstrahlung der Serie *Holocaust* in einer Erklärung nicht nur ihre Verdienste bei der Hilfe von Verfolgten heraus, sondern betonte, «dass das Verhalten der Kirchen gegenüber einzelnen Stufen der Judenverfolgung kritisch betrachtet werden muß».[101] Die evangelische Kirche verwies in ihrem «Wort zum Frieden» aus Anlass des 40. Jahrestages des Kriegsbeginns 1979 explizit auf «die Vernichtung des europäischen Judentums durch Menschen unseres Volkes».[102] Dass Papst Johannes Paul II. im Juni 1979 auch in Auschwitz auftrat, knüpfte an die neue Aufmerksamkeit für das Vernichtungslager an, wenngleich er vor allem das Leid der Katholiken und Polen herausstellte. In beiden Kirchen kam es nun zu einer vermehrt selbstkritischen Auseinandersetzung mit der eigenen Rolle im Nationalsozialismus, auch auf den Kirchen- und Katholikentagen.[103]

Nach dem Erfolg der Serie *Holocaust* entstanden in vielen westlichen Ländern weitere Filme über jüdische Schicksale. Trotz der vorherigen Kritik an der Darstellungsform prägte *Holocaust* maßgeblich die bundesdeutschen Filme und Dokumentationen zum Nationalsozialismus, die ab 1980 stark zunahmen. Nun zeigten auch westdeutsche Produktionen emotional, oft anhand von Familien und Kindern, die Opfer des Nationalsozialismus. Schicksale geretteter Kinder standen im Mittelpunkt, etwa in Filmen wie *Regentropfen* (1981), *Stern ohne Himmel* (1981), *Ein Stück Himmel* (1982) oder *Hitlerjunge Salomon* (1990). Dies richtete sich didaktisch an Schüler, wobei die emotionalen Einzelschicksale den Nationalsozialismus deutlich weniger erklärten als die amerikanische Serie. Ähnlich wie bei *Holocaust* stellten die westdeutschen Serien zudem bildungsbürgerliche jüdische Familien in den Mittelpunkt, die mit christlichen Deutschen verheiratet waren und für ihre Ehre kämpften – wie *Die Geschwister Oppermann* (1983) und *Die Bertinis* (1988) –, obgleich derartige Erzählmuster zuvor von deutscher Seite kritisiert worden waren.

Im Unterschied zu *Holocaust* verzichteten diese deutschen Filme allerdings weitgehend auf die Darstellung der Massenvernichtung. Auschwitz, die Gaskammern oder die Erschießungen auf freiem Feld zeigten sie nicht oder deuteten sie allenfalls an. Zudem konzentrierten sie sich auf die ersten Jahre der Diktatur und auf westdeutsche Orte. Die ab 1981 gedrehte Serie *Heimat*, die sich explizit als deutsche Antwort auf *Holocaust* verstand, war für diesen Orts- und Perspektivwechsel besonders charakteristisch: Ihr Fokus auf eine Kleinstadt im Hunsrück rückte die Familiengeschichte räumlich und mental so weit wie möglich von Auschwitz weg.[104] Die

Gewalt gegen Juden ging in den bundesdeutschen Serien weiterhin von anonymen SA-Männern aus. Zudem entdeckte der westdeutsche Film zunehmend den «Widerstand von unten», wie insbesondere die beiden Verfilmungen der «Weißen Rose» von 1982 belegen. Der jüdische Widerstand hingegen, der bei der Serie *Holocaust* eingebaut war, fand wenig Beachtung.

Auch Dokumentationen widmeten sich nun ganz den Schicksalen von einzelnen Opfern und Tätern des Nationalsozialismus, was den Siegeszug der Zeitzeugen unterstrich. Statt nüchterner Experten-Statements erzählten sie emotional von ihren persönlichen (Gewalt-) Erfahrungen.[105] Wie bei *Holocaust* zeigten zumindest einige Sendungen auch die Erfahrungen der Täter. Ein bis heute recht einmaliges Beispiel dafür sind die langen Aussagen von SS-Männern aus Auschwitz in der Dokumentation «Lagerstraße Auschwitz» (SWF 1979), die nach einer Erklärung für diese Taten suchte. Dagegen verzichteten derartige Filme auf das problematische Material der NS-Wochenschauen, um deren Propaganda-Perspektive zu vermeiden. Dieses Dialogisieren von Tätern und Opfern zeigte kaum eine Dokumentation so verdichtet wie *Der Prozeß* von Eberhard Fechner (3 Teile, NDR 1984). Seine filmische Begleitung des sechsjährigen Majdanek-Prozesses (1975–81) setzte Aussagen von rund siebzig Opfern, Tätern, Juristen und Beobachtern polyperspektivisch zueinander in Beziehung.[106] Die oft hervorgehobene neunstündige Dokumentation *Shoah* (Frankreich 1985) von Claude Lanzmann war in dieser Hinsicht keine Zäsur.

In der DDR stand zwar weiterhin der kommunistische Widerstand im Vordergrund. Aber auch hier verschob sich die publikumsorientierte Auseinandersetzung mit der NS-Vergangenheit und nahm zu. Bereits 1980 zeigte sich dies in der 13-teiligen DEFA-Produktion *Archiv des Todes*, die sich zwar auf fünf Widerstandskämpfer konzentrierte, aber zumindest am Rande auch Deportationen zeigte.[107] Erst als sich Mitte der 1980er-Jahre das Verhältnis der DDR zu Israel entspannte, entwickelte sich eine größere Offenheit für jüdische Schicksale. So erschien zum 50. Jahrestag der Reichspogromnacht der Film *Die Schauspielerin*, der in eine Liebesgeschichte eingebettet die rassistische Verfolgung nach den Nürnberger Gesetzen zeigte.[108] Dennoch trat der Massenmord an den Juden, trotz des empfangbaren Westfernsehens, in Ostdeutschland weniger ins gesellschaftliche Bewusstsein, wie auch Umfragen nach dem Mauerfall rasch zeigten.[109] Es fehlten vor allem jene öffentlichen Debatten hierüber, die Serien wie *Holocaust* in westeuropäischen Ländern angestoßen hatten.

## Politische Nachgefechte: Amnestie, Aktenzugang und Entschädigung

Die Serie *Holocaust* war von Beginn an ein Politikum. Ihre Ausstrahlung verschärfte 1979 die Auseinandersetzung darüber, welche politischen Konsequenzen aus dieser neuen Vergegenwärtigung der Verbrechen zu ziehen seien – für ihre juristische Ahndung, für Entschädigungen und ihre Aufarbeitung durch Forschung und Gedenkstätten. Diese Auseinandersetzung entzündete sich besonders an der Frage, ob Mord und Völkermord verjähren dürften. 1965 und 1969 hatte der Bundestag, damals unter dem Eindruck der Auschwitz-Prozesse, die endgültige Entscheidung darüber bis ins Jahr 1979 verschoben. 1978 zeichnete sich ab, dass die SPD gegen eine Verjährung war, aber eine Mehrheit aus CDU/CSU und FDP die künftige Straffreiheit für NS-Massenmorde durchsetzen wollte. Tatsächlich entschied sich im Zuge der anschwellenden NS-Debatte eine kleinere Gruppe des christlich-liberalen Lagers, gegen die Verjährung zu stimmen[110], sodass der Bundestag sie am 3. Juli 1979 mit 255 zu 222 Stimmen aufhob.

Die Serie *Holocaust* spielte dabei durchaus eine wichtige Rolle. So zeigten Umfragen, dass sich im Zuge der Ausstrahlung die öffentliche Einstellung zur Verjährung veränderte: Vorher war die Hälfte der Befragten für eine künftige Straffreiheit, danach nur 35 Prozent.[111] Kaum ein Politiker gab zwar zu, seine Haltung von einer Fernsehserie beeinflussen zu lassen, aber die Meinungsbildung fand zumindest parallel zu der emotionalen, selbstkritischen Auseinandersetzung um *Holocaust* statt. In der ersten Bundestagsdebatte im

März 1979 wurde die Serie vereinzelt sogar explizit angesprochen: CDU-Abgeordnete betonten abwehrend, die Serie habe inhaltlich nichts Neues gebracht, da die NS-Verbrechen längst lückenlos aufgearbeitet seien[112], während ein SPD-Abgeordneter die Verjährung als einen amoralischen Akt bezeichnete, wofür *Holocaust* sensibilisiert habe.[113] Die christdemokratischen Befürworter einer künftigen Straffreiheit für NS-Verbrecher argumentierten, dass Verbrechen aufgrund des hohen zeitlichen Abstands schwierig zu beweisen seien, NS-Unrecht kaum durch Strafprozesse aufgearbeitet werden könne und dies keine Präventivwirkung habe. Dagegen argumentierten deren Gegner mit der fortbestehenden Möglichkeit der Aufdeckung neuer Verbrechenskomplexe, mit moralischen Verpflichtungen oder auch dem Eindruck gegenüber dem Ausland.[114] Diese Position gewann nun eine Mehrheit.

Abgeordnete der CDU/CSU fürchteten dabei, dass eine Verjährung von Mord ein freimütigeres Sprechen über die einstigen Verbrechen fördern könne. In einem internen Fraktionsgespräch mit dem Leiter der Ludwigsburger Zentralstelle fragte etwa eine Abgeordnete: «Könnten Sie sich vorstellen, daß nach 1980 jemand in Illustrierten veröffentlicht: ‹Ich XYZ als Assistent von Dr. Mengele› und dort seine Erfahrungen aus Auschwitz oder Treblinka veröffentlicht?»[115] Nicht nur die Bestrafung, sondern auch die Verjährung erschien ihnen als ein gefährliches Ventil für eine verstärkte mediale Thematisierung der Vergangenheit.

Diese fortbestehende Angst vor der Aufarbeitung zeigte sich in der Union auch beim Zugang zu Archivakten. Viele wollten nun wissen, welches Material in Archiven in Osteuropa, der DDR und Westeuropa schlummerte und welche Bestände mit welcher Begründung freigegeben würden.[116] Offensichtlich fürchteten sie, nach *Holocaust* würden Archivrecherchen, Debatten und Prozesse in Gang gesetzt werden, die weitere Skandale wie den um Hans Filbinger hervorrufen könnten, bei dem Journalisten Akten im Bundesarchiv eingesehen hatten. So hatte etwa ein SPD-Abgeordneter gefordert, die von den Amerikanern verwalteten Akten des Berlin Document Centre (BDC) an deutsche Behörden zu überführen, wo u. a. die NSDAP-Mitgliederkartei und Personalakten der SS und SA lagerten.[117] Aus

Furcht davor, die Bundesregierung könne die Bestände an ein Berliner Verwaltungsamt überführen, forderte ein CDU-Ausschuss: «Wir möchten, daß das document-center in die Ordnung des Bundesarchivs hineinkommt, weil dort sehr restriktive Benutzungsvorschriften bestehen.»[118] Erst als klarer wurde, dass die Bestände ohnehin als Mikrofilme in den USA einsehbar waren, nahm der Widerstand ab.

Bewegung kam im Zuge der *Holocaust*-Debatte auch in die Wiedergutmachungspolitik. Seit 1971 verhandelte die Bundesrepublik mit der Jewish Claims Conference und dem Zentralrat der Juden, zunächst geheim, über erweiterte Entschädigungsleistungen, wobei osteuropäische und rentenberechtigte Juden im Vordergrund standen. Ende 1979 forderte der Bundestag parteiübergreifend die Bundesregierung endlich auf, für eine «Abschlußgeste Wiedergutmachung» Mittel bereitzustellen. Die 440 Millionen DM sollten zwischen dem Zentralrat, den jüdischen Gemeinden und der Jewish Claims Conference aufgeteilt werden und mit Einmalzahlungen besonders Härtefälle begünstigen, etwa verfolgungsbedingt Erkrankte.[119]

Als Nachwirkung von *Holocaust* rückten auch nicht-jüdische Opfergruppen in den Vordergrund. Ende 1980 wurde eine Härtefallregelung für Zwangssterilisierte beschlossen, im Jahr darauf Richtlinien für Mittel «an Verfolgte nicht-jüdischer Abstammung», vor allem die Sinti und Roma. Auch die Entschädigung von Zwangsarbeit, die die Serie *Holocaust* knapp gezeigt hatte, rückte nun mehr in den Blick.[120] Die CDU/CSU versuchte hingegen, die deutschen Vertriebenen und nach dem Zweiten Weltkrieg beschäftigungslos gewordene Beamten in die Opfergruppen einzubeziehen und stimmte der «Abschlußgeste Wiedergutmachung» nur zu, nachdem in einer parallelen Erklärung eine ähnliche Entschädigung für diese in Aussicht gestellt wurde. Die Serie *Holocaust* forcierte somit nicht nur eine Aufwertung der jüdischen Opfer, sondern auch eine neue Konkurrenz der Opfer. Sie sensibilisierte für unterschiedliches Leid, was vor allem nach dem Ende des Kalten Krieges zu weiteren Entschädigungsleistungen insbesondere für Osteuropäer führte.

## Gewandelte Geschichtskultur

Viele dieser Veränderungen waren mit dem generellen Wandel der Erinnerungs- und Geschichtskultur um 1979 verbunden. Sie korrespondierten mit dem Aufkommen von Geschichtswerkstätten, der Kultur- und Alltagsgeschichte und der Oral-History. Die «Geschichte von unten», die das Fernsehen vorführte, dürfte dabei für viele Amateurhistoriker eine gewisse Vorbildfunktion gehabt haben – und umgekehrt. Zeitzeugen übernahmen nun oft den Platz der Experten. Dieser Wandel der Geschichtskultur zeigte sich beim rasch expandierenden Ausbau von Museen, Ausstellungen und Gedenkstätten, aber auch bei Gedenkveranstaltungen. Sichtbar wurde dies etwa beim 50. Jahrestag der Pogromnacht 1988 mit zahlreichen offiziellen Veranstaltungen und Initiativen «von unten».

Wiederum setzten die USA Akzente: Am 1. November 1978 hatte US-Präsident Carter eine Kommission für die Errichtung einer Gedenkstätte für den Holocaust einberufen, die je zur Hälfte aus Überlebenden und Historikern bestand. Zudem sollten sie eine Agenda für die ersten «Days of Remembrance of Victims of the Holocaust» ausarbeiten.[121] Dies mündete schließlich in die Errichtung des United States Holocaust Memorial Museum in Washington, das neben einer Ausstellung zum Genozid auch Oral History-Projekte betrieb und sich generell für Menschenrechte einsetzte. Damit schufen die USA eine prominente wegweisende Form der öffentlichen Erinnerung, die wie bei den Filmen jedoch national sehr unterschiedlich adaptiert wurde.[122] Bezeichnenderweise versuchte die Bundesregierung, besonders unter Helmut Kohl ab 1982, diese Museumsgründung zu verhindern oder zumindest zu beeinflussen. Wie bei der Serie *Holocaust* dominierte die Angst, das deutsche Ansehen könnte darunter leiden.[123]

In der Bundesrepublik bestanden Ende der 1970er-Jahre außerhalb der KZ-Gedenkstätten Bergen-Belsen und Dachau noch kaum

Erinnerungs- und Lernstätten. In den Jahren nach der Ausstrahlung von *Holocaust* nahmen der Ausbau und die Neugestaltung von Gedenkstätten zu, oft von lokalen Initiativen getragen. So beschloss die Hamburger Bürgerschaft im September 1979 den «Neubau eines Dokumentenhaus» im ehemaligen KZ Neuengamme, das zwei Jahre später eingeweiht wurde. Ebenso errichtete 1980 die Synagoge in Essen eine Gedenkstätte, und 1982 entstand ein Dokumentationszentrum in der SS-Anlage der Wewelsburg.[124] Auch für Bergen-Belsen beschloss man 1985 einen Ausbau der bisher kleinen Ausstellung. Auschwitz-Birkenau selbst wurde 1979 zum Weltkulturerbe der UNESCO erklärt.

Kaum Aktivitäten zeigte, gerade im Vergleich zu Washington, die damalige Bundeshauptstadt Bonn. Hier kamen weder Initiativen für ein zentrales Holocaust-Museum auf noch für eine repräsentative Gedenkstelle für die Opfer des Nationalsozialismus. Dafür wuchs die Aufmerksamkeit für jüdische Geschichte in Berlin. Hier entstand bis 1984 die «Ständige Ausstellung der jüdischen Abteilung» im Berlin Museum, die die Keimzelle des späteren Jüdischen Museums war. Standen in den 1970er-Jahren noch die jüdischen Beiträge und Leistungen in der deutschen Geschichte im Vordergrund, wurden dort nun die NS-Verbrechen sichtbarer.[125]

Der neue Boom von Museen, Ausstellungen und öffentlicher Geschichtsdarstellung seit Ende der 1970er-Jahre war jedoch nicht auf den Nationalsozialismus beschränkt. Die Stuttgarter Staufer-Ausstellung 1977 oder die Berliner Preußen-Ausstellung 1981 erreichten jeweils hunderttausende von Besuchern und zeigten das neue Bedürfnis nach einer visuellen historischen Identitätsbildung. Zudem zeichneten sich auch hier Paradigmenwechsel ab: Die preußische Geschichte stieß gerade in ihrer Ambivalenz auf Interesse. Ähnliches zeigte sich parallel in der DDR, wo Ingrid Mittenzweis Biographie *Friedrich II. von Preußen* (1979) eine Abkehr von der sozialistischen Verdammung Preußens ankündigte und das Reiterstandbild von Friedrich dem Großen am Boulevard Unter den Linden wieder aufgestellt wurde. In Potsdam begann die DDR eine Sanierung der verfallenen preußischen Überreste – wie des Holländischen Viertels, des Marstalls des einstigen Stadtschlosses und der Nikolaikirche, die

1981 wieder eingeweiht wurde. Auch die Entdeckung der Altstädte in Ost und West belegte die neue Faszination für Geschichte.

Mit Helmut Kohl zog 1982 ein promovierter Historiker ins Bonner Kanzleramt ein, dem die historische Identitätsbildung wichtig war. Die zahlreichen Debatten und Skandale, die sich an seiner Geschichtspolitik entzündeten, unterstreichen die neuartige Bedeutung des Historischen und dessen politische Aufladung. Das gilt etwa für Kohls Initiative, in Berlin ein nationalgeschichtliches und in Bonn ein zeithistorisches Museum errichten zu lassen. Die Angst, die CDU wolle mit dem Deutschen Historischen Museum und dem Haus der Geschichte eine konservative Geschichtsdeutung zementieren, die Deutschlands Verdienste preise und die gerade aufgeblühte Erinnerung an die NS-Diktatur überschreibe, führte zu heftigen Auseinandersetzungen.[126] Wie sensibilisiert man im Umgang mit der deutschen Geschichte mittlerweile war, zeigte auch die öffentliche Entrüstung über Kohls Gedenkpolitik, etwa beim Besuch des Bitburger Soldatenfriedhofes mit US-Präsident Ronald Reagan 1985, wo auch SS-Männer begraben waren. In diesem Fall führte sie dazu, dass die beiden Staatsmänner nun auch einen ergänzenden Besuch im ehemaligen KZ Bergen-Belsen absolvierten, was bislang ebenfalls unüblich war. Dies alles spricht nicht für eine konservative Wende, sondern für eine neuartige Sensibilisierung von Öffentlichkeit und Geschichtswissenschaft. Vormals Toleriertes führte nun zu Widerspruch.

Der Stellenwert des Holocaust in der deutschen Geschichte und die Bewertung der Täter blieben bis in die 1990er-Jahre kontrovers. Die nun akzeptierte Darstellung des jüdischen Leids wurde von konservativer Seite neben das deutsche Leid der Vertreibung gestellt, das angeblich ein Tabu sei.[127] Die vielfältige Präsenz der Geschichte in der Öffentlichkeit erleichterte es, verschiedene Sichtweisen zu verbinden. Richard von Weizsäckers oft gelobte Rede zum 8. Mai 1985 war geradezu paradigmatisch für diese Zusammenschau unterschiedlicher Einzelerfahrungen, die durch ihr Nebeneinander legitim erschien. Was die Fernsehserie 1979 angestoßen hatte, war eben diese emotionale, am Einzelschicksal ausgerichtete und gleichzeitig universalisierte Auseinandersetzung mit der Geschichte. Der Holocaust ist seitdem ein weltweit zentraler Bezugspunkt geblieben.

# Epilog
## Globale Wendepunkte und der Beginn unserer Gegenwart

Der Verlauf von Geschichte ähnelt breiten Flüssen: Die Fließgeschwindigkeit und das Wasser verändern sich, ebenso unsere Blickrichtungen. In diesem Sinne lassen sich viele Ereignisse des Jahres 1979 mit Flutwellen vergleichen, die bedrohliche Überschwemmungen und neue Verläufe einleiteten. Sowohl das Flussdelta wandelte sich als auch die Beobachtung, Bewertung und Lenkung der Ströme.

In vieler Hinsicht war die Welt Anfang der 1980er-Jahre eine andere als noch wenige Jahre zuvor. Statt keynesianistischer Staatsintervention prägten nun zunehmend marktliberale Ansätze die wirtschaftspolitische Debatte. Überraschend wuchs die politische Bedeutung der Religion, sei es im islamischen Nahen Osten, der Befreiungstheologie in Lateinamerika, bei den Evangelikalen in den USA oder im Katholizismus. Selbst unter dem Dach der evangelischen Kirchen in der DDR formierten sich im Jahrzehnt nach 1979 politische Oppositionsgruppen.

Ins Wanken geriet auch die Ordnung des Kalten Kriegs. Anfang 1979 befand sich die Sowjetunion noch auf dem Höhepunkt ihrer Macht. Nun wurde sie an ihren Rändern herausgefordert; sei es durch Massenproteste in Polen, durch Chinas enge Kooperation mit westlichen Staaten oder ihren zermürbenden Krieg in Afghanistan, der weltweit das Ansehen der Sowjetunion minderte, selbst in ihren Satellitenstaaten. Die Ereignisse im Jahr 1979 zeigten aber auch die Verletzlichkeit der USA. Der Abfall von engen Verbündeten wie Iran und Nicaragua, die demütigende Geiselnahme in ihrer Botschaft in Teheran oder auch die langen Schlangen vor den leeren Tankstellen mit steigenden Preisen unterstrichen dies. Die USA versuchten, mit Sanktionen ihren globalen Führungsanspruch zu unterstreichen, doch letztlich folgten selbst die engsten Verbündeten allenfalls verhalten. Wie dieses Buch vielfältig verdeutlicht, wuchsen im Zuge der Ereignisse die Spannungen zwischen Westeuropa und den USA.

Die Ordnung des Kalten Kriegs wurde durch eine mosaikartige Konstellation ergänzt, die viele Zeitgenossen ratlos machte. Der fundamentalistische Islam war für alle Seiten schwer einzuordnen, da er sich gegen die USA und die Sowjetunion gleichermaßen richtete und deren Modernisierungskonzepte ablehnte. Der Nahe Osten entwickelte sich zu einer Region mit besonderem Gewicht und vielfältigen Spaltungen. Ähnlich rätselhaft wirkte für viele Chinas rasanter Wandel, das sich aus seiner Feindschaft zur Sowjetunion an den Westen anschmiegte und seinen Staatssozialismus mit kapitalistischen Elementen und westlichen Investitionen verband, um zur Exportnation aufzusteigen. Trotz des Afghanistankonflikts kam es im Jahrzehnt nach 1979 auch nicht zu einem nachhaltigen «zweiten Kalten Krieg», der mit den 1950er-Jahren vergleichbar war. Denn die neuen globalen Verflechtungen sorgten weiterhin für blockübergreifende Kontakte, die schließlich in Abrüstungsgespräche mündeten. Genauso wenig kann man von einem neuen Nord-Süd-Konflikt sprechen. So führten etwa die stark gestiegenen Ölpreise dazu, dass der globale Süden heterogener wurde und ganz unterschiedliche Verbindungen zum Norden besaß. Mit den Umbrüchen von 1979 wurde die Welt vielmehr multipolarer.

Den hier untersuchten Umbrüchen ist gemeinsam, dass sie aus Krisenkonstellationen entstanden. Trotz regionaler Unterschiede entfaltete sich Ende der 1970er-Jahre von Großbritannien bis China, von Nicaragua über Polen bis Iran eine massive gesellschaftliche Kritik an den gegenwärtigen Zuständen. Dass Kritik und Krise ungefähr zur gleichen Zeit an verschiedenen Orten aufkamen, lag auch an der verdichteten globalen Kommunikation und vergleichenden Selbstbeobachtung. Selbst im bislang recht abgeschotteten China verstärkten die zunehmenden Kontakte diese Entwicklung. Aus der wechselseitigen Beobachtung erwuchsen Erwartungen an mehr Unabhängigkeit, individuelle Freiheit und einen breiter verteilten Wohlstand. Die Kameras der weltweiten Presse werteten einzelne Proteste auf und stärkten zugleich die Hoffnung auf internationale Unterstützung. Der Menschenrechtsdiskurs förderte dies ebenfalls.

Einzelne Akteure nutzten dieses «window of opportunity» in der Krise und traten nachdrücklich dafür ein, neue Pfade zu beschreiten. Thatcher, Deng, Khomeini oder Johannes Paul II. entwickelten sich dadurch zu charismatischen Figuren, obwohl sie meist vorher wenig bekannt waren und eher durch Zufälle in Schlüsselpositionen gelangten. Charakteristisch für sie alle ist, dass sie entschieden die Geschichte selbst in die Hand nahmen und mit bisherigen politischen Denkweisen und Kommunikationsweisen brachen. Politisch waren sie alle konservativ, förderten aber grundlegende Reformen.

Viele Ereignisse vollzogen sich in einer dramatischen Verdichtung von wenigen Tagen. Medien inszenierten das Geschehen als historischen Bruch, oft über die neu aufgekommenen Fernseh-Live-Berichte via Satellit. Dies und die Straßenöffentlichkeit trugen zu der dramatischen Verdichtung bei. In allen Fällen war die Situationen zunächst offen und der künftige Kurs in der Schwebe. Thatcher startete nicht mit einem Konzept für eine umfassende Privatisierung, und Khomeini hatte keinen fertigen Plan für eine Islamische Republik. Deng Xiaoping tastete sich bei der ökonomischen Reform Chinas ebenso vor wie die Sandinisten in Nicaragua bei der Suche nach einer Staatsform. Sie kündigten grundsätzlich neue Wege an, begannen aber mit vagen kompromissbereiten Ankündigungen und Experimenten. Der hohe Handlungsdruck und die Ungewissheit über den weiteren Verlauf förderten schließlich Veränderungen. Dieses Muster zeigt sich auch beim Umgang mit dem Atomunfall nahe Harrisburg, mit der zweiten Ölkrise oder der Flucht der Boat People, die etwa neue Wege des Energiesparens und der Flüchtlingsintegration eröffneten.

Viele Akteure machten sich die neue weltweite Medienöffentlichkeit zunutze. Religiöse Führer wie Khomeini und Johannes Paul II. gaben fortlaufend Interviews und setzten sich öffentlich in Szene, wodurch sie als charismatische Persönlichkeiten erschienen. Hilfsorganisationen wie Cap Anamur wurden von Journalisten betrieben und retteten im Südchinesischen Meer mit Reportern an Bord Flüchtlinge, um so für weitere Spenden zu werben. Auch die linksalternativen Solidaritätsgruppen in Lateinamerika ließen ihre Aktionen medial begleiten. Und der globale Fernsehmarkt ermöglichte erst den Welterfolg der Serie *Holocaust*, den grenzübergreifende Feuilleton-Debatten flankierten. Oft waren es dieselben Reporter und Fotografen, die bei den unterschiedlichen Ereignissen vor Ort waren. Sie reisten vom Iran zu den Boat People und von Nicaragua nach Afghanistan, um von riskanten Hotspots aus die Ereignisse zu vergegenwärtigen. Ihr Blick auf dramatische Momente war von moralischen und politischen Zielen geprägt und durch den Vietnamkrieg geschult. Fast alle Ereignisse verdichteten sich dabei in einzelnen ikonischen Situationen – etwa Khomeinis Ankunft inmitten von Menschenmassen, ein überfülltes Flüchtlingsboot nahe der *Cap Anamur* oder die Schlange vor Tankstellen in der Ölkrise. Gerade weil die Veränderungen groß und komplex waren, setzten die Journalisten auf führende Personen und Einzelschicksale, um die Folgen zu dokumentieren. Die Bilder und Stimmen der Opfer und der Betroffenen beglaubigten die Ereignisse. Auch der Erfolg der Serie *Holocaust* verfestigte diese Opferperspektive.

Die globale Verdichtung von Ereignissen wurde auch durch den engeren und immer preisgünstigeren Flugverkehr gefördert. Noch in den späten 1960er-Jahren hatten selbst Politiker wie Bundeskanzler Kurt Georg Kiesinger oder die 68er-Studenten nur selten Krisenherde persönlich besucht. Nun flogen bundesdeutsche, iranische oder chinesische Politiker rastlos um die Welt, ebenso Journalisten, Unternehmer, Experten und politische Aktivisten. Auf diese Weise konnten sie viel leichter Eindrücke vor Ort gewinnen und so zur globalen Wirkung der Ereignisse beitragen. Auch dies stärkte ein Denken von Einzelfällen und Opfern aus. Sandinisten und Nicaragua-Solidaritätsgruppen besuchten sich etwa gegenseitig, und die Sympathisanten aus dem Westen wurden am Flughafen in Managua wie Politiker empfangen. Die Welt geriet in den späten 1970er-Jahren auch rein physisch in eine intensivere Bewegung.

## Epilog

Viele Ereignisse waren direkt oder zumindest indirekt miteinander verbunden. Blickt man etwa von der Iranischen Revolution aus, so stieß diese die zweite Ölkrise mit ihren rasant steigenden Ölpreisen an. Dies verstärkte die weltweite Inflation, Wirtschaftsprobleme und Verschuldungen, auch in Osteuropa und der Dritten Welt. Dies schwächte selbst große Industrieländer und erleichterte Politikwechsel, die – wie unter Thatcher – auf monetaristische und marktliberale Akzente setzten. Das Erstarken des politischen Islams beeinflusste zudem den lange ungewissen sowjetischen Einmarsch in Afghanistan. Dazu trug die Angst der Sowjetunion bei, die USA würden ihren Machtverlust im Iran nun in Afghanistan und Pakistan ausgleichen. Die Ölkrisen wiederum schürten die Angst der nicht-sozialistischen Staaten, die Sowjetunion wolle in die Ölregionen vorrücken. In diesem Kontext gewann der AKW-Unfall bei Harrisburg eine andere Bedeutung. Die Atomkraft erschien nun plötzlich, anders als bei der Ölkrise 1973, als eine unsichere Alternative zum Öl. Daraus entstanden umfassende Konzepte zum Einsparen von Energie.

Andere Querverbindungen zwischen den Ereignissen waren indirekter. So stärkte die iranische Revolution Ängste und Hoffnungen in Ländern, die ebenfalls autoritär regiert wurden, und ließ Umstürze wahrscheinlicher erscheinen, selbst wenn eine der beiden Supermächte schützender Pate war. In Nicaragua oder Polen beobachtete man genau, mit welcher Wucht die militärisch gestützte Diktatur im Iran in sich zusammenbrach.

Alle Ereignisse schufen eine Bühne für Experten, führten aber auch zu einer Krise der Experten, die die Umbrüche nicht voraussahen und sie in alten Mustern deuteten. Dass sich ein Land wie China so rasch ökonomisch öffnet oder etablierte Diktaturen kippen, hielten sie für unwahrscheinlich. Mit den Umbrüchen wurden neue Experten und Wissensbestände gestärkt, etwa aus der atomkraftkritischen Bewegung oder aus Menschenrechtsgruppen. Die konkurrierenden Aussagen der Expertengruppen führten zu Verunsicherung und dem Eindruck einer postmodernen Vielstimmigkeit. Für manche Bereiche – wie den Islam oder China – fehlte es dagegen an Expertise. Auf diesen Feldern entstand jetzt überhaupt erst ein aktuelles Wissen, das über den klassischen Gelehrtenkanon der Sinologie oder der Islamwissenschaft hinausreichte. Oft übernahmen Journalisten die Rolle, die Situation in fremden Kulturen oder komplexe Probleme zu deuten, obgleich ihnen Sprachkenntnisse fehlten. Der Blick auf Einzelschicksale kompensierte dies. Ein systematisches Wissen bildeten und verwalteten die Botschaften, seien es die Diplomaten vor Ort oder die spezialisierten Referenten im Auswärtigen Amt. Während der Krisen schickten sie oft täglich ihre persönlichen Beobachtungen, Gesprächsnotizen und Nachrichten aus der dortigen Öffentlichkeit. Dies mündete mitunter in Mahnungen an die heimische Politik, schützte aber nicht vor Fehlurteilen. Das Vertrauen in den Status quo dominierte in den 1970er-Jahren, weshalb im Auswärtigen Amt auch autoritäre Herrscher wie der Schah von Persien oder Somoza als Garanten der Stabilität galten, während neue Akteure wie Khomeini oder die Sandinisten unterschätzt wurden. Auch eine andere Expertengruppe, die Historiker, konnte kaum etwas zur Deutung der damaligen Ereignisse beitragen. Selbst auf den Erfolg der Serie *Holocaust* reagierte sie recht hilflos. Vielmehr wurde sie durch das Ereignis mit seiner weltweiten Öffentlichkeit gedrängt, sich intensiver mit den NS-Verbrechen auseinanderzusetzen.

Die Bundesrepublik spielte in vielen Umbrüchen eine besondere Rolle. Da sie exportstark war und meist einer der wichtigsten Handelspartner, besaß sie besonders enge Verbindungen in viele Regionen. Weil sie keine klassische Kolonialmacht war, verfügte sie zumeist über ein relativ hohes Ansehen. Deutsche konnten so oft entscheidenden Einfluss auf den Verlauf von Ereignissen nehmen, sei es bei der Befreiung der Geiseln im Iran oder bei der Unterstützung von Sandinisten und der Opposition in Nicaragua. Auch bei großen Krisen pflegten die Deutschen pragmatisch bestehende Kontakte und bauten neue aus.

Die Bundesregierung wurde dabei auch durch gesellschaftlichen Druck zum Handeln angetrieben. Die große Solidarität bei der Aufnahme der Boat People aus Vietnam und die enorme Spendenbereitschaft zeigten, wie in der Bevölkerung der breite Wunsch aufkam, internationale Unterstützung anzubieten. Auch bei der kritischen Auseinandersetzung mit der Atomkraft entstand eine grenzübergreifende Dynamik von unten, während die Bundesregierung eher abwartend reagierte. Die internationale Vernetzung der Kritiker und Experten führte zu einer grenzübergreifenden technischen Überprüfung von Atomkraftwerken und in einzelnen Ländern zu einer schrittweisen Abwendung von der Atomenergie. Selbst gegenüber der Serie *Holocaust* bestand bei vielen Politikern eine abwehrende Haltung, sodass erst der Druck der Öffentlichkeit die Ausstrahlung ermöglichte. Das bundesdeutsche Engagement oszillierte zwischen einem globalen und einem spezifisch deutschen Verantwortungsethos. Plakate wie «Harrisburg ist überall» versinnbildlichten die globale Solidarität und das Konzept der «einen Welt», denn viele Umbrüche schienen die ganze Welt zu bedrohen. Zugleich wurde bei der Empathie mit Opfern nun häufig auf die deutsche Geschichte und den Holocaust verwiesen. Die Klage über einen «erneuten Holocaust» in Afghanistan, im Südchinesischen Meer oder durch die Atomkraft dramatisierte und legitimierte moralisches Handeln. Allerdings blieb der Einsatz für Menschenrechte in der Bundesrepublik sehr selektiv: Gegenüber China spielten sie selbst intern so gut wie keine Rolle, gegenüber Iran erst ab 1981, bei Nicaragua nach 1979 bei den Linken kaum, allenfalls im Umgang mit den Indios.

Westdeutsche Akteure gestalteten die Globalisierung auch ökonomisch mit. Deutsche Unternehmen wagten moralisch und ökonomisch riskante Geschäfte, vor denen andere Staaten zurückschreckten – wie den Bau von Atomkraftwerken im Iran oder großen Stahlwerken in China. Die Bundesregierung stützte diesen Kurs nachdrücklich mit Bürgschaften und Freigaben. Der Umbruch im Iran und die Probleme in China zeigten die Risiken der wirtschaftlichen Kooperation bei Systemwechseln. Langfristig wirkten die ökonomischen Verbindungen jedoch stabilisierend auf die grenzübergreifenden Kontakte, gerade bei politischen Umbrüchen.

Viele Impulse aus dem Ausland erreichten in gebrochener Form die Bundesrepublik. Bei der Ausbildung marktliberaler Ansätze war die Wirkung von Thatchers Reformgeist zwiespältig. Die anfangs positive Bewertung wich rasch einer kritischen Distanz, auch bei der CDU/CSU. Dennoch verbreitete sich der staatskritische Diskurs, der die heilsamen Kräfte des freien Marktes beschwor, nach 1979 auch in der Bundesrepublik. Die FDP erfand sich als Partei neu und die Union versprach marktorientierte Reformen. Doch gerade der Blick auf die USA und Großbritannien blockierte auch einen weiter reichenden Kurswechsel. Parallel zu den neoliberalen Ansätzen etablierte sich ein ökologisches Denken. Auch die Ökologie war eine Antwort auf das Krisenbewusstsein der 1970er-Jahre und forderte in apodiktischem Ton eine Umkehr. Politisch stand das alternative Milieu den Marktliberalen fern, teilte aber die wachsende Skepsis gegenüber dem Staat, die Betonung der Eigeninitiative und das Ziel, individuelle gesellschaftliche Verantwortung zu stärken. Die Grundideen der Marktliberalen und Ökos sickerten seit 1979 schrittweise in alle Parteien ein.

Die neue öffentliche Bedeutung der Religion ist der globale Trend, der sich am geringsten in Deutschland zeigte. Sichtbar war er dennoch. Nach den massiven Austritten aus den Kirchen Anfang der 1970er-Jahre gewannen diese wieder eine stärkere öffentliche und politische Präsenz. Dies zeigte sich an Kirchen- und Katholikentagen und bei Friedensdemonstrationen. Dass in Ostdeutschland seit 1979 unter dem Dach der evangelischen Kirchen Oppositionsgruppen entstanden, die schließlich zum Sturz der SED-Diktatur beitrugen, unterstreicht ebenfalls die neue politische Relevanz der Religion. Generell wuchs in Deutschland seit dieser Zeit das Interesse an religiösen Formen jenseits des etablierten Kirchenbetriebs. So entdeckte die Linke asiatische Religionen und die Befreiungstheologie Lateinamerikas und blickte fasziniert auf das christliche Gemeinschaftsgefühl dort. Die bis heute anhaltende Dominanz christdemokratischer Regierungen in Deutschland, mit der Anfang der 1970er-Jahre kaum jemand gerechnet hatte, zeigt ebenfalls das fortbestehende Bedürfnis nach christlich geprägten Normen in einer säkularen Gesellschaft. Gleichzeitig entwickelte sich mit der Iranischen Revolution der Islam zum Feindbild. Bis heute fördert dies den Bezug auf christliche Traditionen, obwohl der christliche Glaube deutlich abgenommen hat.

Die globalen Ereignisse setzten auch die DDR unter Zugzwang. Vieles erreichte sie abgeschwächter und verzögerter. Häufiger kon-

# Epilog

kurrierte die SED bei ihren Reaktionen mit der Bundesrepublik. Auf den Welterfolg der Serie *Holocaust* reagierte sie mit eigenen Produktionen, und die Aufnahme der Boat People in Westdeutschland konterte die DDR ab 1980 mit der Aufnahme von vietnamesischen Vertragsarbeitern. Sie unterstützte auch das sandinistische Nicaragua mit staatlicher Hilfe, Brigaden und Spenden und konkurrierte so mit dem bundesdeutschen Engagement. Im Unterschied zur Bundesrepublik wurde die freie zivilgesellschaftliche Hilfe, die es in der DDR auch gab, durch die SED eingeschränkt; dafür half die Staatssicherheit beim Aufbau der Überwachung in Nicaragua.

Da die SED kritische Reaktionen auf die weltweiten Krisen und Umstürze fürchtete, schränkte sie vielfach die Berichterstattung darüber ein. Über den Krieg in Afghanistan und die Proteste in Polen, über den AKW-Unfall bei Harrisburg oder die Serie *Holocaust* erfuhren die DDR-Bürger weniger aus der heimischen Presse als durch das westdeutsche Fernsehen. Atomunfälle und sowjetischer Krieg förderten zumindest kleinere Umwelt- und Friedensgruppen, die ab 1980 entstanden. Auch der Holocaust, der bislang vornehmlich nur im Kontext des kommunistischen Widerstands thematisiert worden war, entwickelte sich seit Anfang der 1980er-Jahre in der DDR zu einem Thema mit eigenem Gewicht. Die Globalisierung erreichte auch Ostdeutschland.

Die DDR versuchte mit begrenztem Erfolg, von den Umbrüchen zu profitieren, die der Bundesrepublik schadeten. So bemühte sie sich nach der Iranischen Revolution, dort als neuer Exportpartner aufzutreten. Doch obwohl die DDR militärische Güter verkaufte, blieb die Bundesrepublik unter Khomeini weiterhin der bevorzugte Handelspartner. Angesichts der Krisen erwies sich die SED politisch und ökonomisch als zunehmend pragmatisch. Selbst zu China suchte sie schrittweise wieder den Kontakt. Hart getroffen wurde die DDR von der zweiten Ölkrise 1979, nachdem sie die erste noch wenig tangiert hatte. Die Krise zwang die SED zum verstärkten Energiehandel mit dem Westen, zu Milliardenkrediten und dem Abbau von Braunkohle, was große Umweltschäden nach sich zog und den Unmut in der Bevölkerung vergrößerte.

## Globale Wendepunkte

In der transnationalen Geschichtsschreibung besteht oft eine gewisse Euphorie über grenzübergreifende Kontakte. Die hier untersuchten Ereignisse zeigten auch die Schattenseiten der Globalisierung. Während die 1970er-Jahre im Westen eine Zeit des Friedens, der Verständigung und der Liberalisierung waren, entstanden außerhalb Europas neue Diktaturen, Kriege und Vertreibungen. Die Globalisierung jener Jahre ging weltweit mit einem neuen Nationalismus einher, der diese dramatischen Entwicklungen förderte, egal ob im islamischen Iran und Afghanistan, im sandinistischen Nicaragua oder im sozialistischen China.

Die Zeitenwende 1979 brachte vielfältige Umbrüche in unsere Gegenwart, weil Menschen von einer besseren Welt träumten. Heute sehen wir mit Erstaunen, wie nachhaltig viele damals eingeschlagene Wege und Herausforderungen fortbestehen.

# Dank

Dieses Buch hat eine lange Vorschichte. Als ich vor zehn Jahren bei einem Vortrag gefragt wurde, welchen Status 1989 als Zäsur habe, bemühte ich mich um ein wenig Originalität: Natürlich sei das Ende des Kalten Kriegs ein zentraler globaler Wendepunkt, nicht nur für Ostmitteleuropa; aber viele Herausforderungen der jüngsten Zeitgeschichte seien eben nicht mit dem Mauerfall aufgekommen, sondern eher mit internationalen Veränderungen gut ein Jahrzehnt zuvor – wie der fundamentalistische Islam, der Neoliberalismus oder die Globalisierung, ebenso der Aufstieg Chinas, die Aufnahme außereuropäischer Flüchtlinge oder das ökologische Bewusstsein. Auch in anderen Diskussionen entwickelte sich daraus der Vorschlag, die deutsche Geschichte einmal ergänzend von den vielfältigen Umbrüchen des Jahres 1979 aus zu betrachten. Im Austausch mit Jan-Holger Kirsch, dem ich für frühe Anregungen danke, entstand daraus damals ein erster Essay in den *Zeithistorischen Forschungen*.

Erste konzeptionelle Überlegungen stellte ich zudem 2010/11 an der Universität Gießen vor, an der ich damals lehrte und Sprecher des DFG-Graduiertenkollegs «Transnationale Medienereignisse von der Frühen Neuzeit bis zur Gegenwart» war. Die dortigen Diskussionen über globale Ereignisse gaben mir entscheidende Impulse, weshalb ich allen Doktorand/innen, Post-Docs und Kolleg/innen für die anregende Zeit danken möchte – stellvertretend für alle besonders Horst Carl und Friedrich Lenger.

Die archivgestützte Forschung zu diesem Buch begleitete danach meine Lehre an der Universität Potsdam und meine Arbeit am Zentrum für Zeithistorische Forschung. Zahlreiche Kolleg/innen, unterstützten das Vorhaben durch interessierte Nachfragen und Ideen.

Martin Sabrow und die Abteilungsleiter am Institut ermöglichen mir durch unsere vorzügliche Arbeitsteilung genügend Freiräume, um Archive aufzusuchen und Schreibphasen einzuschieben. Eine anregende Forschungsphase und einen internationalen Austausch gewährte mir das Kolleg «re:work. Arbeit und Lebenslauf in globalgeschichtlicher Perspektive» an der HU Berlin. Zudem konnte ich die Konzeption des Buches und Teilergebnisse bei zahlreichen Universitätskolloquien und Tagungen vorstellen. Allen Gastgebern und Diskutanten danke ich für gute Ideen und kritische Einwände. Gleiches gilt für die Zeitzeugen, die mir persönlich und am Telefon Auskunft gaben.

Viele studentische Hilfskräfte unterstützten mich bei der Recherche: Stellvertretend sei der letzten Kohorte mit Lena Rudeck, Jakob Mühle und Jakob Saß für ihr Engagement gedankt sowie Florian Peters, der mir 2013 bei der Recherche polnischer Quellen half. Bei der Organisation der Reisen, Tagungen und der Jagd auf Tippfehler unterstützten mich im Sekretariat Judith Koettnitz, Beate Schiller und Christa Schneider. Einzelne Kapitel lasen Jan C. Behrends, Hanno Hochmuth, Julia Kleinschmidt, Alexander Konrad, Florian Peters, René Schlott und Stefanie Senger, denen ich allen für ihre aufmerksame Lektüre danke. Das gesamte Manuskript kommentierten schließlich Rüdiger Graf und Annelie Ramsbrock, denen ich besonderen Dank für ihre klugen Anmerkungen schulde. Ein großer Dank geht schließlich an das Lektorat des Verlags C.H.Beck, namentlich an Ulrich Nolte und Petra Rehder. Sie halfen zugleich, das zunächst recht umfangreiche Buch stark zu kürzen und damit leserfreundlicher zu machen, so sehr man als Autor seine archivnahen Vertiefungen vermisst.

Jacques Derrida argumentierte 1997, die «Erfahrung des Unmöglichen ist Bedingung für die Ereignishaftigkeit des Ereignisses». Mir erschien es angesichts der vielen thematisierten Ereignisse oft unmöglich, dieses Buch abzuschließen. Dass dies doch gelang, verdanke ich nicht zuletzt der Unterstützung meiner Familie. Widmen möchte ich dieses Buch meinem Vater, der seit den 1960er-Jahren rastlos durch die Welt reiste. Er gab mir ein Gespür dafür, wie sehr die jüngste deutsche Zeitgeschichte über Grenzen hinausreicht.

# Zeittafel zu 1979

| | |
|---|---|
| 22.–26. Januar | Die Ausstrahlung der US-Fernsehserie *Holocaust* in der Bundesrepublik Deutschland leitet eine intensive öffentliche Auseinandersetzung mit dem Nationalsozialismus ein. |
| 29. Januar | Deng Xiaoping reist als erster führender Politiker der Volksrepublik China in die USA; zahlreiche weitere Westreisen führender chinesischer Politiker unterstreichen die ökonomische Öffnung Chinas. |
| 1. Februar | Khomeini landet aus dem Pariser Exil in Teheran. Die iranische Revolution leitet den Aufbau einer islamischen Republik ein, die den fundamentalistischen Islam weltweit auf die Agenda setzt. Die Proteste und Streiks im Iran sorgen bereits zuvor für einen starken Anstieg der Ölpreise – die «zweite Ölkrise». |
| 17./18. März | Bundesweiter Zusammenschluss der Grünen Listen im Vorfeld der ersten Europawahl in Frankfurt Sindlingen. Ab Oktober ziehen die Grünen in die ersten westdeutschen Landtage ein. |
| 28. März | Der Reaktorunfall im US-amerikanischen Atomkraftwerk «Three Mile Island» nahe der Stadt Harrisburg fördert die Angst vor der Atomkraft. |

| | | |
|---|---|---|
| 31. März | | 100 000 Menschen demonstrieren in Hannover gegen das geplante Endlager und die Wiederaufbereitungsanlage in Gorleben. |
| 4. Mai | | Margaret Thatcher wird Premierministerin Großbritanniens und leitet eine marktliberale Politik ein. |
| 2.–10. Juni | | Papst Johannes Paul II. besucht sein Heimatland Polen. Die Millionen von Menschen auf den Straßen sind ein Ausgangspunkt für die Formierung breiter Proteste in den folgenden Jahren. |
| 6. Juli | | Die Ministerkonferenz der Länder beschließt, 10 000 «Boat People» aufzunehmen; dieses Kontingent wird danach mehrfach erhöht. |
| 19. Juli | | Die von den Sandinisten angeführte Revolution in Nicaragua vertreibt das Somoza-Regime, was von einer weltweiten Solidarität begleitet wird. |
| 13. August | | Die *Cap Anamur* beginnt die Rettung vietnamesischer «Boat People» in Südostasien. |
| 4. November | | Geiselnahme in der US-Botschaft in Teheran. |
| 12. Dezember | | NATO-Doppelbeschluss zur Nachrüstung; er befördert die Friedensbewegung. |
| 12. Dezember | | Das Politbüro der KPdSU beschließt eine militärische Intervention in Afghanistan. |
| 25. Dezember | | Einheiten der sowjetischen Armee marschieren in Afghanistan ein, das damit zum globalen Krisenherd wird. |

# Abkürzungen

| | |
|---|---|
| AA | Auswärtiges Amt |
| AAPD | Akten zur Auswärtigen Politik der Bundesrepublik Deutschland |
| ACDP | Archiv für Christlich-Demokratische Politik, Konrad-Adenauer-Stiftung |
| AdsD | Archiv der sozialen Demokratie der Friedrich-Ebert-Stiftung |
| AGD | Archiv Grünes Gedächtnis |
| AFP | Agence France-Presse |
| AP | Associated Press |
| ASEAN | Verband Südostasiatischer Nationen (Association of Southeast Asian Nations) |
| BArch | Bundesarchiv Koblenz und Berlin-Lichterfelde (siehe Quellenverzeichnis im Anhang) |
| BBU | Bundesverband Bürgerinitiativen Umweltschutz |
| BK | Bundeskanzler |
| BMI | Bundesministerium des Innern |
| BMWi | Bundesministerium für Wirtschaft |
| BMZ | Bundesministerium für wirtschaftliche Zusammenarbeit |
| BWZ | Bildungs- und Wissenschaftszentrum des Bundesfinanzverwaltung |
| DED | Deutscher Entwicklungsdienst |
| DFG | Deutsche Forschungsgemeinschaft |
| DGB | Deutscher Gewerkschaftsbund |
| DISERO | Disembarkation Resettlement Offers |
| DKP | Deutsche Kommunistische Partei |
| DRK | Deutsches Rotes Kreuz |
| dpa | Deutsche Presse-Agentur |
| EG | Europäische Gemeinschaft |
| EKD | Evangelische Kirche Deutschlands |
| EPZ | Europäische Politische Zusammenarbeit |
| FDGB | Freier Deutscher Gewerkschaftsbund |
| FDJ | Freie Deutsche Jugend |

# Anhang

| | |
|---|---|
| FES | Friedrich-Ebert-Stiftung |
| FR | Frankfurter Rundschau |
| FSLN | Sandinistische Nationale Befreiungsfront (Frente Sandinista de Liberación Nacional) |
| GEPA | Gesellschaft zur Förderung der Partnerschaft mit der Dritten Welt |
| INIESEP | Instituto de Investigación Económica y Sociales de la Empresa Privada |
| INPRHU | Instituto de Promoción Humana |
| IWF | Internationaler Währungsfonds |
| KAS | Konrad-Adenauer-Stiftung |
| KKW | Kernkraftwerk |
| KOFAZ | Komitee für Frieden, Abrüstung und Zusammenarbeit |
| KOR | Komitee zur Verteidigung der Arbeiter (Komitet Obrony Robotników) |
| KSZE | Konferenz über Sicherheit und Zusammenarbeit in Europa |
| KWU | Kraftwerk Union AG |
| IOC | Internationales Olympisches Komitee |
| MdB | Mitglied des Bundestages |
| NOC | Nationales Olympisches Komitee |
| NRC | Nuclear Regulatory Commission |
| NYT | New York Times |
| NZZ | Neue Zürcher Zeitung |
| OBOP | Zentrum zur Erforschung der Öffentlichen Meinung (Ośrodek Badania Opinii Publicznej) |
| OIC | Organisation der islamischen Staaten |
| OPEC | Organisation erdölexportierender Länder |
| PA AA | Politisches Archiv des Auswärtigen Amts |
| PLC | Partido Liberal Constitucionalista |
| PV | Parteivorstand |
| RCDS | Ring Christlich-Demokratischer Studenten |
| SALT | Gespräche zur Begrenzung strategischer Rüstung (Strategic Arm Limitation Talks) |
| SZ | Süddeutsche Zeitung |
| taz | Tageszeitung taz |
| TMI | Atomkraftwerk Three Mile Island |
| UNHCR | United Nations High Commissioner for Refugees (Hoher Flüchtlingskommissar der Vereinten Nationen) |
| UVW | Unternehmensarchiv der Volkswagen AG |
| VEBA | Vereinigte Elektrizitäts- und Bergwerks AG |
| VIAG | Vereinigte Industrieunternehmungen AG |
| ZK | Zentralkomitee |

# Anmerkungen

## Einleitung
## Die Welt im Umbruch

1 Georg Hill, How the world went round while our back was turned, in: Times 14. 11. 1979, S. 1.
2 Günther Anders, Besuch im Hades: Auschwitz und Breslau 1966, nach «Holocaust» 1979, München 1979, S. 182.
3 Zur Definition vgl. Jürgen Osterhammel/Niels P. Petersson, Geschichte der Globalisierung. Dimensionen, Prozesse, Epochen, München 2003, S. 10.
4 So mit Blick auf die USA: Niall Ferguson u. a. (Hg.), The Shock of the Global. The 1970s in Perspective. Cambridge 2010.
5 Anthony Giddens, The Consequences of Modernity, Stanford 1990, S. 64.
6 Vgl. Alwyn W. Turner, Crisis? What Crisis? Britain in the 1970s, London 2008; Konrad Jarausch (Hg.), Das Ende der Zuversicht? Die siebziger Jahre als Geschichte, Göttingen 2008.
7 Vgl. Thomas Mergel, Einleitung: Krisen als Wahrnehmungsphänomene, in: ders. (Hg.), Krisen verstehen: Historische und kulturwissenschaftliche Annäherungen, Frankfurt/M. 2012, S. 9–22; Rüdiger Graf/Konrad H. Jarausch, «Crisis» in Contemporary History and Historiography, Version: 1.0, in: Docupedia-Zeitgeschichte, 27. 3. 2017.
8 José Casanova, Public Religions in the Modern World, 6. Aufl. Chicago 2008.
9 Danyel Dayan/Elihu Katz, Media Events: The Live Broadcasting of History, Cambridge, Massachusetts u. a. 1994.
10 Konzeptionell dazu bereits: Frank Bösch/Patrick Schmidt (Hg.), Medialisierte Ereignisse – Performanz, Inszenierung und Medien seit dem 18. Jahrhundert, Frankfurt/M. 2010.
11 Anregend dazu: Fernando Esposito (Hg.), Zeitwandel. Transformationen geschichtlicher Zeitlichkeit nach dem Boom, Göttingen 2017.

12 Jean-François Lyotard, Das postmoderne Wissen. Ein Bericht, 7. Aufl., Wien 2012 [1979], S. 112. 1982 erschien die deutsche Ausgabe.
13 Wolfgang Welsch, «Postmoderne». Genalogie und Bedeutung eines umstrittenen Begriffs, in: Peter Kemper (Hg.), ‹Postmoderne› oder der Kampf um die Zukunft, Frankfurt/M. 1988, S. 9–36, hier 9.
14 Ulrich Beck/Anthony Giddens/Scott Lash, Reflexive Modernisierung – Eine Kontroverse, Frankfurt/M. 1996.
15 Patrick Lagadec, La Civilisation du risque, Seuil 1981. Daran anschließend, aber durch Tschernobyl rezipiert: Ulrich Beck, Risikogesellschaft. Auf dem Weg in eine andere Moderne, Frankfurt/M. 1986.
16 Vgl. Ulf Engel/Matthias Middell (Hg.), Bruchzonen der Globalisierung, Sonderheft Comparativ 15(5/6), Leipzig 2005.
17 Jürgen Habermas (Hg.), Stichworte zur geistigen Situation der Zeit, 2 Bde., Frankfurt/M. 1979; Jürgen Habermas, Die Neue Unübersichtlichkeit. Kleine politische Schriften V, Frankfurt a. M. 1985. Dazu: Gabriele Metzler, Pathos der Ernüchterung. 25 Jahre «Stichworte zur geistigen Situation der Zeit», in: Zeithistorische Forschungen 1.1 (2004), S. 154–158.
18 Harold James, Geschichte Europas im 20. Jahrhundert. Fall und Aufstieg, München 2010, S. 14.
19 David Harvey, A brief History of Neoliberalism, Oxford 2005, S. 1.
20 Jeremy Black, 1979: The Real Year of Revolution – Jeremy Black discusses a turbulent year, in: History Today 59 (2009) H. 5, S. 5.
21 Claus Leggewie, Gedenkjahr 1979, in: SZ 21. 1. 2009.
22 Niall Ferguson, The Revelation of 1989 – Why 1979 was an even bigger year, in: Newsweek 16. 11. 2009, S. 32–37.
23 Peter Sloterdijk, Zorn und Zeit. Politisch-psychologischer Versuch, Frankfurt/M. 2006, S. 336 f.
24 David Lesch, 1979. The Year That Shaped the Modern Middle East, Boulder 2001, S. X. Von einem «annus horribilis in der islamischen Welt» spricht auch: Reinhard Schulze, Geschichte der islamischen Welt. Von 1900 bis zur Gegenwart, München 2016, S. 349.
25 Christian Caryl, 1979: The Great Backlash – What do Ayatollah Khomeini, Margaret Thatcher, Pope John Paul II, and Deng Xiaoping all have in common?, in: Foreign Policy 173 (2009), S. 50–64; ders., Strange Rebels. 1979 and the Birth of the 21st century, New York 2013.
26 https://wikileaks.org/plusd/pressrelease/?c3.
27 Vgl. etwa: Anselm Doering-Manteuffel/Lutz Raphael, Nach dem Boom: Perspektiven auf die Zeitgeschichte seit 1970, Göttingen 2012; Anselm Doering-Manteuffel/Lutz Raphael/Thomas Schlemmer (Hg.), Vorgeschichte der Gegenwart. Dimensionen des Strukturbruchs nach dem Boom, Göttingen 2016.

28 Vgl. Manfred Hettling/Andreas Suter (Hg.), Struktur und Ereignis, Göttingen 2001.

## 1. Die Revolution im Iran
## Der Westen und der radikale Islam

1 Vgl. Shaul Bakhash, The Reign of the Ayatollahs: Iran and the Islamic Revolution, New York 1984, S. 49. Iranische Journalisten ließ Khomeini nicht vor, erinnert: Amir Taheri, The Spirit of Allah: Khomeini and the Islamic Revolution, London 1985, S. 205. Einige sprechen von bis zu 200 Journalisten im Flugzeug; vgl. Carole Jerome, Back to the Veil, in: New Internationalist, 1.9. 1980.
2 Vgl. Peter Scholl-Latour, Allah ist mit den Standhaften. Begegnungen mit der islamischen Revolution, Stuttgart 1983, S. 95 f.
3 So auch die interne Einschätzung des bundesdeutschen Botschafters in Teheran, Ritzel an AA 31. 1. 1979, in: Bundesarchiv Koblenz (BArch) B 136 16650.
4 ABC-News 1.2. 1979, http://abcnews.go.com/Archives/video/feb-1979-ayatollah-khomeini-returns-12769714.
5 Frage von abc. Zur Ankunft vgl. den damaligen ARD-Bericht von Ulrich Encke, in: Ders., Vom Kaiserreich zum Gottesstaat. Reportagen aus 30 Jahren iranischer Revolution, Norderstedt 2010, S. 30.
6 Zum iranischen Fernsehen: dpa 1.2. 1979.
7 Zum Revolutionscharakter: Henner Fürtig, Totgesagte leben länger – 30 Jahre iranische Revolution, in: Anke Bentzin u. a. (Hg.), Zwischen Orient und Okzident. Studien zu Mobilität von Wissen, Konzepten und Praktiken, Freiburg 2010, S. 316–333.
8 Michel Foucault, Il mitico capo della rivolta dell'Iran, in: Corriere della sera, 26. 11. 1978 (Das mythische Oberhaupt der Revolte im Iran, in: ders., Dits et Ecrits. Schriften, Bd. III, Frankfurt/M. 2003, S. 894–897, zit. S. 897). Vgl. Thomas Lemke, Die verrückteste Form der Revolte – Michel Foucault und die Iranische Revolution, in: Zeitschrift für Sozialgeschichte des 20. und 21. Jahrhunderts 17 (2002), S. 73–89.
9 Kritisch zu Foucaults rund 15 Artikeln und Interviews, da er Islamismus und die Unterdrückung der Frauen verharmlose: Janet Afary/Kevin B. Anderson, Foucault and the Iranian Revolution: Gender and the Seductions of Islamism, Chicago 2005.
10 Vgl. etwa Spiegel 12. 2. 1979, S. 102–112.
11 Vgl. Abbas Milani, Scripting a Revolution. Fate or Fortuna in the 1979 Revolution in Iran, in: Keith Baker/Dan Edelstein (Hg.), Scripting Re-

volution. A Historical Approach to the Comparative Study of Revolutions, Stanford 2015, S. 307–324.
12  Vgl. Peyman Jafari, Der andere Iran. Geschichte und Kultur von 1900 bis zur Gegenwart, München 2010, S. 72; Amir Sheikhzadegan, Iranische Revolution. Eine makrosoziologische Analyse, in: Asiatische Studien 59.3 (2005), S. 857–878, S. 871.
13  Vgl. Nikki R. Keddie, Modern Iran. Roots and Results of Revolution, New Haven 2006, S. 212.
14  Vgl. etwa: Fakhreddin Azimi, The Quest for Democracy in Iran: A Century of Struggle against Authoritarian Rule, Cambridge 2008, S. X.
15  Zum Aufkommen des Begriffs: Ali Mirsepassi, Transnationalism in Iranian Political Thought: The Life and Times of Ahmad Fardid, Cambridge 2017, S. 111–166.
16  Kritisch hierzu: Matthias Küntzel, Die Deutschen und der Iran. Geschichte und Gegenwart einer verhängnisvollen Freundschaft, Berlin 2009, S. 82.
17  Vgl. Simone Derix, Soraya. Die «geliehene Kaiserin» der Deutschen, in: Gerhard Paul (Hg.), Das Jahrhundert der Bilder, Bd. 2, Göttingen 2008, S. 186–193.
18  Vgl. Quinn Slobodian, Foreign Front: Third World Politics in Sixties West Germany, Durham 2012, S. 126 f.
19  Bahman Nirumand, Persien, Modell eines Entwicklungslandes oder Die Diktatur der Freien Welt, Reinbek 1967.
20  Vgl. Aufstellungen in: Referat 421 Röskau 7. 11. 1978, sowie Vorlage Meyer-Landrut für Bundesminister AA 12. 8. 1978, in: BArch B 136 16650.
21  Vgl. Staatssekr. Hermes an Botschaft Teheran 7. 3. 1978; Vermerk 17. 2. 1978, in: Akten zur Auswärtige Politik der Bundesrepublik Deutschland (AAPD) 1978, S. 354–356; Spiegel 6. 3. 1978, S. 31; Harald Möller, Waffen für Iran und Irak. Deutsche Rüstungsexporte und ihre Querverbindungen zu den ABC-Waffenprogrammen beider Länder. Ursachen, Hintergründe, Folgen, Berlin 2006, S. 54–62.
22  Vgl. AA Ref. 413 7. 7. 1976, in: BArch B 136/17572. Nur knapp erwähnt in: Stephan Geier, Schwellenmacht. Bonns heimliche Atomdiplomatie von Adenauer bis Schmidt, Paderborn 2013, S. 326.
23  Vgl. Pagenstert/AA 4. 7. 1980, in: AAPD 1980, S. 1086 f.
24  Vgl. Wieck/Botschaft Teheran an AA 21. 10. 1976, in: BArch B 136/17572.
25  Vgl. die Bewertung des Handels von: Botschaft Teheran an AA 14. 4. 1980, in: BArch B 136 16654.
26  Vgl. Frank Hirschinger, Der Spionage verdächtig: Asylanten und ausländische Studenten in Sachsen-Anhalt, 1945–1970, Göttingen 2009, S. 79–87; Harald Möller, DDR und Dritte Welt. Die Beziehungen der DDR

## Anmerkungen zu Kapitel 1

mit Entwicklungsländern – ein neues theoretisches Konzept, dargestellt anhand der Beispiele China und Äthiopien sowie Irak/Iran, Berlin 2004, S. 224 f.
27 Mündliche Botschaft Honeckers an den Schah, 29. 8. 1978; abgedruckt in: Harald Möller, Geheime Waffenlieferungen der DDR im ersten Golfkrieg an Iran und Irak 1980–1988: eine Dokumentation, Berlin 2001, S. 35 f.
28 Vgl. Azimi, The Quest, S. 339 f.; Homa Katouzian, Musaddiq and the Struggle for Power in Iran, London 1991, S. 156–193.
29 Vgl. Stuti Bhatnagar, Revolution in Iran, 1979: The Establishment of an Islamic State, in: P. R. Kumaraswamy (Hg.), Caught in the Crossfire: Civilians in Conflicts in the Middle East, Reading 2008, S. 95–118, hier S. 97.
30 Vgl. Ajatollah Chomeini, Der islamische Staat, Berlin 1983.
31 Offiziell genannt wurden 16,6 Millionen, geschätzt 100 Millionen, mitunter auch das Dreifache: New York Times 19. 10. 1971 und 25. 10. 1979.
32 Vgl. Kurt Scharf, Der Wind wird uns entführen: moderne persische Lyrik, München 2005, S. 187.
33 Vgl. Keddie, Modern Iran, S. 215 f.; Bakhash, The Reign (s. Anm. 1), S. 12.
34 Vgl. Hossein Shahidi, Journalism in Iran: From Mission to Profession, London 2007, Kap. 1.
35 Vgl. Sheikhzadegan, Iranische Revolution, S. 864 f.
36 Vgl. Vorlage Montfort für Staatssekretär 7. 9. 1978, in: BArch B 136 16650.
37 Vgl. etwa Vorlage Petersen für Staatssekretär 16. 8. 1978; Vorlage Montfort für Staatssekretär 7. 9. 1978, in: BArch B 136 16650.
38 Bericht Botschaft Teheran an AA 17. 10. 1978, in: BArch B 136 16650.
39 Offiziell 64 Tote, von 600 Toten spricht: Bhatnagar, Revolution, S. 98.
40 Vgl. Keddie, Modern Iran, S. 234.
41 Vgl. Bericht AA 10. 11. 1978, Arbeitsstab Iran 6. 11. 1978, Botschafter Ritzel Teheran 31. 1. 1979, in: BArch B 136 16650.
42 Vgl. Bericht AA 13. 1. 1979, in: BArch B 136 16650.
43 Schulze, Geschichte der islamischen Welt (s. Anm. 24), S. 350.
44 Vgl. Shahidi, Journalism in Iran, Kap. 3.
45 Vgl. Keddie, Modern Iran, S. 224.
46 Vgl. Bakhash, The Reign, S. 49, 70.
47 Dies faszinierte viele Beobachter vor Ort; vgl. Michel Foucault, Die iranische Revolution breitet sich mittels Tonbandkassette aus (zuerst in: Corriere della sera 19. 11. 1979, S. 1 f.), in: Ders., Dits et Ecrits, S. 888–893.
48 Vgl. Baqer Moin, Khomeini: Life of the Ayatollah, New York 2000, S. 192.

Anhang

49 Vgl. Anzeige New York Times 23. 12. 1979, abgedruckt in: Said, Der lange Arm der Mullahs: Notizen aus meinem Exil, München 1995, S. 11.
50 Bild 8. 11. 1978. Vgl. Referat 421 Röskau 7. 11. 1978, in: BArch B 136 16650.
51 Vgl. Vermerk AA 7. 1. 1979, in: BArch B 136 16650.
52 Vgl. Moin, Khomeini, S. 192; Robin Wright, The Last Great Revolution: Turmoil and Transformation in Iran, New York 2000, S. 49.
53 Vgl. Interviews in: Spiegel 22. 1. 1979, S. 108–110.
54 Vgl. Botschafter Teheran an AA 5. 2. sowie 6. 2. 1979, in: BArch B 136 16651.
55 Botschafter Teheran an AA 14. 2. 1979, in: BArch B 136 16651.
56 Kurzprotokoll Kabinettssitzung 14. 2. 1979, Sprechzettel Bundeskanzler 15. 2. 1979, in: BArch B 136 16651.
57 Karsten Voigt laut SPD-Pressedienst 12. 2. 1979; Bericht Botschaft Teheran 14. 2. 1979, in: BArch B 136 16651.
58 Aufzeichnung Gespräch Schmidt-Sadat 29. 3. 1979, in: AAPD 1979, S. 427.
59 Zit. Poncet 23. 2. 1979 bei deutsch-französischer Konsultation, in: Archiv der sozialen Demokratie der Friedrich-Ebert-Stiftung (AdsD) 1/ HSAA006730; Gespräch Genscher mit François-Poncet 22. 2. 1979, in: AAPD 1979, S. 223.
60 Gesprächsaufzeichnung Giscard d'Estaing-Schmidt 23. 2. 1979, in: AdsD 1/HSAA006730.
61 Nach Aufzeichnung von Botschafter Pauls, Brüssel 21. 2. 1979, in: AAPD 1979, S. 208.
62 Christian Emery, US Foreign Policy and the Iranian Revolution: The Cold War Dynamics of Engagement and Strategic Alliance 1978–81, New York 2013, S. 105 f.
63 Vgl. Botschafter Pauls an AA 21. 2. 1979, Botschafter Wieck/Moskau an AA 1. 3. 1979, Aufzeichnung Ruhfus 29. 6. 1979, in: AAPD 1979, S. 208–210, 211, 213 f., 938.
64 Vgl. Neues Deutschland 3. 4. 1979, S. 1 und 9. 4. 1979, S. 1.
65 Vgl. etwa die Vorlage Ref. 405 AA 29. 1. 1980, in: Politisches Archiv des Auswärtigen Amts (PAAA) ZA 126878; Ref. 405 AA 29. 5. 1980, in: ebd.
66 Vgl. zu Breschnews Rede: Botschaft Moskau an AA 1. 3. 1980, in: PAAA ZA 126878.
67 Vgl. Staden an AA 8. 2. 1979, in: AAPD 1979, S. 152.
68 Referat 311 Lage im Iran 6. 2. 1979, in: BArch B 136 16651.
69 Botschaft Teheran 20. 3. 1979, in: ebd.
70 Vgl. Maziar Behrooz, Rebels With A Cause: The Failure of the Left in Iran, London 2000, S. 138–151.
71 Vgl. Strenziok an AA 9. 4. 1979, in: AAPD 1979, S. 464; Botschaft Teheran 1. 4. 1979, in: BArch B 136 16651.

## Anmerkungen zu Kapitel 1

72 Ervand Abrahamian, A History of Modern Iran, Cambridge u. a. 2010, S. 163–165.
73 Vgl. Keddie, Modern Iran, S. 242 f.; Azimi, The Quest, S. 414.
74 Vgl. Abrahamian, History, S. 179 f.
75 So Beobachter vor Ort: Vgl. Spiegel 19. 3. 1979, S. 138; Botschaft Teheran 11. 3. 1979, in: BArch B 136 16651. Bhatnagar, Revolution, S. 100.
76 Vgl. Aufzeichnung Siebourg 14. 5. 1979, in: AAPD 1979, S. 640; Bericht Schütz 11. 5. 1979, ebd., Anm. 14.
77 Vgl. Henner Fürtig, Die Bedeutung der iranischen Revolution von 1979 als Ausgangspunkt für eine antijüdisch orientierte Islamisierung, in: Jahrbuch für Antisemitismusforschung 12 (2003), S. 73–98, S. 82.
78 Vgl. Philipp W. Fabry, Zwischen Schah und Ayatollah. Ein Deutscher im Spannungsfeld der Iranischen Revolution, Gießen 1983, S. 30 u. 36 f.
79 Vorlage 16. 3. 1979, 9. 4. 1979, Botschaft Teheran 30. 4. 1979, in: BArch B 136 16651. Aus amerikanischer Sicht: Con Coughlin, Khomeini's Ghost. The Iranian Revolution and the Rise of Militant Islam, London 2009, S. 155.
80 Bhatnagar, Revolution, S. 106 f.
81 Vgl. Parvin Paidar, Women and the Political Process in Twentieth-Century Iran, Cambridge 1995, S. 164; Hamideh Sedghi, Women and Politics in Iran: Veiling, Unveiling, and Reveiling, Cambridge 2007, S. 122.
82 Schwer prüfbare Zahlen in: Bhatnagar, Revolution, S. 109.
83 Vgl. Shahidi, Journalism in Iran, Kap. 3 (s. Anm. 34).
84 Joschka Fischer, Durchs wilde Kurdistan, in: Pflasterstrand Nr. 47 (1979), S. 28–31, hier S. 31.
85 Vgl. Eine Verteufelte Revolution – Iran 1979 – Persien kurz nach der Revolution, ARD 1979; vgl. auch Küntzel, Die Deutschen und der Iran (s. Anm. 16), S. 159–162.
86 Spiegel 9. 4. 1979, S. 162; vgl. etwa auch: Spiegel 12. 2. 1979.
87 Vgl. Amnesty International, A Report Covering Events within the Seven Month Period Following the Revolution of February 1979, London 1979.
88 Vgl. Afary/Anderson, Foucault, S. 112–117 (s. Anm. 9); als Erfahrungsbericht einer Feministin: Die Zeit 20. 3. 1979 («Um ihre Hoffnungen betrogen»).
89 Vgl. Vermerk Multinational Evacuation, in: BArch B 136 16650. Die Zahlenangaben schwanken je nach Quelle stark.
90 Vgl. Bericht Oldenkott für Bundeskanzler 7. 12. 1978, in: BArch B 136 16650.
91 So wurde am 23. 12. 1978 der amerikanische Ölmanager Paul Grimm getötet. Vgl. Botschaft Teheran 7. 1. 1979, in: BArch B 136 16650.
92 So beim Spiegel-Reporter vor Ort: Spiegel 19. 2. 1979, S. 112.

Anhang

93 Vgl. Bericht Botschaft Teheran an AA 2. 11. 1978; Arbeitsstab Iran 6.11. und 28. 11. 1978; Bericht Oldenkott für Bundeskanzler 7. 12. 1978, alle in: BArch B 136 16650; Aufzeichnung Meyer-Landrut an Staatsekretär 10. 1. 1979, in: AAPD 1979, S. 43.
94 Vgl. Bericht AA 10. 11. 1978, in: BArch B 136 16650.
95 Vgl. Evakuierungsplan Iran 11. 2. 1979, in: BArch B 136 16651.
96 Vgl. Vermerk 14. 2. 1979, in: BArch B 136 16651.
97 Vgl. Mehdi Askarieh, A Case for Sustainable Development of Nuclear Energy and a Brief Account of Iran's Nuclear Program, in: Homa Katouzian/Hossein Shahidi (Hg.), Iran in the 21st Century: Politics, Economics & Conflict, New York 2007, S. 181–193.
98 Vgl. Referat 311 Lage im Iran Okt. 1979, in: BArch B 136 16651.
99 Sechs Geiseln konnten zur kanadischen Botschaft fliehen und wurden von der CIA außer Landes gebracht. 13 Geiseln, vor allem Frauen und Afroamerikaner, wurden nach zwei Wochen freigelassen.
100 Vgl. Christian Emery, The Transatlantic and Cold War Dynamics of Iran Sanctions, 1979–1980, in: Cold War History 10.3 (2010), S. 371–396.
101 Presseerklärung des Außenministeriums der Islamischen Republik Iran 10. 11. 1979, in: BArch B 136 16651.
102 Vgl. abc-Nachrichten 11. 11. 1979, www.youtube.com/watch?v=A8bC 1DEYbI4.
103 Scholl-Latour, Allah ist mit den Standhaften, S. 293 (s. Anm. 2).
104 Vgl. Referat 114 6. 11. 1979 und Referat 213 8. 11. 1979, in: BArch B 136 16651.
105 Vgl. hierzu die täglichen Berichte von Botschafter Ritzel/Teheran am 11.11., 12.11. 15.11., 16. 11. 1979, in: BArch B 136 16651.
106 Vgl. Ritzel 18. 11. 1979 und Vermerk Kabinett in: BArch B 136 16651.
107 Stärker als Strafe für Iran und Schutz des US-Dollar bewertet dies: Russell Moses, Freeing the Hostages. Reexamining U. S.-Iranian Negotiations and Soviet Policy, 1979–1981, Pittsburg 1996, S. 35 f.
108 Vgl. Gespräch mit Außenminister Vance 11. 12. 1979, in: AdsD 1/ HSAA008875.
109 Vgl. Vorbereitung Gespräch mit Außenminister Vance 11. 12. 1979, in: AdsD 1/HSAA008875; Referat 311 3. 1. 1980, in: BArch B 136 16652.
110 Vgl. Klaus Wiegrefe, Das Zerwürfnis: Helmut Schmidt, Jimmy Carter und die Krise der deutsch-amerikanischen Beziehungen, Berlin 2005, S. 303–328.
111 Vgl. Vermerk Kabinettsitzung 20. 11. 1979, in: BArch B 136 16652.
112 Schmidt an Carter 29. 3. 1980, in: AAPD 1980, S. 529; AL 2 an BK Schmidt/Vorbereitung Gespräch mit Vance 11. 12. 1979, in: AdsD 1/HSAA008875.
113 Vgl. Gespräch Schmidt mit Thatcher 9. 5. 1980, in: AdsD 1/HSAA006756;

Gespräch Schmidt mit US-Außenminister Christopher 16. 1. 1980, Aufzeichnung von Staden, in: AAPD 1980, S. 91. Dass Thatcher für Sanktionen gewesen sei, wie Emery vor allem an publizistischen Quellen ausmacht, zeigen die Akten nicht; Emery, The Transatlantic (s. Anm. 100), S. 384.
114 Vgl. Gespräch Schmidt mit Außenminister Christopher/USA 16. 1. 1980, in: AAPD 1980, S. 92.
115 Vgl. Aufstellung BMWi 26. 3. 1980, in: BArch B 136 16652.
116 So kommentierte Schmidt etwa handschriftlich: «Ritzel hat recht. 1.) So haben wir auch gegenüber Washington argumentiert – aber USA entscheidet – nicht wir 2) Man muß Ritzel sagen, warum wir (so weit – und nicht weiter!) in Sachen Iran öffentliche Solidarität mit USA bezeugt haben.» Ritzel 19. 1. 1980, in: BArch B 136 16654.
117 Vgl. Referat 311 3. 1. 1980 sowie Aufstellung BMWi 26. 3. 1980, in: BArch B 136 16652.
118 Gespräch Schmidt mit Gromyko 23. 11. 1979, in: AAPD 1979, S. 1775. Vgl. auch: Botschaft Washington an AA 24. 11. 1979, in: BArch B 136 16652.
119 Vgl. Möller, DDR und Dritte Welt, S. 226–236, 433, 437; ders., Waffen, S. 70–78 (s. Anm. 26 u. 21); Klaus Storkmann, Geheime Solidarität: Militärbeziehungen und Militärhilfen der DDR in die «Dritte Welt», Berlin 2012, S. 93–106.
120 Gespräch des Verfassers mit Kaveh V. 17. 10. 2017.
121 Vgl. Gespräch Schmidt mit Thatcher 9. 5. 1980, in: AdsD 1/HSAA006756; Gespräch Schmidt mit US-Außenminister Christopher 16. 1. 1980, in: AAPD 1980, S. 91.
122 Laut der zugänglichen Akten wurden die Deutschen überrascht. Vgl. Botschaft Washington 25. 4. 1980 und 28. 4. 1980, in: BArch B 136 16653. Kissinger bat, jede Kritik zu unterlassen, obgleich oder weil keine Information vorab erfolgt war. Eingeweiht wurde wohl Thatcher; Wiegrefe, Das Zerwürfnis (s. Anm. 110), S. 322.
123 Vgl. Gespräch BK Schmidt mit Barbara Rosen/Vertreterin der Organisation der Angehörigen der amerikanischen Geiseln «FLAG» 24. 4. 1980, in: AdsD 1/HSAA008890.
124 Vgl. Runderlass Vestring/AA 14. 12. 1979, in: AAPD 1979, S. 1838 f.
125 Zur Wirkung in den USA: Edward D. Berkowitz, Something Happened. A Political and Cultural Overview of the Seventies, New York 2006, S. 222.
126 Vgl. die Pressestimmen in: AdsD HA 1/HSAA009140.
127 Vgl. Erklärung der Außenminister der Neun zu Iran 22. 4. 1980, in: BArch B 136 16652; Vermerk für Kabinettsitzung 14. 5. 1980 und 21. 5. 1980, in: BArch B 136 30561; Gespräch Genscher mit Vance 16. 4. 1980, in: AAPD 1980, S. 734.

# Anhang

128 Wirtschaftsminister Lambsdorff setzte sich sogar, wenn auch vergeblich, für Freigrenzen bei neuen Verträgen ein, vgl. Tischvorlage Kabinettssitzung 23. 4. 1980; Sprechzettel Regierungssprecher 22. 4. 1980, in: BArch B 136 16653.

129 Bericht Gansel an Wehner 11. 2. 1980, in: BArch B 136 16654; Gansel in: Zeit 22. 6. 1979, S. 7; zur Kritik auch in der SPD: Spiegel 18. 6. 1980.

130 Vgl. BArch B 136 16652. Zudem: Botschafter Ritzel an AA 14. 11. 1979, in: AAPD 1979, S. 1694.

131 Vgl., allerdings ohne Archivquellen: Thomas Fischer, Die Rolle der Schweiz in der Iran-Geiselkrise 1979–1981. Eine Studie zur Politik der Guten Dienste im Kalten Krieg, Zürich 2004; Capucci ist kurz erwähnt in: Tassilo Wanner, Heilige Allianz? Die Aufnahme diplomatischer Beziehungen zwischen den Vereinigten Staaten und dem Heiligen Stuhl, Wiesbaden 2017, S. 136.

132 Ereignisgeschichtlich zur amerikanischen Seite, ohne Hinweise auf die deutsche Vermittlung: Moses, Freeing the Hostages (s. Anm. 107); sowie David R. Faber, Taken Hostage. The Iran Hostage Crisis and America's first Encounter with Radical Islam, Princeton 2005.

133 AL 2 an BK Schmidt zur Vorbereitung Gespräch mit Außenminister Vance 11. 12. 1979, in: AdsD 1/HSAA008875; Fabry, Zwischen Schah, S. 108 f.; Gerhard Ritzel, Soweit ich mich erinnere …: Aufzeichnungen eines Dieners der Diplomatie über Länder, Erlebtes, Gehörtes, Empfundenes und Gedachtes, Michelstadt 1998, S. 196–200.

134 Botschafter Ritzel/Teheran an AA 7. 2. 1979, in: BArch B 136 16651.

135 Ritzel, Soweit ich mich erinnere, S. 194.

136 Vgl. Botschafter Hermes/Washington an Montfort 1. 12. 1979, in: AAPD 1979, S. 1828; Aufzeichnung von Staden 11. 12. 1979, in: ebd., S. 1885. Ritzel, Soweit ich mich erinnere, S. 201–205.

137 Vgl. Dossier: Unterlagen BK Schmidt 1979, in: Bestand Schmidt AdsD 1/HSAA008863. Seinen Kontakt zu Ulrike Meinhof, der hier nicht aufgeführt ist, ermittelte die ZEIT, zit. in: Küntzel, Die Deutschen und der Iran (s. Anm. 16), S. 164. Zur Geiselbefreiung bereits: Frank Bösch, Zwischen Schah und Khomeini. Die Bundesrepublik Deutschland und die islamische Revolution im Iran, in: Vierteljahrshefte für Zeitgeschichte 63 (2015), S. 319–349.

138 Vgl. Scholl-Latour, Allah ist mit den Standhaften (s. Anm. 2), S. 93.

139 Gespräch Genscher mit Tabatabai, 21. 3. 1980, Aufzeichnung von Staden, in: AAPD 1980, S. 496–501, zit. S. 498; Gespräch Genscher mit Vance 16. 4. 1980, in: ebd., S. 620.

140 Vgl. Gespräch Genscher mit Tabatabai, 3. 4. 1980, Aufzeichnung von Staden, in: ebd., S. 501, Anm. 14.

141 Vgl. Aufstellung zur Geiselnahme von Referat 311, in: BArch B 136 16653, S. 14.
142 Am 3.9. und 6.9. 1980, vgl. ebd.
143 Ritzel an AA 10. 9. 1980, in: AAPD 1980, S. 1375.
144 Vgl. Montfort an Ritzel 19. 9. 1980, in: AAPD 1980, S. 1416; Warren Christopher, Chances of a Lifetime: A Memoir, New York 2001, S. 110 f. Er erinnerte sich, dass besonders die Freigabe des Schah-Vermögens wegen des US-Bankengesetzes ein schwieriger Punkt war. Vgl. zudem: Moses, Freeing the Hostages, S. 253 f. u. 258–262.
145 Vgl. Montfort an Ritzel 19.9. 1980 sowie Aufzeichnung Montfort 14. 10. 1980, in: AAPD 1980, S. 1414–1416, S. 1516–1518.
146 Gespräch BK Schmidt mit algerischem Präsident Chadli 8. 5. 1980, in: AdsD 1/HSAA006756. Im Rückblick: Referat 213 27. 1. 1981, in: BArch B 136 16653.
147 Anschaulich erinnert: Christopher, Chances of a Lifetime, S. 116–123.
148 Vgl. Vorlage Sitzung Bundeskabinett 21. 1. 1981, in: BArch B 136 16653. Moses, Freeing the Hostages, S. 252–326. Algier Accords 19. 1. 1981, in: www.parstimes.com/history/algiers_accords.pdf.
149 Botschaft Washington 22. 1. 1981, in: BArch 136 16653.
150 Vgl. Referat 213 27. 1. 1981, in: BArch B 136 16653.
151 Vgl. Jamal Malik, Islamisierung in Pakistan, 1977–1984. Untersuchungen zur Auflösung autochthoner Strukturen, Wiesbaden 1989.
152 Vgl. Wilfried Buchta, The Failed Pan-Islamic Program of the Islamic Republic: Views of the Liberal Reformers of the Religious «Semi-Opposition», in: Nikki R. Keddie/Rudolph P. Matthee (Hg.), Iran and the Surrounding World. Interactions in Culture and Cultural Politics, Washington 2002, S. 281–304, hier S. 283.
153 Vgl. Fürtig, Totgesagte leben länger (s. Anm. 7), S. 330 f.
154 Vgl. Yaroslav Trofimov, Anschlag auf Mekka. 20. November 1979 – Die Geburtsstunde des islamistischen Terrorismus, München 2008.
155 Vgl. Thomas Hegghammer, Jihad in Saudi Arabia: Violence and Pan-Islamism since 1979, Cambridge 2010, S. 21–26; Florian Peil, Aufstand in Mekka: Die Besetzung der großen Moschee 1979, Berlin 2006.
156 Vgl. Toby Craig Jones, Rebellion on the Saudi Periphery: Modernity, Marginalization and the Shi'a Uprising of 1979, in: International Journal of Middle East Studies 38.2 (2006), S. 213–233, hier S. 229.
157 Banafsheh Keynoush, Saudi Arabia and Iran. Friends or Foes?, Basingstoke 2016, S. 109–130.
158 Vgl. Bassam Tibi, Islamism and Islam, New Haven 2012, S. 127 f., 221.
159 Vgl. Werner Ende/Udo Steinbach, Der Islam in der Gegenwart. Entwicklung und Ausbreitung, München 2005, S. 689 f.
160 Vgl. Bakhash, The Reign (s. Anm. 1), S. 234.

## Anhang

161 Vgl. Vali Nasr, The Iranian Revolution and Changes in Islamism in Pakistan, India, and Afghanistan, in: Keddie/Matthee (Hg.), Iran, S. 327–352, hier S. 348.
162 Vgl. Sohail H. Hashmi, Islam, the Middle East and the Pan-Islamic Movement, in: Barry Buzan/Ana Gonzalez (Hg.), International Society and the Middle East: English School Theory at the Regional Level, Basingstoke 2009, S. 170–200; Oliver Borszik, Irans Führungsanspruch (1979–2013). Mission, Anhängerschaft und islamistische Konzepte im Diskurs der Politik-Elite, Berlin 2016, S. 33.
163 Vgl. Fürtig, Die Bedeutung der iranischen Revolution (s. Anm. 77), S. 87 f.
164 Vgl. Haggay Ram, Exporting Iran's Islamic Revolution. Steering a Path between Pan-Islam and Nationalism, in: Bruce Maddy-Weitzman/Efraim Inbar (Hg.), Religious Radicalism in the Greater Middle East, London 1997, S. 7–24.
165 Vgl. Spiegel Nr. 15, 18, 29, 41 (1977).
166 Zit. Spiegel 11. 12. 1978, S. 152 f.; 12. 2. 1979, S. 103–106; 9. 4. 1979, S. 164; siehe auch Samir Aly, Das Bild der islamischen Welt in der westdeutschen Presse in den 70er Jahren. Eine Inhaltsanalyse am Beispiel ausgewählter überregionaler Tageszeitungen, Frankfurt/M. 2002, S. 519.
167 Vgl. Edward W. Said, Covering Islam: How the Media and the Experts Determine how We See the Rest of the World, London 1997 [1981], S. xvi, xxvi, 6.
168 Vgl. Titelgeschichte «Die Türken kommen, rette sich wer kann», in: Spiegel 30. 7. 1973, S. 24–34; zum Wandel: Ulrich Herbert, Geschichte der Ausländerpolitik in Deutschland. Saisonarbeiter, Zwangsarbeiter, Gastarbeiter, Flüchtlinge, München 2001, S. 260.
169 Vgl. Spiegel 7. 1. 1980, S. 38–43; Die Zeit 27. 8. 1979, S. 5.
170 Zit. Spiegel 12. 2. 1979, S. 110.
171 Vgl. David Harris, The Crisis. The President, the Prophet, and the Shah – 1979 and the Coming of Militant Islam, New York 2004, S. 4.
172 Fraktionsprotokoll CDU 13. 11. 1979, in: Archiv für Christlich-Demokratische Politik in der Konrad-Adenauer-Stiftung (ACDP) VIII-001-1059/1, S. 2.
173 Vorlage für Bundeskanzler Schmidt, Referat 213 6. 2. 1979, Referat 311 5. 2. 1979, in: BArch B 136 16651.
174 Gespräch Genscher mit Mussawi 8. 10. 1981, in: AAPD 1981, S. 1568 f.
175 Botschafter Teheran Jens Petersen an AA 25. 10. 1981, in: PAAA, Bd. 137673.
176 Amnesty International nannte 1800 Hinrichtungen in den drei Monaten; Bericht Ref. 311 23. 11. 1981, und Bericht Botschaft Teheran 2. 11. 1981, in: PAAA, Bd. 137673.

177 Vgl. Unterlagen Okt. 1981, in: PAAA, Bd. 137673.
178 Gespräch Genscher mit Botschafter Velayati 5.2.1982, in: AAPD 1982, S. 215; vgl. auch: Gespräch Genscher mit Rafsandjani 21.7.1984, in: AAPD 1984, hier S. 935. Dennoch zog Genscher eine positive Bilanz des Gesprächs; Genscher an Außenminister Shultz 23.7.1984, in: ebd, S. 941 f.
179 Vgl. Bericht Botschaft 15.9.1984, in: PAAA, Bd. 137754.
180 Als internationalen Vergleich: Roger Howard, Iran Oil: The New Middle East Challenge to America, London 2003, S. 67. Sehr kritisch dazu: Küntzel, Die Deutschen und der Iran (s. Anm. 16), S. 151–176.
181 Vgl. Aufzeichnung Schlagintweit 26.9.1983, in: AAPD 1983, S. 1402 f.
182 Vgl. Tim Szatkowski, Gaddafis Libyen und die Bundesrepublik Deutschland 1969 bis 1982, München 2013.
183 Vgl. Tim Szatkowski, Die Bundesrepublik Deutschland und die Türkei 1978–1983, Berlin 2016, S. 63–67.
184 Am 15. Februar 1987 zum achten Jahrestag der Islamischen Revolution in seiner Satire-Sendung «Tagesshow» www.youtube.com/watch?v=ywY24qqeT-I.
185 Vgl. Interview-Reportage Februar 2009, in: Encke, Vom Kaiserreich zum Gottesstaat (s. Anm. 5), S. 103 f.

## 2. Papst Johannes Paul II. in Polen
### Die Kirche als Herausforderung für den Sozialismus

1 Vgl. etwa als Zeitzeugenbericht: Hansjakob Stehle in: Zeit 2.2.1979. Für Unterstützung bei der polnischen Quellen- und Literaturrecherche für dieses Kapitel danke ich Florian Peters.
2 Archie Brown, Aufstieg und Fall des Kommunismus, Berlin 2009, S. 572 f. Ähnlich besonders polnische und katholische Darstellungen, etwa Andrzej Friszke, Jan Paweł II. na polskiej drodze do wolności, in: Więź 48 (2005), H. 5–6, S. 21–37.
3 John Lewis Gaddis, Der Kalte Krieg. Eine neue Geschichte, München 2007, S. 243.
4 Vgl. zusammenfassend: Stefan Samerski, Teufel und Weihwasser. Der Papst und die Erosion des Kommunismus, in: Osteuropa 59/2–3 (2009), S. 183–194.
5 Timothy Garton Ash, The Polish Revolution. Solidarity 1980–82, London 1983, S. 29. Dies übernahm: Jan Roß, Johannes Paul II. Der Jahrhundertpapst, Reinbek 2005, S. 94.
6 Adam Michnik, Lekcja godności [Eine Lektion der Würde.], in: ders.:

Anhang

6 Kościół, lewica, dialog [Kirche, Linke, Dialog]; Warschau 1998, S. 236–245, hier S. 236 [zuerst in: «Biuletyn Informacyjny KOR», Nr. 4/1979].
7 Ebd., S. 239 u. 242.
8 Tagebuchnotiz Kazimierz Brandys 1. 6. 1979, abgedruckt in: Agnieszka Dębska (Bearb.), Droga do Solidarności. 1975–1980 [Der Weg zur Solidarność. 1975–1980], Warschau 2010, S. 120.
9 Fragment aus Jacek Kurońs Memoiren zur Atmosphäre während des Papstbesuchs in Warschau, 2./3. 6. 1979, abgedr. in: ebd., S. 122.
10 So bereits ein Klassiker aus der polnischen Soziologie der 1980er-Jahre: Grzegorz Bakuniak/Krzysztof Nowak, Proces kształtowania się świadomości zbiorowej w latach 1976–1980, in: Stefan Nowak (Hg.), Społeczeństwo polskie czasu kryzysu, Warszawa 2004 [1984], S. 261–284, S. 272.
11 Wegweisend auch für spätere Deutungen: Ireneusz Krzemiński u. a., Polacy − jesień '80. Proces powstawania niezależnych organizacji związkowych. Raport z badań [Die Polen − Herbst '80. Der Entstehungsprozess unabhängiger Gewerkschaftsorganisationen. Forschungsbericht], Warszawa 2005 [1983]. Vgl. aktuell: Maciej Drzonek/Michał Siedziako (Hg.), Solidarność z błoń. Wokół nauczania społecznego Jana Pawła II., Szczecin IPN, 2011. Abwägend dazu auf Basis von 150 Interviews: Jack M. Bloom, Seeing through the Eyes of the Polish Revolution. Solidarity and the Struggle Against Communism in Poland, Leiden 2013, S. 46 f., 132–138.
12 Casanova, Public Religions (s. Einleitung, Anm. 8), S. 228 f.
13 Adam Michnik, Demonstration der Sehnsucht nach Freiheit, in: Spiegel 4. 6. 1979, S. 116 f. Zugleich betonte er die Unterschiede der beiden.
14 Vgl. Ernst Trost, Der Papst aus einem fernen Land. Johannes Paul II. und seine Kirche, Gütersloh 1979, S. 11–21.
15 Vgl. Maryjane Osa, Creating Solidarity. The Religious Foundations of the Polish Social Movement, in: East European Politics and Societies 11/2 (1997), S. 339–365.
16 Kritisch hierzu: Rudolf Lill, Zur vatikanischen Ostpolitik unter Johannes XXIII. und Paul VI., in: Karl-Joseph Hummel (Hg.), Vatikanische Ostpolitik unter Johannes XXIII. und Paul VI., 1958–1978, Paderborn 1999, S. 19–30, hier S. 30.
17 Agnes Arndt, Rote Bürger. Eine Milieu- und Beziehungsgeschichte linker Dissidenz in Polen, Göttingen 2013, S. 149–158.
18 Hanna Diskin, The Seeds of Triumph. Church and State in Gomulkas Poland, Budapest 2001, S. 223.
19 Als «apolitisch» statt «unpolitisch» bezeichnet ihn deshalb: Roß, Johannes Paul II., S. 78–84.
20 Vgl. Bericht Botschafter Wieck/Moskau 20. 10. 1978, in: AAPD 1979,

S. 216, Anm. 13; Aufzeichnung Gespräch Schmidt mit Papst Johannes Paul II. 9. 7. 1979, in: AAPD 1979, S. 988.
21 Vgl. Izabella Main, Kirche, Zivilgesellschaft und «Nationalkatholizismus» im kommunistischen Polen, in: Friedrich Wilhelm Graf/Klaus Große Kracht (Hg.), Religion und Gesellschaft. Europa im 20. Jahrhundert, Göttingen 2007, S. 269–286, hier S. 279; Heinz Hürten, Was heißt vatikanische Ostpolitik? Eine einführende Skizze, in: Hummel (Hg.), Vatikanische Ostpolitik (s. Anm. 16), S. 1–17, hier S. 12.
22 Vgl. Andrzej Friszke/Marcin Zaremba, Wokół pierwszej pielgrzymki [Rund um den ersten Papstbesuch], in: dies. (Hg.), Wizyta Jana Pawła II w Polsce 1979 [Der Besuch von Papst Johannes Paul II in Polen], Warschau 2005, S. 5–72, hier S. 35–41.
23 Zu den Verhandlungen zur Reise: Antoni Dudek/Ryszard Gryz, Komuniści i Kościół w Polsce. 1945–1989 [Kommunisten und Kirche in Polen. 1945–1989], Krakau 2006 (2. Aufl.), S. 340–349.
24 Die Vorgaben für die staatliche Presse sind abgedruckt in: Marian S. Mazgaj, Church and State in Communist Poland. A History, 1944–1989, Jefferson 2010, S. 122.
25 Vgl. Friszke/Zaremba (Hg.), Wokół pierwszej pielgrzymki (s. Anm. 22), S. 49, S. 53, 226–229.
26 Stefan Frankiewicz u. a., Dziewięć dni w Polsce [Neun Tage in Polen], in: Więź 22/7–8 (1979), S. 80–178, hier S. 135.
27 Ebd., S. 108.
28 Vgl. die internen Berichte des Innenministeriums in: Grzegorz Majchrzak, Pierwsza pielgrzymka Jana Pawła II do Polski w świetle materiałow MSW. [Die erste Pilgerfahrt Johannes Pauls II. nach Polen im Lichte der Materialien des Innenministeriums], in: Dzieje najnowsze 34/1, 2002, S. 191–216, hier S. 206.
29 Vgl. Notizen von Mirek Budziński, einem Schüler und Mitglied des kirchlichen Ordnungsdienstes in: Frankiewicz u. a., Dziewięć dni w Polsce (s. Anm. 26), S. 92 f.
30 Vgl. ebd., S. 416.
31 Am 18. 5. 1979: Andrzej Friszke, Czas KOR-u. Jacek Kuroń a geneza Solidarności [Die Zeit des KOR. Jacek Kuroń und die Genese der Solidarność], Krakau 2011, S. 415.
32 Vgl. Samerski, Teufel und Weihwasser (s. Anm. 4), S. 186.
33 Vgl. Friszke/Zaremba: Wokół pierwszej pielgrzymki, S. 68.
34 Vgl. Majchrzak, Pierwsza pielgrzymka (s. Anm. 28), S. 202.
35 Dies wurde vorab beschlossen: Vgl. Notiz zum Treffen von Stanisław Kania (ZK-Sekr., Mitgl. d. Politbüros) mit den 1. Parteisekretären der betroffenen Wojewodschaften am 22. 3. 1979, in: Friszke/Zaremba, Wokół pierwszej pielgrzymki, S. 179.

36 Vgl. Frankiewicz u. a., Dziewięć dni w Polsce, S. 80–83.
37 Ebd., S. 111.
38 Vgl. Frankiewicz u. a., Dziewięć dni w Polsce, S. 81.
39 Ebd., S. 142.
40 Ebd., S. 146. Da der Papst oft von den gedruckt vorliegenden Manuskripten abwich, folge ich hier der Wiedergabe der Zeitzeugen.
41 Jonathan Huener, Auschwitz, Poland, and the Politics of Commemoration, 1945–1979, Athens 2003, S. 225.
42 Vgl. Maciej Drzonek/Michał Siedziako (Hg.), Solidarność z błoń. Wokół nauczania społecznego Jana Pawła II. [Solidarität von den Wiesen. Zur gesellschaftlichen Lehre Johannes Pauls II.], Szczecin 2011.
43 Vgl. Frankiewicz u. a., Dziewięć dni w Polsce (s. Anm. 26), S. 91.
44 Ebd., S. 98, 103 f.
45 Ebd., S. 112, 154.
46 Übersetzt in: Verlautbarungen des apostolischen Stuhls. Predigten und Ansprachen von Papst Johannes Paul II. bei seiner Pilgerfahrt durch Polen 2. bis 10. Juni, Bonn 1979.
47 Vgl. Bakuniak/Nowak, Proces (s. Anm. 10), S. 272.
48 Besonders die Opposition; vgl. Michnik, Lekcja godności, S. 242.
49 Ośrodek Badania Opinii Publicznej i Studiów Programowych (OBOP): Wizyta Papieża. Sprawozdania z 5 VI, 7 VI, 8 VI, 9 VI, 11 VI. [Der Papstbesuch. Berichte vom 5.6., 7.6., 8.6., 9.6., 11.6.] Juni 1979, Sign. K. 008/79. www.tnsglobal.pl/archiwumraportow/1979/05/15/wizyta-papieza-sprawozdania-z-5-vi-7-vi-8-vi-9-vi-11-vi/ (22. 5. 2018).
50 Bakuniak/Nowak, Proces, S. 275.
51 Vgl. Spiegel 4. 6. 1979, S. 107.
52 Aus den internen Berichten des Innenministeriums in: Majchrzak, Pierwsza pielgrzymka (s. Anm. 28), S. 206.
53 Vgl. Friszke/Zaremba, Wokół pierwszej pielgrzymki (s. Anm. 22), S. 52.
54 Vgl. OBOP, Wizyta Papieża. Sprawozdania z 5 VI, 7 VI, 8 VI, 9 VI, 11 VI (vgl. Anm. 49).
55 Vgl. deren Bericht: Radio Free Europe Research, The Pope in Poland, München 1979.
56 Majchrzak, Pierwsza pielgrzymka, S. 192.
57 Pismo Okólne [Rundschreiben] 1979, Nr. 36, S. 1–3, abgedr. in: Peter Raina (Hg.), Kościół w PRL: Kościół katolicki a państwo w świetle dokumentów 1945–1989. Wydawnictwo «W Drodze» [Die Kirche in der Volksrepublik Polen: Die katholische Kirche und der Staat im Lichte der Dokumente von 1945–1989], Posen 1994, S. 135.
58 Frankiewicz u. a., Dziewięć dni w Polsce, S. 171.
59 Vgl. Zdzisław Mach, Uwagi o społecznym znaczeniu pielgrzymek Jana

## Anmerkungen zu Kapitel 2

Pawła II do Polski [Anmerkungen zur gesellschaftlichen Bedeutung der Papstbesuche Johannes Pauls II. in Polen], in: Peregrinus cracoviensis 20 (2009), S. 49–64. Auch auf eigenen Erfahrungen: Adam Biela, Papieskie lato w Polsce. Szkic psychologiczny wizyty-pielgrzymki papieża Jana Pawła II w Polsce [Der Papstsommer in Polen. Eine psychologische Skizze des Besuchs von Papst Johannes Paul II. in Polen], London 1983.
60 Diesen Ansatz verfolgt stark, wenn auch nur knapp zum Papstbesuch: Jan Kubik, The Power of Symbols against the Symbols of Power. The Rise of Solidarity and the Fall of State Socialism in Poland, Pennsylvania 1993, S. 138.
61 Vgl. zur Bedeutung von Papst und Kirche auch: Berenika Szymanski, Theatraler Protest und der Weg Polens zu 1989. Zum Aushandeln von Öffentlichkeit im Jahrzehnt der Solidarnosc, Bielefeld 2012.
62 Vgl. OBOP, Brak zmian w stopniu religijności społeczeństwa polskiego. [Keine Veränderung des Grades der Religiosität der polnischen Gesellschaft] 4. 10. 1980, Sign. K.12/174/80.
63 Die antisowjetische Aufladung in der Krise betonen die Interviews in: Bloom, Seeing through the Eyes, S. 145 f., 376.
64 Vgl. Bakuniak/Nowak, Proces (s. Anm. 47), S. 281.
65 Vgl. KPdSU an polnischen Botschafter 14. 1. 1981, abgedr. in: Andrzej Paczkowski/Malcolm Byrne (Hg.), From Solidarity to Martial Law: The Polish Crisis of 1980–1981: A Documentary History, Budapest 2007, Dok. 27, S. 176–179.
66 Vgl. die Dokumente in: Bernhard Wiaderny (Hg.), Die Katholische Kirche in Polen (1945–1989). Eine Quellenedition, Berlin 2004, S. 178–184; Paczkowski/Byrne (Hg.), Solidarity, S. 51–56; Samerski, Teufel und Weihwasser, S. 188.
67 So auch: Osa, Creating Solidarity, S. 339–365.
68 Vgl. John O. Koehler, Spies in the Vatican. The Soviet Unions' Cold War against the Catholic Church, New York 2009, S. 213; Georg Weigel, Der Papst der Freiheit. Johannes Paul II. Seine letzten Jahre und sein Vermächtnis, Paderborn 2011, S. 110–116.
69 Vgl. Samerski, Teufel und Weihwasser, S. 188.
70 Vgl. OBOP: Brak zmian w stopniu religijności społeczeństwa polskiego. [Keine Veränderung des Grades der Religiosität der polnischen Gesellschaft] Juli 1980, Sign. K.12/174/80. http://www.tnsglobal.pl/archiwumraportow/1980/04/10/brak-zmian-w-stopniu-religijnosci-spoleczenstwa-polskiego/ (22. 5. 2018).
71 So Klaus Bachmann, Repression, Protest, Toleranz: Wertewandel und Vergangenheitsbewältigung in Polen nach 1956, Dresden 2010, S. 214.
72 Als konzise Zusammenfassung: Brown, Aufstieg (s. Anm. 2), S. 577–579.
73 Rede Papst Johannes Paul II. 13. 12. 1981 und Schreiben Papst Johannes

Paul II. an Jaruzelski 18. 12. 1981, abgedr. in: Paczkowski/Byrne (Hg.), Solidarity, Dok. 87 u. 90, S. 475 u. 480 f.
74 Vgl. Wanner, Heilige Allianz? (s. Kap. 1, Anm. 131), S. 135–137, 164 f., 178 f.
75 Er erreichte angeblich 172 Millionen Menschen in 42 Ländern sowie 100 Millionen im Radio. Reagans Dank in: Reagan an Schmidt 22. 2. 1981, in: AdsD HA HSAA006582. Vgl. auch: Cecilia Chessa, «Let Poland Be Poland»: The US-Polish Relationship from 1980 to the Present, in: Sabrina P. Ramet/Christine Ingebritsen (Hg.), Coming in from the Cold War: Changes in U. S.-European Interactions since 1980, Lanham 2002, S. 173–190.
76 Vgl. Gregory F. Domber: Empowering Revolution. America, Poland, and the End of the Cold War, Chapel Hill 2014; Carl Bernstein, The Holy Alliance, in: TIME 24. 2. 1992; Wanner, Heilige Allianz?, S. 273 f., 281 f.
77 Idesbald Goddeeris (Hg.), Solidarity with Solidarity. Western European Trade Unions and the Polish Crisis, 1980–1982, Lanham 2010.
78 Kim Christiaens/Idesbald Goddeeris, Beyond Western European Idealism. A Comparative Perspective on the Transnational Scope of Belgian Solidarity Movements with Nicaragua, Poland and South Africa in the 1980s, in: Journal of Contemporary History 50.3 (2015), S. 632–655, hier S. 644.
79 Bundestag 4. 2. 1982, S. 4887 f.; Spendenwert laut Kohl gegenüber Szalajda 11. 3. 1986, in: AAPD 1986, S. 373.
80 Agnes Bresselau von Bressensdorf, Frieden durch Kommunikation. Das System Genscher und die Entspannungspolitik im Zweiten Kalten Krieg 1979–1982/83, Berlin 2015, S. 228–252.
81 Botschafter Pfeffer/Warschau an AA 18. 4. 1986, in: AAPD 1986, S. 603.
82 Vgl. die Entgegnung vom 19. 6. 1983 in: Wiaderny (Hg.), Die Katholische Kirche (s. Anm. 66), S. 232.
83 Vgl. Weigel, Der Papst (s. Anm. 68), S. 166.
84 Nachdrücklich dazu: Bloom, Seeing through the Eyes, S. 381.
85 Vgl. Leonid Luks, Zur Rolle der Kirche bei der Befreiung Polens vom Kommunismus, in: Nikolaus Lobkowicz/Leonid Lûks (Hg.), Der polnische Katholizismus vor und nach 1989. Von der totalitären zur demokratischen Herausforderung, Köln 1998, S. 33–73; Diskin, The Seeds of Triumph, S. 223. Ihre Hilfe im Untergrund betont: Andrzej Paczkowski, The Spring Will Be Ours. Poland and the Poles from Occupation to Freedom, Pennsylvania 2003, S. 460.
86 Vgl. Main, Kirche (s. Anm. 21), S. 282.
87 Zum Folgenden vgl. Klaus Ziemer, Polen: Die Rolle der katholischen Kirche beim politischen Systemwechsel 1988 bis 1990, in: Hans-Joachim Veen (Hg.), Kirche und Revolution: Das Christentum in Ostmitteleuropa vor und nach 1989, Köln u. a. 2009, S. 75–100, hier bes. S. 81–88.

88 Gespräch Schmidt mit Andreotti 10.7.1979, in: AAPD 1979, S. 1008.
89 Schmidt im Gespräch mit Kardinalstaatssekretär Casaroli im Vatikan 9.7.1979, in: AAPD 1979, S. 999.
90 Vgl. Dannenbring an AA 11.8.1979, in: AAPD 1979, S. 1077.
91 Vgl. Gespräch Schmidt mit Papst Johannes Paul II. 9.7.1979, in: AAPD 1979, S. 986–991.
92 Protokoll SPD-Parteivorstand 19.3.1979, in: AdsD PV-Bestand Mappe 320.
93 Heinz Rapp und Bruno Friedrich, Protokoll Sitzung Parteirat 22./23.6.1979, in: AdsD PV-Bestand Mappe 325, S. 33.
94 Ebd.
95 Vogel laut Protokoll SPD-Parteivorstand 11.6.1979, in AdsD PV-Bestand Mappe 323.
96 Vgl. Vorlage BK Schmidt 7.10.1980, in: AdsD 1/HSAA008923. Karl-Josef Hummel, Seelsorgepolitik für eine versöhnte Zukunft. Karol Wojtyla/Papst Johannes Paul II., Julius Döpfner und Joseph Höffner 1965–1987, in: Heinz Finger u. a. (Hg.), Ortskirche und Weltkirche in der Geschichte, Köln 2011, S. 917–960, hier S. 944–948.
97 Vgl. Ifak-Umfrage im Auftrag des Spiegels, 10.11.1980, S. 71–74.
98 Vgl. Thomas Mittmann, Kirche im performativen Wandel – Die Entwicklung der Katholikentage und der Evangelischen Kirchentage in der Bundesrepublik Deutschland, in: Frank Bösch/Lucian Hölscher (Hg.), Jenseits der Kirche. Die Öffnung religiöser Räume seit den 1950er Jahren, Göttingen 2013, S. 107–148, hier S. 138.
99 Vgl. etwa Protokoll CDU-Bundesvorstand 12./13.12.1980 in: ACDP 07–001.
100 Wörner Fraktionsprotokoll CDU 11.9.1979, S. 18, in: ACDP VIII-001-1058/1.
101 Thomas Leif, Die strategische (Ohn-)Macht der Friedensbewegung: Kommunikations- und Entscheidungsstrukturen in den achtziger Jahren, Opladen 1990, S. 302.
102 Vgl. die Beiträge von Arnholz und Bauer in: Bösch/Hölscher (Hg.), Jenseits der Kirche.
103 Detlef Pollack, Rückkehr des Religiösen, Tübingen 2009, S. 146 f.
104 Vgl. Erich Bryner, Kirche und Opposition im ostmitteleuropäischen Vergleich. Ungarn und die Tschechoslowakei, in: Detlef Pollack/Jan Wielgohs (Hg.), Akteure oder Profiteure? Die demokratische Opposition in den ostmitteleuropäischen Regimeumbrüchen 1989, Wiesbaden 2010, S. 119–137, hier S. 132 f.
105 Vgl. Beata Blehova, Der Fall des Kommunismus in der Tschechoslowakei, Wien 2006, S. 108–118.
106 Zahlen nach ebd., S. 122.

107 Vgl. Weigel, Der Papst (s. Anm. 68), S. 162 f.
108 Czesław Osękowski, Der pass- und visafreie Personenverkehr zwischen der DDR und Polen in den siebziger Jahren. Politische, wirtschaftliche und gesellschaftliche Auswirkungen, in: Basil Kerski u. a. (Hg.), Zwangsverordnete Freundschaft? Die Beziehungen zwischen der DDR und Polen 1949–1990, Osnabrück 2003, S. 123–133, hier S. 125–127.
109 Vgl. Bericht: Zur Einschätzung Papst Johannes Paul II., Staatssekretär für Kirchenfragen 28. 10. 1978, in: BArch DO 4/465, Bl. 1041–1052; Bernd Schäfer, Der Vatikan in der DDR-Außenpolitik (1962–1989), in: Ulrich Pfeil (Hg.), Die DDR und der Westen: transnationale Beziehungen 1949–1989, Berlin 2001, S. 257–272, hier S. 268.
110 Vgl. Botschaft der DDR in Rom, Information über erkennbare Wesenszüge der «Ostpolitik» des Vatikans unter Papst Johannes Paul II., Rom 26. 6. 1979, in: BArch DY/30/IV 2/2.036, Bl. 65–73. Vgl. auch: Einschätzung der weltanschaulichen und politisch-ideologischen Grundlinien der Enzyklika «Dives in misericordia», Papst Johannes Paul II., Januar 1981, in: BArch DY/30/IV 2/2.036, Bl. 129.
111 Gesprächsvermerk Honecker-Andrzej Żabiński 13. 9. 1980 sowie Brief Honecker-Breschnew 26. 11. 1980, in: Michael Kubina/Manfred Wilke (Hg.), «Hart und kompromißlos durchgreifen». Die SED contra Polen 1980/81, Berlin 1995, S. 65–68, 122 f.
112 Zit. in: Manfred Wilke u. a., Die SED-Führung und die Unterdrückung der polnischen Oppositionsbewegung 1980/81, Berlin 1994, S. 13.
113 Bericht Staatssekretär Gaus an AA 4. 9. 1980, in: AAPD 1980, S. 1352–1356.
114 Zur Einschätzung Papst Johannes Paul II., Staatssekretär für Kirchenfragen 28. 10. 1978, in: BArch DO 4/465, Bl. 1045.
115 Ebd., Blatt 67.
116 Ideologische Aussagen von Papst Johannes Paul II. während seiner Reise in die VR Polen 15. 6. 1979, in: BArch DY/30/IV 2/2.036, Bl. 75–82.
117 Vgl. Einschätzung der Reise von Papst Johannes Paul II. vom 15. bis 19. 11. 1980 in die BRD, in: BArch DO 4/1301, Bl. 1863–1872.
118 Vgl. die interne Auswertung: Dr. K. Kurth, Zum Besuch des Generalsekretärs des ZK der SED und Vorsitzenden des Staatsrates der DDR beim Papst am 24. 4. 1985, 21. 05. 1985, in: BArch DO 4/4932, Bl. 1–5.
119 Vgl. Überlegungen zu Voraussetzungen, Problemen und Auswirkungen eines Papstbesuchs in der DDR 24. 4. 1988, in: BArch DO 4/1107, Bl. 1887–1891; Schäfer, Vatikan (s. Anm. 109), S. 269.
120 Vgl. Piotr Zariczny, Dialog zwischen regimekritischen christlichen Gruppen und Oppositionellen in Polen und der DDR, in: Kerski u. a. (Hg.), Zwangsverordnete Freundschaft?, S. 177–189, hier S. 183. Vgl. auch die Beiträge von Wolfgang Templin, Stefan Garszecki, Andrzej Grajewski und Justus Werdin in: ebd.

121 Vgl. Anke Silomon, Verantwortung für den Frieden, in: Claudia Lepp/ Kurt Nowak (Hg.), Evangelische Kirche im geteilten Deutschland (1945–1989/90), Göttingen 2001, S. 135–160, hier S. 151; sowie ausführlich zum Folgenden: Anke Silomon, Anspruch und Wirklichkeit der «besonderen Gemeinschaft». Der Ost-West-Dialog der deutschen evangelischen Kirchen 1969–1991, Göttingen 2006.
122 Vgl. Detlef Pollack, Zwischen Ost und West, zwischen Staat und Kirche: die Friedensgruppen in der DDR, München 2011, S. 273.
123 Sebastian Kalden, Über Kreuz in der Raketenfrage. Transnationalität in der christlichen Friedensbewegung in Westeuropa 1979–1985, Baden-Baden 2017, S. 121.
124 Silomon, Anspruch, S. 661 f.
125 Vgl. Verena Schädler, Katholischer Sakralbau in der SBZ und DDR, Regensburg 2013, S. 232 ff.
126 Vgl. etwa: Ehrhart Neubert, Die Kirchen als revolutionäre Akteure des revolutionären Umbruchs 1989/90 in der DDR, in: Pollack/Wielgohs (Hg.), Akteure (s. Anm. 104), S. 139–150.
127 Vgl. Helmut Fehr, Von der Dissidenz zur Gegen-Elite. Ein Vergleich der politischen Opposition in Polen, der Tschechoslowakei, Ungarn und der DDR (1976 bis 1989), in: Ulrike Poppe u. a. (Hg.), Zwischen Selbstbehauptung und Anpassung: Formen des Widerstandes und der Opposition in der DDR, Berlin 1995, S. 301–334, hier S. 318.
128 Vgl. Tytus Jaskulowski (Hg.), Die polnische Wende 1989 in der DDR-Presse. Eine Quellensammlung, Berlin 2007.
129 Vgl. Thomas Großbölting, Der verlorene Himmel: Glaube in Deutschland seit 1945, Bonn 2013, S. 254.
130 Vgl. Kubik, Power of Symbols, S. 254 f.; Krzysztof Kowalczyk, The Role of the Catholic Church during political Transformation in Poland (1989–2011), in: Kirchliche Zeitgeschichte 25/2 (2012), S. 376–400, hier S. 399.

## 3. Die Revolution in Nicaragua
### Solidarität mit der Dritten Welt

1 Botschafter Managua an AA 14. 2. 1979, in PAAA B 33 ZA Bd. 116101.
2 Siehe Frances Kinloch Tijerino, Historia de Nicaragua, Managua 2012, S. 256–303.
3 Zit. nach: Eberhard Löschcke, Auf dem Weg zur Religion des Lebens. Christen im Befreiungskampf Nicaraguas und die marxistische Religionstheorie, Bochum 1988, S. 93; zum Kontext: Debra Sabia, Contradiction and Conflict: The Popular Church in Nicaragua, Tuscaloosa 1997, S. 78.

Anhang

4 Zur Geschichte des politischen Umsturzes siehe: Roberto González Arana, Nicaragua: Dictadura y Revolución, in: Memorias. Revista Digital de Historia y Arqueología desde el Caribe 6.10 (2009), S. 231–264.
5 Petersen/Ref. 331 AA 24. 7. 1979, in: PAAA B 33 ZA Bd. 116104.
6 Zit. in: Spiegel 30. 7. 1979, S. 78 f.
7 Oft werden sehr hohe Zahlen genannt, die auf Angaben des Botschafters aus Nicaragua zurückgehen; vgl. Héctor Perla, Heirs of Sandino. The Nicaraguan Revolution and the U. S.-Nicaragua Solidarity Movement, in: Latin American Perspectives 36.6 (2009), S. 80–100, hier S. 82 f.; Clara Weber, Visions of Solidarity: U. S. Peace Activists in Nicaragua from War to Women's Activism and Globalization, Oxford 2006, S. 4. 7000 Gruppen für 1986 nennt: Carl Conetta, Peace Resource Book, 1988/89: A Comprehensive Guide to Issues, Groups, and Literature. Cambridge 1988, S. VII.
8 Christiaens/Goddeeris, Beyond Western European Idealism (s. Kap. 2, Anm. 78), S. 637.
9 15 000 waren es laut Eigenangaben von Aktivisten; vgl. Michael Förch, Zwischen utopischen Idealen und politischer Herausforderung. Die Nicaragua-Solidaritätsbewegung in der Bundesrepublik. Eine empirische Studie, Frankfurt/M. 1995, S. 101; Christian Helm, Booming Solidarity: Sandinista Nicaragua and the West German Solidarity Movement in the 1980s, in: European Review of History 21.4 (2014), S. 597–615, hier S. 602.
10 Vgl. die Beiträge von Moine und Jiminez in: Frank Bösch/Caroline Moine/Stefanie Senger (Hg.), Internationale Solidarität. Globales Engagement in der Bundesrepublik und der DDR, Göttingen 2018; Kim Christiaens u. a. (Hg.): European Solidarity with Chile 1970s–1980s, Frankfurt/M. 2014.
11 Alan L. McPherson, The Invaded. How Latin Americans and their Allies Fought and Ended U. S. Occupations, Oxford 2014, S. 73–90, 213–237; Mauricio Solaún, U. S. Intervention and Regime Change in Nicaragua, Lincoln 2005.
12 Bericht Botschaft Managua 8. 5. 1975, in: PAAA MANAG Bd. 17183.
13 Bericht Botschaft Managua 8. 5. 1975, in: PAAA MANAG Bd. 17183; ähnlich auch nach dem Erdbeben: Bericht Botschaft Managua 23. 6. 1973, in: ebd.
14 Botschaft Managua 31. 1. 1978, in: PAAA B 33 ZA Bd. 111160.
15 Aufstellung Firmenbeteiligung Somoza Botschaft Managua 24. 1. 1978, in: PAAA B 33 ZA Bd. 111160.
16 Vgl. Statistisches Bundesamt, Länderkurzbericht Nicaragua, Stuttgart 1975, S. 29, in: PAAA MANAG Bd. 17183.
17 Bericht Botschaft Managua 8. 5. 1975, in: PAAA MANAG Bd. 17183.
18 Vgl. Botschaft Washington an AA 26. 1. 1978, in: PAAA B 33 ZA

Bd. 111160. Zur Rolle der USA siehe: Robert P. Hager, Jr./Robert S. Snyder, The United States and Nicaragua, in: Cold War Studies 17.2 (2015), S. 3–35.
19 Stern 29. 1. 1978; Spiegel 23. 1. 1978, S. 119–121.
20 Vgl. Vorwärts 15. 12. 1977; public-forum Jan. 1978, S. 23.
21 Kim Christiaens, Between Diplomacy and Solidarity: Western European Support Networks for Sandinista Nicaragua, in: European Review of History 21.4 (2014), S. 617–634.
22 Vgl. etwa Kober an Genscher 4. 1. 1978; Marre an Kober 10. 1. 1978, in: PAAA B 33 ZA Bd. 111160.
23 Rechtfertigung in: Botschaft Managua 20. 1. 1978, in: PAAA MANAG Bd. 17183.
24 Botschaft Managua 16. 5. 1978, in: PAAA B 33 ZA Bd. 111160.
25 Vgl. Mark Everingham, Revolution and the Multiclass Coalition in Nicaragua, Pittsburgh 1996, S. 134 f.
26 Vgl. Michael Löwy, The War of Gods. Religion and Politics in Latin America, London 1996, S. 94; Guido Heinen, «Mit Christus und der Revolution». Zu Geschichte und Wirken der «iglesia popular» im sandinistischen Nicaragua, München 1997.
27 Vgl. Calvin L. Smith, Revolution, Revival and Religious Conflict in Sandinista Nicaragua, Leiden 2007, S. 3.
28 Botschaft Managua 28. 8. 1978, in: PAAA B 33 ZA Bd. 111159.
29 Vgl. Gansel/Dohnanyi Bundestag 7. 12. 1978, Sp. 9635; Abt. 3 AA an Staatssekretär 28. 9. 1978, in: PAAA B 33 ZA Bd. 111159; Gesprächsvorbereitung Schmidt von AA 17. 10. 1978, in: PAAA B 33 ZA Bd. 111160; Sprechzettel Dohnanyi 26. 3. 1979, in: PAAA B 33 ZA Bd. 116101.
30 Vgl. Büro Nicaragua an Genscher 15. 9. 1978, Botschaft Managua 6. 12. 1978, in: PAAA B 33 ZA Bd. 111159.
31 Pressemeldungen und Vermerk AA zu Pressekonferenz Büro Nicaragua 6. 9. 1978, Pressemitteilung Büro Nicaragua Wuppertal 7. 9. 1978, Botschaft Managua 11. 10. 1978 in: PAAA B 33 ZA Bd. 111159.
32 Plakate davon in: Klaus Hess/Barbara Lucas, Die bundesdeutsche Solidaritätsbewegung, in: Otker Bujard (Hg.), Die Revolution ist ein Buch und ein freier Mensch. Die politischen Plakate des befreiten Nicaragua 1979–1990, Köln 2007, S. 306–318.
33 Botschafter Managua 5. 9. 1978, in: PAAA B 33 ZA Bd. 111159.
34 Botschafter Meyer Lindemann/Managua an AA 7.7. und 21. 7. 1978, in: PAAA B 33 ZA Bd. 111161.
35 Evangelische Zentralstelle für Entwicklungshilfe an BWZ 21. 11. 1978; AA an Botschaft Managua 13. 12. 1978, in: PAAA B 33 ZA Bd. 111161.
36 Ref. 310 an Evangelische Zentralstelle 12. 4. 1979, in: PAAA B 33 ZA Bd. 116105.

## Anhang

37 Interview Somoza, in: Spiegel 21. 5. 1979, S. 164–167.
38 Vgl. Verhandlungsberichte in: PAAA B 33 ZA Bd. 111159.
39 Vgl. Hamm-Brücher an MdB Thüsing 28. 6. 1979, in: PAAA B 33 ZA Bd. 116102.
40 Vgl. New York Times 21. 6. 1979; Der Schuß, in: FAZ 23. 6. 1979, S. 25.
41 Vgl. AA 16. 7. 1979, in: PAAA B 33 ZA Bd. 116102.
42 Vgl. Vermerk AA 12. 7. 1979, in: PAAA B 33 ZA Bd. 116102; AA an Staatssekretär 20. 7. 1979, Vermerk 23. 7. 1979, in: PAAA B 33 ZA Bd. 116103.
43 Vgl. etwa: Aufzeichnung Meyer-Landrut 10. 7. 1979, in: AAPD 1979, S. 1010.
44 Vgl. Amnesty International, Report 1980, London 1980, S. 153–157. Eine christlich-konservative Menschenrechtsgruppe sprach rasch von deutlich mehr Verhaftungen und einzelnen Erschießungen, ohne diese konkret zu spezifizieren; Vermerk AA 27. 6. 1980, in: PAAA B 33 ZA 127447.
45 Andrew Reding, Christianity and Revolution: Tomás Borge's Theology of Life, New York 1987, S. 1.
46 So auch: Helm, Booming Solidarity, S. 599. Konservative Kritiker warfen Borge dagegen später Heuchelei vor; José Esteban Gonzalez, Verletzung der Grundrechte, in: CDU-Bundesgeschäftsstelle (Hg.), Wie frei ist Nicaragua? Dokumentation über den Nicaragua-Report, Bonn 1985, S. 15–18, hier S. 15 f.
47 Vgl. Aufzeichnung Meyer-Landrut 10. 7. 1979, in: AAPD 1979, S. 1010.
48 Vgl. Ministerium für Auswärtige Angelegenheiten der DDR 22. 7. 1979, in: PAAA M 95 Bd. 10777.
49 Vgl. die Prawda u. a. laut: Botschaft Moskau an AA 23. 7. 1979, in: PAAA B 33 ZA Bd. 116102; Neues Deutschland 21./22. 7. 1979. Als Zeitzeugen: Mathias Dietrich, Solidarität war mehr als eine Staatsdoktrin, in: Erika Harzer/Willi Volks (Hg.), Aufbruch nach Nicaragua. Deutsch-deutsche Solidarität im Systemwettstreit, Berlin 2008, S. 29–35; Peter Strobinski, Nicaragua war uns wichtig, in: ebd., S. 62–67, hier S. 63.
50 Vgl. Botschaft Peking AA 1. 8. 1979, in: PAAA B 33 ZA Bd. 116102.
51 Vgl. Botschaft San José an AA 23.7 u. 26. 7. 1979, in: PAAA B 33 ZA Bd. 116102.
52 Vgl. AA 31. 7. 1979, in: PAAA B 33 ZA Bd. 116102.
53 Botschaft Managua an AA 4. 9. 1979, in: PAAA B 33 ZA Bd. 116099.
54 Vgl. BMZ an AA u. a. 30. 11. 1979, in: PAAA B 33 ZA 136387.
55 So Innenminister Borge laut Aufzeichnung Limmer/AA nach Reise nach Nicaragua 27. 9. 1979, in: AAPD 1979, S. 1365.
56 Vgl. Kühls Erinnerungen in WOZ 3. 11. 2011, http://www.woz.ch/-36.
57 Vgl. Gespräch Ramirez mit Dohnanyi sowie mit Offergeld 12. 3. 1980, in: PAAA B 33 ZA Bd. 127451.

58 Gespräch Genscher mit d'Escoto 28. 8. 1980, in: PAAA B 33 ZA 127450.
59 Vgl. AA 3. 10. 1980, in: PAAA B 33 ZA Bd. 127451. Wenig präzise und ergiebig ist die auf Presseangaben beruhende Arbeit: Max Seiler, Vergleich der Lateinamerikapolitik von Bundesrepublik Deutschland und DDR am Beispiel Nicaragua (1979–1989), Marburg 1999.
60 Ali Schwarz/Manfred Ernst, Denn sie wissen, was sie tun. Zwischen Solidarität und Boykott. BRD & Nicaragua, Berlin 1985, S. 164 f.
61 Vgl. ebd., S. 114, 129 f., 137.
62 Vgl. Abt. 3 AA 24. 4. 1980, in: PAAA B 33 ZA Bd. 127451.
63 So Ministerium für Auswärtige Angelegenheiten der DDR 13. 5. 1985, in: PAAA M 95 STG 349. Ein Summe von 200 Millionen Dollar Kredit nennt nach eigenen Berechnungen, allerdings auf den Kauf von Waren bezogen: Merlin Berge/Nikolaus Werz, «Auf Tschekisten der DDR ist Verlaß». Das Ministerium für Staatssicherheit und Nicaragua, in: Zeitschrift des Forschungsverbundes SED-Staat 27 (2010), S. 168–177, hier S. 169; Klaus Storkmann, East German Military Aid to the Sandinista Government of Nicaragua, 1979–1990, in: Journal of Cold War Studies 16.2 (2014), S. 56–76, hier S. 59, 67.
64 Vgl., allerdings ohne Moskauer Archivquellen: Danuta Paszyn, The Soviet Attitude to Political and Social Change in Central America, 1979–90: Case-studies on Nicaragua, El Salvador and Guatemala, New York 2000, S. 116.
65 So die interne Aufstellung von: Ministerium für Auswärtige Angelegenheiten der DDR 13. 5. 1985, in: PAAA M 95 STG 349.
66 Vgl. Close, Nicaragua: Navigating the Politics of Democracy, Boulder 2016, S. 74.
67 Als frei und fair bewertet sie: Close, Nicaragua, S. 89. Kritisch: Ref. 331 18. 2. 1985, in: PAAA B 33 ZA Bd. 136357; vgl. AAPD 1984, S. 360, Anm. 15.
68 Vgl. deren Mitherausgeber: Pablo Antonio Cuadra, Unterdrückung der Pressefreiheit, in: CDU-Bundesgeschäftsstelle (Hg.), Wie frei ist Nicaragua? (s. Anm. 46), S. 31–35, hier S. 31 f. 1980 spaltete sich die den Sandinisten zugewandte Zeitung *El Nuevo Diario* ab.
69 Vgl. die Jahresberichte von Amnesty International zu Nicaragua 1981 (S. 170–175), 1982 (S. 157 f.) und 1983 (S. 159–163).
70 So der nicaraguanische Christdemokrat José Gonzalez, vgl. Vermerk AA 13. 6. 1980, in: PAAA B 33 ZA Bd. 127447.
71 Meine Doktorandin Stefanie Senger bemühte sich 2015 in Managua mit entsprechenden Schwierigkeiten um einen Archivzugang.
72 Daten nach: Anträge FES 1979 sowie Botschaft Managua an AA 1. 9. 1980, in: PAAA B 98 146; Vermerk AA 1. 7. 1980, in: PAAA B 33 ZA 124750; Vermerk AA 28. 12. 1979, in: PAAA B 98 219.

Anhang

73 Vgl. Bericht Lindenberger FES März 1980, in: PAAA B 33 ZA Bd. 127451.
74 Basierend auf Interviews: Jeffery M. Paige, Coffee and Power: Revolution and the Rise of Democracy in Central America, Cambridge 1998, S. 274.
75 Vgl. Gabriel Palma, Nicaragua: The Sandinista Experiment, in: Ha-Joon Chang/Peter Nolan (Hg.), The Transformation of the Communist Economies: Against the Mainstream, London 1995, S. 340–381, hier S. 350.
76 Auf Interview-Quellen: Lynn Horton: Peasants in Arms. War and Peace in the Mountains of Nicaragua, 1979–1994, Athens 1998, S. 305.
77 Vgl. Solis mit Dohnanyi 6. 3. 1980, in: PAAA B 33 ZA Bd. 127451.
78 Vgl. Rahmenabkommen 6. 8. 1982, in: PAAA MANAG Bd. 15537.
79 Vgl. AA an Botschaft Managua 18. 8. 1983 in: PAAA MANAG Bd. 15537; Palma, The Sandinista Experiment, S. 350.
80 Vgl. Humberto Belli, Breaking Faith. The Sandinista Revolution and its Impact on Freedom and Christian Faith in Nicaragua, Westchester, Illinois 1985, S. 53, 139–141.
81 So der Vorwurf des damaligen Mitherausgebers von *La Prensa* Roberto Cardenal, vgl. ders., Verfolgung der Kirche, in: CDU-Bundesgeschäftsstelle (Hg.), Wie frei ist Nicaragua? (s. Anm. 46), S. 19–23, hier S. 21 f.
82 Vgl. Gespräch Bravo mit von Horn/AA 24. 11. 1980, in: PAAA B 33 ZA Bd. 127451; Emelio Betances, The Catholic Church and Power Politics in Latin America: The Dominican Case in Comparative Perspective, Lanham 2007, S. 85 f.
83 Vgl. Belli, Breaking Faith, S. 180.
84 Vgl. Botschaft Heiliger Stuhl 7. 3. 1980, in: PAAA B 33 ZA Bd. 127451.
85 Auch hierzu kritisch: Belli, Breaking Faith, S. 211.
86 Vgl. Kenneth E. Morris/Daniel Ortega Saavedra, Unfinished Revolution: Daniel Ortega and Nicaragua's Struggle for Liberation, Chicago 2010, S. 155.
87 Vgl. etwa Außenminister Pater Miguel d'Escoto mit Genscher 3. 3. 1981, in: AAPD 1981, S. 297; Gespräch Godoy mit Genscher AA 13. 5. 1982 und Genscher 20. 11. 1981, in: AAPD 1982, S. 772–774 u. Anm. 7.
88 Vgl. Hager/Snyder, The United States and Nicaragua, S. 4.
89 Vgl. Martha L. Cottam/Bruno Baltodano/Martín Meráz García, Cooperation Among the Nicaraguan Sandinista Factions, in: Latin American Policy 2.1 (2011), S. 13–31, hier S. 20 f.
90 Vgl. Botschaft Washington 29. 3. 1984 und Paris 5. 4. 1984, in: PAAA B 33 ZA 136374.
91 Vgl. Washington Post 11. 4. 1984.
92 Vgl. Unterlagen Internationaler Gerichtshof 1984, in: PAAA B 33 ZA 136374.

93 Vgl. dazu die Zeitzeugen in: Harzer/Volks (Hg.), Aufbruch, S. 73–161.
94 Zur Sehnsucht nach Gemeinschaft vgl. Sven Reichardt, Authentizität und Gemeinschaft: Linksalternatives Leben in den siebziger und frühen achtziger Jahren, Berlin 2014, S. 186–217.
95 Zit. in: Marie-Luise Janssen-Jurreit, «Wir pflücken schon mehr als die Nicas», in: Spiegel 30. 1. 1984, S. 113–116, hier S. 114.
96 Vgl. zeitgenössisch den linken Journalisten Leo Gabriel: Gabriel, Aufstand der Kulturen. Konfliktregion Zentralamerika: Guatemala, El Salvador, Nicaragua, München 1988, S. 182.
97 Vgl. die Plakate in: Bujard (Hg.), Die Revolution ist ein Buch (s. Anm. 32), S. 355–375.
98 Erich Fried, Wo liegt Nicaragua, in: Volker Kaukoreit/Klaus Wagenbach (Hg.), Erich Fried. Gesammelte Werke. Gedichte Bd. 3, Berlin 1993, S. 529–531.
99 Vgl. den Rückblick von Barbara Lucas 2003, in: http://www.informationsbuero-nicaragua.org.
100 Volker Mauersberger, Henning Scherf: Zwischen Macht und Moral. Eine politische Biografie, Bremen 2007, S. 179–183; Interview dazu: Henning Scherf, Frankfurter Rundschau 17. 7. 2009.
101 Rosemarie Karges, Solidarität oder Entwicklungshilfe? Nachholende Entwicklung eines Lernprozesses am Beispiel der bundesdeutschen Solidaritätsbewegung mit Nicaragua, Münster/New York 1995, S. 44. Vgl. auch Schwarz/Ernst, Denn sie wissen (s. Anm. 60), S. 242–245.
102 Vgl. Helm, Booming Solidarity, S. 607; Schwarz/Ernst, Denn sie wissen, S. 243.
103 Das CNSP, vgl. Klaus Hess, Städtepartnerschaften, in: Bujard (Hg.), Die Revolution ist ein Buch, S. 318–322; Karges, Solidarität, S. 96–99.
104 So die Erinnerungen von Barbara Lucas sowie Werner Lüttkenhorst im Gespräch mit dem Autor.
105 Ruben Quaas, Fair Trade: Eine global-lokale Geschichte am Beispiel des Kaffees, Köln 2015, S. 197–228.
106 Vgl. Rainer Klee, Vom Hausbau zum Kaffeehandel. Die Frage nach dem richtigen Bewusstsein, in: Harzer/Volks (Hg.), Aufbruch, S. 137–140.
107 So taz-Dossier 17. 9. 2004, S. 3.
108 Vgl. Sigmund, Genuss, S. 238. 3,8 % laut EHI Daten 2016: https://www.handelsdaten.de/handelsthemen/fairer-handel.
109 Vgl. Quaas, Fair Trade, S. 233.
110 Helm, «The Sons of Marx Greet the Sons of Sandino»: West German Solidarity Visitors to Nicaragua Sandinista, in: Journal of Iberian and Latin American Research 2 (2014), S. 153–170, S. 160.
111 Zit. nach: Karges, Solidarität, S. 120.
112 Vgl. Rundbrief Erica Harzer 1. 1. 1985, abgedr. in: Erika Harzer, Warum

## Anhang

Nicaragua?, in: Bujard (Hg.), Die Revolution ist ein Buch, S. 324–341, hier S. 337.
113 Vgl. EPZ-Außenministertreffen 7./8. 6. 1986, in: AAPD 1986, S. 864; Spiegel 16. 6. 1985; Stern 19. 6. 1986. Bereits 1983 wurde deshalb die deutsche Botschaft in Managua besetzt: Vgl. Bericht Karkow/AA 9. 5. 1983, in: AAPD 1983, S. 680.
114 Vgl. Marie-Luise Janssen-Jurreit, «Wir pflücken schon mehr als die Nicas», in: Spiegel 30. 1. 1984, S. 113–116.
115 Interviews zit. nach: Karges, Solidarität (s. Anm. 101), S. 53.
116 Vgl. etwa Hans Christian Boese, Utopie als Möglichkeit, in: Bujard (Hg.), Die Revolution ist ein Buch, S. 342–354, hier S. 349.
117 Vgl. Juso Pressemitteilung 11. 6. 1986 und 30. 7. 1986, in: AGD (Archiv Grünes Gedächtnis) A SlG 191.
118 Interview mit Mitarbeitern der Baubrigade, in: Schwarz/Ernst, Denn sie wissen (s. Anm. 60), S. 276 ff.
119 Folgende Umfragen in: Karges, Solidarität, S. 239–243, 251–254, 265, 297, 303 f.
120 Interview zit. nach: ebd., S. 259.
121 So Barbara Lucas rückblickend 2003, in: http://www.informationsbuero-nicaragua.org.
122 Rosario Montoya, Gendered Scenarios of Revolution: Making New Men and New Women in Nicaragua, Tuscon 2012, S. 95–148.
123 Vgl. Interviews in: Schwarz/Ernst, Denn sie wissen, S. 259 u. 286; Helm, «The Sons of Marx», S. 162.
124 Vgl. CDU/CSU-Fraktion 18. 7. 1986, Drucksache 10/5864.
125 Süddeutsche Zeitung 7. 5. 1983, S. 1.
126 Pressemitteilung Nr. 429/95 19. 7. 1985, in: AGD A 1488; Drucksache 10/1398 3. 5. 1984, Drucksache 10/5816 3. 7. 1986.
127 Antrag Grüne 6. 12. 1983, in: AGG A SlG. 181; Pressemitteilung Nr. 429/95 19. 7. 1985, in: AGD A 1488.
128 Vgl. Pressemitteilung 149/54 Grüne, in: AGD A 1487; Frankfurter Rundschau 19. 3. 1984.
129 Vgl. Kelly, AZ-Kolumne April 1986, in: AGD A 1488.
130 Gampert an Kelly 21. 2. 1985, in: ebd.
131 Botschaft Nicaragua an Kelly 14. 2. 1985, in: ebd.
132 Vgl. Reisebericht Gottwald 15. 7. 1984, in: AGD A Sig 84.
133 Vgl. Pressemitteilung Grüne 665/85 17. 10. 1985, in: AGD A SlG 145; Bericht Vollmer/Baumgärtner 1. 6. 1988, in: AGD A 1488.
134 Vgl. Änderungsantrag Hessischer Landtag Grüne 3. 4. 1984, SPD/Grüne 7. 6. 1984, in: AGD A 1488.
135 Vgl. Rundschreiben Grüne im Landtag/Hessen 19. 8. 1985 und Übersicht 1985, in: AGD A 1488.

136 Vgl. Hess, Städtepartnerschaften (s. Anm. 103), S. 319f.; Karges, Solidarität, S. 143.
137 Vgl. Stellungnahme der Botschaft der Republik Nicaragua zur Aufnahme von Städtepartnerschaften, in: Arbeitsgruppe Oberkircher Lehrmittel (Hg.), Schulpartnerschaften: Nicaragua-Bundesrepublik, Göttingen 1987, S. 20 f.
138 Vgl. Arbeitsgruppe Oberkircher Lehrmittel (Hg.), Schulpartnerschaften, S. 21 f.
139 Vgl. edb. S. 8; Interview Verf. mit Birgit Wolf, Bielefeld, 21. 8. 2017.
140 Förch, Zwischen utopischen Idealen, S. 249.
141 Vgl. AA 24. 3. 1979, in: PAAA B 33 ZA Bd. 116101.
142 Vgl. AA an Botschaft Managua 26. 1. 1979, in: PAAA B 33 ZA Bd. 116 101.
143 Vgl. Botschaft Managua an AA 1. 9. 1980, in: PAAA B 98 146.
144 FES an AA 17. 9. 1979, in: PAAA B 98 219.
145 BWZ an FES 13. 12. 1979, in: PAAA B 98 436; Abschlusskommuniqué 2. März 1980 u. Bericht Lindenberg März 1980, in: PAAA B 33 ZA Bd. 127451.
146 Vgl. Ekart Wild/FES Halbjahresbericht 1983, in: PAAA B 98 Bd. 240.
147 Vgl. Strobinski, Nicaragua war uns wichtig (s. Anm. 49), S. 67.
148 Vgl. Ulrich van der Heyden, FDJ-Brigaden der Freundschaft aus der DDR – die Peace Corps des Ostens?, in: Berthold Unfried/Eva Himmelstoss (Hg.), Die eine Welt schaffen: Praktiken von «Internationaler Solidarität» und «Internationaler Entwicklung», Leipzig 2012, S. 99–122, hier S. 114.
149 Vgl. Stefanie Senger, Getrennte Solidarität? West- und ostdeutsches Engagement für Nicaragua Sandinista, in: Bösch u. a. (Hg.), Internationale Solidarität, S. 64–92.
150 Willi Volks, Befreiungsversuch aus der Enge, in: Harzer/ders. (Hg.), Aufbruch, S. 68–72, hier S. 69; Maria Magdalena Verburg, Ostdeutsche Dritte-Welt-Gruppen vor und nach 1989/90, Göttingen 2012, S. 81.
151 Zit. ebd., S. 78.
152 Vgl. Karim Saab, Die deutsche Komponente in der Nicaragua-Arbeit, in: Harzer/Volks (Hg.), Aufbruch, S. 128–131, hier S. 130; Hermann Schulz, Nicaraguanische Hoffnungen zwischen Wuppertal und Leipzig, in: Harzer/Volks (Hg.), Aufbruch, S. 132–136.
153 Vgl. Eberhard Löschcke/Mischi Philippi, Christen in «Nicaragua libre», in: Harzer/Volks (Hg.), Aufbruch, S. 87–91.
154 Vgl. Jörn Bleck-Neuhaus, Und plötzlich gab es keine Mauer mehr, in: Harzer/Volks (Hg.), Aufbruch, S. 123–127, hier S. 125; Hermann Schaller, Das Hospital Carlos Marx, in: Harzer/Volks (Hg.), Aufbruch, S. 36–43.
155 Vgl. Vermerk AA 1. 7. 1980, in: PAAA B 33 ZA 124750; Anträge 1984, in: PAAA B 98 321.

156 Vgl. Vermerk AA 1.7.1980, in: PAAA B 33 ZA 124750; Antrag Naumann-Stiftung an BWZ 14.11.1980, in: PAAA B 98 146.
157 Vgl. Horst Langes an Kohl 28.9.1983, in: PAAA MANAG Bd. 15537.
158 Ergebnisse in der Schrift «Nicaragua Report. Wie frei ist Nicaragua?», hg. von der CDU-Bundesgeschäftsstelle.
159 Vgl. Gonzalez, Verletzung der Grundrechte (s. Anm. 46), S. 15–18.
160 Vgl. Augustin Anaya, ehemaliger Vorsitzender der Partido Social Cristiano: Ders, Unterdrückung freier politischer und gewerkschaftlicher Betätigung, in: CDU-Bundesgeschäftsstelle (Hg.), Wie frei ist Nicaragua?, S. 25–30, hier S. 25.
161 Die Grünen im Bundestag 3.11.1986, in: AGD A SlG 97.
162 AA an KAS 29.11.1984, in: PAAA B 98 321; BWZ an KAS 9.10.1984 und BMZ an KAS 14.12.1984, in: PAAA B 98 321.
163 KAS an BWZ 21.10.1986, in: PAAA B 98 321.
164 KAS an AA 2.1.1989 (Bericht Horst Schoenbohm 19.8.1988), in: PAAA B 98 Bd. 476.
165 Vgl. Erich Süßdorf, Von der Kontaktsperre zum absoluten Unverständnis, in: Harzer/Volks (Hg.), Aufbruch, S. 51–55.
166 Gespräch Kohl mit Monge (Präsident Costa Rica) 4.6.1984, in: AAPD 1984, S. 765.
167 Vgl. Ortega mit Genscher 15.3.1985, in: AAPD 1985, S. 359.
168 Vgl. Dietrich, Solidarität war mehr als eine Staatsdoktrin (s. Anm. 49), S. 30.
169 Vgl. EPZ-Außenministertreffen 7./8.6.1985, in: AAPD 1985, S. 864.
170 Alfonsín mit Genscher 15.3.1985, in: AAPD 1985, S. 382 f.
171 Vgl. Palma, The Sandinista Experiment (s. Anm. 75), S. 352 f.
172 Amnesty International, Report 1989, London 1989, S. 138–141.
173 Positiv dazu: Gary Prevost, The Status of the Sandinista Revolutionary Project, in: ders./Harry E. Vanden (Hg.), The Undermining of the Sandinista Revolution, New York 1999, S. 9–44.
174 AA an BWZ 25.10.1991, erneut 15.9.1992, in: PAAA B 98 618.
175 Dietrich, Solidarität war mehr als eine Staatsdoktrin, S. 35; Erich Süßdorf, Von der Kontaktsperre, S. 55.
176 Vgl. Hans-Joachim Döring, «Es geht um unsere Existenz»: Die Politik der DDR gegenüber der Dritten Welt am Beispiel von Mosambik und Äthiopien, Berlin 2001, S. 255.
177 Vgl. Verburg, Ostdeutsche Dritte-Welt-Gruppen, S. 195–198.
178 Vgl. Palma, The Sandinista Experiment, S. 358.
179 Vgl. Close, Nicaragua, S. 117.
180 Vgl. die Wahlberichte in: FAZ 4.11.2016 und Zeit 11.1.2017.

## 4. Chinas Öffnung unter Deng Xiaoping
## Wege in die Globalisierung

1 Time Magazin 1.1.1979. Zu Dengs Biografie vgl. Alexander V. Pantsov/Steven Levine, Deng Xiaoping: A Revolutionary Life, Oxford 2015; Ezra F. Vogel, Deng Xiaoping and the Transformation of China, Cambridge 2011.
2 Deng Xiaoping, Rede «Das Denken befreien, die Wahrheit in den Tatsachen suchen und mit dem Blick in die Zukunft zusammenstehen», 13.12.1978, in: Deng Xiaoping, Ausgewählte Schriften (1975–1982), Beijing 1985, S. 169–185, hier S. 182 u. 184.
3 Ebd., S. 183.
4 Botschaft Peking an AA 2.1.1979, in: PAAA 110477.
5 Vgl. etwa Spiegel 30.4.1979, S. 151; Ross Terill, Rauhe Töne in Peking, in: Zeit 30.5.1980.
6 Mr. Deng's Triumph, in: NYT 4.2.1979.
7 Vgl. auch die interne Bilanz der Botschafter: Pauls an AA 9.2.1979, in: AAPD 1979, S. 164.
8 Vgl. Vogel, Deng Xiaoping, S. 333–348.
9 Vgl. Unterlagen zum Staatsbesuch in: PAAA 110485.
10 Unterlagen für BK Schmidt 30.8.1979, in: Bestand Schmidt AdsD 1/HSAA008865.
11 Vgl. etwa Michael Dillon, China. A modern History, London 2010, S. 284.
12 Mao gegenüber Schmidt 30.10.1975, in: AAPD 1975, S. 1498.
13 Vgl. als Überblicke: Sabine Dabringhaus, Geschichte Chinas im 20. Jahrhundert, München 2009, S. 135 f.; Klaus Mühlhahn, Die Volksrepublik China, München 2017; Orville Schell/ John Delury, Wealth and Power. China's Long March to the Twenty-First Century, New York 2013, S. 236 u. 240.
14 Vgl. Vogel, Deng, S. 43–53; Pantsov/Levine, Deng, S. 252–272.
15 Vgl. Gespräch mit Fei Yi Ming 17.1.1977, Botschaft Peking an AA 19.1.1977, in: PAAA 103765; Botschaft Peking an AA 25.7.1977, in: PAAA 103773; Botschaft Peking an AA 20.7.1976, in: PAAA Bd. 103161a.
16 Vgl. etwa die verschiedenen Eindrücke der Delegation Chinareise Schmidt 1975, in: AdsD 1/HSAA006660.
17 Selbstkritisch dazu: Götz Aly, Unser Kampf: 1968 – ein irritierter Blick, Frankfurt 2008.
18 Swiss Air und Air France hatten Verbindungen, nach Lufthansa planten diese British Airways und KLM; Botschaft Peking an AA 31.1.1980, in: PAAA 113075.

19 Vgl. die Memoiren: Susanna Filbinger-Riggert, Kein weißes Blatt: Eine Vater-Tochter-Biografie. Frankfurt/M. 2013, S. 98–108.
20 Vgl. Anne-Marie Brady, Making the Foreign Serve China: Managing Foreigners in the People's Republic, Lanham 2003, S. 3.
21 Martin Albers, Britain, France, West Germany and the People's Republic of China, 1969–1982. The European Dimension of China's Great Transition, London 2016, S. 85.
22 Botschaft Peking an AA 16. 1. 1976 und 13. 2. 1976, Volkszeitung 3. 3. 1976, in: PAAA 103171.
23 Vgl. Botschaft Peking an AA 1. 7. 1977, 7. 7. 1977, 18. 7. 1977, 12. 8. 1977, in: PAAA 103766.
24 Vgl. Botschaft Peking an AA 18. 10. 1977, in: PAAA Bd. 103179; dies. 30. 12. 1977, in: PAAA Bd. 103766.
25 Botschaft Peking an AA 12. 10. 1976, in: PAAA 103171; Botschaft Peking an AA 24. 1. 1977, ähnlich 19.1., 3.2., 8.2., 10.3., 31. 8. 1977 in: PAAA 103765.
26 Vgl. Pantsov/Levine, Deng, S. 328 f.; Botschaft Peking an AA 9. 8. 1977, in: PAAA 103766.
27 Vgl. Botschaft Peking an AA 13. 2. 1976, 11. 10. 1976 und 12. 10. 1976, in: PAAA 103171. Botschaft Peking an AA 22. 7. 1977, in: PAAA 103766; Gerd Ruge, Unterwegs. Politische Erinnerungen, München 2013, S. 244–247.
28 Die Doktorurkunde holte sein Sohn erst 2012 in einem feierlichen Akt ab.
29 Vgl. Wolfgang Horlacher, Mit Strauß in China. Tagebuch einer Reise, München 1975, S. 36.
30 Vgl. Marilyn A. Levine, The Found Generation: Chinese Communists in Europe during the Twenties, Seattle 1993, S. 147–149.
31 Vgl. Joachim Krüger, Die KPD und China (1923–1927), in: Mechthild Leutner (Hg.), Rethinking China in the 1950s, Berlin 2007, S. 107–116, hier S. 110.
32 Vgl. Vogel, Deng, S. 17–24.
33 Vgl. Ariane Knüsel, Framing China: Media Images and Political Debates in Britain, the USA and Switzerland, 1900–1950, Farnham 2012.
34 Vgl. zum Folgenden: Mechthild Leutner, Deutsche Vorstellungen über China und Chinesen und über die Rolle der Deutschen in China, 1890–1945, in: Kuo Heng-yü (Hg.), Von der Kolonialpolitik zur Kooperation, München 1986, S. 401–442.
35 Eckart Conze, u. a., Das Amt und die Vergangenheit, München 2010, S. 702.
36 Vgl. Bernd Martin, Das Deutsche Reich und Guomindang-China 1927–1941, in: Kuo Heng-yü (Hg.), Von der Kolonialpolitik, S. 325–375, hier S. 369.

37 Vgl. Bernd Martin, Shanghai als Zufluchtsort für Juden 1938 bis 1947. Konturen einer Zwischenstation, in: Vierteljahrshefte für Zeitgeschichte 64/4 (2016), S. 567–596, hier S. 594.
38 Vgl. Horlacher, Mit Strauß in China (s. Anm. 29), S. 30.
39 David Tomkins, The East is Red? Images of China in East Germany and Poland through the Sino-Soviet Split, in: Zeitschrift für Ostmitteleuropaforschung 62 (2013), S. 393–424.
40 Vgl. Dokumente und Einführung in: Mechthild Leutner u. a. (Hg.), Die DDR und China, Berlin 1995, S. 184 f., 222–224, 241–246.
41 Vgl. Quinn Slobodian, The Maoist Enemy. China's Challenge in 1960s East Germany, in: Journal of Contemporary History 51/3 (2015), S. 635–659, hier S. 635 f.
42 Vgl. Bernd Schaefer, Ostpolitik, «Fernostpolitik» and Sino-Soviet Rivalry: China and the Two Germanys, in: Caroline Fink/ ders. (Hg.), Ostpolitik, 1969–1974: European and Global Responses, New York 2009, S. 129–147, S. 131.
43 Vgl. Spiegel 16. 10. 1972, S. 27–34.
44 Vgl. Gesprächsbericht Genscher mit Hua 13. 10. 1977, in: PAAA Bd. 103178; Albers, Britain, S. 199.
45 Vgl. Spiegel 16. 10. 1972, S. 27–34.
46 Strauß im Bundestag 15. 10. 1964, 4. WP, S. 6828.
47 Bayernkurier 13. 4. 1968, in: Mechthild Leutner/Tim Trampedach (Hg.), Bundesrepublik Deutschland und China 1949–1995. Politik, Wirtschaft, Wissenschaft und Kultur: Eine Quellensammlung, Berlin 1995, S 127 f.
48 Vgl. Bundestag 23. 2. 1972, S. 9751, 9765, 9794; 24. 2. 1972, S. 9918.
49 Schaefer, Ostpolitik, S. 136; Albers, Britain, S. 54–58.
50 Vgl. Aufzeichnung Braun, 2. 8. 1972, in: AAPD 1972, S. 983 f.; Torsten Oppelland, Gerhard Schröder (1910–1989): Politik zwischen Staat, Partei und Konfession, Düsseldorf 2002, S. 731 f.; Erklärung 20. 7. 1972 und Rede Ji Pengfei 11. 10. 1972, in: Leutner/Trampedach (Hg.), Bundesrepublik und China, S. 149 und 153; Ilse Dorothee Pausch, «Worte die wir ausgesprochen haben, gelten wie immer!». Die Aufnahme diplomatischer Beziehungen zwischen der Bundesrepublik Deutschland und der Volksrepublik China 1972, in: Wolfgang Elz/Sönke Neitzel (Hg.), Internationale Beziehungen im 19. und 20. Jahrhundert, Paderborn 2003, S. 459–480.
51 Vgl. Botschaft Peking an AA 4. 4. 1977, in: PAAA 103768. Vgl. jetzt auch: Albers, Britain, S. 105 f.
52 Vgl. Erwin Wickert, China von innen gesehen, Stuttgart 1982, S. 145; FAZ 16. 2. 1976.
53 Strauß an Hua Goufeng 1976, in: Leutner/Trampedach (Hg.), Bundesrepublik und China, S. 170 f.; Tim Trampedach, Bonn und Peking, Hamburg 1997, S. 159, 165.

Anhang

54 Vgl. Gespräch Schmidt mit Breschnew 30. 10. 1974, in: AAPD 1974, S. 1379.
55 Vgl. Gespräch Schmidt mit Mao 31. 10. 1975, in: AdsD 1/HSAA 006660.
56 Vgl. Bericht Botschafter Wickert/Peking 29. 11. 1979, in: AAPD 1979, S. 1827.
57 Vgl. Ruge, Unterwegs (s. Anm. 27), S. 222–225.
58 Vgl. Botschaft Peking an AA 25. 7. 1977, in: PAAA Bd. 103178.
59 Vgl. Botschaft Peking an AA 3. 10. 1977, in: ebd.
60 Rede Schmidt 22. 10. 1979, in: Bestand Schmidt AdsD 1/HSAA008865; Rede Schmidt und Hua Guofeng 22. 10. 1979, in: Leutner u. a. (Hg.), Bundesrepublik und China, S. 183–186; Wickert, China von innen, S. 19, 436, 441, 443; ebenso Gu Mu: Albers, Britain, S. 196.
61 Schreiber/BMI an Hahn 2. 7. 1984, in: UVW (Unternehmensarchiv der Volkswagen AG) 610/10/1.
62 Vgl. Bericht Satiger über Schriftstellertreffen 1985, in: Leutner/Trampedach (Hg.), Bundesrepublik Deutschland und China, S. 294–297.
63 Vgl. Überblick AA 6. 3. 1977, in: PAAA 103768.
64 Vgl. Appel/ZDF an Chinesische Botschaft Bonn 13. 5. 1977, in: PAAA 103768.
65 Vorschläge des ZDF für Fernsehfilmproduktionen in der VR China (1977), in: PAAA 103768.
66 Vgl. Bericht MPG 1988, abgedr. in: Leutner/Trampedach (Hg.), Bundesrepublik Deutschland und China, S. 175 f.
67 Zur Presse an Dengs 80. Geburtstag: Botschaft Peking 24. 8. 1984, in: PAAA Bd. 133572.
68 Vgl. Vogel, Deng, S. 4, 377–382.
69 Vgl. neben den weiter unten aufgeführten Protokollen der Diplomatie: Wickert, China von innen (s. Anm. 52), S. 343 f.
70 Vgl. Barry Naughton, Deng Xiaoping. The Economist, in: The China Quarterly 135 (1993), S. 491–514, hier S. 512.
71 Vgl. Deng Xiaoping, An den vier grundlegenden Prinzipien festhalten, 30. 3. 1979, in: ders., Ausgewählte Schriften (1975–1982), Peking 1985, S. 186–216, hier S. 213. Ähnlich angeblich schon im Gespräch mit Kadern: Deng, Achtet Wissen, achtet Fachkräfte, 24. 5. 1977, in: Deng, Ausgewählte Schriften, S. 53.
72 Selbst noch: Gespräch Genscher mit Staatsrat Zhang Jungfu 9. 12. 1985, in: AAPD 1985, S. 1754.
73 Rede Hu Yaobang 13. 6. 1986, in: Leutner/Trampedach (Hg.), Bundesrepublik Deutschland und China, S. 239–244, S. 243.
74 Vgl. Botschaft Peking an AA 27. 8. 1980, in: PAAA 113068.

75 Verfassung Chinas vom 5. 3. 1978, in: Jahrbuch des öffentlichen Rechts der Gegenwart (1978), S. 526–534.
76 Vgl. Botschaft Peking an AA 29. 4. 1982, in: PAAA 125298.
77 Übersetzung Volkszeitung und chinesische Presse in: Botschaft Peking an AA 18. 7. 1977, in: PAAA 103766.
78 Übersetzung nach: Botschaft Peking an AA 14. 8. 1978 und 9. 10. 1978, in: PAAA 103773.
79 Deng Xiaoping, Hohe Kader sollten bei der Entfaltung der guten Traditionen der Partei ein Beispiel setzen, 2. 11. 1979, in: ders., Ausgewählte Schriften (1985), S. 235–253, hier S. 246.
80 Vgl. Dwight H. Perkins, China's Economic Policy and Performance, in: Roderick MacFarquhar u. a. (Hg.), The Cambridge History of China Bd. 15.2: Revolutions within the Chinese Revolution, 1966–1982, Cambridge 1991, S. 473–539, hier S. 511.
81 Vgl. June Grasso/Jay Corrin/Michael Kort, Modernization and Revolution in China. From the Opium Wars to the Olympics, New York 2009, S. 229.
82 Vgl. Botschaft Peking 12. 3. 1979, in: PAAA 110500; Lea Shih, Chinas Industriepolitik von 1978–2013: Programme, Prozesse und Beschränkungen, Wiesbaden 2015, S. 62.
83 Vgl. Gespräch Deng mit Carstens 13. 10. 1982, in: AAPD 1982, S. 1398.
84 Vgl. Vogel, Deng, S. 321.
85 Vgl. Vermerk Rudolph 5. 8. 1978, in: PAAA 107513.
86 Vgl. den ausführlichen Bericht zu den Wirtschaftswissenschaften von Horst Albach 1982, in: PAAA Bd. 125333.
87 Vgl. Dillon, China, S. 357.
88 Vgl. Grasso u. a., Modernization, S. 223; David Zweig, Freeing China's Farmers: Rural Restructuring in the Reform Era, New York 1997, S. 335 f.
89 Vgl. Wirtschaftsjahresbericht 1979, April 1980, Botschaft Peking, in: PAAA 113075.
90 Vgl. Botschaft Peking an AA 3. 7. 1980, in: PAAA 113075.
91 Vgl. Perkins, China's Economic Policy, S. 506, 514.
92 Vgl. Botschaft Peking an AA 5. 2. 1979, sowie wirtschaftspolitischer Halbjahresbericht 12. 9. 1979, in: PAAA Bd. 110497; Botschaft Peking an AA 31. 1. 1980, in: PAAA 113075.
93 Vgl. Felix Lee, Macht und Moderne. Chinas großer Reformer Deng Xiaoping. Die Biographie, Berlin 2014, S. 187.
94 Vgl. Carsten Herrmann-Pillath, Wirtschaftliche Entwicklung in Chinas Provinzen und Regionen 1978–1992. Ein statistisches Handbuch, Baden-Baden 1995, S. 95.
95 Vgl. Wirtschaftsjahresbericht 1979, April 1980, Botschaft Peking, in: PAAA 113075.

96 Vgl. Tiziano Terzani, Einkaufen heißt das neue Zauberwort, in: Spiegel 22/1978, S. 182–193.
97 Vgl. Botschaft Peking an AA, 21. 11. 1980, in: PAAA Bd. 113083.
98 Vgl. Botschaft Peking an AA 30. 10. 1982, in: PAAA 125298.
99 Vgl. Botschaft Peking an AA 15. 8. 1980, in: PAAA 113075; Waldemar Duscha, Technologietransfer in die Volksrepublik China durch Wirtschaftskooperation. Bestimmungsgründe, Formen, Standorte und Wirkungen, Hamburg 1987, S. 210–231.
100 Vgl. Wolfgang Gehrmann, Kapitalismus im Labor, Zeit 13. 6. 1986; Wei Ge, Special Economic Zones and the Economic Transition in China, Singapur 1999, S. 47–51.
101 Vgl. Grasso u. a., Modernization (s. Anm. 81), S. 226.
102 Vgl. Botschaft Peking an AA 25. 1. 1976, in: PAAA Bd. 103161a; Botschaft Peking an AA 31. 1. 1980, in: PAAA 113075.
103 Vgl. Unterlagen China-Reise Graf Lambsdorff 29. 7. 1980, in: PAAA 113079; Botschaft Peking an AA 31. 1. 1980, in: PAAA 113075; Lawrence C. Reardon, Learning how to Open the Door. A reassessment of China's «opening» strategy, in: The China Quarterly 155 (1998), S. 479–511, hier S. 498.
104 Vgl. Institut für Asienkunde, Monatlicher Kurzbericht China Dez. 1983, in: PAAA Bd. 133572; offizielle Daten ab 1985 in: Herrmann-Pillath, Wirtschaftliche Entwicklung (s. Anm. 94), S. 202.
105 Vgl. Yongjin Zhang, China's Emerging Global Businesses. Political Economy and Institutional Investigations, Basingstoke 2003, S. 125–136.
106 Vgl. Gespräch Bundesverband Groß- und Außenhandel mit CITIC/Peking 9. 4. 1980 in: PAAA Bd. 113083.
107 Vgl. Wirtschaftsjahresbericht 1979, April 1980, Botschaft Peking, in: PAAA Bd. 113075.
108 Programm Besuch Li Peng 1984, in: UVW 610/10/1; Top 6 37. Kabinettssitzung 30. 4. 1984; Runderlass Karkow/AA 18. 5. 1984, in: AAPD 1984, S. 698.
109 Vgl. Botschaft Peking an AA 31. 1. 1980, in: PAAA 113075; Botschaft Peking an AA 18. 2. 1982, in: PAAA Bd. 125327.
110 Vgl. Zhile Wang, Deutsche Direktinvestitionen in der Volksrepublik China: Vielfältige Perspektiven erfolgreicher Zusammenarbeit, Berlin, Heidelberg 1996, S. 4.
111 Vgl. BfW an Olympia-Werke 13. 7. 1978, Botschaft Peking an AA, 4. 7. 1978, in: PAAA Bd. 107513.
112 Vgl. Generalkonsulat Hongkong 1. 2. 1978, in: PAAA Bd. 107513.
113 Vgl. Bericht Joint Venture Gesetz 13. 7. 1979, in: PAAA Bd. 113081; Margaret M. Pearson, Joint Ventures in the People's Republic of China. The Control of Foreign Direct Investment under Socialism, Princeton 1991,

S. 132, 145, 205; Volker Trommsdorff/Bernhard Wilpert, Deutsch-chinesische Joint Ventures. Wirtschaft, Recht, Kultur, Wiesbaden 1994, S. 39.
114 Vgl. Gespräch Bundesverband Groß- und Außenhandel mit CITIC/Peking, 9. 4. 1980 in: PAAA Bd. 113083.
115 Vgl. Vorbereitung Lambsdorff deutsch-chinesischer Ausschuß 24. 7. 1980, in: PAAA Bd. 113080.
116 Vgl. regional differenzierte Statistiken in: Herrmann-Pillath, Wirtschaftliche Entwicklung (s. Anm. 94), S. 52; R. Keith Schoppa, Twentieth Century China. A History in Documents, Oxford 2011, S. 158.
117 Vgl. Shao Jiang, Citizen Publications in China before the Internet, London 2015, S. 83–128.
118 Vgl. Wickert, China von innen, S. 404; Spiegel 9. 4. 1979, S. 52.
119 Der Prager Frühling in Peking, in: Spiegel 52 (1978), S. 89–92.
120 Vgl. Jiang, Citizen Publications, S. 1–30.
121 Vgl. Übersetzung «Flugblatt der chinesischen Liga für Menschenrechte» 17. 1. 1979, in: Botschaft Peking an AA 23. 1. 1979, in: PAAA 110477.
122 Vgl. Pantsov/Levine, Deng, S. 340.
123 Vgl. Botschaft Peking an AA 6. 12. 1978, in: PAAA 107495; übersetzte Leserbriefe auch in: Spiegel 8 (1978), S. 130–132.
124 Vgl. Deng Xiaoping, Prinzipien, S. 194.
125 Vgl. Terill, Rauhe Töne, Zeit 30. 5. 1980.
126 Vgl. Schell/Delury, Wealth and Power (s. Anm. 13), S. 289.
127 Vgl. Pantsov/Levine, Deng, S. 352.
128 Margaret K. Gnoinska, Socialist friends should help each other in crises: Sino-Polish relations within the cold war dynamics, 1980–1987, in: Cold War History 17.2 (2017), S. 143–159, S. 147.
129 Ebd., S. 152.
130 Vgl. Botschaft Peking an AA 19. 9. 1979, in: PAAA Bd. 110478.
131 Vgl. Botschaft Peking an AA 6. 12. 1978, in: PAAA Bd. 107495.
132 Vgl. Auflistung Botschaft Peking, in: PAAA 113075.
133 Vgl. Vorlage Thomée 24. 10. 1980, in: UVW 587/20/11.
134 Vgl. Pantsov/Levine, Deng, S. 336.
135 Zit. nach: Vogel, Deng, S. 222.
136 Vgl. Albers, Britain, S. 191.
137 Es herrscht eine enorme Euphorie, in: Spiegel 41/1978, S. 135–143; FAZ 19. 4. 1979, S. 5.
138 Vgl. Unterlagen zur Reise in: PAAA 110 485 und AdsD 1/HSAA008865; Spiegel 43 (1979), S. 135–139; Zeit 19.10. und 26. 10. 1979.
139 Protokoll Gespräch Karry/Hessen mit Delegation Hua 21. 10. 1979, in: PAAA Bd. 110485.
140 Vgl. Korrespondenz Zoodirektoren, in: Bestand Schmidt AdsD 1/HSAA008865.

141 Vgl. Referat 213 an BK Schmidt 3. 9. 1979, in: Bestand Schmidt AdsD 1/HSAA008865.
142 Vgl. Erwin Wickert, China von innen, S. 445–458.
143 Memorandum Lothar Späth 29. 11. 1979, in: PAAA Bd. 110485. Ähnlich Hessen 1981: PAAA 125333.
144 Vgl. Rede Lambsdorff deutsch-chinesischer Ausschuß 10. 8. 1980, in: PAAA 113080.
145 Vgl. Andrew I. Port, Courting China. Condemning China: East and West German Cold War Diplomacy in the Shadow of the Cambodian Genocide, in: German History 33–4 (2015), S. 588–608, hier S. 591 f., 598.
146 Vgl. VS-Bericht Botschaft Washington 23. 1. 1980 in: PAAA B 150 471; vgl. bereits Top D, 195. Kabinettssitzung 10. 9.1980.
147 Aufzeichnung Ministerialrat Lautenschlager 21. 6. 1978, in: AAPD 1978, S. 982–987.
148 Vgl. Schmidt gegenüber Breschnew 22. 2. 1979, AAPD 1979, S. 215.
149 Aufzeichnung Ministerialrat Lautenschlager 21. 6. 1978, in: AAPD 1978, S. 982–987. Zu den Waffenlieferung nach China 1978–80 vgl. BArch 136/30553.
150 Vgl. Vermerk Hermes/AA 5. 3. 1980, in: AAPD 1980, S. 422 (sowie Anm. 9).
151 Ref. 421/413 AA 27. 11. 1984, in: AAPD 1985, S. 156, Anm. 12.
152 Schreiber/Leiter Polizeiabteilung des BMI an Hahn 2. 7. 1984, in: UVW 610/10/1.
153 Vgl. Perkins, China's Economic Policy (s. Anm. 80), S. 501–504.
154 Vgl. Umfrage unter 200 Unternehmen mit China-Handel; Ost-Ausschuß an Bundesministerium für Wirtschaft 27. 1. 1978, in: PAAA 107513.
155 Vgl. Deutsche Botschaft an AA 10. 7. 1980, in: PAAA 113079.
156 Vgl. Botschaft/Peking an AA 25. 4. 1980, in: PAAA 113079; Vorbereitung China-Reise Graf Lambsdorff 29. 7. 1980, in: PAAA 113079.
157 Vgl. Lambsdorff auf deutsch-chinesischem gemischten Ausschuß 17.–19. 5. 1982, in: PAAA 125327.
158 Vgl. Probleme des Technologieexports, Botschaft Peking an AA, 6. 7. 1983, in: PAAA 125330; Botschaft Peking an AA 18. 2. 1982, in: PAAA 125327; BDI-Rechtsabteilung 23. 7. 1980, in: PAAA 113079.
159 Vgl. Lambsdorff 2. Tagung auf deutsch-chinesischem gemischten Ausschuß 17.–19. 5. 1982, in: PAAA 125327.
160 Vgl. etwa: Eindrücke aus der VR China im Karl-Marx Jahr 1983, 30. 3. 1983, in: PAAA Bd. 125299; Botschaft Peking an AA 18. 2. 1982, in: PAAA 125327.
161 Vgl. Reisebericht China 28. 10.–14. 11. 1979, Anlage 7, in: UVW 806/186/1; Vorlage Hahn/Selowsky 28. 3. 1979, Anlage 4, in: UVW 587/20/5.

162 Botschaft Peking an AA 18. 2. 1982, in: PAAA 125327; ähnlich in: China: Öffnung nach Westen, in: Spiegel 22. 10. 1979, S. 134–159, hier S. 158.
163 Vgl. Klaus Reinhardt, «Nun strengt euch endlich an!», in: Spiegel 22. 10. 1979, S. 156; Reisebericht Bundesverband Groß- und Außenhandel an AA, 12. 6. 1980, in: PAAA Bd. 113083.
164 Vgl. Wickert, China von innen, S. 416.
165 Vgl. Botschaft Peking an AA 18. 2. 1982, in: PAAA 125327.
166 Vgl. Botschaft Peking an AA 18. 2. 1982, in: PAAA 125327; Deutschchinesischer gemischter Ausschuß 3. 5. 1982, in: PAAA 125327; Ostausschuß, Ergebnisse des deutsch-chinesischen gemischten Ausschuß Mai 1982, in: PAAA 125328.
167 Vgl. Pressemitteilung Wella März 1983, Botschaft Peking an AA, 4. 4. 1983, in: PAAA 125329.
168 Vgl. Vorlage Hahn/Selowsky 11. 6. 1982, in: UVW 587/20/11; Besuch Li Peng 1984, in: UVW 610/10/1. Vgl. generell: Manfred Grieger, Volkswagen in China. Die Anfänge der Probemontage 1982 in dem heute größten Einzelmarkt, in: Ferrum 82 (2010), S. 55–66; zudem die Erinnerung des Managers in China: Martin Posth, 1000 Tage in Shanghai, Die abenteuerliche Gründung der ersten chinesisch-deutschen Automobilfabrik, München 2006, S. 5–8.
169 Kurzbericht China 28. 10.-14. 11. 1979, 16. 11. 1979, in: UVW 806/186/1; Kurzbericht Reise 2.-15. 9. 1979, Anlage Vorstandsprotokoll 2. 10. 1979, in: UVW 373-220-2. Vgl. Bericht Reise Leisler-Kiep 29. 3. 1984, in: UVW 610/10/2; Anlage Hahn an Kiep 24. 4. 1986, in: UVW 610/724.
170 Bericht VW 23.10. und 24. 10. 1984, in: UVW 610/63/1; Vermerk Projekt China 17. 3. 1983, in: UVW 610/10/2.
171 Notizen Höhn Gespräche VW-chinesische Delegation 29. 2. 1980, in: UVW 587/20/1; Gesprächsvorbereitung 7. 3. 1980, in: UVW 610/656/2; Vermerk China-Projekt 11. 4. 1984, in: UVW 610/10/1.
172 Rede Kohl und Li Peng 12. 10. 1984, in: UVW 587/20/17; Reisebericht China 26. 6.-2. 7. 1984, Vorstandssitzungsvorlage 6. 7. 1984, in: UVW 587/20/17.
173 Vgl. Bericht Posth Protokoll VW-Vorstand 22. 7. 1985, in: UVW 1133/114/1.
174 Vgl. Reisebericht China 26. 6.–2. 7. 1984, Vorstandssitzungsvorlage 6. 7. 1984, in: UVW 587/20/17. Hier sind 104 Million Kapital genannt, der VW Geschäftsbericht von 1985 nennt die Zahl von 60 Mio. DM. Vgl. Volkswagen Aktiengesellschaft, Geschäftsbericht 1985, Wolfsburg 1986, S. 70.
175 Vgl. Protokoll Board SVW 2. 5. 1986, in: UVW 587/20/15.
176 Bericht VW 23. 10. 1984, in: UVW 610/63/1.

Anhang

177 Vgl. Bericht Posth Protokoll VW-Vorstand 22.7.1985, in: UVW 1133/114/1; SVW-Bericht 2.4.1986, in: UVW 587/20/15.
178 Vgl. Ricardo Schäfer, Die historische Betrachtung von Markteintrittsstrategien deutscher Unternehmen in China, München 2008, S. 51.
179 Ebd., S. 65 f., 261, 353.
180 Vgl. Protokoll Gespräch Hua und Genscher 1.10.1977, in: PAAA Bd. 103178.
181 Art. 4,1.b) Abkommen über die technische Zusammenarbeit 13.10.1982, abgedr. in: Leutner/Trampedach (Hg.), Bundesrepublik und China, S. 229.
182 Vgl. Amnesty International/Bonn an Genscher, 16.10.1979, in: PAAA Bd. 110485.
183 Ref. 341/AA 19.10.1979, in: PAAA Bd. 110485; Gesprächsvorschlag Meyer-Landrut/Abt. 3/AA 22.10.1979; Vorlage Genscher an Amnesty 5.11.1979, Genscher an Corterier 17.11.1979, in: ebd.
184 Vgl. Ehmke im Bundestag 18.10.1984, S. 6678.
185 Vgl. Saskia Richter, Die Aktivistin. Das Leben der Petra Kelly, München 2010, S. 124–127.
186 Vgl. Deutscher Bundestag Drucksache 11/953, 14.10.1987.
187 Vgl. Benjamin Drechsel, Der Tank Man. Wie die Niederlage der chinesischen Protestbewegung von 1989 visuell in einen Sieg umgedeutet wurde, in: Gerhard Paul (Hg.), Das Jahrhundert der Bilder, Bd. 2: 1949 bis heute, Göttingen 2008, S. 566–573.
188 Vgl. Dabringhaus, Geschichte Chinas, S. 184 f.
189 Vgl. Lee, Macht und Moderne, S. 237; Vogel, Deng, S. 632; Gnoinska, Socialist friends, S. 157.
190 Liang Zhang u. a., The Tiananmen Papers, New York 2001, S. 383–385.
191 Bundestag 22.6.1989, S. 11463 ff.
192 Vgl. Gnadenappell Kohl 16.6.1989, in: Leutner/Trampedach (Hg.), Bundesrepublik und China, S. 330 f.
193 Vgl. Daten in: Herrmann-Pillath, Wirtschaftliche Entwicklung, S. 205.
194 Vgl. den Auftakt der Serie: Siegfried Kogelfranz, Die Barbaren – unbedeutend und widerwärtig, in: Spiegel 19.6.1989, S. 104–115.
195 Gespräch Honecker mit Zhao Ziyang 22.10.1986, in: Leutner u. a. (Hg.), Die DDR und China, S. 374.
196 Ersteres betont: Bernd Schäfer, Egon Krenz und die chinesische Lösung, in: Martin Sabrow (Hg.), 1989 und die Rolle der Gewalt, Göttingen 2012, S. 153–172, hier S. 163.
197 Vgl. Ilko-Sascha Kowalczuk, Endspiel: Die Revolution von 1989 in der DDR, München 2014, S. 339–344; Berichte im deutschen Rundfunkarchiv: http://1989.dra.de/themendossiers/ddr-fernsehen/berichterstattung/tiananmen-massaker.html.

## Anmerkungen zu Kapitel 5

198 Vgl. Kay Möller, Die Außenpolitik der Volksrepublik China 1949–2004. Eine Einführung, Wiesbaden 2005, S. 222.

### 5. Die Boat People aus Vietnam. Rettung von Flüchtlingen

1 Zit. Rückblick in: Welt 3. 12. 2008. Einführend mit Zeitzeugenberichten: Bengü Kocatürk-Schuster u. a. (Hg.), UnSichtbar. Vietnamesisch-Deutsche Wirklichkeiten, Köln 2017.
2 Vgl. Morton Beiser, Strangers at the Gate: The «Boat People's» First Ten Years in Canada, Toronto 1999.
3 Vgl. Dennis Gallagher, United States and the Indochinese Refugees, in: Supang Chantanavich/E. Bruce Reynolds (Hg.), Indochinese Refugees: Asylum and Resettlement, Bangkok 1988, S. 231.
4 Vgl. Karine Meslin: Accueil des boat people: une mobilisation politique atypique, in: Plein droit 70.3 (2006), S. 35–39; Dan Nguyen Thrieu, Indochinese Refugees in France: A Study and some Comparison with France, Victoria 1982, S. 294.
5 Vgl. Court Robinson, Terms of Refuge: The Indochinese Exodus and the International Response, New York 1998, S. 146–150.
6 Vgl. Genscher an Schmidt 30. 11. 1978, in: PAAA, ZA Bd. 107397.
7 Vgl. Werner Marx (CDU/CSU-Fraktion) an Genscher 24. 11. 1978, in: PAAA, ZA Bd. 107397; CDU/CSU-Fraktion Pressedienst 24. 11. 1978 und Möllemann FdK Tagesdienst 23. 11. 1978, in: BArch B 136 16709.
8 Zur (internationalen) Aufnahme: Vermerke Ref. 513 AA 17.11. und 30. 11. 1978, in: PAAA, ZA Bd. 107397. Albrechts Begründung öffentlich in: Spiegel 4. 12. 1978, S. 60–62.
9 Vgl. Bericht MdB Köster 5. 12. 1978, in: PAAA, ZA Bd. 107398.
10 Vgl. Botschaft Jakarta an Verteidigungsministerium 29. 12. 1978, in: PAAA, ZA Bd. 107398.
11 Vgl. Nghia-M. Vo, The Vietnamese Boat People 1954 and 1975–1992, Jefferson 2006, S. 2. Die Zahlen sind grob geschätzt und variieren.
12 Die Daten schwanken; vgl. die Angaben in: Olaf Beuchling, Vom Bootsflüchtling zum Bundesbürger. Migration, Integration und schulischer Erfolg in einer vietnamesischen Exilgemeinschaft, Münster 2001, S. 21.
13 Vgl. zuletzt: Christina Schwenkel, Rethinking Asian Mobilities: Socialist Migration and Post-Socialist Repatriation of Vietnamese Contract Workers in Germany, in: Critical Asian Studies 46.2 (2017), S. 235–258, S. 243.
14 Daten nach: Bundestag 14. 5. 1980, S. 17.479.
15 Heinrich Böll, Das Jahrhundert der Flüchtlinge. Zur Einführung in: Rupert Neudeck (Hg.), Wie helfen wir Asien? oder «Ein Schiff für Vietnam», Hamburg 1980, S. 7.

Anhang

16 Vgl. Patrice G. Poutros, Zuflucht im Nachkriegsdeutschland: Politik und Praxis der Flüchtlingsaufnahme in Bundesrepublik und DDR von den späten 1940er bis zu den 1970er Jahren, in: Geschichte und Gesellschaft 35 (2009), S. 135–175.
17 Daten der Bundesregierung in: Bundestag 14. 5. 1980, S. 17474 und 20. 6. 1980, Drucksache 8/4278, S. 9.
18 Vgl. Lasse Heerten, The Biafran War and Postcolonial Humanitarianism: Spectacles of Suffering, Cambridge 2017, S. 177 f.
19 Vgl. Günter Wernicke, «Solidarität hilft siegen!». Zur Solidaritätsbewegung mit Vietnam in beiden deutschen Staaten, Berlin 2001, S. 44–51.
20 Vgl. Laura Amelie Haber, Freiräume und Kompromisse. Chilenische Künstler in der DDR, in: Kim Christian Priemel (Hg.), Transit. Transfer. Politik und Praxis der Einwanderung in die DDR 1945–1990, Berlin 2011, S. 113–139.
21 Vgl. Yuk Wah Chan (Hg.), The Chinese/Vietnamese Diaspora: Revisiting the Boat People, Abingdon 2011.
22 Vgl. Vermerke 1975, in: BArch B 136 16709.
23 Vgl. Gespräch Genscher mit US-Botschafter Hillenbrand 29. 4. 1975, in: BArch B 136 16709, Botschafter USA 11. 9. 1975, in: ebd.
24 Vgl. Daten 1. 12. 1979, in: BArch B 136 16709.
25 Nestroy/AA an Bundesministerium der Finanzen 11. 3. 1978, in: PAAA, ZA Bd. 107397.
26 Vgl. Bericht an AA 12. 12. 1978, in: PAAA, ZA Bd. 107398.
27 Vgl. Vermerk für Kabinettssitzung 24. 7. 1979, in: BArch B 136 16710.
28 AA 13. 2. 1979, in: PAAA, ZA Bd. 110832.
29 Vgl. Botschaft Hanoi 20. 10. 1981, in: BArch B 136 29942.
30 Vgl. etwa Protokolle Bundestag 19. 9. 1979, S. 13607; Presseerklärung Vietnam-Büro 5. 7. 1979, in: ACDP 04–007–471–4.
31 Vgl. MdB Pinger (CDU) an AA, 16. 8. 1979, in: PAAA, ZA Bd. 110380.
32 Vgl. Wissmann an Schmidt 4. 7. 1981, in: BArch B 136 16710; Neudeck (Hg.), Wie helfen wir Asien?, S. 84.
33 Vgl. AA an Stücklen, 26. 07. 1979, in: PAAA, ZA Bd. 110383.
34 Vgl. AA 20. 7. 1979, in: BArch B 136 16710.
35 Bundestag 21. 6. 1979, S. 12854.
36 Vgl. Scherl, CDU/CSU Pressemitteilung 26. 3. 1975; offener Brief MdB Pfeffermann an Bundeskanzler, CDU/CSU Pressemitteilung 1. 4. 1975; Carstens 9. 4. 1975 im Bundestag, S. 11313.
37 Kohl Fraktionsprotokoll CDU 19. 6. 1979, S. 3 in: ACDP VIII-001-1057/1; ebenso in CDU/CSU-Fraktion Pressedienst 22. 6. 1979.
38 Protokolle Bundestag 21. 6. 1979, S. 12 850 und S. 12861.
39 Vgl. Bundestag 21. 6. 1979, S. 12852f; Strauß Bayerischer Landtag 24. 7. 1979, in: BArch B 136 16710.

## Anmerkungen zu Kapitel 5

40 Vgl. Späth an van Well, 31. 7. 1979, in: PAAA, ZA Bd. 110380.
41 Vgl. Bundestag 26. 1. 1979, S. 10565.
42 Vgl. Referat 213 17. 1. 1979, in: BArch B 136 16709; Bundestag 17. 1. 1979, S. 9933.
43 Flugblätter (etwa JU Schreiben an Funktionsträger JU 11. 8. 1979), in: ACDP 04-007-471-4 und 07-001-532.
44 Zur Arbeit des Vietnam-Büros: MdB Pinger (CDU) an AA, 16. 8. 1979, in: PAAA, ZA Bd. 110380; Presseerklärung Vietnam-Büro 5. 7. 1979, in: ACDP 04-007-471-4; Elmar Brook DUD Nr. 149, 7. 8. 1979, S. 4; Zeit 23. 11. 1979.
45 Vgl. etwa Stern 16. 10. 1980, S. 20-29.
46 Vgl. Michael Vössing, Competition over Aid? The German Red Cross, the Committee «Cap Anamur» and the Rescue of Boat People in South-East Asia, in: Johannes Paulmann (Hg.), Dilemmas of Humanitarian Aid in the Twentieth Century, Oxford 2016, S. 345-370, hier S. 349.
47 Zeit 6. 7. 1979 und 22. 6. 1979.
48 Vgl. Joffe an Schmidt 13. 7. 1979, in: BArch 136 16710.
49 Vgl. Zeit 27. 7. 1979 sowie die nun wöchentlich folgenden Berichte über die Aktion.
50 Vgl. Zeit 28. 9. 1979.
51 Vgl. Zeit 17. 8. 1979.
52 Vgl. Pipo Bui, Envisioning Vietnamese Migrants in Germany: Ethnic Stigma, Immigrant Origin Narratives and Partial Masking, Münster 2003, S. 101.
53 Ref. 301 AA an D 3 8. 5. 1980, in: PAAA, ZA Bd. 127363.
54 Zeit 3. 8. 1979 und 31. 8. 1979.
55 Vgl. Kölner Stadtanzeiger 13. 9. 1979. Weitere Presseartikel in: BArch B 106 69008.
56 Vgl. Büro Genscher an Heinz O. aus Korschenbroich 27. 8. 1979, in: BArch B 106 69008; Genscher an Eppler 26. 7. 1979, in: BArch 136 16710.
57 Vgl. Unterlagen in: BArch B 136 16709; FAZ 2. 5. 1980, S. 8.
58 Vgl. Erklärung 29. 12. 1978, in: BArch B 136 16709; Kommissariat der deutschen Bischöfe 4. 7. 1979, in: ebd. B 136 16710; Diakonisches Werk an Leitungen der Gliedkirchen 23. 8. 1979, in: ebd. B 189 21721.
59 Spiegel 25. 6. 1979, S. 116; Zeit 30. 7. 1982.
60 Presseerklärung Vietnam-Büro 5. 7. 1979, in: ACDP 04-007-471-4.
61 Vgl. Vorstandsprotokolle der Grünen 1979-1981, in: Archiv Grünes Gedächtnis B I.1. 543 ff. Ich danke dem Archivmitarbeiter Robert Camp für eine zusätzliche Prüfung.
62 Vgl. Tim Szatkowski, Von Sihanouk bis Pol Pot. Diplomatie und Menschenrechte in den Beziehungen der Bundesrepublik zu Kambodscha (1967-1979), in: Vierteljahrshefte für Zeitgeschichte 61.1 (2013), S. 1-34.

63 Peter Weiss, Noch einmal Vietnam, in: konkret 9/1979, S. 6 f.; Frankfurter Rundschau 16. 8. 1979.
64 Hellmut Gollwitzer, Teilbare Humanität?, in: Neudeck (Hg.), Wie helfen wir Asien? (s. Anm. 15), S. 169–171, hier: S. 170.
65 Ein Schiff gegen Vietnam, in: konkret 9/1981, S. 20 f.
66 Vgl. Hetze mit Krokodilstränen gegen das Volk von Vietnam, in: Neues Deutschland 5. 7. 1979, S. 6.
67 Interview Böll in: Spiegel 19. 10. 1981, S. 90.
68 Spiegel 24. 9. 1979, S. 67–69.
69 So bereits 1979: André Glucksmann/Bernard Kouchner, Über die Philosophie der Ambulanz, in: Neudeck (Hg.), Wie helfen wir Asien?, S. 152–157, hier: S. 152 [Übersetzung aus Nouvel Observateur].
70 Vgl. Botschaft Hanoi an AA 8. 12. 1978, in: PAAA, ZA Bd. 107398.
71 Vgl. neben der entsprechenden Korrespondenz des AA und BMI: Ablaufschema 1979, in: BArch B 136 16710.
72 Kabinettsprotokoll 6. 12. 1978, Punkt B; Gespräch EG/ASEAN Brüssel 21. 11. 1978, in: PAAA, ZA Bd. 107398; Schmidt an UN-Generalsekretär Waldheim 24. 5. 1979, in: PAAA, ZA Bd. 110380.
73 Staatssekretär van Well an BMI/Fröhlich 10. 10. 1978, in: PAAA, ZA Bd. 107397; vgl. vorher: AA/Stegner an Ref. 231 28. 7. 1978 und Vermerk AA 24. 8. 1978, in: ebd.
74 Vgl. Sachstand AA 28. 6. 1979, in: PAAA, ZA Bd. 110380; Aufstellung BMI 9. 9. 1981, in: BArch B 136 29942.
75 Vgl. Abt. 3 AA 19. 9. 1981, in: PAAA, ZA Bd. 127380.
76 Diese Zusage blieb rechtlich ein Bezugspunkt. Vgl. AA an BMI 22. 1. 1981, in: PAAA, ZA Bd. 127380.
77 Nguyen, in: http://www.rc-modellbau-schiffe.de/wbb2/thread.php?threadid=282 80 (Stand 28. 04. 2016); Ly My Cuong/Barbara Ming, Zeit der Heuschrecken. Die Geschichte eines Boatpeople-Kindes, Grevenbroich 2010.
78 Vgl. DDG Hansa/Bremen an AA 21. 6. 1979, in: PAAA, ZA Bd. 110383. Hier weitere Berichte.
79 Vgl. Botschaft Hanoi und Singapur an AA 2. 7., 4. 7. und 6. 7. 1979, Vermerk AA 16. 7. 1979, in: PAAA, ZA Bd. 110383.
80 Vgl. Sachstand AA 26. 6. 1981, in: PAAA, ZA Bd. 127380; Botschaft Manila 21. 9. 1982 an AA, in: PAAA, ZA Bd. 127381.
81 Vgl. Botschaft Kuala Lumpur an AA 6. 7. 1979, in: PAAA, ZA Bd. 110383.
82 So wurden über DISERO 1982/83 nur 550 Plätze und 218 Menschen von Garantiestaaten aufgenommen. Zum Beitritt der Bundesrepublik: Ruhfus an Dettling 10. 2. 1984, Entwurf Kühne/Kanzleramt 20. 7. 1984 und AA an Kanzleramt 5. 7. 1984, in: BArch B 136 32967.

## Anmerkungen zu Kapitel 5

83 Vgl. Bericht Reise MdBs 16. 7. 1979, in: BArch B 136 16710.
84 Vgl. Bericht Reise MdBs 16. 7. 1979, in: B 136 16710; Yuk Wah Chan, Revisiting the Vietnamese Refugee Era. An Asian Perspective from Hong Kong, in: dies. (Hg.), The Chinese/Vietnamese Diaspora, S. 3–19, hier S. 10.
85 Ungenaue und widersprüchliche Zahlen in: Amara Pongsapich/Noppawan Chongwatana, The Refugee Situation in Thailand, in: Chantavanich/Reynolds (Hg.), Indochinese Refugees (s. Anm. 3), S. 12–47, hier: S. 14, 16.
86 Vgl. Jacqueline Desbarats, Indonesia and Refugees from Indochina, in: Chantavanich/Reynolds (Hg.), Indochinese Refugees, S. 48–69, hier S. 54.
87 Vgl. Botschaft Bangkok 20. 1. 1979, in: PAAA, ZA Bd. 110832.
88 Vgl. AA Dr. Heide-Bloech (Ref. 513) an Bayerisches Staatsministerium für Arbeit und Soziales 2. 1. und 9. 1. 1979, in: PAAA, ZA Bd. 110832.
89 Vgl. Vermerk Heide-Bloech 18. 1. 1979; Hamburger/AA 15. 1. 1979; Botschaft Manila an AA 16. 1. 1979, in: PAAA, ZA Bd. 110832.
90 Vgl. Bericht der Bundesregierung über die deutsche Humanitäre Hilfe im Ausland 1978 bis 1981. Deutscher Bundestag Drucksache 9/2364 23. 12. 1982, S. 10.
91 Vgl. Lorraine Bluche, Ausnahmsweise und vorrübergehend. Zur Unterbringung von ausländischen Geflüchteten im Grenzdurchgangslager Friedland in den 1970er und 1980er Jahren, in: Joachim Baur/dies. (Hg.), Fluchtpunkt Friedland, Göttingen 2016, S. 184–200.
92 Vgl. neben der allgemeinen Korrespondenz des BMI: Ablaufschema 1979, in: BArch B 136 16710.
93 Vgl. Unterlagen zu Programm der Bundesregierung für ausländische Flüchtlinge, in: BArch B 126 77251; Protokoll Kabinettssitzung 28. 5. 1980, Ref II C4 28. 4. 1980 und II C 4 an BMI 23. 1. 1981, in: ebd. sowie in: B 126 77251.
94 Vgl. Programm der Bundesregierung für ausländische Flüchtlinge (im Kabinett am 29. 8. 1979 verabschiedet), in: BArch B 136 16710 und B 126 77251.
95 Protokoll BMI/Landesflüchtlingsverwaltungen 25. 9. 1979, in: BArch B 126 77251.
96 Daten nach: Vermerk Sachstand AA 21. 10. 1982, in: PAAA, ZA Bd. 127363, sowie Eigenangaben «Cap Anamur».
97 Zur Einordnung vgl. David Drake, Intellectuals and Politics in Post-War France, New York 2016, S. 153.
98 Vgl. Glucksmann/Kouchner, Über die Philosophie der Ambulanz (s. Anm. 69), S. 152.
99 Vgl. Rupert Neudeck, Exodus aus Vietnam. Die Geschichte der «Cap Anamur» II, Bergisch Gladbach 1986, S. 65.

Anhang

100 Vgl. Neudeck, Ein Boot für Vietnam, in: ders. (Hg.), Wie helfen wir Asien? (s. Anm. 15), S. 70–145, hier S. 70.
101 Vgl. Gespräch Neudeck mit dem Verfasser 10. 3. 2016.
102 Neudeck, Ein Boot für Vietnam, S. 72.
103 Neudeck an Genscher 13. 7. 1979, in: BArch B 136 16710.
104 Vgl. Bericht Arzt Heinz Kuzdas/CA 21. 3. 1980, in: PAAA, ZA Bd. 127363.
105 Vgl. Neudeck 27. 1. 1982, sowie Sachstand AA 19. 3. 1982, in: PAAA, ZA Bd. 127381.
106 Vgl. den Bericht des Arztes Johann Franz König, Nur jeder dritte kommt durch, in: Neudeck (Hg.), Radikale Humanität: Notärzte für die dritte Welt, Hamburg 1986, S. 26–34 (erst SZ 12./13. 4. 1980).
107 Vgl. Aufstellung Kosten bis Febr. 1980, in: Archiv «Cap Anamur» Köln.
108 An die EG stellte er einen weiteren Antrag: Neudeck an AA/Bartels, 15. 5. 1982 und AA an BMI 19. 5. 1982, in: BArch B 106 127147. Eine Unterstützungsbitte, die Franz Alt formulierte, lehnte die Bundesregierung ab: Alt an Schmidt 7. 4. 1981 und AA 14. 4. 1981 in: PAAA, ZA Bd. 127380.
109 Vgl. Skript Franz Alt/Report 7. 8. 1979, in: Archiv «Cap Anamur». Vgl. auch: Franz Alt, Vietnam-Flüchtlinge und die Schere im Kopf, in: Neudeck (Hg.), Wie helfen wir Asien? (s. Anm. 15), S. 146–149, hier S. 148.
110 Pressemappe Archiv «Cap Anamur» Köln.
111 Finanzübersicht 20. 2. 1980: Archiv «Cap Anamur» Köln.
112 Patrick Merziger, The ‹Radical Humanism› of «Cap Anamur»/‹German Emergency Doctors› in the 1980s: A Turning Point for the Idea, Practice and Policy of Humanitarian Aid, in: European Review of History: Revue européenne d'histoire 23 (2016), S. 171–192, hier S. 183.
113 Vgl. Martin Sebaldt/Alexander Straßner, Verbände in der Bundesrepublik Deutschland: Eine Einführung, Wiesbaden 2004, S. 294.
114 Abt. 3 VS-Vermerk Januar 1981 an AA, in: PAAA, ZA Bd. 127380; ähnlich: Abt. 3/AA 7. 1. 1981 und 29. 6. 1981, in: ebd.; Merziger, The ‹Radical Humanism›.
115 Vgl. Konsul Loer/Cope an Neudeck 13. 10. 1979, in: PAAA, ZA Bd. 110383.
116 13-seitiger Bericht Botschaft Jakarta an AA 29. 9. 1979, in: PAAA, ZA Bd. 110383; Schödel/Botschaft Jakarta an AA 4. 10. 1979, in: ebd.
117 Schödel/Botschaft Jakarta an AA 4. 10. 1979, in: ebd.
118 Vgl. Vermerk Heide-Bloech/AA 12. 10. 1979, in: PAAA, ZA Bd. 110 383.
119 Vgl. Gespräch Neudeck mit Staatssekretär AA 7. 1. 1981 und Sachstand AA 9. 9. 1981, in: PAAA, ZA Bd. 127380.
120 Vgl. Botschaft Jakarta 19. 12. 1980 an AA, in: PAAA, ZA Bd. 127380.
121 Vgl. Abt. 3 VS-Vermerk Januar 1981 an AA, in: PAAA, ZA Bd. 127380.

122 Vorlage für Genscher von Ministerialdirektor Gorenflos 26. 11. 1980, in: AAPD 1980, S. 1778.
123 Vgl. Botschaft Bangkok 7. 11. 1980, in: PAAA, ZA Bd. 127363.
124 Text «Echo des Tages» 22. 11. 1980 (WDR), letzteres mehrfach angestrichen, in: BArch B 136 16711.
125 Vgl. Gespräch Neudeck mit Staatssekretär AA 7. 1. 1981 an AA, in: PAAA, ZA Bd. 127380.
126 Vgl. Vorlage für Genscher zur Bewertung der Cap Anamur 26. 11. 1980, in: AAPD 1980, S. 1778; diverse Berichte 1980, in: BArch B 136 16711.
127 Vgl. Botschaft Singapur an AA, 8. 1. 1981 und Erklärung Neudeck 9. 1. 1981 an AA, in: PAAA, ZA Bd. 127380.
128 Vgl. Vermerk AA zu Cap Anamur 13. 3. 1981, in: PAAA, ZA Bd. 127363.
129 Vgl. Vorlage für Genscher von Ministerialdirektor Gorenflos 26. 11. 1980, in: AAPD 1980, Bd. 1, S. 1780.
130 Zum polemischen Streit zwischen dem DRK und Neudeck vgl. Kurzprotokoll Unterausschuß humanitäre Hilfe 13. 2. 1980, Deutscher Bundestag, in: Archiv «Cap Anamur»; sowie: Vössing, Competition over Aid? (s. Anm. 46), Neudeck, Ein Boot für Vietnam, S. 139.
131 Kritisch zu diesen Äußerungen: FAZ 27. 2. 1981, S. 7.
132 Kurzprotokoll Unterausschuß humanitäre Hilfe 27. 2. 1980; Neudeck, Ein Boot für Vietnam (s. Anm. 100), S. 139.
133 Vgl. Referat 213 für Bundeskanzler für Besprechung mit MPs 27. 6. 1980, in: BArch B 136 16711.
134 Neudeck an von Staden 4. 5. 1982, in: PAAA, ZA Bd. 127363; Neudeck an AA/Bartels, 15. 5. 1982 und AA an BMI 19. 5. 1982, in: BArch B 106 127147.
135 Vgl. Ergebnisprotokoll Besprechung Bundeskanzleramt mit Regierungschefs der Länder 5. 3. 1982, in: PAAA, ZA Bd. 127363; Vermerk Sachstand AA 21. 10. 1982, in: ebd.
136 Vgl. Beschluß Ministerpräsidentenkonferenz 28–30. 10. 1981, in: BArch B 136 29942.
137 Staatssekretär Fröhlich 25. 6. 1982, Anlage zu Gespräch mit Neudeck 24. 6. 1982, in: BArch B 106 127147; Besprechung BMI/AA, BMA, Chef BK, BMF 23. 6. 1982, in: BArch B 106 127147.
138 Vgl. Ref. V II2 Vorlage Minister AA 20. 7. 1982, in: BArch B 106 90292; Vermerk BMI 9. 6. 1982, in: ebd. B 106 127147.
139 Vgl. Neudeck an Teltschik 14. 7., 14. 9., 6. 10. und 29. 12. 1983, in: BArch B 136 29942; Neudeck an Genscher 31. 10. 1983, Genscher an Neudeck 28. 11. 1983, in: ebd.
140 Vgl. Pressemeldung «Cap Anamur» 29. 4. 1985, in: BArch B 136 32967.
141 Vgl. Neudeck, Exodus, S. 38, 58, 80 f., 116.

142 Daten nach: Vermerk Sachstand AA 21. 10. 1982, in: PAAA, ZA Bd. 127363.
143 So in Polen von 10 022 (1970) auf 458 653 (1981), in der Tschechoslowakei von 31 462 (1970) auf 130 689 (1981). Bericht Bund/Länder Arbeitsgruppe Ostblockflüchtlinge/Asyl 5. 2. 1985, in: BArch B 136 32967.
144 Vgl. hierzu Herbert, Geschichte der Ausländerpolitik (s. Kap. 1, Anm. 168), S. 241–247.
145 Strauß Bayerische Landtag 24. 7. 1979, in: BArch 136 16710.
146 Vgl. Bundestag 27. 9. 1979, Drucksache 8/3229, S. 3.
147 Ergebnisprotokoll 27. 7. 1981, in: PAAA, ZA Bd. 127380.
148 Vgl. Vermerk Sachstand AA 21. 10. 1982, in: PAAA, ZA Bd. 127363.
149 Vgl. Ref. 132 BK Besprechung mit BMI 17. 7. 1981, in: BArch B 136 16711.
150 Ebd.
151 Vgl. Protokoll Kabinettssitzung 11. 11. 1981, Top 4 und 2. 12. 1981, Top 4.
152 Julia Kleinschmidt, Streit um das «kleine Asyl». De-Facto-Flüchtlinge als gesellschaftspolitische Herausforderung für Bund und Länder während der 1980er Jahre, in: dies./David Templin (Hg.), Den Protest regieren. Staatliches Handeln, neue soziale Bewegungen und linke Organisationen in den 1970er und 1980er Jahren, Essen 2018, S. 231–258.
153 Vgl. Gideon Botsch, Die extreme Rechte in der Bundesrepublik 1949 bis heute, Darmstadt 2012, S. 86–91.
154 Vgl. Zeit 29. 8. und 5. 9. 1980; Tageszeitung (Nord), 22. 8. 2014.
155 Neues Deutschland, 5. 7. 1979, S. 6.
156 Vgl. Neues Deutschland, 28. 12. 1979, S. 6.
157 Vgl. Maria Klessmann, «Wohnen-Arbeiten». Zu den Wohnbedingungen vietnamesischer Vertragsarbeiter in Ost-Berlin, in: Priemel (Hg.), Transit (s. Anm. 20), S. 188–210, S. 192.
158 Zur DDR-Sicht: Mike Dennis, Die vietnamesischen Vertragsarbeiter und Vertragsarbeiterinnen in der DDR, 1980–1989, in: Karin Weiss/Mike Dennis (Hg.), Erfolg in der Nische? Die Vietnamesen in der DDR und in Ostdeutschland, Münster 2005, S. 15–49.
159 Eva Kolinsky, «Paradies Ostdeutschland». Migrationserwartungen und Migrationserfahrungen ehemaliger Vertragsarbeiter und Vertragsarbeiterinnen aus Vietnam, in: Weiss/Dennis (Hg.), Erfolg, S. 97–117, hier S. 97.
160 Vgl. Klessmann, «Wohnen-Arbeiten»; Dennis, Die vietnamesischen Vertragsarbeiter, S. 36 f. Zeitzeugen in: Kocatürk-Schuster u. a. (Hg.), Unsichtbar (s. Anm. 1).
161 Faksimilierte Quellen dazu in: Oliver Raendchen, Vietnamesen in der DDR. Ein Rückblick, Berlin 2000. Vgl. Damian Mac Con Uladh, Die Alltagserfahrungen ausländischer Vertragsarbeiter in der DDR: Vietnamesen, Kubaner, Mozambikaner, Ungarn und andere, in: Weiss/Dennis (Hg.), Erfolg, S. 51–68, hier S. 65.

162 Vgl. Harry Waibel, Der gescheiterte Antifaschismus der SED – Rassismus in der DDR, Frankfurt/M. 2014, S. 12 f., 128–130.
163 Vgl. Dennis, Die vietnamesischen Vertragsarbeiter, S. 43; Ann-Judith Rabenschlag, Völkerfreundschaft nach Bedarf. Ausländische Arbeitskräfte in der Wahrnehmung von Staat und Bevölkerung der DDR, Stockholm 2014, S. 188–214.
164 Vgl. Karin Weiss, Nach der Wende: Vietnamesische Vertragsarbeiter und Vertragsarbeiterinnen in Ostdeutschland heute, in: Weiss/Dennis (Hg.), Erfolg, S. 77–96, hier S. 78 f.
165 Vgl. Maren Möhring, Mobilität und Migration in und zwischen Ost und West, in: Frank Bösch (Hg.), Geteilte Geschichte. Ost- und Westdeutschland 1970–2000, Göttingen 2015, S. 369–410.
166 So in: Weiss, Nach der Wende, S. 93.
167 Vgl. Migrationsbericht des Bundesamtes für Migration und Flüchtlinge im Auftrag der Bundesregierung 2015, S. 162.
168 Vgl. Phi Hong Su, «There's No Solidarity»: Nationalism and Belonging among Vietnamese Refugees and Immigrants in Berlin, in: Journal of Vietnamese Studies 12 (2017), S. 73–100.
169 Vgl. Frank Bösch/Julia Kleinschmidt, Gespaltene Community: Integration und Engagement von Vietnames*innen in Deutschland, in: ZIVIZ (2017), S. 1–20; Der Nord-Süd-Konflikt, in: Tagesspiegel 2. 10. 2014.
170 Vgl. Bernhard Nauck/Birger Schnoor, Against all odds? Bildungserfolg in vietnamesischen und türkischen Familien in Deutschland, in: Kölner Zeitschrift für Soziologie und Sozialpsychologie 67 (2015), S. 633–657.
171 Vgl. Beuchling, Vom Bootsflüchtling (s. Anm. 12), S. 87, 109 f.
172 Vgl. Ly My Cuong/Barbara Ming, Zeit der Heuschrecken. Die Geschichte eines Boatpeople-Kindes, Grevenbroich 2010.

## 6. Der sowjetische Einmarsch in Afghanistan
## Umbruch im Kalten Krieg

1 Vgl. Jimmy Carters Rede zur Nation dazu am 23. 1. 1980: Schmidt Bundestag 17. 1. 1980, S. 15579; Todenhöfer Bundestag 18. 1. 1980, S. 15718. Im Auswärtigen Amt: Ref. 405 AA 29. 1. 1980, in: PAAA ZA 126878.
2 Vgl. die Protokolle des sowjetischen Politbüros 1979, Wilson Centre Digital Archiv: http://digitalarchive.wilsoncenter.org/collection/76/soviet-invasion-of-afghanistan/2.
3 Vgl. etwa Sitzung des Politbüros der KPdSU 17. 3. 1979, in: CWIHP Afghan Series http://digitalarchive.wilsoncenter.org/document/113260.
4 Panagiotis Dimitrakis, The Secret War in Afghanistan: the Soviet

Union, China and the Role of Anglo-American Intelligence, London 2013, S. IX.
5   Daten nach: Länderbericht AA 1981, in: PAAA 113045.
6   David N. Gibbs, Die Hintergründe der sowjetischen Invasion in Afghanistan 1979, in: Bernd Greiner, Christian Th. Müller, Dierk Walter (Hg.), Heiße Kriege im Kalten Krieg, Hamburg 2006, S. 291–314.
7   Zit. Amrehn, Bundestag 17. 1. 1980, S. 15647.
8   Mertes (MdB CDU) an Genscher 3. 2. 1981, in: AAPD 1981, S. 137, Anm. 2.
9   800 000–1,2 Millionen tote Afghanen nennt: Artemy M. Kalinovsky, A Long Goodbye – The Soviet Withdrawal from Afghanistan, Cambridge 2011, S. 42.; höhere Zahlen bei: Conrad J. Schetter, Kleine Geschichte Afghanistans, München 2004, S. 104.
10  Vgl. Manfred Hildermeier, Geschichte der Sowjetunion 1917–1991. Entstehung und Niedergang des ersten sozialistischen Staates, München 1998, S. 13, 1004, 1015.
11  Rafael Reuveny/Aseem Prakash, The Afghanistan War and the Breakdown of the Soviet Union, in: Review of International Studies 25.4 (1999), S. 694. Zu den Deutungen des Kriegs vgl. Martin Deuerlein, Die Sowjetunion in Afghanistan. Deutungen und Debatten 1978–2016, in: Tanja Penter/Esther Meier (Hg.), Sovietnam. Die UdSSR in Afghanistan 1979–1989, Paderborn 2017, S. 289–317.
12  Douglas A. Borer, Superpowers Defeated: Vietnam and Afghanistan Compared, London 1999, S. 216.
13  Vgl. als Überblick: Thomas Barfield, Afghanistan: A Cultural and Political History, Princeton 2010, S. 110–163; Schetter, Afghanistan, S. 12 f., 74 f.
14  Autobiographisch dazu: Heide Amato-Koller, Kindheit in Kabul: Meine Jahre in Afghanistan 1950–1955, Norderstedt 2015, S. 92–95.
15  Paul Robinson/Jay Dixon, Aiding Afghanistan. A History of Soviet Assistance to a Developing Country, London 2013, S. 1–3; Timothy Nunan, Humanitarian Invasion. Global Development in Cold War Afghanistan, Cambridge 2016, S. 101.
16  Übersicht AA 1981, S. 7, in: PAAA ZA Bd. 113045. Vgl. dazu die marxistisch orientierte Lesart von: Matin Baraki, Die Beziehungen zwischen Afghanistan und der Bundesrepublik Deutschland 1945–1978, Frankfurt a. M. 1996, S. XVIII, 218, 542 f., 558.
17  Robert D. Crews, Afghan Modern. The History of a Global Nation, London 2015, S. 235
18  Vgl. Berichte Botschaft Kabul 30. 5. 1978, in: PAAA ZA Bd. 107442; Odd Arne Westad, The Global Cold War. Third World Interventions and the Making of our Times, Cambridge 2007, S. 303.

## Anmerkungen zu Kapitel 6

19 Sprechelemente Ausschuß auswärtige Angelegenheiten 13.10.1978, in: PAAA ZA Bd. 107442.
20 Analyse AA 5.6.1979, in: PAAA ZA Bd. 110427.
21 Botschaft Kabul an AA 3.7.1979, in: PAAA ZA Bd. 110422.
22 Botschaft Kabul an AA 20.2.1979 u. AA 3.7.1979, in: PAAA ZA Bd. 110427.
23 Vgl. Gespräch Taraki mit Politbüro (Gromyko u. a.) 20.3.1979, 21.4.1979, sowie Breschnew mit Taraki 20.3.1979, in: Pierre Allan u. a. (Hg.), Sowjetische Geheimdokumente zum Afghanistankrieg (1978–1991), Zürich 1995, S. 27–55, 56–71. Vgl. Westad, Global Cold War, S. 309.
24 Botschaft an AA 29.9.1979, in: PAAA ZA Bd. 110422.
25 Vgl. Westad, Global Cold War, S. 316; Persönliches Memorandum von Andropow an Breschnew 1.12.1979, http://digitalarchive.wilsoncenter. org/document/113254.
26 Zur westlichen Perzeption vgl. «Moskaus Moslems. Sprengstoff für das Sowjetreich», in: Spiegel 31.3.1980, S. 150–172; Gespräch Schmidt mit Prinz Saud 19.1.1979, in: FES 1/HSAA008825; Gespräch BK Schmidt mit kanadischem MP Trudeau 25.6.1981, in: AdsD 1 HSAA006756. Alexandre Bennigsen/Marie Boxrup, The Islamic Threat to the Soviet Union, London 1983, S. 126.
27 Vgl. Tim Geiger, Der NATO-Doppelbeschluss. Vorgeschichte und Implementierung, in: Christoph Becker-Schaum u. a. (Hg.), «Entrüstet Euch!». Nuklearkrise, NATO-Doppelbeschluss und Friedensbewegung, Paderborn 2012, S. 54–70, hier S. 63.
28 Gibbs, Die Hintergründe (s. Anm. 6), S. 305–311; Westad, Global Cold War, S. 325; Artemy Kalinovsky, Decision-Making and the Soviet War in Afghanistan: From Intervention to Withdrawal, in: Journal of Cold War Studies 11.4 (2009), S. 46–73.
29 Deutscher Bundestag 17.1.1980, S. 15 588 u. 15597.
30 Dimitrakis, The Secret War, S. XII (s. Anm. 4).
31 Persönliches Memorandum von Andropow an Breschnew 1.12.1979, http://digitalarchive.wilsoncenter.org/document/113254; Politbüro Resolution betreffend den Fall «A» 12.12.1979, http://digitalarchive.wilsoncenter.org/document/113675; Kalinovsky, A Long Goodbye, S. 21; Westad, Global Cold War, S. 320.
32 Analyse Ständige Vertretung Ost-Berlin an AA 8.1.1980, in: PAAA ZA Bd. 113031; Achilleas Megas, Soviet Foreign Policy Towards East Germany, London 2007, S. 63; Hermann Wentker, Außenpolitik in engen Grenzen. Die DDR im internationalen System 1949–1989, München 2007, S. 407; Westad, Global Cold War, S. 298.
33 Dimitrakis, The Secret War, S. 27 f.; Douglas MacEachin, Predicting the

463

## Anhang

33 Soviet Invasion of Afghanistan: The Intelligence Community's Record, 2002: www.cia.gov/library/center-for-the-study-of-intelligence/csi-publications/books-and-monographs.
34 Dies erfuhr: Botschafter Wieck/Moskau 9.6.1979, in: AAPD 1979, S. 829.
35 Botschafter Hoffmann (Kabul) an AA 9. 5. 1978, in: AAPD 1978, S. 703.
36 Botschaft Kabul an AA 3.7.1979, in: PAAA ZA Bd. 110427; Botschaft Teheran 11.9.1979, in: PAAA ZA Bd. 110426.
37 Schollwer/AA 7.2.1980, in: PAAA ZA Bd. 1178431; Dimitrakis, The Secret War, S. 16.
38 Botschaft Washington 18.12.1979, in: AAPD 1979, S. 1934 f.; Dimitrakis, The Secret War, S. 29.
39 Botschaft Kabul 26.12.1979, in: PAAA ZA Bd. 110426.
40 Westad, Global Cold War, S. 321.
41 Botschaft Moskau an AA 28.12.1979, in: PAAA ZA Bd. 110427; Wannow an Botschaft Moskau 28.12.1979, in: AAPD 1979, S. 1971.
42 An den Sowjetbotschafter in Berlin u. a. 27.12.1979, in: Allan u. a. (Hg.), Sowjetische Geheimdokumente (s. Anm. 23), zit. S. 135 u. S. 139.
43 Breschnew an Carter 29.12.1979, in: Allan u. a. (Hg.), Sowjetische Geheimdokumente, S. 185.
44 Übersetzungen Prawda u. a. Ende 1979/Anfang 1980, in: PAAA 130216; Botschaft Moskau 6.1.1980, in: PAAA 114420.
45 Am 26.12.1979 laut Breschnew; so Breschnew an Carter 29.12.1979, in: Allan u. a. (Hg.), Sowjetische Geheimdokumente, S. 185. Am 25.12. Chef-Kommentator der «Iswestija» am 15.1.1980 in Gespräch; Vermerk Arnot/AA 16.1.1980, in: PAAA Bd. 114420.
46 Anlage Botschaft Kabul 24.9.1980, in: PAAA Bd. 113045.
47 Vgl. die Berichte des AA 1980, in: PAAA Bd. 113045.
48 Vgl. Ellinor Schöne, Islamische Solidarität. Geschichte, Politik, Ideologie der Organisation der Islamischen Konferenz (OIC) 1969–1981, Berlin 1995, S. 199–204.
49 Protestnoten, in: PAAA ZA Bd. 113038.
50 Vertreter UNO an AA 15.1.1980, in: PAAA Bd. 130216.
51 Zu Rumänien: AA 12.3.1980, in: PAAA ZA Bd. 113036; zu Ungarn: Csaba Békés, Why was there no «Second Cold War», in Europe? Hungary and the Soviet Invasion of Afghanistan in 1979: Documents from the Hungarian Archives, in: Bulletin 14/15 (2003/2004), S. 204–219.
52 Protokoll Politbüro der SED 28.12.1979, jetzt online unter: www.argus.bstu.bundesarchiv.de/dy30pbpr/index.htm.
53 Neues Deutschland 29./30.12. und 31.12.1979, zit. 8.1.1980, S. 5.
54 Vgl. Analyse Ständige Vertretung Ost-Berlin an AA 8.1.1980, in: PAAA ZA Bd. 113031.

## Anmerkungen zu Kapitel 6

55 Hermann Wentker, Zwischen Unterstützung und Ablehnung der sowjetischen Linie: Die DDR, der Doppelbeschluss und die Nachrüstung, in: Philipp Gassert u. a. (Hg.), Zweiter Kalter Krieg und Friedensbewegung: Der NATO-Doppelbeschluss in deutsch-deutscher und internationaler Perspektive, München 2011, S. 138 f., 153.
56 AA 3. 1. 1980 in: PAAA ZA Bd. 113035.
57 AA 4. 1. 1980 in: ebd.
58 Gespräch Schmidt mit dem indischen Außenminister Rao 17. 3. 1980, in: AdsD 1/HSAA008893; Vorbereitung Besuch Präsident Moi/Kenia bei BK Schmidt 8. 2. 1980, in: AdsD 1/HSAA00887.
59 Dazu ausführlich: Bresselau von Bressensdorf, Frieden durch Kommunikation (s. Kap. 2, Anm. 80), S. 128–133.
60 Botschafter Berninger/Kabul 31. 12. 1979, in: AAPD 1979, S. 1972.
61 Ref. 213/AL gez. AA 8. 1. 1980, in: PAAA 130216.
62 Protokoll 159. Kabinettssitzung am 2. 1. 1980.
63 AA 11. 4. 1980, in: PAAA ZA Bd. 113030.
64 Schöne, Islamische Solidarität (s. Anm. 48), S. 199–204.
65 Gespräch Breschnew mit Schmidt 1. 7. 1980, in: AAPD 1980, S. 1063 f.
66 Vgl. die zahlreichen Konzepte 1980, in: PAAA ZA Bd. 113036; AA Abt. 3 25. 4. 1980, in: PAAA ZA Bd. 113046.
67 Gespräch BK Schmidt mit dem pakistanischen Präsidenten Zia ul-Haq 9. 5. 1980, in: AdsD 1 HSAA006756.
68 So Kalinovsky, A Long Goodbye, S. 64–69.
69 US Response to Soviet Invasion [Jan. 1980] sowie Botschaft Washington an AA 13. 1. 1980, in: PAAA ZA Bd. 113038.
70 Daniel James Lahey, The Thatcher Government's Response to the Soviet Invasion of Afghanistan, 1979–1980, Cold War History 13.1 (2013) S. 21–42, S. 23, 32; Grasselli, British and American Responses to the Soviet Invasion of Afghanistan, Aldershot 1996, S. 6.
71 Gespräch Schmidt mit Carter 5. 3. 1980, in: AAPD 1980, S. 406 f.
72 Gespräch Schmidt mit Wirtschaftsvertretern 30. 1. 1980, in: AAAPD 1980, S. 206.
73 Vgl. Botschafter Wieck/Moskau an AA 12. 6. 1981, in: AAPD 1981, S. 923.
74 Paul Corthon, The Cold War and British Debates over the Boycott of the 1980 Moscow Olympics, in: Cold War History 13.1 (2013), S. 436.
75 Christian Wiedemeier, Olympia und der Boykott – Moskau 1980: Eine Medienanalyse der XXII. Olympischen Spiele von Moskau, Hamburg 2014, S. 14.
76 Mit internationalen Seitenblicken: Nicholas Evan Sarantakes, Dropping the Torch: Jimmy Carter, the Olympic Boycott, and the Cold War, Cambridge 2011, S. 125 f.

77 Corthon, The Cold War, S. 43; Lahey, The Thatcher Government's Response, S. 37.
78 Drucksache Deutscher Bundestag 8/3755, 5. 3. 1980.
79 Kohl CDU-Fraktion 15. 4. 1980 und 22. 4. 1980 in: ACDP VIII-001-1061/1.
80 175. Kabinettssitzung 23. 4. 1980; Bundestag 23. 4. 1980. 213. Sitzung, S. 17098 f.
81 Gespräch van Well mit Kurpakow und Botschafter Semjonow 23. 4. 1980, in: PAAA ZA Bd. 133203.
82 Gespräch Schmidt mit Honecker 8. 5. 1980, in: AAPD 1980, S. 810.
83 Vermerk für Schmidt 24. 6. 1980, in: AdsD 1/HSAA008911.
84 Gespräch Schmidt mit Sportvertretern 29. 4. 1980, in: AdsD 1/HSAA008890.
85 Crews, Afghan Modern, S. 261.
86 Phasen akzentuiert: Dieter Kläy, Der sowjetische Krieg in Afghanistan und die Folgen bis heute, in: Nick-Miller, Claudine (Hg.): Strategisches versus humanitäres Denken. Das Beispiel Afghanistan, Zürich 2009, S. 103–135, S. 116; Rob Johnson, Konterrevolution oder Volkskrieg? Der Aufstand der Mudschahedin, in: Penter/Meier (Hg.), Sovietnam, S. 85–114.
87 Thomas Moser, Politik auf dem Pfad Gottes. Zur Genese und Transformation des militanten sunnitischen Islamismus, Innsbruck 2012, S. 250.
88 Dimitrakis, The Secret War, S. 16 f.
89 Muhammad Halmandi/Afghan National Liberation Front an Kanzler Schmidt 20. 1. 1979, in: PAAA ZA Bd. 110426; RA Mathis an Botschaft Kabul 6. 3. 1979, in: PAAA ZA 110426.
90 AA o.U. (wohl Maurer/Schönfelder) 29. 1. 1980, in: AAPD 1980, S. 199.
91 Genscher im Bundestag 28. 2. 1980, S. 16188.
92 Gespräch Genscher mit Brzezinski 31. 5. 1978, in: AAPD 1978, S. 869.
93 Carter in Deutsch-amerikanische Regierungsgespräche 14. 7. 1978, in: AAPD 1978, S. 1103 f.; sowie Staden 26. 7. 1978, in: ebd., Anm. 27.
94 Schatzschneider an AA 19. 12. 1978 und Vermerk Scheske/Botschaft Islamabad an AA 15. 11. 1978, in: AAPD 1978, S. 1874 f. u. Anm. 19.
95 Gespräch Schmidt mit US-Außenminister Christopher 16. 1. 1980, in: AAPD 1980, S. 93, Anm. 17.
96 Carter an Schmidt 11. 2. 1980, in: PAAA ZA Bd. 133203.
97 Vgl. Westad, Cold War, S. 353 f.; Helmut Hubel, Das Ende des Kalten Kriegs im Orient, München 1995, S. 70, 80.
98 Interessenlage in Pakistan, AA 8. 5. 1980, in: PAAA ZA Bd. 113039.; AA 20. 10. 1980, in: PAAA ZA Bd. 113046.
99 Javier Gil Guerrero, Propaganda Broadcast and Cold War Politics. The Carter Administration's Outreach to Islam, in: Cold War History 19.1 (2017), S. 4–37.

### Anmerkungen zu Kapitel 6

100 Vgl. Bundestag 28. 2. 1980, S. 16295; AA 14. 1. 1980, in: PAAA ZA Bd. 113035; Bresselau von Bressensdorf, Frieden, S. 159.
101 Genscher Deutscher Bundestag 11. 3. 1982, S. 5445.
102 Dies ermittelten Journalisten, zunächst der Stern 1997, dann ZDF und Welt 2013. Vgl. Operation Sommerregen, in: Die Welt 6. 10. 2013.
103 Völkermord in Afghanistan, in: Die Welt 8. 8. 1980, S. 1.
104 Gespräch van Well mit Hekmatyār 5. 2. 1981, in: AAPD 1980, S. 137–141, sowie ebd., Anm 2., S. 137.
105 Entschließung des Bundestages über Hilfe für afghanische Widerstandskämpfer 7. 6. 1984, in: PAAA 139329.
106 Vgl. Bericht Huber/Botschaft Moskau an AA 11. 8. 1980, in: AAPD 1980, S. 1224 f.
107 Todenhöfer in Bundestag 11. 3. 1982, S. 5445. Ähnlich Wulf (CDU) Bundestag 9. 6. 1982, S. 6348.
108 Spiegel, 7. 1. 1985, S. 155; vgl. AAPD 1985, S. 1167, Anm. 13.
109 Pressemitteilung Todenhöfer 15. 8. 1985, in: PAAA 139329.
110 CDU-Fraktion 22. 4. 1980 in: ACDP VIII-001-1061/1; ebenso: Geiger an Genscher 6. 8. 1985, in: PAAA 139329.
111 Entschließungsantrag von Habsburg/EVP 25. 3. 1979, in: PAAA ZA 110426; Wulff Fraktionsprotokoll CDU 11. 9. 1979, S. 20, in: ACDP VIII-001-1058/1.
112 Kohl Bundestag 17. 1. 1980, S. 15590; ähnlich Todenhöfer im Bundestag 11. 3. 1982, S. 5446.
113 Vermerk AA 29. 2. 1980, in: PAAA ZA Bd. 113045.
114 Jürgen Todenhöfer, Teile dein Glück –: … und du veränderst die Welt! – Fundstücke einer abenteuerlichen Reise, München 2010, S. 202.
115 Vgl. Botschaft Bagdad 24. 6. 1985, in: PAAA ZA Bd. 139329.
116 Bundestag 20. 6. 1980, Antwort Große Anfrage zur Asylverfahren, Drucksache 8/4279, S. 2; Schoeler, Bundestag 2. 7. 1980, S. 18539.
117 Bundestag 20. 6. 1980, Drucksache 8/4279, S. 2.
118 Daten in: Drucksache Bundestag 10/3346 14. 5. 1985, S. 8; Ursula Münch, Asylpolitik in der Bundesrepublik Deutschland: Entwicklung und Alternativen, Opladen 2013, S. 83 u. 98.
119 Susanne Schregel, Der Atomkrieg vor der Wohnungstür. Eine Politikgeschichte der neuen Friedensbewegung in der Bundesrepublik 1970–1985, Frankfurt am Main 2011.
120 Daten zu Teilnehmern nach: Rüdiger Schmitt, Die Friedensbewegung in der Bundesrepublik Deutschland: Ursachen und Bedingungen der Mobilisierung einer neuen sozialen Bewegung, Opladen 1990, S. 14.
121 Jan Ole Wiechmann, Der Streit um die Bergpredigt. Säkulare Vernunft und religiöser Glaube in der christlichen Friedensbewegung der Bundesrepublik (1977–1984), in: Archiv für Sozialgeschichte 51 (2011), S. 343–374.

## Anhang

122  Susanne Kalden/Jan Ole Wiechmann, Kirchen, in: Becker-Schaum u.a (Hg.), «Entrüstet euch!» (s. Anm. 27), S. 247–261, S. 251, 253.
123  Wort zum Frieden der EKD und des Bundes der Evangelischen Kirchen in der DDR 24. 8. 1979, in: Bestand Schmidt AdsD 1/HSAA008853; Anke Silomon, Verantwortung für den Frieden, in: Claudia Lepp/Kurt Nowak (Hg.), Evangelische Kirche im geteilten Deutschland (1945–1989/90), Göttingen 2001, S. 135–160, S. 150.
124  Vgl. etwa Dregger Bundestag 17. 1. 1980, S. 15657 f.
125  Zit. Wischnewski in Bundestag 17. 1. 1980, S. 16542.
126  Arvid Schors, Doppelter Boden. Die SALT-Verhandlungen 1963–1979, Göttingen 2016, S. 472 f., 498.
127  Vermerk Treffen SPD-Präsidium mit EKD 21. 1. 1980, in: AdsD 1/HSAA008884.
128  Aufzeichnung Seitz 10. 11. 1981, in: AAPD 1981, S. 1721.
129  Protokoll Präsidium der SPD 5. 6. 1979, in: AdsD PV Präsidiumssitzungen Mappe 113; Jan Hansen, Abschied vom Kalten Krieg? Die Sozialdemokraten und der Nachrüstungsstreit, Berlin 2016. S. 239 f., 53.
130  Vgl. etwa Aufzeichnung Ministerrunde der Nuklearen Planungsgruppe 24. 3. 1983, in: AAPD 1983, S. 397.
131  Kohl zu Bush laut Vermerk 25. 7. 1983, in: AAPD 1983, S. 983.
132  Vgl. zu dieser Debatte: Holger Nehring/Benjamin Ziemann, Führen alle Wege nach Moskau? Der NATO-Doppelbeschluss und die Friedensbewegung – eine Kritik, in: Vierteljahrshefte für Zeitgeschichte 59 (2011), S. 81–100, hier: S. 85, 99; Helge Heidemeyer, Nato-Doppelbeschluss, westdeutsche Friedensbewegung und der Einfluss der DDR, in: Gassert u. a. (Hg.), Zweiter Kalter Krieg (s. Anm. 55), S. 247–268, S. 253.
133  Vgl. Flugblatt NROA [Juni 1979] u. a., in: PAAA ZA Bd. 110422; AA 13. 7. 1979, in: PAAA ZA Bd. 110426.
134  Flugblatt GUAF [Frühjahr 1979], in: PAAA ZA Bd. 110422. Für Proteste in Hamburg vgl. Plakate im HIS-Archiv.
135  AA 22. 1. 1980, in: PAAA ZA Bd. 133203.
136  Leif, Die strategische (Ohn-)Macht (s. Kap. 2, Anm. 101), S. 303–306; Alice Holmes Cooper, Paradoxes of Peace: German Peace Movements Since 1945, Ann Arbor 1996, S. 140.
137  Die Grünen NRW, Herne, März 1980, in: AGG C NRW I; Sig.: 437; Titel: LDK; Erklärung der Grünen NRW 23. 2. 1980, in: AGG B I.1. Sig 292.
138  Berichte in: AGG B.II.3. 1020. Zur Fraktion vgl. etwa Erklärung Kelly/Bastian 28. 9. 1983, in: Josef Boyer (Bearb.), Die Grünen im Bundestag: Sitzungsprotokolle und Anlagen 1983–1987, Düsseldorf 2008, S. 9.
139  So Gabi Gottwald 8. 3. 1986, ähnlich 17.3., 18. 3. 1988, in: AGG A- Petra Kelly; Sig. 1307.
140  Anhörung Zukunft Afghanistans 1988, in: AGG B. II. 3. 1140.

## Anmerkungen zu Kapitel 6

141 Schmitt, Friedensbewegung (s. Anm. 120), S. 209; Becker-Schaum u. a. Einleitung, in: dies. (Hg.), «Entrüstet euch!», S. 31.
142 Gassert/Geiger/Wentker, Zweiter Kalter Krieg, in: dies. (Hg.), Zweiter Kalter Krieg, S. 18.
143 Bericht der CDU-Bundesgeschäftsstelle 1984, S. 7; Vermerk Ref. 012 6. 10. 1983, in: AAPD 1983, S. 1466–1469.
144 Spiegel 28. 9. 1992, S. 118–128.
145 Protokoll Politbüro ZK der KPdSU 13. 11. 1986, in: Allan u. a. (Hg.), Sowjetische Geheimdokumente, S. 439.
146 Kalinovsky, A Long Goodbye, S. 12f, 52.
147 Swetlana Alexijewitsch, Zinkjungen. Afghanistan und die Folgen, Frankfurt/M. 1992 [1989].
148 Markus Balázs Göransson, Kampf im fremden Land. Tadschikische Sowjettruppen und Afghanen 1979–1989, in: Penter/Meier (Hg.), Sovietnam, S. 161–186, hier S. 172.
149 Alexijewitsch, Zinkjungen, S. 47, 137; Jan C. Behrends, Afghanistan als Gewaltraum. Sowjetische Soldaten erzählen vom Partisanenkrieg, in: Penter/Meier (Hg.), Sovietnam, S. 141–160.
150 Nunan, Humanitarian Invasion (s. Anm. 15), Kap. 6; Westad, Global Cold War, S. 5, 350.
151 Dimitrakis, The Secret War, S. XIV.
152 Kalinovsky, A Long Goodbye, S. 43, 58 f.
153 Beschluss ZK KPdSU 24. 7. 1985, in: Allan u.a (Hg.), Sowjetische Geheimdokumente, S. 415–429; Kalinovsky, A Long Goodbye, S. 85.
154 Ebd., S. 75, 83.
155 Politbüro der ZK der KPdSU 13. 11. 1986, in: Allan u.a (Hg.), Sowjetische Geheimdokumente, S. 436–451.
156 Vgl. AA 13. 1. 1986, in: PAAA 139329.
157 Anlage ZK 19. 5. 1989, in: Allan u. a. (Hg.), Sowjetische Geheimdokumente, S. 593.
158 So, wenn auch spekulativ: Borer, Superpowers Defeated (s. Anm. 15), S. 219.
159 Robinson/Dixon, Aiding Afghanistan, S. 155.
160 Schetter, Afghanistan, S. 131.
161 Katja Mielke/ Conrad Schetter, Wiederholt sich Geschichte? Die legitimatorischen Deutungsmuster der Interventionen in Afghanistan 1979 und 2001, in: Peripherie. Zeitschrift für Politik und Ökonomie in der Dritten Welt 29 (2009), S. 448–468, hier: S. 454.
162 Penter/Meier, Einleitung, in: dies. (Hg.), Sovietnam, S. 11.
163 Michael Galbas, Afghanistanveteranen, Veteranenverbände und die Geschichtspolitik im Putin-Russland, in: Penter/Meier (Hg.), Sovietnam, S. 233–254, S. 236.

## 7. Thatchers Wahl und die Gründung der Grünen Neoliberalismus und Ökologie

1 David Harvey, A Brief History of Neoliberalism, Oxford 2005, S. 1.
2 Vgl. Zeit 22. 6. 1979.
3 Strauß am 23. 7. 1979, zit. in: Zeit 27. 7. 1979; Spiegel 6. 8. 1979, S. 17.
4 Zit in: John Campbell, Margaret Thatcher Bd. 2: The Iron Lady, London 2003, S. 243.
5 Vgl. Dominik Geppert, Thatchers konservative Revolution. Der Richtungswandel der britischen Tories 1975–1979, München 2002, S. 427–433.
6 Eigener Befund nach Auswertung der Datenbank mit allen Reden und Texten Thatchers: http://www.margaretthatcher.org.
7 Vgl. Daniel S. Jones, Masters of the Universe. Hayek, Friedman, and the Birth of Neoliberal Politics, Princeton 2014, S. 4; Philipp Ther, Die neue Ordnung auf dem alten Kontinent: Eine Geschichte des neoliberalen Europa, Berlin 2014, S. 25; Harvey, Neoliberalism, S. 2.
8 Vgl. Vivien A. Schmidt/Mark Thatcher, Theorizing Ideational Continuity: The Resilience of Neo-Liberal Ideas in Europe, in: dies. (Hg.), Resilient Liberalism in Europe's Political Economy, Cambridge 2013, S. 1–50, hier S. 7, 23 f.
9 Daily Express 3. 5./5. 5. 1979.
10 Spiegel 7. 5. 1979, S. 119; FAZ 19. 5. 1979, BuZ S. 1. Ähnlich Zeit 30. 3. 1979.
11 Vgl. dazu: Laura Beers, Thatcher and the Women's Vote, in: Ben Jackson/Robert Saunders (Hg.), Making Thatcher's Britain, Cambridge 2012, S. 113–131, hier S. 114, 122.
12 Vgl. etwa Pressekonferenz Thatcher 26. 4. 1979, www.margaretthatcher. org/document/104045.
13 So im BBC-Interview 1993, zitiert in: Campbell, Thatcher, S. 2.
14 Vgl. Economist 28. 4. 1979, S. 23.
15 Umfragen in: ebd.
16 Vgl. Daily Express 30. 4. 1979, S. 8 f.; Claudia Dollnig, Eine Frau an der Spitze. Eine historische Diskursanalyse der Darstellung Margaret Thatchers in den britischen Printmedien von 1975 bis 1990, Diplomarbeit, Wien 2009, S. 112; Geppert, Thatchers konservative Revolution, S. 93.
17 Vgl. Frank Bösch, Macht und Machtverlust. Die Geschichte der CDU, Stuttgart 2002, S. 240–251.
18 Vgl. Beers, Thatcher and the Woman's Vote, S. 130.
19 Vgl. Ewen H. H. Green, Thatcher, London 2010, S. 16.

20 Vgl. Ewen H. H. Green, Ideologies of Conservatism, Oxford 2002, S. 214; Eric J. Evans, Thatcher and Thatcherism, London 2013, S. 7; Geppert, Thatchers konservative Revolution, S. 27–59.
21 Vgl. Dominik Geppert, Maggie Thatchers Rosskur – ein Rezept für Deutschland?, Berlin 2003, S. 39.
22 Vgl. Evans, Thatcher, S. 24.
23 Zit. in: FAZ 28. 7. 1982, S. 5.
24 FAZ 19. 5. 1979, BuZ S. 1.
25 Vgl. etwa Gespräch Schmidt mit Thatcher 31. 10. 1979, in: AAPD 1979, Bd. 2, S. 1594 f.
26 Gespräch Genscher mit Carrington 26. 2. 1980, in: AAPD 1980, Bd. 1, S. 363.
27 Vgl. Meredith Veldman, Margaret Thatcher. Shaping the New Conservatism, Oxford 2016, S. 91.
28 Vgl. Campbell, Thatcher, S. 502.
29 Vgl. ebd., S. 183.
30 Zur Reaktion: Times 15. 10. 1977.
31 Vgl. Sina Fabian, Boom in der Krise. Konsum, Tourismus, Autofahren in Westdeutschland und Großbritannien 1970–1990, Göttingen 2016, S. 69–82, 432 f.
32 Text Rede Thatcher 8. 10. 1976: www.margaretthatcher.org/document/103105.
33 Vgl. Robert Saunders, Crisis. What Crisis? Thatcherism and the Seventies, in: Jackson/Saunders (Hg.), Making Thatcher's Britain, S. 31; Jim Tomlinson, Thatcher, Monetarism and the Politics of Inflation, in: ebd., S. 62–77, hier S. 62 und 65.
34 Vgl. Jones, Masters (s. Anm. 7), S. 4; Schmidt/Mark Thatcher, Theorizing Ideational Continuity, S. 7.
35 Vgl. Green, Ideologies of Conservatism, S. 212–239; Dominik Geppert, «Englische Krankheit»? Margaret Thatchers Therapie für Großbritannien, in: Norbert Frei/Dietmar Süß (Hg.), Privatisierung. Idee und Praxis seit den 1970er Jahren, Göttingen 2012, S. 51–68, hier S. 54.
36 Vgl. Adrian Williamson, Conservative Economic Policymaking and the Birth of Thatcherism 1964–1979, Basingstoke 2015, S. 225; Norman Barry, New Right, in: Kevin Hickson (Hg.), Political Thought of the Conservative Party since 1945, Basingstoke 2005, S. 28–50.
37 Vgl. Jones, Masters, S. 16.
38 Harald Bluhm/Christoph M. Michael, Anglo-American Conservatism since Thatcher and Reagan, in: Neue Politische Literatur 58 (2013), S. 449–491, hier S. 486.
39 Vgl. Andy McSmith, No Such Thing as Society. A History of Britain in the 1980s, London 2010, S. 80.

40 Vgl. Evans, Thatcher, S. 15; Geppert, Thatchers konservative Revolution, S. 417.
41 Laut meiner Recherche erstmals in: Thatcher House of Commons 20. 10. 1981, www.margaretthatcher.org/document/104718.
42 Vgl. Jackson/Saunders, Introduction: Varieties of Thatcherism, in: dies. (Hg.): Making Thatcher's Britain, S. 1–22, hier S. 6; Richard Vinen, Thatcher's Britain: the politics and social upheaval of the Thatcher era, London 2009, S. 101–114.
43 Vgl. David Howell, Defiant dominoes: working miners and the 1984–5 strike, in: Jackson/Saunders (Hg.), Making Thatcher's Britain, S. 148–164, hier S. 161.
44 Vgl. Vinen, Thatcher's Britain, S. 276.
45 Vgl. Tomlinson, Thatcher (s. Anm. 33), S. 76.
46 Vgl. Evans, Thatcher, S. 31.
47 Vgl. Campbell, Thatcher, S. 247.
48 Vgl. Deutsch-britisches Regierungsgespräch 11. 5. 1979, in: AAPD 1979, S. 602; Gespräch Schmidt mit Thatcher 28. 3. 1980, in: AAPD 1980, S. 521.
49 Vgl. Gespräch Schmidt mit Thatcher 31. 10. 1979, in: AAPD 1979, S. 1594 f.
50 Vgl. Jackson/Saunders, Introduction, S. 7.
51 Vgl. Green, Thatcher, S. 101.
52 Vgl. den Forschungsüberblick: Dominik Geppert, Großbritannien seit 1979: Politik und Gesellschaft, in: Neue Politische Literatur 54.1 (2009), S. 61–86, hier S. 76.
53 Vgl. Vinen, Thatcher's Britain, S. 278 f.
54 Vgl. Colin Hay/ Stephen Farrall, Interrogating and conceptualizing the legacy of Thatcherism, in: dies. (Hg.), The Legacy of Thatcherism. Assessing and exploring Thatcherite social and economic policies, London 2014, S. 3–30, hier S. 20.
55 So auch Geppert, Thatchers konservative Revolution, S. 244.
56 Vgl. Tim Schanetzky, Die große Ernüchterung. Wirtschaftspolitik, Expertise und Gesellschaft in der Bundesrepublik 1966 bis 1982, Berlin 2007, S. 223–230.
57 Thatcher, Speech to Conservative Party Conference 13. 10. 1978, www. margaretthatcher.org/document/103764.
58 Vgl. die Serie im Spiegel: 22. 1. 1979, S. 138–157; 29. 1. 1979, S. 130–148; 5. 2. 1979, S. 150–180; 26. 2. 1979, S. 190.
59 So u. a. bei Renate Merklein, Englische Zustände – bald auch hier?, in: Spiegel 18. 6. 1979, S. 122.
60 Vgl. Berichte in: ACDP 07–001-16061.
61 Vgl. Ruhfus an AA 19. 2. 1980, in: PAAA Lond Bd. 12046; Botschaft London an AA 10.6. und 12. 6. 1983, in: PAAA ZA 135240.

62 Protokolle Bundestag 9. 9. 1982, S. 6755; ähnlich: Bundestag 17. 4. 1980, S. 16876.
63 Haussmann (FDP) Bundestag 17. 9. 1981, S. 2972.
64 Otto Graf Lambsdorff, Konzept für eine Politik zur Überwindung der Wachstumsschwäche und zur Bekämpfung der Arbeitslosigkeit, 9. 10. 1982.
65 Vgl. Jürgen Dittberner, Die FDP. Geschichte, Personen, Organisation, Perspektiven, Opladen 2005, S. 58.
66 Vgl. Peter Lösche/Franz Walther, Die FDP. Richtungsstreit und Zukunftszweifel, Darmstadt 1996, S. 110–113.
67 Vgl. Reden Thatcher wie: Speech to C in Cardiff 16. 4. 1979, www.margaretthatcher.org/document/104011.
68 Vgl. Axel Schildt, «Die Kräfte der Gegenreform sind auf breiter Front angetreten». Zur konservativen Tendenzwende in den Siebzigerjahren, in: Archiv für Sozialgeschichte 44 (2004), S. 449–478, hier S. 478.
69 Vgl. Peter Hoeres, Von der «Tendenzwende» zur «geistig-moralischen Wende». Konstruktion und Kritik konservativer Signaturen in den 1970er und 1980er Jahren, in: Vierteljahrshefte für Zeitgeschichte 61.1 (2013), S. 93–119, hier S. 105–110.
70 Bundestag 14. 10. 1982, S. 7323 und 7335.
71 Genscher Bundestag 13. 10. 1982, S. 7259.
72 Vgl. Protokolle des Bundestags 13. 10. 1982, S. 7229–7244; 14. 10. 1982, S. 7303–7307.
73 Emke (SPD) Bundestag 3. 10. 1982, S. 7237.
74 Schröder (CDU) Bundestag 15. 9. 1982, S. 6951.
75 Vgl. etwa Bundestag 9. 9. 1987, S. 1489; 21. 4. 1988, S. 4937.
76 Vgl. Regierungserklärung Kohl 13. 10. 1982, Protokolle Bundestag, S. 7213–7229.
77 Vgl. Winfried Süß, Armut im Wohlfahrtsstaat, in: Hans-Günther Hockerts/ders. (Hg.), Soziale Ungleichheit im Sozialstaat. Die Bundesrepublik Deutschland und Großbritannien im Vergleich, München 2010, S. 19–41, hier S. 29.
78 Vgl. Andreas Wirsching, Eine «Ära Kohl»? Die widersprüchliche Signatur deutscher Regierungspolitik 1982–1998, in: Archiv für Sozialgeschichte 52 (2012), S. 667–686, S. 677.
79 Vgl. die Beiträge von Ralf Ahrens und Marc Buggeln in: Frank Bösch/Thomas Hertfelder/Gabriele Metzler (Hg.), Die neoliberale Herausforderung und der Wandel des Liberalismus im späten 20. Jahrhundert, Stuttgart 2018.
80 Vgl. Reimut Zohlnhöfer, Die Wirtschaftspolitik der Ära Kohl: Eine Analyse der Schlüsselentscheidungen in den Politikfeldern Finanzen, Arbeit und Entstaatlichung, 1982–1998, Wiesbaden 2001, S. 171.

81 Vgl. Frank Bösch, Politische Macht und gesellschaftliche Gestaltung. Wege zur Einführung des privaten Rundfunks in den 1970/80er Jahren, in: Archiv für Sozialgeschichte 52 (2012), S. 191–210.
82 Vgl. Andreas Wellenstein, Privatisierungspolitik in der Bundesrepublik Deutschland: Hintergründe, Genese und Ergebnisse am Beispiel des Bundes und vier ausgewählter Bundesländer, Frankfurt/M. 1992, S. 225–238, 462.
83 Kerstin Brückweh, Unter ostdeutschen Dächern. Wohneigentum zwischen Enteignung, Aneignung und Neukonstituierung der Lebenswelt in der langen Geschichte der «Wende», in: Thomas Großbölting/Christoph Lorke (Hg.), Deutschland seit 1990. Wege in die Vereinigungsgesellschaft, Stuttgart 2017, 187–212.
84 Gerhard A. Ritter, Der Preis der Einheit. Die Wiedervereinigung und die Krise des Sozialstaats, München 2006.
85 Vgl. Marcus Böick, «Das ist nun mal der freie Markt». Konzeptionen des Marktes beim Wirtschaftsumbau in Ostdeutschland nach 1989, in: Zeithistorische Forschungen/Studies in Contemporary History, 12.3 (2015), S. 448–473.
86 Vgl. Geppert, Maggie Thatchers Rosskur (s. Anm. 21), S. 14, 115 f.
87 Die Gegensätze akzentuiert in zwei getrennten Essays zu den Liberalen und den Grünen: Franz Walter, Gelb oder Grün? Kleine Parteiengeschichte der besserverdienenden Mitte in Deutschland, Bielefeld 2010.
88 Joachim Raschke, Die Grünen. Wie sie wurden, was sie sind, Köln 1993, S. 131; diese Vielfalt betonen auch die älteren Studien, z.B. Frank Schnieder: Von der sozialen Bewegung zur Institution? Die Entstehung der Partei Die Grünen in den Jahren 1978 bis 1980, Hannover 1998, S. 168.
89 Vgl. Silke Mende, «Nicht rechts, nicht links, sondern vorn». Eine Geschichte der Gründungsgrünen, München 2011, S. 13.
90 Vgl. Frank Uekötter, Deutschland in Grün. Eine zwiespältige Erfolgsgeschichte, Göttingen 2015, S. 152. Philipp Felsch, Der lange Sommer der Theorie. Geschichte einer Revolte 1960–1990, München 2015, S. 154.
91 Zitierte Begriffe aus: Die Grünen: Das Bundesprogramm, Bonn 1980, S. 4 f.
92 Vgl. Edgar Wolfrum, Rot-Grün an der Macht: Deutschland 1998–2005, München 2013, S. 43.
93 Programm Die Grünen Europawahl 1979, S. 1, in: Archiv Grünes Gedächtnis (AGG), B1.1. -1.
94 Vgl. Uekötter, Deutschland in Grün, S. 119–125.
95 Freiburger Thesen zur Gesellschaftspolitik 25./27. 10. 1971, Vierter Teil, These 1, S. 64.
96 Vgl. Larry Frohmann: ‹Only Sheep Let Themselves Be Counted›: Pri-

vacy, Political Culture, and the 1983–87 West German Census Boycotts, in: Archiv für Sozialgeschichte 52 (2012), S. 335–378.
97 Vgl. Die Grünen, Bundesprogramm 1980.
98 Vgl. Detlef Siegfried: Die Entpolitisierung des Privaten. Subjektkonstruktionen im alternativen Milieu, in: Frei/Süß (Hg.), Privatisierung (s. Anm. 35), S. 124–139, hier S. 124; Reichardt, Authentizität, S. 323 f. sowie 347 f.
99 Vgl. Oskar Niedermayer: Bürger und Politik: Politische Orientierungen und Verhaltensweisen der Deutschen, Wiesbaden 2005, S. 200.
100 Rundbrief die Grünen 4/79, Nov./Dez. 1979 in: AGG, B 1.1.–162.
101 Vgl. dazu die Vorstandsprotokolle der Grünen, etwa: Protokoll Vorstand Die Grünen 30. 3. 1979, in: AGG, B1.1. – 543.
102 Vgl. Mende, «Nicht rechts, nicht links», S. 489.
103 Statistische Daten für alle Parteien unter: http://www.bpb.de/politik/grundfragen/parteien-in-deutschland/zahlen-und-fakten/140358/soziale-zusammensetzung.
104 So auch der Untertitel von: Walter, Gelb oder Grün? (s. Anm. 87).
105 Vgl. Jones, Masters (s. Anm. 7); Nils Freytag: «Eine Bombe im Taschenbuchformat»? Die «Grenzen des Wachstums» und die öffentliche Resonanz, in: Zeithistorische Forschungen 3.3 (2006), S. 465–469.
106 Vgl. Richter, Die Aktivistin (s. Kap. 4, Anm. 185).
107 So Joachim Raschke, Die Zukunft der Grünen, Frankfurt 2001, S. 30 f.
108 Vgl. Raschke, Die Grünen.
109 Mit einem Anteil von 14 %, SZ 25. 7. 2018, S. 1.

## 8. Die zweite Ölkrise
## Globale Abhängigkeiten und Wege zum Energiesparen

1 Grundlegend: Daniel Yergin, The Prize. The Epic Quest for Oil, Money and Power, New York u. a. 1991, S. 830–862; Fiona Venn, The Oil Crisis, London 2002, S. 21–33; Bruce A. Beaubouef, The Strategic Petroleum Reserve, Collage Station, Texas 2007, S. 94.
2 Steffen Bukold, Öl im 21. Jahrhundert, München 2009, S. 39.
3 Spiegel 18. 6. 1979, S. 156.
4 Vgl. Bruce Schulman, The Seventies: The Great Shift in American Culture, Society, and Politics, New York 2001, S. 140; Edward Berkowitz, Something Happened. A Political and Cultural Overview of the Seventies, New York 2006, S. 130.
5 Vgl. für 1973 hierzu: Rüdiger Graf, Öl und Souveränität. Petroknowledge und Energiepolitik in den USA und Westeuropa in den 1970er Jahren, Berlin 2014, hier S. 339.

6 Gespräch Schmidt mit Thatcher 17. 11. 1980, in: AAPD 1980, S. 1711.
7 Vgl. Thimothy Mitchell, Carbon Democracy. Political Power in the Age of Oil, London 2011, S. 140 f.
8 Daten nach: Venn, Oil Crisis, S. 114 f.
9 Vgl. Martin Czakainski, Energiepolitik in der Bundesrepublik Deutschland 1960 bis 1980 im Kontext der außenwirtschaftlichen und außenpolitischen Verflechtungen, in: Jens Hohensee/Michael Salewski (Hg.), Energie – Politik – Geschichte. Nationale und internationale Energiepolitik seit 1945, Stuttgart 1993, S. 17–33, hier S. 24.
10 Vgl. Ninel Danos, Energiekrise und Wirtschaftsbeziehungen im RGW, Frankfurt/M. 1988, S. 81–83.
11 Frank Bösch, Energy Diplomacy: Germany, the Soviet Union and the Oil Crisis, in: Historical Social Research 39.4 (2014), S. 165–185; Per Högselius, Red Gas: Russia and the Origins of European Energy Dependence, Basingstoke 2013.
12 Vgl. Graf, Öl, S. 64; Jonathan Kuiken, Caught in Transition: Britain's Oil Policy in the Face of Impending Crisis, 1967–1973, in: Historical Social History 39.4 (2014), S. 272–292.
13 Vgl. Jens Hohensee, Der erste Ölpreisschock 1973/74. Die politischen und gesellschaftlichen Auswirkungen der arabischen Erdölpolitik auf die Bundesrepublik Deutschland und Westeuropa, Stuttgart 1996, S. 79, 92.
14 Ebd., S. 170.
15 Vgl. Fabian, Boom (s. Kap. 7, Anm. 31), S. 433.
16 Debatte Bundestag 2. 4. 1974, Sp. 6285–6287; Hohensee, Ölpreisschock, S. 203 f.
17 Vgl. Yergin, The Prize, S. 671.
18 Vgl. Jan Martin Witte/Andreas Goldthau, Die OPEC. Macht und Ohnmacht des Öl-Kartells, München 2009, S. 142 f.; die Panik betont: Yergin, The Prize, S. 684–687.
19 Spiegel Ausgaben: 19. 3. 1979, S. 74; 14. 5. 1979, S. 134; 25. 6. 1979, S. 18.
20 Vgl. etwa: Botschafter Heimsoeth/Sofia an AA 25. 5. 1979, in: AAPD 1979, S. 534, Anm. 11; Spiegel 30. 7. 1979, S. 76 f. und 6. 8. 1979, S. 91.
21 Vgl. BMWi 14. 4. 1980 und III C3 4. 6. 1980, in: BArch B 102/370357.
22 Rede Carter 15. 7. 1979; Daniel Horowitz, Jimmy Carter and the Energy Crisis of the 1970s. The «Crisis of Confidence» Speech of July 15, 1979, Boston 2005.
23 Vgl. Schmidt an Lambsdorff 28. 10. 1979, in: BArch B 196/23200; Entwurf Lambsdorff/BMWi Entwicklung der Energieversorgung 17. 1. 1980, in: BArch B 196/23200.
24 Schmidt in Gespräch mit Kardinalstaatssekretär Casaroli im Vatikan 9. 7. 1979, in: AAPD 1979, S. 994. Vgl. dazu Interview Forschungsminister Hauff in: Spiegel 21. 5. 1979, S. 21–24, hier S. 22.

25 Hauff in: ebd.
26 Zimmermann Fraktionsprotokoll CDU 27. 11. 1979, in: ACDP VIII-001-1059/1, S. 16.
27 Vgl. für die Sozialwissenschaften etwa: Hanns W. Maull, Erdöl als politische Waffe, in: Die internationale Politik 1973–1974. Jahrbücher des Forschungsinstituts der Deutschen Gesellschaft für Auswärtige Politik, München 1980, S. 41–59, S. 57.
28 Vgl. Gespräch Callaghan mit Carter, Schmidt und Giscard 6. 1. 1979, in: AAPD 1979, S. 25; Statement US-Finanzminister Miller/BK Schmidt 29. 9. 1979 in: Bestand Schmidt AdsD 1/HSAA008852.
29 Vgl. Hildermeier, Geschichte der Sowjetunion 1917–1991 (s. Kap. 6, Anm. 10), S. 883.
30 Vgl. etwa: Wirtschaftsministerium an Chef Bundeskanzleramt 17. 1. 1980, in: BArch B 102 979116; dazu im Kontext von 1973 bereits: Graf, Öl, S. 276.
31 Ausführlicher: Bösch, Energy Diplomacy; Högselius, Red Gas (beide Titel s. Anm. 11).
32 Schmidt 5. 3. 1980 und Bericht Sieger 25. 2. 1980, in: AAPD 1980, Bd. 1, S. 91, Anm. 19, sowie S. 406.
33 Vgl. Gespräch Schmidt mit Carter 5. 3. 1980, in: AAPD 1980, S. 406 f.; Gespräch Schmidt mit Wirtschaftsvertretern 30. 1. 1980, in: ebd., S. 206. Zu diesem Dilemma der Nato nur sehr knapp: Werner D. Lippert, The Economic Diplomacy of Ostpolitik. Origins of NATO's Energy Dilemma, New York 2011, S. 179.
34 Gespräch BK Schmidt mit Gewerkschafts- und Wirtschaftsführern 24. 1. 1980, in: AdsD 1/HSAA008881.
35 Vgl. generell: David S. Painter, Oil and Geopolitics: The Oil Crises of the 1970s and the Cold War, in: Historical Social Research 39.4. (2014), S. 186–208.
36 Vgl. Gespräch Schmidt mit Liesen (Vorstandsvorsitzender Ruhrgas AG) 23. 6. 1981, in: PAAA ZA 126889; Gespräch Genscher mit Haig 9. 3. 1981, in: AAPD 1981, S. 345.
37 Vgl. Vermerk BMWi II D 2/AA 405, 4. 11. 1981, in: PAAA ZA 132521; Ref. 405 AA 5. 11. 1981, in: PAAA ZA 126889.
38 Vgl. Vorlage für BK Schmidt 23. 2. 1981, in: AdsD 1/HSAA008932.
39 Vgl. Lambsdorff an Botschafter Burns 21. 9. 1981, in: PAAA ZA 132521.
40 Vgl. André Steiner, «Common Sense is Necessary.» East German Reactions to the Oil Crises of the 1970s, in: Historical Social Research 39.4. (2014), S. 231–250, hier S. 237.
41 Vgl. Danos, Energiekrise (s. Anm. 10), S. 59.
42 So der Leiter der Abteilung Internationale Verbindungen des ZK später: Günter Sieber, Ustinow tobte, Gorbatschow schwieg, in: Brigitte Zimmermann/Hans-Dieter Schütt (Hg.), OhnMacht. DDR-Funktionäre

sagen aus, Berlin 1992, S. 232. Vgl. auch die Gespräche vorher in: Hans-Hermann Hertle/Konrad Jarausch (Hg.), Risse im Bruderbund: Gespräche Honecker – Breshnew 1974 bis 1982, Berlin 2000, S. 26, 76, 108.
43 Vgl. Steiner, «Common Sense is Necessary», S. 245.
44 Vgl. Jörg Rösler/Dagmar Semmelmann, Vom Kombinat zur Aktiengesellschaft. Ostdeutsche Energiewirtschaft in den 1980er und 1990er Jahren, Bonn 2005, S. 55 f.
45 Vgl. die Berichte BMWi II C1 8. 1. 1979 und 17. 4. 1979, in: BA/K B 102/280958.
46 Vgl. Aufzeichnung Ungerer zur Kernkraftwerkskooperation 21. 8. 1979, in: AAPD 1979, S. 1164; Aufzeichnung Gaus über Gespräch mit Schalck-Golodkowki 30. 5. 1980, in: AAPD 1980, S. 870.
47 Danos, Energiekrise, S. 55.
48 Vgl. etwa für die diplomatische und ökonomische Annäherung: Gespräch Schmidt mit Ölminister al-Otaiba 14. 4. 1980, in: AAPD 1980, S. 507; Sefik Alp Bahadir/Arno Klinner, Saudi-Arabiens Weg zur erdölpolitischen Souveränität, 1932–1992, in: Hohensee/Salewski (Hg.), Energie (s. Anm. 9), S. 177–189, hier S. 187.
49 Vgl. Venn, Oil Crisis, S. 45; Bösch, Zwischen Schah (s. Kap. 1, Anm. 137), S. 348.
50 Vgl. Tim Szatkowski, Gaddafis Libyen und die Bundesrepublik Deutschland 1969 bis 1982, München 2013, S. 57, 66, 106.
51 Vgl. Yergin, The Prize, S. 667.
52 Vgl. Wirtschaftsministerium an Chef Bundeskanzleramt 17. 1. 1980, in: BArch B 102 979116.
53 Vgl. TOP Energie Weltwirtschaftsgipfel Venedig 9. 3. 1980, S. 9, in: BArch B 102 979116; Ref. 405 AA 27.9. und 15. 10. 1979, in: PAAA ZA 121264. Gesprächsaufzeichnung Weltwirtschaftsgipfel Venedig 22./23. 6. 1980, in: AAPD 1980, S. 965.
54 Vgl. BArch B 196/23200.
55 BMWi II D2 19. 11. 1979, in: BArch B 196/23200.
56 Vgl. Peter Oesterdiekhoff, Dimensionen der Energiekrise in Afrika südlich der Sahara, Bremen 1991, S. 4.
57 Daten ohne Nigeria: ebd., S. 9–11. Vgl. auch Gesprächsaufzeichnung Weltwirtschaftsgipfel Venedig 22./23. 6. 1980, in: AAPD 1980, S. 964–967.
58 So zumindest die Angaben in: Vermerk über Gespräch Schmidt mit Präsident Moi/Kenai 12. 2. 1980, in: AdsD 1/HSAA00887.
59 Vgl. Gespräch Schmidt mit Prinz Saud 19. 1. 1979, in: FES 1/HSAA008825.
60 Gespräch Schmidt mit Stössel 22. 1. 1981, in: AAPD 1981, S. 68.
61 Gespräch Schmidt mit Khalid 17. 6. 1980, in: AAPD 1980, S. 918; ähnlich das Mexiko-Gespräch Schmidt mit Portillo 21. 5. 1980, in: ebd., S. 826.
62 Vgl. Gespräch Schmidt mit Senhir, Traoré 30. 5. 1980, in: AAPD 1980,

S. 862; ähnlich: Gespräch Schmidt mit Mitterand 12. 7. 1981, in: AAPD 1981, S. 827.
63 Daten in: TOP Energie Weltwirtschaftsgipfel Venedig 9. 3. 1980, Anlage 4, in: BArch B 102 979116.
64 Vgl. Spiegel 28. 5. 1979, S. 41.
65 Vgl. Korrespondenz zu Dienstwagen, in: BArch B 102/289638.
66 Vgl. Spiegel 25. 6. 1979, S. 25.
67 Ref. 54 Kabinettvermerk 19. 6. 1979, in: BArch B 136/11016.
68 Vgl. Gscheidles Funzel, in: Zeit Nr. 38/1979, S. 16.
69 Vgl. Mogens Rüdiger, The 1973 Oil Crisis and the Designing of a Danish Energy Policy, in: Historical Social Research 39 (2014), S. 94–112.
70 Bericht Bundesregierung an den Ausschuß für Wirtschaft 20. 6. 1981, in: BArch B 102/338890; Protokoll Finanzausschuß Deutscher Bundestag 9. 12. 1981, in: BArch B 102/338895.
71 Bericht über die Arbeit der Bundesregierung 25. 5. 1979, in: AdsD PV-Bestand Mappe 325.
72 Vgl. Martin Baumert, Entwicklungen im bundesdeutschen Energieverbrauch. Eine deterministische Untersuchung energierelevanter Nachfragegruppen, Oldenburg 1994, S. 61.
73 Vgl. Angabe nach VDA-Bericht 1980, in: BArch B 102/289629.
74 Vgl. Vereinbarung zwischen Verband der Automobilindustrie und BWMi 30. 4. 1979 sowie Vermerk 26. 6. 1980, in: BArch B 102/289629; vgl. auch in: BArch B 136/11015.
75 Ein Golf mit 3,8 Liter-Verbrauch sei gebaut, aber wegen 3000 DM Mehrkosten unrentabel; Interview Hauff in: Spiegel 28. 5. 1979, S. 38 f.
76 Laut Interviews und Homepage: http://www.paicehybrid.com/about/alex-severinsky/.
77 Vgl. Christopher Neumaier, Von kulturellen Präferenzen und technologischen Fehlschlägen. Der Diesel-Pkw im transatlantischen Vergleich Deutschland-USA, 1976–1985, in: Technikgeschichte 77.1 (2010), S. 19–48, hier S. 21.
78 Vgl. Entwicklung der Mineralölwirtschaft im Jahr 1979, BPA 6. 3. 1980, in: BArch B 102 979116, S. 7; Fabian, Boom (s. Kap. 7, Anm. 31), S. 353 f.
79 Von 11,8 auf 8 Liter pro 100 km bei Neuwagen; vgl. Leiter Forschung VW bei Hearing FDP 26. 2. 1980, in: BArch B 102/289629.
80 Vgl. die Korrespondenz, in: BArch B 102/289638.
81 Vgl. Spiegel 30. 7. 1979, S. 126 f.
82 Vgl. Baumert, Entwicklungen, S. 59.
83 Einen Verbrauch von 6,7 Liter in Frankreich (1985) nennt: Ministère de l'Industrie (Hg.), Tableaux des consommations d'énergie en France, Paris 1989, S. 115.
84 Vgl. Neumaier, Von kulturellen Präferenzen, S. 29; Ingo Köhler, «Small

## Anhang

Car Blues». Die Produktpolitik US-amerikanischer und deutscher Automobilhersteller unter dem Einfluss umweltpolitischer Vorgaben, 1960–1980, in: Jahrbuch für Wirtschaftsgeschichte 51 (2010), S. 107–135.
85 Vgl. Stellungnahme Deutsche Hausgeräte-Industrie an BMWi 12. 11. 1979, in: BArch B 102/289597.
86 Vgl. Energiebericht über elektrotechnische Gebrauchsgüter in Haushalten (hg. von Zentralverband der elektrotechnischen Industrie) 7. 11. 1979, in: BArch B 102/289597. Vgl. zum Imagewandel auch: Sylvia Wölfel, Von der Werbung für Strom zur Werbung für Energieeffizienz: Umweltfreundliche Haushaltstechnik in der Bundesrepublik und der DDR, in: Theo Horstmann/Regina Weber (Hg.), «Hier wirkt Elektrizität». Werbung für Strom 1890 bis 2010, Essen 2010, S. 192–205.
87 Vgl. Gespräch 24. 1. 1980, in: BArch B 102/289597. Diese Selbstverpflichtungen wurden mit einem gewissen Druck gefördert: Ref. II A an Wirtschaftsminister 7. 11. 1979, in: ebd.
88 So zumindest die selbst erhobenen Daten; vgl. Helmuth Lotz, Energieverbrauch bei Haushaltsgeräten. Erreichte Einsparungen und weitere Potentiale, in: Ulrich Oltersdorf (Hg.), Haushalte an der Schwelle zum nächsten Jahrtausend. Aspekte haushaltswissenschaftlicher Forschung gestern, heute, morgen, Frankfurt/M. 1996, S. 227–234, hier S. 228.
89 Vgl. Helmut Schmidts Korrespondenz mit Honecker 1980 in: AAPD 1980, bes. S. 1583.
90 Vgl. Mathias Mutz, Saving Energy by Shifting Clocks? Energy Policy and the Introduction of Daylight Saving Time in East and West Germany, in: Nina Möller/Karin Zachmann (Hg.), Past and Present of Energy Societies. How Energy connects Politics, Technologies and Cultures, Bielefeld 2012, S. 163–193, hier S. 188.
91 Spiegel 5. 3. 1979, S. 28; 25. 6. 1979, S. 19.
92 Christian Schäfer, Zeit des Energiesparens? Die Bundesrepublik und Frankreich in den Ölkrisen der 1970er Jahre, Ms. Master-Arbeit Potsdam 2013, S. 87–89.
93 Aurore Toulon, La sensibilisation de l'opinion publique aux économies d'énergie 1974–1986, in: Alain Beltran (Hg.), État et énergie: XIXe–XXe siècle, Paris 2009, S. 259–289, hier S. 267.
94 Vgl. Matthew Schneider-Mayerson, Peak Oil: Apocalyptic Environmentalism and Libertarian Political Culture, Chicago 2015, S. 134 f.
95 Vgl. auch: Hans Michaelis, Die Energiewirtschaft in der Bundesrepublik Deutschland von 1970 bis 1990, in: Hohensee/Salewski (Hg.), Energie (s. Anm. 9), S. 17–33, hier S. 60, 64.
96 Vgl. Christoph Marx, Failed Solutions to the Energy Crises: Nuclear Power, Coal Conversion, and the Chemical Industry in West Germany since the 1960s, in: Historical Social Research 39.4 (2014), 251–271.

97 Vgl. Harm Schröter, Ölkrisen und Reaktionen in der chemischen Industrie beider deutscher Staaten. Ein Beitrag zur Erklärung wirtschaftlicher Leistungsdifferenzen, in: Bähr, Johannes/Petzina, Dietmar (Hg.): Innovationsverhalten und Entscheidungsstrukturen, Berlin 1996, S. 109–138, S. 133 f.
98 Die Kontinuität betont: Hendrik Ehrhardt, Stromkonflikte. Selbstverständnis und strategisches Handeln der Stromwirtschaft zwischen Politik, Industrie, Umwelt und Öffentlichkeit (1970–1989), Stuttgart 2017.
99 Vgl. Gespräch Schmidt mit Senator Muskie/Beauftragter von Carter 7. 5. 1979, in: FES 1/HSAA008835; Gespräch Schmidt mit Carter 5. 3. 1980, in: AAPD 1980, S. 406 f.
100 Vgl. Sophie Gerber, Küche, Kühlschrank, Kilowatt. Zur Geschichte des privaten Energiekonsums in Deutschland, 1945–1990, Bielefeld 2015, S. 307 f., 324.
101 Vgl. Baumert, Entwicklungen (s. Anm. 72), S. 56.
102 Vgl. Schmidt Bundestag 4. 7. 1979, S. 13327; Spiegel 25. 6. 1979, S. 18.
103 Vgl. Alexandra von Künsberg, Vom «Heiligen Geist der Elektrizitätswirtschaft». Der Kampf um die Regulierung der Stromwirtschaft in der Bundesrepublik Deutschland (1950–1980), Berlin 2012, S. 187.
104 Einen Anstieg auf 20 % empfahl: Jahresgutachten 1979/80 des Sachverständigenrates zur Begutachtung der gesamtwirtschaftlichen Entwicklung, Abs. 417.
105 Vgl. Erster Zwischenbericht der Kommission Energiepolitik beim Parteivorstand der SPD Sept. 1979, in AdsD PV-Bestand Mappe 328; öffentlich kursierte die Annahme, dass die Gasreserven noch 70 Jahre reichten: Spiegel 18. 6. 1979, S. 167.
106 Vgl. Zuschriften, in: BArch B 102/25751.
107 Laut Berechnung in: Ref. 405 AA 19. 6. 1981, in: PAAA ZA 126889.
108 Vgl. Jimmy Carter, Solar Energy Message to the Congress, 20. 7. 1979, in: www.presidency.ucsb.edu/ws/?pid=32503.
109 Vgl. etwa Protokoll SPD-Parteivorstand 19. 3. 1979, in: AdsD PV-Bestand Mappe 320; Schmidt Bundestag 4. 7. 1979, Sp. 13327.
110 Vgl. Spiegel 30. 7. 1979, S. 96–103.
111 Vgl. etwa für den Entwurf Lambsdorff/BMWi Entwicklung der Energieversorgung 17. 1. 1980, in: BArch B 196/23200; ähnlich das Jahresgutachten 1979/80 des Sachverständigenrates zur Begutachtung der gesamtwirtschaftlichen Entwicklung; Gespräch Schmidt mit Schiwkow 2. 5. 1979, in: AAPD 1979, S. 535 f.
112 Florentin Krause/Hartmut Bossel/Karl-Friedrich Müller-Reißmann, Energiewende. Wachstum und Wohlstand ohne Erdöl und Uran, Frankfurt/M. 1980.

113 Vgl. Fraktionsprotokoll CDU 27. 11. 1979, S. 10 in: ACDP VIII-001-1059/1; Gerhard Stoltenberg in: Quick 5. 4. 1979; zur Haltung der Bundesregierung: Antwort Kleine Anfrage Energiesparen und alternative Energien: Bundestag 11. 8. 1980, Drucksache 8/4441.
114 Vgl. Allensbacher Jahrbuch der Demoskopie 1978–1983, S. 518.
115 Daten nach: Venn, Oil Crisis, S. 59.
116 Vgl. Herbert Kitschelt, Politik und Energie. Technologiepolitiken in den USA, der Bundesrepublik Deutschland, Frankreich und Schweden, Frankfurt/M. 1983, S. 200 f. und 206; Matthias Heymann, Die Geschichte der Windenergienutzung, 1890–1990, Frankfurt/M. 1995, S. 344 f.
117 Vgl. ebd., S. 393 f. Heymanns Buch wurde noch mit dem Kommentar rezensiert: «Windenergie ist und bleibt eine Randerscheinung», FAZ 14. 11. 1995, S. 15.
118 Christian Schölzel, Brasiliens Reaktion auf die Erdölpreisschocks – ein Sonderweg in eine Sackgasse?, Nürnberg 2000, S. 294 f.
119 Vgl. Heymann, Geschichte, S. 383, 419.
120 Vgl. Gerhard Mener, Stabilität und Wandel der Energieversorgung: Geschichte der Sonnenenergie und der Kraft-Wärme-Kopplung, in: Thomas Kroll/Hendrik Ehrhardt (Hg.), Energie in der modernen Gesellschaft. Zeithistorische Perspektiven, Göttingen 2012, S. 179–192, S. 189.
121 Vgl. Stefan Göbel, Die Ölpreiskrisen der 1970er Jahre: Auswirkungen auf die Wirtschaft von Industriestaaten am Beispiel der Bundesrepublik Deutschland, der Vereinigten Staaten, Japans, Groß-Britanniens und Frankreichs, Berlin 2013, S. 465.
122 Laut Kabinettsbeschluss 30. 1. 1980 sollte der Kohleimport (von 8 Mio. Tonnen) bis 1985 verdoppelt, bis 1990 verdreifacht werden. Der eigene Steinkohleabbau sollte von 87 Mio. t SKE (1979) auf 90 Mio. t 1985 steigen; Bericht der Bundesregierung 30. 1. 1980, in: AdsD PV-Bestand Parteivorstandssitzungen Mappe 337.
123 Vgl. Beschlüsse Sitzung SPD-Parteirat 5. 10. 1979, in AdsD PV-Bestand Mappe 330.
124 Vgl. Wirtschaftsministerium 17. 1. 1980, in: BArch B 102 979116; Kabinettsprotokoll 30. 1. 1980, Top 6; Kohleveredelungsprogramm der Bundesregierung, Wirtschaftsministerium 17. 1. 1980, S. 17, in: BArch B 102 979116; Anlage Hauff an Schmidt 29. 9. 1979 u. 17. 11. 1979, in: AdsD HA HSAA009099.
125 Vgl. Mener, Stabilität, S. 186.
126 So etwa Ursula Braun, Expertengespräch Iran 22. 6. 1979, in: BArch B 136 16651.
127 Zu diesen Machtfragen: Mitchell, Carbon Democracy (s. Anm. 7), S. 43–65.
128 Vgl. ebd., S. 231 f.

## 9. Der AKW-Unfall bei Harrisburg
## Angst vor der Atomkraft

1 Entsprechend ist der Unfall für die USA gut erforscht. Zit. Bonnie A. Osif/Anthony J. Baratta/Thomas W. Conkling, TMI 25 Years Later. The Three Mile Island Nuclear Power Plant Accident and its Impact, University Park 2004, S. 114. Vgl. J. Samuel Walker, Three Mile Island. A Nuclear Crisis in Historical Perspective, Berkely 2004; Natasha Zaretsky, Radiation Nation. Three Mile Island and the Political Transformation of the 1970s, New York 2018.
2 Die sog. INES-Skala bewertet Tschernobyl und Fukushima mit Stärke 7, den Störfall im sowjetischen Majak 1957 mit 6, und die nahe Harrisburg und im britischen Windscale 1957 mit 5.
3 Christian Joppke, Mobilizing Against Nuclear Energy: A Comparison of Germany and the United States, Berkeley and Los Angeles, 1993, S. 162; Thomas Bohn u. a. (Hg.), The Impact of Disaster: Social and Cultural Approaches to Fukushima and Chernobyl, Berlin 2014; Melanie Arndt (Hg.), Politik und Gesellschaft nach Tschernobyl. (Ost-)Europäische Perspektiven, Berlin 2016.
4 Vgl. etwa die Artikel von Astrid M. Kirchhof, Jan-Henrik Meyer, Stephen Milder and Thomas L. Hughes in: Historical Social Research 39.1 (2014); Andrew Tompkins, Grassroots Transnationalism(s): Franco-German Opposition to Nuclear Energy in the 1970s, in: Contemporary European History 25.1 (2016), S. 117–142; Kyle Harvey, American Anti-Nuclear Activism, 1975–1990. The Challenge of Peace, New York 2014, S. 24; Joachim Radkau/Lothar Hahn, Aufstieg und Fall der deutschen Atomwirtschaft, München 2013, S. 304.
5 Die Zahlenangaben schwanken; als offizielle Aufstellung vgl. Entwurf Lambsdorff/BMWi Entwicklung der Energieversorgung 17. 1. 1980, in:BArchB 196/23200; TOP Energie Weltwirtschaftsgipfel Venedig 9. 3. 1980, S. 7 in: BArch B 102 979116.
6 Erster Zwischenbericht der Kommission Energiepolitik beim Parteivorstand der SPD-Präsidium Sept. 1979, in: AdsD, PV-Bestand Mappe 328.
7 Christoph Wehner, Die Versicherung der Atomgefahr. Risikopolitik, Sicherheitsproduktion und Expertise in der Bundesrepublik Deutschland und den USA 1945–1986, Göttingen 2017.
8 Summary of Abnormal Occurences Reported to the Atomic Energy Commission During 1973, May 1974, in: BArch B 106 61258.
9 Wolfgang D. Müller, Geschichte der Kernenergie in der DDR. Kernforschung und Kerntechnik im Schatten des Sozialismus, Stuttgart 2001, S. 142–145; Dolores Augustine, Taking on Technocracy. Nuclear Power

in Germany, 1945 to the Present, New York 2018, S. 64. Knapp auf Basis von Zeitungsartikeln: Per Högselius, Die deutsch-deutsche Geschichte des Kernkraftwerkes Greifswald: Atomenergie zwischen Ost und West, Berlin 2010, S. 59 f.
10 Dies betont: Paul Laufs, Reaktorsicherheit für Leistungskernkraftwerke: Die Entwicklung im politischen und technischen Umfeld der Bundesrepublik Deutschland, Berlin 2013. Laufs saß für die CDU 26 Jahre im Bundestag und trat hier für die Atomkraft ein.
11 Vgl. zur Beobachtung etwa nach einem Störfall in Illinois: Referat UA II 5 an Minister 24. 9. 1974, in: BArch B 106 61258; ebenso medial: SZ, FAZ, Welt 23. 9. 1974.
12 Sandra Tauer, Störfall für die gute Nachbarschaft? Deutsche und Franzosen auf der Suche nach einer gemeinsamen Energiepolitik (1973–1980), Göttingen 2012.
13 In: BArch B 106 102509.
14 Gesamtliste zu den Schäden als Anlage in: Referat 331 an Bundeskanzler 8. 10. 1979, auch in: BArch B 106 10258.
15 Übersicht über besondere Vorkommnisse in Kernkraftwerken der Bundesrepublik in den Jahren 1977 und 1978, an Innenausschuß 22. 5. 1978, in: BArch B 106 10258.
16 Laufs, Reaktorsicherheit, S. 326.
17 Protokoll Sitzung «Reaktorsicherheitskommission» 1. 7. 1978, in: BArch B 106 10258.
18 Referat 331 6. 11. 1978, in: BArch B 106 10258.
19 Antwort 21. 9. 1978: Bundestag Drucksache 8/2115, S. 14 f.
20 Laufs, Reaktorsicherheit, S. 948–961.
21 Ref. 211/Tischvorlage des AA 14. 2. 1978, in: BArch B 136 30561; Ref. 421 an Staatsminister 7. 11. 1977, in: ebd.; Memorandum Irak, Anlage 26. 1. 1979 in: ebd.
22 Vorbereitung Gespräch Schmidt mit Bartelt 12. 1. 1979, in: FES 1/HSAA008832. Die erste Anfrage: Botschafter Wickert/Peking an AA, in: AAPD 10. 10. 1978.
23 Sprechzettel BK Schmidt Brasilienreise 3.–7. 4. 1979, in: AdsD 1/HSAA008835.
24 William Glenn Gray, Commercial Liberties and Nuclear Anxieties: The US-German Feud over Brazil, 1975–77, in: International History Review 34.3 (2012), S. 449–474.
25 Rudolf Boch/Rainer Karlsch (Hg.), Uranbergbau im Kalten Krieg. Die Wismut im sowjetischen Atomkomplex, 2 Bde., Berlin 2011.
26 Tauer, Störfall (s. Anm. 12), S. 44.
27 Ein Anteil von 46 % wird genannt in: Erster Zwischenbericht der Kom-

mission Energiepolitik beim Parteivorstand der SPD Sept. 1979, in: AdsD PV-Bestand Mappe 328.
28 So Schmidt gegenüber Mitterand 13. 7. 1981, in: AAPD 1981, S. 1083.
29 Reise Schmidt in USA, Vorbereitung Ref. 405 AA 26. 2. 1981, in: PAAA ZA 126889.
30 Vgl. etwa die Diskussion auf dem Weltwirtschaftsgipfel in Venedig 22./23. 6. 1980, in: AAPD 1980, S. 974.
31 Claudia Wörmann, Der Osthandel der Bundesrepublik Deutschland: politische Rahmenbedingungen und ökonomische Bedeutung, Frankfurt/M. 1982, S. 85. Bereits in den 1970er-Jahren wurde dies aufgebracht; Botschafter Wieck/Moskau an AA 1. 12. 1978, in: AAPD 1978, S. 1785.
32 Aufzeichnung Ungerer zur Kernkraftwerkskooperation 21. 8. 1979, in: AAPD 1979, S. 1163; Vermerk Gespräch BK Schmidt mit Botschafter Wieck 3. 9. 1979, in: FES 1/HSAA008842.
33 Sebastian Stude, Objekt 903, in: Horch und Guck 78.4 (2013), S. 4–8, S. 6; Sebastian Stude, Rheinsberg 1955. Zwischen Blockwarte und Kulturhaus – Das Kernkraftwerk Rheinsberg in der DDR, Rheinsberg 2013.
34 Vgl. Helena Flam (Hg.), States and Nuclear Energy Movements, Edinburgh 1994.
35 Felix Kolb, Protest and Opportunities – The Political Outcomes of Social Movements, Frankfurt am Main 2007, S. 205.
36 Zaretsky, Radiation, S. 194 f.
37 Richter, Die Aktivistin (s. Kap. 4, Anm. 185), S. 80–84.
38 Jens Ivo Engels, Naturpolitik in der Bundesrepublik: Ideenwelt und politische Verhaltensstile in Naturschutz und Umweltbewegung 1950–1980, Paderborn 2006, bes. S. 358–375.
39 Vgl. etwa: Spiegel 19. 11. 1973, S. 36 f. Dies modifiziert die Ergebnisse von: Susanne Stange, Die Auseinandersetzung um die Atomenergie im Urteil der Zeitschrift «Der Spiegel», in: Hohensee/Salewski (Hg.), Energie (s. Kap. 8, Anm. 9), S. 127–152, S. 130.
40 Spiegel 8. 7. 1974, S. 27.
41 Spiegel 21. 7. 1975, S. 32–41, S. 33; 3. 1. 1977, S. 32 ff.
42 Der Bericht von Thomas Schmitt 26. 2. 1975 «VOR ORT– Bürger gegen Atomkraftwerk in Whyl», WDR 1975. Zur Kritik der christdemokratischen Intendanten: Spiegel 14. 4. 1975, S. 180. Augustine, Taking on Technocracy, S. 133.
43 Anne Lund/Finn Breinholt, Dänemark – «Atomkraft – Nein Danke». Wie man Atomkraft erfolgreich verhindern kann, in: Lutz Mez (Hg.), Der Atomkonflikt. Atomindustrie, Atompolitik und Anti-Atom-Bewegung im internationalen Vergleich, Berlin 1979, S. 83–100, S. 94.

44 Allensbacher Jahrbuch der Demoskopie 1976–1977, Bd. 7, Wien 1978, S. 183, 186.
45 Beschluss Hamburger SPD-Parteitag Nov. 1977, zit. in: Erster Zwischenbericht der Kommission Energiepolitik beim Parteivorstand der SPD-Präsidium Sept. 1979, in: AdsD PV-Bestand Mappe 328.
46 Protokoll SPD-Parteivorstand 19. 3. 1979, in: AdsD PV-Bestand Mappe 320.
47 Energiepolitische Programm der CDU 27. 10. 1977, in: ACDP 07-001.
48 Vgl. in Anlehnung an die Kommissionsberichte: Charles Perrow, Normal Accidents. Living with High Risk Technologies, Princeton 2011, S. 5.
49 Osif u. a., TMI, S. 31 u. 48.
50 Ebd., S. 50.
51 Zaretsky, Radiation, S. 86.
52 CBS Evening News 30. 3. 1979, in: http://www.youtube.com/watch?v=aaMmQMqGK-g. Vgl. Dan Nimmo/James E. Combs, Fantasies and Melodramas in Television Networks News: The Case of Three Miles Island, in: The Western Journal of Speech Communication 46 (1982), S. 45–55.
53 Tagesschau 30. 3. 1979:www.youtube.com/watch?v=DGUnbsPrXZQ
54 AFP 1. 4. 1979, AP 1. 4. 1979.
55 Time 9. 4. 1979; Spiegel 9. 4. 1979.
56 Spiegel 9. 4. 1979, S. 30.
57 Bild 2. 4. 1979, S. 1 f. (Ausgabe Berlin).
58 CBS Evening News 30. 3. 1979, Interview Robert Reid, Bürgermeister von Middletown 6. 6. 1979, abgedr., in: Robert Del Tredici, Die Menschen von Harrisburg. Das Leben mit dem Atomreaktor, Frankfurt/M. 1986, S. 25 f.; Nimmo/Combs, Fantasies, S. 45–55.
59 Reactor safety study (Rasmussen report): oversight hearing before the Subcommittee on Energy and the Environment of the Committee on Interior and Insular Affairs, Washington 1976, S. 72.
60 Report of The President's Commission on The Accident at Three Mile Island, Oktober 1979.
61 Peter Weingart, Das «Harrisburg-Syndrom» oder die De-Professionalisierung der Experten, in: Helga Nowotny, Kernenergie: Gefahr oder Notwendigkeit? Anatomie eines Konflikts, Frankfurt am Main 1979, S. 9–17, S. 9.
62 Perrow, Normal Accidents; Patrice Lagadec, La Civilisation du Risque, Seuil 1981; Ulrich Beck, Risikogesellschaft. Auf dem Weg in eine andere Moderne, Frankfurt/M. 1986.
63 Report of The President's Commission on the Accident at Three Mile Island, Oktober 1979.
64 Osif u. a., TMI, S. 32; Report of the President's Commission on the Accident at Three Mile Island, Oktober 1979.

65 Zaretsky, Radiation, S. 92–100; Daten nach: Joop van der Plight, Nuclear Energy and the Public, Oxford 1992, S. 116 u. 119.
66 Kaum erwähnt in: Kyle, American Anti-Nuclear Activism, (s. Anm. 4), S. 24; New York Times 24. 9. 1979; Matthias Hofmann, Lernen aus Katastrophen nach den Unfällen von Harrisburg, Seveso und Sandoz, Berlin 2008, S. 120 f.
67 Gespräch Schmidt mit Carter 6. 6. 1979, in: AAPD 1979, S. 785.
68 Gespräch Schmidt mit Carter 5. 3. 1980, in: AAPD 1980, S. 418.
69 Daten nach: Toby Bolsen/Fay Lomax Cook, The Poll-Trends: Public opinion on energy policy: 1974–2006, in: Public Opinion Quarterly 72.2 (2008), S. 364–388, S. 367; Van der Plight, Nuclear Energy, S. 3; Rosa, Eugene A./Dunlap, Riley E.: The Polls – Poll Trends: Nuclear Power: Three Decades of Public Opinion, in: Public Opinion Quarterly 58,2 (1994), S. 295–324, S. 299.
70 Projektgruppe Bericht Harrisburg 10. 6. 1980, S. 82 in: BArch B 136 10262; internationale Berichte in: ebd.
71 Thomas D. Lancaster, Policy Stability and Democratic Change. Energy in Spains Transition, London 1989, S. 105–109, 178; Luis Sánchez-Vázquez/Alfredo Menéndez-Navarro, Nuclear Energy in the Public Sphere: Anti-Nuclear Movements vs. Industrial Lobbies in Spain (1962–1979), in: Minerva 53.1 (2015), S. 69–88, hier S. 83.
72 Isabelle de Lovinfosse, How and why Do Policies Change? A Comparison of Renewable Electricity in Belgium, Denmark, Germany, the Netherlands, and the UK, Brussel 2008, S. 123.
73 William D. Nordhaus, The Swedish Nuclear Dilemma. Energy and the Environment, Washington D. C. 1997, S. 88, 34 f. Carl-Erik Wikdahl, Sweden: Nuclear power policy and public opinion, in: IAEA Bulletin 1/1991, S. 29–33.
74 Botschaft Tokio an AA 2. 4. 1979, in: BArch B 106 10259.
75 Auflistung der einzelnen Maßnahmen in Bericht: Projektgruppe Bericht Harrisburg 10. 6. 1980, S. 83, in: BArchB 136 10262.
76 Tauer, Störfall (s. Anm. 12), S. 335.
77 Ebd., S. 101. Martin Chick, Electricity and Energy Policy in Britain, France and the United States since 1949, Cheltenham 2007, S. 105, 117.
78 Neues Deutschland 2. 4. 1979, S. 7.
79 Für den Hinweis danke ich Anna Veronika Wendland (Marburg), die zur Atomkraft in der Sowjetunion forscht.
80 NZZ 25. 4. 1979; FR 23. 4. 1979.
81 Rainer Paul, Die Lektion Harrisburg und die Folgen für die Zukunft, Hamburg 1980, S. 152.
82 Vgl. die sowjetischen Kommentare in: Advanced International Studies Institute (Hg.), Soviet World Outlook, Bd 4.9 (1979), S. 10.

83 Müller, Kernenergie in der DDR (s. Anm. 9), S. 133.
84 Johannes Abele, Kernkraft in der DDR. Zwischen nationaler Industriepolitik und sozialistischer Zusammenarbeit 1963–1990, Dresden 2000, S. 75.
85 Argumentation zur Sicherheit der Kernkraftwerke in der DDR, Staatliches Amt für Atomsicherheit 2. 8. 1980, S. 4, in: BArch DC/12242. Das grammatikalisch und semantisch erforderliche Wort «besser» fehlt im Original.
86 Sebastian Stude, «Objekt 903», in: Horch und Guck 78.4 (2013), S. 4–8, S. 7.
87 Robert Havemann, Morgen. Die Industriegesellschaft am Scheideweg. Kritik und reale Utopie, München 1980; Ehrhart Neubert, Geschichte der Opposition in der DDR 1949–1989, Berlin 1997, S. 448. Vgl. Melanie Arndt, Tschernobyl. Auswirkungen des Reaktorunglücks auf die Bundesrepublik Deutschland und die DDR, Erfurt 2011, S. 23 f.
88 Allensbacher Jahrbuch der Demoskopie 1984–1994, München 1993, S. 913.
89 Bild (Ausgabe Berlin), 31. 3. 1979, S. 1.
90 Paul, Lektion.
91 Unfälle in deutschen Kernkraftwerken (1965–1977), September 1979, in: BArch 106 10258. Die interne Orginalliste ist: Übersicht über besondere Vorkommnisse in Kernkraftwerken der Bundesrepublik in den Jahren 1977 und 1978, an Innenausschuß 22. 5. 1978, in: ebd. Zur öffentlichen Perzeption vgl. etwa: Stuttgarter Nachrichten 26. 9. 1979.
92 Referat 331 an Bundeskanzler 8. 10. 1979, in: BArch B 106 10258.
93 Insbesondere von Laufs und Schwarz; Protokoll Bundestag 25. 4. 1979, S. 11753–11769.
94 Antrag Grüne zur «Stilllegung von Atomkraftanlagen» Drucksache Bundestag 10/1983.
95 Unterausschuß der Reaktorsicherheits-Kommission am 31. 3. 1979: Auswertung des Vorfalls in der Anlage Three Miles Island 28. 3. 1979, Prof. Dr. Schmidt, in: BArch B 106 10259; ähnlich: Ergebnisprotokoll RSK-Sitzung 25. 4. 1979, in: BArch B 106–75334.
96 Fax Sahl BMI 28. 3. 1979, in: BArch B 106 10259.
97 2. Zwischenbericht für den Innenausschuß 1. 6. 1979, S. 5.
98 Bericht der Reaktor-Sicherheits-Kommission 25. 4. 1979, in: BArch B 136 10260.
99 Projektgruppe Bericht Harrisburg 10. 6. 1980, in: BArch B 136 10262.
100 Protokoll Deutscher Bundestag 11. 5. 1979, S. 12197; 7. 11. 1979 Drucksache Bundestag 8/3330 und 9/863, S. 3.
101 Ref. 331 zu abschließendem Bericht Harrisburg 21. 8. 1980, in: BArch B 136 10262; Wehner, Die Versicherung (s. Anm. 7).

## Anmerkungen zu Kapitel 9

102 Bundesminister für Forschung und Technologie (Hg.), Deutsche Risikostudie Kernkraftwerke B, Bonn 1990, S. 398–409.
103 Zur Einsetzung und Arbeit: Cornelia Altenburg, Kernenergie und Politikberatung. Die Vermessung einer Kontroverse, Wiesbaden 2010, S. 98–103.
104 Bericht der Kommission «Zukünftige Kernenergie-Politik» Drucksache 8/4341, 27. 6. 1980.
105 Ebd., S. 148.
106 Raschke, Die Grünen: Wie sie wurden (s. Kap. 7, Anm. 88), S. 895.
107 Bericht SPD-Vorstand 7. 9. 1979, in: AdsD 3.95.
108 Energiepolitische Linie von Klaus Matthiesen, in: BArch B 106 10259; Spiegel 9. 4. 1979, S. 52.
109 Protokolle SPD-Parteivorstand 30. 4. 1979 und 11. 6. 1979, in: AdsD PV-Bestand Mappe 321 u. 323; Spiegel 21. 5. 1979, S. 17.
110 Eppler forderte, nur noch in Bau befindliche Atomkraftwerke sollten ans Netz gehen und auf AKWs wie in Whyl, Neckarwestheim II und Genehmigung für Philippsburg II sei zu verzichten. Vgl. Eppler, Ein Alternativszenario zur Energiepolitik, 30. 5. 1979, in: BArch B 136/11016.
111 Erklärung Schäfer in: Sozialdemokratischer Pressedienst 2. 4. 1979.
112 Protokoll deutsch-italienisches Regierungsgespräch 9. 12. 1980, in: AAPD 1980, S. 1829; ähnlich Gespräche: Schmidt mit González 8. 1. 1980, mit Martens 15. 2. 1980, in: ebd., S. 31, 34, 291; mit Mitterand 13. 7. 1981 und mit Suzuki/Japan 10. 6. 1981, in: AAPD 1981, S. 1079 f., 904.
113 Schmidt mit Moi 12. 2. 1980, in: AAPD 1980, S. 271.
114 Gespräch Schmidt mit Martens/Luxemburg 15. 7. 1980, in: AdsD 1/HSAA008950.
115 Gespräch Schmidt mit Fälldin 2. 4. 1982, in: AAPD 1982, S. 532.
116 Spiegel 18. 6. 1979, S. 21.
117 Fraktionsprotokoll CDU 24. 4. 1979, S. 3, in: ACDP VIII-001-1056/1.
118 Fraktionsprotokoll CDU 27. 11. 1979, S. 3, in: ACDP VIII-001-1059/1.
119 Berichte Bundesregierung für Parteirat 17./18. 2. 1979, in AdsD PV-Bestand Mappe 319. Zur Entscheidungsbildung: Anselm Tiggemann, Die «Achillesferse» der Kernenergie in der Bundesrepublik Deutschland. Zur Kernenergiekontroverse und Geschichte der nuklearen Entsorgung von den Anfängen bis Gorleben, 1955 bis 1985, Lauf 2004, S. 403–424.
120 Debatte in: Deutsches Atomforum e.V. (Hg.), Rede – Gegenrede. 28.–31. März, 2. und 3. April 1979. Symposion der Niedersächsischen Landesregierung zur grundsätzlichen sicherheitstechnischen Realisierbarkeit eines integrierten nuklearen Entsorgungszentrums, Bonn 1979; Tiggemann, Die «Achillesferse», S. 641.
121 Vgl. Michael Schüring, Bekennen gegen den Atomstaat. Die evangelischen Kirchen in der Bundesrepublik Deutschland und die Konflikte um die Atomenergie 1970–1990, Göttingen 2015.

122 Spiegel 21. 5. 1979, S. 19.
123 Albrecht nach Protokoll CDU-Präsidium 23. 4. 1979, in: ACDP 07-001-1412.
124 Gespräch Albrecht mit Schmidt 30. 4. 1979, in: AdsD 1/HSAA008 404.
125 Tiggemann, Die «Achillesferse», S. 769 u. 784.
126 Deutscher Bundestag 4. 7. 1979, S. 13324.
127 Lothar Späth an Bundeskanzleramt 26. 6. 1980, in: AAPD 1980, S. 1123.
128 Altenburg, Kernenergie (s. Anm. 103), S. 145.
129 BMI an Chef des Bundeskanzleramts 14. 3. 1980 und Erpressungsschreiben Eingang 22. 10. 1979, in: BArch B 136 10265.
130 Erpressungsschreiben 14. 10. 1979, in: BArch B 136 10265.
131 Ref. 131 an Chef des Bundeskanzleramts 21. 3. 1980, in: BArch B 136 10265.
132 E. Cardis u. a., Estimates of the Cancer Burden in Europe from Radioactive Fallout from the Chernobyl Accident, in: International Journal of Cancer 119.6 (2006), S. 1224–1235.
133 Monika Müller, Zwischen Zäsur und Zensur: Das sowjetische Fernsehen unter Gorbatschow, Wiesbaden 2001, S. 72. Zur Strategie des Politbüros: Alla Jaroshinskaja, Verschlußsache Tschernobyl. Die geheimen Dokumente aus dem Kreml, Berlin 1994.
134 Sebastian Pflugbeil, Tschernobyl und die DDR. Zwischen staatlicher Leugnung und Bürgerbewegung, in: Thomas Hartmann (Hg.), Tschernobyl und die DDR. Fakten und Verschleierungen. Auswirkungen bis heute?, Magdeburg 2003, S. 24–36.
135 Van der Plight, Nuclear Energy (s. Anm. 65), S. 8.
136 Evelyn Schulz, Tschernobyl und Fukushima. Vom Versagen des Sozialismus zum Menetekel für Japan, in: Osteuropa 65 (2015), S. 207–227, hier 211.
137 Karena Kalmbach, Tschernobyl und Frankreich. Die Debatte um die Auswirkungen des Reaktor-Unfalls im Kontext der französischen Atompolitik und Elitenkultur, Frankfurt/M. 2011, S. 79f.; Katrin Jordan, Ausgestrahlt. Die mediale Debatte um Tschernobyl in der Bundesrepublik und in Frankreich 1986/87, Göttingen 2018.
138 Nicholas Watts, Deconstructing Chernobyl. The meaning and legacy of Chernobyl for European citizens, in: Lutz Mez u. a. (Hg.), Atomkraft als Risiko. Analysen und Konsequenzen nach Tschernobyl, Frankfurt/M. 2010, S. 33–74, hier: S. 53.
139 Augustine, Taking on Technocracy, S. 188–195.
140 Internationale Daten in: Nicholas Watts, Deconstructing Chernobyl, S. 44f. u. 63; IfD-Umfragen von Renate Köcher in: FAZ 20. 4. 2011.
141 Lediglich ein fehlerhaftes Plädoyer für die Einführung der Atomkraft eines Ex-Atommanagers: Luigi Lerro, The question of nuclear power in Italy, in: Review of economic conditions in Italy 20.2 (2006), S. 253–274.
142 24-Länder-Umfrage von Ipsos 2011, unter: www.ipsos.de.

## 10. Die Fernsehserie Holocaust
## «Geschichtssturm» und neue Erinnerungskultur

1 Jeffrey Shandler, While America Watches. Televising the Holocaust, Oxford 1999, S. 155; Friedrich Knilli/Siegfried Zielinski, Betrifft: «Holocaust»: Zuschauer schreiben an den WDR, Berlin 1983, S. 19.
2 Daten Zuschauerforschung in: WDR-Archiv D 1797.
3 Ebd. Vgl. auch die O-Töne in: Ms. Kulturmagazin Deutsche Welle 21. 2. 1979; WDR-Archiv 11375.
4 Eintrag 4. 3. 1979, in: Günther Anders, Besuch im Hades. Auschwitz und Breslau 1966, nach «Holocaust» 1979, München 1996, S. 182.
5 Heinrich Böll, Das Gelände ist noch lange nicht entmint, in: FAZ 17. 2. 1979, BuZ S. 5.
6 Ulrich Herbert, Vernichtungspolitik. Neue Antworten und Fragen zur Geschichte des «Holocaust», in: ders. (Hg.), Nationalsozialistische Vernichtungspolitik 1939–1945. Neue Forschungen und Kontroversen, Frankfurt/M. 1998, S. 9–66; Gerhard Paul/Bernhard Schoßig (Hg.), Öffentliche Erinnerung und Medialisierung des Nationalsozialismus. Eine Bilanz der letzten dreißig Jahre, Göttingen 2010.
7 Vgl. Frank Bösch, Versagen der Zeitgeschichtsforschung? Martin Broszat, die westdeutsche Geschichtswissenschaft und die Fernsehserie «Holocaust», in: Zeithistorische Forschungen 6 (2009), S. 477–482.
8 Sabine Lietzmann, Die Judenvernichtung als Seifenoper, in: FAZ 20. 4. 1978, S. 25.
9 Märthesheimer an Rohrbach/Hübner 8. 5. 1978 in: WDR-Archiv 11374.
10 Vgl. etwa Life-Magazin 28. 8. 1944; New York Times 30. 8. 1944, S. 1; Illustrated London News 14. 10. 1944, S. 121.
11 Vgl. Shandler, While America Watches, S. 8; Frank Bösch, Entgrenzte Geschichtsbilder? Fernsehen, Film und Holocaust in Europa und den USA 1945–1980, in: Ute Daniel/Axel Schildt (Hg.), Massenmedien im Europa des 20. Jahrhunderts, Köln 2010, S. 413–437.
12 Ulrike Weckel, Beschämende Bilder. Deutsche Reaktionen auf alliierte Dokumentarfilme über befreite Konzentrationslager, Stuttgart 2012, S. 528.
13 Vgl. für die USA: Shandler, While America Watches, S. 83–132.
14 Christoph Classen, Bilder der Vergangenheit. Die Zeit des Nationalsozialismus im Fernsehen der Bundesrepublik 1955–1965, Köln 1999, S. 51.
15 Chris Vos, Breaking the Mirror: Dutch Television and the History of the Second World War, in: Gary R. Edgerton/Peter C. Rollins (Hg.), Television Histories. Shaping Collective Memory in the Media Age, Lexington 2001, S. 123–142.
16 Vgl. zu der Serie bisher besonders: Classen, Bilder, S. 115–126.

17 Teil 8 «Der SS-Staat», Februar 1961. Vgl.: Edgar Lersch, Vom «SS-Staat» zu «Auschwitz». Zwei Fernseh-Dokumentationen zur Vernichtung der europäischen Juden vor und nach «Holocaust, in: Historical Social Research 30.4 (2005), S. 74–85. Christiane Fritsche, Vergangenheitsbewältigung im Fernsehen. Westdeutsche Filme über den Nationalsozialismus in den 1950er und 60er Jahren, München 2003, S. 108–128.
18 Angaben für jeden Sendeteil in: Interne Infratest-Auswertung in: WDR-Archiv 6316. Auswertungen, WDR-Archiv 00711.
19 Produktionsunterlagen Das Dritte Reich 1958–1961, in: WDR-Archiv 712.
20 Auswertungen, WDR-Archiv 00711.
21 Zu früheren, vornehmlich angelsächsischen Filmen vgl. Annette Insdorf, Indelible Shadows. Film and the Holocaust, Cambridge 1989.
22 Peter Reichel, Erfundene Erinnerung: Weltkrieg und Judenmord in Film und Theater, München 2004, S. 211.
23 Statistisch am Beispiel des ZDF: Wulf Kansteiner, Ein Völkermord ohne Täter? Die Darstellung der «Endlösung» in den Sendungen des Zweiten Deutschen Fernsehens, in: Moshe Zuckermann (Hg.), Medien – Politik – Geschichte, Göttingen 2003, S. 253–286.
24 Vgl. Harald Schmid, Erinnern an den «Tag der Schuld». Das Novemberpogrom von 1938 in der deutschen Geschichtspolitik, Hamburg 2001, S. 325–393; Kansteiner, Ein Völkermord, S. 264.
25 Michael Schwab-Trapp, Konflikt, Kultur und Interpretation. Eine Diskursanalyse des öffentlichen Umgangs mit dem Nationalsozialismus, Opladen 1996, S. 130–162.
26 So Peter Novick, Nach dem Holocaust. Der Umgang mit dem Massenmord, Stuttgart 2001, S. 245, 269.
27 Zur Entstehung des Manuskripts: Friedrich Knilli/Siegfried Zielinski (Hg.), Holocaust zur Unterhaltung. Anatomie eines internationalen Bestsellers, Berlin 1982, S. 380.
28 Shandler, While America Watches, S. 161.
29 Eli Wiesel, New York Times 16. 4. 1978, in: Peter Märthesheimer/Ivo Frenzel (Hg.), Im Kreuzfeuer. Der Fernsehfilm «Holocaust»: eine Nation ist betroffen, Frankfurt/M. 1979, S. 25–30, S. 30.
30 Walter Stephan/Stefan Hormuth, Blaming the Victim: Effects of Viewing «Holocaust» in the United States and Germany, in: International Journal of Political Education 4 (1981), S. 29–35. Zur Angst davor: Jacob Eder, Holocaust Angst. The Federal Republic of Germany and American Holocaust Memory since the 1970s, Oxford 2016.
31 Märthesheimer an Hormuth 19. 6. 1978, in: WDR-Archiv 11374.
32 Saul Friedländer, Das Dritte Reich und die Juden. 1933–1945, 2 Bde., München 1998/2006.
33 Peter Diem, Holocaust. Anatomie eines Medienereignisses, Wien 1979,

S. 575; Heidemarie Uhl, Von «Endlösung» zu «Holocaust». Die TV-Ausstrahlung von «Holocaust» und die Transformation des österreichischen Gedächtnisses, in: Historical Social Research 30.4 (2005), 29–52, S. 34.
34 Andrei S. Markovits/Rebecca S. Hayden, «Holocaust» Before and After the Event. Reactions in West Germany and Austria, in: New German Critique 7.19 (1980), S. 53–80.
35 Diem, Holocaust, S. 580; Oliver Marchat/Vrääth Öhner/Heidemarie Uhl, Holocaust revisited: Lesarten eines Medienereignisses zwischen globaler Erinnerungskultur und nationaler Vergangenheitsbewältigung in: Zuckermann (Hg.), Medien, S. 307–334, S. 326.
36 Vos, Breaking the Mirror (s. Anm. 15), S. 130–132.
37 Jan van Lil, «Holocaust» in den Niederlanden, in: Rundfunk und Fernsehen 29.4 (1980), S. 557–573, hier 568–572.
38 Julie Maeck, Montrer la Shoah à la télévision. De 1960 à nos jours, Paris 2009, S. 144; Markovits/Hayden, «Holocaust» Before and After the Event, S. 53–80, S. 75.
39 Zit. nach: Nachrichtenspiegel II Presse- und Informationsamt der Bundesregierung, 14. 2. 1979.
40 Christoph Vatter, Gedächtnismedium Film: Holocaust und Kollaboration in deutschen und französischen Spielfilmen seit 1945, Wiesbaden 2009, S. 71. Auch hier gab es Vorläufer: Francois Azouvi, Le Mythe du grand silence. Auschwitz, les Francais, la mémoire, Paris 2012; Giacomo Lichtner, Film and the Shoah in France and Italy, London u. a. 2008, S. 115.
41 Hannah Levinsohn, The Television Series «Holocaust» in Israel, in: International Journal of Political Education (1981), S. 151–166.
42 Vgl. auch die Umfragedaten in: Knilli/Zielinski (Hg.), Holocaust, S. 472.
43 Rühle an Sell 17. 10. 1978, in: WDR-Archiv 11374.
44 Ebd.
45 Ständige Vertretung bei DDR an AA 31. 01. 1979, in: PAAA, ZA Bd. 111754.
46 Vgl. mit apologetischem Grundton: Hans Müncheberg, Entstehungsgeschichte und -hintergründe der Filme «Hotel Polan und seine Gäste» und «Die Verlobte», in: Bundeszentrale für politische Bildung (Hg.), Nationalsozialismus und Judenverfolgung in DDR-Medien, Bonn 1999, S. 53–69, hier S. 63. Außerdem: Mark A. Wolfgram, The Holocaust through the Prism of East German Television. Collective Memory and Audience Perceptions, in: Holocaust and Genocide Studies 20 (2006), S. 57–79, S. 69.
47 Co-Autor Günther Rücker 8. 11. 1978 Produktionsunterlagen «Hotel Polan und seine Gäste», in: DRA A081–05.05/0001 Tsg. 124.

48 Harald Kleinschmidt, «Ein Weg ohne Ende». Zur Reaktion der DDR auf «Holocaust», in: Deutschland-Archiv, 12.3 (1979), S. 225–228.
49 Detroit an Botschaft in Washington, 12. 8. 1977, in: PAAA AV 16850. Hierzu nun auch Eder, Holocaust Angst, S. 26 f.
50 Generalkonsul New York an Botschaft Washington 20. 7. 1978, Bericht Botschaft Washington 11. 9. 1979, in: PAAA, AV, Bd. 23207.
51 So bereits: Botschaft Washington an AA 9. 7. 1977, in: PAAA ZA 106483; Botschaft Washington an AA 21. 4. 1978, in: PAAA ZA 108455.
52 Botschaft Washington an AA 27. 9. 1977, in: PAAA AV 16850.
53 Generalkonsul New York an Botschaft Washington 5. 3. 1978, in: PAAA, AV, Bd. 23207.
54 AA Referat 012-II an Staatsekretär, 24. 4. 1978, in: PAAA ZA 106483.
55 Botschaft Washington an konsularische Vertretungen in USA, 21. 9. 1978, in: PAAA AV 16850.
56 AA an alle diplomatischen Vertretungen der Bundesrepublik, Runderlass 6/79, 26. 1. 1979, in: PAAA, AV 23207; Staatsministerin Hamm-Brücher an den Präsidenten des Goethe Instituts Klaus von Bismarck 24. 4. 1978, in: PAAA ZA 106483.
57 Generalkonsulat in New York an Botschaft Washington 31. 7. 1978, in: PAAA 23207; Fehr an Botschaft Washington, in: PAAA AV Bd. 16850.
58 FAZ 20. 4. 1978 und 14. 9. 1978.
59 Spiegel 15. 1. 1979, S. 33 f. Die Presserezeption ist gut erforscht: Joachim Siedler, «Holocaust». Die Fernsehserie in der deutschen Presse. Eine Inhalts- und Verlaufsanalyse am Beispiel ausgewählter Printmedien, Münster 1984, S. 151; Martina Thiele, Publizistische Kontroversen über den Holocaust im Film, Münster 2001, S. 309–318; Knilli/Zielinski (Hg.), Holocaust.
60 AA Referat 012-II an Staatsekretär 24. 4. 1978, in: PAAA ZA 106483.
61 Märthesheimer an Rohrbach/Hübner 8. 5. 1978 in: WDR-Archiv 11374. Erklärung Märthesheimer Pressestelle WDR 11. 1. 1979, in: WDR-Archiv 1779. Daher liegen die Drehbücher noch heute im Archiv des Instituts für Zeitgeschichte.
62 Frank Bösch, Politische Macht und gesellschaftliche Gestaltung. Wege zur Einführung des privaten Rundfunks in den 1970/80er Jahren, in: Archiv für Sozialgeschichte 52 (2012), S. 191–210.
63 FAZ 3. 7. 1978, S. 19; Welt 26. 6. 1978.
64 Erklärung Märthesheimer Pressestelle WDR 11. 1. 1979, in: WDR-Archiv 1779; FAZ 3. 7. 1978, S. 19.
65 Werner Bergmann, Die TV-Serie «Holocaust» als Medienereignis, in: ders., Antisemitismus in öffentlichen Konflikten. Kollektives Lernen in der politischen Kultur der Bundesrepublik 1949–1989, Frankfurt/M. 1997, S. 351–381, S. 369; Hans Henning Hahn/Eva Hahn (Hg.), Die Ver-

treibung im deutschen Erinnern. Legenden, Mythos, Geschichte, Paderborn 2010, S. 542 f.
66 Erklärung bei Presseseminar 11./12. 1. 1979, in: WDR-Archiv 1779.
67 Konzept in: WDR-Archiv 11374.
68 Märthesheimer an Hübner 20. 7. 1978 in: WDR-Archiv 11374.
69 Sendemanuskript in: WDR-Archiv 11374.
70 Märthesheimer an Sell 31. 8. 1978 in: WDR-Archiv 11374.
71 Endlösung 18. 1. 1979, 20:15–21:45 Uhr; Sendemanuskript in: WDR-Archiv 11374; Unterlagen auch in 11375.
72 Auswertung Teleperson ARD und Briefe in: WDR-Archiv 11 374 und 11375.
73 Aktennotiz 21. 11. 1979 in: WDR-Archiv 11374. Erklärung bei Presseseminar 11./12. 1. 1979 WDR-Archiv 1779. Vgl. auch Susanne Brandt, «Wenig Anschauung?» Die Ausstrahlung des Films «Holocaust» im westdeutschen Fernsehen (1978/1979), in: Christoph Cornelißen/Lutz Klinkhammer/Wolfgang Schwentker (Hg.), Erinnerungskulturen. Deutschland, Italien und Japan seit 1945, Frankfurt/M. 2003, S. 257–268, S. 260.
74 SWF an Karalus 24. 4. 1980, in: WDR-Archiv 11374.
75 WDR-Archiv 11375; Welt 22. 1. 1979, Rheinische Post 20. 1. 1979.
76 Markovits/Hayden, «Holocaust» before and after the event (s. Anm. 34), S. 75.
77 Pressemeldung 19. 1. 1979, WDR-Archiv 11375; zur Konzeption: Märthesheimer/ Fernsehspiel WDR 27. 11. 1978 in: WDR-Archiv 11374.
78 So ihr Leiter: Tilman Ernst, «Holocaust» in der Bundesrepublik. Impulse, Reaktionen und Konsequenzen der Fernsehserie aus der Sicht der politischen Bildung, in: Rundfunk und Fernsehen 28.4 (1980), S. 509–533, S. 512.
79 Leseliste in: Feuilleton SZ 18. 1. 1979. Eine frühe Ausnahme war besonders: Wolfgang Scheffler, Judenverfolgung im Dritten Reich, Berlin 1964.
80 Raul Hilberg, Die Vernichtung der europäischen Juden: die Gesamtgeschichte des Holocaust, Berlin 1982. René Schlott, Der lange Weg zum Buch. Zur Publikationsgeschichte von Hilbergs opus magnum «The Destruction of the European Jews», in: Frank Bösch/Martin Sabrow (Hg.), ZeitRäume. Potsdamer Almanach 2015, Göttingen 2015, S. 143–152.
81 Umfragedaten des Marplan-Instituts im Auftrag des WDR und Bundeszentrale für politische Bildung: WDR-Archiv D 1797. Die Dokumentation des WDR in: Uwe Magnus, Die Reaktionen auf Holocaust, in: Media Perspektiven H.2 (1979), S. 79.
82 Dieter Weichert, «Holocaust» in der Bundesrepublik: Design, Methode und zentrale Ergebnisse der Begleituntersuchung, in: Rundfunk und Fernsehen 28, H. 4 (1980), S. 488–508., Tab. 7.
83 Erhebung Anrufe in: WDR-Archiv D 1797.

84 Zitate nach der Aufzeichnung in: Manuskript Kulturmagazin Deutsche Welle 21. 2. 1979, in: WDR-Archiv 11375.
85 Vgl. ebd. auch FAZ 1. 2. 1979, S. 19.
86 Manuskript Kulturmagazin Deutsche Welle 21. 2. 1979, in: WDR-Archiv 11375.
87 Eintrag 4. 3. 1979, in: Anders, Besuch im Hades (s. Einleitung, Anm. 2), S. 181.
88 Dies lässt sich ab Ende 1978 ausmachen, was Bergmann schon mit dem Begleitprogramm erklärt: Bergmann, Die TV-Serie «Holocaust» (s. Anm. 65), S. 376.
89 Öffentlich kursierten die Umfragen rasch; vgl. Spiegel 7. 5. 1979, S. 205.
90 Ernst, «Holocaust» (s. Anm. 78), S. 513.
91 Alexander und Margarete Mitscherlich, Die Unfähigkeit zu trauern. Grundlagen kollektiven Verhaltens, 18. Auflage, München 2004, S. 17, 25, 38.
92 Margarete Mitscherlich, Die Notwendigkeit zu trauern, WDR Pressestelle 5. 1. 1979, WDR-Archiv 1779.
93 So Heinrich Böll, Das Gelände, in: FAZ 17. 2. 1979, BuZ S. 5.
94 Spiegel 29. 1. 1979, S. 17–34, S. 34.
95 Joachim Fest, Nachwort zu Holocaust, in: FAZ 29. 1. 1979, S. 1; zudem FAZ 1. 2. 1979.
96 Martin Broszat, «Holocaust» und die Geschichtswissenschaft, in: Vierteljahrshefte für Zeitgeschichte 27 (1979), S. 285–298. Vgl. dazu: Bösch, Versagen (s. Anm. 7), S. 477–482.
97 Wolfgang Scheffler, Anmerkungen zum Fernsehfilm «Holocaust» und zu Fragen zeithistorischer Forschung, in: Geschichte und Gesellschaft 5 (1979), S. 570–579.
98 Dieter Boßmann (Hg.), «Was ich über Hitler gehört habe». Auszüge aus 3042 Aufsätzen von Schülern und Schülerinnen aller Schularten der Bundesrepublik Deutschland, Frankfurt/M. 1977. Als Titelgeschichte zum Unwissen: Spiegel 15. 8. 1977, S. 38–49.
99 Burkhard Ost, Fiction, Facts und Phantasie. «Holocaust» und was hängen blieb. Eine Stichprobe, in: Medium 10.5 (1980), S. 27–30, S. 29.
100 Dieses Schlagwort kam seit den 1990er-Jahren, besonders nach «Schindlers Liste», vermehrt auf; Novick, Nach dem Holocaust, S. 267.
101 Georg Denzler/Volker Fabricius (Hg.), Die Kirche im Dritten Reich. Christen und Nazis Hand in Hand? Bd. 2, Dokumente, Frankfurt/M. 1988, S. 258–262.
102 Wort zum Frieden der EKD und des Bundes der Evangelischen Kirchen in der DDR 24. 8. 1979, in: Bestand Schmidt AdsD 1/HSAA008853.
103 Vgl. auch Bergmann, Die TV-Serie «Holocaust (s. Anm. 65), S. 370 f.
104 Vgl. Gundolf Hartlieb, In diesem Ozean von Erinnerung. Edgar Reitz'

Filmroman Heimat – ein Fernsehereignis und seine Kontexte, Siegen 2004, S. 91; Georg Seeßlen, Faschismus, Krieg und Holocaust im deutschen Nachkriegsfilm, in: DEFA-Stiftung (Hg.), apropos: Film 2000, Berlin 2000, S. 254–288, S. 285.
105 Vgl. hierzu ausführlich: Judith Keilbach, Geschichtsbilder und Zeitzeugen. Zur Darstellung des Nationalsozialismus im bundesdeutschen Fernsehen, Münster 2008, S. 138–236.
106 Vgl. Michael Marek, Verfremdung zur Kenntlichkeit. Das Erinnern des Holocausts. Gestaltungsprinzipien in den Filmen «Der Prozeß» von Eberhard Fechner und «Shoah» von Claude Lanzmann, in: Rundfunk und Fernsehen 36 (1988), S. 25–44; Thiele, Publizistische Kontroversen, S. 339–377; Sabine Horn, Erinnerungsbilder. Auschwitz-Prozess und Majdanek-Prozess im westdeutschen Fernsehen, Essen 2009, S. 219–225.
107 Marcus Stiglegger, Auschwitz-TV: Reflexionen des Holocaust in Fernsehserien, Wiesbaden 2014, S. 78.
108 Vgl. die Beiträge von Lisa Schoß in: Wolfgang Benz (Hg.), Literatur, Film, Theater und Kunst. Handbuch des Antisemitismus. Judenfeindschaft in Geschichte und Gegenwart, Bd. 7, Berlin 2015, S. 171–173, 428–432.
109 Wolfgram, The Holocaust through the Prism (s. Anm. 46), S. 58.
110 Fraktionsprotokoll CDU 2. 7. 1979, S. 3 in: ACDP VIII-001-1057/1.
111 Umfragedaten in: Spiegel 7. 5. 1979, S. 205.
112 So Benno Erhard und Graf Stauffenberg, Protokolle Bundestag 29. 3. 1979, S. 11571 und 11583.
113 So Schwencke Protokolle Bundestag 29. 3. 1979, S. 11639.
114 Aus juristischer Perspektive dazu: Anica Sambale, Die Verjährungsdiskussionen im Deutschen Bundestag. Ein Beitrag zur juristischen Vergangenheitsbewältigung, Hamburg 2002, S. 82–85. Zur vorherigen Debatte: Marc von Miquel, Ahnden oder amnestieren? Westdeutsche Justiz und Vergangenheitspolitik in den sechziger Jahren, Göttingen 2004.
115 Fraktionsprotokoll CDU 6. 2. 1979, S. 11 in: ACDP VIII-001-1055/1.
116 Vgl. ebd.
117 Dominik Rigoll, «Sicherheit» und «Selbstbestimmung». Informationspolitik in der Bundesrepublik, in: Zeithistorische Forschungen 10.1 (2013), S. 115–122.
118 Erhard in Fraktionsprotokoll CDU 8. 5. 1979, in: ACDP VIII-001-1056/1; nach außen wurde dies freilich diplomatischer formuliert: vgl. auch die Kleine Anfrage Fraktionsvorstand 1979 in: ACDP VIII-001-1506/2.
119 Constantin Goschler, Schuld und Schulden. Die Politik der Wiedergutmachung für NS-Verfolgte seit 1945, Göttingen 2005, S. 340 f.; Kabinettsbeschluss 30. 4. 1979, 5.

120 Henning Borggräfe, Zwangsarbeiterentschädigung: Vom Streit um «vergessene Opfer» zur Selbstaussöhnung der Deutschen, Göttingen 2014, S. 29–32. Ein 1979 publiziertes Buch zur Zwangsarbeiterentschädigung förderte dies zusätzlich, verfasst vom ehemaligen Chefankläger im Nürnberger Einsatzgruppen-Prozess: Benjamin B. Ferencz, Less than Slaves. Jewish Forced Labor and the Quest for Compensation, Cambridge 1979.
121 Katrin Pieper, Die Musealisierung des Holocaust. Das Jüdische Museum Berlin und das U. S. Holocaust Memorial Museum in Washington D. C. Ein Vergleich, Köln 2006, S. 71–77; Edward Linenthal, Preserving Memory, The Struggle to Create America's Holocaust Museum, New York 2001.
122 Katja Köhr, Die vielen Gesichter des Holocaust. Museale Repräsentation zwischen Individualisierung, Universalisierung und Nationalisierung, Göttingen 2012, S. 247.
123 Eder, Holocaust Angst, S. 84–129.
124 Als Übersicht: Bundeszentrale für politische Bildung (Hg.), Gedenkstätten für die Opfer des Nationalsozialismus, Bonn 1995; Peter Reichel, Politik mit der Erinnerung. Gedächtnisorte im Streit um die nationalsozialistische Vergangenheit, Frankfurt/M. 1999, S. 165.
125 Pieper, Die Musealisierung, S. 211, 223 f.
126 Vgl. etwa Moritz Mälzer, Ausstellungsstück Nation: Die Debatte um die Gründung des Deutschen Historischen Museums in Berlin, Bonn 2005.
127 Vgl. die Vertreibungsdebatte in: Spiegel 2. 7. 1979, S. 75–84. Maren Röger, Flucht, Vertreibung und Umsiedelung. Mediale Erinnerungen und Debatten in Deutschland und Polen seit 1989, Marburg 2011.

# Quellen und einführende Literatur

## Archive

*Politisches Archiv des Auswärtigen Amts (PA AA), Berlin:*
Bestände der Botschaften und Referate zu Iran, Afghanistan, China, Nicaragua, Vietnam/Südostasien, Polen, Großbritannien und USA sowie thematisch zur Aufnahme der Boat People, zur Kernenergie (B 38 u. a.), Gas- und Ölversorgung (B 71 u. a.), Serie Holocaust weltweit. Bestände des Ministeriums für Auswärtige Angelegenheiten der DDR.

*Bundesarchiv Koblenz:*
Akten des Bundeskanzleramtes (B 136, zu allen Themen), Bundesministerium des Innern (B 106, u. a. zur Flüchtlingsaufnahme, Atomkraft), Bundesministerium für Wirtschaft (B 102, u. a. zur Energiekrise).

*Bundesarchiv Berlin-Lichterfelde:*
Bestände des Staatssekretärs für Kirchenfragen der DDR (DO 4), des Ministerrates zur Atomenergie (DC 20) und der FDJ zu den Nicaragua-Brigaden (DY 24).

*Cap Anamur, Köln:*
Unterlagen zur Gründungszeit und Rettung der Boat People.

*Archiv für Christlich-Demokratische Politik, Sankt Augustin:*
Bestand CDU-Bundespartei (07-001, u. a. Protokolle Präsidium, Bundesvorstand und Fraktionssitzungen, Büro für Auswärtige Beziehungen), Junge Union (04-007).

*Deutsches Rundfunkarchiv, Babelsberg:*
Bestände zum DDR-Film (u. a. Holocaust).

*Archiv Grünes Gedächtnis, Heinrich Böll Stiftung:*
Diverse Nachlässe (u. a. Gabriele Gottwald, Petra Kelly), Bestände Bundesvorstand/Bundesgeschäftsstelle/Parteitage (u. a. Protokolle Bundesvorstandssitzungen B I.1).

*Archiv des Hamburger Instituts für Sozialforschung (HIS):*
Schriften und Plakatsammlung Dritte-Welt-Gruppen (Nicaragua, Iran, Afghanistan, China), Anti-AKW-Bewegung.

Anhang

*Archiv der sozialen Demokratie (AdsD), Bonn:*
Bestand Helmut-Schmidt-Archiv, Nachlass Willy Brandt, Bestand Präsidium, Vorstand, Parteirat.

*Unternehmensarchiv der Volkswagen AG, Wolfsburg:*
Vorstandssitzungsprotokolle (1978–1986), Unterlagen zu Joint Ventures in China (1978–1987), u. a. Bestand -578, -610.

*Archiv des* WDR, Köln:
Unterlagen Serie Holocaust (Sign. 11374f. u. a.), Serie «Das Dritte Reich» (712f., 3615 u. a.).

## Quelleneditionen (Auswahl)

Akten zur Auswärtigen Politik der Bundesrepublik Deutschland (AAPD), hrsg. vom Institut für Zeitgeschichte von Hélène Miard-Delacroix/Gregor Schöllgen/Andreas Wirsching, Bde. 1969–1987, München/Berlin 2000–2018.

Allan, Pierre u. a. (Hg.), Sowjetische Geheimdokumente zum Afghanistankrieg (1978–1991), Zürich 1995.

The American Presidency Project (u. a. Reden Carter/Reagan), http://presidency.proxied.lsit.ucsb.edu/ws/.

Drucksachen und Plenarprotokolle des deutschen Bundestags (ausgewertet 1969–1989), Volltext in: http://pdok.bundestag.de/.

Deng Xiaoping, Ausgewählte Schriften (1975–1982), Beijing 1985.

Kabinettsprotokolle der Bundesregierung (Edition des Bundesarchivs), 1969–1986, http://www.bundesarchiv.de/cocoon/barch/0000/index.html.

Margaret Thatcher Foundation: Sämtliche Reden, Interviews, Statements, https://www.margaretthatcher.org/speeches.

Ośrodek Badania Opinii Publicznej i Studiów Programowych (Zentrum zur Erforschung der öffentlichen Meinung und für Programmstudien, OBOP), http://www.tnsglobal.pl/archiwumraportow.

Protokolle des Politbüros der SED, http://www.argus.bstu.bundesarchiv.de/dy30pbvr/index.htm.

Wilson Centre Digital Archive (u. a. Akten Politbüro KPdSU),

## Einführende Literatur

Der Anhang bietet nur einige thematisch sortierte einführende Literaturhinweise. Ein umfassenderes Verzeichnis ist online abrufbar unter: https://zzf-potsdam.de/1979/bibliografie

### Einführende Literatur zu den Siebziger- und Achtzigerjahren

Borstelmann, Thomas: The 1970s. A New Global History from Civil Rights to Economic Inequality, Princeton 2012.

Bösch, Frank (Hg.): Geteilte Geschichte. Ost- und Westdeutschland 1970–2000, Göttingen 2015.
Caryl, Christian: Strange Rebels. 1979 and the Birth of the 21st Century, New York 2013.
Doering-Manteuffel, Anselm/Lutz Raphael: Nach dem Boom: Perspektiven auf die Zeitgeschichte seit 1970, Göttingen 2012.
Ferguson, Niall u. a. (Hg.): The Shock of the Global. The 1970s in Perspective. Cambridge 2010.
Jarausch, Konrad (Hg.): Das Ende der Zuversicht? Die siebziger Jahre als Geschichte, Göttingen 2008.
Iriye, Akira/Jürgen Osterhammel (Hg.): Geschichte der Welt 1945 bis heute: Die globalisierte Welt, München 2013.
Lesch, David: 1979. The Year that Shaped the Modern Middle East, Boulder 2001.
Rock, Philipp: Macht, Märkte und Moral. Zur Rolle der Menschenrechte in der Außenpolitik der Bundesrepublik in den sechziger und siebziger Jahren, Frankfurt 2010.
Turner, Alwyn W.: Crisis? What Crisis? Britain in the 1970s, London 2008.
Westad, Odd Arne: The Global Cold War. Third World Interventions and the Making of Our Times, Cambridge/Mass. 2007.
Wirsching, Andreas: Abschied vom Provisorium. 1982–1990, München 2006.

### Die Revolution im Iran

Abrahamian, Ervand: A History of Modern Iran, Cambridge u. a. 2010.
Azimi, Fakhreddin: The Quest for Democracy in Iran: A Century of Struggle against Authoritarian Rule, Cambridge 2008.
Bhatnagar, Stuti: Revolution in Iran, 1979: The Establishment of an Islamic State, in: P. R. Kumaraswamy (Hg.): Caught in the Crossfire: Civilians in Conflicts in the Middle East, Reading 2008, S. 95–118.
Borszik, Oliver: Irans Führungsanspruch (1979–2013). Mission, Anhängerschaft und islamistische Konzepte im Diskurs der Politik-Elite, Berlin 2016.
Coughlin, Con: Khomeini's Ghost. The Iranian Revolution and the Rise of Militant Islam, London u. a. 2009.
Emery, Christian: US Foreign Policy and the Iranian Revolution: The Cold War Dynamics of Engagement and Strategic Alliance 1978–81, New York 2013.
Faber, David R.: Taken Hostage. The Iran Hostage Crisis and America's First Encounter with Radical Islam, Princeton 2005.
Hegghammer, Thomas: Jihad in Saudi Arabia: Violence and Pan-Islamism since 1979, Cambridge 2010.
Keddie, Nikki R.: Modern Iran. Roots and Results of Revolution, New Haven 2006.
Küntzel, Matthias: Die Deutschen und der Iran. Geschichte und Gegenwart einer verhängnisvollen Freundschaft, Berlin 2009.

Kurzman, Charles: The Unthinkable Revolution in Iran, Cambridge/Mass. 2005.

Moin, Baqer: Khomeini: Life of the Ayatollah, New York 2000.

Sheikhzadegan, Amir: Iranische Revolution. Eine makrosoziologische Analyse, in: Asiatische Studien 59.3 (2005), S. 857–878.

### Papst Johannes Paul II. in Polen

Bloom, Jack M.: Seeing through the Eyes of the Polish Revolution. Solidarity and the Struggle against Communism in Poland, Leiden 2013.

Bösch, Frank/Lucian Hölscher (Hg.): Jenseits der Kirche. Die Öffnung religiöser Räume seit den 1950er Jahren, Göttingen 2013.

Borodziej, Włodzimierz: Geschichte Polens im 20. Jahrhundert, München 2010.

Goddeeris, Idesbald (Hg.): Solidarity with Solidarity. Western European Trade Unions and the Polish Crisis, 1980–1982, Lanham 2010.

Kubik, Jan: The Power of Symbols against the Symbols of Power. The Rise of Solidarity and the Fall of State Socialism in Poland, Pennsylvania 1993.

Mazgaj, Marian S.: Church and State in Communist Poland. A History, 1944–1989, Jefferson 2010.

Paczkowski, Andrzej: The Spring Will Be Ours. Poland and the Poles from Occupation to Freedom, Pennsylvania 2003.

–/Malcolm Byrne (Hg.), From Solidarity to Martial Law: The Polish Crisis of 1980–1981: A Documentary History, Budapest 2007.

Samerski, Stefan: Teufel und Weihwasser. Der Papst und die Erosion des Kommunismus, in: Osteuropa 59/2–3 (2009), S. 183–194.

Zaremba, Marcin: Karol Wojtyła the Pope. Complications for Comrades of the Polish United Workers' Party, in: Cold War History 5/3 (2005), S. 317–336.

### Die Revolution in Nicaragua

Bösch, Frank/Caroline Moine/Stefanie Senger (Hg.): Internationale Solidarität. Globales Engagement in der Bundesrepublik und der DDR, Göttingen 2018.

Christiaens, Kim/Idesbald Goddeeris: Beyond Western European Idealism: A Comparative Perspective on the Transnational Scope of Belgian Solidarity Movements with Nicaragua, Poland and South Africa in the 1980s, in: Journal of Contemporary History 50,3 (2015), S. 632–655.

Close, David: Nicaragua: Navigating the Politics of Democracy, Boulder 2016.

–/Salvador Martí i Puig/Shelley A. McConnell (Hg.): The Sandinistas and Nicaragua since 1979, Boulder 2012.

Förch, Michael: Zwischen utopischen Idealen und politischer Herausforderung. Die Nicaragua-Solidaritätsbewegung in der Bundesrepublik, Frankfurt/M. 1995.
Hager, Robert P. Jr./Robert S. Snyder: The United States and Nicaragua, in: Cold War Studies 17/2 (2015), S. 3–35.
Harzer, Erika/Willi Volks (Hg.): Aufbruch nach Nicaragua. Deutsch-deutsche Solidarität im Systemwettstreit, Berlin 2008.
Helm, Christian: Booming Solidarity. Sandinista Nicaragua and the West German Solidarity Movement in the 1980s, in: European Review of History 21.4 (2014), S. 597–615.
Kinzer, Stephen: Blood of Brothers: Life and War in Nicaragua, Cambridge 2007.
Morris, Kenneth E./Daniel Ortega Saavedra: Unfinished Revolution: Daniel Ortega and Nicaragua's Struggle for Liberation, Chicago 2010.
Smith, Calvin L.: Revolution, Revival and Religious Conflict in Sandinista Nicaragua, Leiden 2007.
Storkmann, Klaus: East German Military Aid to the Sandinista Government of Nicaragua, 1979–1990, in: Journal of Cold War Studies 16/2 (2014), S. 56–76.
Verburg, Maria Magdalena: Ostdeutsche Dritte-Welt-Gruppen vor und nach 1989/90, Göttingen 2012.

## Chinas Reform und Öffnung unter Deng Xiaoping

Albers, Martin: Britain, France, West Germany and the People's Republic of China, 1969–1982. The European Dimension of China's Great Transition, London 2016.
Dabringhaus, Sabine: Geschichte Chinas im 20. Jahrhundert, München 2009.
Dillon, Michael: China. A Modern History, London 2010.
Leutner, Mechthild/Tim Trampedach (Hg.): Bundesrepublik Deutschland und China 1949 bis 1995. Politik, Wirtschaft, Wissenschaft, Kultur: eine Quellensammlung, Berlin 1995.
– u. a. (Hg.): Die DDR und China 1949 bis 1990. Politik, Wirtschaft und Kultur: eine Quellensammlung, Berlin 1995.
MacFarquhar, Roderick u. a. (Hg.): The Cambridge History of China Bd. 15.2: Revolutions within the Chinese Revolution, Cambridge 1991.
Mühlhahn, Klaus: Die Volksrepublik China, München 2017.
Pantsov, Alexander V./Steven Levine: Deng Xiaoping: A Revolutionary Life, Oxford 2017.
Schäfer, Bernd: Ostpolitik, «Fernostpolitik» and Sino-Soviet Rivalry: China and the Two Germanys, in: Caroline Fink/ders. (Hg.): Ostpolitik, 1969–1974: European and Global Responses, New York 2009, S. 129–147.

Trampedach, Tim: Bonn und Peking. Die wechselseitige Einbindung in außenpolitische Strategie, Hamburg 1997.
Vogel, Ezra F.: Deng Xiaoping and the Transformation of China, Cambridge 2011.
Wickert, Erwin: China von innen gesehen, Stuttgart 1982.

### Die Aufnahme der Boat People

Beuchling, Olaf: Vom Bootsflüchtling zum Bundesbürger. Migration, Integration und schulischer Erfolg in einer vietnamesischen Exilgemeinschaft, Münster 2001.
Bösch, Frank/Phi Su: Competing Contexts of Reception in Refugee and Immigrant Incorporation: Vietnamese in West and East Germany, in: Journal of Ethnic and Migration Studies i.E. (2019).
Chan, Yuk Wah (Hg.): The Chinese/Vietnamese Diaspora. Revisiting the Boat People, London u. a. 2011.
Chantavanich, Supang/E. Bruce Reynolds (Hg.): Indochinese Refugees: Asylum and Resettlement, Bangkok 1988.
Kleinschmidt, Julia: Die Aufnahme der ersten «boat people» in die Bundesrepublik, in: Deutschland Archiv Online, 26. 11. 2013,.
Merziger, Patrick: The «Radical Humanism» of «Cap Anamur»/»German Emergency Doctors» in the 1980s: A Turning Point for the Idea, Practice and Policy of Humanitarian Aid, in: European Review of History 23 (2016), S. 171–192.
Nauck, Bernhard/Birger Schnoor: Against all odds? Bildungserfolg in vietnamesischen und türkischen Familien in Deutschland, in: Kölner Zeitschrift für Soziologie und Sozialpsychologie 67 (2015), S. 633–657.
Schwenkel, Christina: Rethinking Asian Mobilities: Socialist Migration and Post-Socialist Repatriation of Vietnamese Contract Workers in Germany, in: Critical Asian Studies 46.2 (2017), S. 235–258.
Su, Phi Hong: «There's No Solidarity»: Nationalism and Belonging among Vietnamese Refugees and Immigrants in Berlin, in: Journal of Vietnamese Studies 12 (2017), S. 73–100.
Weiss, Karin/Mike Dennis (Hg.): Erfolg in der Nische? Die Vietnamesen in der DDR und in Ostdeutschland, Münster 2005.

### Der sowjetische Einmarsch in Afghanistan

Alexijewitsch, Swetlana: Zinkjungen. Afghanistan und die Folgen, Frankfurt/M. 1992 [1989].
Barfield, Thomas: Afghanistan: A Cultural and Political History, Princeton 2010.
Bresselau von Bressensdorf, Agnes: Frieden durch Kommunikation. Das Sys-

tem Genscher und die Entspannungspolitik im Zweiten Kalten Krieg 1979–1982/83, Berlin 2015.
Crews, Robert D.: Afghan Modern. The History of a Global Nation, London 2015.
Gassert, Philipp/Tim Geiger/Hermann Wentker (Hg.): Zweiter Kalter Krieg und Friedensbewegung. Der NATO-Doppelbeschluss in deutsch-deutscher und internationaler Perspektive, München 2011.
Grasselli, Gabriella: British and American Responses to the Soviet Invasion of Afghanistan, Aldershot 1996.
Kalinovsky, Artemy: A Long Goodbye. The Soviet Withdrawal from Afghanistan, Harvard 2011.
Penter, Tanja/Esther Meier (Hg.): Sovietnam. Die UdSSR in Afghanistan 1979–1989, Paderborn 2017.
Robinson, Paul/Jay Dixon: Aiding Afghanistan. A History of Soviet Assistance to a Developing Country, London 2013.
Schetter, Conrad J.: Kleine Geschichte Afghanistans, München 2011.

### Thatchers Wahl und die Gründung der Grünen

Frank Bösch/Thomas Hertfelder/Gabriele Metzler (Hg.): Die neoliberale Herausforderung und der Wandel des Liberalismus im späten 20. Jahrhundert, Stuttgart 2018.
Campbell, John: Margaret Thatcher, 2 Bde., London 2003.
Evans, Eric J.: Thatcher and Thatcherism, London 2013.
Green, Ewen H. H.: Thatcher, London 2010.
Geppert, Dominik: Thatchers konservative Revolution. Der Richtungswandel der britischen Tories 1975–1979. München 2002.
Harvey, David: A Brief History of Neoliberalism, Oxford 2005.
Hoeres, Peter: Von der «Tendenzwende» zur «geistig-moralischen Wende». Konstruktion und Kritik konservativer Signaturen in den 1970er und 1980er Jahren, in: Vierteljahrshefte für Zeitgeschichte 61.1 (2013), S. 93–119.
Jackson, Ben/Robert Saunders (Hg.): Making Thatcher's Britain, Cambridge 2012.
McSmith, Andy: No Such Thing as Society. A History of Britain in the 1980s, London 2010.
Mende, Silke: «Nicht rechts, nicht links, sondern vorn». Eine Geschichte der Gründungsgrünen, München 2011.
Raschke, Joachim: Die Grünen. Wie sie wurden, was sie sind, Köln 1993.
Schmidt, Vivien A./Mark Thatcher (Hg.): Resilient Liberalism in Europe's Political Economy, Cambridge 2013.
Ther, Philipp: Die neue Ordnung auf dem alten Kontinent: Eine Geschichte des neoliberalen Europa, Berlin 2014.

Vinen, Richard: Thatcher's Britain: The Politics and Social Upheaval of the Thatcher Era, London 2009.

### Die zweite Ölkrise

Bösch, Frank/Rüdiger Graf (Hg.): The Energy Crises of the 1970s. Anticipations and Reactions in the Industrialized World. Special Issue: Historical Social Research 39.4 (2014).

Göbel, Stefan: Die Ölpreiskrisen der 1970er Jahre: Auswirkungen auf die Wirtschaft von Industriestaaten am Beispiel der Bundesrepublik Deutschland, der Vereinigten Staaten, Japans, Großbritanniens und Frankreichs, Berlin 2013.

Graf, Rüdiger: Öl und Souveränität. Petroknowledge und Energiepolitik in den USA und Westeuropa in den 1970er Jahren, Berlin 2014.

Hohensee, Jens: Der erste Ölpreisschock 1973/74. Die politischen und gesellschaftlichen Auswirkungen der arabischen Erdölpolitik auf die Bundesrepublik Deutschland und Westeuropa, Stuttgart 1996.

Howard, Roger: Iran Oil: The New Middle East Challenge to America, London 2003.

Jacobs, Meg: Panic at the Pump. The Energy Crisis and the Transformation of American Politics in the 1970s, New York 2017.

Lifset, Robert D. (Hg.): American Energy Policy in the 1970s, Norman 2014.

Krol, Thomas/Hendrik Ehrhardt (Hg.): Energie in der modernen Gesellschaft. Zeithistorische Perspektiven, Göttingen 2012.

Möller, Nina/Karin Zachmann (Hg.): Past and Present of Energy Societies. How Energy Connects Politics, Technologies and Cultures, Bielefeld 2012.

Venn, Fiona: The Oil Crisis, London 2002.

Yergin, Daniel: Der Preis. Die Jagd nach Öl, Geld und Macht, Frankfurt/M. 1991.

### Der AKW-Unfall bei Harrisburg

Augustine, Dolores: Taking on Technocracy. Nuclear Power in Germany, 1945 to the Present, New York 2018.

Bösch, Frank: Taming Nuclear Power: The Accident near Harrisburg and the Change in West German and International Nuclear Policy in the 1970s and early 1980s, in: German History 35.1 (2017), S. 71–95.

Chick, Martin: Electricity and Energy Policy in Britain, France and the United States since 1945, Cheltenham 2007.

Laufs, Paul: Reaktorsicherheit für Leistungskernkraftwerke: Die Entwicklung im politischen und technischen Umfeld der Bundesrepublik Deutschland, Berlin/Heidelberg 2013.

Müller, Wolfgang D.: Geschichte der Kernenergie in der DDR. Kernforschung und Kerntechnik im Schatten des Sozialismus, Stuttgart 2001.
Osif, Bonnie A./Anthony J. Baratta/Thomas W. Conkling: TMI 25 Years Later. The Three Mile Island Nuclear Power Plant Accident and its Impact, University Park 2004.
Radkau, Joachim/Lothar Hahn: Aufstieg und Fall der deutschen Atomwirtschaft, München 2013.
Tompkins, Andrew: Better Active than Radioactive! Anti-Nuclear Protest in 1970s France and West Germany, Oxford 2016.
Walker, J. Samuel: Three Mile Island. A Nuclear Crisis in Historical Perspective, Berkely 2004.
Zaretzsky, Natasha: Radiation Nation. Three Mile Island and the Political Transformation of the 1970s, New York 2018.

### Die Fernsehserie «Holocaust»

Bösch, Frank: Entgrenzte Geschichtsbilder? Fernsehen, Film und Holocaust in Europa und den USA 1945–1980, in: Daniel, Ute/Axel Schildt (Hg.): Massenmedien im Europa des 20. Jahrhunderts, Köln 2010, S. 413–437.
Classen, Christoph (Hg.): Die Fernsehserie «Holocaust». Rückblicke auf eine «betroffene Nation». Beiträge und Materialien, in: Zeitgeschichte-online, März 2004, https://zeitgeschichte-online.de/thema/die-fernsehserie-holocaust.
Eder, Jacob S.: Holocaust Angst. The Federal Republic of Germany & American Holocaust Memory since the 1970s, Oxford 2016.
Knilli, Friedrich/Siegfried Zielinski (Hg.): Holocaust zur Unterhaltung. Anatomie eines internationalen Bestsellers, Berlin 1982.
– Betrifft: «Holocaust»: Zuschauer schreiben an den WDR, Berlin 1983.
Märthesheimer, Peter/Ivo Frenzel (Hg.): Im Kreuzfeuer. Der Fernsehfilm «Holocaust»: eine Nation ist betroffen, Frankfurt/M. 1979.
Novick, Peter: Nach dem Holocaust. Der Umgang mit dem Massenmord, Stuttgart 2001.
Paul, Gerhard/Schoßig, Bernhard (Hg.): Öffentliche Erinnerung und Medialisierung des Nationalsozialismus. Eine Bilanz der letzten dreißig Jahre, Göttingen 2010.
Reichel, Peter: Erfundene Erinnerung. Weltkrieg und Judenmord in Film und Theater, München 2004.
Shandler, Jeffrey: While America Watches. Televising the Holocaust, Oxford 1999.
Thiele, Martina: Publizistische Kontroversen über den Holocaust im Film, Münster 2001.

# Personenregister

## A
Adenauer, Konrad 367
Ağca, Ali 80
Albertz, Heinrich 254
Albrecht, Ernst 188 f., 195, 227, 355 f.
Alemán, Arnoldo 139
Allende, Salvadore 120
Alt, Franz 211, 214, 254
Amin, Hafizullah 236, 238, 240–241
Amin, Idi 17
Anders, Günther 364, 384
Andropow, Juri Wladimirowitsch 237 f.
Ash, Timothy Garton 62
Assange, Julian 15

## B
Bachtiar, Schapur 18
Baum, Gerhart 222, 288, 298, 352
Bāzargān, Mehdi 29–31, 33, 35, 37, 40
Beauvoir, Simone de 37
Beitz, Berthold 247
Benedikt XVI. *siehe* Ratzinger, Joseph
Bergoglio, Jorge Mario (Papst Franziskus) 94
Besson, Waldemar 367
Beyer, Frank 367
Bin Laden, Osama 249
Biolek, Alfred 210
Bismarck, Klaus von 211
Black, Jeremy 14
Black, Roy 214
Blüm, Norbert 211
Böhr, Christoph 134
Bokassa, Jean-Bédel 17
Böll, Heinrich 155, 190, 200, 210, 214, 364, 385
Borge, Tomás 96, 107, 134
Brandt, Willy 47, 136, 153, 257
Brandys, Kazimierz 63
Bravo, Obando y 103, 115 f., 135
Brecht, Bertolt 111
Breschnew, Leonid Iljitsch 80 f., 89, 144, 173 f., 235, 238, 241, 243 f., 316
Broszat, Martin 385
Brown, Archie 62
Brown, Jerry 346
Brzezinski, Zbigniew Kazimierz 239

## C
Callaghan, James 272
Camus, Albert 210
Cardenal, Ernesto 101–103, 108 f., 115, 119, 124
Carpendale, Howard 214
Carter, Jimmy 26, 31, 43, 45, 50, 100, 105, 109, 241, 246, 249 f., 279, 312, 327, 331, 345 f., 393
Caryl, Christian 15
Ceaușescu, Nicolae 242
Chamberlain, Neville 247
Chamorro, Pedro 101 f., 134
Chamorro, Violeta Barrios de 115, 133 f., 137–139
Chomsky, Marvin 369

## Personenregister

Chruschtschow, Nikita Sergejewitsch 142, 144
Cohn-Bendit, Daniel 210
Coppik, Manfred 108
Cronkite, Walter 40, 342
Czaja, Herbert 195, 251

**D**
Daume, Willi 171
Deng Xiaoping 9, 13, 15, *Kapitel 4*, 398
- Demokratie 157–159, 167–170, 183 f.
- Beziehung zum Westen 141 f., 171
- Werdegang 145 f., 148–150, 158
- Wirtschaftsreformen 142, 147, 156, 160–167, 175, 181, 185 f.

Ditfurth, Jutta 303
Douglas, Michael 340
Dregger, Alfred 154
Duarte, José Napoleón 136
Dutschke, Rudi 200, 211

**E**
Eichmann, Adolf 200, 363, 366, 369
Eisenberg, Joelle 210
Elisabeth I. (Königin von England) 271
Eppler, Erhard 198, 320, 326, 354
d'Escoto, Miguel 102 f., 109
Estado, Consejo de 111

**F**
Fechner, Eberhard 389
Ferguson, Niall 15
Fest, Joachim 368, 386
Filbinger, Hans 154, 289, 368, 391
Fischer, Joschka 36
Fischer, Oskar 91
Fonda, Jane 340
Ford, Gerald 192
Franco, Francisco 123
François-Poncet, Jean 31
Frank, Anne 367, 369, 381
Franziskus *siehe* Bergoglio, Jorge Mario
Fried, Erich 119

Friedländer, Saul 372
Friedman, Milton 161, 270, 297, 307
Friedrich II. (Friedrich der Große) 394 f.

**G**
al-Gaddafi, Muammar 58, 308, 317
Gailani, Ahmed 252
Gauland, Alexander 195
Genscher, Hans-Dietrich 30, 41, 48–50, 57 f., 62, 82, 104, 109, 116, 136, 154 f., 182, 188, 198, 217, 238, 243 f., 275, 289, 298, 318
Ghandi, Indira 271
Giddens, Anthony 12
Gierek, Edward 66, 68
Giscard d'Estaing, Valéry 31
Globke, Hans 367
Glucksmann, André 210
Godoy, Virgilio 116
Gollwitzer, Helmut 200, 254
Gomułka, Władysław 66
Gorbatschow, Michail 62, 81, 83, 184, 232, 253, 261–66, 359
Gottwald, Gabriele (Gaby) 121, 128
Gromyko, Andrei 238
Gruhl, Herbert 295, 303, 351
Gu Mu 171 f.
Guevara, Che 119 f.
Gutman, Israel 380

**H**
Habermas, Jürgen 14
Hamm-Brücher, Hildegard 288
Harvey, David 14
Hasselmann, Wilfried 188
Hauff, Volker 171, 312, 322, 326
Havemann, Robert 349
Hayek, Friedrich August von 270, 289
Heath, Edward 273
Heino (Heinz Georg Kramm) 214

509

Hekmatyār, Gulbuddin 231, 248, 252
Hildebrandt, Dieter 210
Hilberg, Raul 382
Hitler, Adolf 38, 101, 150, 154, 367–369, 372, 386
Ho Chi Minh 199
Höhne, Heinz 381
Honecker, Erich 24, 80, 89–91, 93, 136, 139, 184, 239, 243 f., 316
Honecker, Margot, 139
Hormuth, Stefan 370
Höß, Rudolf 368, 381
Hu Yaobang 158 f.
Hua Guofeng 143, 146, 148, 155, 158 f., 172 f., 182
Huber, Anje 171
Hupka, Herbert 195, 251

**J**
Jahn, Roland 91
Jaruzelski, Wojciech 81
Jiang Qing 146
Joffe, Josef 197
Johannes Paul II. siehe Wojtyła, Karol J.
Juan Carlos I. (König von Spanien) 269

**K**
Karalus, Paul 380
Karmal, Babrak 234, 240
Kelly, Petra 128, 182, 301, 303, 339
Kemeny, John G. 345
Khalid ibn Abd al-Aziz (König von Saudi-Arabien) 319
Khomeini, Ruhollah M. *Kapitel 1*, 13, 53, 55, 61, 64 f., 398 f.
– Exil 25, 27–30
– Revolution 18–21
– Staatsaufbau 32–36, 51
– Wahrnehmung im Westen 30 f., 36 f., 54, 57–60
Kiesinger, Kurt Georg 399
Kissinger, Henry 39, 149, 152

Klose, Hans-Ulrich 198
Koberstein, Bernhard 124
Kogon, Eugen 381
Kohl, Helmut 55, 62, 127, 135 f., 153, 174, 179, 182, 184 f., 195, 219, 238, 247, 254, 256, 258 f., 277, 287, 289–293, 302, 355, 393–395
Kolbe, Maximilian 73
Kouchner, Bernard 209 f.
Kühl, Eduardo 109
Kuroń, Jacek 63

**L**
Lafontaine, Oskar 220
Lambsdorff, Otto Graf 48, 171, 287 f., 312, 320
Langbein, Hermann 380
Leggewie, Claus 15
Lemmon, Jack 340
Lesch, David 15
Lyotard, Jean-François 14

**M**
Mao Tse-Tung 144–149, 151, 153 f., 156–159, 161, 163, 168 f., 183
Märthesheimer, Peter 364, 377
Marx, Werner 154
Massoud, Ahmad Shah 248
Mengele, Josef 391
Merkel, Angela 272 f., 358, 361
Michnik, Adam 62, 65
Millet, Kate 37
Mitscherlich, Alexander und Margarete 385
Mittenzwei, Ingrid 394
Montini, Giovanni Battista (Papst Paul VI.) 64, 66
Mossadegh, Mohammed 22

**N**
Nadschibullāh, Mohammed 265
Nahsi, Hassan 30
Neudeck, Rupert 209–211, 214–220, 227 f.
Nixon, Richard 152

## O

Ortega, Daniel 13, 109, 111 f., 115, 134, 136 f., 139

## P

Pacelli, Eugenio Maria Giuseppe Giovanni *siehe* Pius XII.
Pahlavi, Mohammad Reza (Schah v. Persien) 21–23, 27 f., 39, 56, 401
Palarczyk, Anna 380
Paul VI. *siehe* Montini, Giovanni Battista
Perón, Isabel 271
Pflaum, Albrecht 124, 127, 136
Pieroth, Elmar 196
Pinochet, Augusto 191
Pius XII., Papst 387
Pol Pot (Saloth Sar) 17, 174, 200
Popiełuszko, Jerzy 83
Putin, Wladimir Wladimirowitsch 268

## Q

Qiao, Guanhua 149, 154

## R

Ramírez, Sergio 102, 109
Rasmussen, Norman 344
Ratzinger, Joseph (Papst Benedikt XVI.) 94
Rau, Johannes 211
Reagan, Ronald 45, 81 f., 116 f., 119, 232, 245, 248, 256, 261, 265, 277, 279, 287, 306, 395
Reich-Ranicki, Marcel 380
Ristock, Harry 254
Rohrbach, Günter 379
Rong, Yiren 165
Ruge, Gerd 155

## S

Safawi, Navvab 25
Sahabi, Ezatollah 32
Sandino, Augusto 99
Sartre, Jean-Paul 210

Scheffler, Wolfgang 386
Scherf, Henning 120
Schilling, Hans-Jürgen 218
Schmidt, Enrique 102
Schmidt, Helmut
– Wirtschaftspolitik 56, 154 f., 172–174, 245, 286 f., 307, 312, 315, 319, 326 f., 329, 354
– Außen- und Sicherheitspolitik 31, 43–45, 49 f., 56, 84 f., 238, 243–248, 258, 275
– Atomkraft 307, 327, 337, 340, 346, 354 f.
– Flüchtlinge 197, 222
Schoenberner, Gerhard 381
Scholl-Latour, Peter 18, 40
Schöne, Gerhard 107
Schönherr, Albrecht 91
Schröder, Gerhard 153, 289
Schwarzer, Alice 37
Schwarz-Schilling, Christian 156
Severinsky, Alex 322
Sloterdijk, Peter 15
Somoza Debayle, Anastasio 95, 99–108, 113 f., 401
Somoza García, Anastasio 99
Späth, Lothar 195, 357
Stalin, Josef 144, 154
Steward, Bill 106
Stoltenberg, Gerhard 292
Strauß, Franz Josef 153 f., 173, 222, 259, 269, 287, 289
Stücklen, Richard 194, 211
Szczepanowski, Stanisław 68

## T

Taraki, Mohammad 235
Thatcher, Margaret 13, 15, 43, 205, 46, 256, *Kapitel 4*, 398, 400, 402
– Werdegang 273, 276 f.
– Wirtschaftspolitik 9, 161, 245, 256, 270, 277–285, 306 f., 314, 330, 348

## Anhang

- deutsche Wahrnehmung 286–293
- Tito, Josip Broz 49, 244
- Todenhöfer, Jürgen 252–254
- Troller, Gordian 36
- Trump, Donald 277

**U**
- Ustinow, Dmitri Fjodorowitsch 237 f.

**V**
- Verheugen, Günter 288
- Vetter, Oskar 171
- Vogel, Hans-Jochen 85
- Volcker, Paul 279
- Vollmer, Ludger 128

**W**
- Wałęsa, Lech 79 f., 82 f., 170
- Wallmann, Walter 195
- Walser, Martin 210
- Walter, Franz 301
- Wei Yingsheng 168 f., 182
- Weiss, Peter 200
- Well, Günther van 247, 252
- Weizsäcker, Carl Friedrich von 355
- Weizsäcker, Richard von 395
- Westerwelle, Guido 288
- Wieck, Hans-Georg 244
- Wiesel, Elie 370
- Windfuhr, Volkhard 18
- Wissmann, Matthias 196, 211
- Wojtyła, Karol J. (Papst Johannes Paul II.) 10, 12 f., 15, *Kapitel 2*, 94, 115, 141 f., 388, 398
- Wolf, Nora 198
- Wörner, Manfred 154
- Wyszyński, Stefan 79 f.

**Z**
- Zhang Chunqiao 154
- Zhao Ziyang 158, 184
- Zhou Enlai 146, 149, 153, 155
- Zimmermann, Friedrich 155, 174, 313

## Bildnachweis

*Seite 19:* © picture-alliance/AP | *Seite 33:* © Alain Dejean/Sygma/Getty Images | *Seite 41:* © picture-alliance/dpa/dpaweb | *Seite 73:* © picture-alliance/ dpa | *Seite 74:* Chuch Fishman/Getty Images | *Seite 98:* Aus: Otker Bujard (Hg.): Die Revolution ist ein Buch und ein freier Mensch. Die politischen Plakate des befreiten Nicaraguas 1979–1990, Köln 2007, Seite 347 | *Seite 121:* © Archivo IHNCA/Managua | *Seite 143:* © picture-alliance/AP Images | *Seite 181:* © picture-alliance/dpa | *Seite 189:* © picture-alliance/Wolfgang Weihs | *Seite 212–213:* Doppelseite im «Stern» vom 16. 10. 1980, S. 22 f., Foto: Klaus Meyer-Andersen | *Seite 253:* © picture-alliance/dpa | *Seite 275:* © picture-alliance/UPI | *Seite 295:* © picture-alliance/Gerhard Weitkamp | *Seite 313:* © picture-alliance/Egon Steiner | *Seite 343:* © DER SPIEGEL 15/1979 | *Seite 357:* © picture-alliance/Klaus Rose | *Seite 371:* Filmstill der Serie «Holocaust» aus: «Holocaust – Die Geschichte der Familie Weiss» (DVD, 2011) | *Seite 383:* Aus: Friedrich Knilli/Siegfried Zielinski (Hg.): Betrifft «Holocaust». Zuschauer schreiben an den WDR, Berlin 1983, Seite 304 (WDR Archiv)